빅데이터시대의 CRM

이 범 희

Big Data
Customer Relationship Management

탑북스

머리말

2020년을 4차 산업혁명이 시작되는 기준연도로 생각하는 사람들이 많다. 인터넷 속도가 현재의 4G보다는 수 백배에서 천배까지도 빨라지는 5G의 시대가 2020년부터 일반화되기 시작하는 것과 동일한 시점으로 보는 것 같다. 그러나 필자의 생각으로는 이미 우리 생활 주변에 4차 산업혁명이 시작된 것으로 보인다. 이미 가상현실을 주고받을 수 있을 정도의 인터넷의 속도가 빠르게 발전되고 있고 전 세계의 모든 인터넷들이 통합되기 시작하고 있으며 빅데이터들이 관련 분야들 간에 통합이 이루어지고 있으며 이를 인공지능으로 분석하고 자기학습을 통하여 지속적으로 개선하여 인간에게 이로운 편의를 제공하기 시작하고 있다. 4차 산업혁명의 시대에는 모든 환경이 상상할 수 없을 정도로 빠르게 변하기 때문에 미래를 예측하기는 더욱 어렵게 될 것이다. 필자는 4차 산업혁명에 적합한 '빅데이터시대의 CRM'을 집필하고자 많은 자료들을 접하고 분석하여 최선의 교재를 만들 수 있도록 하였다.

미래의 고객과 시장환경이 어떻게 급변하더라도 '빅데이터 CRM'을 통하여 경쟁력을 지속할 수 있다면, 기업은 4차 산업혁명이 도래하게 될 미래의 시장에서도 경쟁력을 지속적으로 확보할 수 있을 것이며 성장을 계속할 수 있을 것이다. 4차 산업혁명 이후에도 고객의 필요(Wants)와 욕구(Needs)를 항상 파악하고 충족할 수 있으면서 고객의 만족도를 향상시킬 수 있게 될 수 있도록 '빅데이터 CRM'에 대한 중요성을 인식하고 미래를 대비해야 할 것이다.

본 교재에는 가장 최근에 발생하였던 4차 산업혁명이 진행되고 있는 다양한 '빅데이터 CRM'의 사례들을 다수 수록하였으며, 이들 사례를 '빅데이터 CRM'의 이론과 접목하여 '빅데이터시대의 CRM'에 관련한 이론적인 지식과 실무적인 지식을 동시에 확보할 수 있도록 구성하였다. '빅데이터시대의 CRM'의 이론을 배우는 대학생들에게는 기업의 고객의 현장을 이해할 수 있도록 구성하였으며, 기업의 경영현장에서 '빅데이터시대의 CRM'을 활성화하고 실행하고자 하는 실무자에게는 '빅데이터시대의 CRM'의 이론적인 배경을 확보할 수 있도록 구성하였다.

마지막으로, 이론적인 지식과 실무적인 능력을 동시에 확보할 수 있는 4차 산업혁명에 적합한 '빅데이터시대의 CRM'의 본 교재를 출판할 수 있도록 도움을 주신 많은 분들에게 감사한 마음이다. 특히 탑북스의 김광식 사장님과 임직원 여러 분들의 도움에 고마운 마음을 전하며, 연구활동을 간접적으로 지원해 주고 있는 가족에게도 항상 고마운 마음이다.

2019년 1월 5일

연구실에서

저자 이 범 희

차 례

Part 1. CRM의 분석과 계획

Chapter 1. CRM의 개념

Chapter 2. 빅데이터

Chapter 3. CRM 전략

Chapter 4. 고객가치 점수화

Chapter 5. 고객의 정밀세분화 분석

Part 2. CRM의 운영과 실행

Chapter 6. 고객서비스 CRM마케팅

Chapter 7. 인터넷 CRM

Chapter 8. 캠페인 CRM

Chapter 9. 영업 CRM

Part 3. CRM의 협력과 평가

Chapter 10. CRM의 협력 및 통합

Chapter 11. 통합 CRM시스템

Chapter 12. CRM의 조직문화와 글로벌화

Part 1. CRM의 분석과 계획

Chapter 1. CRM의 개념

기업들은 글로벌 경영으로 품질 좋은 제품을 대량생산하여 공급하고 있으며, 대량생산으로 인하여 공급이 수요를 초과함으로써 고객의 선택 폭이 넓어졌고, 고객의 욕구도 다양하게 증가하였다. 이러한 고객과 시장환경의 변화는 기업들로 하여금 치열한 경쟁을 유도하고 있다. 기업이 경영환경의 변화에 대처하고 경쟁력을 확보하기 위해서는 차별화 전략이 필요하며, 고객과의 관계를 유지하고 발전시키기 위한 차별화전략인 CRM의 중요성이 점차 증가되고 확산되고 있다.

CRM(Customer Relatiomship Management Marketing)은 장기적인 고객 관계의 발전을 통하여 마케팅활동을 전개하는 것을 의미하며, 분석 CRM, 운영 CRM, 협력 CRM으로 구분하여 설명할 수 있다.

제1절 CRM과 CRM 마케팅

1. 고객의 의미

고객의 의미는 어원인 'Custom'에서도 알 수 있듯이 어떤 행동을 반복적으로 수행하는 주체 또는 객체의 의미를 포함하고 있다. 기업의 경영활동의 수단인 CRM의 대상이라는 측면에서 고객의 의미는 어떤 제품이나 서비스상품에 대해 반복적으로 구매활동을 지속하는 사람을 지칭한다. 고객이 존재하지 않는 기업의 경영은 존재할 수 없다. 즉, 기업이 존재하고 발전하기 위해서는 고객이 있어야 하며 고객과의 관계가 발전되어야 한다. 또한, 기업은 고객과의 거래를 통하여 수익을 지속적으로 창출해야 한다. 수익이 감소하거나 없어지면 기업의 존재가치는 사라진다. 그러나 고객의 변화와 시장의 급변하는 환경은 기업의 수익을 보장하지 않는다. 미래의 시장은 더욱 빠르게 변할 것이다. 고객과 시장환경의 변화에 대비하며, 유효적절한 방법으로 대처할 수 있는 기업은 미래에도 성장할 수 있겠지만, 그렇지 못한 기업은 살아남기조차 어렵게 될 것이다.

2. 고객과 기업

기업은 이익의 창출과 확대를 위한 경영활동을 지속적으로 강화해야 하지만, 과거의 경영전략과 수단으로 미래를 대비하기에는 매우 어려운 환경이다. 고객과 시장환경이 매우 빠르게 변하고 있기 때문이다. 고객과 시장은 급변하고 있는데도 불구하고 경영전략과 수단은 종전의 전략을 그대로 답습하고 있기 때문에 이익이 증가하기보다는 감소하는 기업이 늘어나고 있다. 최근의 기업경영현황을 보면, 몇몇 글로벌 기업들은 글로벌 경쟁력 확보를 통하여 이익의 창출과 증가가 돋보이고 있지만, 고객과 시장환경의 변화에 대처하지 못하고 경영에 어려움을 겪고 있는 기업이 많은 상황이다.

기업이 이익을 확보할 수 있는 방법으로는 이익의 창출과 확대라는 두 가지가 있다. 이익의 창출 방법은 새로운 시장을 찾아서 시장을 확대하거나, 새로운 혁신적인 제품을 개발하여 시장을 확대하고 주도해 나가는 것이다. 그리고 두 번째 이익의 확대 방법은 비용을 줄이거나 이익 자체를 확대하는 것이다. 두 가지 방법을 모두 활용하여 기업을 성장시킬 수 있는 전략을 시행해야 하지만, 고객과의 관계를 유지하고 발전시킬 수 있다면, 현재의 기업 능력으로서도 기업의 판매와 이익을 충분히 확대할 수 있을 것이다. 기업은 여러 가지 경영활동으로 이익을 확보할 수 있지만, 고객과의 관계를 우호적으로 관리하는 방법이 가장 용이할 것이다. [그림 1-1]은 기업이 이익을 확보할 수 있는 수단을 나타내고 있다.

그림 1-1 기업의 이익과 고객 관계

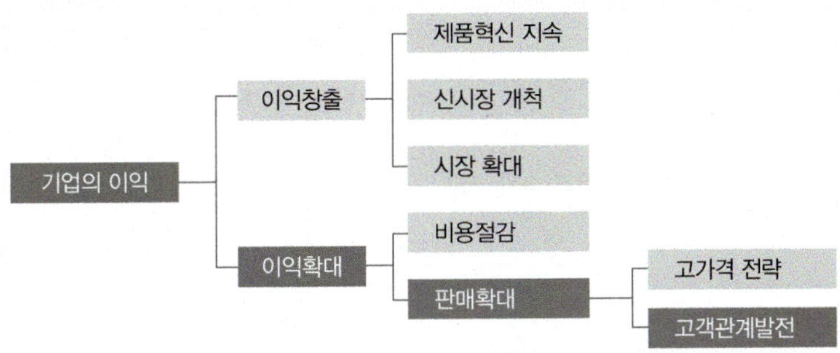

기업이 거래를 유지하고 있는 고객의 1/3이 기업경영 이익에 기여를 하고 있으며, 1/3은 기업의 운영을 위해서 이익이 없더라도 유지하고 있는 정도이며, 나머지 1/3은 기업의 경영활동에 좋지 않은 영향을 끼치는 비우량고객이라고 알려져 있다. 기업경영에 이익이 될 수 있는 1/3의 고객을 더욱 확대할 수 있다면, 이익은 더욱 확대될 수 있을 것이다. 고객과의 관계를 발전시켜서 이익이 될 수 있는 고객을 많이 확보하여 미래의 시장 환경 변화에 대처할 수 있는 방법이 매우 중요하다. 고객과의 관계가 발전되면서 판매를 지속적으로 확대하는 것이 CRM의 기본 개념이다.

3. CRM의 의미

CRM은 Customer Relationship Management의 약어로서 고객관계관리를 의미한다. CRM을 글자 그대로 해석하면 기업이 고객과의 관계를 우호적으로 유지할 수 있도록 관리함을 의미한다. 이를 좀 더 구체적으로 살펴보면, 고객의 정보를 효과적으로 활용하여 고객과의 관계를 유지, 개선, 확대, 발전시키기 위한 모든 활동을 의미한다.

그리고 CRM은 기업과 고객 간의 경영관계뿐만이 아니라 조직과 조직 간 또는 조직과 개인 간의 관계를 형성하고 유지할 수 있는 사회적인 활동에도 적용될 수 있다. CRM의 목표는 고객을 더욱 더 편리하고 행복하게 생활할 수 있도록 고객 만족을 제공함으로써 기업의 장기적인 수익을 극대화하는 제반 활동이다. CRM은 고객에 대한 정보를 수집·분석하여 효율적·효과적인 방법으로 고객을 적극적으로 관리하여 고객가치 극대화를 통해 기업의 이익을 창출하는 활동이다.

〈사례 1.1〉은 저비용 항공들이 기존의 항공사들과 경쟁하기 위하여 고객을 확대하려는 노력으로 마일리지를 도입하는 등의 노력을 하는 내용을 보여 주고 있다.

CRM Practice 1.1 티끌 모아 제주도…저비용항공 마일리지 모아볼까

저비용항공(LCC)이 달라졌다.

그동안 대형 항공사의 전유물로 여겨졌던 마일리지 프로그램을 LCC도 속속 도입하며 충성 고객 잡기에 나서고 있다. LCC 마일리지는 대형 항공사 마일리지와 다르다. 미국 본토나 유럽 같은 장거리 노선이 없기에 한두 번 비행으로 마일리지를 두둑이 모으는 게 어렵다. 대신 마일리지로 항공권 비용 일부를 차감할 수 있고 기내식, 수화물 서비스를 이용하는데도 쓸 수 있어 유용하다.

저비용항공사(LCC)들이 충성 고객을 확보하기 위해 마일리지 프로그램을 강화하고 나섰다. 현재 에어부산·제주항공·진에어가 회원 대상 마일리지 프로그램을 운영 중이다. LCC가 마일리지 프로그램을 도입하는 이유는 자명하다. 저비용항공이 싼값에 좌석만 팔던 시대는 지났다. 마일리지 적립 등 다양한 회원 대상 프로그램으로 충성 고객 잡기에 나서고 있다. 국내 6개 LCC 중 3개 항공사(에어부산·제주항공·진에어)가 마일리지 프로그램을 운영하고 있다. 마일리지 프로그램에 가장 많은 공을 들이고 있는 건 '리프레시 포인트' 제도를 운영 중인 제주항공이다.

제주항공은 1만 포인트를 추가 구매해 항공권을 사면 된다. 포인트로 기내식, 좌석 지정 등 부가 서비스도 이용할 수 있다. 최대 4명까지 가족과 지인에게 포인트를 양도할 수 있는 것도 장점이다. 회원가입 때 1500, 세번째 항공권 구매시 1500, 11번째 항공권 구매시 5500포인트를 추가 증정하고 있다.

진에어 '나비 포인트'는 카페에서 나눠주는 쿠폰과 비슷한 개념이다. 항공권을 구매할 때마다 편도 기준 10~60포인트를 적립해준다. 적립 포인트는 오직 보너스 항공권용으로만 쓸 수 있다. 보너스 항공권은 국내선만 가능하고, 성수기에는 이용할 수 없다는 건 단점이다.

에어부산은 '플라이 &스탬프' 제도를 운영한다. 적립률은 진에어 나비 포인트보다 낮지만 활용성은 높다. 스탬프로 국내선・국제선 보너스 항공권을 이용할 수 있고, 스탬프 구매와 양도도 가능하다. 홈페이지에서 렌터카・호텔 등 여행상품을 구매해도 스탬프를 적립해준다. 국내선 편도 항공권을 이용하면 스탬프 1개를 준다. 국내선 보너스 항공권을 이용하려면 편도 기준 스탬프 20개가 필요하다.

싱가포르 국적 LCC 스쿠트항공은 모회사인 싱가포르항공의 마일리지 프로그램 '크리스 플라이어'를 공유한다. 단, 스쿠트항공 항공권을 살 때 약 3만원을 더 내고 '플러스퍽스(Plusperks)' 옵션을 선택해야 마일리지를 적립해준다. 플러스퍽스 서비스를 이용하면, 앞뒤 간격이 넓은 좌석을 내주고 공항에서 우선 탑승 혜택을 준다.

(출처: 중앙일보, 2017. 6. 28., http://news.joins.com/article/21706124)

CRM의 의미는 신규고객의 획득, 기존고객의 유지, 그리고 이들 고객의 가치를 창출하고 지속하기 위한 목적으로 다양한 정보통신기술을 활용하여 고객과의 커뮤니케이션 활동을 지속함으로써, 고객 행동을 이해하고, 고객을 획득하고 유지하며 발전시킬 수 있도록 고객 행동에 영향력을 행사하는 기업의 제반 활동이라고 할 수 있다.

기업의 전통적인 고객관리방법은 제품 및 서비스상품의 거래를 중심으로 발생하는 일회성 혹은 단기적인 관계가 대부분이었다. 다시 말하면, 과거의 기업은 제품중심의 관리였다. 시장에 공급되는 제품의 수가 고객이 필요로 하는 수요보다 부족하거나 비슷한 규모일 경우에는 경쟁이 거의 없으므로 어느 고객이 어떤 상품을 얼마나 구매했는지에 대한 정보를 관리하고 고객 개인별로 관심을 가질 이유가 거의 없었다. 그러나 공급상품의 수량이 급격히 증가하여 고객이 필요로 하는 수요를 훨씬 초과함으로써 경쟁이 심화되고 있는 상황에서는 고객의 중요성이 증가한다. 기업의 시장환경은 경쟁이 더욱 심화되고 있다. 경쟁력을 확보하지 못한 기업은 경영에 어려움을 겪고 있으며 살아남는 데 더욱 어려운 상황들이 전개되고 있다. 경쟁이 모든 산업 분야로 확대되고 있는 상황에서 미래경쟁력을 확보하기 위해서는 차별화된 강력한 전략이 필요하다. 고객 개인별로 관계를 지속시켜 한 번 거래한 고객을 영원한 고객으로 확보할 수 있다면 기업의 경쟁력은 확대될 것이다. CRM은 기업이 장기적으로 고객과의 관계를 유지하고 발전시킬 수 있도록 지원하므로 기업의 미래경쟁력을 확보할 수 있는 강력한 수단이 되고 있다.

4. CRM 마케팅

기업과 고객과의 관계를 장기적으로 유지하고 발전시키면서 고객과의 반복적인 거래를 지속할 수 있는 방법을 CRM 마케팅이라고 한다. CRM 마케팅 이전에는 단순한 교환을 위한 거래마케팅(Transaction Marketing)이었다. 그러나 고객과 시장의 급변하는 환경에 적응하기 위해서는 일회성의 거래중심의 마케팅보다는 상호관계를 친밀하게 유지하고 발전시킴으로써, 반복적인 거래를 지속할 수 있는 CRM 마케팅이 선호되고 있다. 판매비용을 절감할 수 있으면서 동시에 더 많은 성과를 기대할 수 있기 때문이다.

CRM 마케팅은 거래중심의 단기적 고객 관계(Short term Relationship)가 아닌 장기적 고객 관계(Long term Relationship)를 중요하게 생각하고 기업과 고객 모두에게 이익을 제공하게 된다.

제2절 CRM의 발전 배경

기업의 경영환경이 변하고 있으며 또한 고객의 욕구도 매우 빠르게 변화하고 있다. 다양한 고객의 욕구와 가격경쟁의 심화가 기업의 경영혁신을 부채질하고 있다. 특히, 이러한 경영환경의 변화에 대처하고 경쟁력을 확보하기 위해서는 차별화 전략이 필요하며, 고객과의 관계를 유지하고 발전시키기 위한 차별화 전략인 CRM의 중요성이 점차 증가되고 확산되고 있다. CRM의 발전 배경으로 크게 고객의 변화, 기업과 시장환경의 변화, 정보기술의 변화를 들 수 있으며, [그림 1-2]와 같다.

그림 1-2 CRM의 발전 배경

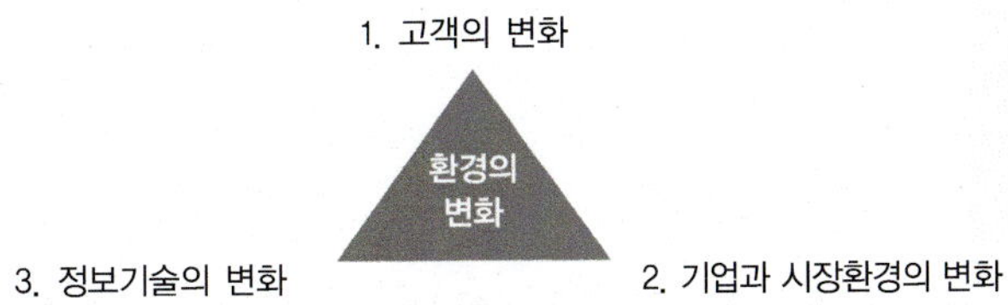

1. 고객의 변화

고객의 변화는 고객의 개성, 고객의 생활방식, 고객의 충성도, 고객의 지식화와 기대수준, 고객가치 등으로 나타나고 있는데, 기업은 이러한 변화를 감지하고 신속하게 대응할 수 있어야 한다. 고객의 변화에 대한 구체적인 내용은 [그림 1-3]과 같다.

그림 1-3 고객의 변화

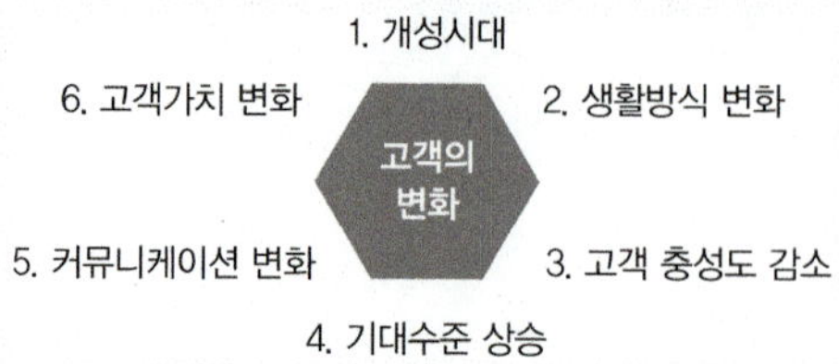

1) 고객의 개성시대

제품이나 서비스를 구입하는 고객의 개념을 살펴보면, 종전에는 고객이 제품을 구입한 다음에 장기간 소유하였지만, 현재는 동일한 제품일지라도 일정 기간 사용 후 성능이나 디자인이 다른 제품으로 바꾸는 경향이 확산되고 있다. 즉, 소유개념에서 고객 개인별 개성을 존중하는 고객의 개성시대로 전환되고 있다. 고객의 개성을 존중하기 위해서 고객맞춤 제품 및 서비스를 제공함으로써 한 사람 한 사람의 욕구를 분석하고 고객이 만족할 수 있는 적합한 대응을 할 수 있어야만 한다.

2) 고객의 생활방식 변화

직업의 다양화는 고객의 생활방식에도 많은 변화를 주고 있다. 특히, 여성 직업인의 확대로 인하여 오프라인 구매활동에서 온라인 구매활동 방법으로 변화하고 있다. 퇴근 이후의 늦은 시간에 구매활동을 하는 주부들의 증가로 편의점 및 24시간 영업 할인점 등의 필요성이 더욱 증가하고 있는데, 이러한 생활방식의 변화에 따른 고객의 욕구를 정확하고 신속하게 분석하여 적절히 대응해야 한다. 동일한 제품과 서비스상품인 경우에도 고객이 불편한 주간 시간보다는 고객이 편리한 저녁 시간에 제공하는 것이 고객의 생활방식에 대응할 수 있는 좋은 차별화 전략이 될 수 있다.

3) 고객 충성도 감소

최근의 한 조사에 따르면, 두 개 이상의 은행과 거래하고 있는 고객은 전체 고객의 70%

를, 4개 이상의 은행과 거래하고 있는 고객은 30%를 상회하고 있다고 한다. 즉, 한 두 개의 주거래 은행만을 대상으로 거래하는 고객은 거의 없다는 것을 의미한다. 은행에 대한 고객의 충성도는 거의 없기 때문에 은행의 입장에서 경쟁력을 확보하기 위해서는 고객 한 사람 한 사람과 가족과도 같은 관계를 유지해야 하며, 장기적으로 평생 고객으로 발전시켜야 한다. 이것은 은행과 같은 서비스기관뿐만 아니라, 제조기업 등 모든 기업에 적용되는 현상이다. 고객의 충성도가 매우 감소하고 있는 현실에서 충성도를 향상시키기 위하여 고객 관계 관리방법인 CRM을 적극적으로 활용해야 할 필요성이 더욱 증가되고 있다.

4) 고객의 지식화와 기대수준 상승

인터넷과 모바일기기 등 정보통신기술의 발전은 고객의 지식수준을 향상시키고 있다. 이러한 고객의 지식화는 다양한 기업이 공급하는 여러 가지 제품 혹은 서비스 상품에 대한 비교와 선택의 능력이 향상되었음을 의미한다. 즉, 인터넷 등 정보기술의 발달로 인한 고객의 정보 취득 능력은 고객의 기대와 만족을 상당히 높은 수준까지 상승시키고 있다. 이러한 변화는 고객의 욕구가 다양해지고 욕구수준이 높게 상승하는 것을 의미하므로 기업은 이에 대한 유효적절한 대응을 해야 한다.

기업이 끊임없이 변화하는 높은 수준의 고객 욕구에 적절하게 대응하기 위해서는 항상 고객과의 관계를 유지하고 발전시켜야 한다. 이러한 CRM은 미래의 기업경쟁력을 확보할 수 있는 기업의 당면과제이기도 하다.

5) 고객 커뮤니케이션 변화

지금까지는 고객에게 특정한 기업의 특정한 제품 혹은 서비스상품에 대한 정보를 제공하는 방법으로 인쇄 혹은 방송 매체를 활용하였다. 이는 대량고객에게 기업의 정보를 제공할 수 있는 매우 효율적이고 효과적인 방법이었다. 그러나 고객의 욕구가 다양해지고 시장이 점점 세분화되어 가며, 고객 개인별로 맞춤 정보가 필요한 현재와 미래에는 불특정 다수에게 일괄적으로 제공하는 매스미디어에 의한 커뮤니케이션 등의 방법은 효과가 감소하고 있다.

고객과의 커뮤니케이션 효과를 향상시키기 위해서는 고객이 원하는 필요(Wants)나 욕구(Needs)를 파악・분석하여 이들을 만족시킬 수 있는 제품이나 서비스상품에 대해 고객별로 차별화된 커뮤니케이션 방법을 선택해야 한다. 이러한 차별화된 커뮤니케이션(삭제) 방법으로 기업은 고객별로 CRM을 실행할 수 있으며, 고객과의 관계를 장기적으로 유지하고

발전시킬 수 있다

6) 고객가치의 변화

공급이 수요를 초과하고 있는 시장환경에서는 대량생산으로 인한 가격경쟁력만으로는 기업의 경쟁력을 확보하기가 어려운 것이 현실이다. 따라서 고객의 개인별 성향에 적합한 새로운 고객가치를 제공해야만 한다.

시장과 고객이 급변하는 환경에 대응하기 위한 기업의 중요한 경영전략으로는 고객의 정보를 신속하게 수집하고, 고객 개인별 개성에 적합한 제품과 서비스를 제공함으로써 고객에게 새로운 가치를 창출할 수 있어야만 미래의 경쟁에서도 살아남을 수 있으며, 지속적으로 성장할 수 있는 기업이 될 수 있다.

2. 기업 및 시장환경의 변화

시장환경이 호황일 때는 기업의 경영도 매우 활발하다. 기업경영이 성공적인 상황에서는 새로운 혁신적인 비즈니스 수단을 도입하기가 어렵다. 즉, 호황일 경우에는 CRM 전략을 도입할 필요성을 느끼기 어렵다. 성공에 대한 만성적 기대치는 혁신적인 프로세스 도입을 주저하게 하며, 현재의 성공이 미래의 성공을 보장하는 것으로 착각하게 만들기도 한다.

무한의 글로벌 경쟁이 시작되고 있는 현시점은 CRM 전략을 수행할 수 있는 좋은 기회이다. 경쟁이 치열하여 기업경영이 어려울수록 혁신적인 변화를 추진할 기회가 될 수 있다. 기업은 경쟁력 확보를 위한 수단으로써 CRM 전략을 매우 유용하게 활용할 수 있다. 기업과 시장환경의 변화에 대한 현상을 보면 기업 간의 가격경쟁이 심화되고 있고, 고객의 가격에 대한 관심도가 급증하고 있다. [그림 1-4]와 같이 고객은 지속적인 거래보다도 일회성의 단순거래방법을 선호하고 있다.

그림 1-4 기업 및 시장환경의 변화

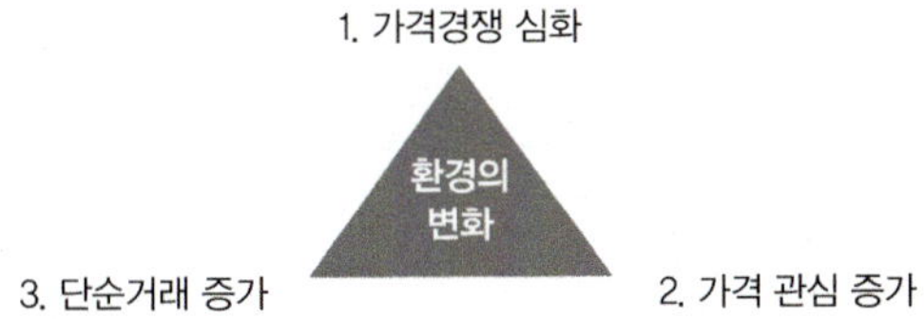

1) 기업 간의 가격경쟁 심화

유사한 제품이나 서비스가 여러 기업을 통해서 동시에 공급될 경우에는 수요보다 공급이 초과하기 쉽다. 공급이 수요를 초과하는 시장에서는 기업 간의 경쟁이 치열하며, 가격할인 방법이 가장 선호된다. 가격할인 중심의 경쟁은 모든 기업에 손실을 강요하기 때문에 결국 퇴출당하는 기업이 발생하기도 한다.

2) 고객의 가격에 대한 관심 증가

최근에는 스마트폰 등의 모바일 기기가 대중화됨에 따라서 시간과 장소에 구애받음이 없이 인터넷 검색의 활용이 매우 용이해 졌다. 모바일 인터넷 검색은 제품이나 서비스의 가격을 비교하고 구입을 결정하는 데 매우 편리하게 이용되고 있다.

어떤 제품이나 서비스에 관심이 있거나 혹은 구입을 원하는 고객은 우선 가격에 대한 관심이 많기 때문에 인터넷 검색을 활용하여 원하는 시점에 가격을 비교하고 분석하게 된다. 인터넷 검색의 습관이 몸에 배어 있기 때문이다. 이러한 편리성은 기업의 입장에서는 가격경쟁을 심화시키도록 유도한다.

3) 고객의 단순거래 증가

글로벌 기업이 공급하고 있는 제품이나 서비스는 일정한 수준 이상의 품질을 확보하고 있기 때문에 이제 품질은 기업의 경쟁력이 될 수 없게 되었다. 따라서 가격이 고객의 구매의사결정에 매우 큰 영향을 미치게 된다. 고객의 구매 행동은 가격을 중심으로 결정되기 쉽고 특정 기업의 제품에 대한 충성도는 낮아지고 단순거래가 증가한다.

3. 정보통신기술의 변화

산업화 이전의 사회를 가정해 보면, 소수의 사람으로 구성된 마을의 구성원들은 모든 사들의 정보를 공유하고 있었다. 물품을 공급하는 사람은 누가 어떤 물품을 언제 필요로 하는지를 상세하게 알고 있었기 때문에 특별한 주문이 없더라도 필요한 물품을 필요한 시간과 필요한 장소에서 공급할 수 있었다. 즉, 옛날의 상인들은 고객들의 상세한 정보를 항상 알고 있었기 때문에 고객이 원하는 물품을 고객 자신이 인식하기도 전에 준비하고 서비스를 제공할 수 있었다. 산업사회 이전의 마을에서 상인들이 고객정보를 쉽게 수집하고 관리할 수 있었던 것은 마을의 사람들이 그렇게 많지 않았으며, 한평생 헤어지는 일이 극히 드물었기 때문이다. 동고동락하는 마음으로 이들과의 관계를 지속할 수 있었다. 이들 상인은 고객을 소비자로 대하기보다는 가족처럼 어려움을 해결해 주는 마음으로 물품과 서비스를 제공하였다. 이러한 가족과도 같은 관계는 고객에게 고맙고 꼭 필요한 존재였다. 상인들은 고객 관계관리를 이미 오래 전부터 철저하게 실행하고 있었던 셈이다.

그러나 현대의 기업은 대량고객을 대상으로 제품을 대량으로 공급하고 있다. 기업의 입장에서는 고객을 가족과 같이 대할 수 있는 옛날의 방법을 더는 활용할 수 없게 되었다.

최근의 컴퓨터와 인터넷 기술은 하루가 다르게 급속하게 발전하고 있으며, 수천만 명의 고객정보를 개인별로 관리하고 발전시킬 수 있는 수준에 이르렀다. 그리고 이미 많은 기업에서 CRM 시스템을 도입하여 CRM 전략을 실행하고 있을 정도로 정보기술이 계속 발전하고 있다. 이러한 컴퓨터시스템의 발전은 CRM 시스템의 활용이 확산될 수 있는 계기를 마련하고 있다. 이제 옛날의 상인들이 활용하던 가족과 같은 고객 관계 방법을 실현할 수 있게 된 것이다.

제3절 고객의 욕구

글로벌 기업은 글로벌 경영으로 품질 좋은 제품을 대량생산하여 공급하고 있다. 대량생산으로 공급이 수요를 초과함으로써 고객의 선택의 폭이 넓어졌고, 고객의 욕구도 다양하게 증가하였다. 이러한 고객과 시장환경의 변화는 기업들로 하여금 치열한 경쟁을 유도하고 있다. 기업은 고객의 욕구를 파악하고 대응할 수 있는 역량을 확보하지 못하면 급변하는 시장에서 경쟁력을 상실하게 되며, 미래의 고객과 시장은 더욱 빠르게 변화할 것이므로 고객의 욕구를 파악하고 대응할 수 있는 기업의 역량은 더욱 중요해질 것이다.

CRM은 고객의 욕구를 파악하고 고객에게 맞춤서비스를 제공함으로써, 고객의 만족도를 향상시키고 고객과의 관계를 장기적으로 관리할 수 있는 체계를 확보하는 것이다. 고객의 욕구를 파악하지 못하면 고객서비스를 제공할 수 없고, 고객과의 장기적인 관계를 관리할 수 없어 결국 기업의 경쟁력은 감소하게 될 것이기 때문에 고객의 욕구를 파악하는 것은 매우 중요한 일이다.

기업에 대한 고객의 욕구를 보면 개별 고객 욕구, 개별 고객서비스, 편익제공, 정보제공, 고객 차별화 서비스 등이 있다. [그림 1-5]는 고객 욕구에 대한 내용을 보여 주고 있다.

그림 1-5 고객욕구의 내용

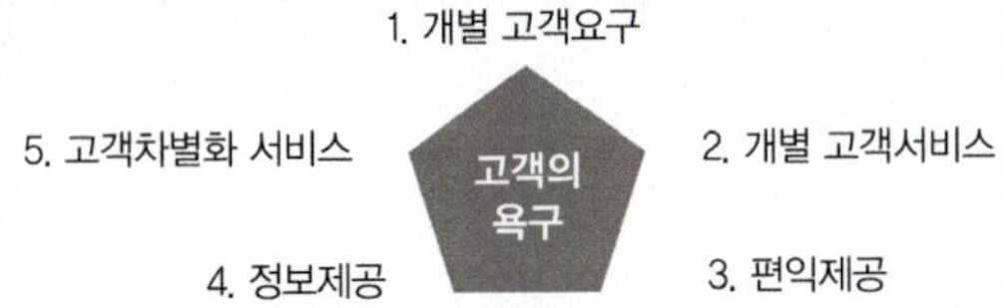

1. 개별 고객욕구

고객은 대량고객 중의 한 사람이 아닌 개별적인 고객으로 인식되기를 원한다. 개성의 시대에서는 동일한 제품을 선택하기보다는 나만의 개성 있는 제품을 선택하기 원한다. 대중적인 제품의 경우에도 고객은 자기만의 개성을 살릴 수 있기를 원한다. 예를 들면, 스마트폰은 혁신제품일수록 표준화된 동일 제품이지만, 고객은 다양한 액세서리를 활용하여 자신만의 개성을 살리고 있다. 고객은 지나가는 일회성 고객으로 무관심의 대상이기보다는 자신을 알아주고 특별한 대우를 받을 수 있기를 원한다. 따라서 기업은 고객별로 욕구를 파악하고 대응할 수 있는 역량을 갖추어야 한다.

2. 개별 고객서비스

고객은 대중적이고 일괄적이며 표준화된 기업의 고객서비스를 식상해 한다. 고객은 기업에서 특별하게 준비한 고객별로 차별화되고 특화된 서비스에 감동한다. 기업이 고객 개인별로 욕구를 파악하여 맞춤형 고객서비스를 제공한다면, 고객의 만족도는 더욱 상승하게 된다.

〈사례 1.2〉는 고객이 원하는 욕구를 파악하고 충족시켜 주려는 고객맞춤서비스를 앱으로 재공하고 있는 내용이다.

CRM Practice 1.2 **이마트, 스마트폰 앱으로 맞춤형 쇼핑정보 제공...온라인 강화 포석**

이마트가 고객 맞춤형 쇼핑정보를 제공하는 스마트폰 애플리케이션(앱)을 19일 선보인다. 이마트 관계자는 "기존 스마트폰 앱에 맞춤형 쇼핑정보가 추가되는 형태로, 이마트 앱에서 '이마트의 제안'을 찾으면 된다"고 말했다. 이마트의 제안은 고객의 쇼핑 패턴을 분석해 맞춤형 정보를 제공한다. 그동안 이마트가 축적한 고객 구매 이력 등 빅데이터가 그 기반이다. 새롭게 선보이는 서비스 중 대표 메뉴인 '추천해요'는 행사상품 중 구매빈도가 높은 10개 상품을 선정해 보여준다. 기저귀나 분유를 자주 구매하는 고객에게 관련 카테고리의 행사 상품을 먼저 보여주는 방식이다. 선호하는 신용카드를 설정하면 카드사별 행사내용을 제공하는 기능도 추가됐다.

온라인 쇼핑 시장이 커지면서 이마트 앱 사용자는 올해 상반기 기준으로 지난해 같은 기간보다 11% 늘었다. 이마트 관계자는 "맞춤형 서비스가 도입되면 올해 하반기 이마트 앱 사용자 증가율이 지난해 대비 15% 늘어날 것으로 기대하고 있다"고 말했다.

▲ 이마트가 19일 선보이는 '이마트의 제안'. 빅데이터를 분석해 고객 맞춤형 쇼핑정보를 제공한다.

이마트는 매장 음악을 들을 수 있는 이마트 뮤직 서비스를 개선했다. 여기에 벨 소리 다운로드 기능도 추가했다. 이마트 브랜드마케팅팀의 김성준 팀장은 "이마트 앱이 고객분들에게 실질적인 도움이 될 수 있도록 개인화 서비스를 기획했다"며 "앞으로도 스마트한 이마트 매장 쇼핑 도우미가 될 수 있도록 발전시켜 나갈 계획"이라고 말했다.

고객 맞춤형 앱은 이마트의 온라인 강화 전략 중 하나다. 앞서 정용진 신세계그룹 부회장은 지난 8월 "온라인 부문을 강화하는 대책을 연말 내놓겠다"고 말했다. 오프라인 고객 감소가 뚜렷해지면서 이마트를 비롯한 대형마트는 온라인 부문 강화에 나서고 있다. 한국체인스토어협회가 발간한 '2016 유통업체연감'에 따르면 대형마트 고객 충성도는 낮아지는 추세다. 전체 매출에서 멤버십 회원 매출이 차지하는 비중은 2015년 80.2%에서 지난해 76.5%로 3.7%포인트 감소했다.

(출처: 중앙일보, 2017. 10. 16., http://news.joins.com/article/22016668)

3. 편익제공

고객은 바쁘게 살고 있기 때문에 제품과 서비스를 구입하기 위하여 전시장이나 매장을 방문할 여유가 많지 않다. 고객은 소수의 기업과 거래를 지속할 수 있기를 원한다. 새로운 기업과의 거래를 시작하기 위해서는 다시 고객 자신의 성명, 전화번호, 주소 등에 대한 신상정보를 제공해야 하는 번거로움과 불편함이 발생하기 때문이다. 기업이 신규고객을 확보하기 위한 비용이 고정고객을 유지하는 비용보다 훨씬 더 많이 필요하게 되는 이유이다. 고객은 편안한 상태에서 제품과 서비스에 대한 편익을 제공받을 수 있기를 원한다. 그러나 편리하게 제공받은 제품과 서비스 수준이 구입하기 전에 기대했던 수준보다 미흡하면 곧장 경쟁사로 이탈하게 될 가능성이 크기 때문에 기업은 고객의 욕구에 적합한 편익을 제공해야 한다.

4. 정보제공

고객은 바쁜 일과 속에서 살고 있지만, 인터넷 등의 정보수단을 일상적으로 사용하고 있고 언제 어디서든지 원하는 정보를 검색하는 데 익숙해져 있다. 그러나 너무 많은 정보홍수의 시대에 살고 있어 자신이 원하는 제품과 서비스를 검색하는 데 많은 번거로움을 겪게 되고, 원하는 최적의 정보를 얻을 수 있기 위해서는 시간적인 손실과 노력이 필요하게 된다.

고객은 기업이 고객별로 맞춤식 정보를 제공해 주기를 무의식적으로 기대하고 있다. 기업은 식상한 정보가 아닌 고객이 흥미와 관심을 가질 수 있는 정보를 제공하여야 한다. 고객은 제품과 서비스에 대한 특장점의 나열식 정보보다는 관심이 있는 분야의 맞춤식 정보를 제공받을 수 있기를 원한다. 제품중심의 장점 나열식 정보는 고객을 짜증 나게 한다. 수많은 정보 속에서 고객 자신이 원하는 정보가 있는 것을 발견할 때는 만족도가 상승할 수밖에 없다.

5. 고객 차별화 서비스

고객은 기업으로부터 차별화된 특별한 서비스를 받을 수 있기를 기대한다. 동일한 제품과 서비스인데도 구매하는 장소와 품격에 따라서 가격의 차이가 심한 경우를 흔히 볼 수 있다. 가격을 더 지불하더라도 특별한 대우를 받고 싶어 하기 때문이다. 기업의 장기적인 단골손님의 경우에는 단골손님으로서의 차별화된 서비스를 받고 싶어 한다.

기업의 제품과 서비스를 구입하는 금액이 많은 로열 고객의 경우에는 더욱더 차별화된 서비스를 받고 싶어 하며, 일종의 권리라고 생각하기도 한다. 로열 고객에게 차별화된 서비스를 제공하지 않고 일반고객과 동일한 표준화된 서비스를 제공하거나 서비스 자체를 중단하면, 특별한 고객으로 대우받지 못하는 실망감으로 이탈할 수 있으므로 세심한 관리가 필요하다.

〈사례 1.3〉은 감성마케팅을 활용하여 고객만족에 대한 차별화를 실현하는 사례를 보여주고 있다.

CRM Practice 1.3 감성 채우는 작은 책방

동네 골목 안쪽에 들어앉아 있는 작은 책방. 주인들은 적게는 3000권, 많게는 2만여 권에 육박하는 모든 책을 줄줄 꿰고 있다. 꼭 책을 살 목적이 아니어도, 찾는 책이 없어도 주인과 눈을 맞추고 '책'에 대한 이야기를 나눌 수 있는 곳이다. 남다른 감성을 지닌 주인장과 책을 사랑하는 사람들의 독서 모임, 특별한 공연 · 워크숍이 있는 작은 책방들을 소개한다.

▲주인과 오순도순 책 얘기 손님과 도란도란 독서 토론
도심 정원에서 책 읽기 – 정원이 있는 국민책방

정원이 있는 북카페 형식의 서점이다. 조경 전문가로 30여 년간 활동한 황용득 대표가 직접 정원을 꾸며 문을 열었다. 1만3000여 권의 책이 구비돼 있는데 대부분 건축 관련 서적이다.주인장이 오랫동안 이용하던 단골 서점이 문을 닫을 때 인수했다고 한다. 시중에서 쉽게 구할 수 없는 옛 서적도 있고, 세계 최대 쇼핑사이트인 아마존에서조차 검색되지 않는 희귀본도 종종 찾을 수 있다.

이곳의 분위기는 조용하다 못해 무겁다. 조용히 책을 읽고 싶거나 공부하고 싶은 인근 대학교 학생들이 주로 이용하는데, 카페임에도 불구하고 대화 없이 각자의 일들을 하는 것이 특징이다. 특히 인근 학교의 시험기간에는 흡사 학교 도서관 같은 분위기여서 '국민독서실'이라고 불리기도 한다. 카페 내부는 2개 층으로 나뉘어 있다. 문화공간이 필요한 경우 한 층을 통으로 대관하기도 한다. 주인장이 직접 기획한 미술품 전시나 음악 공연도 꾸준히 열린다.

(출처: 중앙일보, 2015. 10. 13.)

제4절 CRM의 영역

고객 관계관리의 중요한 영역은 프론트오피스, 백오피스로 구분된다. [그림 1-6]은 CRM의 영역을 나타내고 있다.

그림 1-6 CRM의 영역

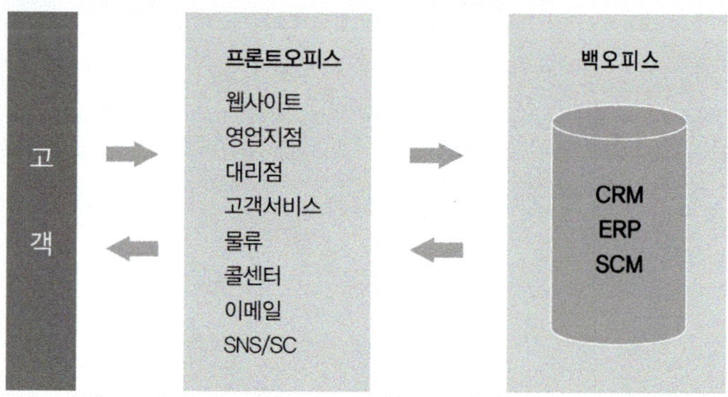

1. 프론트 오피스

프론트오피스(Front Office)는 영업, 마케팅, 고객서비스 등의 활동을 하고 있다. 영업은 영업현장에서 고객과 직접 접촉을 하고, 마케팅은 캠페인 등의 CRM 활동을 기획하고 실행하며, 고객서비스는 고객의 불만이나 욕구를 파악하고 고객별 맞춤서비스를 제공한다. 프론트오피스는 기업과 고객이 만나는 고객 접점이다. 고객 접점(Customer Contact Point)은 기업이 고객정보를 수집할 수 있는 경로이며, 백오피스에서 통합된 고객정보를 분석한 결과를 활용하여 다시 고객서비스를 제공할 경우에 고객 접점을 통하여 고객과 접촉할 수 있다. 즉, 기업은 고객 접점을 통하여 고객만족활동을 하고, 고객과의 관계를 지속하고 발전시킬 수 있다. 기업이 고객과 접촉할 수 있는 고객 접점으로는 웹사이트, 영업지점, 대리점, 서비스, 물류, 콜센터, 이메일 등의 조직과 수단이 있다.

〈사례 1.4〉는 기업의 최고경영자로부터 모든 임직원들이 고객 접점에서 고객만족을 실현하고 있는 내용을 보여주고 있다.

CRM Practice 1.4 설명 잘하는 직원 육성해 '고객 만족 지수' 높여

KT는 '고객 인식 1등'을 위해 지난해부터 '고객 접점 명품화'를 추진하고 있다. 이를 위해 모든 고객 접점 직원을 '설명 잘하는 현장 전문가'로 육성하기 위해 노력 중이다. 'KT 설명 왕 경진대회'를 연 2회 개최하고 있는 것도 이런 이유에서다. 현재 158명의 최고 기량의 고객 접점 직원을 'KT 명장'으로 임명했다.

▲ 황창규 회장

수시로 상담 역량을 확인하는 '미스터리쇼퍼', 매장 전화 조사를 지표화한 TCSI (Total Customer Satisfaction Index)도 KT의 자랑거리다. 매장 내 컨설턴트들과 매장을 담당하는 매니저들이 직접 매장 환경에 대한 품질 관리를 할 수 있는 자가점검 시스템을 개발해 자발적인 품질 개선을 유도하고 있다. 고객 만족 지수가 고객을 대하는 최일선까지 빠른 피드백과 개선 활동으로 이어질 수 있도록 시스템을 구축했다.

대리점주와 컨설턴트를 대상으로 고객 만족 지수를 적용한 다양한 인센티브 프로그램을 제공해 동기 부여에 노력하고 있다. KT는 고객 상담 편의를 위해 패드형 상담 툴(KT 가치제안서)을 업계 최초로 개발해 신속하고 정확한 상담이 가능해졌다. 전국 매장 어디서나 최고의 서비스를 제공하기 위해 '판매폭발 훈련'을 수시로 실시하고 있다. 고객 만족과 판매 역량 향상에 주요한 우수 활동은 수집해 공유한다. 일명 '보배(보고 배우자)' 프로그램이다. 활동이 우수한 매장은 우수 매장으로 인증 및 다양한 활동비 지원을 한다.

(출처: 중앙일보, 2017. 6. 28., http://news.joins.com/article/21706124)

2. 백오피스

백오피스(Back Office)는 고객정보를 통합하여 CRM 시스템의 데이터웨어하우스에 저장하고 지속적으로 업데이트하면서, 고객과의 관계를 강화하기 위하여 고객정보를 매우 정밀하게 세분화하고 분석하는 등의 CRM을 지원하는 업무영역이다. 그리고 CRM 시스템은 전사적인 협력과 지원을 받을 수 있는 전사적 자원관리시스템인 ERP(Enterprise Resource Planning)시스템과 유통점들과의 통합 시스템인 공급망관리(SCM, Supply Chain Management) 시스템과도 통합 운영되어야 CRM의 성과를 향상시킬 수 있다.

제5절 분석CRM · 운영CRM · 협력CRM

1. CRM 사이클

경영정보시스템 관점에서 CRM 사이클에 대한 순환과정을 보면 분석(Analytic) CRM, 운영(Operational) CRM, 협력(Collaborative) CRM의 단계가 순환하면서 기업이 고객과의 관계를 유지하고 발전시키고 있다. 1단계인 분석 CRM은 가장 충성도가 높은 우수고객과 평생고객을 분석하고 분류한 고객정보를 CRM 활동을 적극적으로 실행하는 2단계의 운영 CRM 조직과 관련 부서인 고객 접점부서로 제공한다. CRM 분석은 기업에서 필요로 하는 고객정보를 입수 · 취합 · 분석하여 고객정보를 누적 관리하는 것을 의미한다.

1단계에서 분석된 고객정보는 2단계인 CRM 운영의 단계로 제공된다. 분석된 고객정보는 CRM 운영을 실행하는 고객 접점 부서로 제공되며 고객과의 관계를 유지하고 강화할 수 있도록 CRM이 운영된다. 이러한 CRM 분석과 CRM 운영이 지속적으로 원활하게 실행되기 위해서는 어느 특정한 전문인력 혹은 전문부서에서만 실행할 수 없으므로 3단계인 CRM협력이 전사적으로 이루어져야 한다. CRM의 효과적인 성과를 기대하기 위해서는 기업의 내부와 외부에 있는 관련 조직들과의 협력이 필요하게 된다. 이러한 연속적이고 지속적인 CRM 활동을 통하여 기업은 고객과의 관계를 강화할 수 있게 된다.

CRM 사이클은 분석 · 운영 · 협력의 3단계가 순환하면서 고객정보가 갱신되고 고객과의 관계를 강화할 수 있는 자동화된 프로세스를 제공하게 된다.

[그림 1-7]은 CRM 사이클에 대한 내용이다.

그림 1-7 CRM의 사이클

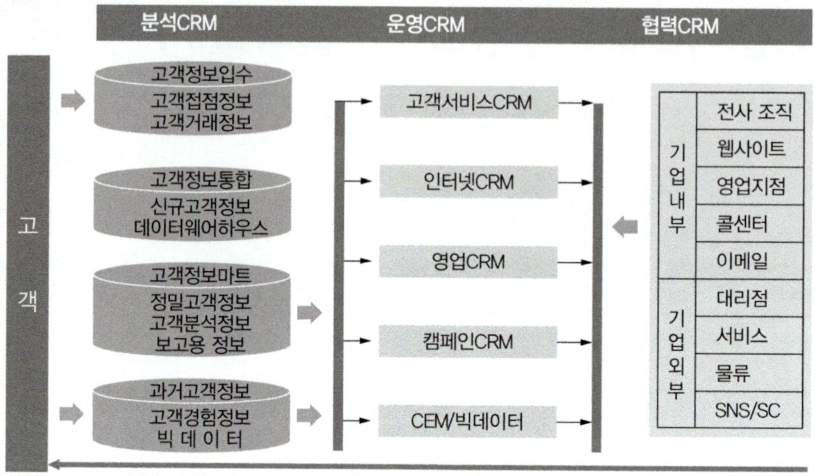

1) 분석 CRM

(1) 분석 CRM의 구성

CRM은 양질의 고객정보를 확보하고 분석하는 것으로부터 시작된다. 1단계인 분석 CRM은 CRM 시스템에서 고객정보를 관리하고 운영하는 단계이며, 고객정보를 입수하고 저장하며, 고객을 대상으로 관계를 유지할 수 있도록 최근의 정보를 누적한 여러 가지 형태의 정보를 분류하여 저장한다. 고객을 매우 정밀하게 분석하고 운영 CRM에서 활용하기 용이하도록 고객정보를 정돈하여 고객정보마트에 저장한다.

분석 CRM은 고객 접점에서 입수한 고객정보를 정제하며 통합하고 저장한 다음에 고객의 특성과 관련 상품의 특성을 고려하여 고객정보를 특성별로 분류하는 기능을 수행한다. 예를 들면, 고객과의 거래 상품 특성 및 가격, 캠페인 참여 고객정보, 고객의 필요(Wants)와 니즈(Needs)와 같은 고객반응 그리고 CRM 활동의 분석결과를 관리하는 기능을 수행한다. 고객별로 LTV(Life Time Value, 고객생애가치)의 단계별로 고객과 상품의 가치를 분석하고, 고객을 세분화하며, 고객의 활동을 RFM(Recency; 최근성, Frequency; 접촉빈도, Monetary; 구매력)요인 등으로 분석한다. RFM의 구체적인 내용으로는 고객의 구매형태, 고객과 상품

간의 관계, 상품 간의 연관성, 고객별 추천 상품 등을 분석할 수 있다.

그리고 고객경험관리인 CEM(Customer Experience Management)의 발전과 활용이 확대되고 있으며, 아직은 초기 단계이지만 향후 발전의 가능성이 무궁무진한 빅데이터(Big Data)의 분석과 활용이 미래의 새로운 CRM 형태가 될 것으로 보인다.

① 고객정보 입수 및 통합

기업이 CRM 전략을 수행하기 위해서는 대상인 고객을 확보해야 하며, 고객을 확보하기 위해서는 고객의 구매 행동에 관련한 모든 정보를 이해해야 한다. CRM 전략을 수행하기 위한 첫걸음은 고객정보를 어떻게 확보할 수 있는지에 대한 방법을 확실하게 하는 것이다. 온라인 전자상거래, 웹사이트, 이메일 등의 경우에는 인터넷으로 간단하게 고객정보를 수집할 수 있지만, 소매유통점, 서비스기업, 물류기업 등의 오프라인의 고객 접점에서 발생하는 고객정보는 기술적으로나 비용적인 측면 모두 쉽지 않은 의사결정을 해야 한다.

제품이나 서비스상품은 기업으로부터 고객이 있는 방향인 전방의 소매유통점으로 출하된다. 기업은 고객정보를 원활하게 수집하기 위하여 전방의 소매유통점들과 동일한 기업으로 인식할 수 있을 정도로 통합해야 한다. 이를 전방의 수직적 통합(Vertical Integration)이라고 한다. 기업은 고객과의 거래정보를 확보할 수 있는 SCM 시스템과 고객의 구매행동에 관련한 정보를 확보할 수 있는 CRM 시스템의 전방통합을 통하여 고객정보를 용이하게 수집할 수 있다. 기업과 소매유통점은 제품과 서비스상품의 주문접수, 배송, 서비스, 고객문의 등에 대한 제반 정보를 SCM시스템과 CRM 시스템을 활용하여 공유해야 한다. 고객에 관련한 모든 정보를 공유하고 공동으로 대응하기 위해서는 SCM과 CRM의 전방의 수직적 통합이 필수적이다. 기업이 고객정보를 확보할 수 있는 경로에는 직접적인 경로와 간접적인 경로가 있다.

② 데이터웨어하우스

데이터웨어하우스(Data Warehouse)는 전사적인 대규모 데이터 저장소를 의미하며, "기업 내의 의사결정지원을 원활하게 하기 위하여 정보기반을 제공하는 통합된 데이터 저장공간"이라고 정의되고 있다. 데이터웨어하우스의 특징을 보면 기업의 의사결정 과정을 효과적이고 효율적으로 지원할 수 있도록 주제지향적(subject-oriented), 통합적(data integrated), 시계열적(time varience), 비휘발성(data nonvolatility) 등이 있다. 이러한 특징은 CRM을 위한 데이터웨어하우스에도 그대로 적용되고 있다.

③ **고객정보마트**

고객정보마트는 일반적으로 사용되고 있는 데이터마트의 의미를 CRM 시스템에 적용한 용어이다. 고객정보마트는 전사적인 초대형의 통합 저장장치인 데이터웨어하우스의 단점을 보완하기 위하여 개별 부서 혹은 특정한 사용자 집단이 사용하기에 편리하도록 특화된 소형의 데이터웨어하우스라고 할 수 있다. 즉, 고객정보마트는 대규모의 CRM데이터웨어하우스에 효과적으로 접근할 수 있도록 재정비한 소형의 데이터웨어하우스이다.

고객정보마트에 저장된 고객정보는 영업지점, 대리점, 서비스, 물류, 콜센터 등의 기업의 내·외부에 다양하게 존재하고 있는 조직과 인력들이 효과적으로 운영할 수 있도록 가공된 정보의 형태로 저장되어 있다. 데이터마트(Data Mart)는 소수의 개별 조직 혹은 인력들이 각 조직에서 사용하는 목적에 따라 적합한 소규모의 데이터를 추출하여 분석할 수 있도록 만든 소형의 데이터웨어하우스이다. 따라서 고객정보마트와 데이터웨어하우스는 데이터의 용량과 사용자 규모에서 차이가 있을 뿐 기본 구성요소는 동일하다.

(2) 고객 경험 분석

고객 경험 분석(CEM, Customer Experience Management)은 CRM에서 부족한 고객의 과거 경험을 보완하여 고객정보를 더욱 정밀하게 세분화할 수 있는 방법을 제공하게 된다. CRM의 성과에 미칠 수 있는 고객경험의 세부적인 요인을 보면 고객이 제품과 서비스를 구입할 시점에서 혁신제품, 성숙제품, 초저가 제품 중에서 어떤 제품을 선호하는지에 대한 혁신성의 경험, 기업이 고객에게 제공하거나 제공하고자 하는 서비스의 경험 및 구입경로의 경험 등을 분석하여 고객을 더욱 정밀하게 세분화할 수 있을 것이다. 이러한 세분화 방법을 CEM 세분화라고 한다.

(3) 빅데이터 분석

비정형 고객정보를 분석하는 방법으로 빅데이터 분석방법이 확산되기 시작하고 있다. CRM을 실행하기 위해서는 정형화된 데이터만을 분석하여 목표를 달성하기에는 기술적인 한계가 발생하게 된다. 정보의 생산량이 급증하게 되는 미래에는 과거의 정형 데이터에 대한 분석방법만으로는 비정형 데이터를 분석하기가 매우 어렵게 될 것이다. 비정형의 방대한 데이터를 분석할 수 있는 방법으로는 정형화된 통합 정보를 분석하는 방법보다 분산처리방식과 같은 빅데이터 기술을 활용해서 대규모 고객정보를 빠른 시간 안에 분석할 수 있게 된다. 인터넷 등에서 고객들이 사용하고 있는 검색어와 댓글의 비정형 고객정보를 분석해서 자사의 상품에 대한 고객반응을 실시간으로 파악할 수 있으며, 실시간으로 맞춤 고객서비스를 실행할 수 있는 것은 빅데이터를 분석할 수 있는 기술을 활용할 수 있기 때문에 가능하게 되었다.

2) 운영 CRM

2단계인 운영 CRM의 단계에서는 고객정보마트의 다양한 분석결과를 활용하여 고객과의 캠페인, 영업 등의 모든 접점활동을 실행한다. 운영 CRM은 CRM의 전략과 정책에 대한 의사결정을 지원하고, 고객서비스 CRM, 인터넷 CRM, 영업 CRM, 캠페인 CRM 등을 실행하고 관리하며 이때 발생한 고객과의 거래정보를 분석하고 보고할 수 있는 자동화된 프로세스이다. 그리고 현재 초보적인 단계로 진행되고 있지만 미래의 CRM 방향을 제시해 주고 있는 CEM과 빅데이터에 대한 운영도 매우 정교하게 발전될 것으로 생각된다.

운영 CRM은 분석 CRM에서 나온 결과를 활용하여 고객과의 관계를 발전시키기 위하여 기업과 고객 간의 상호작용을 촉진하는 기능이다. 예를 들면, 고객 개인별로 구매가능성이 가장 높은 제품이나 서비스상품을 추천하고, 구매고객에게는 가장 연관성 많은 제품이나 서비스상품을 재추천할 수 있다. 유사한 가격대의 연관상품을 추천하는 교차판매(Cross Selling 크로스셀링)와 동일한 상품군에서 높은 가격대의 상품을 추천하는 상승판매(Up Selling 업셀링) 등이 있다. 그리고 우수고객이나 충성고객에게는 새로운 서비스를 제공하는 등의 직접적인 커뮤니케이션 활동으로 관계를 유지하고 발전시키는 노력을 지속한다. 커뮤니케이션의 매체로는 판매원, DM(Direct Mail, 직접우편), 전자우편, 개인화된 인쇄물, 전단, 전화 인터넷, 커뮤니티, SNS(Social Network Service), SC(Social Commerce) 등이 있다.

운영 CRM의 대표적인 마케팅분야는 고객서비스 CRM, 인터넷 CRM, 영업 CRM, 캠페인 CRM, CEM과 빅데이터마케팅 등이 있다.

(1) 고객서비스 CRM

고객서비스는 일반적으로 제품과 서비스상품을 구입한 고객에게 구매한 이후에 발생하는 제품상의 문제를 해결해 주는 기능이다. 최근의 고객서비스는 제품이나 서비스 이외의 범위까지 확장되고 있다. 고객에게 기업과 상품에 관련한 정보를 제공하는 것도 서비스의 한 부분이며, 고객이 궁금해하거나 불편한 내용을 상담하고 문제를 해결할 수 있도록 도움을 제공하는 활동도 서비스의 범위에 포함되고 있다. 기업과 고객과의 관계를 연결할 수 있는 모든 활동이 고객서비스의 범위로 확대되고 있다.

고객서비스 CRM 분야는 효과적인 쌍방향 커뮤니케이션으로 CRM기반을 확보하면서 기업이 고객과의 텔레마케팅을 수행하고 콜센터를 효율적이고 효과적으로 운영할 수 있다.

(2) 인터넷 CRM

인터넷 CRM은 컴퓨터와 인터넷을 활용하여 이메일, 전자문서교환, 전자자금이체 등의 인터넷을 활용하여 가상공간(Virtual Space, 또는 Cyber Space)에서 마케팅활동을 실행할 수 있다는 것을 의미한다. 인터넷 CRM은 지역적 공간적 시간적 제약을 해결할 수 있는 마케팅의 혁명이라고 할 수 있다. 인터넷 CRM은 우리 생활의 주변에 없어서는 안 될 일상생활의 한 부분으로 정착되었지만, 불과 20여 년 전까지도 현재 우리가 경험하고 있는 인터넷 CRM의 발전을 예측하기 어려웠다.

인터넷 CRM은 전자상거래를 위한 CRM, 이메일 CRM, 모바일커머스 CRM, SNS와 SC의 CRM 등이 있다.

(3) 영업 CRM

CRM 전략의 가장 큰 목적은 Customer Relationship Management의 의미에서 알 수 있듯이 고객과의 관계를 장기적으로 유지하고 발전시키는 활동으로 고객을 확보함으로써, 미래의 경쟁력을 확보한다는 의미이다. 고객과의 관계를 관리하는 활동은 영업의 역할에 있어서도 많은 변화의 바람을 일으키고 있다. 즉, 과거의 판매중심의 관리역할로부터 고객 관계관리의 역할로 급격하게 변화하고 있다.

(4) 캠페인 CRM

캠페인(Campaign)은 기업이 고객을 대상으로 일정한 기간에 일정한 고객집단을 대상으로 양질의 제품과 서비스에 대한 정보를 제공하면서 고객과 호의적인 관계를 지속하고, 고객 만족을 극대화할 수 있는 고객과의 쌍방향 커뮤니케이션 활동이다. 캠페인은 판매를 직접적인 목표로 하지 않는다. 고객에게 더 나은 서비스를 제공함으로써, 고객의 긍정적인 반응을 얻어 고객과의 관계를 지속적으로 발전시켜 나가기를 원한다. 캠페인은 한 번의 판매가 목적이 아니고, 고객과의 장기적인 관계를 지속할 수 있는 CRM의 실행방법으로서 매우 중요한 활동이다.

기업의 캠페인 CRM의 목적은 캠페인 활동을 통하여 고객이 만족을 얻게 하고 고객의 충성도를 향상시켜서 고객의 가치를 향상시키는 것이다. 따라서 캠페인은 CRM을 수행할 수 있는 가장 강력한 수단이며, CRM 중심의 마케팅을 실현할 수 있는 효과적인 수단이다.

기업이 정밀시장 캠페인을 시행할 경우에는 반드시 고객집단을 매우 정밀하게 세분화한 시장을 표적시장(Target Market)으로 선정한 다음에, 표적시장의 고객이 선호하는 제품과 서비스를 제공하면 매우 효과적이다. 정밀시장 캠페인 CRM은 일반대중을 대상으로 무작정 살포하는 캠페인보다 훨씬 적은 비용으로 훨씬 큰 성과를 기대할 수 있다.

(5) CEM과 빅데이터마케팅

① CEM마케팅

CEM은 고객경험관리의 의미로서, Customer Experience Management의 약어이다. CRM은 고객과의 관계를 관리하는 방법으로 RFM 고객점수를 이용하는 것이 기본이다. RFM 요인은 고객이 기업의 제품과 서비스를 구입하면서 발생한 거래를 분석하여 미래의 고객 행동을 예측한다. 고객의 행동에는 제품과 서비스를 구입하는 거래에 대한 행동도 있지만, 거래가 발생하기 전의 경험, 거래 시점의 경험, 거래 후의 경험에 대한 거래와 직접적인 관련이 아닌 비거래 경험에 대한 분석이 누락되어 있다. 제품과 서비스를 구입하기 위한 직접적인 행동뿐만 아니라, 거래에 영향을 미칠 수 있는 경험이 중요하기 때문에 고객의 구매행동을 분석하기 위해서는 경험을 분석해야 한다는 이론이다.

CRM은 고객정보를 정밀하게 세분화시키는 프로세스이다. 따라서, 고객에게 경험을 제공할 수 있는 고객경험관리인 CEM은 CRM과 별개가 아닌, CRM을 좀 더 효과적으로 활용할 수 있도록 더욱 정밀하게 분석하고, 더욱 세밀한 맞춤서비스를 제공할 수 있는 방법의 개선이라는 성격이 강하다고 할 수 있다.

② 빅데이터마케팅

최근 1년 동안 전 세계에서 발생했던 정보량은 과거 인류의 모든 역사 기간에 발생했던 정보량을 초과할 정도로 많다고 한다. 인터넷, 모바일, SNS 등의 발전으로 나타나고 있는 현상이다. 엄청난 정보의 홍수시대에 살고 있으면서, 대부분의 정보는 의미 없이 스쳐 지나가고 있으며 소멸하고 있다. 이러한 정보의 대부분은 비정형 정보이다. 엄청난 양의 비정형화 정보시대에 살고 있는 현재를 빅데이터의 시대라고 할 수 있으며, 여러 분야에서 빅데이터를 무의미하게 소멸시키지 않고 가치 있는 정보로 활용할 수 있는 분석방법들이 실험적으로 활용되고 있다.

빅데이터(Big Data)는 인터넷, 정보통신, SNS 등의 발전과 각종 센서의 확산으로 인하여 다양하고 수많은 비정형 데이터가 증가하면서 나타나고 있다.

빅데이터는 데이터의 양과 형식 등에 있어서 과거의 데이터에 비해 너무 방대하기 때문에, 종래의 방법으로는 수집・저장・검색・분석이 어렵다. 네이버의 지식백과에 의하면 컴퓨터 및 처리기술이 발달함에 따라 디지털 환경에서 생성되는 빅데이터와 이러한 빅데이터를 기반으로 분석할 경우 질병이나 사회현상의 변화에 관한 새로운 시각이나 법칙을 발견할 가능성이 커진다고 한다. 빅데이터의 활용을 통해서 인간 행동을 예측할 수 있다고 한다.

3) 협력 CRM

CRM은 어느 특정한 전문조직이나 혹은 전문인력만이 운영할 수 있는 마케팅 방법이라기보다는 기업의 내부와 외부의 많은 관련 조직과 구성원들의 적극적인 협력이 있어야 성공할 수 있는 마케팅 방법이다. 기업 내부의 협력은 전사 조직, 웹사이트, 영업지점, 콜센터, 이메일 등이 해당되며, 기업 외부의 협력은 대리점, 서비스, 물류, SNS/SC 등에서의 협력이 있어야 한다.

3단계인 협력 CRM의 단계에서는 1, 2단계에서 확보한 고객정보 분석 결과를 기업의 내부와 외부의 관련 조직 및 관련 구성원들이 적극적으로 이용할 수 있도록 서로 협력해야 한다.

협력 CRM의 내용으로는 협력 CRM, 통합 CRM 시스템, 글로벌 CRM, CRM의 성과평가, CRM의 문화・보안・윤리 등의 측면에서 살펴 볼 수 있으며 다음과 같다.

(1) 협력 CRM

협력 CRM에 대한 역할을 원활하게 수행하기 위해서는 우선 전사적 CRM 협력과 소매유통점과의 수직적 통합이 선결되어야 한다. CRM은 어느 특정한 전문부서 혹은 전문인력들만의 마케팅전략은 아니다. CRM은 기업의 전체 구성원과 기업의 전방과 후방을 이루고 있는 수직적 관계의 기업 혹은 조직들과의 협력이 없으면 성공할 수 없는 마케팅전략이다. 그리고 수직적 통합 중에서도 SCM(공급망관리, Supply Chain Management)과 CRM의 통합이 이루어져야만 CRM의 더욱더 효과적인 성과를 기대할 수 있게 될 것이다.

(2) 통합 CRM 시스템

기업과 고객이 접할 수 있는 다양한 접점에서 발생하고 입수되는 고객정보를 통합하고 일관성이 있도록 분석해야 한다. 즉 CRM 시스템을 중심으로 모든 고객정보는 통합운영 되어야 한다.

CRM 시스템은 기업과 고객 간의 쌍방향 커뮤니케이션을 지속하고 고객의 정보를 수집, 통합, 저장하면서 지속적으로 고객과의 우호적인 관계를 발전시킬 수 있는 필수적인 전사적 통합정보시스템이다.

CRM 시스템은 신규고객의 정보를 수집하고 여러 경로를 통해서 수집되는 고객정보를 통합하면서, 통합된 고객정보를 분석하고, 고객 개인별로 적합한 맞춤형 서비스를 제공할 수 있도록 고객 개인별 정보를 발전시키는 고객 관계관리 시스템이다. CRM 시스템은 기업의 미래 경쟁력을 확보할 수 있도록 지원하는 정보시스템이다. 고객과의 관계를 상호 우호적인 관계로 지속할 수 있다면 미래의 시장환경이 아무리 급변하더라도 경쟁력을 확보할 수 있을 것이다.

(3) 글로벌 CRM

기업의 규모가 발전되고 확대하게 되면 글로벌 CRM에 관해서도 관심을 기울여야 할 것이다. 전 세계는 하나의 단일시장으로 변하고 있다. 어느 특정한 지역에서만 경쟁력을 보유할 수는 없다. 기업을 경영할 때는 글로벌 기업을 경영하는 것을 염두에 두어야 한다. CRM 역시 글로벌화를 생각하지 않으면 글로벌 경쟁에서 앞서 가기 어려울 것이므로 고객 접점의 모든 조직과 구성원들의 협력으로 CRM을 일상화해야 할 것이다.

글로벌 CRM의 의미는 글로벌기업이 본국 밖으로 CRM 활동의 범위를 확대하는 것으로 볼 수 있다. 글로벌 CRM은 글로벌고객을 대상으로 신규고객의 획득, 기존고객의 유지, 그리고 이들 고객의 가치를 창출하고 지속하기 위한 목적으로 다양한 정보통신기술을 활용하여 고객과의 커뮤니케이션 활동을 지속함으로써, 고객행동을 이해한 다음에 고객을 획득하고 유지하며 발전시킬 수 있도록 고객행동에 영향력을 행사하는 기업의 글로벌활동이라고 할 수 있다.

(4) CRM의 성과평가

CRM의 성과평가 역시 객관적인 기준을 사전에 설정하여 성과에 따른 적절한 평가와 보상이 따를 수 있는 전사적인 협력이 있어야 한다. CRM 전담 조직 및 인력 이외의 조직과 구성원들의 협력 없이 부정적인 시각으로 평가를 집행하게 된다면 CRM의 성과는 기대치에 도달하기 어렵게 될 것이다.

기업의 모든 경영활동 중에서 성과와 무관한 일은 없다. 성과는 절대적인 것이 아니고 상대적이다. 생산과 영업 관련 조직이나 부서에서는 투자수익률 등의 재무적인 성과를 중요시할 것이며, 지원 관련 조직이나 부서에서는 비재무적인 성과를 더욱 중요시할 것이다. CRM의 성과평가에 대하여 조직의 직접부서와 간접부서 모두를 이해시키고 동의를 얻기 위해서는 성과를 평가할 수 있는 기준을 사전에 정의하고 합의하는 것이 매우 중요하다. 성과평가에 대한 사전합의가 없는 상태에서 일부 부서에서만 CRM 전략을 기획하고 도입하고 실행하면, 투자비용에 대한 성과평가가 서로 다르게 나타날 수 있기 때문이다. CRM 역시 경영전략의 중요한 수단이 되고 있으므로 성과평가에 대한 요구가 일반화되고 있다. 평가하지 못하면 관리할 수 없게 된다. CRM 전략에 대한 성과평가는 수익성 분석, 고객 만족, 기업 내외부의 협력 등의 지표로 구분되기도 한다.

(5) CRM의 문화 · 보안 · 윤리

CRM을 성공적으로 수행하기 위해서는 기업의 문화 · 보안 · 윤리적인 측면에서의 협력이 또한 필수적이라고 할 수 있다. CRM은 전사적인 경영전략이다. 전사적인 협력체제가 매우 중요하다. CRM 시스템의 기능적 혹은 기술적 측면의 중요성보다 전사적인 협력에 대한 전사적인 문화적인 환경이 더욱 중요하다. CRM의 목표를 달성하기 위한 조직문화가 조성되어야 한다. CRM을 위한 기업의 조직문화를 보면 고객지향, 장기적 목표, 명확한 목표, 부서 간의 협업, 외부조직과의 협업 등이 원활해야 할 것이다.

기업의 모든 조직 경영이 고객 중심적으로 되어야만 하고 이를 위한 첫걸음이 CRM이라고 할 수 있다. 그리고 고객정보를 확보하고 이를 기반으로 CRM을 수행하기 때문에 고객정보를 관리하는 측면에서 보안에 매우 신중해야 하며, 도덕적으로 윤리적으로 남용해서는 안 될 것이다.

2. 기업경영의 PDS 사이클

CRM 활동의 범위를 경영정보시스템의 좁은 분야에서 전사적인 활동과 소매유통점과의 수직적 통합 CRM의 범위까지 확대하면, 기존의 구조적 CRM 사이클과 기능적 CRM 사이클의 이론으로는 설명이 다소 부족하다. CRM 활동을 기업전체의 경영까지 범위를 확대하기 위해서는 일반적인 기업의 경영활동에 관한 관리사이클(Business Management Cycle)로 설명되고 있는 계획(Plan), 실행(Do), 평가(See)의 3단계 순환사이클로 설명하는 것이 더욱 용이하다. 이러한 3단계 순환사이클을 간단하게 PDS사이클이라고 부르고 있다. [그림 1-8]은 PDS사이클 순환과정에 대한 내용을 나타내고 있다.

그림 1-8 PDS 사이클의 순환과정

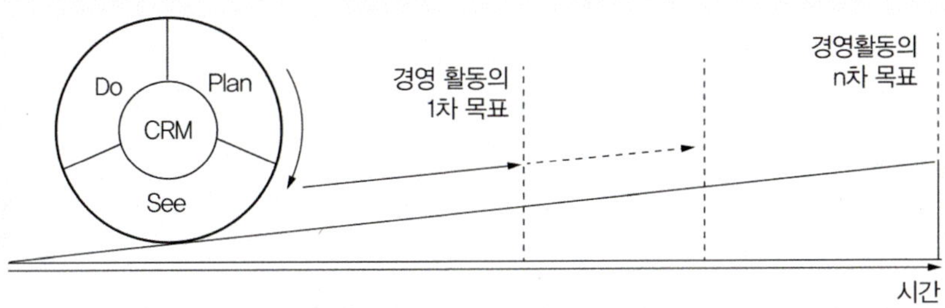

PDS사이클은 기업의 경영활동에서 크고 작은 새로운 사업이나 업무를 추진할 경우에 먼저 환경과 제반여건을 세밀하게 조사하고서 목표달성을 위한 매우 구체적인 계획을 세우고, 달성해야 하는 기간에 당초에 수립한 계획대로 철저하게 실행을 하면, 목표한 기간 이내에 목표를 달성할 수 있음을 의미한다.

PDS사이클은 업무를 추진하는 단계별 목표에 대한 성과를 분석하여 최종 목표에 도달할 수 있도록 통제를 해야 하고, 최종 결과에 대한 평가를 한 다음에 피드백하여 다음에 시행해야 하는 새로운 사업 또는 업무의 목표를 달성할 수 있는 전략을 수립하는데 반영하게 된다. 이러한 일련의 관리과정이 순환하면서 기업의 지속적인 성장이 이루어지게 된다.

3. CRM의 관리사이클

1) 전사적 CRM

기존의 CRM 사이클을 보면 CRM 시스템을 운영하는 운영 CRM, CRM 시스템에 저장되어 있는 고객정보를 분석하는 분석 CRM, 분석된 고객정보를 활용하여 마케팅부서와 협력하여 캠페인을 실행하는 협력 CRM으로 구분하여 CRM 활동을 전개하고 있다. 이러한 방법은 경영정보 관련 부서와 마케팅 관련 부서만의 전문적인 시스템으로 국한되기 쉽다. 전문적이고 제한적인 CRM 활동이 제조기업에서 성공하기 위해서는 CRM 활동의 범위를 기업 전체로 확대해야 한다. 즉 기업 전체로 활용될 수 있는 전사적 CRM 전략으로 확대되어야 성공할 수 있다.

고객과 직접적인 거래가 거의 없는 제조기업의 CRM 활동을 적극적으로 활용할 수 있는 방법을 강구하기 위해서는 새로운 모형으로 기업전체가 참여하는 전사적 CRM 활동을 실행할 수 있어야 한다.

2) 전사적 분석 CRM · 운영 CRM · 협력 CRM

흔히들 CRM은 경영정보시스템 중심의 좁은 의미로 사용되는 경우가 많다. CRM 활동은 기업 전체가 고객을 실행한다는 개념으로 확대되어야 한다. 기업 전체로 확대된 CRM 전략을 구체화하기 위하여 기존의 CRM 사이클인 분석, 운영, 협력의 단계와 경영관리 사이클인 계획, 실행, 평가의 단계를 유사한 부분으로 재편성하는 것이 가능하다.

기존의 경영관리 사이클 계획(Plan) 부분은 CRM 사이클의 분석 CRM과 유사하고, 실행(Do) 부분은 운영 CRM과 유사하며, 평가(See) 부분은 협력 CRM과 유사한 부분이 많다. 따라서 전사적 CRM 전략을 실행하는 데 적합하도록 기존의 PDS사이클을 응용하여 CRM사이클을 재구성할 수 있다.

전사적 분석 · 운영 · 협력 CRM을 종합해 보면 [그림 1-9]와 같이 재편성이 가능하며, 본 교재의 기본 모형으로 활용하기로 한다.

그림 1-9 전사적 분석 · 운영 · 협력 CRM

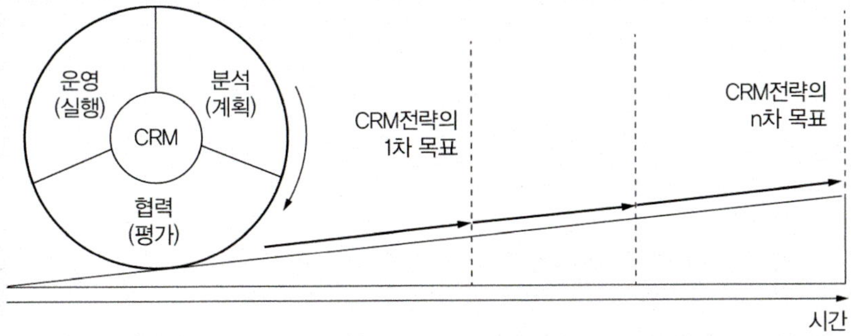

그리고 본 교재는 전사적 CRM 전략 관리사이클과 같이 분석(계획) CRM, 운영(실행) CRM, 협력(평가) CRM의 3단계를 3개 Part의 교재로 구성하였다.

Chapter 1 정리

1. CRM과 CRM

CRM은 Customer Relationship Management의 약어로서 고객 관계관리를 의미하며, 기업이 고객과의 관계를 우호적으로 유지할 수 있도록 관리함을 의미한다. 그리고 CRM 마케팅(Customer Relationship Management Marketing)은 장기적인 고객 관계의 발전을 통하여 마케팅활동을 전개하는 것을 의미한다.

2. CRM의 발전 배경

경영환경의 변화에 대처하고 경쟁력을 확보하기 위해서는 차별화전략이 필요하며, 고객과의 관계를 유지하고 발전시키기 위한 차별화전략인 CRM의 중요성이 점차 증가되고 확산되고 있다. CRM의 발전 배경으로 크게 고객의 변화, 기업과 시장환경의 변화, 정보기술의 변화를 들 수 있다.

3. 고객의 욕구

글로벌 기업은 글로벌 경영으로 품질 좋은 제품을 대량생산하여 공급하고 있다. 대량생산으로 공급이 수요를 초과함으로써 고객의 선택 폭이 넓어졌고, 고객의 욕구도 다양하게 증가되었다. 이러한 고객과 시장환경의 변화는 기업들로 하여금 치열한 경쟁을 유도하고 있다. 기업에 대한 고객의 욕구를 보면 개별 고객 욕구, 개별 고객서비스, 편익제공, 정보제공, 고객 차별화 서비스 등이 있다.

4. CRM의 영역

고객 관계관리의 중요한 영역은 프론트오피스, 백오피스로 구분된다. 프론트 오피스는 기업과 고객이 만나는 고객 접점이며, 백오피스(Back Office)는 고객정보를 통합하여 CRM 시스템의 데이터웨어하우스에 저장하고 지속적으로 업데이트하면서, 고객정보를 정밀하게 세분화하고 분석한다.

5 분석·운영·협력 CRM

1) 분석 CRM

1단계인 분석 CRM은 CRM 시스템에서 고객정보를 관리하고 운영하는 단계이며, 고객정보를 입수하고 저장하며, 고객을 대상으로 관계를 유지할 수 있도록 최근의 정보를 누적한 여러 가지 형태의 정보를 분류하고 분석하여 저장한다.

2) 운영 CRM

2단계인 운영 CRM의 단계에서는 고객정보마트의 다양한 분석결과를 활용하여 고객과의 캠페인, 영업 등의 모든 접점활동을 실행한다. 운영 CRM은 CRM의 전략과 정책에 대한 의사결정을 지원하고, 고객서비스 CRM, 인터넷 CRM, 영업 CRM, 캠페인 CRM 등을 실행하고 관리한다.

3) 협력 CRM

3단계인 협력 CRM의 단계에서는 1, 2단계에서 확보한 고객정보 분석 결과를 기업의 내부와 외부의 관련 조직 및 관련 구성원들이 적극적으로 이용할 수 있도록 서로 협력해야 한다.

Chapter 2. 빅데이터

빅데이터는 CRM과는 별도로 발전해 왔다. 모든 산업분야에 적용되는 기술로써 인공지능 분야와 함께 4차 산업혁명의 중추적인 역할을 할 수 있는 기술이다. 빅데이터는 정형화된 데이터뿐만 아니라 비정형적인 데이터인 문자, 소리, 영상, 동영상 등의 수 많은 데이터들까지도 분석할 수 있다. 빅데이터는 CRM에서 분석할 수 없었던 데이터인 하위 80%의 고객을 분석하는 것을 시작으로 한다. 빅데이터는 2:8의 법칙인 파레토법칙에 대응하여 8:2의 법칙을 롱테일의 법칙을 적용하는 것이다.

CRM만으로는 빅데이터를 포함할 수 없다. 또한 빅데이터만으로 CRM을 포함할 수 없다. 4차 산업혁명의 시대가 이미 시작되었다. 이미 CRM과 빅데이터를 동시에 활용하고 있는 국내외의 글로벌 기업들이 확산되고 있다. CRM은 정형화된 고객정보를 미리 규정된 분석형태에 의하여 분석되고 마케팅 현장에서 활용되는 고객관계관리 시스템이다. 빅데이터는 비정형 데이터이면서 미리 정해지지 않는 고객정보를 검색하고 마케팅현장에서 개인별로 고객에 대해서 일대일 마케팅을 실현할 수 있는 도구이다. 따라서 CRM으로 해결할 수 없었던 부분을 빅데이터가 해결하고 있으므로 빅데이터는 CRM의 연장선상에 있다.

제1절 빅데이터와 CRM

1. 빅데이터의 개념

2017년 1년 동안 전 세계에서 발생했던 정보량은 과거 인류의 모든 역사기간동안에 발생했던 정보량을 초과할 정도로 많다고 한다. 인터넷, 모바일, SNS 등의 발전으로 나타나고 있는 현상이다. 엄청난 정보 홍수시대에 살고 있으면서, 대부분의 정보는 의미없이 스쳐 지나가고 소멸되고 있다. 이러한 정보의 대부분은 비정형 정보들이다. 엄청난 양의 비정형화 정보시대에 살고 있는 현재를 빅데이터의 시대라고 할 수 있으며, 여러 분야에서 빅데이터를 무의미하게 소멸시키지 않고 가치있는 정보로 활용할 수 있는 분석방법들이 실험적으로 활용되고 있다.

빅데이터는 매순간 전 세계에서 상상을 초월할 정도로 많은 만들어지고 있다. SNS데이터, 인터넷 문자 및 문서, 통화기록, 전자상거래 목록, 스마트폰 사용 데이터 등이 빅데이터에 해당된다. 특히 스마트폰의 경우에는 이동경로, 교통정보, 검색어, SNS 및 블로그 방문내역 등에 대한 무수한 데이터들이 만들어지고 축적되고 있다. 빅데이터는 컴퓨터의 발전, 정보통신의 발전 등으로 등장한 새로운 자원이다. 자원을 제대로 활용하면 가치가 창출될 수 있지만 사용하지 않으면 쓰레기무덤이 될 뿐이다.

빅데이터는 말 그대로 수 없이 많은 대용량의 데이터를 의미한다. 빅데이터는 데이터양이 너무 크고 방대해서 기존의 통상적인 방법으로는 수집하고 분석할 수 없다. 빅데이터는 아날로그와 디지털을 불문하고 생성되고 있으며 데이터가 생성되는 주기가 매우 짧으며 숫자뿐만 아니라 문자, 사진, 영상을 포함하는 대규모의 데이터 집합체이다. 빅데이터는 종전에 발생하던 정형화 된 데이터의 양과는 비교할 수 없을 정도로 다양하고 많기 때문에 이러한 데이터를 제대로 분석하게 되면 미래의 예측이 용이하게 될 것이다.

빅데이터(Big Data)는 인터넷, 정보통신, SNS 등의 발전과 각종 센서의 확산으로 인하여 다양하고 수많은 비정형 데이터가 증가하면서 나타나고 있다. 빅데이터는 데이터의 양과 형식 등에 있어서 과거의 데이터에 비해 너무 방대하기 때문에, 종래의 방법으로는 수집・저장・검색・분석이 어렵다. 네이버의 지식백과에 의하면 컴퓨터 및 처리기술이 발달함에 따라 디지털 환경에서 생성되는 빅데이터와 이러한 빅데이터를 기반으로 분석할 경우 질병이나 사회현상의 변화에 관한 새로운 시각이나 법칙을 발견할 가능성이 커진다고 한다. 빅데이터의 활용을 통해서 인간 행동을 예측할 수 있다고 주장하는 학자가 있으며, 미국 매사추세츠공과대학 집합지능연구소장인 토머스 멀론(Thomas Malone) 등이 대표적이다.

빅데이터는 수많은 데이터들 중에 깊숙하게 숨어 있는 가치있는 데이터를 찾아서 분석하고 미래를 예측할 수 있다. 마치 산더미같이 쌓여 있는 흙더미 속에서 다이아몬드를 찾아내는 기술이라고 할 수 있다.

2. 빅데이터의 미래예측

1) CRM의 구매행동 예측

CRM(Customer Relationship Management)은 90년대부터 유행하고 있다, CRM은 과거의 고객행동을 분석한 다음에 고객의 구매활동을 예측하는 시스템이다. CRM은 고객의 구매행동을 예측하기 위해서 고객의 거래활동인 제품, 주문, 수량, 금액, 구입시점, 고객이름, 성별, 나이, 직업, 소득, 거주 환경, 취미 등의 정형정보를 수집하고 분석하는 것으로 시작한다. 이때 분석하는 도구는 회귀분석을 대부분 활용하고 있으며 고객의 행동요인을 RFM(Recency, Frequency, Monytory) 등의 3가지로 분류하여 분석하는 간단한 방법이다.

RFM분석을 위해서는 고객 전부를 대상으로 분석하기 어려우므로 2:8의 법칙이라고 불리는 파레토법칙을 적용하여 상위의 20%에 해당되는 충성고객과 고정고객을 집중적으로 분석하고 이들의 미래 구매활동을 예측하는 것이 대부분이다.

2) 빅데이터의 구매행동 예측

빅데이터는 CRM과는 별도로 발전해 왔다. 모든 산업분야에 적용되는 기술로써 인공지능 분야와 함께 4차 산업혁명의 중추적인 역할을 할 수 있는 기술이다. 빅데이터는 정형화된 데이터뿐만 아니라 비정형적인 데이터인 문자, 소리, 영상, 동영상 등의 수 많은 데이터들까지도 분석한다는 의미이다. 빅데이터는 CRM에서 분석할 수 없었던 데이터인 하위 80%의 고객을 분석하는 것을 시작으로 한다. 빅데이터는 2:8의 법칙인 파레토법칙에 대응하여 8:2의 법칙인 롱테일의 법칙을 적용하게 된다.

예를 들면 전문서적의 경우에는 평소에는 자주 구입하지는 않지만 간혹 구입하는 고객은 CRM에서는 하위고객으로 분석 대상에서 제외된다. 그러나 빅데이터는 아주 오래 전에 단 한번 구입했던 고객의 특별한 전문서적까지도 찾아내고 분석해서 다음에 출간될 전문서적의 구입 가능성을 예측할 수 있다. 기존의 CRM으로는 어려운 예측이다.

다른 예를 들어 보면 의사가 한번도 경험하지 못했던 아주 희귀한 병을 앓고 있는 긴급한 환자가 처음으로 어느 병원에 왔다고 생각해 보자. 기존의 CRM으로는 환자에 대한 개별적인 데이터가 부족하므로 환자의 병명을 알고 치료방법을 찾기에 시간이 걸릴 것이지만 빅데이터를 활용하면 인류 역사 이래에 있었던 모든 데이터들 중에서 실시간으로 가장 근접한 병명을 찾아내고 가장 적절한 치료방법을 찾아 낼 수 있을 것이다.

〈사례 2.1〉은 빅데이터의 전망이 매우 밝을 것을 예상하고 하버드대학교 교수를 뒤로 하고 빅데이터 관련 글로벌 기업에 취업한 내용을 보여 주고 있다.

CRM Practice 2.1 빅데이터 노다지 캐려, 하버드대 '꿈의 자리' 버렸다

▲ 실리콘밸리로 간 경제학자 피터 콜스

피터 콜스는 미국 하버드대 교수직을 관두고 이베이를 거쳐 2015년부터 에어비앤비에서 수석 이코노미스트로 일하고 있다. 미국 하버드 비즈니스 스쿨(경영대학원)에서 촉망받는 젊은 교수였던 피터 콜스는 2013년 8년간 몸담은 학교를 뒤로하고 실리콘밸리로 향했다. 경제학자들에게도 '꿈의 자리'로 불린다는 아이비리그 교수직을 마다하고 그가 향한 곳은 다름 아닌 전자상거래 기업 이베이였다. 2년 뒤 콜스는 실리콘밸리의 가장 '핫한' 스타트업인 숙박 플랫폼 기업 에어비앤비로 다시 자리를 옮겼다. 언뜻 납득이 안 되는 그의 이직 소식은 매번 업계와 학계에서 큰 화제였다.

에어비앤비의 수석 이코노미스트로 재직 중인 콜스를 15일 서울 중구 저동의 에어비앤비 사무실에서 만났다. 그는 방한 기간 중 연세대 교수·학생들과 만나 공유경제 연구 방향을 논의했다. 에어비앤비는 9월 연세대와 공유경제를 공동 연구하기로 협약을 맺은 바 있다. 2002년 월드컵 당시 축구 경기를 관람하러 한국에 온 적이 있다는 콜스는 이번이 두 번째 방한이라고 했다.

숫자로 보는 에어비앤비	
400만 여 곳	전 세계에 보유하고 있는 에어비앤비 숙소 수
73만 개	지난해 전 세계 191개국에서 에어비앤비가 창출한 일자리 수
5967 억원	지난해 한국에서 에어비앤비가 창출한 경제효과
1171 억원	지난해 한국 내 에어비앤비 호스트가 벌어들인 수익
7만 여 명	평창 겨울올림픽 개최지 인근에서 올해 유치한 숙박객 수
1800 여 곳	평창 겨울올림픽을 대비해 준비된 에어비앤비 숙소 수

콜스는 하버드대·시카고대 등에서 모셔온 박사급의 데이터 과학자들을 데리고 일하고 있다. 에어비앤비가 갖고 있는 여러 서비스 모델과 소비자 정책을 경제학적으로 접근해 최적의 실행 방안을 찾아내고 검증하는 것이 그의 업무다. 주목받는 경제학자였던 그가 실리콘밸리에 발을 담근 건 데이터 때문이었다.

그는 "학교에서 연구한 '시장 설계' 이론을 처음 다닌 이베이에서 실제로 적용해 보면서 큰 희열을 느꼈다"고 설명했다. 그는 "엄청난 속도로 크고 있는 에어비앤비에서 스카우트 제의를 받았을 때는 거절할 이유가 없었다"며 "숙박시설과 손님을 연결하며 새로운 시장을 만들어가는 것은 매우 가치 있는 일이라고 생각했다"고 말했다.

콜스는 자신처럼 학계에서 기업으로, 혹은 그 반대로 옮겨가는 현상을 '교차수분(cross-pollination)'이란 용어로 설명했다. 식물이 다른 개체의 꽃가루를 받아 수분하는 것처럼 서로 다른 분야가 교류함으로써 새로운 가치를 창출할 수 있다는 것이다. 에어비앤비뿐만 아니라 구글·우버·넷플릭스 등 소위 '잘나가는' 실리콘밸리 정보기술(IT) 기업들은 콜스와 같은 학자들을 영입하는 데 혈안이 돼 있다.

콜스는 인터뷰 내내 데이터의 중요성을 강조했다. "데이터는 데이터 자체로 중요한 것이 아니다. 데이터는 엄청난 가치를 창출할 수 있는 의사 결정 권한이 있다. 오늘날 기업들이 가장 굶주려 있는 부분이 빅데이터다. 경영자의 본능적인 판단도 중요하겠지만 여기에 데이터가 더해지면서 실현 가능성과 합리성은 더욱 높아지는 것이다. 궁극적으로 소비자들의 사용자 경험을 향상하는 데도 데이터는 결정적 역할을 한다. 에어비앤비는 데이터를 연구·분석하는 인력만 130명을 보유하고 있다.

에어비앤비는 사내에 '데이터 대학'이란 교육 프로그램을 운영하며 모든 임직원에게 수강을 권한다. "데이터와 관계없는 일을 하는 직원들도 데이터를 다룰 줄 알아야 한다"는 것이 이 회사의 지론이다.

(출처: 중앙일보, 2017. 12. 23., http://news.joins.com/article/22229175)

제2절 빅데이터의 특징

1. 4차 산업혁명과 빅데이터

4차 산업혁명의 시대에는 수많은 기술들이 융합되고 통합되면서 우리에게 새로운 편의를 제공해 줄 것이다. 상상을 초월하는 5G 속도의 인터넷 통합망과 사물인터넷이 융합되고 모든 산업들이 인터넷으로 통합된다면 각각의 산업에서 발생하게 되는 빅데이터들 역시 통합되고 융합될 수 있을 것이다. 빅데이터, 자율주행, 사물인터넷, 3D프린팅, 가상・증강・혼합현실 등의 분야에서 사람들이 관련되는 모든 분야들의 통합된 빅데이터들을 인공지능이 분석하고 자기 학습을 통하여 발전시킬 수 있을 것이다. 즉, 4차 산업혁명의 시대에는 상품서비스의 생산유통소비 전체 과정에서 모든 것들이 매우 빠른 속도로 융합되고 지능화 될 것이므로 대변혁이 예상된다.

2. 에자일 철학과 빅데이터

에자일(Agile) 경영철학은 4차 산업혁명의 시대를 대비할 수 있는 강력한 경영철학이며 경영수단이 되고 있다. 미국에서는 GE가, 국내에서는 LS그룹 등의 많은 기업들이 에자일 경영철학을 실행하려고 노력하고 있다.

에자일 경영철학은 4차 산업혁명 시대의 급변하는 환경에 대응할 수 있는 매우 적합한 경영철학이다. 에자일의 사전적인 의미는 재빠른, 날렵한, 민첩한 등의 뜻을 가지고 있다. 어떤 제품을 개발하는 과정에서 고객의 욕구와 주위환경은 수시로 변하기 때문에 제품을 개발하기 시작했던 첫 단계의 아이디어대로 제품이 개발된다면 이미 고객의 욕구는 전혀 다른 제품을 요구하는 방향으로 변해 있을 것이다. 수시로 변하는 고객의 욕구와 주위환경에 대응하기 위해서는 재빠르게 제품개발의 방향을 수시로 수정해야 할 것이며 이러한 경영 철학이 에자일이다. 에자일의 전제조건은 항상 고객의 욕구와 주위환경의 변화를 알고 있어야 하며 이를 위해서는 기업의 모든 경영활동 과정에서 반드시 빅데이터를 활용해야 한다는 것이다.

〈사례 2.2〉는 기업의 에자일 경영철학을 실현하고자 노력하고 있는 기업의 활동 내용을 보여 주고 있다.

CRM Practice 2.2 구자열 LS회장 "우선 해보고, 빨리 실패하라"

신기술 개발위한 '빠른 실패론' 강조

▲ 구자열 LS그룹 회장

구자열(사진) LS그룹 회장이 4차 산업혁명시대에 대응하는 혁신전략으로 '빠른 실패론'을 들고 나왔다. 구 회장은 지난 25일 안양 LS타워에서 'LS T-Fair 2017'에서 "우선 해보고, 빨리 실패하라"고 말했다. 4차 산업혁명의 핵심은 연구・개발(R&D)이다. 경쟁사보다 한발 앞서 신기술을 개발하기 위해서는 수많은 실패가 쌓여야 하고, 그 시간을 줄여야 속도를 낼 수 있다는 게 그의 판단이다.

구 회장은 "각 계열사의 최고경영자(CEO)나 최고기술책임자(CTO)는 물론 연구원까지 아우르는 협업과 노력이 중요하다"며 "크게 생각하고 작게 시작해서 민첩하게 실행하라는 디지털 시대의 행동 철학을 실천해 R&D 속도를 더욱 올려달라"고 당부했다.

그는 빠른 실패론의 구체적인 방법으로 "애자일(Agile) 혁신 방식을 도입하고 표준・절차에 얽매인 기존 연구 프로세스를 과감히 탈피해야 한다"고 주문했다. 애자일 혁신 방식이란 ▶우선 실행하고(do) ▶빨리 실패해 보고(fail fast) ▶실패를 통해 무엇을 어떻게 개선할지 배우고 (learn) ▶다시 시도하는(redo) 혁신 전략이다. 그래야 "효율적이고 성과 지향적인 R&D로 체질을 개선할 수 있다"는 게 그의 설명이다.

구 회장은 2015년부터 ' R&D 스피드업'과 ' 디지털 전환'을 그룹의 R&D, 미래준비 전략으로 강조해 왔다. 이에 LS산전 청주사업장, LS-니꼬동제련 울산사업장 등이 스마트팩토리로 전환하는 등 전사적으로 디지털 전환 흐름에 대비하고 있다.

(출처: 중앙일보, 2017. 9. 27., http://news.joins.com/article/21974740)

3. 빅데이터의 특징

4차 산업혁명 시대의 급변하는 글로벌 경쟁에서 우위를 차지하고 살아남기 위해서는 에자일 경영철학을 바탕으로 빅데이터를 활용해야 할 것이다. 이러한 관점에서 빅데이터의 특성을 살펴보면 개별적이고 디테일한 빅데이터의 특징은 3V로 요약될 수 있으며, 3V는 데이터의 양(Volume), 데이터 생성속도(Velocity), 데이터의 다양성(Variety)을 의미한다(O'Reilly Radar Team, 2012). 최근에는 데이터의 가치(Value)를 추가하여 4V라고 불리기도 한다. [그림 2-1]는 빅데이터의 특징을 나타내고 있다.

그림 2-1 빅데이터의 특징

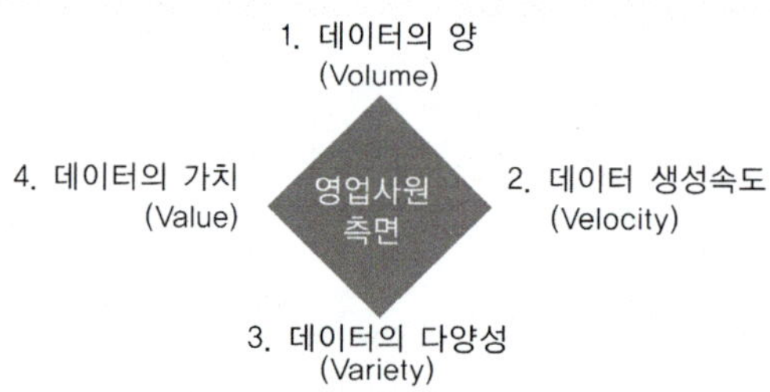

1) 데이터의 양

현재 사회 모든 분야에서 비정형의 데이터의 양(Volume)은 엄청난 양으로 매순간 발생하고 있다. 고객정보 역시 정형 정보보다는 비정형정보가 훨씬 많이 발생하고 있지만, 아직 활용측면에서는 초보적인 수준이므로 발전가능성이 무궁무진하다고 할 수 있다.

비즈니스에서 필요한 개인정보 혹은 세밀한 정보를 활용해서 가장 적절한 전략을 실현하고자 할 경우에 필요한 데이터는 전체적인 경향의 데이터가 아닌 개별 요소에 대한 데이터여야 할 것이다. 이러한 개별요소에 관련한 세밀한 데이터는 엄청난 양의 특성을 가지고 있다. CRM의 경우에는 구매에 관련한 제품, 수량, 금액, 시점 등이 중요한 정형 데이터였다면 빅데이터에서는 구매과정인 비정형의 구매과정에 관련한 데이터도 필요하게 된다. 이러한 과정에서의 정형과 비정형의 데이터들을 수집하고 분석하기 위해서는 데이터의 양이 매우 많아 질 수밖에 없을 것이다.

2) 데이터의 생성속도

컴퓨터와 모바일 등의 단말기의 확대와 함께 인터넷, 정보통신, SNS 등의 발전은 데이터의 생성속도(High Velocity)는 지역과 시간에 구애 받음이 없이 거의 실시간으로 대량 생성되고 있다. 4차 산업혁명의 시대가 도래하게 되면 모든 스피드시대에 살게 될 것이며 내일을 예측하기 힘들 정도로 빠르게 변화하는 세상이 될 것이다. 비즈니스에서는 급변하는 세상에서 경쟁력을 확보하기 위해서 더욱 신속한 의사결정이 필요하게 될 것이며 더욱 빠른 데이터가 실시간으로 수집되고 분석되어야 할 것이다. 즉 데이터 하나의 크기는 작더라도 실시간으로 취득 할 수 있으며 취득 빈도수가 매우 높아야 할 것이다. 빅데이터는 이러한 고빈도(High Frequency)의 특성을 가지고 있다. 데이터의 고빈도는 실시간 의사결정에 많은 효과가 있을 것이며 빈도수가 많을수록 데이터량은 비례해서 증가하게 될 것이다.

3) 데이터의 다양성

비즈니스에서 획일적이거나 정형화되지 않은 다양한 자료를 근거로 하여 전략을 수립하고자 할 경우에는 비정형적이고 비구조적인 데이터들에 대한 수집과 분석이 가능한 데이터의 다양성(High Variety)이 필요하게 되며 이러한 다양성은 빅데이터의 중요한 특성 중 하나가 될 것이다. 비정형 데이터는 웹에서의 사용자 기록, 카메라 영상, 위치, 각종 센서 정보에서 수집되고 있는 데이터들과의 연계성이 다양성을 더욱 확대할 수 있을 것이다.

빅데이터는 이메일, 통화, 문자, 그림, 음성, 동영상 등의 정보를 발생시키면서 사람과 사람들 사이에서 교환되며 전파되고 있으며, 비정형 정보인 데이터의 다양성에 대한 특징을 보이고 있다. CRM의 측면에서의 빅데이터는 쇼핑몰에서의 상담제품, 관심제품, 다른 고객과의 관계 등에 대한 비정형 고객정보를 포함할 수 있을 것이다.

4) 데이터의 가치

위의 3가지 V의 특성에 최근에 추가되기 시작한 데이터의 가치(Value)이다. 빅데이터는 정보의 엄청난 양에서 가치있는 정보를 추출하고 분석하기가 매우 어려우므로, 빅데이터로부터 가치창출에 대한 중요성이 더욱 강조되고 있기 때문이다. 가치를 창출하지 못하는 고객 데이터는 죽은 데이터이고 쓰레기 더미일 뿐이다.

제3절 빅데이터 비즈니스의 유형

4차 산업혁명의 시대가 이미 도래했다는 주장들이 지배적이다. 2020년 국제적인 인터넷 통신속도에 대한 표준과 규약이 합의되면 5G시대가 시작된다고 알려져 있지만 이미 빅데이터, 사물인터넷, 인공지능 등의 기술적인 발달로 인하여 빅데이터에 대한 경쟁을 시작되었다고 보이며 2020년 이후에는 4차 산업혁명의 발전과 함께 빅데이터는 눈부시게 발전할 것으로 보인다.

빅데이터에 관련한 비즈니스 유형은 구글이나 아마존과 같은 빅데이터시스템을 자체적으로 만들고 활용하는 자체사업자들과 제조, 유통, 금융 등의 산업분야에서 빅데이터를 이용하고 있는 이용사업자들, 그리고 빅데이터 시스템을 공급하고 있는 IT벤더 등의 지원사업자들로 분류할 수 있으며 [그림 2-2]와 같다(빅데이터 비즈니스, 2013).

그림 2-2 빅데이터 비즈니스의 유형

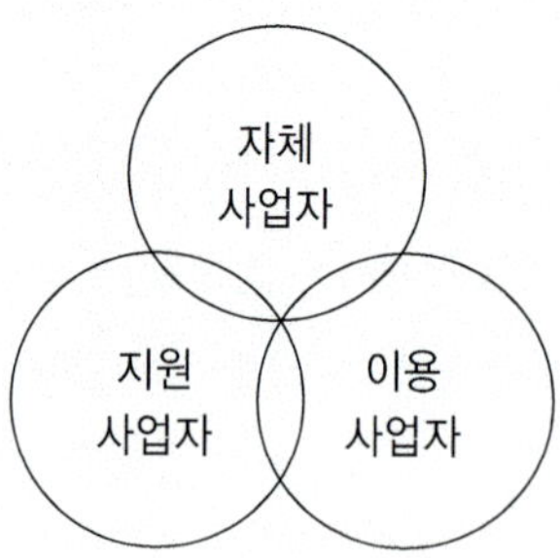

1. 자체사업자

자체사업자는 빅데이터의 플렛폼을 자체적으로 구축하고 실행하고 있는 사업자로서 미국의 구글, 아마존 등이 있으며 중국의 알리바바 한국의 네이버, 티몬, 카카오 등과 같은 기업들이 급속하게 성장하고 있다. 이들 자체사업자들의 플랫폼은 다른 사업자들이 제공하지 않는 서비스를 이용할 수 있을 뿐만 아니라 다른 사업자들도 그 플렛폼에서 새로운 부가가치를 창출할 수 있다.

이들은 글로벌 기업으로 초스피드 성장을 했거나 각국에서 급속한 성장을 보이고 있다. 이들 자체사업자들은 고객정보를 막대하게 보유하고 있지만 이들 글로벌 기업들이 세상의 모든 정보를 가지고 있는 것은 아니다. 이들 이외에 특별한 데이터를 취득하고 있는 독자성이 높은 중소 규모의 자체사업자들도 경쟁력을 확보하고 성장할 수 있는 기회가 얼마든지 있다.

〈사례 2.3〉은 빅데이터의 자체사업자가 자사의 모바일용 앱에서 음성만으로 검색할 수 있는 기능을 실현하고 있는 내용이다.

CRM Practice 2.3 터치 가고 목소리 시대 … 이젠 인터넷 검색도 음성이 대세

"터치 컨트롤의 와이드스크린 아이팟, 획기적인 인터넷 커뮤니케이션 기기."

2007년 1월9일, 스티브 잡스 당시 애플 최고경영자(CEO)는 한 손에 '아이폰'을 든 채 이렇게 설명했다. 전화기와 포터블 컴퓨터의 경계를 허문 이 제품은, 손 끝을 화면에 대는 족족 새로운 정보 세상을 펼쳐 보였다. 정보기술(IT) 전문가들은 이 장면을 'PC 전성기가 끝난 시점'으로 친다. 이후 10년간 인간의 디지털 접근 경로는 터치(손가락)가 장악해 왔다.

지난 22일 국내 대표 인터넷 기업 네이버는 자사의 모바일용 앱에서 음성만으로 검색할 수 있는 기능을 선보였다. 단순히 검색어를 알아듣는 정도를 넘어 질문의 맥락을 파악하고 답변을 내놓는 수준이다. 검색을 할 때 손으로 자판을 칠 필요가 없어진 것이다. 질문 속 특정 검색어가 극장 이름인지 서점 이름인지 표현이 모호했더라도 "이 검색자는 평소 토요일 이 시간에는 골프장 이름을 자주 검색했다"는 판단이 서면 같은 입력어 중에 가장 가까운 골프장을 찾아 검색 결과를 보여준다.

구글도 이미 검색 기능에 음성 입력 서비스를 하고 있다. 애플·삼성 같은 하드웨어 제조사들은 '시리', '빅스비' 같은 인공지능 서비스를 통해 음성 명령어를 듣고 정보를 제공하는 기술 개발에 사활을 걸고 있다. 네트워크 업체인 KT·SKT 등도 '기가 지니' '누구' 같은 인공지능 스피커를 상품화 화하고 있다. IT전문가인 박용후 피와이에이치 대표는 "인류는 현재 디지털 정보로의 접근 경로가 터치에서 음성으로 크게 변화하는 초입에 서 있다"고 설명했다. 박 대표는 "터치로는 통상 1분에 40개가량의 단어를 타이핑할 수 있지만, 음성 플랫폼을 이용하면 같은 시간에 150단어를 인식할 수 있다"며 "한번 높아진 편의성에 익숙해지면 과거의 서비스로 대거 돌아가는 일은 IT 업계에서는 거의 일어나지 않는다"고 설명했다.

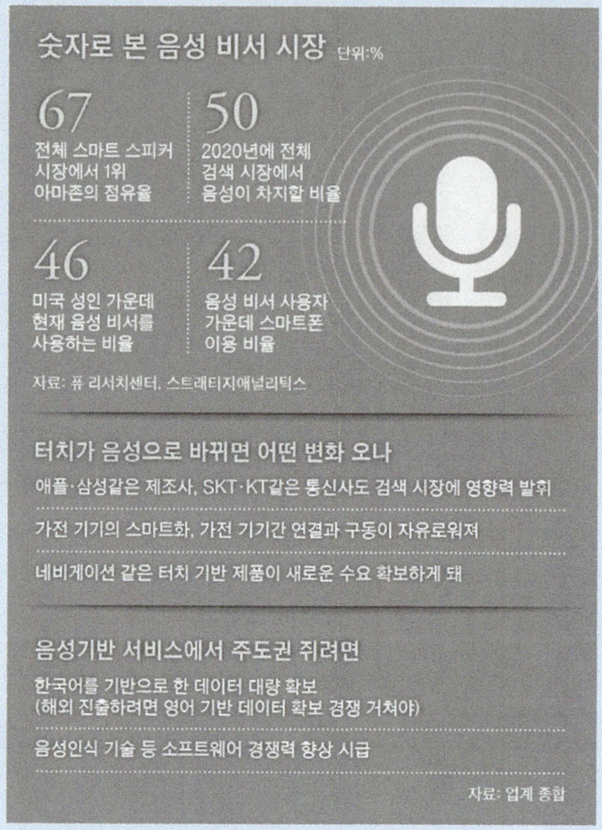

터치 대신 음성으로 검색하는 비율은 꾸준히 늘고 있다. 지난해 5월 구글개발자회의에서 순다 피차이 CEO는 구글의 모바일 검색 중 20%가 음성 검색이라고 공개한 바 있다. 최근 미국의 시장조사기관 컴스코어는 2020년에는 전체 검색의 50%가 음성으로 이루어질 것으로 전망했다.

특이한 점은 과거에는 정보통신기술(ICT)의 4축으로 불리는 'C(콘텐트)–P(플랫폼)–N(네트워크)–D(디바이스)' 업체들이 각각의 장점을 가진 분야에서 경쟁력을 확보한 채 부분적으로 협업했는데, 음성인식 분야에서는 모두가 경쟁자가 됐다는 점이다. 구글 · 네이버 같은 플랫폼 업체, 삼성 · 애플 같은 디바이스 업체, 통신망을 가진 업체들이 다 뛰어들어 음성인식 시장의 주도권 경쟁을 벌이고 있다.

전문가들은 음성검색 고도화 경쟁의 뒤편에서 벌어지는 빅데이터 확보전에도 주목해야 한다고 지적한다. 누가 신상 · 취향 · 생활 패턴 등 개개인의 정보를 더 많이 갖고 있느냐가 검색 결과의 품질을 좌우할 수 있어서다. 박 대표는 "유럽에서 구글을 적대시하는 분위기가 갈수록 짙어지는 것은 기존 포털 검색 시장을 다 내주면서 개개인의 검색 정보를 구글에 모두 빼앗겼는데, 이 데이터들이 음성검색의 시대를 맞아 고도의 '개인별 맞춤형(Customized) 서비스로 다시 등장하고 있기 때문"이라며 "편의성이 높아질수록 종속성이 높아질 거라는 게 유럽이 구글을 두려워하는 진짜 이유"라고 설명했다.

(출처: 중앙일보, 2017. 12. 26., http://news.joins.com/article/22232946)

2. 이용사업자

이용사업자는 데이터를 보유하고 있거나 지속적으로 수집이 가능한 사업자들이다. 예를 들면 한국의 삼성전자, LG전자, 현대차, 기아차 등의 제조기업들은 자체적으로 각 기업에 관련한 대량의 고객정보를 가지고 있으며 지속적으로 매일 취득하고 있다. 삼성전자의 경우 매일 8만건 이상의 고객 구매정보가 업데이트되고 있다고 한다. 또한 신세계, 롯데, 현대 등의 백화점에서도 고객들의 구매정보를 오래 전부터 수집하고 CRM에 활용하고 있다. 이 외에도 금융, 항공, 교통, 물류 등의 수많은 기업들 역시 막대한 데이터를 수집하여 CRM에 활용하고 있으며 향후에도 지속적으로 고객 데이터를 확보할 것이다.

이용사업자들은 축적된 고객데이터를 어떻게 활용할지는 별개의 문제이다. 고객 데이터를 자사에 적합한 활용방법과 수단은 지원사업자들에게 도움을 구하거나 지원을 받으면서 강구하면 될 것이다. 그리고 이용사업자들이 고객정보를 활용할 경우에는 지원사업자들의 도움을 받기 전에 해당 고객들과 데이터 활용 여부에 대한 합의를 명확하게 해 두어야만 할 것이다.

〈사례 2.4〉는 빅데이터의 이용사업자인 금융기관이 콜센터를 활용해서 고객서비스를 시행하고 있는 내용이다.

CRM Practice 2.4 지문 · 홍채로 본인 확인, 올 하반기 도입

신한카드는 전국 9개 콜센터에서 1500여 명의 상담사가 근무하고 있다. 우수 고객을 위한 '탑스 고객 전담 상담'을 비롯해 고령 고객을 위한 시니어 상담, 외국인 고객을 위한 외국어 상담, 24시간 분실 관련 상담 등 차별화한 서비스를 제공하고 있다. 올 하반기엔 생체 인증 기술을 상담에 접목할 계획이다. 신한카드 모바일 생활 플랫폼(FAN)을 통해 지문이나 홍채를 등록하면 개인정보 확인 절차 없이 바로 본인 확인을 할 수 있다. 신분 도용 사고를 방지하고 본인 확인 절차에 소요되는 시간도 줄일 수 있다. 상담원이 근무하기 좋은 환경을 조성하기 위한 다양한 프로그램을 도입했다. 전문상담기관과 연계해 업무 도중 발생하는 스트레스와 고충을 해결하려 노력하고 있다.

(출처: 중앙일보, 2017. 6. 8., http://news.joins.com/article/21646239)

3. 지원사업자

통신사업자 혹은 IT사업자 등의 지원사업자들은 모든 데이터들을 직접 수집하고 축적하여서 데이터를 필요로 하는 이용사업자에게 공급하고 부가가치를 창출하게 한다. 지원사업자들은 구글이나 아마존과 같은 자체사업자가 아니더라도 중소기업들이 관심을 가질 수 있는 데이터들을 수집할 수 있다. 글로벌 공룡기업들인 자체사업자가 가질 수 없는 데이터를 발굴하고 활용하는 문제는 이용사업자들과 함께 풀어야 할 과제가 되고 있다.

빅데이터의 지원사업자들은 클라우딩서비스로 이용사업자들을 지원할 수 있는 방법이 확산되고 있는 추세이며 향후 발전 가능성이 매우 높은 분야이기도 하다. 예를 들면 서울시와 경기도 등의 지방자치단체에서 운영하고 있는 교통연계요금 시스템은 세계에서 보기 드문 선진 시스템이다. 매일 발생되고 있는 데이터량은 엄청나다고 밖에 말할 수 없을 정도이다. 이 교통연계요금 시스템에 축적되어 있는 빅데이터를 지원사업자에게 공개하고 지원사업자는 이를 특성별로 분류하고 분석하여 이용사업자에게 공급할 수 있다면 어마어마한 새로운 시장이 열릴 것이다. 그러나 해결해야 할 과제도 많다. 가장 큰 문제는 고객들의 개인정보를 활용하는데 대한 동의를 어느 범위까지 구해야 하는가 하는 문제이다. 반드시 고객의 동의가 필요하고 국회에서 법률로 규정되어야 할 것이다.

〈사례 2.5〉는 빅데이터의 지원사업자인 중국의 플랫폼 공급업체에 대한 내용을 보여 주고 있다.

CRM Practice 2.5 화웨이 퓨전인사이트, IDC MarketScape 중국 빅데이터 공급업체 평가에서 1위 차지

화웨이의 퓨전인사이트 플랫폼이 IDC에서 실시한 2017 중국 빅 데이터 관리 플랫폼의 공급업체 평가에서 1위를 차지했다. IDC는 현재 역량, 미래 전략 및 시장 성과와 같은 세 가지 기준에 따라 공급업체를 평가했는데, 퓨전인사이트는 주요 기술 활용, 성숙한 생태적 배치 및 우수한 시장 성과 덕분에 세 개 기준 모두에서 우수한 성적을 기록했다.

퓨전인사이트는 다양한 산업 고객을 대상으로 하는 화웨이의 빅 데이터 저장, 쿼리 및 분석 플랫폼이다. 350건 이상의 특허를 통합한 퓨전인사이트는 완전한 SQL 호환성, 쌍방향 쿼리 기술인 CarbonData, 실시간 의사결정 엔진인 RTB, 그래프 전산 엔진인 Eywa와 같은 여러 가지 독자적인 주요 기술을 포함한다.

퓨전인사이트 플랫폼은 전통적인 기업 데이터 이동, 통합적인 데이터 쿼리, 실시간 의사결정, 신속한 다층 데이터 분석 및 대량의 구조화된 데이터 분석 등을 지원한다. 이 플랫폼은 또한 기업이 자사의 데이터 가치를 최대화하고, 디지털 변혁을 가속화 하도록 돕는다.

퓨전인사이트 빅데이터 솔루션은 현재 40개국 이상에서 700곳이 넘는 고객사가 사용 중이며, 이 회사는 클라우드와 빅 데이터 분야에서 고객 및 파트너와의 공동 혁신을 지원하는 200개 이상의 사업 파트너와 여러 곳의 개방 실험실을 세계 곳곳에 보유하고 있다.

한편, 지난 9월 화웨이는 혁신적인 기업 정보(EI) 솔루션을 출시한 바 있다. 이 솔루션은 AI 기술과 기업 사업을 심층적으로 통합한다. EI는 화웨이의 퓨전인사이트 플랫폼을 기반으로 하며, 퓨전인사이트 플랫폼은 하둡 빅 데이터 플랫폼인 퓨전인사이트 HD, 분산 데이터 웨어하우스인 퓨전인사이트 LibrA, 데이터 분석 및 통찰 플랫폼인 퓨전인사이트 Miner, 빅 데이터 응용 컨테이너이자 실시간 의사 결정 엔진인 퓨전인사이트 Farmer RTB, 빅 데이터 운영 및 유지관리 시스템인 퓨전인사이트 Manager로 구성된다.

(출처: 헬롯첨단뉴스, 2017. 10. 16.,
http://www.hellot.net/new_hellot/magazine/magazine_read.html?code=201&sub=004&idx=37343&list=thum)

제4절 빅데이터 활용 분야

4차 산업혁명의 시대에 진입하고 있다. 모든 환경이 급변하는 시대에서 기업은 매우 신속하게 새로운 가치를 창출하고 경쟁력을 확보할 수 있는 활동을 지속할 수 있어야 한다. 빅데이터는 모든 환경이 급변하는 4차 산업혁명 시대에서 신속하게 대응할 수 있는 혁신을 지속할 수 있는 가장 강력한 방법이다. 빅데이터를 혁신의 도구로 생각하고 이에 걸맞는 다양한 전략들을 시행해야 할 것이다. 빅데이터를 활용해서 효용을 기대해 볼 수 있는 분야들은 모든 분야라고 할 수 있겠지만 특히 신제품 개발, 마케팅, CRM에 활용되는 빅데이터에 대해서 살펴본다.

1. 신제품 개발에 빅데이터 활용

한국은 품질 좋은 제품을 대량생산하여 수출을 함으로써 글로벌 7~8위를 다투는 교역국이 되었다. 그러나 종전의 개발방법으로는 수시로 변하는 글로벌 고객들의 욕구를 충족하기에는 시간이 짧다. 신제품을 개발하기 위해서 아이디어를 모으고 기획하며 개발연구하고 생산해서 마케팅활동을 통해서 유통하고 고객에게 전달하는 과정에서 이미 고객의 마음은 수 십번도 더 변할 수 있다. 신제품을 개발 할 초기에는 고객의 욕구와 부합했지만 신제품이 시장에 출시되는 시점에서는 고객이 변심해서 거들떠도 보지 않을 가능성이 매우 높아지게 될 가능성이 매우 많을 것이다. 경쟁사가 이미 고객의 욕구를 충족할 수 있는 제품을 민첩하게 출시했기 때문이다.

신제품을 개발하고 생산하며 공급하는 모든 단계에서 실시간으로 고객의 욕구를 파악하면서 동시에 신제품 개발에 반영하고 수정해야만 할 것이다. 고객의 욕구에 민첩하고 재빠르게 대응하고 신제품 개발이 반영하기 위해서는 고객의 모든 생각과 욕구를 항상 알고 있어야만 하고 이를 위해서는 고객의 빅데이터가 있어야만 가능할 것이다. 최고 경영자의 경험과 직감으로 신제품을 개발하던 시대는 지나 갔다. 4차 산업혁명의 시대에서는 빅데이터를 활용하지 않고는 신제품 개발을 성공할 수 없을 것이다.

2. 마케팅에 빅데이터 활용

제품을 판매하고 있는 마케팅의 현장에서는 고객 개인별로 다양한 분석을 통해서 기업의 부가가치를 지속적으로 창출할 수 있을 것이다. 마케팅에 관여하는 담당자들은 고객들 개인별로 관심 있는 부분, 원하는 부분, 요구하는 부분들이 기능, 성능, 디자인, 가격에 어떻게 관련성이 있는지를 분석하고 성별, 연령, 직업, 소득, 취미, 거주지 등의 요인들과의 관계는 어떤지 등에 대하여 실시간으로 분석하며 선호제품, 상담내용, 방문장소, 이동 동선, 구매장소, 구매이력, 사이트 활동, SNS활동 등의 고객활동과의 연관성을 분석할 수 있기를 원할 것이다. 이러한 고객데이터는 정형화된 디지털 정보 뿐만 아니라 문자, 화상, 동영상 등의 비정형 데이터들 까지도 필요하게 되므로 엄청나게 많은 데이터량이 될 것이다. 그리고 개인별 고객들에 대한 분석결과를 마케팅담당자들이 1:1 맞춤형 마케팅에 활용할 수 있으려면 기존의 CRM으로는 다소 부족할 것이며 빅데이터가 반드시 필요하게 될 것이다.

3. CRM에 빅데이터 활용

기업의 경영활동에서 CRM과 빅데이터는 서로 다름이 아니다. CRM은 파레토법칙을 기본으로 상위 20%에 해당되는 우량고객들을 대상으로 정형화된 데이타를 분석하고 기업경영에 활용하게 된다. CRM은 고객의 대다수인 하위 80% 고객들에 대해서는 분석조차 하기 어렵고 고객개인별 비정형 데이터는 분석하기가 거의 불가능하였다. 이러한 CRM만으로는 4차 산업혁명의 급변하는 고객의 욕구를 분석하고 활용하기에는 한계가 있으며 이러한 한계를 극복할 수 있는 방법이 빅데이터이다. 빅데이터는 롱테일의 법칙을 기본으로 하고 있으며 방치되고 있던 하위 80%에 해당되는 고객들을 분석할 수 있게 되었고 CRM의 연장선상에서 CRM을 더욱 강화시킬 수 있는 도구가 될 것이다. 빅데이터를 분석하고 활용하면 묻혀 졌던 고객데이터들 속에서 수많은 소중한 고객들을 찾을 수 있게 될 것이다. 즉 CRM과 빅데이터는 같은 선상에 있는 것이다.

제5절 빅데이터 기술

빅데이터 기술에 대한 프로세스를 보면 데이터 생성, 수집, 저장. 처리, 분석, 활용 등의 순환단계를 거치게 되며 [그림 2-3]과 같다.

그림 2-3 빅데이터 프로세스

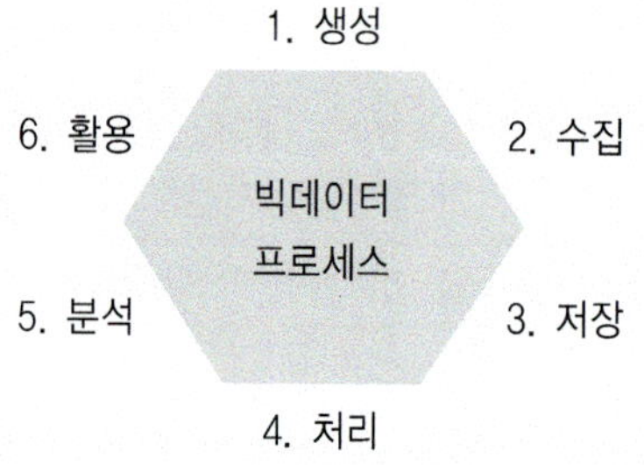

1. 빅데이터 생성기술

빅데이터의 첫 번째 단계인 생성단계에서는 고객들의 모든 정보들이 해당된다. 개인별 고객에 대한 모든 정보들인 정형 정보와 비정형 정보들, 디지털 정보와 아날로그 정보들을 온라인 사이트, 검색활동, SNS활동, 매장 방문 동선, 상담활동, 구매활동, 구매후 활동, 관심사, 필요와 욕구사항 등 모든 데이터를 POS, CCTV, 모바일 앱, 이메일 등의 도구를 통하여 문자, 언어, 화상, 동영상 등의 데이터들이 생성된다. 고객의 활동에 대한 데이터를 생성하기 위해서는 각 단말기들에 다양한 센서들이 부착되어야 하며 각 센서들에게 적합한 데이터 생성기술들이 필요하게 된다. 데이터 생성에 필요한 각종 센서들은 세계 각국에서 개발이 확산되고 있으며 유망한 미래의 산업이 될 것이다.

IoT(사물인터넷, Internet of Things)에 필수적인 센서인 RFID(고주파식별, Radio Frequency Identification) 등이 반도체 칩으로 생산되고 있다. RFID반도체 칩의 생산 가격도 매우 저렴해 지고 있다고 한다. 가까운 미래에는 모든 제품에 초경량의 눈에 보이지 않을 정도의 매우 작은 RFID반도체 칩이 심어져서 모든 정보들을 생성하기 시작할 것으로 보인다.

〈사례 2.6〉은 체온과 가스의 변화를 감지하여 데이터를 생성할 수 있는 섬유를 개발한 내용을 보여 주고 있다. 이러한 섬유에 RFID반도체 칩을 심어서 사람들의 건강에 대한 기본적인 데이터를 생성할 수 있을 것이다

CRM Practice 2.6 체온 · 유해가스 동시 탐지…국내 연구진, '똑똑한' 섬유 개발

국내 연구진이 체온과 유해가스를 탐지하는 '똑똑한' 섬유를 개발했다.

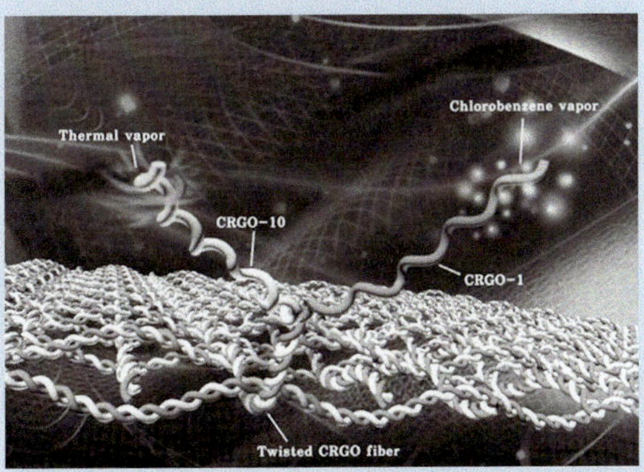

차세대융합기술연구원(융기원) 연구팀은 서울대학교 융합과학기술대학원 연구팀과 ㈜퓨리텍이 산·학·연 공동연구를 통해 스마트 의류 관련 기술을 개발했다고 20일 밝혔다. 연구진은 차세대 첨단소재인 그래핀섬유에 기능성 금속입자를 적용, 체온센서 섬유와 가스 센서 섬유를 두 가닥의 실 형태로 제작했다. 이를 통해 체온과 유해가스를 동시에 탐지할 수 있는 실을 제작하는 기술을 확보했다.

그래핀섬유 센서는 휘거나 접어도 기능이 잘 유지되고 온도변화나 가스유량이 계속 변하더라도 변치 않는 성능을 발휘한다. 융기원은 "외부환경과 건강상태를 언제 어디서나 탐지할 수 있는 스마트 의류에 관한 기술을 확보했다"며 "소방복이나 군복 등 극한 직업의 작업복에 활용 가치가 높을 것으로 기대된다"고 밝혔다.

이번 연구는 한국연구재단 나노·소재 원천기술 개발사업 및 민·군 기술 협력 원천기술 개발사업의 지원을 받아 진행됐다. 연구 결과는 저명한 융합·소재 전문 학술지인 '저널 오브 머테리얼스 케미스트리 C'(Journal of Materials Chemistry C) 12월 18일자 온라인판에 게재됐다.

(출처: 중앙일보, 2017. 12. 20., http://news.joins.com/article/22221897)

2. 빅데이터 수집 및 변환 기술

1) 빅데이터 수집 기술

기업의 내외부에 분산되어 있는 수많은 고객 데이터가 생성되고 나면 수집을 해야 한다. 빅데이터는 정형과 비정형의 모든 데이터를 수집할 수 있도록 기술이 발전되고 있다. 빅데이터는 대부분 자동으로 수집되고 있으며 수집에 필요한 프로그램 등의 도구들이 활용되고 있다. 빅데이터를 수집할 수 있는 도구들을 살펴보면 크롤링, 로그수집기, RSS Reader, Open API 등이 있다(빅데이터가 만드는 비즈니스 미래지도, 2017).

크롤링(Crawling)은 무수하게 많은 컴퓨터에 분산되어 있는 데이터들을 수집하고 검색할 수 있는 Index(색인)를 만드는 기술이며 주로 검색엔진 로봇을 이용한다. 주로 사회정보(소셜데이터, Social Data)와 같은 공개된 정보를 수집하는데 활용되고 있다. 로그(log)는 고객이 검색엔진이나 여러 가지 사이트를 방문할 때 기록되는 흔적을 의미한다. 로그수집은 고객에 대한 기록이 생성되면 수집할 수 있는 기술이며 페이스북은 스크라이브(Scribe)를, 야후는 척화(Chuckwa)를 사용하고 있다.

빅데이터를 수집하는 도구들을 보면 〈표 2-1〉과 같다.

〈표 2-1〉

도 구	기 능
크롤링(Crawling)	분산되어 있는 데이터를 수집하며, 주로 웹로봇을 이용하여 기업 외부에서 만들어지고 있는 소셜 데이터 등의 공개된 데이터를 수집한다.
Log수집	기업의 내부에 존재하는 웹서버의 로그를 수집하며 웹로그, 트랜젝션 로그, 클릭로그, DB로그 등의 데이터를 수집한다.
Rss Reader, Open API	데이터를 생산, 공유, 참여할 수 있는 웹환경 기술로서 필요한 데이터를 프로그램하여 수집할 수 있다.

2) 빅데이터 변환 및 통합 기술

수집된 빅데이터는 저장하기 용이하도록 변환하고 통합해야 한다. 데이터의 변환과 통합은 정형 데이터들 간의 통합, 비정형데이터를 정형데이터로 변환, 정형데이터와 비정형데이터 간의 통합 등이 이루어진다. 데이터를 변환하고 통합할 수 있는 도구로는 스크라이브, 척화, ETL(Extraction, Transformation, Loading) 등이 있다. 스크라이브나 척화들은 수집한 저장이 용이하게 비정형 데이터를 비정형 데이터로 변환하기도 한다. ETL은 소스데이터를 추출하고 전환하며 저장하는 기술이다.

3. 빅데이터 저장기술

페이스북은 매일 15테라바이트(Tera byte, 10의 12승) 정도의 로그를 저장하고 있다. 막대한 양의 빅데이터를 저장하기에는 어려움이 있으며 분산처리기술이 필요하게 된다. 빅데이터를 저장할 수 있는 구조는 3가지를 생각해 볼 수 있다. 단순하게 컴퓨터 성능과 저장장치를 확대하는 '스케일업형', 컴퓨터와 저장장치를 병렬로 확대하는 스케일아웃형(쉐어드 에브리싱형), 그리고 쉐어드나싱형이 있다.

스케일업형(Scale Up Type)은 병목현상(Bottle Neck)으로 빅데이터를 저장하기에는 불가능하고, 스케일아웃형(Scale Out Type)은 빅데이터를 배분해서 저장하기 때문에 병목이 발생할 수 있어서 빅데이터를 저장하기에는 어려움이 따른다. 이러한 병목현상을 해소할 수 있는 방법이 쉐어드나싱형(Shared Nothing Type)이 있으며 [그림 2-4]와 같다(빅데이터 비즈니스, 2013).

그림 2-4 쉐어드나싱형 저장 구조

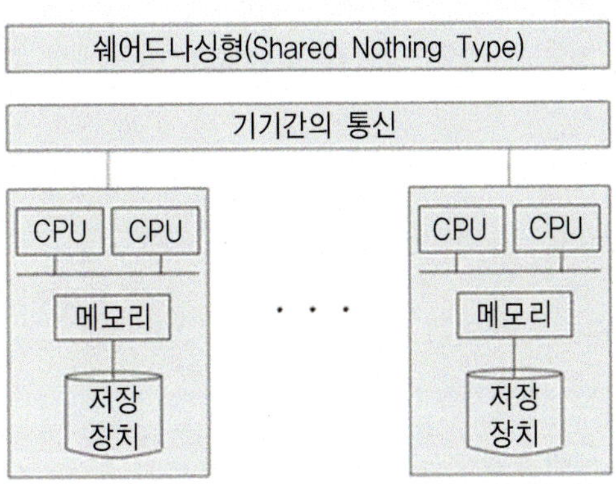

쉐어드나싱형 구조는 각각의 노드가 각각의 저장장치를 엑세스하기 때문에 엑세스로 인한 병목현상이 발생하지 않는다. 따라서 CPU를 증가하면 할수록 더 많은 데이터를 활용할 수 있으며 연산속도를 증가시킬 수 있다.

4. 빅데이터 처리기술

대용량 데이터를 처리할 수 있는 기술은 하둡(Hdoop)이 있다. 하둡은 여러 대의 컴퓨터들로 연결된 클러스터를 활용하여 대용량의 데이터를 처리할 수 있는 분산처리 기술이다. 하둡은 기본적으로 하둡분산파일시스템(HDFS, Hdoop Distributed File System)과 맵리듀스(Map Reduce) 등으로 구성된다.

1) 하둡(Hdoop)

하둡(Hadoop)은 대용량 데이터의 활용・처리를 돕는 자바(Java) 소프트웨어 프레임워크(Software Framework)의 이름이다. 소프트웨어 프레임워크란 일종의 공장처럼 소프트웨어의 설계 등의 과정에서 공통적인 부분을 제공해 시간과 비용을 절약해주는 시스템을 말한다. 하둡은 여러 대의 컴퓨터로 이루어진 클러스터에서 동작하는 분산 응용 프로그램을 지원해 빅데이터(Big Data)라 불리는 대용량 데이터의 처리를 돕는다. 하둡은 미국의 프로그래머 더그 커팅(Doug Cutting)이 2005년 개발한 것으로 오픈소스를 기반으로 한다. 하둡이란 이름은 커팅의 딸이 가지고 놀던 장난감 코끼리의 이름에서 따온 것이란 설이 있다(다음백과.daum.net, 2017).

대용량의 데이터를 분산 처리할 수 있는 하둡은 빅데이터의 활용 가능성과 중요성에 대하여 확산하고 있다. 하둡의 특성을 살펴보면 다음과 같다.

① 대용량 비정형, 비구조 데이터를 대상으로 하고 있다.
② 대형 컴퓨터가 없어도 분산처리가 가능하다.
③ 오픈소스이며 누구나 활용할 수 있다.

〈사례 2.7〉은 하둡을 사용하고 있는 글로벌 기업들을 설명하고 있다.

CRM Practice 2.7 익스피디아, 호텔스닷컴, 테슬라 공통점은 '하둡' … 12가지 사례

지난 2015년 포레스터는 기업의 하둡 도입이 필수가 되고, 데이터에서 가치를 끌어내고자 하는 모든 기업은 최소한 하둡을 고려해야 한다고 예측한 바 있다.

하둡이란 무엇인가? 오픈소스 아파치 소프트웨어 재단은 하둡을 '분산 컴퓨팅 플랫폼' 또는 '간단한 프로그래밍 모델을 사용해 여러 대의 컴퓨터에서 대규모 데이터 세트를 분산 처리할 수 있는 프레임워크'라고 설명하고 있다. 하둡은 속도, 신뢰성, 비용 절감 등의 장점으로 기업에 침투했으며 기업은 다양한 규모로 기술을 도입하기 시작했다.

1. BT

BT는 아파치 하둡이 제공하는 클라우데라 엔터프라이즈 데이터 허브를 사용하여 네트워크의 특성을 분석함으로써 BT는 느린 인터넷 속도가 네트워크나 고객 문제 때문인지를 확인할 수 있다. 클라우데라 허브는 하둡 환경에 저장된 고객 데이터의 통일된 뷰를 제공한다. BT는 도입 후 1년 이내에 200~250%의 투자 수익을 올렸다.

또한 BT는 고객이 엔지니어의 위치를 추적할 수 있게 해주는 SMS 및 이메일 알림 시스템인 '내 엔지니어 보기(View My Engineer)' 같은 새로운 서비스를 만드는데도 하둡을 사용했다. 이 회사는 현재 예측 분석을 사용하여 차량 유지 보수를 개선하고자 한다.

2. 스코틀랜드 왕립 은행

스코틀랜드 왕립 은행(RBS)은 실리콘밸리의 트리팩타(Trifacta)와 협력해 하둡 데이터 레이크를 차례로 얻었으므로 고객이 은행 온라인을 통해 얻은 채팅 대화에서 통찰력을 얻을 수 있다. RBS는 약 25만 개의 채팅 로그와 관련 메타 데이터를 매월 저장한다. 은행은 이 비정형 데이터를 하둡에 저장한다.

3. CERN

스위스의 대형 강입자 충돌기(Large Hadron Collider)는 세계에서 가장 크고 강력한 기계 중 하나다. 1억 5,000만 개의 센서가 장착돼 매초 1페타바이트의 데이터를 생성하며, 전송 데이터는 항상 증가하고 있다. CERN 연구원인 마누엘 마틴 마르퀘즈는 "데이터가 규모와 복잡성 면에서 확장됐다. 우리가 가진 역할은 이러한 확장 가능한 요구 사항에 부합하는 것으로 하둡 클러스터를 실행한다"고 말했다.

4. 영국 우정공사

영국 우정공사(Royal Mail)는 하둡을 사용해 빅데이터 전략을 위한 기본 요소를 확보했다. 영국 우정공사는 많은 데이터를 보유하고 있으며, 9노드를 통해 100테라바이트의 영역에서 운영될 것이라고 하고, 호튼웍스의 하둡 분석 툴을 사용하여 조직 전체에서 데이터를 관리하는 방식을 바꾸어 데이터웨어하우스에 보관된 독점 정보에 대한 통찰력을 분석팀에 제공한다.

5. 영국항공

영국항공(British Airways)은 2015년 4월 최초로 하둡을 엔터프라이즈 데이터웨어하우스(EDW) 플랫폼에 고비용으로 보관된 법적 소송 자료 보관소로 구축했다. 영국항공은 호튼웍스 2.2 HDP를 도입한 후 1년 이내에 투자를 회수하고 새로운 프로젝트에 75% 이상의 여유 공간을 제공할 수 있게 됐으며 이는 재무 팀의 비용 절감으로 이어진다.

6. 웨스턴유니온

글로벌 결제 제공 업체인 웨스턴유니온(Western Union)은 2014년 클라우데라의 하둡 기반 데이터 분석 플랫폼을 구현하였다. 클라우데라는 '세계에서 가장 큰 엔터프라이즈 데이터 세트 중 하나'이다. 웨스턴유니온이 기업 데이터 허브에서 글로벌 고객 데이터를 중앙 집중화하고 패턴 인식 및 예측 모델링을 지원할 수 있도록 돕는다. 대형 데이터 분석 플랫폼은 웨스턴유니온 고객을 위해 여러 제품 및 서비스 제공 채널에서 보다 개인화된 경험을 창출하기 위한 것이다. 웨스턴유니온은 실시간 분석을 좀더 효율적으로 저장하고 처리할 수 있게 됐다.

7. King.com

유럽 게임 거물이자 캔디 크러시 개발사인 King.com은 2012년에 아파치 하둡을 위한 클라우데라의 디스트리뷰션을 도입했다. 목표는 게임 중에 수백만 명의 사용자가 취하는 모든'이벤트'나 행동을 분석하기 위함이다. King.com은 온라인 게임 공간에서, 사용자에 관해 가능한 한 많이 알고 모든 것을 최적화하는 것이 절대적으로 중요하다고 설명했다.

8. 야후

야후는 2015년 데이터 분석 업체인 스플렁크의 하둡 툴 헝크(Hunk)를 사용하기 시작했다. 야후는 스플렁크 엔터프라이즈로 매일 150테라바이트의 머신 데이터를 분석한다. 이 정보는 IT 운영, 애플리케이션 제공, 보안 및 비즈니스 분석을 최적화하여 고객을 더 잘 이해하고 검색 결과를 개인화하는 데 사용된다. 수백 명의 직원이 헝크를 사용해 600페타바이트의 데이터를 분석하고 시각화하고 효율적으로 모니터링하며 스플렁크 엔터프라이즈를 사용하고 있다.

9. 익스피디아

익스피디아는 2015년에 하둡 투자를 두 배로 늘릴 계획이었고 대량 판매를 위해 호튼웍스 프로젝트인 아파치 팔콘을 얼리 어답터로 사용했다. 데이터 플랫폼 기술 선도 업체인 우드헤드(Woodhead)는 런던에 기반을 두고 있는 부서 및 사무실의 직원 수백 명이 웹 트래픽, 예약 및 여행 리뷰를 위해 2페타바이트 클러스터를 사용하고 있는 것으로 알려졌다.

10. 호텔스닷컴

호텔스닷컴은 거대한 데이터 저장 및 오프라인 분석을 위해 하둡을 사용한다. 즉 대량의 데이터를 처리하고 카산드라는 10밀리 초 이내에 응답해야 하는 온라인 트랜잭션에서 사용된다. 기술 책임자인 티에리 베도스는 "온라인 서비스를 제공하고 고객 서비스를 제공하는 비즈니스에 대한 실질적인 문제를 해결하기 시작했다."고 이야기했다.

11. 막스앤드스펜서

거대 유통사인 M&S는 2015년 클라우데라(Enterprise Data Hub Edition) 시스템을 채택하여 고객의 행동을 더 잘 이해하기 위해 여러 출처의 데이터를 분석했다. M&S는 고객의 통찰력, 참여 및 충성도를 높여주는 궁극적으로 M&S의 핵심 목표는 스마트하고 효율적인 데이터 사용이다. 우리는 확장 가능하고 견고하며 미래 지향적인 전략적 파트너가 필요했다. 클라우데라는 분석 기술을 활용하여 현재와 미래의 비즈니스를 더 잘 지원하고 있다고 설명했다.

12. 테슬라

테슬라는 하둡 클러스터를 사용하여 커넥티드 카가 생성하는 데이터 양을 늘리고 있다. 이 회사 CIO는 "빅데이터 플랫폼을 연구 중이다. 자동차가 연결되어 있지만 가능한 한 똑똑하고 효율적으로 유지하기 위해 매분 네트워크와 통신하지 않는다면 차가 제대로 작동하지 않아 서비스 팀이 조처할 수 있다고 경고한다"고 말했다.

(출처: CIO코리아, 2017. 12. 21., http://www.ciokorea.com/news/36717?page=0,1)

2) 하둡분산파일시스템(HDFS)

HDFS는 개인용 PC를 여러 대 병렬로 연결하여 대용량의 분산 파일 시스템을 구축할 수 있으므로 매우 저렴한 비용으로 시스템을 구축할 수 있다. HDFS는 파일을 6Mbyte(10의 6승) 단위로 나누어 분산하여 저장할 수 있으며 네임노드(Name Node)와 데이터노드(Data Node)로 구분된다. HDFS는 대용량의 입출력 데이터를 저장할 수 있는 파일시스템을 지원할 수 있으며 쉐어드나싱형의 구조를 활용하고 있다.

3) 맵리듀스

맵리듀스는 분산 프로그램 모델이며 대용량의 빅데이터를 저장하기 위해서 보통의 상용 컴퓨터를 활용한다. 하나의 빅데이터를 여러 조각으로 나누어서 처리하는 Map 단계와 처리결과를 모아서 하나로 합치는 결과를 만드는 Reduce 단계로 구분된다. 이 두 단계를 합해서 Map Reduce라고 하며 [그림 2-5]와 같다(빅데이터 가 만드는 비즈니스 미래지도, 2017).

그림 2-5 맵리듀스의 기본개념

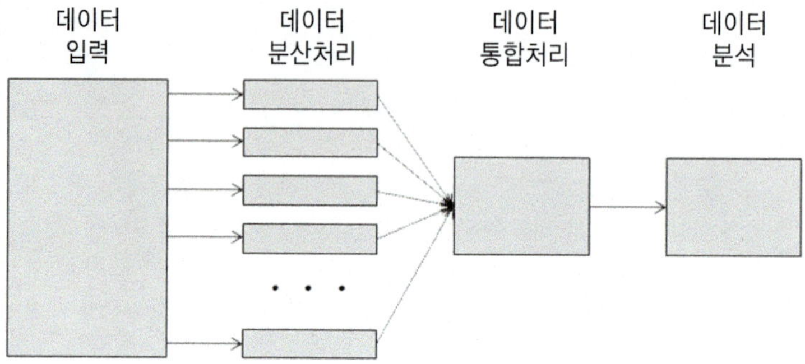

맵리듀스에서는 입력된 데이터, 분산처리하기 위해서 나누어진 조각, 조작 단위로 계산된 결과, 통합된 데이터들을 저장할 공간이 필요하게 된다. 이러한 여러 저장 공간들은 전체 시스템의 측면에서 분산처리해야 할 것이며 대용량의 데이터를 저장할 수 있어야 한다.

4) NoSQL

HDFS는 데이터 파일을 동일한 크기의 여러 조각으로 나누어서 저장하는데 비해서 NoSQL은 수집된 데이터 파일을 키벨류(Key Value) 형식으로 분산해서 저장한다. NoSQL은 Not-Only-SQL의 줄임말이며 비정형적이고 비구조적인 대용량의 데이터를 분산하여 실시간 저장하고 조회할 수 있게 한다. NoSQL의 특징은 수평적 확장성이라고 할 수 있으며 대용량의 데이터를 여러 대의 범용 서버에 분산하여 저장할 수 있다는 점이다. 중소기업들이 저렴한 비용으로 빅데이터를 처리할 수 있는 시스템을 구축하기에 매우 용이하게 되었다.

5) 하둡 이후의 빅데이터 처리기술

하둡이 만능은 아닐 것이다. 하둡에서 부족한 점을 개선하고 발전시키고 있는 빅데이터 처리기술들을 보면 Dremel, Pregel, Percolator 등이 있다(빅데이터 비즈니스, 2013).

(1) Dremel

앞서 살펴본 맵리듀스는 로그데이터의 일괄 분산처리에 장점이 있지만 Dremel은 빠른 속도로 대용량의 빅데이터를 해석하기에 용이한 분산처리가 지원되는 도구이다. Dremel은 맵리듀스를 보완한다.

(2) Pregel

Pregel은 그래프 알고리즘을 지원할 수 있는 도구이다. 인간관계의 데이터, 사이트 간의 데이터, 사람과 사이트 간의 데이터 등을 처리하기에 유용한 도구이다. Pregel은 검색할 경우에도 '2017년도 세계의 평화에 영향을 가장 많이 끼친 인물' 등과 같이 관계를 처리하는 경우에 사용되는 도구이며 수백만명의 인간과 수조명의 인간들 간의 관계를 처리하는데 사용된다.

(3) Percolator

Percolator는 구글이 새롭게 사용하고 있는 검색엔진이며 검색 인덱스를 작성하기 위하여 사용되는 도구이다. 기존의 맵리듀스와 비교하면 100배에 달하는 처리속도를 가지고 있다. Percolator는 Pbyte(페타바이트, 10의 15승) 급의 대용량에서 갱신을 자주 해야 하는 경우에 용이하게 사용되는 도구이다.

5. 빅데이터 분석기술

1) 기계학습

빅데이터가 아무리 크다 할지라도 가치있고 의미있는 데이터를 이끌어 내지 못하면 죽은 데이터와 다름이 없다. 빅데이터에서 가치있는 데이터를 뽑아낼 수 있는 기술이 기계학습(Machine Learning)이다. 기계학습으로 현상황을 묘사할 수 있고 미래를 예측할 수 있다. 예를 들면 페이스북에서 '이런 사람을 알 수 있습니다'라고 제안하는 문구를 본적이 있을 것이다. 기계학습을 활용되고 있는 분야이다.

기계학습은 지도학습(Supervised Learning), 준지도 학습(Semi-Supervised Learning),

강화학습(Reinforcement Learning) 등을 사용하여 기계가 주어진 문제와 답안에 대하여 스스로 학습하고 지식을 습득하게 만드는 과정이다. 기계학습은 전문가 시스템(Expert System), 자연어 처리(Natural Language Processing), 패턴인식(Pattern Recognition), 인공지능(Artificial Intelligence) 등의 모든 분야에서 시너지효과를 만들어 낼 수 있다.

기계학습을 활용하고 있는 도구들을 보면, 비슷한 것들의 속성을 분류하거나 관련짓는 기능을 가진 Apache Mhout, 데이터를 클라우드의 저장장치에 저장하여 두고 이용할 수 있는 구글의 Prediction API 등이 있다. Prediction API는 자동차 연비향상을 위해서 포드에서도 사용하고 있으며 풍력발전기의 상황을 예측하고 프로펠러의 위치를 변화시키는 분야에 연구를 진행하고 있다고 한다.

〈사례 2.8〉은 구글이 기술학습의 방법으로 행성을 발견한 내용을 보여 주고 있다.

CRM Practice 2.8 구글 기계 학습, 발견하지 못했던 행성 다수 발견

구글 연구자가 인공지능으로 외계 행성을 발견하는 방법을 개발 중이다.

트랜싯(Transit) 법이라고 불리는 기법에 기계 학습을 결합해 케플러가 확보한 140억 개의 데이터에서 더 정교하게 행성을 찾는 것이다. 트랜싯 법은 일정한 빛을 발하는 항성과 그것을 관측하는 관측자 사이를 물체가 통과했을 때 일어나는 빛의 저하를 관찰해 행성을 발견하는 방법이다. 케플러 우주 망원경은 지금까지 20만개의 행성을 30분 간격으로 관측했고 140억 개의 데이터로 축적했다.

사람이 방대한 량의 데이터를 분석하는 것은 이미 비현실적이어서, 2016년 5월 컴퓨터에 의한 분석 처리 효율을 비약적으로 향상시킨 결과 1,436개의 외계 행성을 더 찾을 수 있었다. 구글 인공지능 연구자 크리스토퍼 셀루(Christopher Shallue)는 텍사스 오스틴대의 천체 물리학자 앤드류 반더버그(Andrew Vanderburg)와 함께 행성을 발견한 데이터와 그 외 물체로 판명된 데이터 등 총 1만 5,000건의 데이터를 기계 학습시켜 96% 이상의 정확도로 행성과 그 이외의 물체를 판별할 수 있게 됐다.

그리고 축적된 분석 자료 중 2개 이상의 행성을 거느린 670개의 항성 데이터를 재분석한 결과 숨겨져 있던 2개의 미발견 행성을 발견했다. 그것은 현재 케플러(Kepler)-90i, 케플러-80g로 명명했다. 셀루와 반더버그는 "아직 670개 항성 데이터를 조사했을 뿐이어서 이번 발견은 시작에 불과하다."고 밝혔다. 이어서 "케플러의 데이터 속에는 아직 많은 외행성이 숨어 있을지 모른다. 기계 학습 등 새로운 분석 기술이 향후 천체 발견에 큰 도움을 줄 것"이라고 말했다.

방대한 데이터 속에서 미발견 행성을 찾는 작업은 분석을 거듭할수록 학습 효과가 향상되어 인공지능이 장점을 발휘할 수 있는 분야다. 인공지능에 의한 행성 발견이 더욱 발전한다면 태양과 같은 크기와 빛의 항성 주변을 지구처럼 적당한 거리로 공전하는 지구형 행성을 발견할 가능성도 더욱 높아질 것이다.

(출처: 베타뉴스, 2017. 12. 15., http://betanews.heraldcorp.com:8080/article/782810.html)

2) 복합이벤트 처리 기술

복합이벤트 처리(CEP, Complex Event Processing) 기술은 주식시장의 거래 처리, 신용카드 사용자 확인, 개인정보 불법사용 확인 등의 분야에서 고속으로 처리할 수 있는 기술이다. 복합이벤트 처리는 매순간 생성되고 있는 수많은 다양한 데이터를 미리 설정한대로 실시간으로 처리하고 분석할 수 있는 기능이라고 할 수 있다. 복합이벤트 처리는 데이터가 컴퓨터에 도착하자마자 저장장치에 저장되기 전에 메모리상에서 순차적으로 처리된다.

6. 빅데이터 활용 기술

1) 빅데이터 활용의 의미

빅데이터의 마지막 단계는 활용이다. 빅데이터를 분석한 다음에는 분석결과를 어떻게 표현하고 활용할 것이 가장 효과적일 것인지 많은 연구가 필요하다. 우선 빅데이터의 결과물은 수치가 가장 중요하게 다루어져야 할 것이며, 활용할 수 있는 산출물로는 차트, 그래프, 도표, 보고서 등이 있다. 잘 알려져 있는 구글의 독감예측 데이터의 경우에는 지도 데이터, 전연병 확산 데이터, 위치 데이터, 시간 데이터 등의 데이터들이 서로 결합된 앱이다. 빅데이터의 마지막 단계는 스토리텔링과 시각화 단계이다.

2) 시각화 기술

시각화 기술(Visualoization Technology)은 그누플롯, 클리에이틀리, 매니아이즈, 스텟플래닛, 갭마인더, 잉크스케이프 등이 있다(빅데이터가 만드는 비즈니스 미래지도, 2017).

(1) 그누플롯

그누플롯(Gnu Plot)은 2~3차원의 데이터를 그래프로 그려주는 명령형 소프트웨어이며 리눅스, 윈도우즈 등의 OS(Operating Sytem)에서 실행되고 있다.

(2) 크리에이틀리

크리에이틀리(Creately)는 다이어그램이나 플로우챠트를 그릴 때 매우 유용하며 어도비플래쉬 기반에서 동작된다. 산출물은 PC에 저장되거나 구글, 트위터, 페이스북 등과 공유가 가능하다.

(3) 매니아이즈

매니아이즈(Many Eyes)는 온라인 차트 제작 도구이며 IBM에서 개발하였다. 매니아이즈는 자바(Java)기반에서 동작하며 막대그래프, 선그래프, 세계지도 등을 기반으로 하는 데이터를 시각화하는데 유용하다.

(4) 스텟플래닛

스텟플래닛(Stat Planet)은 자신만의 그래프를 제작할 수 있으며 세계지도를 기반으로 다양한 통계자료를 시각화할 수 있다. 엑셀파일로 데이터를 만들어서 실행파일에서 불러 들이면 자동으로 시각화가 가능하다.

(5) 갭마인더

갭마인더(Gap Minder)는 웹사이트에 등록되어 있는 다양한 그래픽 데이터들을 공유할 수 있고 활용할 수 있는 도구이다. 정치, 경제, 환경, 기술, 에너지, 인구 등의 분야별로 200개 이상의 데이터들이 등록되어 있으며 개별로 불러 오면 자동으로 시각화가 된다.

(6) 잉크스케이프

잉크스케이프(Ink Scape)는 오픈 소스에 대한 벡터 그래픽 편집기이다. 클립아트를 다운받아서 그래픽으로 작업을 할 경우에 매우 유용하고 전문 프로그램과 유사하다.

제6절 빅데이터 CRM

1. 빅데이터 CRM의 의미

CRM만으로는 빅데이터를 포함할 수 없다. 또한 빅데이터만으로 CRM을 포함할 수도 없다. 4차 산업혁명의 시대가 이미 시작되었다. 이미 CRM과 빅데이터를 동시에 활용하고 있는 국내외의 글로벌 기업들이 확산되고 있다. CRM은 정형화된 고객정보를 미리 규정된 분석 형태에 의하여 분석되고 마케팅 현장에서 활용되는 고객관계관리 시스템이다. 빅데이터는 비정형 데이터이면서 미리 정해지지 않는 고객정보를 검색하고 마케팅현장에서 개인별로 고객에 대해서 일대일 마케팅을 실현할 수 있는 도구이다.

기업의 고객관리 분야에서 CRM과 빅데이터는 고객의 욕구를 파악하고 충족시키면서 고객만족도를 향상시키는 활동에 대해서는 같은 역할을 담당하고 있다. 그러나 CRM과 빅데이터는 대상 고객이 다르다. CRM은 상위 20%의 고객만을 대상으로 분석하고 매우 세분화된 그룹별 마케팅을 실행하지만 빅데이터는 CRM에서 분석하지 않는 하위 80%의 고객을 관리하고 일대일 관리를 하는 것이 다르다. CRM의 한계를 빅데이터가 해결하므로 CRM과 빅데이터를 통합하여 운영하여 고객의 미래행동을 더욱 정교하게 예측할 수 있게 될 것이다. 결국 CRM과 빅데이터는 서로 보완될 수 있는 고객관리 도구이다.

CRM과 빅데이터는 서로 동일한 고객 데이터를 활용하고 있으며 통합될 수 있으며 이를 '빅데이터 CRM'이라고 부르고자 한다. '빅데이터 CRM'은 모든 고객을 대상으로 정형, 비정형의 데이터를 종전의 회귀분석방법과 새로운 인공지능 분석 방법을 활용하고 분석할 수 있게 되었다. 그리고 개별 고객의 정보를 동시에 활용할 수 있게 되었다. 고객을 관리하는 방법에 있어서도 더욱 세밀하게 세분화할 수 있으며, 개별 고객의 미래 구매활동을 더욱 세밀하고 정확하게 예측할 수 있게 되었다.

따라서 CRM이 역량부족으로 해결할 수 없었던 부분을 빅데이터가 해결하고 있으므로 빅데이터는 CRM의 연장선상에 있다고 생각되며 통합된 개념으로 '빅데이터 CRM'이라고 명명하고자 하며 본 교재의 제목으로 사용하게 되었다.

2. 빅데이터 CRM의 구현

빅데이터와 CRM을 통합하기 위해서는 먼저 빅데이터에 해당되는 비정형 고객정보를 정형화하여 CRM으로 수집한 고객 데이터와 고객별로 통합하고 통합된 저장장치에 저장을 한 다음에 필요에 따라서 고객 개인별 정보, 시각화 자료, 고객세분화된 회귀분석 자료들을 한 화면에서 동시에 검색하고 활용할 수 있도록 통합된 '빅데이터 CRM' 시스템이 가능할 것이다.

[그림 2-6]은 기존의 CRM과 새로운 빅데이터를 통합한 '빅데이터 CRM' 시스템의 구조를 제시하고 있다.

그림 2-6 빅데이터 CRM의 구조

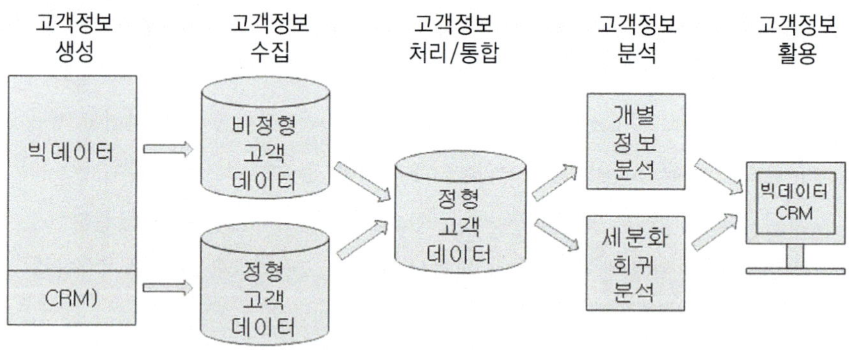

Chapter 2 정리

1. 빅데이터의 특징

빅데이터의 특성은 개별적이고 디테일한 빅데이터의 특징은 3V로 요약될 수 있으며, 3V는 데이터의 양(Volume), 데이터 생성속도(Velocity), 데이터의 다양성(Variety)을 의미한다(O'Reilly Radar Team, 2012). 최근에는 데이터의 가치(Value)를 추가하여 4V라고 불리기도 한다.

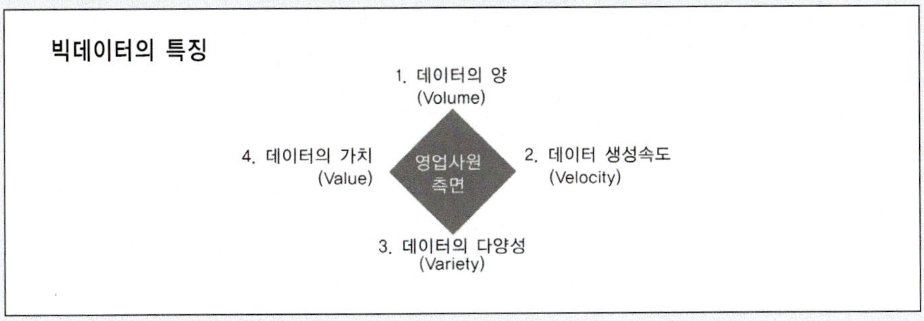

2. 빅데이터 비즈니스의 유형

빅데이터에 관련한 비즈니스 유형은 구글이나 아마존과 같은 빅데이터시스템을 자체적으로 만들고 활용하는 자체사업자들과 제조, 유통, 금융 등의 산업분야에서 빅데이터를 이용하고 있는 이용사업자들, 그리고 빅데이터 시스템을 공급하고 있는 IT벤더 등의 지원사업자들로 분류할 수 있다.

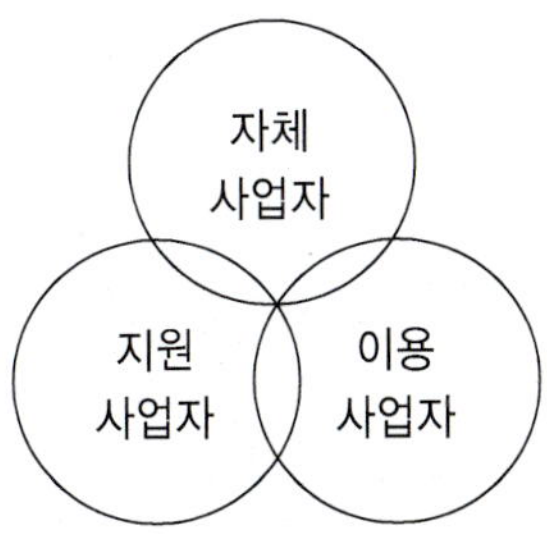

3. 빅데이터 생성기술

개인별 고객에 대한 모든 정보들인 정형 정보와 비정형 정보들, 디지털 정보와 아날로그 정보들을 온라인 사이트, 검색활동, SNS활동, 매장 방문 동선, 상담활동, 구매활동, 구매후 활동, 관심사, 필요와 욕구사항 등 모든 데이터를 POS, CCTV, 모바일 앱, 이메일 등의 단말기로부터 문자, 언어, 화상, 동영상 등의 데이터들이 생성된다.

4. 빅데이터 수집 기술

기업의 내외부에 분산되어 있는 수많은 고객 데이터가 생성되면 수집을 해야 한다. 빅데이터는 정형과 비정형의 모든 데이터를 수집할 수 있도록 기술이 발전되고 있다. 빅데이터를 수집할 수 있는 도구들을 살펴보면 크롤링, 로그수집기, RSS Reader, Open API 등이 있다.

5. 빅데이터 저장기술

빅데이터를 저장할 수 있는 구조는 3가지를 생각해 볼 수 있다. 단순하게 컴퓨터 성능과 저장장치를 확대하는 '스케일업형', 컴퓨터와 저장장치를 병렬로 확대하는 스케일아웃형(쉐어드 에브리싱형), 그리고 쉐어드나싱형이 있다.

6. 빅데이터 처리기술

대용량 데이터를 처리할 수 있는 기술은 하둡(Hdoop)이 있다. 하둡은 여러대의 컴퓨터들을 연결하여 대용량의 데이터를 처리할 수 있는 분산처리 기술이다. 하둡은 기본적으로 하둡분산파일시스템(HDFS, Hdoop Distributed File System)과 맵리듀스(Map Reduce) 등으로 구성된다.

7. 빅데이터 분석기술

1) 기계학습

기계학습은 지도학습(Supervised Learning), 준지도 학습(Semi-Supervised Learning), 강화학습(Reinforcement Learning) 등을 사용하여 기계가 주어진 문제와 답안에 대하여 스스로 학습하고 지식을 습득하게 만드는 과정이다. 기계학습은 전문가 시스템(Expert System), 자연어 처리(Natural Language Processing), 패턴인식(Pattern Recognition), 인공지능(Artificial Intelligence) 등의 모든 분야에서 시너지효과를 만들어 낼 수 있다.

2) 복합이벤트 처리 기술

복합이벤트 처리(CEP, Complex Event Processing) 기술은 주식시장의 거래 처리, 신용카드 사용자 확인, 개인정보 불법사용 확인 등의 분야에서 고속으로 처리할 수 있는 기술이다. 복합이벤트 처리는 데이터가 컴퓨터에 도착하자마자 저장장치에 저장되기 전에 메모리상에서 순차적으로 처리된다.

8. 빅데이터 CRM

CRM과 빅데이터는 서로 동일한 고객 데이터를 활용하고 있으며 통합될 수 있다. '빅데이터 CRM'은 모든 고객을 대상으로 정형, 비정형의 데이터를 종전의 회귀분석방법과 새로운 인공지능 분석방법을 활용하고 분석할 수 있게 되었다. 고객의 미래 구매활동을 더욱 세밀하고 정확하게 예측할 수 있게 되었으며 고객을 관리하는 방법에 있어서도 더욱 세밀한 방법을 강구해야 할 것이다. CRM이 역량부족으로 해결할 수 없었던 부분을 빅데이터가 해결하고 있으므로 빅데이터는 CRM의 연장선상에 있다고 생각되며 통합된 개념이다.

Chapter 3. CRM 전략

CRM의 발달과정을 보면 제품중심 마케팅, 직접 마케팅, 표적 마케팅, 데이터베이스 마케팅, 고객지향 마케팅 등의 과정을 통해서 발전해 오고 있으며, 고객지향의 마케팅 수단으로 CRM이 확산되고 있다. CRM은 거의 모든 산업에 해당할 수 있지만, 특히 서비스산업인 금융, 통신, 유통기관 등을 통해서 성공적으로 운영되고 있으며, 의료기관, 온라인기업으로 확산되고 있고, 최근에는 제조기업에서 운영하는 사례들이 확대되고 있으며, 국가기관에서도 CRM을 활용하여 국민만족을 위하여 노력하고 있다.

기업과 고객 간의 관계는 첫 거래가 발생한 이후에, 서비스정보 습득, 구매 행동, 소비 행동, 서비스품질 인식의 과정이 반복되는 고객 관계 발전의 순환과정(Customer Relationship Enhancement Cycle Process)이므로, CRM 활동은 장기적으로 고객과의 관계를 관리하는 수단이다. 장기적인 고객 관계관리를 통하여 기업은 고객 만족을 얻을 수 있고, 고객의 충성도를 향상시킬 수 있으며, 고객자산 가치를 확보할 수 있게 된다.

제1절 CRM 전략의 이해

1. CRM 전략의 개념

1) 전략의 개념

전략이라는 용어는 경영에서 시작된 말이 아니다. 전략은 전쟁에서 시작된 용어이다. 한문으로 표기한 전략(戰略)이란 용어는 싸울 전(戰)자와 꾀할 략(略)자를 쓰고 있다. 뜻을 그대로 풀이하면 "꾀를 써서 이기는 방법"이다. 전략에 대한 사전적인 의미를 보면 '전쟁에서의 승리를 위해 여러 전투를 계획・조직・수행하는 방책'이다. 전략(Strategy)의 어원은 그리스의 Strategia라는 말이며 "전쟁에서 적을 속이는 술책"이라는 의미이다. 전쟁 중에 수단과 방법을 가리지 않고 적을 이기는 방법을 전략이라고 한다. 전략의 중요한 의미는 '적을 이기는'이라는 목표이다. 적과 싸워서 지는 방법은 전략이 아니다. 적과 싸워서 이기기 위해서는 적이 모르는 동안에 적을 이길 수 있는 방법을 찾아야 한다.

시대가 변하면서 전쟁의 의미는 비군사적인 기업 간 경쟁의 의미로 변화되어 사용되고 있다. 전략은 군사적인 의미로부터 기업을 경영하는 수단의 의미로 사용되고 있다. 기업에서 사용하는 전략을 경영전략이라고 한다. 비즈니스의 세계는 전쟁의 세계이다. 무기를 들지 않고 싸우는 전쟁이다. 그것도 전 세계의 기업들과의 전쟁이다.

모든 기업이 전쟁에서 살아남기 위해서 치열하게 싸우고 있다. 무기를 사용하지 않고 싸우는 전쟁을 비즈니스에서는 경쟁이라고 한다. 비즈니스 세계에서 경쟁하는 이유는 분명하다. 경쟁사와 경쟁하여 이기는 것이다. 예를 들면 삼성전자와 애플이 역사 이래 가장 규모가 크고 치열한 특허전쟁을 벌이고 있다. 이들 두 기업 모두 이기려고 싸우고 있다. 지거나 양보하기 위해서 싸우는 것이 아니다. 이들 두 기업은 스마트폰의 세계시장을 석권하려는 전쟁에서 승리의 목표를 달성하기 위해서 특허라는 전략적 무기를 들고 싸우고 있다.

전략의 의미를 현대적인 비즈니스 세계에서 통용될 수 있는 의미로 다시 정리하면 "목표를 달성하기 위하여 현재의 해결해야 할 문제를 파악하고 그 문제를 해결할 수 있는 정당한 수단과 방법을 사용하는 활동" 정도가 될 수 있다. 전략에는 반드시 지향하는 목표가 있어야 한다. 목표를 분명하게 설정하고 현재의 경쟁력으로는 목표를 달성하기 어려운 문제를 찾아서 해결해야 할 과제로 선정해야 한다. 그리고 그 과제를 해결할 수 있는 합법적, 도덕적, 윤리적으로 정당한 방법과 수단을 강구해야 한다. 경영전략의 의미는 과제를 해결할 수 있는 방법과 수단을 의미한다. [그림 3-1]은 전략의 개념을 나타내고 있다.

그림 3-1 전략의 개념

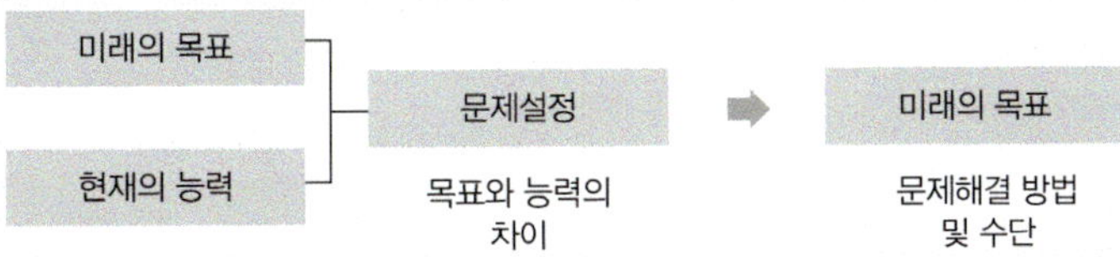

2) 맞춤고객의 시대

과거는 대량고객의 시대였지만, 현재와 미래는 맞춤고객의 시대이다. 고객과 시장의 변화는 고객별로 극단적인 이질화 현상을 가져온다. 고객의 이질화는 고객 개인별로 기업에 대한 필요(Wants)와 욕구(Needs)사항이 서로 다르게 나타나게 한다.

기업은 고객 개인별로 서로 다른 요구수준에 대응해야 한다. 한 사람의 고객에게 만족을 제공한 경우에도 다른 사람에게 동일한 만족감을 제공할 수 있다는 보장은 없다. 고객과 시장의 환경은 급변하고 있다. 미래의 시장은 더욱 빠른 속도로 변할 것이다. 기업은 과거에 성장했던 경영방법을 잊지 못하고 있다. 과거에는 하나의 거대한 시장을 대상으로 제품을 대량생산해서 매스미디어(Mass Media)의 매체를 활용하는 매스마케팅(Mass Marketing) 방법으로 동일한 전략을 시행함으로써, 시장을 공략하고 시장점유율을 향상시킬 수 있었다. 이러한 매스마케팅 전략은 기업의 성공을 보장하였다. 기업들은 이러한 성공경험들을 현재에도 그대로 활용하고 있고 미래에도 그대로 적용하려고 한다. 과거의 성공전략이 현재에도 그리고 미래에도 통할 것으로 믿고 있다. 그러나 과거의 성공방법을 그대로 미래에 적용하는 기업은 경쟁력을 확보하기가 매우 어려울 것이다.

기업의 경영전략은 지속적인 제품혁신전략과 더불어 고객과의 관계를 발전시킬 수 있는 고객 관계관리전략으로 변화되고 있다. 고객 관계관리전략을 CRM 전략이라고 하며, CRM 전략은 기업에 더욱 큰 이익을 지속적으로 보장할 것이며, 미래의 경쟁력을 확보할 수 있게 할 것이다.

3) 마케팅의 발달과정

마케팅의 발달과정을 보면 과거의 제품 중심적 마케팅에서 고객지향적인 마케팅으로 발전되어 왔다. 이러한 마케팅의 변화는 어느 순간에 변화한 것이 아니고 고객과 시장의 변화에 따라서 점진적으로 발달하고 있다. 마케팅은 제품중심 마케팅, 직접마케팅, 표적마케팅, 데이터베이스 마케팅, 고객지향 마케팅의 순서로 발전하고 있다.

[그림 3-2]는 마케팅방법이 발달되어 온 과정을 보여 주고 있다.

그림 3-2 마케팅의 발달과정

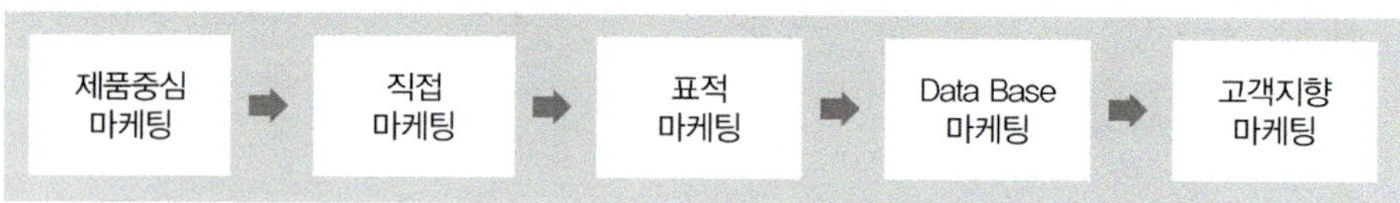

(1) 제품중심의 마케팅

제품중심의 마케팅(Product Oriented Marketing)은 과거의 매스마케팅(Mass Marketing)으로 대량생산(Mass Product)과 매스미디어(Mass Media)를 활용하여 시장으로 공급하는 규모의 경제에 유용했던 마케팅방법이다. 제품중심 마케팅의 특징으로는 시장점유율(Market Share)의 극대화 추구, 동일한 메시지 전달의 매스미디어를 통한 일괄적인 광고, 시장규모의 경험적 추정, 영업사원의 개인별 판매능력 의존 등이 있다.

(2) 직접마케팅

직접마케팅(Direct Marketing)은 동일한 메시지를 일괄적으로 전달하던 제품중심 마케팅의 비효율성이 지적되면서 고객과 시장으로 직접 마케팅활동을 하는 것을 말한다. 즉, 직접

마케팅은 기업이 1960~70년대에 제품과 서비스의 홍보물과 광고물을 우편을 통하여 고객에게 전달하고 고객이 선호하는 상품을 우편으로 주문하는 마케팅 방법이다. 직접마케팅은 우편물 중심의 마케팅이라는 의미에서 직접우편(Direct Mail) 마케팅으로 부르기도 한다. 직접마케팅을 통하여 메시지의 차별화가 가능하게 되었으며 일방적이고 일률적인 메시지의 전달방법이 아닌 서로 다른 정보를 가지고 다수의 고객과 의견을 교환하기 시작하는 계기가 되었다.

(3) 표적마케팅

표적마케팅(Target Marketing)은 직접마케팅의 비효율성을 개선하기 위한 방법으로 나타난 마케팅방법이다. 표적마케팅은 고객과 시장을 유사한 특성을 가진 소집단으로 세분화하고 표적시장을 선정한 다음에, 집중적인 마케팅활동을 실행하는 마케팅방법이다.

직접마케팅의 고객주문 성공률은 2% 정도로 알려져 있다. 직접마케팅에서 중요한 수단인 우편발송은 고객의 거주지에 대한 정보가 매우 중요하지만, 고객의 거주지 정보를 정확하게 알 수 없으므로 수신인의 성명이 생략된 채로 발송되는 경우가 많았다. 따라서 대략적인 거주환경에 대한 특성 정도를 기준으로 시장을 세분화한 다음에 우편물을 발송하게 되는 직접마케팅의 성공률은 낮을 수밖에 없었다. 직접마케팅의 성공률을 향상시키기 위한 방법으로 고객에 대한 정보를 좀 더 정확하게 세분화할 필요성을 느끼기 시작하였고, 기업에서 공급하고 있는 제품과 서비스에 가장 가까운 고객집단을 표적으로 선정하여 집중적인 마케팅을 실행함으로써, 고객의 주문율을 향상시킬 수 있었다.

(4) 데이터베이스 마케팅

직접마케팅 과정에서 고객의 정보를 수집하고 분류하는 데이터베이스 마케팅(Data Base Marketing)이 시작되었다. 고객과 시장을 세분화하는 과정에서 고객정보를 분석하고 분류하는 과정이 필요하게 되었으며, 고객정보가 누적되면서 컴퓨터의 힘을 빌림으로써 시장세분화의 정확도가 향상될 수 있었다. 기업에서는 공급하고자 하는 제품과 서비스에 대한 필요성을 가진 고객을 선별하기 위하여 성별, 연령, 거주지, 직업 등의 인구 통계적 분류방법을 활용하였다.

(5) 고객지향 마케팅

데이터베이스 마케팅은 제품중심의 판매영역을 벗어나지 못하는 한계를 가지고 있었다. 시장을 아무리 세분화해도 결국 고객의 집단이므로 고객 개인별로는 대응하지 못한다. 데이터베이스 마케팅은 고객지향적인 마케팅에서 한계가 있다는 의미이다.

고객과 시장의 급변하는 환경에서 대량생산으로 공급이 수요를 초과하게 되면서 기업 간의 경쟁은 치열하게 되었다. 치열한 경쟁에서 경쟁력을 확보할 수 있는 수단으로 생산력, 품질, 기능, 성능, 기술 등 제품중심의 경쟁력은 더는 핵심경쟁력이 될 수 없게 되었다. 글로벌기업들의 평준화로 인하여 대부분 고객이 원하는 제품의 수준 이상이 되었기 때문이다.

기업이 무한경쟁의 시대에 적응하고 경쟁력을 확보할 수 있는 방법은 고객 개인별로 욕구를 파악하여 고객별 맞춤제품과 서비스를 제공할 수 있는 고객지향적인 마케팅(Customer Oriented Marketing)이다. 고객지향적인 마케팅은 고객별 욕구를 항상 파악하고 있어야 하기 때문에 고객과의 관계를 유지하고 발전시키는 활동이 매우 중요하다. 고객지향적인 마케팅은 제품중심의 거래 지향적인 마케팅방법에서 고객과의 장기적인 관계를 형성하고 발전해 나가는 활동으로 마케팅의 방향을 전환하는 것을 의미한다. 고객과의 우호적인 관계를 지속하면 고객과의 거래는 저절로 발생하고 기업의 수익은 증가될 수 있다.

4) CRM 전략의 의미

CRM의 의미는 Customer Relationship Management로서 고객과의 관계를 관리하는 의미이지만, 일반적으로 CRM 시스템이라는 의미로 사용되는 경우가 많다. 그러나 CRM 시스템은 CRM을 실현할 수 있는 수단이지 목표가 될 수 없다. CRM 전략은 분명히 CRM 시스템의 의미를 포함하고 있지만 시스템 자체는 목표를 달성하기 위한 방법이고 수단이다. CRM 전략은 CRM 시스템을 방법과 수단으로 활용하여 고객과의 관계를 유지하고 지속시키면서 발전하는 것이 목표이다. CRM의 목표는 고객과의 관계를 발전시켜서 미래의 기업경영목표를 달성하는 것이다. 즉, 경쟁사보다 우월적인 미래 경쟁력을 확보하는 것이다.

급변하는 경영환경에서 살아남는 기업이 되기 위해서는 무엇인가 방법을 강구해야만 한다. 대부분의 기업이 부딪히고 있는 가장 큰 문제는 미래의 경영환경 변화를 예측하기 어렵다는 것이다. 현재의 경영능력으로는 미래의 경영목표 달성에 대해 판단할 수 없다. 미래의 경영목표는 설정할 수 있겠지만 환경의 변화를 감지할 수 없기 때문에 문제분석이 어렵고 목표를 달성할 수 있는 실행방법 및 수단을 확보하기가 어렵다. 즉, 미래를 대비할 수 있는 전략이 없다는 의미이다.

시대가 아무리 급변하고 시장환경이 아무리 심하게 변화한다 해도 변하지 않는 것이 있다. 기업경영의 대상이 고객이라는 사실이다. 고객이 없는 기업의 경영활동은 존재할 수 없다. 미래의 경영환경이 어떠한 방향으로 변화하든 고객과의 관계를 지속적으로 발전시켜 나간다면, 기업의 경쟁력을 확보할 수 있는 매우 효과적인 방법을 가질 수 있다. CRM 전략을 실행하여 고객과의 관계를 발전시키면서 미래를 대비한다면, 기업의 미래 경영목표를 달성할 수 있으며 미래의 경쟁력을 미리 확보할 수 있을 것이다.

CRM 전략의 의미는 기업경쟁력 확보를 목표로 설정하고 목표를 달성하기 위하여 현재 부족한 고객과의 관계를 더욱 발전시켜 나갈 수 있는 CRM방법을 적극적으로 실행하는 것이다.

2. CRM 전략의 특성

CRM이 실행되기 전까지 기업은 고객정보를 저장한 데이터베이스를 STP분석으로 마케팅 전략을 수립하였다. 그러나 이러한 데이터베이스 마케팅 방법으로는 수시로 변화하는 고객의 개인별 욕구를 충족시킬 수 있는 고객맞춤정보 또는 고객맞춤제품을 제공하기가 매우 어려웠다. 고객의 개인별 욕구를 충족시키는 방법은 고객 개인별로 관계를 형성하고 유지하며 발전시킬 수 있는 CRM이다. 이러한 CRM의 특성을 살펴보면 [그림 3-3]과 같다.

그림 3-3 CRM의 특성

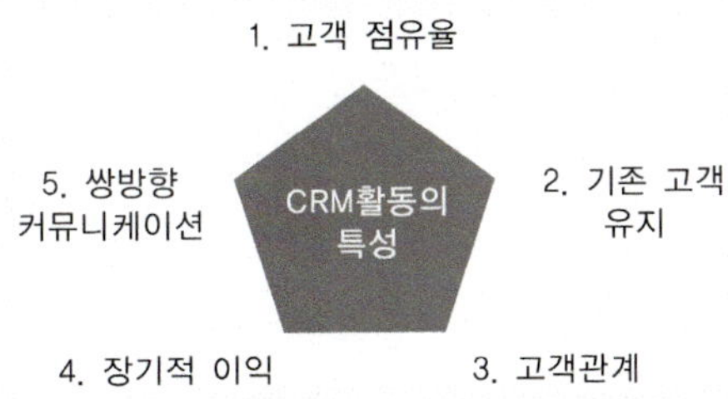

1) 시장점유율보다는 고객점유율

기업의 경쟁력을 비교하는 경우에 흔히 시장점유율(M/S: Market Share)을 사용한다. 시장점유율은 어느 특정한 제품이 시장 전체에 공급한 정도를 의미한다. 현재까지 대부분의 기업이 사용하고 있는 보편화된 경쟁력 측정 방법이다. 즉, 시장점유율은 제품의 흐름을 중심으로 점유율을 계산하는 방법이다.

그러나 CRM 활동에서는 평상시에 고객과의 관계를 지속하고 강화함으로써 고객이 저절로 자사의 제품이나 또는 서비스상품을 구입하게 된다는 생각이므로 평생 고객을 얼마나 많이 확보하고 있느냐가 중요한 경쟁지표가 된다. 여기서 고객점유율(C/S: Customer Share)의 의미는 어떤 고객이 구입한 제품이나 서비스상품 중에서 특정한 기업의 제품이나 서비스상품이 차지하는 비율을 의미한다. 즉, 고객점유율은 고객 행동을 중심으로 점유율을 계산하는 방법이다. 고객점유율의 세부적인 내용은 CRM의 성과 분석에서 세부적으로 살펴보기로 한다.

과거의 시장점유율은 고객과는 관계없이 특정한 제품이 시장에 공급된 정도를 의미하고, CRM 활동에서의 고객점유율은 고객이 구입한 제품 중에서 특정한 기업의 제품이 차지하는 비율을 의미한다.

2) 신규고객 확보보다는 기존고객 유지

과거에는 고객을 획득하기 위한 방법으로 세분화된 시장별로 매스미디어를 활용한 광고 등을 통하여 신규고객을 확보하였다. 매스미디어를 활용하여 신규고객을 확보하는 경우에는 구매의사가 없는 고객들에게도 비용을 지불해야 하는 낭비 요인이 발생할 수밖에 없었다. 그러나 인터넷 등의 새로운 매체가 발전되고 있는 최근에는 구매 가능성이 높은 고객 개인별로 맞춤정보를 제공할 수 있는 일대일 커뮤니케이션 방법이 활용되고 있다.

신규고객을 확보하기 위하여 소요되는 비용은 기존의 고정고객을 유지하기 위하여 소요되는 비용보다 10배 이상이 소요된다. 고객의 재구매 가능성도 고정고객의 충성도가 신규고객보다 높기 때문에 고정고객의 재구매 가능성이 크다. 고객관리의 성과인 비용면과 재구매율의 측면 모두 고정고객의 경우가 신규고객을 확보하는 경우보다 양호하다. 따라서 고객과의 관계를 지속적으로 관리해야 하는 CRM 활동에서는 신규고객의 확보보다는 기존의 고정고객을 유지하기 위한 투자에 더 많은 노력을 하는 것이 효율적이고 효과적이다.

3) 제품판매보다는 고객 관계

과거의 기업에서는 예측한 수요를 바탕으로 정확하게 생산하고 시장에 공급하는 푸시전략(Push Strategy)을 활용하였지만, 공급이 수요를 초과하고 있는 환경에서는 고객의 필요와 욕구를 파악하고 분석하여 고객이 원하는 맞춤제품과 서비스상품을 생산해서 공급해야만 경쟁력을 확보할 수 있다. 그리고 제품과 서비스상품을 공급하고 있는 중에도 고객의 필요와 욕구가 어떻게 변화는지를 항상 분석하고 대응해야만 한다. 고객의 욕구를 파악하고 고객의 원하는 맞춤서비스를 제공하는 방법을 풀전략(Pull Strategy)이라고 한다.

고객 개인별로 필요와 욕구를 파악하고 분석하며 일대일로 대응하기 위해서는 CRM 전략을 활용해야만 가능하다. 따라서 CRM 활동을 지속하기 위해서는 제품을 판매하는 마케팅 활동보다는 충성도 높은 고객과의 관계를 지속하고 발전시키는 것이, 충성고객들의 제품이나 서비스상품의 구매와 자연스럽게 연결될 것이다. 즉, CRM 활동에서는 제품을 판매하는 노력보다는 고객과의 관계를 유지하고 발전시키는 활동이 더욱 중요해지고 있다.

〈사례 3.1〉은 고객의 마음과 신뢰를 잃을 수 있는 위험한 내용을 보여 주고 있다.

CRM Practice 3.1 고객 배신에 품질 논란까지… 벌레먹은 애플

혁신적인 제품과 충성스러운 고객을 자랑해온 미국 애플이 둘 모두를 잃을 위기에 처했다. 지난 20일(현지 시각) 애플이 2014년부터 지난해까지 출시한 아이폰의 작동 속도를 일부러 떨어뜨렸다고 시인하자 고객들이 애플에 집단소송을 제기하며 등을 돌리기 시작했다. 여기에 신제품 출시 연기와 품질 논란이 잇따르면서 제품력에까지 의문이 제기되고 있다. 미국 시사주간지 타임은 "애플에 대한 소비자들의 신뢰가 위험에 처했다"며 "소비자들의 충성과 긍정적 인식 위에 세워진 애플에는 치명적인 일"이라고 지적했다.

◇ 소비자 기대 잇따라 저버려… 이미 신뢰 잃었다

애플에 대한 신뢰 위기는 이번 '배터리 게이트'에 대한 해명이 먹혀들지 않는 것에서 나타난다. 애플은 "배터리가 오래되면 성능 저하로 아이폰이 꺼져버릴 수 있기 때문에 소프트웨어 업데이트를 통해 아이폰의 작동 속도를 제한했다"고 설명했다. 그러나 경제 전문지 포브스는 "삼성전자는 갤럭시S8과 갤럭시노트8의 리튬이온 배터리가 2년간 최대 용량의 95%를 유지할 것이라고 보증했고 LG와 구글도 마찬가지"라며 "아이폰 배터리만 그렇게 빨리 상태가 나빠질 이유가 없다"고 지적했다.

24일 현재 미국 뉴욕, 캘리포니아, 일리노이 등에서 애플의 행위를 사기로 규정한 집단소송이 이어지고 있다. 캘리포니아주에서 소송을 제기한 한 아이폰 사용자는 "애플이 대부분의 아이폰에서 나타나는 배터리 결함을 감추기 위해 속도를 떨어뜨린 것"이라고 주장했다.

◇비대해진 공급망 · 비밀주의로 문제 자초

애플 제품에 잇따르는 논란은 제품군이 방대해지고 전 세계에 흩어져 있는 공급망을 감당하지 못하면서 벌어진 일이라는 지적도 있다. 블룸버그에 따르면 팀 쿡(57) CEO가 취임하기 1년 전인 2010년 애플 제품은 14종이었다. 7년이 지난 올해 5월 현재 이어폰 등 주변 기기까지 포함해 27종으로 늘었다.

애플의 비밀주의에 대해서도 비판이 쏟아지고 있다. 지난 9월 애플이 아이폰8을 출시한 직후 세계 곳곳에서 "배터리가 부풀어 오른다"고 호소하는 사례가 나타났다. 애플은 10월 초 "문제를 조사하고 있다"고 밝혔지만 두 달이 넘도록 아무 설명도 내놓지 않고 있다.

(출처: 조선일보, 2017. 12. 25., http://news.chosun.com/site/data/html_dir/2017/12/25/2017122501664.html)

4) 장기적 이익

과거의 기업활동은 제품을 생산하여 시장으로 공급하는 대량생산 중심이었으며, 매스미디어를 활용하여 대량의 커뮤니케이션 활동으로 일시에 대량판매를 달성할 수 있는 단기적인 마케팅활동에 주력하였다. 그러나 최근에는 매스미디어의 비효율성에 대한 문제를 해결할 수 있는 CRM이 확산되고 있다. 기업은 한 번 관계가 만들어진 고객과의 관계를 장기간 혹은 한평생 동안 지속할 수 있도록 CRM 활동을 활용하고 있다. 한 번의 거래가 아닌 지속적인 거래를 유지할 수 있도록 고객과의 관계를 관리하는 활동은 당장의 제품판매를 목표로 하지 않는다. 고객과의 관계를 지속함으로써 고객으로 하여금 자연스럽게 제품이나 서비스상품을 구입하도록 유도한다. 기업이 고객을 관리하는 CRM 활동은 장기적인 이익을 목표로 한다.

5) 쌍방향 커뮤니케이션

제품을 생산하고 공급만 하던 과거의 기업들은 고객에게 매스미디어를 활용한 일방적 커뮤니케이션 방법을 활용하였다. 즉, 기업이 고객에게 제품이나 서비스상품에 대한 정보를 제공만 하면 고객은 이를 근거로 구매 의사 여부를 결정하였다. 따라서 기업은 고객의 필요와 욕구를 파악하고 분석하는 데 많은 어려움이 있었다. 그러나 인터넷 등 온라인 미디어의 확산으로 고객의 필요와 욕구를 파악하는 기업의 활동은 매우 적극적으로 변화되고 있으며, 고객의 의견에 대한 반응을 즉시 보이고 있으므로 기업과 고객의 정보가 매우 용이하게 교환되고 있다. 즉, 과거에는 단방향 커뮤니케이션 방법이 활용되었지만, CRM 활동이 보편화되고 있는 현재에는 쌍방향 커뮤니케이션이 적극활용되고 있다.

쌍방향 커뮤니케이션을 원활하게 수행하기 위해서 기업에서는 고객과의 직접 접촉 창구인 콜센터 등의 조직과 인력을 운영하고 있으며, 고객과의 쌍방향 커뮤니케이션에 많은 노력을 하고 있다.

〈사례 3.2〉는 공공기관이 고객과의 쌍방향 커뮤니케이션을 위한 콜센터운영에 대한 내용이다.

CRM Practice 3.2 관광공사, 평창올림픽 빈틈없는 안내... 4개언어 콜센터 운영

'1330 관광통역 안내 전화'

한국관광공사가 평창올림픽조직위 강원도와 손잡고 '2018 평창 동계 올림픽 및 패럴림픽'의 빈틈없는 안내체계를 구축한다. 관광공사는 29일 이들 기관과 업무 협약(MOU)를 체결하고, 기존 '1330 관광통역 안내 전화'를 '올림픽 특별 콜센터'로 확대 운영해 올림픽 관람객에게 한국 관광과 올림픽 정보를 제공한다고 밝혔다.

1330 안내 전화는 한국어, 영어, 일어, 중국어 등 4개 언어로 무료로 운영되는 24시간 관광통역 안내 서비스다. 관광공사, 조직위, 도 등이 협업해 운영할 특별 콜센터는 기존 안내 전화의 규모와 기능을 대폭 확대해 오는 12월7일부터 패럴림픽이 끝나는 내년 3월18일까지 공식 운영된다. 안내 범위도 관광 안내·통역·관광 불편 신고 등 기존 업무는 물론 올림픽 숙박·음식점·교통·문화행사 등 올림픽 관련 정보를 총망라해 제공할 계획이다.

관광공사는 1330을 통해 올림픽 관련 불편 신고를 접수해 강원도, 조직위 및 올림픽 개최 3개 시·군이 이를 해결하도록 하고, 특별콜센터를 운영하면서 발생하는 미흡한 부분은 조직위, 강원도 등과 지속해서 협력해 보완해나갈 예정이다.

관광공사 안내교통팀 심홍용 팀장은 "20년 동안 1330을 운영해온 공사의 노하우와 조직위 및 강원도와의 협력 체계를 통해 올림픽 관람객에게 빈틈없는 올림픽 안내 서비스를 제공할 계획이다"고 말했다.

(출처: 조선일보, 2017. 11. 30., http://travel.chosun.com/site/data/html_dir/2017/11/30/2017113001029.html)

3. CRM의 목표

기업이 이익목표를 달성하기 위해서는 마케팅활동으로 판매를 많이 해야 한다. 종전의 마케팅 목표는 판매를 통한 수익의 창출이었다. 그러나 고객과 시장이 급변하고 있는 환경에서는 고객과의 관계를 발전시키는 활동이 직접적인 목표가 되고, 판매는 고객 관계의 발전을 통하여 나타나는 간접적인 목표가 되고 있다. 고객과의 관계를 유지하고 발전시켜서 판매목표를 달성하는 방법이 관계마케팅(Relationship Marketing)이다. CRM의 목표는 신규고객을 확보하고, 고객 관계를 유지하며, 고객 관계를 발전시키는 것이라고 할 수 있다. [그림 3-4]는 CRM의 단계별 목표에 대한 내용이다.

그림 3-4 CRM의 단계별 목표

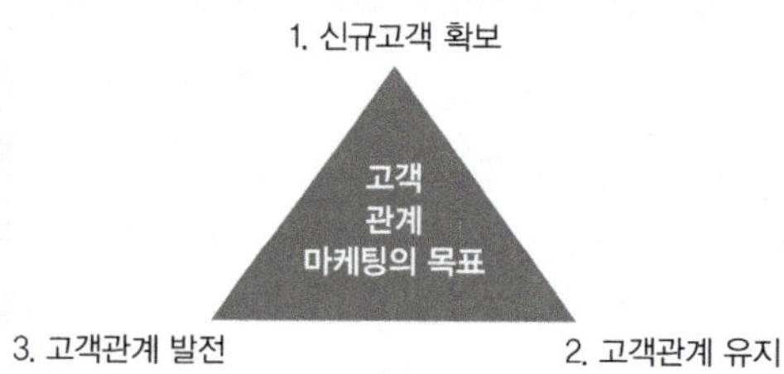

1) 신규고객 확보

관계마케팅의 첫 번째 목표는 신규고객의 확보이다. 고객 확보(Customer Attraction)에 대한 목표를 달성하기 위해서는 잠재고객을 대상으로 신규고객을 확보하게 된다. 첫 거래를 시작하게 되면 모두 신규고객이 된다. 기업은 고객에 대한 사전지식이 없는 상태이기 때문에 신규고객을 확보하기 위해서는 큰 비용과 노력이 들게 되지만, 성과는 기대에 미치지 못할 경우가 많다. 신규고객을 확보하는 경우에도 고객을 세분화해서 고정고객이 될 가능성이 많은 고객집단을 선별하여 캠페인이나 이벤트와 같은 행사를 통해서 신규고객으로 유도해야 한다.

신규고객을 확보할 수 있는 또 다른 방법은 기존 우량고객의 추천을 통해서 신규고객을 확보하는 것이다. 우량고객의 추천을 통해서 첫 거래를 시작하게 되는 신규고객은 고정고객이 될 가능성이 크다. 입소문을 통하여 전파되는 기업에 대한 이미지는 매우 설득력이 있다. 신규고객을 확보하고자 하는 기업은 우량고객을 활용하여 입소문을 전파시키는 구전 마케팅을 유용하게 활용할 수 있다.

2) 고객 관계 유지

관계마케팅의 두 번째 목표는 고객 관계를 유지하는 것이다. 고객 관계 유지(Customer Relationship Retention)는 첫 거래를 시작한 신규고객이 이탈하지 않도록 고객과의 관계를 유지하는 것이다. 이를 위해서는 고객이 만족할 수 있는 활동을 전개해야 한다. 고객의 만족도를 향상시키기 위해서는 불만요소를 제거하고, 가치를 제공해야 한다. 고객은 한 번 이상의 우호적인 관계를 맺게 되면 동일한 기업과 거래를 계속하고 싶어 하며 자신의 불만사항을 해결해 주고 필요한 맞춤서비스를 제공해 주는 기업과의 관계를 지속하기를 원하게 된다.

3) 고객 관계 발전

관계마케팅의 세 번째 목표는 고객과의 관계를 발전시키는 것이다. 고객 관계 발전(Customer Relationship Enhancement)은 기업에 대한 고객의 신뢰를 바탕으로 한다. 첫 거래를 시작한 후 거래가 반복되고 유지되면 기업은 고객이 원하는 욕구를 해결할 수 있는 서비스를 제공하면서 고객의 만족도는 상승하게 되며, 재구매의 횟수가 증가함에 따라 고객의 신뢰가 쌓이게 된다. 기업은 고객의 신뢰가 형성될 수 있도록 고객과의 관계를 발전시킬 수 있는 활동을 해야 한다.

제2절 산업 유형별 CRM

모든 산업 분야에서 CRM의 필요성이 제기되고 있다. 많은 기업과 기관들이 CRM을 활용하고 있지만, CRM을 가장 먼저 도입하고 활용하기 시작한 것은 서비스기업이다.

그 다음으로 통신기업, 유통기업으로 확산되기 시작하였고, 현재에는 업종을 구분하지 않고 대부분의 기업이 CRM 활동을 통하여 고객들과의 관계를 강화하면서, 경쟁력을 확보하고 미래를 대비하고 있다. 산업의 유형 중에서 잘 알려져 있는 서비스기업, 유통기업, 제조기업 등의 분야에서 CRM이 어느 정도로 활용되고 있는지 살펴본다.

1. 서비스산업의 CRM

대표적인 서비스기업으로는 금융, 통신, 의료, 운송, 숙박, 전기, 가스, 음식점, 주유소, 미용실, 유흥업체 등 다양한 형태의 기관 또는 단체들이 있다. 서비스기업 중에서 특히 많이 알려져 있는 금융기업, 통신기업, 의료기관 등에서 활용되고 있는 CRM에 관하여 알아본다.

1) 금융기업의 CRM

CRM은 보험회사, 은행 등의 금융기업에서 매우 적극적으로 활용되고 있다. 금융기업은 고객 개인별로 직접 접촉하면서 개별로 거래를 지속해야 하는 점이 제품을 공급하는 기업들과는 차이가 있다. 금융기업에서는 고객 개인별로 고객의 신상명세가 정확해야만 금전적 거래가 가능하다.

금융기업은 고객 개인의 정보를 누적 관리할 수 있었기 때문에 CRM 시스템의 도입이 용이하였고, 고객과의 관계를 유지하고 발전시키는 데 매우 양호한 입지적 요건을 충족하고 있었다.

금융기업은 고객과 직접 거래를 함으로써, 고객의 필요(Wants)와 욕구(Needs)를 직접 취합하고 분석할 수 있으며 고객에게 직접 서비스를 제공할 수 있다. 또한 성명, 성별, 주민번호, 주소, 전화번호, 휴대폰 번호 등의 인적사항에 관련한 고객 개인의 구체적이고 정확한 정보를 확보하기가 매우 용이하다. 금융기업에서는 고객을 관리하기 위한 통장, 크레딧카드, 직불카드 등의 개인에게 발행하는 번호를 관리하기 때문에, 고객 개인별로 과거의 거래내역 및 신용도 등의 이력을 누적하고 통합 관리하기가 매우 용이하다. 그리고 금융기업은 고객의 정보가 외부로 유출되거나 악용되지 않도록 2중 3중의 보안을 유지하고 있기 때문에, 고객은 금융기업을 신뢰하는 장점이 있다.

보험회사의 경우에는 한 번 거래한 고객에게는 지속적으로 금융정보를 제공하고 불편함을 해결해 주는 등 끊임없는 서비스를 제공하는 CRM 활동으로 신규고객을 고정고객으로 전환시키며 이탈고객을 방지하기 위한 노력을 지속하고 강화하고 있다.

은행의 경우에도 최근의 금리저하 현상으로 예금이나 대출로 인한 금리만으로는 경영이 어려울 것임을 인식하고 적극적인 CRM 활동을 통하여 고객과의 관계를 강화하고 있다. 은행의 CRM 활동으로 고객들은 파생상품 등 다양한 금융상품에 투자를 확대하고 있다. 은행은 고객을 세분화된 집단별로 적합한 금융상품을 제공할 뿐만 아니라, CRM을 활용하여 PB(Private Bank) 시스템을 운영하기도 하는데, PB는 철저한 고객 개인별 맞춤 서비스상품이다.

금융기업의 CRM환경에 대한 특성을 살펴보면 다음과 같다.

금융기업의 CRM환경 특성

금융기업은 고객을 한 사람 한 사람 개인별로 관계를 지속할 수 있고 관리할 수 있는 환경적인 장점들이 매우 많다. 따라서 금융기업의 CRM 활동은 오래전부터 발전되고 있었다. 금융기업의 CRM환경에 대한 특성을 살펴보면 다음과 같다.

① 고객과 직접 거래를 한다.

② 고객정보의 확보가 매우 용이하다. 고객은 개인의 정보를 반드시 제공해야만 한다. 예를 들면, 성명, 성별, 주민번호, 주소, 전화번호, 휴대폰 번호 등의 인적사항을 제공해야만 거래가 성사될 수 있다.

③ 고객카드(신용카드, 지불카드 등)를 고객 개인별로 발행함으로써, 고객 개인별 관리가 매우 용이하다. 예를 들면, 고객과의 거래내용을 누적하고 통합 관리하는데 용이하며, 고객

개인의 신용 및 이력을 관리하는 데 매우 용이하다.

④ 고객의 인적사항 혹은 거래내용에 대한 보안을 유지하는 데 용이하다.

⑤ 고객에게 거래의 안전성 및 신뢰성을 제공하는 데 용이하다.

〈사례 3.3〉은 금융기관이 시행하고 있는 콜센터운영을 통한 CRM의 내용을 보여주고 있다.

CRM Practice 3.3 10년 연속 '우수 콜센터'… 마케팅 기능까지 척척

국내 금융권에서 특히 우수한 서비스 품질을 유지하고 있는 시중은행의 콜센터는 각종 금융상담은 물론 텔레마케팅에 이르기까지 다양한 업무를 처리하는 고객관계관리(CRM, Cus tomer Relationship Management)의 핵심 역할을 담당하고 있다. 맞춤형 자동응답 서비스, 스마트폰 사용자를 위한 스마트 푸시(Smart Push, 사용자에게 원하는 정보를 보내는 메시지 알림 서비스) 등이 대표적인 예다.

외환은행의 고객중심 경영에 대한 의지가 특히 잘 드러나는 곳이 바로 고객센터다. 외환은행은 2013년부터 금융 소비자의 권익을 보호하기 위한 활동의 일환으로 은행장을 비롯한 임원과 본부장이 월 1회 이상 서울 종로구 삼일빌딩 내 외환은행 고객센터를 방문해 '고객의 소리(VOC, Voice Of Customer)'를 직접 듣는 자리를 마련하고 있다.

외환은행 고객센터가 높은 서비스 품질을 유지할 수 있는 또 하나의 비결은 '관리지원 시스템'에 있다. 이 시스템은 고객센터의 모든 업무 진행 상태를 은행장 · 임원 · 부서장 그리고 상담관리자 모두 실시간으로 모니터링할 수 있도록 했다. 이러한 시스템을 통해 외환은행은 현재 고객센터가 정상적으로 운영되는지 고객이 불편을 겪고 있는 부분이 어떤 것인지 바로 확인할 수 있으며 문제가 발생했을 때 즉각적으로 대처할 수 있게 되었다. 친절하고 믿을 수 있는 상담은 상담사가 얼마나 관련 지식을 잘 습득하고 있느냐에 따라 좌우된다. 외환은행 고객센터의 상담사들은 관련 지식을 데이터베이스화한 '전자상담매뉴얼'을 활용해 상황에 맞는 필요한 지식을 신속하게 찾아 업무에 활용하고 있다.

(출처: 조선일보, 2014. 4. 18., http://news.chosun.com/site/data/html dir/2013/04/17/2013041701463.html)

2) 통신기업의 CRM

우리나라는 글로벌 인터넷 강국답게 통신시장의 성장에서도 세계시장을 선도하고 있다. 유무선 전화, 국제전화, 인터넷전화, 모바일인터넷, SNS 등의 발전은 사회의 모든 분야에 영향을 미치고 있고, 생활의 형태, 습관, 문화까지도 바꾸고 있다.

이러한 통신업계에서는 이미 고객 관계관리가 생활 깊숙이 자리 잡고 있다. 특히, KT, SK텔레콤, LG유플러스 등의 통신전문 기업들은 CRM 활동으로 고객과의 밀접한 관계를 유지하고 있으며, CRM 전략의 개발을 위하여 많은 노력을 하고 있다. 이들 통신기업은 적극

적이고 공격적인 고객 관계전략을 선호하고 있다. 신규고객 확보와 이탈방지를 위하여 고객별 맞춤 이벤트 활동을 전개하기도 한다. 예를 들면 무료기기 제공, 통신요금 할인, 부가서비스 무료 등의 이벤트 활동을 지속적으로 실행하고 있다.

통신기업이 과도하게 혜택을 제공하는 공격적인 CRM 활동은 경쟁사의 CRM 활동을 경쟁적으로 부추기므로 경우에 따라서는 이탈장벽이 급속하게 취약해지기도 한다. 이러한 과열된 통신기업의 CRM 활동은 정부기관의 규제 혹은 사회단체로부터 경고를 받기도 한다.

통신기업의 CRM환경 특성

통신사업 분야는 CRM 활동을 활발하게 실행할 수 있는 환경적 특성이 금융기업의 CRM 환경 특성과 매우 유사하다. 통신기업의 CRM환경 특성은 다음과 같다.

① 대리점 등의 유통기관과 협력하여 고객과 간접거래를 한다.

② 대리점을 통한 고객정보의 확보가 매우 용이하다. 고객은 개인의 정보를 반드시 제공해야만 한다. 예를 들면, 성명, 성별, 주민번호, 주소, 전화번호, 휴대폰 번호 등의 인적사항을 제공해야만 거래가 성사될 수 있다.

③ 고객카드(자사 전용카드 등)를 고객 개인별로 발행함으로써, 고객 개인별 관리가 매우 용이하다. 예를 들면, 고객과의 거래내용을 누적하고 통합관리하는데 용이하며, 고객 개인의 신용 및 이력을 관리하는 데 매우 용이하다.

④ 고객의 인적사항 혹은 거래내용에 대한 보안을 유지하는 데 용이하다.

⑤ 고객 개인별로 관계를 지속하기 위한 고객 개인별 맞춤 이벤트 활동을 할 수 있는 마케팅 도구가 다양하다. 예를 들면, 무료기기 제공, 통신요금 할인, 부가서비스 무료 등이 있다.

〈사례 3.4〉는 통신기업이 고객만족 등의 CRM활동을 실행하고 있는 내용이다.

CRM Practice 3.4 SK텔레콤, 국가고객만족도 20년 연속 이동통신 부분 1위 달성

SK텔레콤은 한국생산성본부가 주관하는 2017년 국가고객만족도 조사에서 20년 연속 이동통신 부분 1위에 선정됐다고 27일 밝혔다. NCSI는 제품 및 서비스에 대한 고객의 기대수준, 인지품질, 종합만족, 고객충성도 등을 종합적으로 분석해 고객 만족의 정도를 계량화한 지표로 국내에서 가장 권위있는 고객만족 지수로 평가받고 있다.

SK텔레콤은 이번 성과에 대해 고객에게 차별화된 상품과 서비스를 제공하고, 모든 경영활동에 있어 고객가치를 최우선으로 두는 고객중심경영 체계를 확고히 한 것이 주효했다고 설명했다.

다양한 연령대와 직업을 가진 고객들로 구성된 고객 자문단과 고객센터 · 대리점 등 고객과 직접 소통하는 직원들로 구성된 사내 자문단을 운영해 고객의 숨은 요구 발굴에도 적극 나서고 있다. 이를 통해 SK텔레콤은 휴가 및 외박시 군인이 이용할 수 있는 '지켜줘서 고마워 요금제', 국내에 방문하는 외국인 고객을 위한 'band 데이터 글로벌팩', 시각 · 청각 장애인 등을 위한 '소리누리 · 손누리 요금제' 등 고객 니즈 기반 맞춤형 서비스를 지속 출시해 왔다. 이 밖에도 보이는 ARS · 연령별 맞춤 상담 서비스 도입을 통해 상담 내용이 어려웠다는 고객 불만이 40% 이상 감소하는 등 고객 눈높이에 맞춘 상담 서비스 혁신에도 앞장서고 있다.

SK텔레콤 서비스부문장은 "국가고객만족도 20년 연속 1위 달성은 최고의 고객가치 실현을 위해 모든 임직원이 각자의 위치에서 철저하게 고객중심경영 활동을 실천한 결과"라며 "고객에게 사랑받는 기업으로 지속 성장할 수 있도록 차별화된 상품 · 서비스를 제공해 나갈 것"이라고 밝혔다

(출처: 조선일보, 2017. 3. 27., http://app.chosun.com/site/data/html_dir/2017/03/27/2017032701157.html)

3) 의료기관의 CRM

의료기관의 CRM 활동을 위한 환경은 금융기업이나 통신기업과 유사한 점이 매우 많다. 그러나 의료기관은 CRM 활동이 가장 늦게 도입되고 있는 분야이다. 의료기관의 고객은 환자이며, 의료기관을 찾아야 할 정도의 환자에게 별도의 CRM 활동을 실행해야 할 만큼의 필요성을 인식하지 못하고 있었다. 그러나 의료분야 역시 글로벌 경쟁력을 확보해야 살아남을 수 있기 때문에 CRM 활동의 필요성이 증가되고 있다.

예를 들면, 환자가 아니더라도 고객 개인별로 건강관리를 위해 건강정보를 공유하고 건강에 대한 변동사항들을 교환함으로써 평생고객으로 확보하는 노력들이 진행되고 있다. 평소에는 건강을 유지하고 있지만, 의료기관의 CRM 활동으로 고객의 건강에 대한 이상징후를 미리 파악하고 분석하여, 병을 예방할 수 있으며, 지속적으로 건강에 관련한 모든 정보를 제공할 수 있다. 이러한 의료기관의 CRM 활동은 글로벌 경쟁력을 확대할 수 있는 강력한 도구가 될 수 있다.

의료기관의 CRM환경 특성

의료기관 역시 고객인 환자와 한 사람 한 사람 개인별로 관계를 지속할 수 있고 관리할 수 있는 환경적인 장점들이 매우 많다. 그러나 의료기관에서는 CRM 활동이 크게 발전되지 못하였지만, 미래에는 CRM 활동을 적극적으로 실행하는 의료기관이 글로벌 경쟁력을 확보할 수 있을 것이다. 의료기관의 CRM환경에 대한 특성을 살펴보면 다음과 같다.

① 환자에게 직접 의료 서비스를 제공한다.

② 환자 개인의 정보를 확보하는 데 매우 용이하다. 환자는 개인의 정보를 반드시 제공해야만 한다. 예를 들면, 성명, 성별, 주민번호, 주소, 전화번호, 휴대폰 번호 등의 인적사항을 제공해야만 서비스를 제공받을 수 있다.

③ 환자카드를 개인별로 기록하고 관리함으로써, 환자 개인별 관리가 매우 용이하다. 환자에게 제공한 서비스인 치료내용을 누적하고 통합관리하는 데 매우 용이하다.

④ 환자에게 거래의 안전성 및 신뢰성을 제공하기가 용이하다.

⑤ 환자가 먼저 의료기관을 찾기 때문에 의료기관은 환자를 유치하기 위한 노력을 크게 할 필요성을 인식하지 못한다.

⑥ 의료기관이 글로벌 경쟁력을 확보할 수 있기 위해서는 CRM 활동이 매우 필요한 분야이다.

〈사례 3.5〉는 의료기관에서 고객만족 등의 CRM사례를 보여 주고 있다.

CRM Practice 3.5 'My 세브란스'앱 개발 · 해피콜 도입 등 병원 서비스 개선

병원 부문 1위 세브란스병원

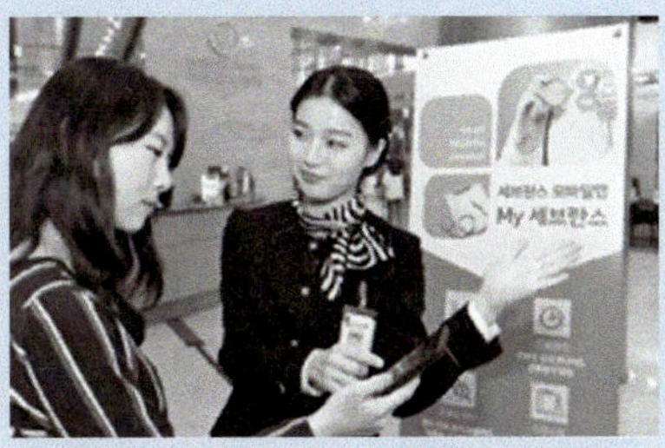

2017년 4분기 국가고객만족도(NCSI) 조사에서 세브란스병원이 병원 부문 1위를 차지했다. 세브란스병원은 2011년부터 올해까지 7년 연속 1위 자리를 지켰다. 한국생산성본부가 각 병원에서 최근 2년간 2차례 이상 진료를 받은 20~59세 고객 3250명(병원당 250명)을 대상으로 서비스 만족도를 조사한 결과, 세브란스병원은 작년에 이어 80점을 기록했다. 서울성모병원은 79점으로 작년에 이어 2위를 유지했다. 같은 79점을 기록한 서울대병원이 작년 4위에서 올해 공동 2위로 올라섰다.

작년 2위를 차지했던 삼성서울병원은 올해 78점을 기록하면서 서울아산병원과 함께 4위를 기록했다. 고대안암병원 · 아주대병원 · 이대목동병원 · 경희의료원은 77점으로 공동 6위, 중앙대병원과 한양대병원이 76점으로 공동 10위였다. 건국대병원과 가천대 길병원은 75점으로 최하위에 머물렀다.

세브란스병원은 'My 세브란스' 앱을 개발해 스마트폰으로 편하게 진료 예약을 할 수 있게 했다. 앱에는 진료 일정 알람, 수납 결제 등 기능은 물론이고, 실내 내비게이션을 탑재해 병원 안에서 길을 안내하는 기능까지 갖추었다. 환자 이동이 잦은 본관 3층 로비에는 특별히 설명 간호사를 배치해 환자 안내를 도왔다. 고객 민원 창구인 '해피콜'을 통해 한 달 평균 1600여건에 달하는 불만 사항을 확인하고, 개선하기 위한 노력도 계속하고 있다.

(출처: 조선일보, 2017. 12. 4., http://biz.chosun.com/site/data/html dir/2017/12/03/2017120300971.html)

4) 전통적 유통기업의 CRM

유통기업은 전통적으로 발전해 오고 있는 오프라인 유통기업의 CRM 활동과 인터넷 등의 온라인을 활용하여 새롭게 발전하고 있는 온라인기업의 CRM 활동으로 구분하여 살펴본다. 그리고 본 교재에서는 CRM 활동을 실행하기 용이한 소매점을 중심으로 살펴본다.

유통기업은 백화점, 전문점, 대리점, 전문대리점, 할인점, 창고점, 가맹점, 편의점, 메가마트, 슈퍼마켓, 전통적 시장, 초소형가게 등 다양하며, 대기업의 전국상권, 중견기업의 지역상권, 중소기업의 동네상권 등으로 특성이 매우 다양하다. 그리고 경쟁이 매우 치열하기 때문에 기업의 크고 작음과는 별도로 CRM 활동 역시 경쟁이 치열하다. 위에서 살펴본 바와 같이, 대기업인 통신기업의 경우에는 CRM 활동을 이미 깊숙하게 실행하고 있고, 중견기업이라고 할 수 있는 가맹점의 경우에도 상당한 수준까지 지역상권에서 고객확보와 고객유지를 위한 CRM 활동을 실행하고 있으며, 심지어 동네의 초소형 슈퍼마켓이나 가게에서도 자체 쿠폰을 발행하면서 고객 관계를 지속하는 CRM 활동을 실행하고 있다.

이러한 유통 전체에 대한 다양한 CRM 활동을 모두 언급하기에는 너무 광범위하므로, 백화점 등의 대규모 전통적 유통기업에 대한 개념을 살펴보고, 제조기업을 대신해서 유통을 책임지고 있는 대리점과 같은 유통기업의 CRM 활동은 차츰차츰 상세하게 설명하고자 한다.

전통적 유통기업은 고객과 직접 거래를 하고 있지만, 고객 개인의 정보를 입수하기는 그렇게 쉽지 않다. 고객은 금융기업, 통신기업, 의료기관과 같이 개인의 정보를 제공하지 않더라도 물품을 거래하는 과정에서 어려움이 전혀 없다. 이러한 의미는 전통적 유통기업이 고객의 정보를 지속적으로 관리할 수 있는 환경으로는 용이하지 않음을 의미한다. 전통적 유통기업은 어려운 환경을 해결하기 위해서 자체 고객카드를 발행함으로써, 고객과의 관계를 지속적으로 관리할 수 있는 환경을 스스로 만들어서 CRM 활동을 실행하기도 한다.

전통적 유통기업의 CRM환경 특성

유통기업은 자체 고객카드를 발행함으로써, CRM 활동을 실행할 수 있는 환경을 스스로 만든다. 이러한 전통적 유통기업의 CRM환경에 대한 특성을 살펴보면 다음과 같다.

① 고객과 직접 거래를 한다.

② 고객정보의 확보가 매우 용이하지 않다. 고객의 정보를 확보하기 위해서 자체의 고객카드를 발행한다. 자체의 고객카드를 발행함으로써, 고객 개인별 정보를 누적하고 통합관리를 실행할 수 있다.

③ 상권별 고객에 대한 이벤트를 실행할 수 있는 마케팅 도구가 매우 다양하다. 예를 들면, 할인판매, 묶음판매, 끼워팔기, 떨이판매, 재고판매, 전시품판매, 고객 LTV 및 기념일 행사판매, 시음행사, 견본 및 샘플 제공, 사용 후 판매 등이 있다.

〈사례 3.6〉은 전통적 유통기업인 백화점의 고객만족에 관한 내용이다.

CRM Practice 3.6 '스마트픽'·'스마트 쇼퍼' 도입… 온·오프라인 통합 쇼핑 환경으로 고객만족도

백화점 부문 1위 롯데백화점

롯데백화점이 2017년 4분기 국가고객만족도 조사에서 15년 연속 백화점 부문 1위를 차지했다. 이번 조사는 최근 6개월 동안 백화점에서 3회 이상 상품을 구입한 경험이 있는 20~59세 고객을 대상으로 진행됐다. 롯데백화점의 고객만족도는 전년 대비 1점 상승한 77점을 기록했으며, 공동 2위를 차지한 현대백화점과 신세계백화점을 1점 차로 따돌렸다.

롯데백화점은 최근 롯데그룹이 지주회사 체제로 전환하면서 순환출자 고리를 해소하고, 지배구조의 단순화 및 경영투명성 제고 등의 기대효과가 고객기대수준 상승(2.4%)에 영향을 미친 것으로 분석됐다. 또 온·오프라인을 아우르는 쇼핑 환경인 옴니채널을 통해, 업계 최초로 온라인 구매 상품을 오프라인 매장에서 직접 찾아가는 '스마트픽' 서비스, 카트나 장바구니 없는 쇼핑 시스템인 '스마트 쇼퍼' 서비스 등을 제공한 것이 고객만족도 상승으로 이어졌다.

현대백화점의 고객만족도는 전년 대비 1점 상승한 76점으로 신세계백화점과 공동 2위를 차지했다. 고객인지품질이 전년 대비 1점(1.3%) 상승한 76점으로 평가된 반면, 고객기대수준과 고객인지가치는 전년과 동일한 수준으로 조사돼 정체된 것으로 나타났다. 신세계백화점의 고객만족도도 전년 대비 1점 상승한 76점을 기록했다. 업계 최초로 고객과 1대1 소통이 가능한 인공지능 'S마인드'를 개발해 4차 산업혁명을 업계에 접목하려는 노력이 좋은 평가를 받은 것으로 보인다.

고객충성도는 온라인 쇼핑과 아웃렛 등과 같은 경쟁 채널이 강세를 보이면서 전년 대비 3점 하락한 55점으로 평가됐다.

(출처: 조선일보, 2017. 12. 4., http://biz.chosun.com/site/data/html dir/2017/12/03/2017120300991.html)

5) 온라인기업의 CRM

온라인 분야는 CRM 활동이 가장 먼저 활성화된 분야라고 할 수 있다. 전통적인 유통기업에 맞서서 온라인으로 성공한 대표적인 기업으로는 미국의 컴퓨터 온라인 유통기업인 Dell컴퓨터와 서적 온라인 유통기업인 아마존닷컴 등을 들 수 있다. 이들이 기존의 유통기

업과 경쟁하는 새로운 형태의 온라인기업이라면, 그 다음에 나타난 미국의 구글, 페이스북은 정보검색, 정보제공, 정보교환 등으로 온라인기업을 성공시킨 사례라고 할 수 있다.

우리나라의 경우에도 많은 온라인기업이 성공하고 있다. 기존 유통기업과 경쟁하는 G마켓, 옥션, 11번가 등과 정보를 검색, 제공, 교환하는 다음, 네이버 등의 온라인 기업이 있으며, 중소기업들의 상품에 대한 정보를 제공하고 온라인 마케팅활동을 대행하는 새로운 형태의 온라인기업인 소셜커머스(SC, Social Commerce)는 미국의 그루폰(www.groupon.com)을 시작으로 우리나라의 티몬(티켓몬스터,www.tmon.co.kr), 쿠팡(www.coupang.com), 위메프(위메이크프라이스,www.wemakeprice.com) 등이 있다.

이상의 온라인기업들은 설립 초기부터 온라인기업으로 시작하여 성공한 기업이며, 기존의 전통적 기업들 역시 온라인기업과 경쟁하기 위하여 온라인기업을 병행하는 기업이 활성화되고 있다. 전통적 유통기업들 대부분이 자체의 웹사이트와 쇼핑몰을 운영하면서 온라인상에서 고객과의 직접 거래를 활성화하고 있다.

온라인 유통기업의 고객은 온라인으로만 주문을 처리하고 자신에 대한 정보를 스스로 온라인기업으로 제공한다. 따라서 온라인 유통기업은 고객의 다양한 정보를 용이하게 수집하고 분석하며, 고객과의 관계를 지속할 수 있는 충성도 높은 고객을 확보하기 위한 CRM 활동에 매우 적극적이다.

온라인기업의 CRM환경 특성

온라인기업의 고객은 스스로 자신에 대한 정보를 제공하므로, 온라인기업은 CRM 활동을 실행하는 데 매우 편리한 환경을 가지고 있다. 온라인기업의 CRM환경에 대한 특성을 살펴보면 다음과 같다.

① 고객과 직접 거래를 한다.

② 고객정보의 확보가 용이하다. 고객이 온라인 유통기업과 거래를 지속하기 위해서는 자신의 정보를 스스로 제공하며, 회원으로 가입한다.

③ 고객 개인별 관리를 실행하는 데 용이하다. 예를 들면, 고객과의 거래 정보와 고객 개인의 신용 및 이력을 누적하고 통합 관리하기에 용이하다.

④ 상권별 고객에 대한 이벤트를 실행할 수 있는 마케팅 도구가 매우 다양하다. 예를 들면, 할인판매, 묶음판매, 단체판매, 재고판매, 고객 LTV 및 기념일 행사판매, 사용 후 판매 등이 있다.

⑤ 온라인 유통기업의 상품정보에 대한 확산속도가 매우 빠르다.

⑥ 기존의 소매유통점과의 마찰이 빈번하게 발생한다.

〈사례 3.7〉은 온라인 소셜커머스 기업이 20대 고객으로부터 사랑받는 기업으로 선정된 내용이다.

CRM Practice 3.7 쿠팡, 20대가 사랑하는 온라인쇼핑몰로 3년 연속 선정돼

이커머스 기업 쿠팡이 '20대가 사랑하는 최고의 온라인쇼핑몰 브랜드'로 3년 연속 선정됐다고 밝혔다. 최근 20대 전문 연구기관인 '대학내일20대연구소'는 전국 20대 남녀 1,000여명을 대상으로 '2017 20대가 가장 사랑한 브랜드' 설문 조사 결과에 따른 것이다.

조사방법은 20대 소비자들이 제품, 서비스를 구매하거나 이용할 때 고려하는 브랜드 친숙도, 애호도, 비용 효율성(가성비), 20대 이미지 적합성 등 4가지 요소를 각각 평가해 100점 만점으로 환산해 비교한 것으로 쇼핑, 미용·패션, 음식·음료, 생활, 콘텐츠, 티켓팅 등 20대 소비가 주로 일어나는 부문별로 최고의 점수를 얻은 브랜드가 1위로 선정된다.

20대가 주요 사용자로 경쟁이 치열했던 온라인쇼핑몰 분야에서 쿠팡이 3년 연속으로 1위에 이름을 올렸다. 브랜드 친숙도, 비용 효율성, 브랜드 애호도 등 모든 조사지표에서 높은 점수를 받으며 타 업체와 큰 점수 차이를 보였다. 특히 20대 남성과 대학생들의 선호가 두드러졌다.

오늘 주문하면 내일까지 받아 볼 수 있는 빠르고 정확한 '로켓배송'을 비롯해 상품의 단점까지도 살펴볼 수 있는 믿을 수 있는 '상품평 시스템', 한번 주문하면 알아서 배송되는 '정기배송' 등 다양한 상품과 편리한 구매 경험을 위한 고객서비스가 1위를 수성할 수 있었던 이유로 분석된다.

(출처: 조선일보, 2017. 12.15., http://danmee.chosun.com/site/data/html dir/2017/12/15/2017121502121.html)

2. 제조기업의 CRM

제조기업은 고객과의 거래에서 대부분 간접적인 접촉방법을 활용한다. 간접적인 접촉방법으로는 위의 유통기업에서 살펴본 기업이 대부분이며, 소비재를 공급하는 기업이 고객을 대상으로 직접적인 CRM 활동을 실행하기는 매우 어렵다. 소비재를 생산하는 제조기업이 고객과 직접 거래하는 경우는 거의 없기 때문에 고객의 정보를 직접 입수하는 데 여러 가지 제약이 많을 수밖에 없다. 고객의 정보를 입수하지 못하면 고객의 정보를 누적 관리할 수 없으며, 고객 개인별로 지속적인 관리를 할 수 없다. 그러나 제조기업이 CRM 활동을 실

행하는 데 많은 CRM 활동을 실행해야만 한다. 아직 제조기업에서 CRM 활동을 적극적으로 실행하고 있는 사례는 많지 않지만, 미래의 글로벌 경쟁력 확보를 위해서도 제조기업의 CRM 활동은 반드시 필요하다.

제조기업의 CRM 활동을 소비재 상품과 산업재 상품의 경우로 구분하여 살펴보면 다음과 같다.

1) 소비재 제조기업의 CRM 활동

소비재를 생산하는 제조기업은 생산한 상품을 고객에게 직접 공급하지 않고 중간상인 유통기업을 통하여 공급한다. 그 결과 제조기업은 고객과의 접촉이 없으므로 고객이 원하는 필요(Wants)와 욕구(Needs)를 파악할 수 없게 되었다. 그러나 제조기업은 고객과의 간접적인 접촉으로는 가치있는 고객정보를 수집하기가 매우 어려웠지만, 경쟁력 확보를 위하여 고객중심의 경영체제로 변화할 필요성을 인식하기 시작하였다.

소비재 제조기업의 CRM 활동에 대한 필요성을 살펴보면 다음과 같다.

소비재 제조기업의 CRM 활동에 대한 필요성

① 고객의 필요(Wants)와 욕구(Needs)를 파악하여, 경쟁력 확보를 위한 고객지향적인 경영체제로 변화하기 위하여 CRM 활동에 대한 필요성이 증가하고 있다.

② 제조기업의 유통기업을 통한 간접판매방법은 제조기업이 소매유통점으로 종속되는 시스템이므로 유통협상에서 우선권을 가지기 어렵기 때문에, 고객정보를 직접 확보하고, 분석한 결과를 제공함으로써 소매유통점을 리드하고 지도할 수 있으므로 CRM의 필요성이 증가하고 있다.

③ 제품에 서비스를 부가한 사업영역의 확대를 통하여 제조기업의 경쟁력을 향상시켜야 살아남을 수 있다. 제조기업이 서비스로 사업영역을 확대하기 위해서는 고객지향적인 CRM 활동을 적극적으로 실행할 수 있는 경영체제로의 변화가 요구된다.

이상의 세 가지 이유로 소비재를 생산하고 공급하는 제조기업은 고객의 정보를 직접 입수하고 고객과의 관계를 유지하고 발전시켜야 함을 인식하게 되었다. 이러한 변화는 고객정보를 유통기업에게 의존하지 않고 제조기업 스스로 지속적인 관리를 해야함으로써 경쟁력을 확보할 수 있는 방법인 CRM의 필요성을 알려 주고 있다.

그러나 제조기업의 CRM 활동의 필요성이 증가하고 있음에도 불구하고 제조기업은 CRM 시스템을 도입하지 못하고 있고, CRM 시스템을 도입했다 해도 제대로 실행하지 못하고 있는 경우가 대부분이다. 고객과의 직접적인 거래활동이 없으면서 고객으로부터 직접 거래정보를 확보한다는 것은 불가능한 일이다. 따라서 제조기업이 CRM 활동을 실행하기 위해서는 상권을 책임지고 있고, 고객과 직접 거래를 하고 있는 소매유통점과 절대적인 협력이 필요하다. 제조기업의 CRM 활동의 성공 여부는 이들 소매유통점과 어떻게 협력하고 소매유통점들의 자발적인 협력을 얻을 수 있는지에 대한 시스템적 해결방안에 달려있다. 즉, 소매유통점의 자발적인 협력이 없이는 제조기업의 CRM 활동에 대한 성공을 기대하기가 매우 어렵다.

본 교재에서는 이미 성공적으로 실행하고 있는 서비스 분야나 온라인 비즈니스 분야와 함께 제조기업의 CRM을 중심으로 구체적이고 심도있게 살펴보고자 한다.

소비재 제조기업의 CRM환경 특성

제조기업은 중간상인 유통기업을 통하여 고객과 간접적인 거래를 하고 있으므로 고객정보를 직접 수집하기가 매우 어려움에도 불구하고, 글로벌 경쟁력 확보를 위해 CRM 활동에 대한 필요성이 증가하고 있다. 제조기업의 CRM환경에 대한 특성을 살펴보면 다음과 같다.

① 고객과 유통기업을 통하여 간접적으로 거래를 한다.

② 고객정보의 확보가 매우 어렵다.

③ 고객 개인별 관리를 실행하는 데 매우 어렵다. 예를 들면, 고객은 동일한 제조기업의 동일한 제품을 반복적으로 구입하는 경우가 거의 없기 때문에, 고객의 과거 거래내용을 누적 관리하고 고객 개인의 신용 및 이력을 관리하는 데 매우 어렵다.

④ 상권별 고객에 대한 이벤트를 실행할 수 있는 마케팅 도구가 매우 다양하다. 예를 들면, 할인판매, 묶음판매, 단체판매, 재고판매, 고객 LTV 및 기념일 행사판매, 전시품판매, 떨이판매, 사용 후 판매 등이 있다.

2) 산업재 제조기업의 PRM활동

산업재를 생산하여 다른 기업, 조직, 단체 등으로 공급하는 경우에는 그 대상이 상품을 소비하는 고객이 최종 고객이 아니다. 산업재를 생산하는 제조기업의 경우에는 고객을 개인별로 관리하는 CRM 활동이라기보다는 기업, 조직, 단체 등과 거래를 지속하는 비즈니스 대상인 파트너관계관리(PRM: Partner Relationship Management)으로써 CRM의 방법을 다르게 해야 한다. 소비재 상품의 경우에도 거래고객이 다른 기업, 조직, 단체 등의 대형 고객일 경우에는 CRM 활동이라기보다는 PRM활동으로 접근해야 한다. 기업, 조직, 단체 간의 거래를 의미하는 B2B(Business to Business)거래가 있다. B2B의 CRM 활동을 PRM이라고도 한다.

CRM 활동과 PRM활동에 대한 구분 방법은 지속적인 관리대상이 개인 고객인가 기업, 조직, 단체인가로 결정된다. 고가격 제품인 업무용 컴퓨터시스템, 비행기, 선박, 생산설비, 자동화 로보트, 중장비 등을 거래한 고정고객 기업에 대해서는 평소에 관련 정보를 제공하고 교환하면서 문제를 사전에 해결해 주는 서비스를 제공함으로써 고객기업과의 관계를 강화할 수 있다.

거래 파트너기업에 대한 정보는 입수하는 데 용이한 편이다. 산업재를 생산하는 제조기업의 경우에는 CRM 활동의 경우보다 PRM활동을 실행해야 하므로 본 교재의 범위에는 포함시키지 않지만 산업재 제조기업의 CRM환경 특성을 살펴보면 다음과 같다.

산업재 제조기업의 CRM환경 특성

산업재를 생산하는 제조기업은 개인이 아닌 다른 기업, 조직, 단체와 직접 혹은 간접으로 거래를 하고 있으므로 고객정보를 직접 수집하는 데 용이한 편이다. 산업재를 생산하는 제조기업의 CRM환경에 대한 특성을 살펴보면 다음과 같다.

① 고객과 유통기업을 통하여 직접 혹은 간접적으로 거래를 한다.
② 고객정보 확보가 다소 용이하다. 고객기업으로 직접적으로 공급하든지 간접적으로 공급하든지 간에 대상기업이 어느 정도 이상의 조직과 규모가 있기 때문이다.
③ 고객 기업별 관리를 실행하는 데 용이하다. 동일한 제품 혹은 유사한 제품을 반복적으로 공급하는 경우가 많기 때문에 거래 이력에 대한 누적 관리가 용이하다.
④ 고객기업의 신용 및 이력 관리가 용이하다.

3. 기업 유형별 CRM 활동의 비교

이상에서 살펴본 다양한 분야의 기업 유형별 CRM환경의 특성들을 비교해 보면 〈표 3-1〉과 같다.

〈표 3-1〉 기업유형별 CRM환경의 특성

CRM 전략 특성요인	서비스기업			유통기업		소비재 제조 기업
	금융 기업	통신 기업	의료 기관	소매 유통점	온라인 유통점	
전사적CRM참여도	●	●	◎	●	●	○
고객거래 형태	직접	직.간접	직접	직접	직접	간접
고객정보수집 용이성	●	●	●	◎	●	○
CRM도입 용이성	●	●	◎	◎	◎	○
고객맞춤상품 제공 용이성	●	●	●	●	◎	○
고객재구매경향	●	●	◎	●	◎	○
고객의 충성도	◎	◎	●	◎	◎	◎
CRM 활동 지속가능성	●	●	◎	●	●	○

* 참조 1 - ● 매우 용이하거나 매우 강함, ◎ 보통, ○ 매우 어렵거나 매우 약함
* 참조 2 - 각 기업의 유형별 CRM 전략의 특성요인에 대한 평가는 2010년 K은행, S통신, S전자 등의 기업에서 종사하고 있는 CRM관련 실무자들의 의견을 요약 정리한 내용임.

〈표 3-1〉의 결과에서 알 수 있듯이, CRM 활동을 실행할 수 있는 환경적 특성을 보면 서비스기업은 고객의 정보를 입수하고 누적하고 통합관리할 수 있는 여건이 매우 양호하며, 백화점 등의 소매점을 대표로 하는 유통기업의 경우에도 고객의 정보를 수집하고 누적하고 통합관리하기에 큰 어려움이 없기 때문에 CRM 활동을 실행하는 데 큰 어려움이 없다. 그러나 소비재를 생산하는 제조기업의 경우에는 고객과의 직접거래가 거의 없기 때문에 CRM 활동을 실행하기가 매우 어려운 환경이다.

서비스기업과 유통기업에서는 이미 CRM 활동이 활발하게 이루어지고 있지만, 제조기업의 경우에는 CRM 활동에 적극적이지 못하고, 실행하고 있는 기업 중에서도 성공 사례가 매우 적으며, CRM 활동을 축소하거나 포기하는 기업까지 나타나고 있다.

제조기업 중에서 CRM 활동을 성공적으로 실행하고 있는 기업으로는 글로벌기업인 S전자를 들 수 있으며, CRM 활동을 중단한 기업으로는 L전자를 들 수 있다. 이 두 기업은 인터넷 붐이 확산되기 시작한 2000년 초반에 거의 동시에 제조기업에서는 처음으로 전자상거래를 운영하면서 고객정보를 직접 확보하기 시작하였다.

L전자는 전자상거래 유통을 책임지고 있는 대리점과는 별도로 전자상거래를 통하여 고객과의 직접 거래를 시도하였다. 그러나 L전자가 직접 운영하던 전자상거래는 전속 대리점들의 극심한 저항에 부딪히게 되어 2006년 4월에 CRM 활동과 함께 중단될 수밖에 없었다.

이러한 현상은 많은 글로벌기업이 경험하고 있는 현상이기도 하다. 미국의 HP, LEVI'S 등의 경우도 L전자의 경우와 유사한 경험을 하였고, 일본의 Sony와 같은 글로벌기업도 유통기업들과의 마찰을 피하기 위하여 신제품이나 고가품 등 극히 일부 품목을 제외하고는 전자상거래를 통하여 고객정보를 직접 입수하거나 직접적인 거래는 시도조차하지 않았다.

S전자는 글로벌 제조기업 중에서 전자상거래를 성공적으로 운영한 기업이다. S전자는 전자상거래를 통하여 고객과 직접 거래를 실행하면서 고객정보를 수집하고 관리하면서 CRM 활동을 성공한 거의 유일한 기업이다. S전자는 수백 개 이상의 전국 소매점들과 협력하면서 고객정보를 관리하고 있다. S전자는 2회 이상의 거래가 있었던 1,800만 명 이상의 고정고객을 관리하고 있다. 우리나라의 총가구 수보다 많은 수이다. 그리고 충성고객은 600만 명 이상을 관리하고 있다. S전자는 전국의 전속대리점과 협력하면서 CRM 활동을 통하여 고객과의 관계를 지속적으로 유지하면서 발전시키고 있다. S전자는 전자상거래를 통한 고객관리의 기반을 완전하게 확보하게 된 2011년에 전자상거래를 중단하였고 현재는 고객과의 의견을 교환할 수 있는 웹사이트의 커뮤니티를 활성화하고 있다.

제3절 국가기관의 CRM

우리나라의 정부기관은 국민을 고객으로 생각하고 더욱 나은 양질의 서비스를 제공하려는 활동을 하고 있다. 우리나라의 전자정부에 대한 노력과 실현도 CRM 활동의 하나로 볼 수 있다. 우리나라의 전자정부는 국민이 필요로 하거나 어떤 욕구가 발생했을 때 인터넷으로 언제 어디서든지 불편이나 불만을 해결하고, 욕구를 충족시킬 수 있는 강력한 수단이 되고 있다.

1. 정부기관의 CRM

IT강국으로 부상하고 있는 우리나라는 전자정부를 표방하고 있으며, 국민 개개인의 불편함을 해결하고 욕구를 충족시켜 주기 위한 활동에 많은 노력을 하고 있다. 국민의 알 권리는 물론 국민의 필요(Wants)와 욕구(Needs)를 파악하고 대응함으로써, 고객인 국민의 만족도와 행복지수를 제고하려는 노력을 하고 있다. 예를 들면, 우리나라는 국민의 만족과 행복을 위하여 국민관계관리를 실행하는 국민권익위원회(http://www.acrc.go.kr)를 운영하고 있으며, 110번의 콜센터 전화번호를 활용하면서 대국민 CRM 활동을 적극적으로 추진하고 있다.

국민권익위원회 콜센터의 발표에 의하면 2007년 5월에 개통된 110번은 2012년 10월 18일에 천만 명의 콜을 응대했다. 우리나라 정부기관에 대한 국민의 상담유형 분석 결과를 보면, 정부의 행정관련 문의 등 행정교육문화 분야가 29.1%로써 가장 많았으며, 환경산업, 정보통신, 국가유공자 인정관련, 외무, 통일, 국방 분야 등이 뒤를 이었다.

정부기관의 CRM 활동은 행정 등의 업무에 대한 국민의 필요 혹은 욕구에 대한 문제를 파악하고 해결책을 제시하여 질적수준이 높은 대국민 서비스를 제공하면서 국민의 만족도를 향상시키고 있다. 정부기관의 대국민 CRM 활동은 행정기관이나 공무원들의 업무 수행 능력을 향상시키고 업무효율을 제고하며 유관부서 간의 협력관계를 증진시키는 적절한 도구가 된다.

2. 지방자치단체의 CRM

국민의 입장에서 보면 중앙정부를 상대로 처리해야 하는 업무 혹은 고충처리보다는 직접적인 접촉 빈도수가 많은 지방자치단체를 상대로 하는 업무처리가 많다. 따라서 중앙정부보다는 지방자치단체가 실행하는 대국민 CRM 활동의 필요성이 더욱 증가하고 있다.

대국민관계를 관리하기 위한 지방자치단체의 CRM 활동은 중앙정부는 물론, 지방자치단체의 핵심적인 요소가 되고 있다. 지방자치단체의 CRM 활동은 국민의 정부, 국민을 위한 정부, 국민에 의한 정부가 되는 첫 단계가 되고 있다. 지방자치단체가 국민과 직접 대면하고서 직접 서비스를 제공하는데, 지방자치단체가 대국민 서비스를 성공해야만 중앙정부와 국민 전체가 서로 행복해 질 수 있기 때문이다. 따라서 지방자치단체는 CRM 활동을 통하여 국민 한 사람 한 사람의 필요와 욕구를 먼저 찾아서 해결해 주는 서비스를 제공해야 한다. 이러한 지방자치단체의 CRM 활동이 지방자치단체의 경쟁력은 물론, 국가의 글로벌 경쟁력을 제고하고 있다.

3. 국가기관의 맞춤형 서비스 제공

국가기관의 CRM 활동의 목표는 국민 개개인의 욕구를 충족시킬 수 있는 맞춤형 서비스를 제공하는 것이다. 그러나 선결해야 하는 과제가 있다. 국가기관은 과거의 국가중심 또는 국가기관 중심의 모든 사고방식을 고객인 국민중심으로 변화시키는 혁신적인 사고의 전환이 선결되어야만 한다. 국민을 중심으로 행정서비스의 내용, 제공방법, 추진방법을 재정비해야 하고 국가기관의 조직 및 인력, 경영방법들을 모두 바꾸어야 한다. 그러나 이러한 방대한 일들을 한꺼번에 해결할 수는 없다. 따라서 대국민 CRM 활동의 우선순위를 정하고 실행하는 것이 중요하다.

지방자치단체 등의 국가기관에서 대국민 CRM 활동을 원활하게 실행하기 위해서는 국민이 편하고 손쉽게 접근할 수 있는 경로를 제공해야 한다. 국민이 국가기관으로 접근을 용이하게 하는 방법으로는 중앙정부기관 혹은 지방자치단체에서 콜센터를 운영하거나 또는 국민의 고충과 욕구를 해결하고 처리해 주는 인터넷 경로 등이 있다.

국민이 행정기관에 의견을 제시하고, 건의를 하여 행정업무를 처리하고자 할 경우에 어느 기관에서 담당하고 있는지도 모를 경우가 많다. 이럴 경우에 국가기관의 단일접점(Single Access Point)이 있다면 국민과의 관계가 더욱 더 효율적이고 효과적으로 개선되고 발전될 수 있을 것이다. 국민권익위원회에서 운영하고 있는 110번의 콜센터는 좋은 사례라고 할 수 있다.

4. 국가기관의 CRM 활동의 방향

국가는 국민 위에 군림할 수 없다. 국가는 국민 한 사람 한 사람에게 서비스를 제공해야 하고 국민을 행복하게 삶의 질을 향상시켜야 한다. 국가기관은 국민을 고객으로 인식하고 고객 관계관리에 최선을 다해야 하며 CRM 활동을 적극 추진하여 모든 국민을 행복하게 해야 한다. 이러한 CRM 활동을 하기 위해서 국가기관은 서비스 지향적(Service Oriented) 사고를 하고서 고객 지향적(Customer Oriented)의 대국민 서비스를 제공해야 한다. 국민의 소리를 먼저 듣고서, 국민의 욕구를 파악하고 분석한 다음에 국민을 위한 서비스를 제공하는 대국민 CRM 활동을 구축하고 시스템화해야 한다.

제4절 CRM의 발전

1. CRM발전의 의미

종전에는 고객과 거래는 한 번으로 종결되었으므로 고객과 지속적인 관계라는 개념이 부족하였다. 동일한 고객과의 재거래에서도 처음부터 새롭게 거래를 시작하는 신규거래와 다름이 없었다. 고객과의 거래방법이 종전에는 모든 고객이 신규고객과 같은 개념이었다. 그러나 급변하는 고객과 시장의 변화에 대응하기 위해서는 고객의 필요와 욕구를 파악하여 고객의 요구에 맞추어서 서비스를 제공할 수 있어야 한다.

고객별로 맞춤서비스를 제공하여 고객의 만족도를 향상시킬 수 있다면, 경쟁력을 확보할 수 있다. 고객의 욕구를 파악하기 위해서는 고객과의 관계를 우호적으로 지속하면서 발전시켜야 하며, 고객에게 맞춤서비스를 제공해야 한다. 이러한 고객욕구 파악, 고객 맞춤서비스 제공, 고객만족도 증가, 고객의 재구매 유도의 과정을 반복적으로 지속할 수 있어야 한다.

기업과 고객의 관계는 기업이 고객을 처음 접촉함으로써 새로운 관계가 시작되고, 현재의 관계를 지속함으로써 상호관계를 계속하려는 의지를 갖추게 되며, 지속적인 관계를 발전시킴으로써 고객은 기업과의 관계를 더욱 확대할 수 있다. 기업이 고객을 확보하기 위해서는 양질의 고객서비스를 실행해야 하며, 관계를 우호적으로 발전시키기 위해서는 양질의 제품을 차별화된 방법으로 특별하게 제공해야 한다. 특별한 서비스를 제공받고 있다는 인식을 고객이 느낌으로써 기업과 고객과의 관계는 발전될 수 있다.

기업은 고객과의 관계를 지속적으로 발전시켜 나가야 한다. 기업이 신규고객과 다름없는 일반고객을 대상으로 판매하던 과거의 대량판매 방법은 과다한 판매비용이 들고 효과적이지 못한 마케팅방법이었다. 일반고객에게 판매하는 대신에 단골고객에게 반복적으로 판매할 수 있으면, 판매비용의 절감과 동시에 판매성과의 향상을 기대할 수 있다.

고객과 시장의 급변하는 환경에서는 고객 관계의 발전이 기업의 핵심경쟁력이 되고 있다. 기업은 고객과의 관계를 더욱더 지속적으로 발전시켜야 한다.

2. CRM발전의 순환

고객과의 관계는 저절로 발생하는 것이 아니다. 기업의 노력으로 고객과의 관계는 형성될 수 있다. 기업이 고객과의 관계를 형성하는 과정을 보면, 거래관계가 없었던 잠재고객을 대상으로 자사의 제품과 서비스에 대하여 관심을 유발하게끔 활동을 하고, 관심이 유발된 고객을 대상으로 구매 행동을 하게끔 유도할 수 있다. 고객은 구입한 제품과 서비스를 소비하면서 품질에 대한 평가를 하고 품질의 수준을 인식하게 된다. 제품과 서비스에 대한 인식이 양호하게 작용하여 고객의 만족도가 향상되면, 고객은 기업과 재거래를 반복함으로써 관계를 지속하게 된다. 기업과 고객 간의 관계가 지속되기 위해서는 첫 거래가 발생된 이후에, 서비스정보 습득, 구매 행동, 소비 행동, 서비스품질 인식의 과정이 지속적으로 반복되는 고객 관계 발전의 순환과정(Customer Relationship Enhancement Cycle Process)이 지속되어야 한다.

[그림 3-5]는 기업과 고객과의 관계가 시작되고 순환하는 관계를 보여주고 있다.

그림 3-5 고객 관계발전의 순환

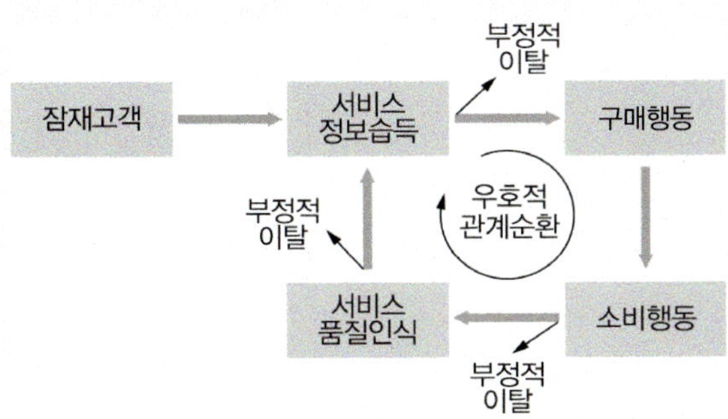

1) 서비스정보 습득

잠재고객은 아직 첫 거래가 이루어지지 않은 상태이므로 고객이라고 할 수 없는 상태이다. 고객은 기업이 제공하는 기업과 상품에 관련한 정보를 여러 경로를 통하여 습득하게 된다. 기업은 기업에서 제공하는 정보에 잠재고객의 관심을 유도하여 고객으로 하여금 첫 거래가 성사될 수 있도록 고객서비스를 제공해야 한다. 고객은 기업에서 제공하는 제품 및 서비스정보를 습득하는 순간에 기업에 대한 첫인상이 결정한다.

서비스정보 습득 단계(Accept Information Stage)는 잠재고객이 기업이 제공하는 서비스 정보를 처음으로 습득하는 단계이며, 기업과의 관계가 시작된다고 볼 수 있다.

2) 구매 행동

잠재고객은 기업이 제공한 다양한 정보를 습득한 뒤, 기업이 제공하는 서비스의 편익이 고객자신의 욕구를 충족시켜 줄 수 있는지를 판단하고서, 구매행동에 대한 의사결정을 한다. 고객 자신의 욕구에 충족할 수 없다고 판단되면, 즉시 이탈하게 되지만, 고객자신의 욕구를 충족시켜 줄 수 있을 것으로 판단되면 구매행동의 단계(Purchasing Stage)로 접어든다.

기업의 영업사원 혹은 상담원은 신규고객을 확보하기 위해서 고객의 욕구를 충족시켜 줄 수 있는 최적의 서비스정보를 제공함으로써, 고객이 구매행동으로 옮길 수 있도록 도움을 제공해야 한다.

3) 소비행동

고객은 첫 번째의 구매행동 다음으로 구입한 상품을 사용하면서 소비행동의 단계(Consumption Stage)로 옮긴다. 소비행동은 고객이 제품이나 서비스를 구입하게 된 목적대로 사용하면서 소비하는 것이다.

4) 서비스품질 인식

고객은 처음 구입한 상품에 대해서 신뢰를 갖지 못한다. 따라서 고객은 자신의 구매결과에 대해서 확인을 하게 된다. 상품을 소비하는 과정에서 발생할 수 있는 문제를 충분하게 해결해 줄 수 있는지, 서비스에는 문제가 없는지, 상품 자체의 문제는 없는지 등 고객서비스에 관하여 확인하고 판단하게 된다. 즉, 서비스품질 인식의 단계(Service Quality Perception Stage)이다.

고객의 소비행동과정에서 기업의 고객서비스에 대해 만족을 하면 고객 관계와 재구매가 지속될 가능성이 커져 구매금액도 커진다. 고객만족은 구매 의사결정을 하기 전에 기대했던 기대수준과 구매를 한 다음에 소비과정에서 인식하게 된 인식수준과의 차이를 기준으로 결정된다. 인식수준이 기대수준보다 많으면 만족, 같으면 보통만족, 적으면 불만의 상태가 되며, 불만의 경우에는 재구매활동을 계속할 가능성은 매우 낮아진다.

위에서 살펴본 고객 관계 발전의 순환과정에서 고객은 언제든지 이탈할 가능성이 있다. 기업의 고객서비스 활동은 고객 관계 발전의 순환과정 내에서 고객의 의사결정에 직접적인 영향을 미친다. 기업은 고객이 행동하고 있는 위치에 따라서 고객의 욕구를 파악하여 적절한 고객서비스를 제공함으로써 고객과의 관계를 지속적으로 발전시켜 고객이 이탈하지 않도록 노력해야 할 것이다.

제5절 장기적인 고객관계관리

CRM 활동은 장기적으로 고객과의 관계를 관리하는 수단이다. 기업이 고객과 장기적으로 우호적인 관계를 유지하고 발전시키기 위해서는 고객에게 호의적인 활동을 하고 고객은 기업의 호의적인 활동에 만족할 수 있어야 한다. 고객이 만족할 수 있는 기업의 CRM 활동이 지속될 경우에 고객의 만족도는 우호적으로 지속될 수 있으며 고객만족이 지속되어야 고객의 충성도가 향상될 수 있다. 장기적인 고객 관계관리를 통하여 기업은 고객만족을 얻을 수 있고, 고객의 충성도를 향상시킬 수 있으며, 고객자산가치를 확보할 수 있다.

[그림 3-6]은 장기적 고객 관계관리를 통하여 기업이 고객으로부터 얻을 수 있는 단계별 효과이다.

그림 3-6 장기적 고객 관계관리의 단계별 효과

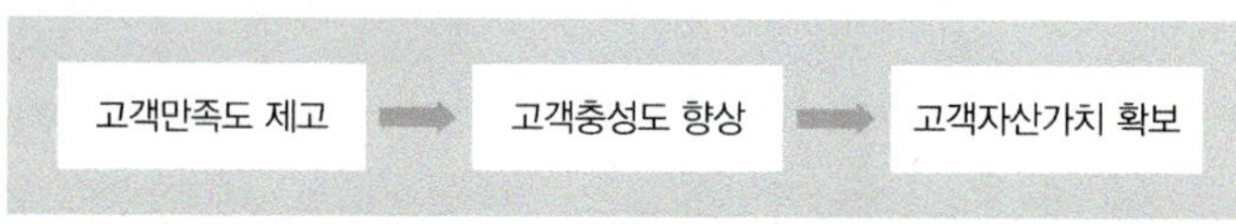

1. 장기적 고객 관계관리의 단계별 효과

1) 고객만족도 제고

기업이 제공하는 서비스를 받은 고객은 반응을 보이게 된다. 고객은 처음에 가지고 있었던 욕구 혹은 기대수준(Expectation)과 기업이 제공하는 서비스에 대한 고객의 실제 경험수준(Experience) 차이의 불일치(Discrepancy)한 정도를 주관적으로 판단한다. 기대수준보다 경험수준이 높게 나타나면 고객만족도가 긍정적인 반응을 보이고, 반대이면 불만의 반응을 보인다. 고객의 긍정적인 반응이 지속될 경우에는 고객은 만족하게 되며 이러한 과정이 순환되면서 고객의 만족은 증가하게 된다. 많은 고객이 만족할 경우에는 기업에서 공격적인 시장확대전략이나 혹은 시장점유율 확대전략을 실행할 수 있으므로 CRM 활동은 기업의 중요한 경쟁수단이 되고 있다. 고객-만족을 지속할 수 있는 순환구조는 기업의 서비스제공, 고객의 호의적 반응, 고객만족으로 구성되며, [그림 3-7]과 같다.

그림 3-7 고객만족 순환

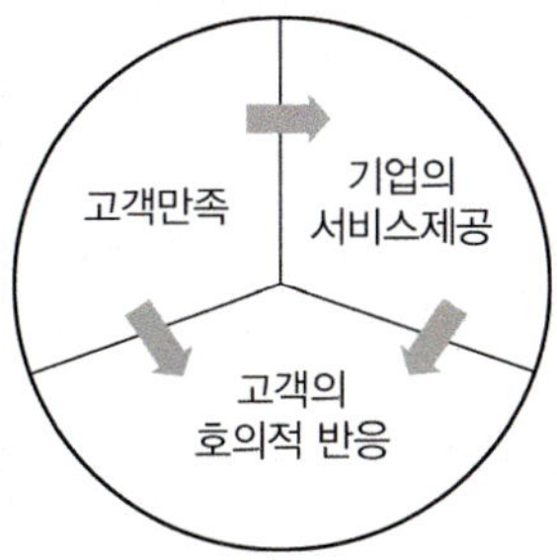

〈사례 3.8〉은 고객로열티의 중요성에 대한 내용을 보여 주고 있다.

CRM Practice 3.8 '고객 로열티' 중요 … 감성적 가치 전달 집중해야

고객만족도 높이려면

고객 로열티는 다른 기업의 제품이나 서비스를 사도록 잠재적인 상황 요인, 혹은 다른 기업의 적극적인 마케팅 활동에도 불구하고 자사의 제품이나 서비스를 일관되게 재구매하고 반복적으로 구매하고자 하는 고객의 몰입 정도를 말한다. '반복 구매'한 고객은 나아가 '적극적인 추천'으로 연결되어 신규고객 확보 및 장기간에 걸쳐 큰 수익과 매출증가에도 상당한 도움을 준다고 알려져 있으며, 이들은 타사 상품이나 서비스로 '이용 전환'하려는 의향도 낮은 것으로 나타나고 있다.

KCSI 1위 그룹과 타 그룹 간 비교해서 살펴보면, 제조업과 서비스업 모두 고객만족을 위한 세부 노력을 평가하는 요소만족도는 절대적 점수는 높지만 1위 기업과 비(非) 1위 기업 간 격차는 적은 것으로 나타났다. 반면 전반적 만족도에서는 그룹 간 격차가 더 크게 나타났으며, 고객 로열티 지표라고 할 수 있는 재구입(재이용) 의향에서 가장 큰 차이를 보였다. 이는 각 기업의 현장에서 진행되는 각종 세부적 노력은 고객들에게 인정을 받아 높은

수준으로 인지되고 있으나 고객들이 느끼는 각 기업 간 격차는 작은 것으로 이해할 수 있으며, 오히려 로열티를 나타내는 지표에서 더 큰 차별점을 느끼고 있어 이 차이가 1위와 비 1위를 결정짓는 더 큰 요인이라 할 수 있다.

고객 로열티를 성공적으로 관리하기 위해서는 제품과 서비스의 기능적(이상적)인 가치보다 제품・서비스・직원・커뮤니케이션 등을 보고 느낀 감성적인 가치 전달에 집중할 필요가 있다. 또 재구입(재이용) 의향은 인지적 요인보다는 행동적 요소가 강하게 작용하기 때문에 고객경험관리(CEM) 관점에서 구매(이용)과정 범위 전반에 대해 살펴보고 실제 어떤 단계에서 개선하고 관리해야 할지 탐색해야 한다.

(출처: 중앙일보, 2017. 11. 1., http://news.joins.com/article/22070920)

2) 고객의 충성도 향상

고객만족이 지속되어 다른 경쟁사로 이탈할 가능성이 매우 낮은 고객은 충성도(Loyalty)가 높은 고객이다. 이들 충성도가 높은 고객은 기업에 대한 불만이 있더라도 충분한 사유가 있을 것이라고 이해를 해 주면서 한 번쯤은 회복할 기회를 주고 싶어 한다. 충성도가 높은 고객의 소비행동 특성을 보면 반복적으로 동일한 기업의 제품 혹은 서비스상품을 재구매하고, 기업활동에 대해서 웬만한 불만 정도는 이해해 주는 관대함이 증가하며, 기업에 대해서 항상 관심을 가지고 불만, 칭찬, 제안 등 고객의 소리(VOC; Voice Of Customer)를 통하여 정보를 제공한다.

고객의 충성도는 태도적인 측면의 호의적 감정과 행동적인 측면의 반복구매 등 두 가지 요인의 충성도를 네 가지 형태로 구분하여 설명할 수 있다. 호의적 감정이 가장 취약하고 반복구매도 거의 없는 충성도가 가장 취약한 고객을 비충성고객(Non Loyalty Customer)이라고 하며, 호의적 감정은 매우 많지만 반복구매는 거의 하지 않는 고객을 잠재적 충성고객(Potential Loyalty Customer)이라고 한다. 잠재적 충성고객은 항상 충성고객이 될 가능성이 있는 고객이기도 하다. 따라서 잠재적 충성고객에 대해서는 CRM 활동을 통해서 제품과 서비스상품에 대한 신뢰를 구축할 수 있도록 관계를 향상시켜 충성고객으로의 전환활동에 노력을 해야 한다. 호의적 감정은 거의 없지만 반복적으로 구매활동을 지속하는 고객은 타성적 충성고객(Involuntary Loyalty Customer)이라고 한다. 타성적 충성고객은 호의적인 감정이 없기 때문에 기업의 서비스에서 조금이라도 불만요인이 발생하면 이탈할 가능성이 큰 고객이므로 CRM 활동을 통해서 호의적인 감정을 향상시키는 노력을 해야 한다. 마지막으로 호의적 감정이 많으며 반복적 구매활동을 지속하고 있는 고객을 초우량 충성고객(Super Loyalty Customer)이라고 한다. 초우량 충성고객을 어느 정도 확보하고 있는가에 따라 기업의 경쟁력이 좌우된다고도 할 수 있다. 호의적 감정과 반복적 구매활동의 요인으로 구분한 충성도맵(Loyaty Map)을 보면 [그림 3-8]과 같다.

그림 3-8 고객 충성도맵

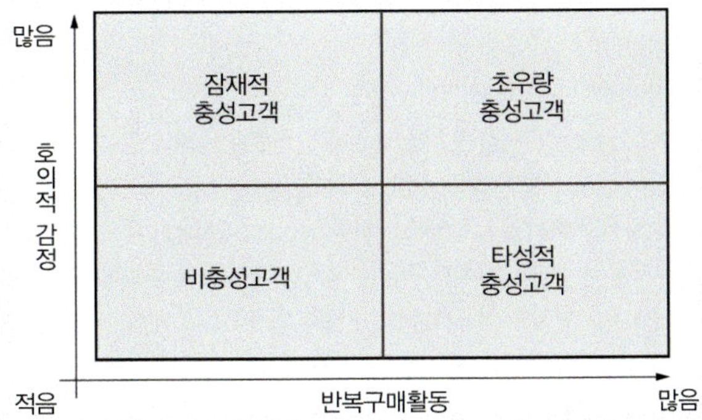

3) 고객자산가치 확보

기업의 고객자산가치는 고객이 지불한 것에 대해 기업으로부터 얻을 수 있는 제품이나 서비스의 효용가치에 대한 전반적인 평가이다. 기업에는 유무형의 자산가치가 있으며, 그중에서도 최근의 기업자산에는 고객자산가치가 포함되고 있다. 아직 구체적인 평가방법이 확정되어 사용되고 있지는 않지만, 기업 간 M&A(Mergers And Acquisitions; 인수합병) 등의 과정에서 고객가치를 환산하여 적용하는 경우가 있다.

예를 들면, 어떤 기업이 고정고객을 10만 명 확보하고 있는 경우, 고객 한 사람당 평생고객가치인 LTV(Life Time Value; 고객생애가치)가 100만 원이라고 한다면 그 기업의 고객자산가치는 1,000억 원이 될 수 있다. 실제로 온라인기업의 M&A를 하는 경우에 상상 이상의 고객자산가치를 인정하는 경우를 볼 수 있다.

〈사례 3.9〉는 고객자산 가치의 M&A에 대한 사례이다.

CRM Practice 3.9 고객자산가치의 M&A에 대한 사례

5년차 소셜커머스, 체력보강 후 재도약 시동

◇ 모바일과 함께 고속성장 … '3강 체제'

2010년 5월 국내 소셜커머스의 원조격인 티몬을 시작으로 같은 해 7월 쿠팡, 10월 위메프가 잇따라 탄생했다. 당시 소셜커머스는 스마트폰과 SNS(사회관계망서비스) 활성화 등에 힘입어 단기간에 급속도로 성장했다. 소셜커머스 열풍을 타고 시장 도입이 채 1년도 안 된 2010년에만 신규 소셜커머스 업체 100여개가 우후죽순으로 생겨

났다. 한 때 500여개 업체가 난립했던 국내 소셜커머스 시장은 4년 만에 쿠팡, 티몬, 위메프 3강 체제가 굳어졌다.

소셜커머스가 고속 성장한 원동력은 모바일이다. 모든 상품을 백화점식으로 단순 나열해 검색 등을 통해 판매하는 방식이 아니라 상품기획자(MD)가 엄선한 상품을 전시하듯 선보이는 큐레이션 방식이 모바일 기기 전성시대에 맞아떨어진 것.

◇ 투자유치·인수합병 실탄 확보…경쟁 2라운드는 산업 고도화

5년차에 들어선 소셜커머스 업체들의 경쟁은 이들이 잇따라 글로벌 업체와 손잡고 대규모 투자를 유치하면서 본격적인 2라운드 준비에 들어갔다. 규모 확대와 서비스 개선을 통해 양적으로 급성장한 산업의 질적 성장에 뛰어든 것이다. 쿠팡은 미국 투자전문 회사인 세쿼이아 캐피털(Sequoia Capital) 등으로부터 국내 기업 최초로 1억달러(약 1천23억원) 규모 투자를 유치했다. 유치한 자금을 서비스 개선 등에 투입한다는 계획이다.

김범석 쿠팡 대표는 지난달 투자유치를 발표하면서 "쿠팡이 이커머스의 패러다임을 바꾸며 성장하는 중요한 시점에 든든한 지원자이자 파트너를 만났다"라며 "투자유치로 급격히 성장하는 이커머스 시장에서 우위를 점할 것"이라고 말했다. 아울러 쿠팡은 작년 10월 법인 형태를 유한회사에서 주식회사로 전환하고서 기업공개(IPO)를 준비하고 있다.

티몬은 세계 최대 소셜커머스 업체인 그루폰과 인수합병(M&A) 형태로 손을 잡았다. 그루폰은 지난해 말 티몬을 2억6천만달러(약 2천760억원)에 인수했다. 티몬은 현금 보유액만 1조2천억원에 달하는 그루폰의 자본을 활용해 직매입 규모를 늘려 상품 가격을 낮춰 가격 경쟁력을 확보한다는 계획이다.
또 그루폰의 글로벌 네트워크를 활용해 상품과 서비스의 영역을 확대하는 방안도 추진 중이다.

(출처: 조선일보, 2014. 6. 22.)

4) 고객자산가치의 구성요소

고객자산가치는 고객인식자산, 브랜드자산, 고객 관계자산 등으로 구분된다. 고객이 특정한 기업의 제품과 서비스를 지속적으로 구입하는 이유를 보면 이 세 가지의 구성 요소 중에 하나 이상을 만족하고 있기 때문이다. [그림 3-9]는 고객자산가치의 구성요소를 나타내고 있다.

그림 3-9 고객자산가치의 구성요소

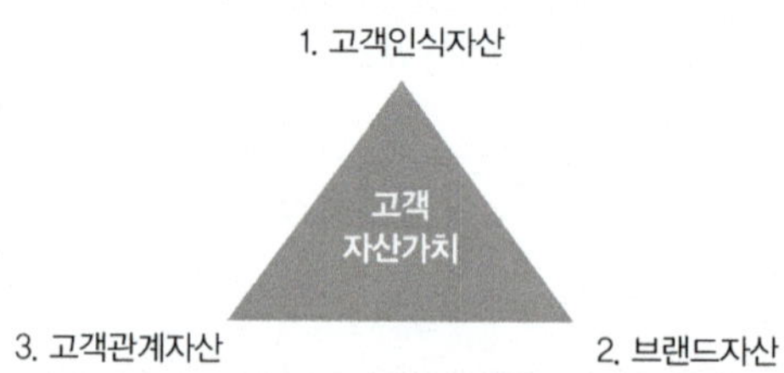

(1) 고객인식자산

고객인식자산(Customer Perceived Equity)은 고객이 인지할 수 있는 가치를 의미한다. 고객인식자산은 기업이 고객에게 제공하는 제품이나 서비스의 품질, 가격, 편의성에 의해서 결정된다. 기업은 CRM을 적극적으로 실행하면서 고객의 인식자산을 확대할 수 있다. 고객인식자산을 중요하게 생각해야 할 제품이나 서비스는 특성, 기능, 속성 등으로 쉽게 비교될 수 있는 상품들이다. 경쟁사의 제품과 손쉽게 비교할 수 있기 때문이다.

예를 들면, 개인용 컴퓨터, 스마트폰과 같은 디지털 제품이나 은행의 대출상품 같은 경우에는 장・단점을 비교하기가 용이하다. 이러한 탐색상품(Search Goods)은 고객인식자산이 다른 고객자산가치보다 중요하게 평가될 수 있으므로 기업은 CRM 활동에서 참고할 수 있다.

(2) 브랜드자산

브랜드자산(Brand Equity)은 객관적인 평가에 의한 가치라기보다는 고객이 주관적으로 느끼고 있는 무형적인 평가에 의해서 결정된다. 실제로 고객은 특정한 기업의 제품이나 서비스의 기능, 성능, 품질, 신기술 등의 이유로 구매하기도 하지만, 기업의 브랜드 명성 때문에 구입하는 경우도 많다. 최근에는 브랜드의 가치가 중요해지면서 자산으로 취급되기도 한다. 브랜드자산의 구성요소에는 브랜드 이미지, 브랜드 인지도, 브랜드 연상도 등이 있다. 기업의 적극적인 CRM 활동으로 고객만족과 고객로열티를 확보함으로써, 브랜드자산은 증가될 수 있다.

브랜드자산은 제품이나 서비스의 기능, 성능, 속성, 품질 등을 객관적으로 평가하기 어려운 경험상품(Experience Goods)을 구입할 경우와 의사결정과정이 단순한 저관여 상품(Low Involvement Goods)을 구입할 경우에 작용하게 된다. 경험상품은 고급 화장품이나 고급의류 등의 고급상품에 해당되고, 저관여 상품은 가정에서 사용하는 저가격의 소모성 제품인 화장지나 세제와 같은 제품에 해당된다. 기업에서 CRM을 활용할 경우에 경험상품과 저관여 상품의 브랜드자산에 대해서 관심을 가져야 할 것이다.

(3) 고객 관계 자산

고객 관계 자산(Customer Relationship Equity)은 고객이 특정한 기업과 장기간 거래를 지속해 오면서 형성된 가치를 의미한다. 고객은 한 번 거래한 기업과 계속 거래하기를 원한다. 거래기업을 바꾸게 되면 새로운 관계를 형성해야 하기 때문에 불편함이 추가로 발생하기 때문이다. 기업이 고객서비스를 제공하는 CRM 활동을 지속하는 한 이탈하지 않는 고정고객, 혹은 로열 고객으로서의 고객 관계자산을 확보할 수 있게 된다. 고객 관계자산을 확보하기 위한 CRM 활동으로는 로열티 프로그램, 차별화 서비스활동, 커뮤니티 활동 등이 있다.

고객자산가치는 제품보다는 서비스상품에 적용되기가 용이하다. 예를 들면, 보험회사, 증권회사, 은행과 같은 경우에는 다양한 파생상품들이 거래되고 있다. 파생상품은 한 번 거래하면 동일한 파생상품의 재구매가 어려운 특징이 있다. 이들 서비스상품은 브랜드가치나 혹은 고객인식가치가 높다고 하더라도 재구매가 어려운 상황이다. 이러한 상품은 고객 관계를 우호적으로 유지하고 발전시키는 관계에서 재구매의 가능성을 높일 수 있다. VIP(Very Important People)를 대상으로 제공하는 PB(Private Bank)의 파생상품들이 고객 관계 자산의 좋은 예가 된다.

2. 고객확보단계별 고객 관계관리

기업은 고객을 획득하고, 유지하면서 이들 고객과의 관계를 더욱 공고히 함으로써 이탈을 방지하고 고정고객과 평생고객을 확보하는 단계로 CRM 활동을 구분할 수 있으며, [그림 3-10]과 같다.

그림 3-10 고객의 단계별 구분

1) 신규고객획득 단계의 CRM 활동

기업의 신규고객 획득단계는 잠재고객을 확보하고 이들 잠재고객을 대상으로 구매고객으로의 전환을 유도하며 과거에 이탈했던 고객을 재확보하는 단계로서, CRM 활동의 첫 번째 단계이며, [그림 3-11]과 같다.

그림 3-11 고객획득 단계의 CRM 활동

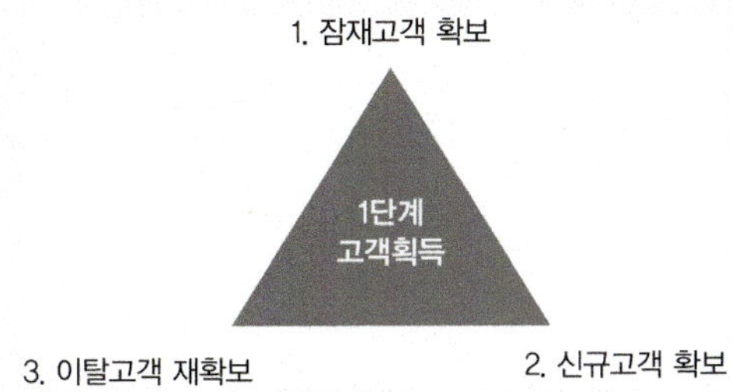

(1) 잠재고객 확보

고객은 모든 기업을 대상으로 접촉할 기회를 가진다. 고객은 홈페이지 검색, 대리점 등의 유통기관 방문, 캠페인 참여, 의견제시, 불만사항제시, 서비스요구 등의 다양한 고객 접점 수단을 통하여 기업과 접촉한다. 이들 접촉고객은 아직 구매행동을 보이지 않는 잠재고객이다. 잠재고객 확보의 단계에서 CRM 활동은 다양한 경로를 통하여 입수한 고객의 정보를 분석하여 구매가 가능한 고객으로 분류될 수 있도록 한다.

(2) 신규고객 확보

기업은 CRM 활동을 통하여 잠재고객을 대상으로 구매를 유도하여 신규고객을 확보할 수 있다. 신규고객의 단계부터 기업의 CRM 활동은 시작된다고 볼 수 있다. 과거의 제품중심의 마케팅활동에서는 제품을 한 번 판매하고 나면 거래가 종결되지만, 기업의 CRM 활동에서는 고객의 신규구매활동이 미래 고객을 관리하기 위한 시작점이 된다. 잠재고객을 신규고객으로 확보하기 위해서는 잠재고객의 특성에 따라서 가격, 제품특성, 서비스항목, 구매방법, 부가혜택 등의 다양한 차별화전략을 혼합하여 개별 고객에게 접근해야 한다. 신규고객의 정보가 많이 쌓일수록 CRM 활동을 위한 준비가 충실해질 수 있다.

그리고 신규고객의 정보는 데이터베이스(DB; Data Base)에 저장되어 있는 잠재고객의 정보를 개선해야 하며, 미래의 재구매 행동으로 유도할 수 있도록 활용할 수 있어야 한다.

(3) 이탈고객 재확보

한 번 이상의 구매활동이 있었던 고객 중에서 이탈한 고객들이 있다. 이들 이탈고객은 그 동안에 요구사항 등의 불만이 해결되지 않았기 때문에 이탈하게 된다. 따라서 이들 이탈고객에게는 불만사항을 해결할 수 있는 방안을 제공함으로써, 고정고객으로 전환할 수 있는 CRM 활동이 가능하게 된다. 이탈고객은 종전에는 기존의 고객이었기 때문에 신규고객을 확보하는 노력보다 오히려 용이한 점들이 많다. 그러나 이탈고객을 확보하기 위하여 과다한 비용이 소요될 경우에는 고객으로 확보하기 위한 노력을 심사숙고해야 할 것이다.

2) 고정고객 확보

신규고객을 확보하게 되면 이들 고객을 대상으로 재구매활동에 참여할 수 있도록 유도하여 고정고객을 확보해야 한다. 2회 이상 구매활동을 지속할 수 있는 고정고객을 확보할 수 있는 방법으로는 신규고객의 정보를 분석하여 고객 개인별로 관심을 가질 수 있는 정보와 고객서비스를 제공하는 등의 방법이 가능하다.

〈사례 3.10〉는 고정고객이 매일같이 백화점을 방문하고 구매한다는 내용이다.

CRM Practice 3.10 고정고객에 대한 사례

"넉달간 매일 쇼핑"… 백화점 고정고객은 왕

매일같이 한 번도 거르지 않고 백화점에서 상품을 구매하는 고객이 과연 있을까? 롯데백화점 부산본점이 고객관계관리(CRM)시스템을 분석한 결과 지난 1월부터 4월까지 정기휴무일을 제외한 115일간의 영업일수동안 하루도 빠지지 않고 백화점을 방문해 상품을 구입한 고정고객이 실제로 1명이 있는 것으로 확인됐다고 17일 밝혔다. 이 고객은 백화점 인근에 거주하는 30대 후반의 여성고객으로, 이 기간에 모두 1천200여만원의 매출을 발생시켰다. 구입 품목은 정육과 농산물, 가공식품 등 식품이 가장 많았고, 다음으로 주방용품과 캐주얼 및 스포츠 의류 등이며, 쇼핑 시간은 주로 오전 11시에서 낮 12시 사이로 나타났다.

또 지난 4월 한달 기준으로 총 영업일수 29일 가운데 25일 이상 백화점을 이용한 고객은 3명이며, 20일 이상 이용고객은 15명, 15일 이상 이용고객은 142명, 10일 이상 이용고객은 850명, 5일 이상 이용고객은 8천300여명에 달했다. 이는 5년 전인 2006년 4월 롯데백화점 부산본점을 5일 이상 이용한 고정고객 4천300여명과 비교해 배 가까이 늘어난 것이다. 한달에 5일 이상 이용한 고정고객들이 올린 매출은 모두 104억원으로, 이들 고정고

객이 백화점 매출증가를 이끈 주요 요인으로 분석되고 있다.

따라서 백화점 측은 고정고객의 발길을 붙들기 위한 다양한 프로모션을 펼치며 고객 모시기에 전력을 기울이고 있다. 우선 고객발송용 우편물 제작 때 거주지와 선호품목, 성별 등 고정고객의 특성에 따라 세분화한 맞춤형 우편물을 제공하고 있고, 우편물과 함께 제공되는 사은품 교환쿠폰이나 견본상품 등도 고객에 따라 차별화하고 있다.

(출처: 한국경제, 2014. 6. 17.)

3) 충성고객 확보

고정고객을 확보한 다음의 단계는 고객의 충성도를 제고할 수 있는 전략을 활용하여 평생 이탈하지 않는 평생고객으로 전환하는 것이다. 충성고객을 많이 확보할수록 기업의 경쟁력은 확대될 것이므로 평생고객을 많이 확보하고 유지하며 발전시킬 수 있는 충성도 제고와 평생고객을 확보할 수 있는 방안을 살펴본다.

(1) 충성도 제고

위에서 살펴본 고객점수화를 보면 점수가 높을수록 충성도가 높다고 할 수 있다. 그러나 고객점수화는 시간이 흐름에 따라서 변화한다. 어제의 특정한 기업 혹은 특정 제품에 대한 충성고객이 내일의 충성고객으로 유지된다는 보장은 없다. 따라서 재무적 기여도가 높은 충성고객과의 관계를 더욱 강화해야 하며, 또한 다른 고객들에게 영향을 크게 미칠 수 있는 영향력 있는 고객들에게도 항상 관심을 가지고 관계를 강화해 나가야 한다.

재무적 기여도가 낮은 고객은 미래에도 충성도를 제고할 수 있는 가능성이 많지 않다고 할 수 있다. 그러나 충성도가 낮은 고객들에게도 지속적인 관심으로 관계를 강화해서 충성도 높은 평생고객으로 전환하는 CRM 활동을 전개해야 한다. 재무적 기여도가 낮은 고정고객을 평생고객으로 전환하게 되면 충성도 역시 증가하게 될 것이다.

(2) 평생 고객 확보

나이를 기준으로 고객의 층은 대략 0~3세 영아기, 4~6세 유아기, 7~10대 소년세대, 10~20대 청소년기, 20~30대 청년기, 30~40대 청장년기, 40~50대 장년기, 50~60대 중장년기, 60대 이상 노년기 등으로 구분할 수 있으며, 세대별로 생활 습관이나 형태가 바뀌게 된다. 여기에 생애를 주기별로 구분하여 세대별로 가치를 구분할 수 있다. 이러한 것을

LTV(Life Time Value: 고객생애가치)라고 한다. LTV는 특정한 고객이 어떤 기업과 거래를 시작한 최초일로부터 평생 누적하여 기여한 가치를 의미한다. 따라서 기업은 고객의 LTV를 분석하여 CRM 전략으로 활용함으로써 평생고객을 확보한 효과를 얻을 수 있다. 평생고객의 수가 많은 기업은 미래의 경쟁력까지도 확보할 수 있음을 의미한다.

3. 고객 관계 발전의 효과

고객과의 관계가 발전함으로써 얻을 수 있는 효과는 기업의 측면과 고객의 측면으로 구분할 수 있다.

1) 기업 측면에서의 효과

고객 관계 발전의 효과 중에서 기업 측면에서의 효과로는 판매향상, 비용절감, 우량고객 확보, 기업이미지 상승, 종업원의 애사심 향상 등이 있으며, [그림 3-12]와 같다.

그림 3-12 고객 관계 발전에 대한 기업 측면의 효과

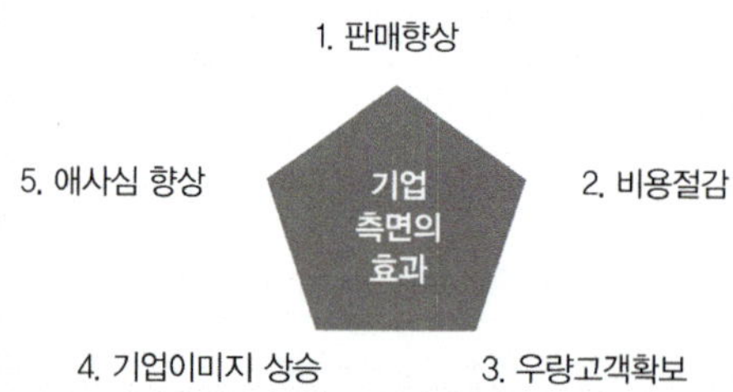

(1) 판매향상

고객과의 관계를 발전시키게 되면 판매는 저절로 향상될 수 있다. 고객을 확보하는 가장 큰 이유는 반복구매의 가능성을 높일 수 있기 때문이다. 고객이 구입한 제품이나 서비스를 사용하는 과정에서 품질, 성능, 기능적인 측면과 기업의 사후관리에 대한 지속적인 서비스

등을 모두 고려해서 경쟁사보다 만족스러운 결과를 얻게 되면 지속적으로 반복구매할 가능성이 크게 된다. 만족도가 상승하게 되면 고객은 기업의 서비스에 대해서 더 큰 비용을 지불할 준비를 할 수 있다. 고객은 기업, 영업사원, 상담원들과의 접촉과 그들이 제공하는 고객서비스에 익숙해지기 때문에 그들과의 관계를 지속할 가능성이 커진다. VIP대우를 해 주는 고급백화점을 선호하는 고객은 가격이 훨씬 높다는 사실을 알면서도 구매행동을 하고 있다.

(2) 비용절감

고객과의 관계가 발전하면 판매비용이 획기적으로 절감될 수 있다. CRM 활동이 도입되기 전에는 항상 신규고객과 거래하듯이 일회성 거래가 대부분이었지만, CRM 활동이 적용된 이후에는 고객과의 관계가 발전함으로써, 고객의 반복구매활동을 기대할 수 있다. 대량의 신규고객을 매번 확보하기 위해서는 기업의 경영에 부담이 될 정도의 비용을 지출해야 한다. 매스컴을 활용하는 광고비용을 생각해 보면 이해하기 쉽다. 그러나 고객 관계가 밀접하게 된 고객은 반복구매를 자발적으로 실행하므로 별도의 추가 비용이 많이 필요하지 않게 된다. 매스미디어를 활용하지 않아도 되기 때문이다. 신규고객을 확보하기 위하여 지출되는 비용은 현재의 고객을 유지하기 위하여 필요한 비용의 10배 정도가 된다고 한다. 신규고객을 확보하기 위해서는 광고비, 판매촉진비, 시스템 구축 및 운영비, 고객과 가깝게 되기까지 걸리는 시간비용 등이 포함된다. 경우에 따라서는 신규고객을 확보하기 위하여 지출하는 비용이 신규고객을 통해서 얻을 수 있는 수익을 초과하는 경우도 발생할 수 있다. 통신기기산업이나 보험산업 등의 경우에 흔히 볼 수 있는 현상이다.

(3) 우량고객확보

고객과의 관계가 지속적으로 발전하면, 우량고객을 확보하기가 용이해 진다. 고객은 기업과 장기적인 관계를 지속함으로써 새로운 기업으로의 관계변화에 대한 리스크를 감소시킬 수 있기 때문이다. 이러한 성향은 젊은 고객보다는 나이가 많을수록 안정화 경향으로 인하여 기존 거래기업과의 관계를 지속하려는 습성이 있다. 우량고객은 주위의 지인들에게 만족도가 높은 기업에 대해서 호의적이고 긍정적인 추천을 하게 된다. 일종의 구전광고(Mouth to Mouth Advertisement)인 셈이다. 우량고객이 추천하는 고객은 기업에 대한 신뢰가 있으므로 기업의 측면에서는 구두광고를 활용하여 또 다른 우량고객을 확보할 수 있다.

다음의 〈사례 3.11〉은 항공사들이 우량고객인 장기고객을 확보하기 위한 서비스를 개선하여 고객만족을 제고하는 내용을 보여 주고 있다.

CRM Practice 3.11 비행기를 탔다, 미쉐린 요리가 나왔다

기내식에 한식 바람이 불고 있다. 사실 이 말은 20년 전부터 나왔다. 아시아나항공이 김치를 기내에 들이고, 대한항공이 비빔밥을 처음으로 선보인 1990년대 이야기다. 지금은 달라졌다. 유행은 여전한데 훨씬 고급 한식을 보다 다양한 노선에서 맛볼 수 있다. 서울 미쉐린 스타 셰프가 개발한 기내식을 이코노미클래스 승객에게도 주는가 하면, 한국을 드나들지 않는 노선에서도 기내 테이블에 비빔밥이 오른다. 한식의 위상이 높아진데다 항공사들이 고급 서비스 경쟁에 열을 올리고 있어서다.

한식 기내식의 역사는 짧다. 아시아나항공이 1995년부터 김치를, 대한항공이 97년 비빔밥을 제공하기 시작했다. 이후 대한항공은 제주 한라산 목장에서 직접 기른 소고기와 닭고기를 기내식에 쓰고, 아시아나항공은 궁중음식연구원, 이탈리안 레스토랑 라쿠치나와 제휴를 맺는 등 기내식 고급화에 공을 들이고 있다. 한국에 취항하는 외국계 항공사도 이에 뒤질세라 기내식에 변화를 주고 있다.

"한국 승객은 모든 기내 서비스를 대한항공·아시아나항공 수준으로 기대한다. 두 항공사가 한식을 선보인 뒤로 어느 비행기를 타든 한식을 찾는 승객이 부쩍 늘었고, 외국계 항공사도 이에 맞춰 기내식에 변화를 주기 시작했다."

▲ 한국에서 출발하는 싱가포르항공 기내식을 개발한 정식당 임정식 셰프와 싱가포르항공 이코노미석 승객이 먹는 들기름비빔밥.

비빔밥 수준의 한식을 제공하던 외국계 항공사들은 최근 다양한 실험을 하고 있다. 미쉐린 3스타(뉴욕 정식 레스토랑 2스타, 서울 정식당 1스타)를 보유한 임정식 셰프와 제휴한 싱가포르항공이 대표적이다. 3월부터 9월까지 정식당 임정식 셰프가 개발한 기내식을 인천발 싱가포르·로스앤젤레스행 항공편에서 제공한다. 싱가포르항공 측은 "미쉐린 가이드 서울편 발표가 나기 전부터 한식 기내식 프로모션 차원에서 정식당과 협의를 시작했

다"며 "고든 램지 같은 세계적인 셰프의 자문을 받고 있고, 교토 키쿠노이(미쉐린 3스타)의 가이세키 요리를 제공하는 등 기내식에 각별한 공을 들이고 있다"고 설명했다.

KLM네덜란드항공은 2014년부터 한식당 삼청각이 만든 기내식을 제공하고 있다. 루프트한자독일항공은 2009년부터 지금까지 밀레니엄 서울 힐튼 호텔이 개발한 기내식을 제공하고 있다. 당시 루프트한자는 세계적으로 '스타셰프' 프로그램을 운영해 주요 취항지에서 유명 요리사와 제휴를 맺었다. 항공사 대부분이 인천발 노선에서만 한식을 제공하는 것과 달리 독일 출발편에서도 한식을 제공한다.

(출처: 중앙일보, 2017. 3. 15., http://news.joins.com/article/21371488)

(4) 기업이미지 상승

고객과의 관계가 발전될수록 기업이미지는 상승한다. 고객은 기업과의 장기적인 관계를 통하여 기업의 정책, 전략, 미래의 비전, 사회환원활동, 신제품 및 서비스 등에 관하여 충분히 이해할 수 있게 되고, 특히 기업 측의 지속적인 고객서비스에 대한 신뢰감이 형성되기 때문에 기업에 대한 이미지가 상승할 수 있다. 이러한 고객의 신뢰는 고객과의 관계를 더욱 발전시킬 수 있는 선순환의 관계를 형성한다.

(5) 종업원의 애사심 향상

종업원은 기업 내부의 고객이다. 고객과의 관계가 지속해서 발전하면 종업원들의 애사심이 향상된다. 기업의 이익은 외부고객의 만족도와 내부고객의 애사심을 통해서 창출된다. 어느 기업이든지 내부고객의 애사심이 없다면 기업 경영이 매우 어렵게 된다. 안정적인 고객을 확보하고 있을 때 종업원들의 근무환경이 개선될 뿐만 아니라 애사심이 증가하게 되며, 종업원들의 애사심은 외부고객에게 고객서비스를 제공하는 데 최선을 다할 수 있게 함으로써 고객 관계를 지속해서 발전시킬 수 있게 된다.

2) 고객 측면에서의 효과

고객 관계 발전의 효과 중에서 고객 측면의 효과로는 차별화 서비스, 삶의 질 향상, 안정된 거래기업, 구매시간 단축 등이 있으며, [그림 3-13]과 같다.

그림 3-13 고객의 단계별 구분

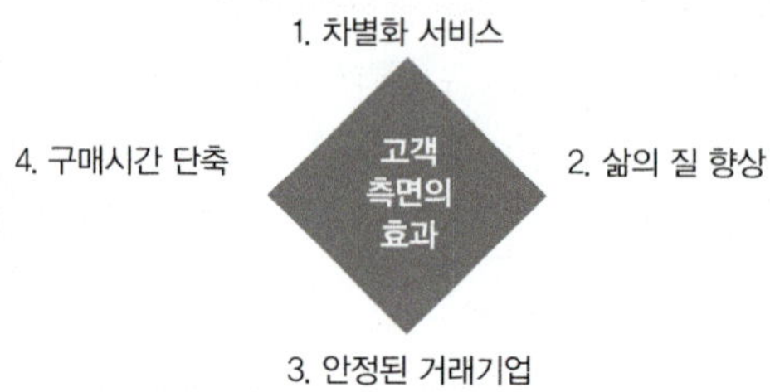

(1) 차별화 서비스의 특별한 대우

기업과 고객 관계가 발전될수록 고객은 차별화된 서비스로 특별한 대우를 받게 된다. 처음 접촉하게 된 기업의 고객서비스는 고객의 입장에서 매우 불편할 경우도 있다. 기업이 고객의 욕구를 파악하기 전의 상태이므로 대중을 대상으로 하는 일괄적인 광고와 판매촉진 행사를 통하여 처음 접촉하게 된 고객은 보통 고객 중의 한 사람으로밖에 대우를 받지 못한다. 그러나 기업과의 우호적인 관계를 지속하고 있는 고객은 기업의 차별화된 맞춤서비스를 제공받을 수 있으므로, 만족도가 상승하면서 기업으로부터 특별한 대우를 받고 있는 것으로 인식한다. 기업은 고객 스스로가 생각했던 것보다도 더 정확하게 고객의 욕구를 CRM 활동을 통하여 입수할 수 있다. 고객의 욕구를 파악한 다음에 고객별로 맞춤서비스를 제공하면 고객은 기대 이상의 특별한 대우를 받고 있다고 생각한다. 이러한 특별한 인식은 기업에 대한 신뢰도의 향상과 함께 충성도가 상승하게 되어 다른 기업으로 이탈하지 않게 되므로 기업과의 장기적인 관계를 더욱 발전시킬 수 있다.

(2) 삶의 질 향상

기업과 고객 관계의 발전이 지속될수록 고객의 삶의 질은 향상된다. 기업은 고객이 스스로 인식하기도 전에 고객별로 맞춤서비스를 제공할 수 있으므로 고객의 만족도는 향상될 수 있다. 고객은 자신이 원하는 제품과 서비스를 선택하기 위하여 여러 기업의 상품을 찾아다니면서 분석해야 하는 수고로움으로부터 벗어날 수 있다. 기업에서 CRM 전략을 도입하여 고객의 욕구를 파악하고 고객별로 맞춤식 고객서비스를 제공한다면 고객은 건강하고 유쾌한 삶을 살 수 있다. 기업은 고객 자신이 무엇을 원하고 있는지를 알려 줄 수 있으며,

특별하고 차별화된 서비스를 제공할 수 있다.

(3) 안정된 거래기업 보유

장기적인 고객 관계의 발전은 고객에게 안정된 거래기업을 보유할 수 있도록 함으로써 한 번 거래한 기업과 지속할 수 있기를 원한다. 특히 거래량이 많을수록 더욱더 거래를 유지하려고 한다. 거래기업을 바꾸게 되면 이때까지 제공받던 고객서비스가 사라지게 될까 두렵기 때문이다. 기업이 고객에게 특별한 실수를 하지 않고 CRM 활동을 통하여 고객의 욕구를 파악하고 맞춤서비스를 지속적으로 제공하면 고객은 이탈하지 않는다. 기업과 고객 간의 장기적인 관계의 발전은 고객으로 하여금 안정된 거래기업을 보유할 수 있게 한다.

(4) 구매시간 단축

기업과 고객 관계의 지속적인 발전은 고객의 구매시간을 단축할 수 있게 해 준다. 경쟁사회에서는 고객도 시간에 쫓기며 생활하므로 시간은 항상 부족하다. 기업은 CRM 활동을 통하여 시간이 부족한 고객에게 필요한 제품과 서비스를 제공함으로써, 구매활동에 필요한 방문 비교조사, 제품선택, 의사결정, 대금지불 등에 소요되는 시간을 절약할 수 있도록 한다.

Chapter 3 정리

1. CRM의 발달과정

마케팅의 발달과정

제품중심 마케팅 → 직접 마케팅 → 표적 마케팅 → Data Base 마케팅 → 고객지향 마케팅

2. 산업 유형별 CRM

1) 서비스산업의 CRM

금융기업의 CRM, 통신기업의 CRM, 의료기관의 CRM, 전통적 유통기업의 CRM, 온라인기업의 CRM

2) 제조기업의 CRM

3. 국가기관의 CRM

1) 정부기관의 CRM

국민의 만족과 행복을 위하여 국민관계관리를 실행하고 있는 조직인 국민권익위원회(http://www.acrc.go.kr)를 운영하고 있으며, 110번의 콜센터 전화번호를 활용하면서 대국민 CRM 활동을 적극적으로 추진하고 있다.

2) 지방자치단체의 CRM

국민의 입장에서 보면 중앙정부보다는 지방자치단체가 실행하는 대국민 CRM 활동의 필요성이 더욱 증가하고 있다. 지방자치단체가 국민과 직접 대면하고서 직접 서비스를 제공하는데, 지방자치단체가 대국민 서비스를 성공해야만 중앙정부와 국민 전체가 서로 행복해 질 수 있다.

4. CRM발전의 순환

기업이 고객과의 관계를 형성하는 과정을 보면, 거래관계가 없었던 잠재고객을 대상으로 자사의 제품과 서비스에 대하여 관심을 유발하게끔 활동을 하고, 관심이 유발된 고객을 대상으로 구매행동을 하게끔 유도할 수 있다. 고객은 구입한 제품과 서비스를 소비하면서 품질에 대한 평가를 하고 품질의 수준을 인식한다. 제품과 서비스에 대한 인식이 양호하게 작용하여 고객의 만족도가 향상되면, 고객은 기업과 재거래를 반복함으로써 관계를 지속하게 된다. 기업과 고객 간의 관계는 첫 거래가 발생된 이후에, 서비스정보 습득, 구매행동, 소비행동, 서비스품질 인식의 과정이 반복되는 고객 관계 발전의 순환과정(Customer Relationship Enhancement Cycle Process)이다.

5. 장기적인 고객 관계관리

CRM 활동은 장기적으로 고객과의 관계를 관리하는 수단이다. 장기적인 고객 관계관리를 통하여 기업은 고객만족을 얻을 수 있고, 고객의 충성도를 향상시킬 수 있으며, 고객자산 가치를 확보할 수 있다.

Chapter 4. 고객가치 점수화

직・간접적인 경로를 활용하여 고객정보를 확보하고, 데이터웨어하우스에서 고객정보를 통합한 다음에, 개별 고객정보를 마이닝하여 고객가치를 개별적인 점수화를 한 가공된 고객정보를 고객정보마트에 저장하여 고객정보가 필요한 기업 내의 모든 관련 사용자에게 제공하게 된다.

이때 고객을 개인별로 점수화할 수 있는 방법으로는 고객의 과거 행동을 분석하여 점수화하여 고객을 점수별로 분류하고 장기적인 관계를 관리하게 된다. 고객의 구매행동에서 영향을 미치는 요인 중에 대표적인 요인으로 R은 Recency(최근성)를 나타내고 F는 Frequency(구매빈도)를 의미하며, M은 Monetary(구매액)를 나타낸다. 즉, 어떤 고객에 대해서 RFM을 이해한다는 의미는 그 고객이 얼마나 최근에, 얼마나 빈번하게, 얼마만큼 구입했는가를 알 수 있다는 것이다. 이러한 변수를 연구함으로써, 고객 개인별로 기업에 대한 수익 기여도를 알 수 있다.

제1절 고객정보 확보

기업이 CRM 전략을 수행하기 위해서는 대상인 고객을 확보해야 하며, 고객을 확보하기 위해서는 고객의 구매행동에 관련한 모든 정보를 이해해야 한다. CRM 전략을 수행하기 위한 첫걸음은 고객정보를 어떻게 확보할 수 있는지에 대한 방법을 확실하게 하는 것이다. 온라인인 전자상거래, 웹사이트, 이메일 등의 경우에는 인터넷으로 간단하게 고객정보를 수집할 수 있지만, 소매유통점, 서비스기업, 물류기업 등의 오프라인의 고객 접점에서 발생하는 고객정보는 기술적으로나 비용적인 측면 모두 쉽지 않은 의사결정을 해야 한다.

기업으로부터 제품이나 서비스상품은 고객이 있는 방향인 전방의 소매유통점으로 출하된다. 기업은 고객정보를 원활하게 수집하기 위하여 전방의 소매유통점들과 동일한 기업으로 인식할 수 있을 정도로 통합해야 한다. 이를 전방의 수직적 통합(Vertical Integration)이라고 한다. 기업은 고객과의 거래정보를 확보할 수 있는 SCM시스템과 고객의 구매행동에 관련한 정보를 확보할 수 있는 CRM 시스템의 전방통합을 통하여 고객정보를 용이하게 수집할 수 있다. 기업과 소매유통점은 제품과 서비스상품의 주문접수, 배송, 서비스, 고객문의 등에 대한 제반 정보를 SCM시스템과 CRM 시스템을 활용하여 공유해야 한다. 고객에 관련한 모든 정보를 공유하고 공동으로 대응하기 위해서는 SCM과 CRM의 전방의 수직적 통합이 필수적이다. 기업이 고객정보를 확보할 수 있는 경로에는 직접적인 경로와 간접적인 경로가 있다.

1. 직접경로의 고객정보

기업이 고객과 직접 접촉하고 거래함으로써 발생하는 고객정보를 수집할 수 있는 방법으로는 제품사업부, 영업부서, 홍보부서, 이메일, 웹사이트, 콜센터 등이 있다.

[그림 4-1]은 기업이 직접경로를 통하여 고객정보를 수집할 수 있는 경우이다.

그림 4-1 직접경로의 고객정보

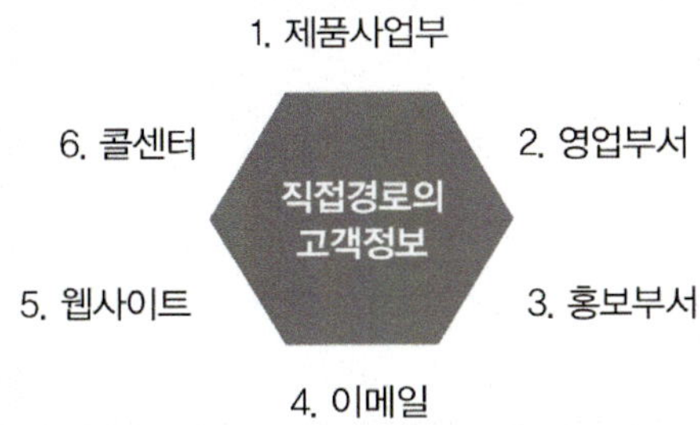

1) 제품사업부

제품사업부의 경우에는 제품별로 홈페이지를 운영하며 제품을 중심으로 고객과 직접적인 쌍방향 커뮤니케이션을 수행하면서 다양한 이벤트활동과 고객의 필요와 욕구를 파악하고 고객의 욕구에 부합될 수 있는 제품을 개발하고 생산하려는 노력을 하고 있다.

그리고 신제품에 대한 사전 시장조사, 시장진입을 위한 고객반응조사, 판매 후 반응조사 등의 제품 관련 고객정보를 수집하고 분석하여 경영활동에 반영함으로써 고객만족을 향상시키는 노력을 지속해야 한다.

2) 영업부서

일반적으로 기업이 제품을 고객에게 공급하는 방법으로는 직접영업방법과 유통기업의 판매망을 활용한 간접영업방법이 있다. 특히 중소기업의 경우에는 마케팅 혹은 판매력이 부족하기 때문에 판매를 전문으로 하는 유통기업과 협력해야 하는 경우가 많다. 그러나 대기업의 경우에는 제품력, 조직력, 자본력 등을 활용하여 자체의 유통망을 확보하고 직접 영업활동을 실행하기도 한다. 기업이 고객에게 직접적인 판매활동을 할 수 있는 경우에는 고객과 직접 거래가 발생하게 되므로 고객정보를 직접 수집할 수 있게 된다.

3) 홍보부서

홍보부서에서는 기업에 관련한 경영방침, 제품, 서비스상품, 제조, 재무실적, 경영방침, 인사 등의 제반 사항을 홍보하는 수단으로 CRM 전략을 활용한다. 기업의 모든 활동에 대하여 매스미디어를 통해 정보를 제공하기에는 전달해야 하는 정보의 종류가 너무 다양하며, 대상 고객이 너무 광범위하다. 따라서 급변하는 시장과 고객의 기호에 적합한 정보와 관심이 있는 고객에게만 CRM 시스템을 활용하여 고객별 맞춤형 정보를 제공해야 한다. 비용적인 측면에서도 매스미디어를 활용하는 경우보다 효율적이며, 관심이 있는 고객에게만 정보를 제공하게 되므로 정보전달의 성공률이 매우 효과적이다.

홍보부서에서는 제품사업부와 협력하여 여러 가지 이벤트활동을 동반하여 고객과의 관계를 향상시킬 수 있으며, 쌍방향 커뮤니케이션 활동을 발전시킬 수 있다.

4) 이메일

기업의 모든 조직과 부서에서 이메일을 활용하여 CRM 전략을 실행할 수 있다. 특히 이메일의 쌍방향 커뮤니케이션 특성을 활용하여 고객의 필요와 욕구를 직접 수집함으로써, 정보가 전달되는 과정 중에 왜곡되는 현상을 줄일 수 있다. 기업의 각 조직에서 책임 있는 관리자가 고객과 직접 쌍방향 커뮤니케이션을 수행하는 활동은 고객의 신뢰도와 만족도를 향상시킬 수 있는 효과적인 수단이 될 수 있다.

5) 웹사이트

기업이 고객과 거래를 통하여 고객정보를 직접 수집할 수 있는 수단으로 전자상거래와 웹사이트 방법이 있다. 기업이 전자상거래를 직접 운영하면서 자사에서 생산하는 제품과 서비스상품을 인터넷으로 고객에게 직접 판매하면 고객과의 거래정보는 물론 개인의 신상정보까지도 수집하기가 매우 용이하다. 제조기업이 전자상거래를 직접 운영하기에는 소매유통점의 반대가 매우 심하므로, 웹사이트의 커뮤니티활동을 강화하고 있다. 기업이 웹사이트를 통하여 수집하는 고객정보는 매우 다양한 방법으로 진행된다. 웹사이트상에서 고객별로 흥미 있는 이벤트활동을 진행하면서 고객의 관심을 유지할 수 있으며 기업의 제반 정보와 신제품에 대한 정보를 맞춤식으로 제공할 수 있다. 이러한 맞춤식 정보제공활동은 고객과의 관계를 발전시키는 효율적이고 효과적인 방법이며 관심과 흥미를 유발하므로 고객정보를 쉽게 확보할 수 있다.

웹사이트는 고객과의 쌍방향 커뮤니케이션을 할 수 있는 매우 효과적인 수단이다.

6) 콜센터

콜센터는 고객이 알고 싶어 하는 의문사항, 요구사항, 건의사항, 그리고 상품구입 주문 등의 정보를 제공하고 기업의 응답을 원하는 인바운드 커뮤니케이션(Inbound Communication) 기능과 고객에게 알리고자 원하는 기업에 관련한 다양한 정보를 제공하고 고객으로부터 반응을 알고자 하는 아웃바운드 커뮤니케이션(Outbound Communication) 기능이 있다. 고객과의 직접적인 대화를 통하여 쌍방향커뮤니케이션을 수행하는 콜센터에서는 고객의 정보를 실시간으로 수집할 수 있기 때문에 가장 정확하고 신속하며 또한 고객정보의 질적 수준이 높다. 무엇보다도 기업에서 직접적인 대화를 통하여 고객과 접촉하게 되므로 고객의 신뢰감과 만족감을 향상시키는 매우 효과적인 방법이 될 수 있다. 최근에는 CRM 전략을 수행하지 않는 기업 중에서도 많은 기업이 고객의 불만을 해소할 수 있는 수단으로 콜센터를 운영하기도 한다.

2. 간접경로의 고객정보

기업이 고객정보를 간접적으로 수집할 수 있는 경로에는 소매유통점, 서비스기업, 물류기업, 제휴사 및 관계사 등이 있다. [그림 4-2]는 기업이 간접경로를 통하여 고객정보를 수집할 수 있는 경우이다.

그림 4-2 간접경로의 고객정보

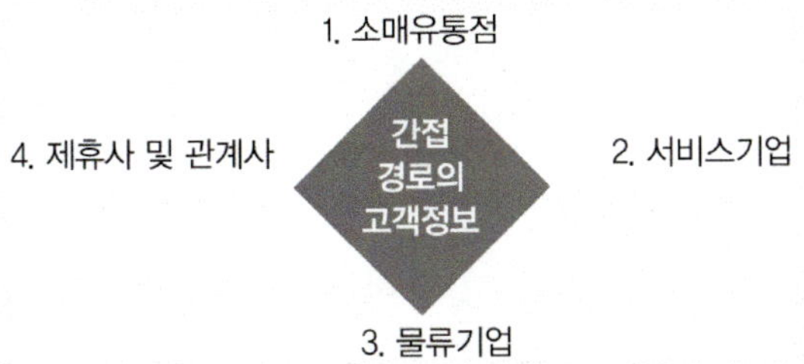

1) 소매유통점

소매유통점은 백화점, 할인점, 전문점, 프랜차이즈, 대리점 등 매우 다양하다. 백화점, 할인점, 전문점, 프랜차이즈 등 대기업 형태의 소매유통점은 대부분 CRM 시스템을 운영하고 있으며 CRM 전략을 활발하게 수행하면서 고객과의 관계를 유지하고 발전시키는 활동을 다양하게 전개하고 있다. 그러나 소비재 제품을 공급하는 제조기업에 종속되어 있는 대리점의 경우에는 독자적으로 CRM 전략을 실행하는 데 제약요건들이 많다. 반면에 제조기업의 경우에는 고객과의 직접적인 거래를 통하여 전자상거래를 운영하면서 고객정보를 직접 수집하기를 원하지만, 대리점의 반대로 전자상거래를 직접 운영하기는 쉽지 않다. 이러한 이유로 기업은 고객정보를 직접 수집하기 위하여 웹사이트의 커뮤니티를 적극적으로 활용하고 있다.

기업은 소매유통과의 수직적 통합으로 CRM을 통합할 수 있다. 기업과 소매유통점은 고객과의 거래가 발생하는 즉시 통합CRM 시스템을 통하여 고객정보를 수집할 수 있다. 온라인인 웹사이트와 오프라인인 소매유통점에서 발생하는 고객정보는 기업으로 즉시 수집되고 통합된 다음에 기업의 데이터웨어하우스를 통하여 가치화된다. 가치화된 고객정보는 다시 해당 소매유통점에서 재활용된다. 기업은 전국적인 대규모 단위에서 고객과의 관계를 발전시키는 CRM 전략을 실행하며, 소매유통점은 해당 상권 내에서 장기적으로 고객과의 관계를 발전시킬 수 있도록 고객 접점에서 CRM 전략을 실행한다.

기업은 웹사이트와 함께 소매유통점으로부터 고객의 구매정보인 품명, 모델명, 가격, 판매일, 제품제조번호, 구매고객 개인정보, 가족정보, 그리고 캠페인 반응정보 등을 확보할 수 있다.

2) 서비스기업

소비재를 공급하고 있는 제조기업 중에서 대기업은 대부분 제품 서비스 부분을 아웃소싱하여 자회사 혹은 관계사 등의 서비스기업으로 업무를 위양하고 있으며, 중견기업과 중소기업들은 외부의 서비스전문기업에 위탁의 방법으로 제품서비스를 수행하고 있다. 아웃소싱한 서비스 기업들은 경영에 대한 책임과 권한은 별도의 독립적인 기업으로 분리되어 운영된다. 그러나 고객과의 관계를 유지하고 발전시켜야 하는 고객관리에 대한 업무는 모기업과 동일한 목표를 가지고 있어야 한다.

제조기업은 서비스기업으로부터 제품서비스 정보에 해당하는 제품명, 모델명, 수리 일자,

서비스 조치결과 등의 정보와 고객과의 상담 이력, 해피콜 이력, 가족정보 등의 부가적인 고객정보를 확보할 수 있다. 또한 서비스기사가 고객을 방문하여 서비스를 진행하는 동안에 보았던 관련 제품정보를 입수할 수 있다. 이러한 고객정보들이 데이터웨어하우스에서 통합되고, 가치를 더욱 부가한 다음에 모든 고객 접점에서 재활용될 수 있게 된다.

3) 물류기업

물류기업 역시 서비스기업과 유사한 형태의 외부기업이며, 제조기업은 통합CRM 전략을 동일하게 실행해야 한다. 물류기업으로부터 고객의 이름, 전화번호, 주소정보는 자연스럽게 확보되며, 배송정보에 해당하는 제품명, 제품 번호, 인수자, 구매 일자, 구매처 등을 용이하게 확보할 수 있다. 고객의 거주지를 방문하면 가족에 대한 정보와 주거형태에 관한 정보를 확보할 수 있다.

4) 제휴사 및 관계사

제휴사 및 관계사와의 수직적 통합으로 통합CRM 전략을 수행하기가 매우 용이하다. 특수한 경우에는 경쟁사와도 제휴관계를 맺어서 공동의 CRM 전략을 수행하기도 한다. 특히 관계사 같은 경우에는 통합CRM 전략을 실행하기 위하여 수직적 통합을 하면 공동으로 경쟁력을 확보할 수 있는 시너지효과도 기대할 수 있다.

그리고 제휴사 및 관계사의 임직원은 기업이 관리해야 할 직접적인 고객 관계는 아니지만, 매우 우호적이므로 충성고객을 확보하는 데 매우 용이한 고객집단이다. 이들에 대한 정보를 입수하여 잠재고객으로 관리할 수 있다.

제휴사 및 관계사로부터 고객거래정보에 해당하는 제품명, 구입금액, 구입일자 등을 입수할 수 있고, 임직원들에 관한 임직원 정보, 구매 정보, 퇴직 임직원, 신입 사원, 제품 보유 및 사용 연한, 그리고 가족정보 등을 확보할 수 있다.

5) 고객정보의 내용

기업이 여러 가지 경로를 통하여 고객과의 거래와 쌍방향 커뮤니케이션을 실행하는 과정에서 입수할 수 있는 정보는 매우 다양하다. 기업이 직·간접적인 경로를 통하여 확보할 수 있는 고객정보를 정리하면 〈표 4-1〉과 같다.

〈표 4-1〉 고객정보의 사례

	고객정보 수집경로	고객 정보	기본 정보
직접 경로	제품사업부	판촉행사 반응정보, 이벤트 관심도변화(전/후 효과) 전시회, 로드쇼, 캠페인 참여고객정보	성명, 전화번호, 주소
	홍보부서		
	마케팅부서		
	전자상거래	주민번호, 직업, 주거형태, 거주지, 취미, 기호품, 운동, 관심분야, 구매정보 (품명, 모델명, 가격, 구매일), 보유제품정보, 경쟁사제품정보, 보유제품사용연한, 구매 관심품목 정보	
	콜센터	고객만족/불만정보, 설문조사정보, 관심제품, 관심정보	
간접 경로	소매유통점	구매정보(품명, 모델명, 가격, 판매일, 제조번호) 구매고객정보, 가족정보, 캠페인반응정보	
	서비스기업	서비스정보 (제품명, 모델명, 수리일자, 서비스 조치결과) 부가정보 (상담 이력, 해피콜이력, 가족정보) 관련제품정보, 보유연한정보 (보유제품정보, 경쟁사제품정보)	
	물류기업	배송정보 (제품명, 제품 번호, 인수자, 구매일자, 구매처) 가족정보, 주거형태정보	
	제휴사 및 관계사	거래정보(제품명, 구입금액, 구입일자 등) 임직원정보 (임직원, 퇴직임직원, 신입사원) 제품 보유 및 사용연한정보, 가족정보 등	

3. 고객불만정보

고객의 욕구는 다양한 고객 접점경로를 통하여 기업으로 전달된다. 고객 접점에서는 고객이 필요로 하는 요구사항이 무엇인지를 정확하게 파악하기 위해서 상담원은 고객과 상담 중에 검색할 수 있다. 인터넷을 통해서 통합CRM 시스템의 데이터마트인 통합 고객정보마트에 저장되어 있는 고객정보를 언제 어디서든지 검색할 수 있기 때문이다. 상담원은 통합 고객정보시스템을 검색해서 고객의 요구사항이 무엇을 의미하는지를 충분하고 정확하게 파악하여 상담 중에 유효적절하게 대응할 수 있으며 맞춤 고객서비스를 제공하여 고객의 만족도를 향상시킬 수 있다. 이러한 일련의 과정은 이탈가능성이 있는 불만고객을 만족고객으로 전환하여 오히려 더욱 우호적인 관계를 지속할 수 있다.

1) 고객불만정보 확보

통합고객정보마트에 누적되어 있는 고객정보에는 고객이 언제 어떤 고객 접점을 통해서 거래 혹은 상담이 이루어졌든 간에 과거의 모든 이력이 정돈되어 저장되어 있기 때문에 고객 접점에 있는 모든 경로상의 구성원들은 고객과 원활하게 상담을 진행할 수 있다.

[그림 4-3]은 고객 접점에서의 고객대응방법을 나타내고 있다.

그림 4-3 고객 접점에서의 고객정보활용

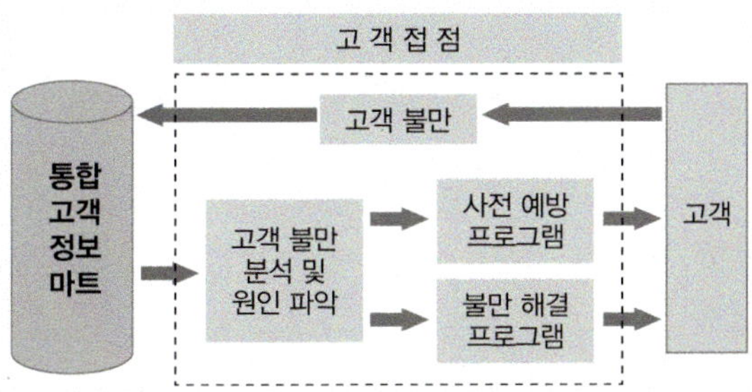

다음의 〈사례 4.1〉은 소셜업체가 고객정보를 유출하여 고객불만이 확대되고 있는 내용을 보여 주고 있다

CRM Practice 4.1 실명 · 은행 계좌까지… 정보보호 불감증에 고객불만 '폭발'

고객들, 원성 고조 ··· "다시는 위메프 이용하지 않을 것"

소셜커머스 기업 위메프가 회원들의 개인정보 수만 건을 약 5시간 동안 무방비로 노출한 사실이 드러나 물의를 빚고 있는 가운데 고객들의 반발이 폭발하고 있다. 15일 관련업계에 따르면 수만 명으로 추정되는 회원들의 개인정보는 지난 14일 위메프의 포인트 내역을 조회하는 곳에서 5시간30분 가량이 노출됐다. 회원의 실명, 환급 금액, 환급 신청일, 거래 은행, 계좌번호 등이 유출됐다.

위메프 측의 설명에 따르면 이같은 개인정보 유출은 위메프가 관리자 페이지를 업데이트 하는 과정에서 벌어졌다. 위메프 관계자는 이에 대해 "관리자 페이지를 업데이트 하는 과정에서 오류가 발생한 것 같다"며 "현재는 복구가 완료된 상황"이라고 밝혔다.

이 관계자는 그러면서 "개인정보가 노출된 사실에 대해 당사는 진심으로 반성하고 있으며 다시 한번 고개 숙여 사과드린다"며 "서비스 안정화를 위해 최선을 다하겠다"고 덧붙였다. 위메프 측의 사과에도 고객들의 분노는 좀처럼 사그라들지 않고 있다. 최근 잇따르고 있는 전자상거래업체들의 '개인정보 보호 불감증'이 도를 넘은 것 아니냐는 우려가 커졌기 때문이다.

위메프 이용 경험을 밝힌 한 네티즌은 "위메프 이용을 자주 해왔는데 화가 난다"며 "또 다시 이런 일이 발생하지 않도록 과징금을 많이 물었으면 좋겠다"고 말했다. 다른 네티즌도 "오늘도 위메프에서 주문을 했는데 너무 짜증이 난다"며 "앞으로는 다른 곳을 이용하겠다"고 말했다. 또 다른 네티즌 역시 "이 정도면 영업정지 시켜야 되는 것 아니냐"며 "항상 개인정보 유출 후 과징금 물면 그만이지 하는데, 기업들은 책임 좀 확실히 하면 좋겠다"고 밝혔다.

이처럼 위메프의 사과에도 불구, 비판의 목소리가 점차 높아지는 이유는 이같은 개인정보 유출 사태가 끊임없이 되풀이 되는 데 있다. 매년 유사한 사례가 반복되자 고객들의 불신이 높아진 탓이다.

지난해 5월 대형 인터넷쇼핑몰 인터파크는 해킹을 당해 1000만 명이 넘는 고객정보를 유출했다. 유출된 개인정보에는 회원들의 이름, ID, 이메일 주소, 집 주소, 전화번호 등이 포함됐다.

(출처: 중앙일보, 2017. 6. 15., http://news.joins.com/article/21671323)

2) 불만고객 대응

고객 접점에서 고객과의 쌍방향 커뮤니케이션 활동의 직접적인 목적은 고객과의 커뮤니케이션이 발생하게 된 원인에 대한 조치이다. 쌍방향 커뮤니케이션 중에서 고객이 주도로 하는 인바운드 커뮤니케이션의 경우에는 고객의 문의, 건의, 요구 등의 의견을 전달하려는 과정이기 때문에 최대한 커뮤니케이션의 현장에서 고객의 불만 혹은 요구사항에 적절한 대응을 해야 한다. 고객 접점에서의 고객정보 확보는 고객의 욕구를 해결하는 과정에서 자연스럽게 발생하는 결과이다.

고객 접점에서 고객이 요구하면 기업 측의 상담원이 통합CRM 시스템의 고객정보의 통합 데이터베이스를 활용해서 고객의 세부적인 정보를 파악하고, 고객의 필요(Wants)와 욕구(Needs)에 대해 적절하게 대응한다면 불만고객의 경우에도 오히려 만족도를 향상시킬 수 있는 계기가 될 수 있다.

불만고객에 대한 적절한 대응방법의 예를 들면 〈표 4-2〉와 같다.

〈표 4-2〉 불만고객 대응

고객 접점	고객불만	기업의 효과적인 대응
제품사업부 홍보부서 마케팅부서	관련 부서 및 담당자 이관 (비전문분야라는 이유) 기업관련정보 (인사, 조직, 윤리, 사회사업) 제품품질, 가격, 제도	원스탑 고객대응 (상담원이 직접 문제해결)
전자상거래	정확하지 않은 제품 정보 신속하지 않은 응답	고객선호영역별 전문구매상담 차별화된 고객 응대수준 제고
콜센터	제품 고장 및 재발 서비스 상태 정보	통합된 고객 View 제공 고객 불만 정보 통합
소매유통	불친절한 고객 응대 원하는 제품품절	교육 및 포상 제도 실시 시스템화 된 영업지원 우수 고객 정보 조회
서비스기업	제품고장 및 재발 서비스상태 정보부족	수리중 대체품 제공 우수고객 핫라인 서비스상태 정보 제공
물류기업	제품설치 불만 배송지연	우수 회원 차별화 서비스 배송 및 설치상태 정보제공

제2절 고객정보 통합(데이터웨어하우스)

고객 접점에서 여러 경로를 통하여 확보된 고객정보는 서로 형태가 다르다. 동일한 고객에 대한 정보가 다른 경로를 통하여 수집되었을 경우에는 수집된 경로에 관계없이 통합되어야 한다. 통합되지 않은 고객정보는 가치가 전혀 없는 정보 쓰레기에 불과하고, 오히려 저장하고 관리하는 비용이 발생하는 정보 무덤이 될 수 있다. 과다한 정보 쓰레기는 보유하지 않고 버리는 것이 오히려 유익하다.

고객 접점에서 확보된 고객정보는 산발적이고 단편적인 정보들이 매우 많으므로 가치있는 고객정보로 만들기 위해서는 고객 개인별로 통합해야 한다. 과거에 누적되었던 고객 개인별 데이터베이스에 통합함으로써, 고객정보에 가치가 발생하기 시작한다. 가치있는 고객정보를 유지하기 위해서는 고객정보를 스크리닝과 클린싱의 단계를 거쳐서 정돈하고, 표준화된 고객정보의 형태로 전환하여 최적화 단계를 거친 후 데이터웨어하우스에 저장한다. 데이터웨어하우스에 저장된 고객정보는 표준화된 최적화 정보이다.

최적화 고객정보는 고객 접점에서 다시 새로 입수되는 정보로 순환과정을 거쳐서 지속적으로 발전하게 된다.

[그림 4-4]는 고객정보를 통합하는 단계를 나타내고 있다.

그림 4-4 고객정보통합의 단계

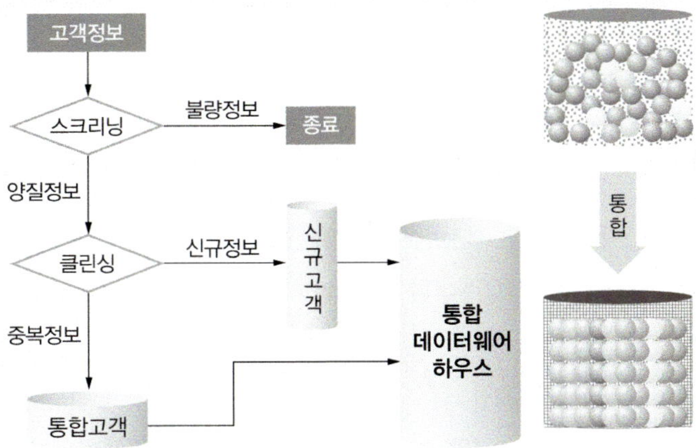

1. 스크리닝과 클린징

스크리닝과 클린싱은 고객 접점에서 수집된 산발적이고 단편적인 고객정보를 통합할 수 있도록 정돈하는 과정이다.

1) 데이터스크리닝

데이터스크리닝(Data Screening)은 부실한 고객정보를 제거하는 방법이다. 부실한 고객정보를 스크리닝하는 방법은 사전에 주어진 조건에 부합하는지 여부를 비교하여 조건에 부합하는 정보가 없을 경우에는 가치가 없는 정보로 판단하고 통합의 대상에서 제외하는 방법이다. 통합고객정보에 부합하는지의 판단은 데이터웨어하우스의 구조와 동일한 표준화된 고객정보의 형태를 사전에 확정해야 한다.

필수항목에 해당하는 고객성명, 전화번호 등의 고객정보가 누락되는 경우에는 통합고객정보로 전환이 어렵기 때문에 사전에 스크리닝해서 버려야 한다. 제품정보가 중요하게 생각되는 경우에는 스크리닝의 조건으로 제품보유정보를 정하여 해당 제품을 보유하고 있지 않으면 부실정보로 판단하고 폐기해야 하는 경우도 있다.

제품을 생산하는 경우에도 양품과 불량품을 판단하는 기준을 설정하여 불량제품을 선별하는 방법을 스크리닝이라고도 한다.

2) 데이터클린징

데이터클린징(Data Cleansing)은 기존의 고객정보와 중복되는 고객정보를 상호보완하고 통합하는 방법이다. 다양한 고객 접점에서 발생하는 고객정보는 중복되거나, 또는 과거에 거래정보가 있었던 고객이 시간의 차이를 두고서 다시 거래정보가 발생하는 경우에도 동일한 고객정보로 통합되어야 한다.

동명이인의 고객정보로 잘못 통합되는 오류를 방지할 수 있는 방법의 예를 들면, 고객의 이름, 주민등록번호, e-mail 주소, 거주지 주소, 전화번호, 성별, 나이, 취미, 그리고 최근의 변동사항 등을 순차적으로 반복하여 비교할 수 있다. 순차적 비교를 더 진행할 수 없는데도 통합되지 못하는 고객정보는 중복고객정보가 아니므로 신규고객으로 등록한다.

중복고객의 예를 보면, 어느 고객이 소매유통점의 전시장을 방문해서 어떤 특정한 제품 A를 구입하고 배달을 의뢰했을 경우에는 고객카드를 작성하게 된다. 고객카드에는 고객성명, 전화번호, 주소, 배달희망 일시가 기록되고 제품명, 제품모델명, 가격이 기록된다. 이러한 주문에 관련한 고객정보는 즉시 POS(Point of Sales; 판매시점관리)시스템과 SCM(Supply Chain Management; 공급망관리)시스템을 통하여 모기업인 제조기업으로 전송되고 물류기업으로 배송의뢰 요청정보가 전송된다. 고객의 배달희망 일시가 전송되면, 배달직원은 주문제품을 출하하여 고객에게 배송하고 고객정보를 입력한다. 이러한 과정에서 동일한 고객의 정보는 통합된다. 통합되지 않는 고객정보는 두 사람 이상의 고객정보로 관리되기 때문에 고객정보로서의 가치가 감소한다.

[그림 4-5]는 고객정보를 클린징하는 과정을 보여주고 있다.

그림 4-5 고객정보의 클린징과정

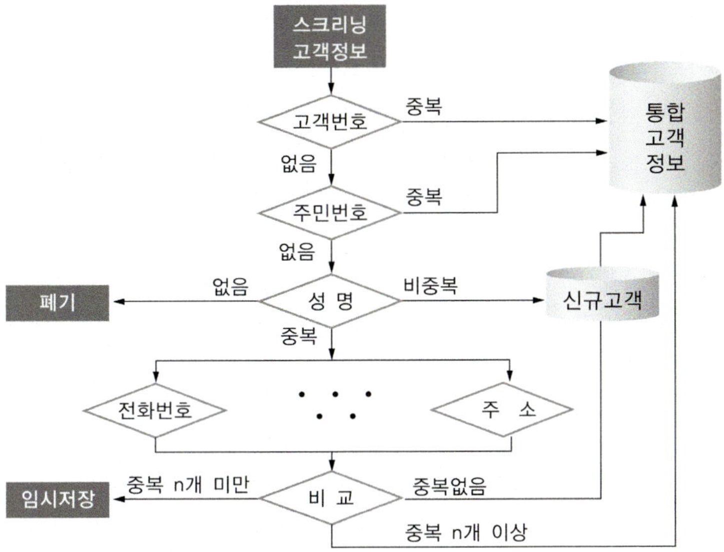

2. 데이터웨어하우스 통합

아무리 많은 고객정보를 확보하고 있더라도 통합되지 못한 고객정보는 CRM 전략을 실행할 수 없는 실패한 CRM 시스템이 될 수 있으므로 매우 주의해야 한다. 데이터웨어하우스에서는 기업의 특성에 맞도록 고안된 표준화된 항목별로 고객정보를 통합해야 한다.

고객정보의 키값이 불안정하거나 부족한 경우에 동일한 고객정보를 찾아서 통합하는 방법으로는 연관성 분석(Association Rule Analysis), 비교분석(Comparison Analysis), 순차적 패턴 분석(Sequential Pattern Analysis) 등을 혼용하여 사용할 수 있다.

고객정보를 통합하기 위해서는 성명, 전화번호, 주소 등의 고객정보 항목별로 표준화가 되어야 하며, 같은 항목에서도 컴퓨터가 이해할 수 있도록 데이터 표기형태가 표준화되어야 한다. 표준화된 고객정보로 전환되어 통합된 고객정보를 최적화 고객정보라고 한다. 데이터웨어하우스에는 최적화 고객정보가 저장된다.

1) 비표준 고객정보

CRM 시스템의 데이터웨어하우스(Data Ware House)에서는 매일 취득하고 있는 고객정보를 가장 유사한 정보끼리 서로 비교하는 과정을 반복적으로 수행해서 동일한 고객정보를 판별하고, 통합하면서 업데이트(Up-date)하고 있다. 이러한 과정을 통해 기업은 고객별로 거래를 포함한 고객 행동에 대한 이력을 관리할 수 있다.

금융기관과 통신기업 등 서비스기업의 경우에는 고객정보 중에서 키(Key)값으로 사용하는 성명, 주민번호, 고객번호 등이 매우 명확하고 누락되는 경우가 거의 없기 때문에 클린징 과정을 통하여 고객정보를 통합하는 데 어려움이 거의 없다. 서비스기업의 경우에는 서비스 대상인 고객의 신분이 명확해야만 거래가 가능하고, 고객과 거래하는 시점에 중요한 고객정보를 모두 수집할 수 있기 때문이다.

그러나 소비재를 생산하는 제조기업의 경우에는 성명을 제외하고는 정확한 키값을 확보하기가 용이하지 않고 성명조차 수집하기가 어려운 경우도 발생할 수 있다. 소비재를 생산하는 제조기업이 해당 소비제품을 구입하는 고객에게 고객정보를 수집해야 한다는 명분으로 고객의 주민번호를 요구할 수는 더욱 없다. 오히려 법률적인 문제를 야기하게 될 가능성이 더 크기 때문에 상품을 배달할 주소라든가 연락처인 전화번호에 대한 정보를 수집하는 것으로 만족해야 한다. 전화번호와 주소와 같은 정보는 언제든지 변동될 수 있기 때문에 키값으로 사용하기는 곤란하며, 고객카드를 발행하고 고객번호를 키값으로 사용하는 경우 이외는 동일한 고객정보로 통합하기가 매우 어렵게 된다. 즉, 성명만으로는 동명이인이 너무 많아서 고객정보를 통합하기는 어렵다.

다양한 경로를 통해서 수집되는 고객정보가 통합되는 과정에서 표준화된 고객정보의 항목이 동일한 형태로 수집되는 경우는 문제가 없지만, 일부의 정보만 수집되는 경우에는 통합해야 할 고객정보를 비교하기가 어려운 경우들이 빈번하게 발생하고 있다.

2) 비표준 데이터표기 형태

고객정보는 수집되는 경로에 따라 서로 다른 형태로 입수되므로 수집되는 상태 그대로 통합할 수 없다. 각 경로에서 고객정보를 관리하기 시작한 시점이 서로 다르므로 경로별로 고객정보에 대한 데이터의 형태가 다르기 때문이다.

예를 들면, 제품사업부에서 수집한 고객의 정보는 성명, 성별, 거래 일자, 전화번호, 주소를 홍길동, 남, 2013.9.1, 02-1234-5678, 서울+서대문+남가좌동+50-3의 데이터 형태로 수집하고, 대리점에서 수집한 고객정보는 홍길동, 1, 20130901, 0212345678, 120-728+50-3의 데이터 형태로 수집할 수 있다. 동일한 홍길동 고객에 대한 정보이지만 컴퓨터는 동명이인으로 인식하게 되어 통합할 수 없다. 이러한 경우에는 제품사업부와 대리점에서 사용하는 데이터 형태대로 수집한 고객정보를 새롭게 규정된 데이터 형태로 바꾸어서 데이터웨어하우스로 저장하고 관리해야 한다. 새롭게 규정된 데이터 형태의 예를 들면, 홍길동, 1, 20130901, 02/1234/5678, 120-728+50-3 등의 형태가 될 수 있다.

〈표 4-3〉은 고객정보에 대한 통합데이터 형태의 사례를 보여 주고 있다.

〈표 4-3〉 통합데이터형태의 사례

	성명	성별	거래일자	전화번호	주소
제품 사업부	홍길동	남	2013.9.1	02-1234-45678	서울+서대무+남가좌동+50-3
대리점	홍길동	1	20130901	0212345678	120-728+50-3
통합 데이터형태	홍길동	1	20130901	02/1234/5678	120-728+50-3

제3절 고객가치 점수화(고객정보 마이닝)

고객가치를 향상시키기 위해서는 데이터웨어하우스에 있는 최적화된 통합 고객정보를 정제하는 마이닝 과정을 거치고 모델링을 통하여 고객을 점수화하는 과정을 거치게 되면 고객가치를 과학적으로 분석할 수 있게 된다.

[그림 4-6]은 고객가치제고를 위한 고객정보의 마이닝, 모델링, 점수화 과정을 나타내고 있다.

그림 4-6 고객가치화 과정(마이닝, 모델링, 점수화)

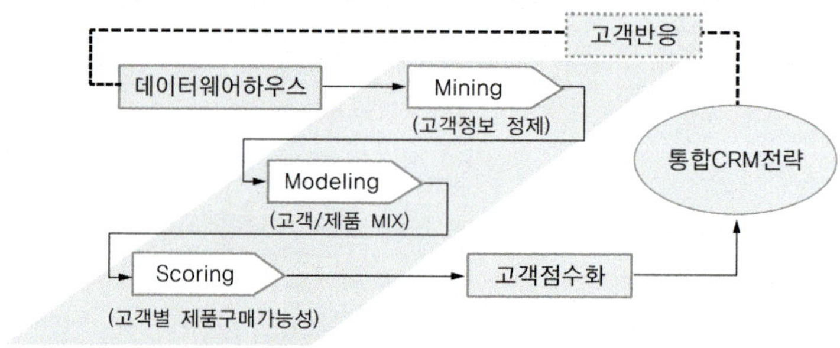

1. 고객정보 마이닝

1) 데이터마이닝의 의미

데이터마이닝(Data Mining)에서 'Mining'이라는 용어의 사전적 의미는 지표나 해저에서 유용광물을 탐사(탐광)하고, 이것을 채굴(채광)해서 유용광물과 폐석을 선별(선광)하여 제련하는 과정이다. 일반적인 의미에서의 데이터마이닝은 확보된 많은 데이터 중에서 알려지지 않은 가치있는 지식을 찾기 위한 유용한 기술을 의미한다.

통합CRM 시스템의 데이터마이닝은 기업에서 경영활동의 결과로 나타나는 방대한 고객정보로부터 유용한 최적화 고객정보 혹은 고객지식을 찾아내는 과정을 의미한다. 고객가치를 제고하기 위해서는 고객정보를 기업에서 필요한 가치를 창출할 수 있는 고객정보로 가공하고 정제해야 한다. 이를 고객정보의 데이터마이닝이라고 한다. 기업에서 확보하고 있는 방대한 고객정보를 고객과 기업 간의 관계, 고객과 상품 간의 관계, 고객 간의 관계 등을 분석하여 일정한 패턴이나 규칙을 찾아서 고객과의 관계를 발전시킬 수 있는 활동을 지속할 수 있다면, 기업의 미래 경쟁력을 확보하는 데 많은 도움이 될 것이다.

데이터마이닝은 우수고객 판별, 이탈고객 원인분석 및 대응방안 강구, 고객세분화, 고객타겟마케팅, 연관분석을 통한 교차판매(Cross Selling) 및 상승판매(Up Selling) 등의 여러 가지 방법으로 CRM 전략을 수행할 수 있다.

2) 데이터마이닝의 기법

데이터마이닝의 기법으로는 기술모형의 데이터마이닝 기법과 예측모형의 데이터마이닝 기법이 있다. 기술모형(Descriptive Model)은 현재 발생하고 있는 현상인 현재의 고객정보를 분석하여 미래의 고객행동을 예측할 수 있게 한다. 가장 가까운 예로써 전자상거래상 장바구니의 경우가 해당된다. 장바구니에 담겨 있는 제품과 서비스상품의 내용을 분석하면 고객행동을 예측 가능하다.

그리고 예측모형(Predictive Model)은 현재가 아닌 과거로부터 현재까지의 고객행동인 데이터웨어하우스의 고객정보를 분석하여 미래의 고객행동을 예측할 수 있게 한다. 금융기관의 경우 데이터웨어하우스의 고객정보인 고객의 인구 통계적 특성, 거래 내용, 신용상태 등에 관한 분석을 활용하면 고객의 해지 가능성 혹은 새로운 상품 구입 가능성 등에 대한 예측이 가능하다.

[그림 4-7]은 데이터마이닝의 기법들을 정리한 내용이다.

그림 4-7 데이터마이닝의 기법

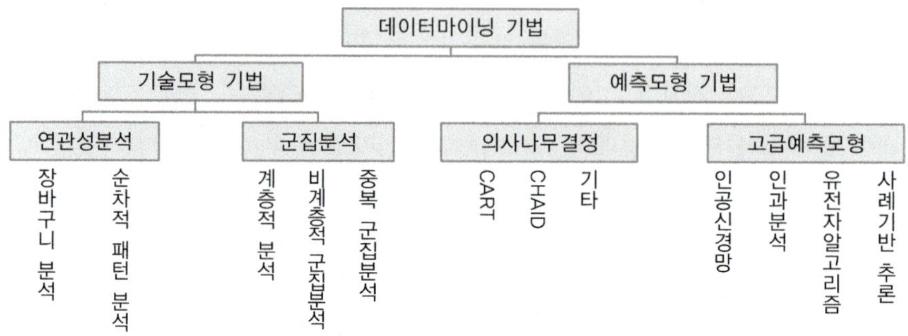

데이터마이닝의 기법을 활용하여 고객정보를 분석할 수 있는 몇 가지의 방법들을 살펴보면 다음과 같다.

(1) 연관성 분석

연관성 분석(Association Rule Analsis)은 상품 간의 상호 연관성이 어느 정도인지를 분석하는 기법이다. 여기에는 장바구니 분석방법과 순차적 패턴분석방법이 있다. 장바구니 분석(Market Basket Analysis)방법은 현재 판매되고 있는 상품들 중에서 같은 장바구니에 담겨 있는 상품을 분석함으로써, 고객이 동시에 구입할 가능성이 높은 제품을 파악할 수 있다. 그리고 순차적 패턴 분석(Sequential Pattern Analysis) 방법은 서로 연관성이 높은 순서대로 고객이 구입할 가능성을 분석하는 방법이다.

(2) 군집분석

군집분석(Cluster Analysis)은 다양한 고객정보를 대상으로 유사한 속성을 가진 몇개의 집단으로 그룹핑한 다음에, 각 집단의 특성을 분석함으로써 고객정보를 파악하기 위한 탐색적인 분석방법이다. 군집을 분류하는 기준은 동일한 군집 내에서 고객의 특성은 서로 유사하지만 서로 다른 군집 간 고객의 특성은 서로 다르게 고객정보를 분류하는 것이다. 군집분석의 방법에는 계층적 군집분석방법, 비계층적 군집분석방법, 중복 군집분석방법 등이 있다.

(3) 의사나무결정

의사결정나무모형(Decision Tree Model)은 전체의 고객정보를 몇 개의 집단으로 분류하기 위하여 규칙을 나무구조로 만든다. 이러한 나무구조를 새로운 고객의 집단에 적용해서 특성을 예측하는 방법이다. 의사나무결정모형은 분석이 용이하고 분류의 결과를 예측하기 쉬운 장점이 있다.

(4) 고급예측모형

고급예측모형(High Predictive Model)은 통계적으로 가장 정밀한 분석방법이며, 인공신경망 분석, 인과분석, 유전자 알고리즘 분석, 사례기반추론 등의 방법들이 있다. CRM 시스템에서는 수십만 혹은 수천만 명에 해당하는 고객정보를 분석해서 고객의 미래 행동을 예측할 수 있다. 고객행동을 예측하기 위하여 첨단기술이 적용된 인공신경망 분석 등의 방법들이 사용되고 있다. 그러나 인공신경망 분석방법은 아직 초보적인 단계이므로 현재까지는 회귀모형 분석방법이 가장 정밀하고 사용하기 용이한 방법으로 알려져 있다.

(5) 인공신경망 분석

현재의 인공신경망 분석에 관련한 기술의 수준은 초보적인 단계이지만 많은 발전이 기대되는 분석방법이다. 인공신경망은 생물학적으로 뉴런(Neuron)에 해당하는 노드(Node)로 구성된다. 인공신경망 분석(Artificial Neural Network Analysis)에서의 노드는 입력, 가중치, 순입력, 전이모형, 출력으로 이루어진다. 수많은 고객정보가 수집되면 각각의 고객정보는 기업에서 인정할 수 있는 가중치에 따라서 통합되어 통합 고객정보 DB에 저장되며, 통합고객정보는 최적화된 고객정보를 CRM 전략에 활용될 수 있도록 지원한다. 인공신경망에 대한 기본적인 개념은 [그림 4-8]과 같다.

그림 4-8 고객정보의 인공신경망

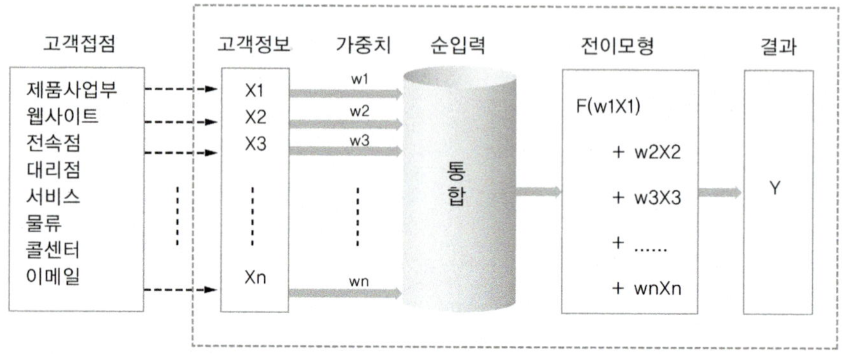

전이모형

Y = F(w1X1 + w2X2 + w3X3 + · · · + wnXn)
Y = 고객행동 결과 (출력정보)
F = 인공신경망 함수
X1 · · · Xn = 고객행동정보 (입력정보)
w1 · · · wn = 각각의 고객정보에 대한 가중치

입력정보가 3개가 있는 인공신경망에 대한 위의 전이모형을 간단하게 살펴보면 다음과 같다.

입력정보는 X1 = 2, X2 = 3, X3 =4 이며,
가중치는 w1 = 0.5, w2 = 0.1, w3 = 0.2 일 경우에
Y = F(w1X1 + w2x2 + w3x3)의 전이모형에 대입하게 되면,
Y = 2(0.5) + 3(0.1) + 4(0.2) = 2.1이 출력된다.

출력된 정보는 분석이 용이하도록 선형함수(Linear Function), 시그모이드함수(Sigmoid Function), 하이퍼볼릭탄젠트 함수(Hyperbolic Tangent Function) 등으로 변환되어 사용된다. 시그모이드함수는 최소값 0에서 최대값 1까지 분포하며, 무질서한 비선형 입력정보를 선형정보로 변환하므로 분석이 용이하게 된다. 위의 출력결과를 시그모이드함수로 변환하면 다음과 같다.

$$
\begin{aligned}
\text{Sigmoid(y)} = f(y) &= \frac{1}{1+e^{-y}} \\
&= \frac{1}{1+2.718^{-2.1}} = \frac{1}{1+\frac{1}{2.718^{2.1}}} \\
&= \frac{1}{1.122} = 0.89
\end{aligned}
$$

하이퍼볼릭탄젠트(Hyperbolic Tangent) 함수 역시 최소값 0에서 최대값 1까지 분포하며, 무질서한 비선형 입력정보를 선형정보로 변환하므로 분석을 용이하게 한다.

위의 출력결과를 하이퍼볼릭 함수로 변환하면 다음과 같다.

$$\tanh(2.1) = 0.970$$

신경망 노드에 입력된 정보가 전이모형을 통하여 변환된 출력은 다음 단계의 신경망 노드로 전달되어 다시 입력신호가 되고, 출력된 정보는 다시 다음 신경망 노드로 입력되는 과정을 반복하게 되는 다단계 인공신경망의 최종 정보를 출력하게 된다.

[그림 4-9]는 다단계 인공신경망의 모형에 대한 예이다.

그림 4-9 다단계 인공신경망의 모형

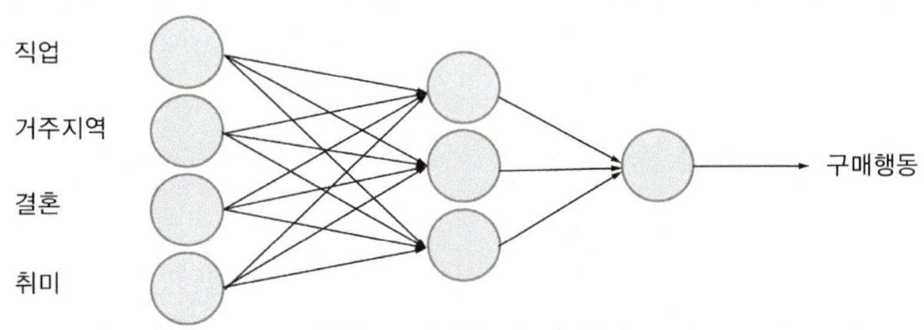

(6) 인과관계 분석

인과관계(Sequence of Cause and Effect)는 한 사물의 현상이 다른 사물의 현상에 대한 원인이 되고, 그 다른 사물 현상은 먼저 사물 현상의 결과가 되는 관계를 분석하는 이론이다. 즉, 인과관계는 모든 현상이 발생하는 곳에는 항상 원인이 있다는 가정이 있다. 예를 들면, 산업의 발전이 원인으로 작용하여 탄소소비량이 증가하고, 탄소 소비량 증가가 다시 원인으로 작용하여 지구온난화의 결과를 나타내고, 지구온난화의 원인은 바다의 높이를 상승시키는 결과로 나타나고, 해수 높이의 상승은 수많은 섬을 사라지게 하는 결과를 만드는 등 원인이 결과에 영향을 미치는 관계를 인과관계라고 한다.

[그림 4-10]은 인과관계를 나타내는 내용이다.

그림 4-10 인과관계

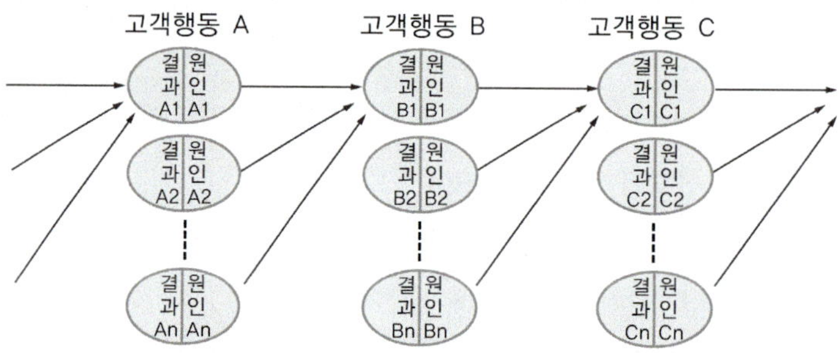

인과관계는 시간의 흐름 자체를 원인변수로 둘 수도 있다. 자연현상을 연구하는 경우 시간의 경과에 따른 결과의 변화에 대하여 인과관계를 활용하는 경우도 많이 볼 수 있다. 예를 들면 바다의 평균 높이가 매년 1.8mm씩 높아진다고 한다. 이러한 연구를 바탕으로 미래의 해수면의 높이가 어떻게 변화하는지를 예측할 수 있으므로 50년 혹은 100년 후의 축소된 세계지도를 그릴 수 있다.

[그림 4-11]은 1850년부터 2000년까지 150년 동안의 시간을 원인변수로 정하고 해수면의 변화를 결과변수로 정하여 변화의 추이를 연구한 사례이다.

이러한 인과관계는 고객의 행동을 분석하는 경우에도 적용할 수 있다. 고객의 행동에 대한 예를 보면, 과거의 특정한 고객행동의 원인에 따라서 오늘의 고객행동이 그 결과로 나타나게 되며, 현재의 고객행동에 대한 원인을 분석하면 미래의 고객행동에 대한 결과를 예측할 수 있다. 기업은 고객의 구매행동에 대한 원인을 규명하고 대응전략을 수립한 후 고객서비스전략을 실행한다면 그 결과는 미래의 경쟁력 향상으로 연결될 것이다.

그림 4-11 시간과 해수면 높이의 인과관계 사례

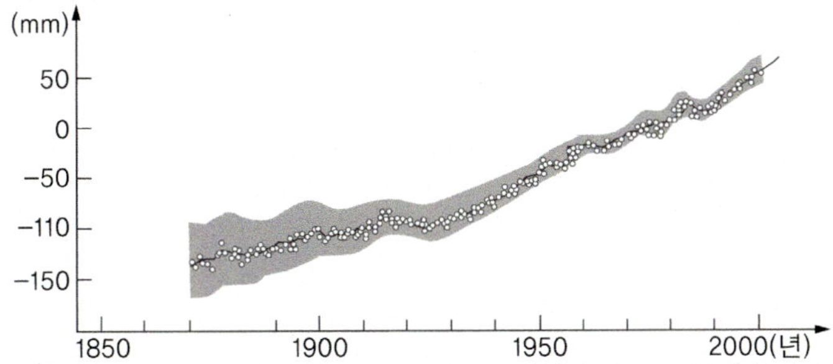

출처: 한국해양과학기술원 블로그 IPCC Fourth Assessment Report: Climate Change 2007

원인과 결과에 대한 관계를 규명하는 방법이 인과관계 분석방법이며, 인과관계를 분석하는 방법 중에서 흔하게 사용되는 분석방법인 회귀모형이 가장 유용하게 활용되고 있다.

(7) 회귀모형분석

회귀모형(Regression Model)분석은 과거의 고객행동을 원인변수인 독립변수와 결과변수인 종속변수로 구분하여 현재의 고객행동과의 인과관계를 분석할 수 있다. 과거 고객행동의 원인과 결과가 현재 고객행동의 원인과 결과에 영향을 미치는 회귀계수(Regression Coefficient)를 구한 다음에 동일한 회귀계수를 적용하여 분석하면 미래의 고객행동을 예측할 수 있다.

회귀분석을 통하여 고객행동의 원인변수와 결과변수에 대한 영향력을 분석하면 미래의 고객행동을 예측할 수 있기 때문에, 기업에서 미래의 경영목표를 수립하는 경우에 회귀모형을 이용하여 고객행동을 분석할 수 있으며 미래의 경영목표와 목표달성을 위한 실행전략을 미리 수립할 수 있다. 현재의 원인변수인 고객 관계를 우호적으로 유지하게 되면, 미래의 고객행동은 구매행동으로 결과변수를 변화시킬 수 있게 된다.

즉, 미래의 경영목표를 달성하고 미래의 경쟁력을 확보하기 위해서는 현재의 원인변수인 고객과의 관계를 발전시켜나가는 과정을 지속해야 함을 의미한다.

[그림 4-12]는 X축과 Y축을 사용하는 회귀모형의 일차방정식을 설명하는 내용이다.

그림 4-12 회귀모형

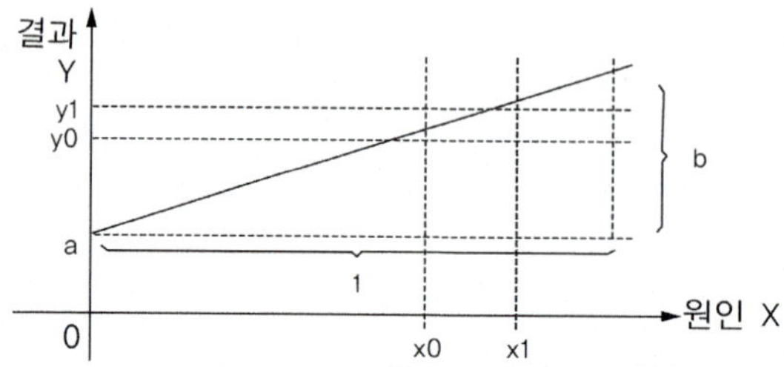

회귀모형

$$Y = a + bX$$

X = 원인변수: 기준시간 이전의 고객행동

Y = 결과변수: 기준시간 이후의 고객행동

a = 절편이며 원인과 관계없이 항상 존재하는 상수

b = 기울기이며 회귀계수

x0, y0 = 과거의 원인변수와 현재의 결과변수

x1, y1 = 현재의 원인변수와 미래의 결과변수

회귀식을 이용하여 고객의 과거와 현재의 패턴을 분석하기 위해서는 a값과 b값을 기업에서 확보한 고객정보를 평균해서 구하면 되지만 대형컴퓨터로 계산해야 한다.

수백만 명 혹은 수천만 명에 대한 제품별 상수(a)와 회귀계수(b)는 다음과 같은 수식을 활용하여 쉽게 구할 수 있다.

$$b = \frac{\Sigma XY - n\overline{X}\,\overline{Y}}{\Sigma X^2 - n\overline{X}^2}$$

$$a = \overline{Y} - b\overline{X}$$

회귀모형을 활용하여 A고객의 과거 5개월 동안의 구매행동으로 다음 달인 10월의 구매행동을 예측할 수 있는 사례를 보면 〈표 4-4〉와 같다.

〈표 4-4〉 A고객의 구매행동

기간	구매량
5월	150,000원
6월	157,000원
7월	162,000원
8월	166,000원
9월	177,000원
10월	?

회귀모형 Y = a + bX의 상수와 회귀계수를 구하기 위하여 다음과 같은 〈표 4-5〉를 만든다.

〈표 4-5〉 A고객의 구매행동 분석과정

기간	순위	구매량	X^2	XY
	X	Y (천원)		
5월	1	150	1	150
6월	2	157	4	314
7월	3	162	9	486
8월	4	166	16	664
9월	5	177	25	885
	X평균= 3	Y평균= 162.4	Σ= 55	Σ= 2,499
10월	6	?		

위의 표에서 b를 먼저 구하고 a를 구한다.

$$b = \frac{\Sigma XY - n\overline{X}\,\overline{Y}}{\Sigma X^2 - n\overline{X^2}} = \frac{2.499 - 5(162.4)(3)}{55 - 5(9)} = 6.3$$

$$a = \overline{Y} - b\overline{X} = 162.4 - (6.3)(3) = 143.5$$

위에서 구한 b와 a값을 회귀모형에 대입하면, Y = a + bX = 14.3.5 + 6.3 X 가 된다. 따라서, 10월에 해당하는 순위인 6을 X에 대입하면,

Y = a + bX = 14.3.5 + 6.3 X = 143.5 + 6.3 (6) = 181.3(천원)이 된다.

즉, 10월에 A고객이 구입할 금액은 181,300원이 예상된다.

A고객의 구매행동에 대한 예측을 위하여 회귀모형에 의한 분석결과를 그래프로 표시하면 다음의 [그림 4-13]과 같게 된다.

그림 4-13 A고객의 구매행동의 회귀모형 예측

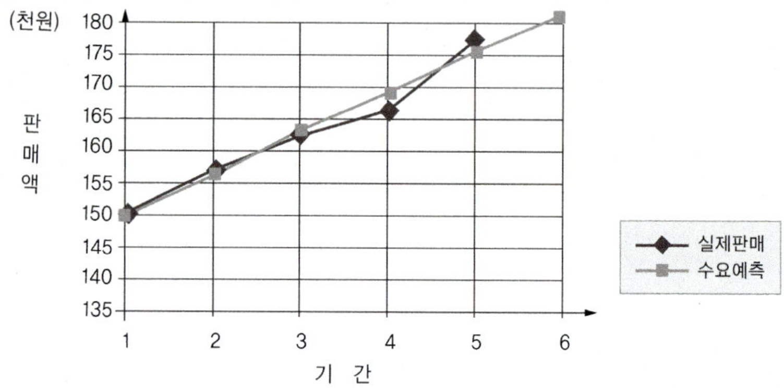

2. 고객정보 모델링

1) 고객구매행동의 인과관계

고객의 가치를 과학적으로 분석할 수 있는 마이닝기법들을 살펴보았다. CRM 시스템에서 고객가치를 분석할 수 있는 방법으로는 인과분석기법이 일반적으로 사용되고 있다. 과거의 거래패턴을 분석하여 고객의 행동이 현재에 미치는 영향요인을 분석하고 현재의 영향요인을 조정할 수 있으면 미래의 고객행동에도 긍정적인 영향을 미칠 수 있을 것이다. 즉, 과거의 원인이 현재에 영향을 미치고 현재의 원인이 다시 미래의 결과에 영향을 미치게 된다는 이론이다. 따라서 현재 고객과의 관계를 우호적으로 지속하고 발전시킬 수 있는 CRM 전략을 시행하게 되면, 미래의 경쟁력은 결과물로서 자연스럽게 나타날 것이다.

[그림 4-14]는 과거의 고객구매행동이 현재와 미래에 영향을 미치는 인과관계의 개념을 나타내고 있다.

그림 4-14 고객구매행동의 인과관계 개념

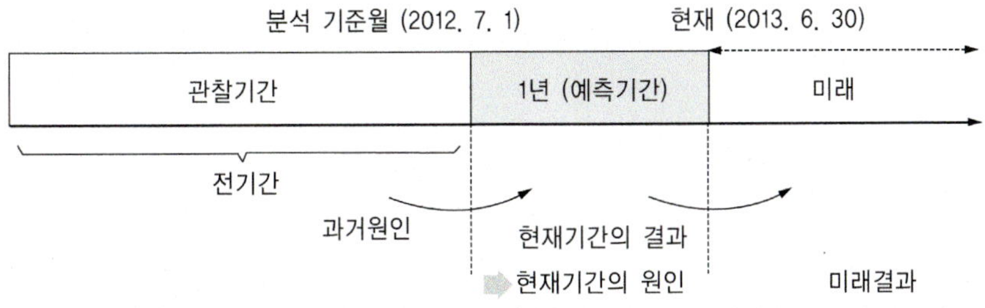

2) 고객구매행동의 모델링

고객행동의 과거 패턴을 분석하여 원인변수를 찾고 현재 기간의 결과변수에 미치는 영향인 회귀계수를 구하면 동일한 회귀계수를 이용하여 미래의 결과를 예측할 수 있다. 고객행동의 패턴을 분석하는 방법으로는 회귀분석방법이 많이 활용되고 있다.

고객행동의 원인변수와 현재 기간에 나타난 결과변수는 적게는 수십 가지에서 많게는 수백까지의 변수로 나타날 수 있다. 고객행동을 분석하기 위해서 수많은 변수 중에서 기업의 특성에 적합한 변수를 선택해야 한다. 이때 너무 많은 변수를 선택하게 되면 분석의 결과가 복잡하게 되어 CRM 전략을 실행하는 데 어려움이 따를 수 있으므로 변수의 수가 너무 많지 않도록 주의해야 한다.

[그림 4-15]는 인과관계의 개념에 회귀분석방법을 합하여 설명하는 내용이다.

그림 4-15 회귀분석방법의 개념

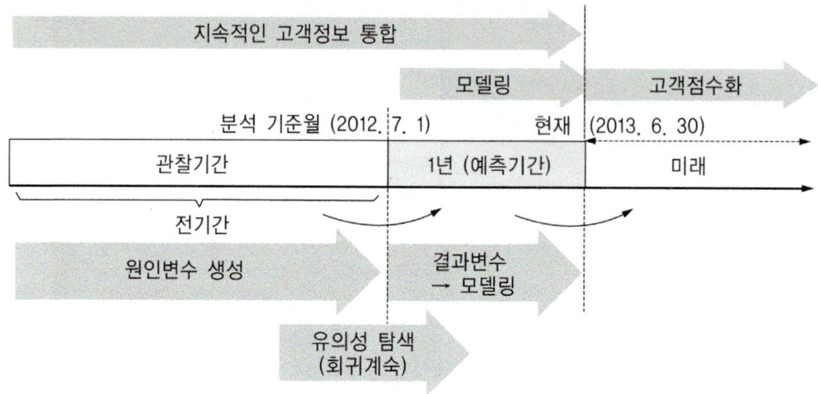

3) 고객행동의 회귀분석

고객의 과거 일정 기간의 행동을 원인변수인 독립변수로 정하고 현재기간 결과변수를 종속변수로 정한 다음에 회귀분석을 한다. 고객행동의 독립변수는 일반적으로 세 가지의 변수를 활용하고 있다. 회귀식에서 편의상 Y를 종속변수로, X를 독립변수로 두면 인과관계분석에서 살펴보았던 회귀식과 같은 모형임을 알 수 있다.

$Y = a + bX$

X = 독립변수: 고객의 과거행동 변수

Y = 결과변수: 고객의 현재기간동안의 종속변수

a = 절편이며 원인과 관계없이 항상 존재

b = 기울기이며 회귀계수

4) 고객행동의 RFM모형

고객의 과거 구매행동에 대한 패턴을 분석하는 방법으로 흔히 사용되고 있는 방법 중에 RFM모형이 있다. RFM모형은 고객과의 관계를 유지하고 발전시킬 수 있는 영향력이 있는 독립변수를 의미한다. 고객의 구매행동에서 영향을 미치는 요인 중에 대표적인 요인으로 R은 Recency(최근성)를 나타내고 F는 Frequency(구매빈도)를 의미하며, M은 Monetary(구매액)

를 나타낸다. 즉, 어떤 고객에 대해서 RFM을 이해한다는 의미는 그 고객이 얼마나 최근에, 얼마나 빈번하게, 얼마만큼 구입했는가를 알 수 있다는 것이다. 이러한 변수를 연구함으로써, 고객 개인별로 기업에 대한 수익 기여도를 알 수 있다.

RFM모델은 단순하고 설명력이 높으며 계량화가 용이하므로 CRM 전략을 실행하는 수단으로 대부분의 CRM 시스템에서 사용되고 있다. CRM 시스템에서 활용하고 있는 회귀분석은 3가지의 요인을 중요하게 분석한다고 해서 RFM분석이라고도 한다. 이러한 RFM모델을 활용하여 회귀식을 다음과 같이 나타낼 수 있다.

RFM결과 = a * Recency(최근성) + b * Frequency(구매빈도) + c * Monetary(구매액)

RFM결과에 대한 회귀식에서 a, b, c는 RFM의 변수들에 대한 회귀계수가 된다. 기업마다 RFM의 변수 중에서 중요도의 차이가 있을 것이다. a, b, c의 회귀계수의 값은 기업 전체 고객의 평균치를 계산해서 적용할 수 있다. Recency(최근성)는 고객이 마지막으로 구입한 시점이 언제인지를 파악하는 것이다. 가장 최근에 구입한 고객이 다시 구입할 가능성이 클 것이라는 가정하에 가장 최근에 구입한 고객에게는 높은 점수를 부여하고 오래전에 구입했던 경험이 있는 고객은 낮은 점수를 부여한다. 예를 들면 과거 3개월 이내의 구입고객은 5점을, 6개월 이내에 구입경험이 있는 고객은 4점을 부여하는 등의 방법이다. 최고 5점에서 최소 1점까지 순차적으로 간격을 균등하게 정하여 점차 낮은 점수를 부여하면 된다. 최근 어느 정도의 기간에 몇 점을 부여할 것인가는 기업의 특성에 따라서 조정하면 된다.

Frequency(구매빈도)는 정해진 기간에 얼마나 많은 횟수로 구매했는가를 점수로 환산하게 된다. 예를 들면, 과거 6개월 동안에 5회 이상은 5점을, 4회는 4점을 부여하는 방법이다. 점수가 낮으면 앞으로도 구매빈도가 높지 않겠지만 점수가 높으면 앞으로도 계속해서 구매빈도의 가능성이 큼을 의미한다. 점수를 부여하는 방법은 Recency의 방법과 같다.

Monetary(구매액)는 과거 일정한 기간에 고객이 구매한 금액을 말한다. 과거 일정한 기간에 구매한 총액이 많을수록 높은 점수를 부여하게 된다. 예를 들면 50만 원 이상 5점을, 40만 원 이상 4점을 부여하는 등의 방법이다. 구매금액이 낮을수록 점수도 낮아지며 높은 점수는 미래에도 비례하여 구매할 가능성이 크다는 것을 의미한다. 점수를 부여하는 방법은 Recency의 방법과 같다.

이러한 사례를 적용하여 〈표 4-6〉과 같이 RFM기준 점수표를 만들어서 CRM 시스템에 적용해도 된다.

〈표 4-6〉 RFM기준 점수표 사례

점수	Recency (최근성)	Frequency (구매빈도)	Monetary (구매액)
5	3개월 이내	5회 이상	50만원 이상
4	6개월 이내	4회 이상	40만원 이상
3	9개월 이내	3회 이상	30만원 이상
2	1년 이내	2회 이상	20만원 이상
1	1년 이상	2회 미만	20만원 미만

이상에서 살펴본 RFM모형을 활용하여 회귀식을 좀 더 구체적으로 표현할 수 있다. 종속변수를 Y로 표시하고 독립변수를 R,F,M으로 표시하면 다음과 같은 회귀식이 된다.

$$Y = a + bX$$
$$= a + b * (R,F,M)$$
$$= a + b1 * R + b2 * F + b3 * M$$

X, R, F, M = 독립변수: 고객의 과거행동 변수
Y = 결과변수: 고객의 현재 기간의 종속변수
a = 절편이며 원인과 관계없이 항상 존재하는 상수
b, b1, b2, b3 = 기울기이며 회귀계수

RFM모델의 회귀식에서는 독립변수가 3개밖에 보이지 않지만 하위변수로 내려가면 각각 수십개 혹은 수백 개씩의 하위변수들로 세분화될 수 있으며 다음과 같다.

$$R = R1 + R2 + \cdots\cdots + Rn$$
$$F = F1 + F2 + \cdots\cdots + Fm$$
$$M = M1 + M2 + \cdots\cdots + Mk$$

3. 고객가치 점수화

고객점수화(Customer Scoring)는 RFM모형을 활용하여 고객의 가치를 점수로 표시하는 것을 말한다. 각각의 RFM모형의 독립변수에 고객과의 행동에 해당되는 R, F, M에 해당하

는 점수를 부여하고 현재의 종속변수인 Y의 점수를 구할 수 있다. 독립변수와 종속변수 모두 최소 1점에서 최대 5점까지 부여하는 것이 일반적이다. 즉, 고객의 점수는 최소 1점에서 최대 5점 사이에 분포하며, 4점에서 5점은 우수고객, 2점에서 3점 사이는 잠재고객, 1~2점은 휴면고객으로 분류한다. 만약 고객 전체의 평균점수가 1점이나 혹은 5점 가까이 편중되게 나타나면 독립변수와 종속변수에 점수를 구분하는 방법에 이상이 있는 것이므로 평균은 3점 정도가 되도록 조정해야 한다.

[그림 4-16]은 RFM모형을 활용하여 고객의 가치를 점수로 표시하는 고객점수화에 대한 내용이다.

그림 4-16 RFM모형의 고객점수화

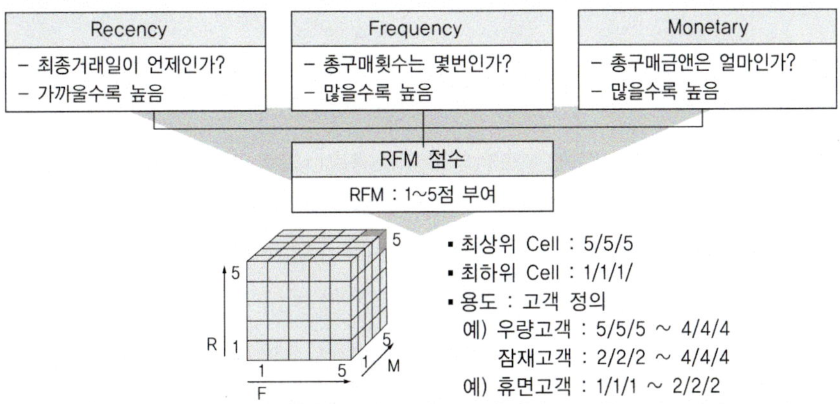

RFM모형을 활용한 고객점수화는 고객이 기업에게 기여하고 있는 현재까지의 점수로 인식해도 좋을 것이다. 고객점수화는 기업이 공급하고 있는 제품이나 서비스상품 전체에 대한 고객의 점수를 의미하고 있지만, 종속변수를 제품별로 혹은 제품사업부별로 고객을 점수화할 수 있다.

동일한 고객의 경우에도 A제품은 3.6점, B제품은 4.3점, C제품은 1.2점, 전제품에 대한 점수는 3.1점으로 나타났다면, 기업과 고객과의 관계는 평균 정도이므로 대체로 원만한 관계이지만 좀 더 적극적으로 관계를 발전시키는 노력을 해야 하며, 특히 C제품의 경우에는 이탈고객으로 파악하고서 대응해야 한다.

제4절 고객정보마트

1. 데이터마트

데이터웨어하우스에는 최적화 고객정보가 저장되어 있다. 고객 접점에서 직·간접적으로 고객과의 거래와 상담을 진행하고 있는 모든 구성원이 동시에 고객정보를 활용하기에는 데이터웨어하우스에 미치는 부담이 너무 크다. 통합CRM 시스템의 활용도를 향상시키고 효과적으로 활용하기 위해서 데이터웨어하우스에 저장되어 있는 통합 고객정보를 사용자들이 활용하기 용이하도록 조직별로 혹은 부서별로 구분하여 저장하는 장치를 데이터마트라고 한다. 데이터마트는 대용량의 데이터웨어하우스에 직무별로 혹은 부서별로 접근이 용이하도록 작은 데이터웨어하우스로 나누어 놓은 마켓의 개념이다.

본 교재에서는 CRM 시스템을 통하여 고객과의 관계를 관리하는 내용을 연구하고 있으므로, 데이터마트를 좀 더 구체적으로 고객정보마트라고 부르기로 하였다.

2. 고객정보마트

고객정보마트는 일반적으로 사용되고 있는 데이터마트의 의미를 CRM 시스템에 적용한 용어이다. 고객정보마트는 전사적인 초대형의 통합 저장장치인 데이터웨어하우스의 단점을 보완하기 위하여 개별 부서 혹은 특정한 사용자 집단이 사용하기에 편리하도록 특화된 소형의 데이터웨어하우스라고 할 수 있다. 즉, 고객정보마트는 대규모의 CRM데이터웨어하우스에 효과적으로 접근할 수 있도록 재정비한 소규모의 데이터웨어하우스라고 할 수 있다.

고객정보마트에 저장된 고객정보는 영업지점, 대리점, 서비스, 물류, 콜센터 등의 기업의 내・외부에 다양하게 존재하고 있는 조직과 인력들이 효과적으로 운영할 수 있도록 가공된 정보의 형태로 저장되어 있다. 고객정보마트는 대규모 데이터웨어하우스에 효율적이고 효과적으로 접근할 수 있는 소규모의 데이터웨어하우스라고 이해하는 것이 좋을 것이다. 고객정보마트는 고객세분화 마트, 고객점수화 마트, 제품특성별 마트, 고객LTV 마트, 성과분석 마트 등으로 기업의 활용분야에 따라 다르게 구성할 수 있다.

예를 들면, 신상품을 개발하는 개발부서에서 특정 상품에 대한 시장과 고객에 대한 선호도를 알고 싶을 경우에는 특정 상권 내의 고객 중에서 과거 일정한 기간에 특정한 상품을 구입하였던 고객정보를 고객정보마트에서 구할 수 있으며, 특정한 제품을 선호하는 고객정보를 원하거나 품질 및 생산 관련 부서의 담당자가 특정 상품의 품질에 대한 반응에 관한 정보를 원하면 데이터웨어하우스에 저장되어 있는 제품특성별 마트에서 고객정보를 검색하면 된다. 마케팅 관련 담당자는 고객이 선호하는 제품의 추이를 특정한 상권에서 특정한 기간의 구매력에 대한 규모를 알고 싶을 경우에도 원하는 고객정보를 쉽게 얻을 수 있다. 학교 입학, 결혼과 같은 생애 주기별로 나타나는 각 단계에서 필요한 특별한 행사를 추진할 경우에는 고객LTV마트에서 고객정보를 검색하면 원하는 정보를 얻을 수 있다.

그리고 소매유통점인 영업지점이나 대리점에서는 고객과 상담 시 해당 고객이 무엇을 원하는지를 고객 데이터마트의 정보를 활용해서 즉시 고객과의 상담에 활용할 수 있으므로, 고객에게 맞춤정보를 제공하여 고객의 만족도를 최상으로 향상시킬 수 있다. 소매유통점에서 특별한 상품에 대한 캠페인 판매를 시행할 경우에도 상권 내의 고객 중에서 해당 상품을 구입할 가능성이 높은 고객을 고객점수화 마트에서 검색할 수 있다. 이들 상위권의 고객에게 해당 상품의 정보를 제공하게 되면 고객은 자신도 모르는 사이에 자신이 필요한 정보를 제공받을 수 있게 되므로 고객만족도는 더욱 상승하게 된다.

고객정보마트에는 CRM 전략의 성과분석과 관련 부서에서 CRM 전략를 수행하는 관리자를 위한 보고용 정보가 저장되어 있다. CRM성과에 대한 보고서를 저장할 수 있는 마트도 있으며, 기업 내부에서 필요한 담당자의 권한 또는 직급 간의 권한에 따라서 고객정보의 검색 수준이 결정되기도 한다.

〈사례 4.2〉는 고객이 미처 모르는, 그러나 고객이 본능적으로 원하는 것을 고객의 행동분석을 활용해서 기업 스스로가 찾아낼 수 있는 사례를 보여 주고 있다. 고객의 행동을 분석하기 위해서는 고객정보마트를 활용해야 한다.

CRM Practice 4.2 고객정보마트의 활용 사례

고객의 목소리 듣지 마라. Don't Listen to Customers.

미국 유명 주간지 타임은 '고객 목소리를 듣지 말라'는 다소 '엉뚱한' 주장을 내놨다. 하지만 이 주장은 단순히 고객에게 묻고 답하는 방식으로는 기업이 성장하기 어려우며, 오히려 고객을 관찰해 기업 스스로가 고객이 미처 모르는, 그러나 본능적으로 원하는 것을 찾아내야 한다는 의미를 담고 있다. 스티브 잡스는 고객은 자신들이 원하는 것을 모르고 있다고 생각했다고 한다. 고객이 원할 만한 상품을 개발하고 눈앞에 보여주고 나서야 고객들은 '아, 내가 이걸 원했구나' 하고 생각한다는 것이다. 타임은 이 같은 잡스 생각에 전적으로 동의했다. 기업이 소위 '돌직구' 방식으로 고객에게 무엇을 원하는지를 물으며 설문조사를 하는 건 시간 낭비에 가깝다는 것이 타임의 분석이다.

진짜 혁신과 변화를 꿈꾸는 기업이라면 고객 말에 귀 기울이는 수준을 넘어 스스로가 문제와 해답을 찾아야 한다. 고객에게 물어서 변할 수 있다는 생각은 착각이다. 자신들이 찾아내야 하는 답을 고객이 해주길 바라는 것은 오히려 책임 전가다. 변화를 원하는 기업은 고객을 관찰해야 한다. 고객들 일거수일투족을 관찰하고 그들 생활 속에서 무엇이 필요한지 찾아내야 한다. 고객을 관찰하고 연구하는 것은 전통적인 방식을 통한 시장조사나 연구보다 비용 측면에서도 훨씬 유리하다.

(출처: 매일경제, 2015. 5. 10.)

고객정보마트는 데이터웨어하우스에 비해 장점을 가지고 있다. 첫째, 고객정보마트는 소수 사용자의 고객대응 목적에 매우 빠르게 응답할 수 있도록 데이터를 제공하기 때문에 분석 업무의 효율을 향상시킨다. 둘째, 고객정보마트는 특정 주제 범위에 따라 운영되므로 매번 거대한 데이터웨어하우스에 접근하여 분석하는 것 보다는 효과적인 대안이 될 수 있다. CRM에서 데이터웨어하우스는 부분집합인 고객에 대한 분석을 수행하고자 할 때 유연하지 못하며 고객정보마트가 효과적이다.

〈사례 4.3〉은 데이터마트를 활용하여 고객의 소리를 체계적으로 관리하고 있는 사례를 보여 주고 있다.

CRM Practice 4.3

'고객의 소리' 데이터베이스화해 체계적 관리

코웨이는 '고객의 기대를 넘어서는 감동'이라는 고객만족경영전략 위에서 진정성 있는 서비스를 제공한다.

코웨이는 'Beyond Expectation(고객의 기대를 넘어서는 감동)'이라는 고객만족경영전략 아래 일상적인 서비스 제공을 넘어 '엄마 같은 꼼꼼함' '내 일 같은 신속함' '친구 같은 친근함'을 실천하고 있다.

코웨이는 고객감동서비스를 실현하기 위해 ▶정수기 점검 위생성 강화 ▶매월 고객 VOC(Voice of Customer) 기반 소리숲 프로그램 및 전사 회의체 운영 ▶긍정적 고객 서비스 디자인 위한 프로젝트 추진 ▶사물인터넷을 접목해 차별화된 제품과 서비스 출시를 통한 고객가치 강화 등을 실천하고 있다.

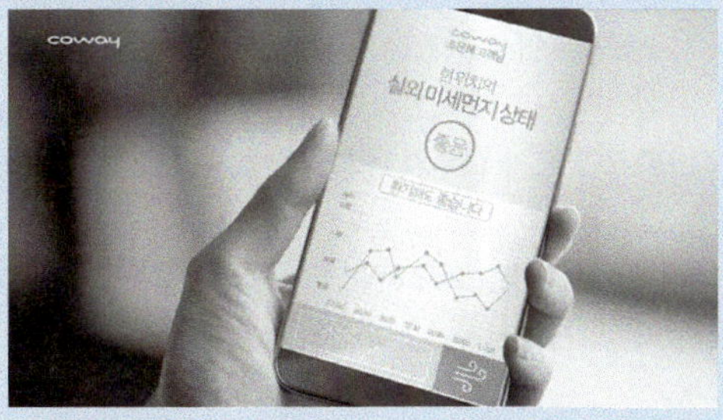

또 코웨이는 '고객의 소리'를 데이터베이스화하고 체계적으로 관리해 고객 클레임을 사전 예방하는 VOC 소리숲 프로그램을 운영하고 있다. 다양한 채널을 통해 접수된 고객의 소리는 해당 부서로 이관, 빠르게 분석하고 솔루션을 찾아 대응하는 과정을 통해 추가 문제가 발생하지 않도록 체계적으로 관리하고 있다. 최근 코웨이는 정수기·공기청정기 등에 사물인터넷을 적용해 혁신적인 맞춤형 고객 케어를 제공하고 있다. 사물인터넷을 기반으로 고객 생활환경, 제품 사용 패턴, 고객 행동 패턴 및 라이프 스타일을 분석하고 연계시켜 차별화된 서비스와 가치를 전달한다.

(출처: 중앙일보, 2015. 10. 13.)

Chapter 4 정리

1 고객정보 확보

1) 직접경로의 고객정보

기업이 고객과 직접 접촉하고 거래함으로써 발생하는 고객정보를 수집할 수 있는 방법으로는 제품사업부, 홍보부서, 이메일, 웹사이트, 콜센터 등이 있다.

2) 간접경로의 고객정보

기업이 고객정보를 간접적으로 수집할 수 있는 경로에는 소매유통점, 서비스기업, 물류기업, 제휴사 및 관계사 등이 있다.

2. 고객정보 통합(데이터웨어하우스)

고객 접점에서 확보된 고객정보는 산발적이고 단편적인 정보들이 매우 많으므로 가치있는 고객정보로 만들기 위해서는 고객 개인별로 통합해야 한다. 과거에 누적되었던 고객 개인별 데이터베이스에 통합함으로써, 고객정보에 가치가 발생하기 시작한다. 고객정보를 유지하기 위해서는 스크리닝과 클린싱의 단계를 거쳐서 정돈하고, 표준화된 고객정보의 형태로 전환하여 최적화 단계를 거쳐서 데이터웨어하우스에 저장한다. 데이터웨어하우스에 저장된 고객정보는 표준화된 최적화 정보이다. 최적화 고객정보는 고객 접점에서 다시 새로 입수되는 정보로 순환과정을 거쳐서 지속적으로 발전하게 된다.

3. 고객가치 점수화(고객정보 마이닝)

데이터웨어하우스에 있는 최적화된 통합 고객정보를 정제하는 마이닝 과정을 거치고 모델링을 통하여 고객을 점수화하는 과정을 거치게 되면 고객가치를 과학적으로 분석할 수 있게 된다.

고객점수화(Customer Scoring)는 RFM모형을 활용하여 고객의 가치를 점수로 표시하는 것을 말한다. 각각의 RFM모형의 독립변수에 고객과의 행동에 해당되는 R, F, M에 해당하는 점수를 부여하고 현재의 종속변수인 Y의 점수를 구할 수 있다.

4. 고객정보마트

고객정보마트는 전사적인 초대형의 통합 저장장치인 데이터웨어하우스의 단점을 보완하기 위하여 개별 부서 혹은 특정한 사용자 집단이 사용하기에 편리하도록 특화된 소형의 데이터웨어하우스라고 할 수 있다. 즉 고객정보마트는 사용자들이 대규모의 CRM데이터웨어하우스에 효과적으로 접근할 수 있도록 사용자별로 재정비한 소규모의 데이터웨어하우스이다.

고객정보마트에 저장되어 있는 고객정보는 영업지점, 대리점, 서비스, 물류, 콜센터 등의 기업의 내·외부에 다양하게 존재하고 있는 조직과 인력들이 효과적으로 운영할 수 있도록 가공된 정보의 형태로 저장되어 있다.

Chapter 5. 고객의 정밀세분화 분석

정밀시장 세분화와 RFM세분화의 궁극점은 고객 한 사람 한 사람까지 세분화할 수 있을 정도의 정밀함을 의미한다. 따라서 정밀시장 세분화 전략과 RFM세분화 전략은 거의 유사어로 사용되어도 좋을 듯하다. RFM세분화는 RFM점수화를 활용하여 고객을 세분화할 수 있다. RFM점수화를 통하여 나타난 점수의 결과는 한 사람의 고객에 대하여 f(R,F,M), f(R), f(F), f(M) 등 독립변수별로 고객행동의 점수를 알 수 있다.

고객의 정밀세분화 분석방법으로는 고객진화 단계별 세분화 분석, LTV세분화 분석, 라이프스타일 세분화 분석 등의 수단이 활동될 수 있으며, 다차원 고객정보 분석을 활용함으로써, 더욱 정밀한 고객세분화가 가능하게 될 수 있다. CRM의 다차원 고객정보 분석은 신제품 출시 후에 매장별로 매출액의 변동 추이를 분석하거나, 고객들의 지역별, 연령별 구매내역을 비교분석하는 등의 CRM을 위해 필요한 다양한 분석활동을 원활하게 수행할 수 있게 한다.

제1절 정밀시장 세분화 분석

1. 정밀시장

조너던 번즈(Jonathan L.S. Byrnes)에 의하면, 현대의 시장은 '정밀시장(Precision Market)의 시대'라고 한다. 과거에 거대시장(Mass Market)이 출현하여 대량생산(Mass Production)을 하게 되었고 매스마케팅(Mass Marketing)의 시대가 도래했던 시점만큼이나 변화의 충격이 크게 다가오고 있다. 과거의 기업경영자는 생산능력을 확대해서 최대로 생산하는 것이 최고의 전략이었다. 과거에는 아무리 생산량을 확대해도 시장의 수요를 채울 수 없었기 때문이다.

모든 고객과 시장환경은 매우 빠르게 변화하고 있다. 공급이 수요를 초과하게 된 지는 이미 오래되었고 기업의 경쟁은 치열해지고 있다. 그러나 기업의 경영자는 대부분 과거의 성공적이었던 대량생산과 매스마케팅의 방법에 의존하고 있다. 정밀시장의 시대로 급속하게 변화하고 있는데도 불구하고 많은 경영자는 과거의 품질 위주의 대량생산 경영방법에 의존하고 있다. 정밀시장 시대의 경영자는 정밀한 전략을 수립하고 시행해야 한다. 과거에는 제품중심(Product Oriented)의 경영전략으로 불특정 다수를 대상으로 했었지만, 정밀의 시대에는 고객 관계중심(Customer Relationship Oriented) 혹은 정밀시장중심(Precision Market Oriented)이어야 한다.

제품중심의 경영전략으로부터 고객 관계중심 혹은 정밀시장중심의 전략으로 전환하기 위해서는 고객세분화를 정밀하게 해야 한다. 정밀한 고객세분화를 위해서는 고객가치의 점수화 방법을 활용하는 것이 최적의 방안이 될 수 있을 것이다. 고객점수화를 통해서 고객과 시장을 매우 정밀하게 세분화할 수 있기 때문이다.

2. 정밀시장 세분화 과정

CRM 전략을 수행하기 위한 정밀시장 세분화는 고객을 기업이 의도하는 특성에 따라 분류하는 것을 의미한다. 정밀시장 세분화 과정은 일반적으로 정밀한 목표설정, 가용자료 파악, 정밀시장 세분화 기준 선택, 정밀시장 분석, 정밀시장 평가의 과정을 반복하게 되는 폐쇄성 세분화(Closed Loop Segmentation) 과정이다. [그림 5-1]은 정밀시장 세분화 과정을 나타내고 있다.

그림 5-1 정밀시장 세분화 과정

1) 정밀한 고객목표 설정

고객세분화 목표설정은 CRM 전략의 수행과정 중 가장 관심을 가져야 할 부분 중의 하나이다. 기업은 고객과 시장을 정밀하게 세분화해야만 CRM 전략을 효과적으로 수행할 수 있으며 CRM 전략을 가장 효과적으로 수행하기 위하여 고객세분화를 시행하는 목표를 정밀하고 명확하게 설정해야 한다. 또한 캠페인, 행사이벤트, 전시회 초청, 홍보, 신규고객 정보확보 등의 목표 및 대상이 된 관련 제품의 성격과 일치하는 목표를 명확하게 해야만 고객세분화를 정확하게 할 수 있다. 목표가 정밀하지 못하고 확실하지 못하면 결과가 만족스럽지 못하기 때문이다.

2) 가용자료 파악

CRM 시스템의 데이터웨어하우스와 고객정보마트에 저장되어 있는 고객정보를 활용하여 고객세분화에 필요한 자료를 파악한다. 고객정보에는 기업에서 과거부터 현재까지 거래한 모든 통합된 고객정보가 저장되어 있다. 가용 가능한 고객정보 중에서 고객세분화의 목적에 적합한 고객정보의 종류, 양, 질을 고려하여 고객정보를 선정해야 한다.

3) 정밀시장 세분화 기준 선택

고객정보를 정밀하게 세분화하기 위해서는 어떤 방법으로 세분화할 것인지를 결정해야 한다. 여기에는 인구통계학적 세분화 방법, 라이프스타일 세분화 방법, 심리 및 태도정보 세분화 방법, 고객구매행동 세분화 방법 등이 있으며, [그림 5-2]와 같다.

그림 5-2 고객세분화 기준

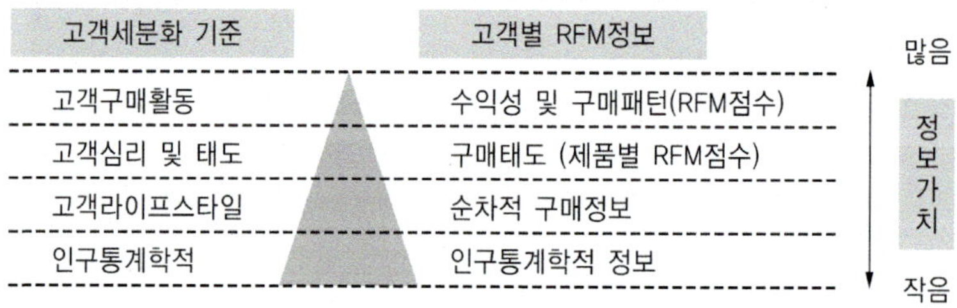

4) 정밀시장 분석

정밀시장 세분화 기준이 선택되면 고객정보를 정밀하게 분석해야 하며 연관성분석, 군집분석, 의사결정나무 모형분석, 인공신경망, 인과관계분석 등의 데이터마이닝방법으로 분석할 수 있다. 고객세분화 방법으로는 일반적으로 인과관계분석 중에서 회귀분석방법에 대하여 구체적으로 살펴본 바가 있다.

5) 정밀시장의 평가

정밀한 고객세분화에 대한 평가요인으로는 활용성, 실행 가능성, 지속성, 시장 내에서의 동질성, 세분화 시장 간의 차별성 등이 있다. [그림 5-3]은 정밀한 고객세분화의 평가에 대한 내용이다.

그림 5-3 정밀한 고객세분화의 평가

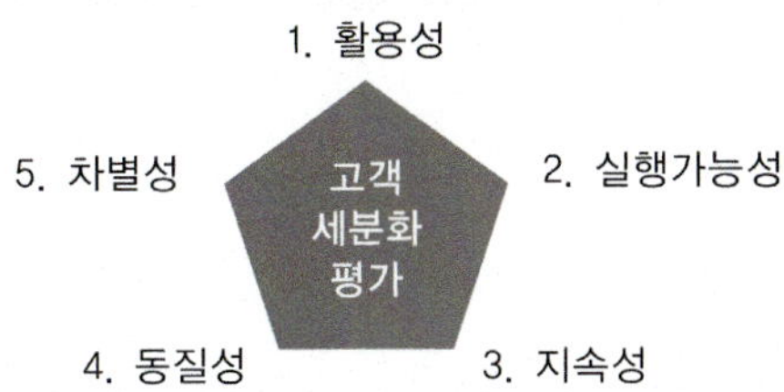

(1) 정밀한 고객세분화의 활용성

정밀한 고객세분화는 기업의 의사결정에 필요한 구체적이고 확실한 고객정보를 제공할 수 있어야 한다. 의사결정에 도움이 될 수 있는 고객정보를 제공할 수 없다면 고객세분화의 목표가 없어지게 된다.

(2) 정밀한 고객세분화의 실행가능성

정밀한 고객세분화는 고객정보마트에 저장되어 있는 고객정보로부터 얻을 수 있는 정보이어야 하며 실행 가능성이 있어야 한다. 만약 고객정보마트에서 얻을 수 없는 세분화라면, 고객세분화를 실행할 수 없게 된다.

(3) 정밀한 고객세분화 시장의 지속성

정밀한 고객세분화 시장은 CRM 전략을 시행하는 동안에 변하거나 소멸되어서는 안된다. 즉, CRM 전략이 수행되는 동안에는 고객세분화 시장은 지속되어야 한다.

(4) 정밀한 고객세분화 시장 내에서의 동질성

개별 고객정보는 어느 세분화 시장에 속하는지 확실해야 한다. 정밀하게 세분화된 동일한 시장에서는 고객정보의 동질성이 있어야 한다.

(5) 정밀한 고객세분화 시장 간의 차별성

서로 다른 세분화 시장 간에는 고객정보가 명확하게 시장 간의 차별성이 있어야만 한다. 차이가 없게 된다면 시장을 동일한 시장으로 합해야 한다.

3. 정밀시장 세분화 전략

기업에서 보유하고 있는 고객정보를 세분화하여 CRM 전략을 수행하는 가장 큰 목적은 적은 비용으로 최대의 효과를 기대할 수 있기 때문이다. 최소의 비용으로 최대의 효과를 달성하기 위해서는 무엇보다도 시장을 매우 정밀하게 세분화한 다음에 정밀시장별로 적절한 CRM 전략을 수행하면 CRM의 성공률이 급상승할 수 있다. 정밀시장 세분화 전략의 구체적인 방법으로는 RFM세분화 전략, 고객 진화단계별 세분화 전략, LTV세분화 전략, 라이프스타일 세분화 전략 등이 있으며, [그림 5-4]와 같다.

그림 5-4 정밀시장 세분화 전략

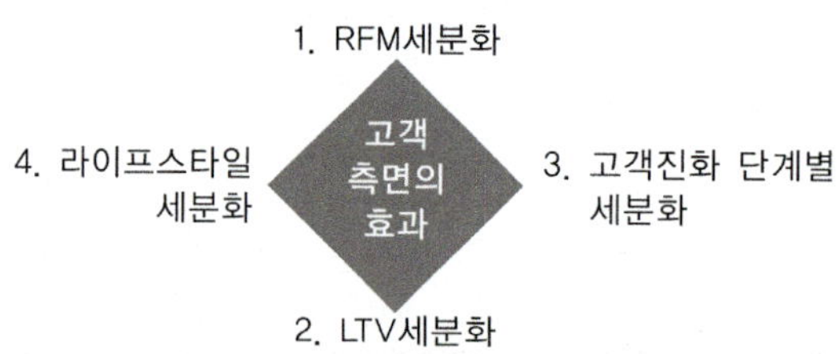

제2절 RFM세분화 분석

정밀시장 세분화 전략을 수행하기 위해서는 고객의 점수화를 활용하는 RFM세분화 방법이 가장 유용하다. 정밀시장 세분화와 RFM세분화의 최종목표는 고객 한 사람 한 사람까지 세분화할 수 있을 정도의 정밀함이다. 따라서 정밀시장 세분화 전략과 RFM세분화 전략은 거의 유사어로 사용되어도 좋을 것이다.

1. RFM점수 분석

RFM세분화는 RFM점수화를 활용하여 고객을 세분화할 수 있다. RFM점수화를 통하여 나타난 점수의 결과는 한 사람의 고객에 대하여 f(R,F,M), f(R), f(F), f(M) 등 독립변수별로 고객행동의 점수를 알 수 있으며, 각각의 독립변수에 대하여 다시 제품별로도 점수화를 할 수 있다. 이러한 내용을 〈표 5-1〉과 같이 나타낼 수 있다.

〈표 5-1〉 A고객의 RFM세분화 사례

	f(R,F,M) RFM점수	f(R) 최근성	f(F) 구매빈도	f(M) 구매액
제품 1	2.1	1.8	2.3	2.0
제품 2	4.1	4.8	2.5	4.2
		…		
제품 n	2.3	2.0	2.6	2.1
전체 제품	3.8	4.0	3.5	4.1

A고객의 고객점수를 마케팅 혹은 판매 관련 담당자가 분석하는 경우를 보면, A고객의 기업에 대한 기여도는 보통을 약간 상회하는 정도이고, 특히 제품 2에 대해서는 구매빈도는 다소 떨어지지만 가장 최근까지 구매활동을 하고 있으며 구매금액이 상당히 높은 우량고객으로 나타난다. 그러나 제품 n에 대해서는 한동안 거래가 없었으며, 구매액도 많지 않은 로열티가 낮은 고객이다. 따라서 기업의 A고객에 대한 CRM 전략의 방향은 A고객이 기업에 대한 인식은 그렇게 나쁘지 않으며, 제품 2에 대한 호감도는 매우 양호한 편이므로, 다른 제품에 대해서도 호감도를 향상시킬 수 있는 가능성이 보인다. 개별적 쌍방향 커뮤니케이션으로 A고객의 불편함 또는 불만사항이 무엇인지를 파악해서 A고객의 욕구를 해결하게 되면 다른 제품으로의 구매력도 향상될 수 있다.

동일한 A고객을 대상으로 신제품 기획, 개발 또는 생산 관련 담당자의 경우를 보면, 제품 n의 성능이나 부족한 점을 파악하기 위하여 A고객의 의견을 파악하고 제품 2를 구매한 유사한 고객들의 특성을 파악하여 제품에 반영함으로써, A와 같은 이익기여도가 좋은 고객으로 전환시킬 수 있다.

기업마다 특성이 다르므로 RFM점수를 일률적으로 적용할 수 없다. 동일한 기업 내에서도 고객정보를 활용할 때 RFM의 점수가 상대적으로 다를 수 있기 때문에 가중치를 서로 다르게 적용하거나 혹은 유의미한 변수들을 선택적으로 사용할 수 있다. 즉, RFM의 변수들을 서로 다르게 조합해서 세분화할 수 있다. 좀 더 세밀한 전략을 수행하기 위해서 RFM점수를 f(R), f(F), f(M), f(R,F), f(R, M), f(F, M), f(R, F, M) 등의 방법으로 복합적으로 활용할 수 있다. 제품별 혹은 제품전체의 점수로 분석하여 이에 적합한 CRM 전략을 수행할 수 있다. 〈표 5-2〉는 RFM의 부분적 점수를 분석한 사례이다.

〈표 5-2〉 A고객의 RFM세분화 사례

	f(R,F,M)	f(R,F)	f(F,M)	f(R,M)
제품 1	2.1	2.1	2.2	1.9
제품 2	4.1	3.6	3.4	4.5
	…			
제품 n	2.3	2.3	2.4	2.1
전체 제품	3.8	3.7	3.8	4.0

A고객의 구매성향을 보면, 대체로 구매빈도는 높지 않지만, 호감이 가는 제품이 있으면 언제든지 구매 행동으로 나설 가능성이 매우 클 것으로 보인다. 제품 2의 경우에는 최근성과 구매금액이 높아 A고객은 로열고객으로 오피니언 리더가 될 수 있다. 신제품개발 담당자는 A고객과의 쌍방향 커뮤니케이션을 지속적으로 강화하여 A고객과 유사한 고객을 많이 확보하는 것이 도움이 된다. 반대의 경우도 생각할 수 있다. 기업 측에서 A고객에게 관심을 두지 않고 방치하게 되면 A고객은 전반적인 호감도가 평균을 약간 상회하는 3.8점으로써, 언제든지 경쟁사의 고객으로 이탈할 가능성도 크다.

따라서 A고객의 욕구가 무엇인지를 신속하게 파악하고 적절한 대응으로 A고객의 욕구를 해결해 준다면 전체제품에 대한 호감도가 증가될 것이다.

2. RFM세분화 방법

기업에서는 RFM점수를 분석하여 제품의 특성에 맞도록 RFM모형을 다양하게 활용할 수 있다. 제품 특성별로 CRM 전략을 수행하기 위하여 RFM모형을 세분화하면 [그림 5-5]와 같이 나타낼 수 있다.

그림 5-5 RFM의 세분화

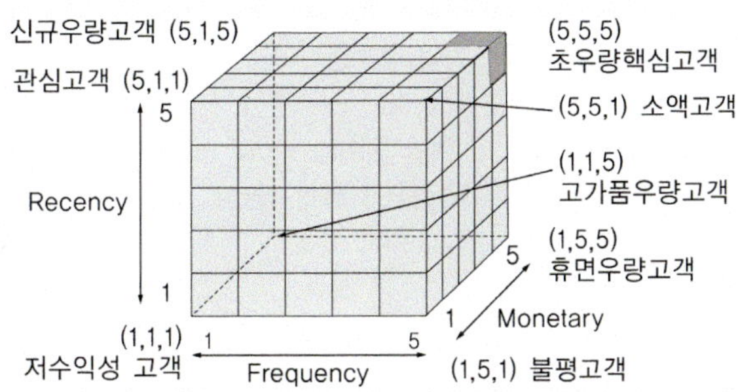

3. RFM세분화 전략

최근 고객과 시장의 환경은 매우 빠른 속도로 급변하고 있으며 고객과 시장의 필요(Wants)와 욕구(Needs)는 매우 다양하다. 아직도 많은 기업이 종전의 대량고객을 대상으로 하던 대량생산을 통한 대량판매의 푸시전략(Push Strategy)을 선호하고 있다. 이제 많이 생산하면 많이 팔리던 시대는 지나간 지 오래되었다. 과거에 성공했던 경영전략인 푸시전략을 유지하고 있는 기업은 고객과 시장의 변화에 대응하지 않고, 미래의 경쟁력을 확보할 수 있는 수단을 준비하지 않고 있는 무방비상태의 경영전략 부재의 기업이라고 볼 수 있다. 미래가 밝지 않은 기업이다.

미래의 고객과 시장이 극도로 정밀하게 세분화될 수 있는 이론적인 마지막 단계는 개인시장이다. 고객 한 명이 시장이라는 의미이다. 이러한 개인고객의 욕구를 파악해서 서비스를 제공하는 활동이 고객 개인별 맞춤전략이다. 개인고객에 대한 서비스 수준이 이론적으로 완벽한 개인화까지 실행하는 분야도 나타나고 있다. 그러나 기업의 경영활동에서 개인화 시장의 단계까지는 세분화할 수 없겠지만, 최대한 정밀하게 고객을 세분화해야 할 것이다.

〈표 5-3〉은 RFM전략을 실현하기 위하여 RFM점수를 활용한 정밀한 고객세분화의 유형이다.

〈표 5-3〉 RFM세분화 유형별 전략

구분	R,F,M	고객 특성	고객대응 전략
초우량 핵심고객	5,5,5	기업이익에 큰 기여 기업의 잘못을 이해 기업의 경쟁력 좌우	고급서비스제공 기업고급정보제공 사은행사 초청 맞춤기업정보 제공
휴면 우량고객	1,5,5	기업 이익에 기여 기업정책에 불만가능성 이탈 가능	이벤트초청 불만요인해결 사은행사 초청 커뮤니케이션 유도
신규 우량고객	5,1,5	경쟁사 우수고객 가능성 이탈 가능 유대관계 없음 신뢰감 부족	행사 및 전시회 초청 사은품제공 기업정보 제공 맞춤정보 제공
고가품 우량고객	1,1,5	기업의 이익에 기여 제품 충성도가 높은 편 이탈할 가능 고급제품 전문지식 보유	고급제품정보 제공 맞춤정보 제공, 전문지식제고, 커뮤니티초청

구분	R,F,M	고객 특성	고객대응 전략
우호 소액고객	5,5,1	기업충성도 매우 양호 저렴한 가격 선호 구전광고 열성	가격정보제공 행사 및 이벤트 초청 캠페인전략 설문조사, 패널참여 유도
관심고객	5,1,1	기업기여도 매우 낮음 경쟁사의 우수고객가능	일상적인 정보제공 방관적 관심유지 관심도 조사 및 대응
불만고객	1,5,1	불만이 많음 이탈 가능성 매우 높음	방관적 관심유지 불만조사 및 대응
저수익성 고객	1,1,1	경쟁사 고객 가능성	디마케팅 대상

과거의 매스마켓(Mass Market)을 대상으로 성공했던 푸시전략은 더 이상 효과가 없어지고 있다. 고객과 시장이 급변하고 있는 시대에서는 풀전략(Pull Strategy)이 적합하다. 즉, 정밀하게 세분화된 고객과 시장에 적합한 쌍방향 커뮤니케이션을 통하여 고객의 욕구를 미리 파악하고 해결해 줌으로써, 고객 스스로 기업과의 관계를 호의적으로 유지할 수 있도록 해야 한다.

RFM전략은 고객을 정밀하게 세분화할 수 있다. 정밀하게 세분화된 고객과 시장은 이에 적합하도록 정밀하고 차별화된 대응을 해야 한다. 한 가지 비차별적인 방법으로 고객을 대응하게 되면 오히려 불만고객이 증가할 수 있다. 차별화 전략이 필요한 이유이다. 또한 다른 사람과 다른 서비스를 받음으로써 특별한 대우를 받는다는 인식을 심어야 한다. 정밀하게 세분화된 고객을 대상으로 차별화된 전략을 시행해야 하는 이유이다.

1) 초우량 핵심고객(R,F,M=5,5,5)

최근까지도 기업과 고객의 접점인 매장을 빈번하게 방문하여 제품을 가장 많이 구매하고 기업의 이익 증가에 가장 많이 기여한 고객이다. 이러한 고객을 초우량고객이라고 하며, 한마디로 기업의 보배고객이다. 초우량 고객은 웬만한 일로는 돌아서지 않는다. 경우에 따라서는 기업의 잘못이 확실한데도 그만한 피치 못할 이유가 있을 것이라고 미리 이해할 수 있는 고객이다.

기업에서는 초우량 핵심고객을 많이 확보해야 한다. 어느 기업이 초우량 핵심고객을 많이 확보할 수 있는가에 기업의 경쟁력이 좌우되기 때문이다. 그러나 한번 초우량 핵심고객을 확보했다고 해서 변하지 않는 절대적인 고객은 없다. 초우량 핵심고객을 지속적으로 관리하기 위해서는 고객의 라이프스타일별로 쌍방향 커뮤니케이션을 지속하면서 최우선으로 맞춤서비스를 제공해야 한다. 초우량 핵심고객은 제품 이외의 기업에 대한 신뢰를 바탕으로 하고 있기 때문에 기업에 관련한 고급정보 및 개인별로 관심이 갈 수 있는 맞춤정보를 제공하는 것이 효과적이다.

2) 휴면우량고객(R,F,M=1,5,5)

휴면 우량고객은 고객 접점으로의 방문이 빈번하고 구매활동도 매우 많아 기업의 이익에 기여하는 초우량 단골고객이다. 그러나 최근에 어떤 이유로 인하여 방문을 하지 않고 있는 고객이다. 고객의 개인적인 사유로 인하여 최근의 활동이 감소했다면, 고객의 여건이 양호해지는 대로 다시 초우량 핵심고객의 자리로 돌아올 수 있겠지만, 기업 측에 불만으로 잠시 기업과의 구매활동을 중단한 상태라면 기업과 고객과의 관계가 멀어지게 될 가능성이 매우 큰 고객이다. 휴면 우량고객에 대해서는 기업이 이벤트행사 초청 등의 방법으로 쌍방향 커뮤니케이션을 확대 시행해서 고객과의 접촉빈도를 향상시켜야 한다. 빈번한 커뮤니케이션을 통해서 상호 우호적인 관계를 더욱 강화시키고 혹시 있을지 모르는 고객의 불만은 사전에 해결해야 한다. 휴면 우량고객은 사은품 제공 등의 사은행사를 통하여 이탈할 가능성을 사전에 방지해야 한다.

3) 신규 우량고객(R,F,M=5,1,5)

신규 우량고객은 평소 구매활동이 거의 없었지만 최근의 구매활동이 활발해지고 있으며 구매금액도 매우 양호한 고객이다. 다시 말하면 불과 얼마 전까지만 하더라도 경쟁사의 고객이었을 가능성이 매우 큰 고객이다. 경쟁사에 어떤 불만이 있었는지 혹은 자사 기업의 어떤 활동에 만족하게 되어서 구매활동으로 연결되었는지를 파악해서 경쟁사로 되돌아가지 않도록 고객과의 관계를 유지하고 발전시킬 수 있어야 한다. 아직까지는 자사에 대한 호감의 정도가 안정되지 않은 상태이므로 쌍방향 커뮤니케이션의 중요성이 강조된다. 신규 우량고객을 초우량 고객으로 발전시키려면 판매보다는 기업의 이벤트 활동이나 행사 초대 등으로 지속적인 관심을 보여야 한다.

신규 우량고객과의 친밀한 관계를 발전시킬 수 있는 전시회 초청 및 사은품 제공과 기업 경영에 관한 정보를 제공하여 고객과의 관계를 우호적으로 발전시키는 전략이 효과적이다.

4) 고가품 우량고객(R,F,M=1,1,5)

고가품 우량고객은 거래활동이 거의 없고 최근에도 거래가 거의 없지만 구매량이 매우 많은 우수고객이다. 이러한 고객은 고가격의 고급제품을 선호하는 고객이다. 고가품 우량고객은 기업에 대한 충성도보다는 제품에 대한 충성도가 높은 편이다. 경쟁사에서 고급제품이 출시되면 이탈할 가능성이 큰 편이다. 고가품 우량고객은 사은품이나 이벤트 등 행사초청의 서비스 제공활동보다는 고객의 기호에 맞고 관심품목 중에서도 고급제품을 선호하므로 고급제품에 대한 맞춤형 정보와 전문적 수준의 지식 및 유사한 취미를 가진 동호회원에게 전문적 커뮤니티 활동에 참여할 기회를 제공하는 것이 효과적이다.

5) 우호 소액고객(R,F,M=5,5,1)

우호 소액고객은 최근까지도 빈번하게 구매활동을 지속하고 있지만 구매품목이 저렴하고 행사제품을 구입하는 경향이 매우 강한 고객이다. 우호 소액고객은 경쟁사와의 가격비교를 습관화한 고객으로서, 조그마한 불만사항도 그냥 지나치지 않는 까다로운 고객이기도 하다. 그러나 최우수 핵심고객만큼 기업에 대한 충성도는 매우 높다.

기업의 이익에 대한 기여도는 낮은 편이지만, 기업으로부터 가격적인 특별한 대우를 받고 있다고 믿고 있다. 경쟁사와의 가격비교는 이탈하기 위해서라기보다는 더욱 저렴하게 구입할 목적에서이다. 우호 소액고객은 기업과 제품에 대하여 작은 문제라도 지적하고 건의하며 요구하기를 매우 좋아한다. 우호 소액고객은 기업에 직접적으로 이익을 기여하지는 않지만, 주위의 지인들에게 광고를 해주는 맹렬고객이기도 하다.

우호 소액고객과의 관계를 더욱 발전시키기 위해서는 제품가격정보, 특히 행사제품이나 할인기간 등 가격과 연관이 있는 정보는 가장 먼저 제공해서 신뢰감을 더욱 증대시켜야 한다. 또한 행사와 캠페인활동에 참여하는 것을 매우 좋아하므로 캠페인전략을 적극적으로 활용해야 한다. 그리고 신제품반응조사 등 설문조사에도 매우 적극적이므로 패널활동을 유도하거나, 커뮤니티 활동에 참여하여 구전광고의 수단으로 활용한다면 효과적이다.

6) 관심고객(R,F,M=5,1,1)

관심고객은 최근에 저렴한 제품을 소량 구입한 적이 있는 기업의 이익에 별로 기여하지 못하는 고객이다. 마음에 드는 저렴한 제품은 구입했지만 경쟁사의 우량고객일 가능성이 매우 크다. 경쟁사의 고객으로부터 이탈시키는 전략이 필요한 고객이지만, 비용이 상당하게 소요될 가능성이 있으므로 신중하게 접근해야 한다. 기업에서 제공하는 서비스만 받고 경쟁사를 이탈하지 않을 가능성이 더 크기 때문이다. 경우에 따라서는 방치하는 편이 유익할 수 있는 고객이다. 그러나 무시할 수 있을 정도의 고객은 아니므로 제품정보 등 정규적이고 일반적인 정보를 제공하면서 어떤 대응을 해야 할지 점진적으로 판단하는 것이 좋다.

7) 불만고객(R,F,M=1,5,1)

불만고객은 과거의 구매활동은 빈번했지만, 저렴한 제품을 중심으로 구매활동을 하고, 최근의 구매활동은 급격하게 감소하고 있는 고객이다. 이러한 고객은 이탈 가능성이 매우 크며, 불만이 매우 많은 편이므로 만족할 수 있는 서비스를 제공하는 데 큰 비용이 소요된다. 그리고 이미 경쟁사의 고객으로 전환되었을 가능성이 매우 큰 고객이기도 하다. 그러나 불만내용이 기업에 미치는 영향을 고려해야 한다. 즉, 고객의 불만을 해소할 수 있는 방안을 마련하여 불만고객을 다시 우량고객으로 확보할 수 있어야 한다.

8) 저수익성 고객(R,F,M=1,1,1)

저수익성 고객은 구매활동 자체가 매우 적은 고객이며, 기업에 기여하는 이익은 거의 없는 고객이다. 이러한 저수익성 고객은 경쟁사의 충성고객일 가능성이 매우 크므로, 경쟁사를 이탈시키기 위해서는 오히려 마이너스 효과가 더 클 가능성이 있다. 저수익성 고객은 디마케팅(Demarketing)의 대상이 될 수 있다. 때로는 고객이라고 무조건 다 좋은 것은 아닐 수도 있다. 필요하면 고객에서 제외할 수 있는 용기가 필요하다.

제3절 고객진화 단계별 세분화 분석

기업과 고객과의 관계는 시간의 흐름에 따라 진화한다. 기업과 고객의 관계에서 고객으로서의 시작과 끝이 있을 것이다. 고객의 진화단계를 보면 잠재고객, 신규고객, 고정고객, 우량고객(로열고객 포함), 이탈고객(휴면고객 포함)으로 진행이 될 수 있다. 고객의 진화단계별로 고객의 생애가치인 LTV의 변화를 보면 우량고객과 특히 로열고객일 때가 LTV가 가장 높게 나타난다. [그림 5-6]은 고객의 진화단계별 LTV의 변화를 보여 주고 있다.

그림 5-6 고객의 진화단계별 LTV

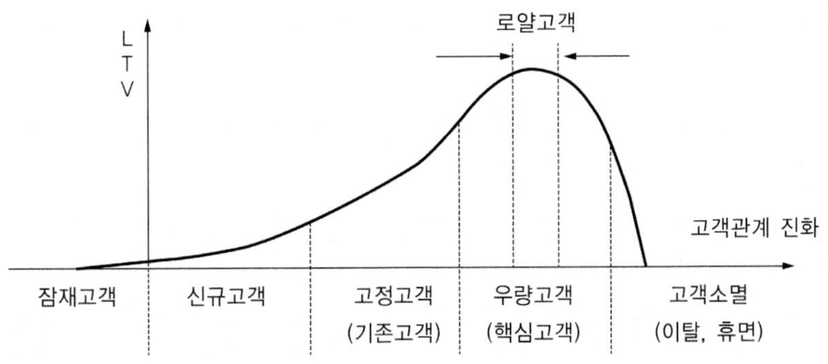

1. 잠재고객

잠재고객(Potential Customer)은 아직까지 자사의 제품이나 서비스를 거의 구입하지 않은 사람 중에서 향후 자사의 고객이 될 가능성이 있는 사람들을 의미한다. 이러한 사람들은 미래의 고객이 될 수 있는 잠재력을 가지고 있을 뿐이고, 미래의 고객이 될 수 있기를 희망하고 있는 상태이므로 고객이라는 명칭을 사용할 수 없는 단계이다. 이러한 사람들은 제품이나 서비스상품의 품질, 성능, 가격 등의 조건이 자신들이 정한 기준수준인 임계치(Threshold Value)보다 높다면, 최초의 구매가 이루어지게 되어 신규고객이 되겠지만, 기대수준보다 못하면 구매는 이루어지지 않을 것이다.

기업은 잠재고객으로부터 신규고객을 확보하기 위하여 잠재고객에게 기대심리를 높여주는 전략이 효과적이겠지만, 기대심리를 너무 높여주게 되면 신규고객이 된 이후에 오히려 실망감이 더 커질 가능성이 있으므로 주의해야 한다.

2. 신규고객

신규고객(Acquired Customer)은 잠재고객 상태에서 최초의 구매행동이 발생하게 되는 고객이다. 이들 신규고객은 아직 기업에 대한 우호적인 감정이 별로 없는 상태이며, 조그마한 실망감에도 크게 작용하게 되어 이탈가능성이 매우 높다. 신규고객은 최초의 구매가 완전한 구매라고 생각하지 않고 1차 구입한 상품에 대해서 계속 평가를 하고 있다.

기업은 이들 신규고객을 고정고객으로 확보하기 위해서 재구매로 연결시킬 수 있도록 CRM 전략을 강구해야 한다. 이들 신규고객에게는 기업에서 제공하는 기대수준에 대한 신뢰가 중요하다. 신뢰를 제공하지 못하면 2차 구매행동을 보이지 않고 이탈하게 될 가능성이 높다. 구매주기가 짧거나 소비 탄력성이 큰 소비재제품과 금융상품 같은 경우에는 재구매를 유도할 수 있는 CRM 전략이 매우 중요하다. 이들 신규고객에게는 품질, 성능, 가격에 대한 정보를 지속적으로 제공함으로써, 재구매를 실행하게 하여 고정고객으로 유도할 수 있다.

3. 고정고객

고정고객(Fixed Customer)은 신규고객 중에서 2차 이상의 구매행동을 보이는 고객이며, 이들은 우호적인 감정이 어느 정도 생겼으며 안정화 단계에 접어들고 있는 고객이다. 이들 고정고객은 자신이 거래하는 기업에 대해서 신뢰감이 높아지고 있으므로 1인당 구매액이 증가하게 된다. 그러나 이들은 성숙단계에는 진입하지 못한 고객이므로, 향후에도 구매활동을 지속할지는 보장할 수 없다. 고정고객을 기존고객(Existing Customer)이라고도 한다.

기업은 고정고객에게 CRM 전략의 방법으로 상품판매 위주의 캠페인 접근으로는 부담을 느끼게 할 수 있다. 이들 고정고객에게는 행사성 이벤트, 전시장 초대, 서비스활동, 해피콜 등의 CRM 전략으로 정보제공 위주의 서비스전략으로 접근을 지속하면서 신뢰감을 형성해야 한다. 고정고객에게는 고객 개인별로 가질 수 있는 관심사, 취미활동 등에 관련한 정보를 제공하는 편이 부담감을 없애면서 관계를 발전시킬 수 있다.

그리고 쌍방향 커뮤니케이션을 활용하여 고객의 필요(Wants)와 욕구(Needs)를 파악하고 고객의 기대수준을 충족시킬 수 있도록 해야 한다.

다음의 〈사례 5.1〉은 귀농한 농부가 과수원 농사를 지으면서 고정고객을 확보하는 내용이다.

CRM Practice 5.1 "인터넷 접으라" 연매출 6000만원 사과 농부의 전략

"귀농하면 지역민들과 커뮤니티는 필수죠"

김해영(62) 씨는 5년 전인 2012년 은행에서 정년퇴직했다. 한 직장에서 30년 가까이 근무했고 은행 지점장을 끝으로 직장인의 삶을 끝냈다. 재취업이 가능할 수도 있었지만 앞서 퇴직한 선배를 보니 재취업에 성공해도 2~3년 이후에 또다시 직장을 나와야 했다. 그는 직장인의 삶을 늘리는 대신 귀농을 택했다. 언젠가 과수원을 갖고 싶다는 건 그의 오랜 꿈이기도 했다.

작물은 사과로 정했다. 문경이 사과로 유명하기도 했고, 그만큼 공급이 많기도 했지만, 수요도 있을 것으로 생각했다. 퇴직을 앞두고 틈틈이 문경시에서 운영하는 귀농기술센터 사과대학에서 사과에 대해 공부했다. 작물 재배에 대한 이해부터 판로 개척에 대한 노하우를 익혔다.

그는 귀농 첫해부터 본격적인 과수 농사에 들어갔다. '아름다운 고요리 아침사과'로 이름 짓고 농업경영체 등록을 했다. 그는 사과를 즙이나 잼 등의 형태로 가공하기보다 1차 농산물 그대로, 인터넷 판매 대신 직거래하는 방식을 택했다. 농업에서도 6차산업이라거나 블로그 등 각종 소셜네트워크서비스(SNS)를 활용한 인터넷 판매의 중요성이 강조되고 있지만, 오히려 옛날(?) 방식으로 승부를 봤다.

사과 농사 4년 차가 되던 시점부터 연 매출이 6000만원 내외로 올라섰다. 6년 차인 올해도 꾸준히 연 매출 6000만원 수준의 매출을 올리고 있다. 그는 인터넷을 통한 판매는 안 한다. 판로개척이 고민인 많은 농민이 인터넷으로 판로를 찾지만, 오히려 그는 인터넷 판매에 대한 환상을 접으라고 말한다.

"인터넷에서 키워드 광고나 파워링크 상단에 오르기 위해서는 매월 적잖은 돈을 광고비로 써야 해요. 문경에만도 사과 농가가 1800개에 달하고 전국적으로는 수만 가구에 이르는데 광고비를 무리하게 써가며 인터넷 판매를 통해 수익을 보기는 쉽지 않을 거라고 판단했습니다. 블로그나 페이스북 등의 SNS도 안 했다. SNS를 통해 판매하려면 꾸준함이 생명인데 자신이 없기도 했고요."

대신 고정고객을 확보하는 전략을 취했다. 처음에는 지인을 중심으로 알음알음으로 시작할 수밖에 없었다. 지인이기 때문에 한 번 사주고 말 수도 있기 때문에 이들을 고정고객으로 확보하기 위해 애썼다. 불특정 다수를 위해 인터넷 광고비를 수백만 원 쓰는 것보다 한 번 산 고객을 충성고객으로 만들기 위한 홍보비를 쓰기로 했다. 품질과 서비스에 만족한 충성고객들이 자연스럽게 재구매에 나서고 주변에 자연스레 입소문을 냈다. "일회성 고객보다는 꾸준한 고정 고객 500명을 확보하는 게 훨씬 더 중요하다는 걸 알게 됐죠."

(출처: 중앙일보, 2017. 12. 24., http://news.joins.com/article/22230121)

고정고객을 유지하는 데는 고객의 필요와 욕구를 분석하고, 고객을 점수화하며, 고객의 욕구에 적합한 고객별 맞춤정보를 제공하고, 고객 이탈을 방지해야 하는 등의 단계가 있으며, [그림 5-7]과 같다.

그림 5-7 고정고객 유지활동

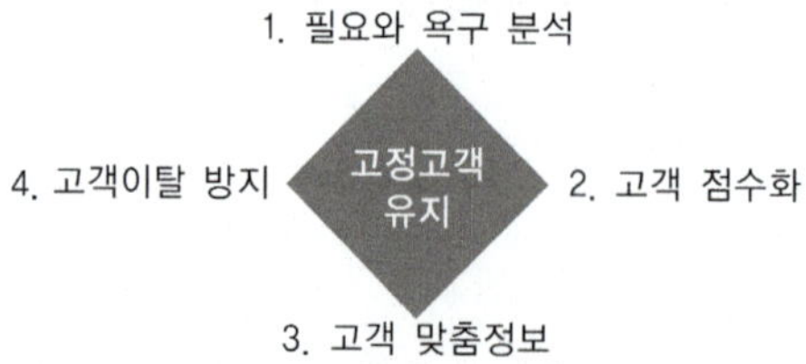

1) 고객의 필요와 욕구 분석

CRM의 중요한 활동 중의 하나로써 고객정보의 축적이 있다. 고객의 거래 및 행동과 관련하여 접촉했던 모든 정보는 CRM 시스템의 데이터베이스로 저장되고 축적된다. 이러한 축적된 고객정보를 바탕으로 고객의 필요와 욕구를 정확하게 분석할 수 있다.

고객의 욕구를 분석하는 이유로는 고객들이 가지고 있는 현재의 문제를 파악하고 해결방안을 제공함과 더불어서 미래의 고객행동을 예측할 수 있는 정보를 제공하기 때문이다.

2) 고객 점수화 및 평가

위에서 RFM세분화 과정에서 살펴본 바와 같이, 고객의 진화단계별로 고객의 점수가 다름을 알 수 있다. 고정고객의 경우는 대략 3점을 전후한 점수로 나타나게 되며 기업은 고정고객을 대상으로 특별하고 차별화된 고객 관계관리 전략을 실행하기에는 비용적인 측면에서 어려운 경우가 많다. 우수고객을 대상으로 집중적인 투자를 시행하기 위하여, 고정고객에게는 표준화되고 일률적인 고객서비스를 제공하게 된다. 고정고객 중에서 고객점수가 갑자기 하락하는 고객은 이탈가능성이 높으므로 별도로 관리할 필요가 있다. 이탈가능성이 있는 고객은 RFM점수가 2점을 전후로 낮게 나타나게 되며, 특히 최근성인 R점수와 구매빈번도인 F점수가 매우 낮은 점수를 보이고 있다. 고정고객 중에서 이탈가능성이 높은 고객을 선별하여 경쟁사로 가게 되는 것을 방지할 수 있는 맞춤형 고객서비스를 제공해야 하는 고객인지, 혹은 경쟁사로 이탈하도록 방치하는 편이 비용적인 측면에서 유리한 고객인지를 비교하여 의사결정을 해야 한다.

3) 고객 맞춤정보 제공

고객의 RFM점수화 결과를 통하여 고객 개인별로 맞춤형 전략을 실현할 수 있다. 이러한 고객맞춤전략은 CRM 활동을 통해서 고객정보를 개인별로 분석할 수 있기 때문에 가능하게 되었다. 고객맞춤전략이란 제품, 서비스상품, 컨텐츠 제공 등에 대하여 고객 개인별로 적절하게 맞추어 주는 개인별 고객화(Customization)를 의미하며, 고객 개인별로 원하는 필요와 욕구에 대한 정보를 사전에 제공하고 고정고객으로 지속할 수 있도록 한다.

4) 이탈방지와 고객 관계 유지

고객과의 관계를 유지한다는 의미는 이탈을 방지하고 고정고객화하는 것을 의미한다. CRM의 활동으로 고객의 필요와 욕구에 대해서 신속하게 대응할 수 있는 조직과 체제를 구축하고, 고객의 구매활동이 당분간 중단된 경우에도 기념일 행사 혹은 취미활동에 대한 이벤트 등의 활동을 통해 고객이 이탈하지 않도록 관계를 지속적으로 발전시켜야 한다.

4. 우량고객

우량고객(Excellent Customer)은 구매행동을 반복적으로 지속하는 고객이다. 이들 우량고객은 기업에 대한 매우 강력한 신뢰감을 가지고 있기 때문에 특별히 중대한 문제가 발생하지 않는 한 기업과 제품에 대해서 불리한 평가를 하지 않고 오히려 다른 불만고객들을 설득하기도 한다. 우량고객은 기업의 웬만한 잘못에 대해서는 앞장서서 변호하기도 한다. 신뢰감으로 유대관계를 형성하고 있기 때문에 기업의 잘못조차도 그만한 이유가 있었기 때문이라고 먼저 이해하기를 주저하지 않는다. 우량고객은 고객과 시장의 동향을 기업으로 전달하고 의견을 개진하며, 건의하기를 좋아한다. 그리고 기업의 신제품 등에 대한 뉴스나 정보를 입소문으로 전달하기를 즐겨한다. 이러한 우량고객은 기업의 이익에 기여도가 매우 높다.

기업은 이들 우량고객과의 관계를 지속적으로 강화해야 한다. 아무리 튼튼한 신뢰의 관계라 해도 무관심하게 방치해 두면 이탈고객이 될 가능성은 항상 존재하기 때문이다. 이들 우량고객에게는 기업의 고급정보나 신제품에 대한 상세한 정보를 먼저 알려서 그들로 하여금 정보를 전파할 수 있게 하면, 이들 우량고객은 자신들이 특별하고 차별화된 서비스를 제공받는 것으로 인식하게 된다.

〈사례 5.2〉는 전자회사에서 신제품인 스마트폰을 출시하면서 우량고객들을 대상으로 경쟁사 코앞에서 소개하는 내용이다.

CRM Practice 5.2 뉴욕 '애플 1호점' 코앞에서 노트8 공개한 삼성전자 …

"삼성의 '빅폰'이 돌아왔다"

23일 오전 11시(현지 시각) 미국 뉴욕 맨해튼의 파크 애비뉴 아모리(Park Avenue Armory). 유명 전시공간인 이곳에 세계 각국의 취재진과 애널리스트, IT업계 전문가 등 1500여 명이 운집했다. 입장을 위한 대기줄이 건물을 반 바퀴 감아 돌며 늘어섰다. 삼성전자의 새 전략 스마트폰 갤럭시노트8(노트8)이 세계 최초로 공개되는 모습을 보기 위해서다.

노트8은 지난해 배터리 발화(發火) 사고로 초유의 단종 사태를 맞았던 비운의 갤럭시노트7 후속작이다. 애플이 다음 달 초 아이폰 출시 10주년에 맞춰 선보이는 아이폰8과 '8 VS 8 대결'을 벌일 제품이다.

미국 뉴욕 맨해튼의 파크 애비뉴 아모리에서 열린 삼성전자 새 전략 스마트폰 갤럭시노트8의 언팩(공개 · Unpack) 행사. 대화면을 자랑하듯 대형 스크린을 통해 신제품을 소개하고 있다.

삼성전자는 노트8 언팩(Unpack · 공개) 행사장부터 '애플 1호점' 코앞에 잡았다. 파크 애비뉴 아모리는 2001년 애플이 맨해튼 5번가에 처음 개점한 애플 소매점 '애플스토어'에서 단 0.6마일(약 1㎞) 떨어진 곳에 있다. 맨해튼 애플스토어는 뉴욕 관광객이라면 한 번쯤 가보는 관광명소이기도 하다. 세계 스마트폰 시장에서 최고의 맞수인 아이폰8 출시가 임박한 가운데 애플을 향해 노골적으로 도전장을 내민 셈이다.

행사 시작과 함께 무대에 등장한 삼성전자 스마트폰 담당 사장(무선사업부장)은 먼저 "삼성전자의 어느 누구도 지난해 일어났던 일(노트7 발화 사태)을 잊지 않을 것"이라며 "소비자를 실망시키기도 했지만 갤럭시노트 우량고객이 분명히 있다는 점도 깨달을 수 있었다"며 소비자들에게 감사 인사를 했다. 이어 노트8을 들어 보인 고 사장은 "6.3인치 대화면 디스플레이로 멀티태스킹 기능이 강화됐고, S펜의 편의성을 대폭 끌어올렸다. 한층 강력해진 카메라도 탑재했다"며 신제품을 소개했다.

23일(현지시각) 미국 뉴욕 맨해튼의 파크 애비뉴 아모리에서 열린 삼성전자 새 전략 스마트폰 갤럭시노트8의 언팩(공개 · Unpack) 행사. 노트8는 역대 노트 시리즈 중 가장 큰 6.3인치 화면, GIF(움직이는 이미지) 파일 공유 기능을 추가한 S펜, 흔들림을 줄인 1200만 화소의 후면 듀얼 카메라를 장착했다.

저스틴 데니슨 삼성전자 북미법인 제품전략 담당 부사장은 아이폰7플러스를 들고 나와 카메라 성능을 직접 비교 시연하기도 했다. 노트8에는 세계 최초로 망원렌즈와 광각렌즈 2개 모두에 광학식 손떨림 방지(OIS) 기술을 적용해 움직이는 피사체나 달리는 차 안에서 포즈를 취한 사람 등을 찍을 때 아이폰보다 흔들림 없이 선명한 화질을 담아낼 수 있다고 강조했다.

외신들은 6.3인치 대화면과 듀얼카메라, S펜을 주목하며 호평을 내놨다. 월스트리트저널은 '삼성의 '빅폰'(big phone)이 돌아왔다'는 제목의 기사에서 "큰 화면을 원하는 소비자에게 갤럭시노트8을 이길만한 제품이 없다"고 극찬하며 "애플의 10주년 아이폰과 경쟁하게 될 것"이라고 평가했다.

(출처: 조선일보, 2017. 8. 24., http://news.chosun.com/site/data/html_dir/2017/08/24/2017082401206.html)

5. 로얄고객

우량고객 중에서도 최상위의 고객을 로열고객(Loyal Customer) 혹은 충성고객이라고도 한다. 충성고객은 기업이 특별한 사유가 없는 한 이탈 가능성이 거의 없는 충성도가 매우 높은 고객이다.

1) 로얄고객의 이익창출 사슬

로열고객은 기업에 대하여 전반적인 충성도가 매우 강하다. 로열고객은 기업에서 제공하는 상품, 서비스, 정보제공, 쌍방향 커뮤니케이션 등의 차별화된 로열프로그램을 통하여 만족감이 상승하게 되고, 이로 인해 로열티가 상승하게 되며 그 결과는 기업의 이익창출로 연결된다. 이러한 과정이 반복되면 로열고객은 지속적으로 유지되고 발전될 수 있으므로 기업의 이익창출 역시 반복적으로 지속될 수 있다.

[그림 5-8]은 로열고객의 이익창출을 개념적으로 설명하고 있는 로열고객의 만족과 이익창출에 관한 가치사슬(Value Chain)을 나타내고 있다.

그림 5-8 로얄고객의 가치사슬

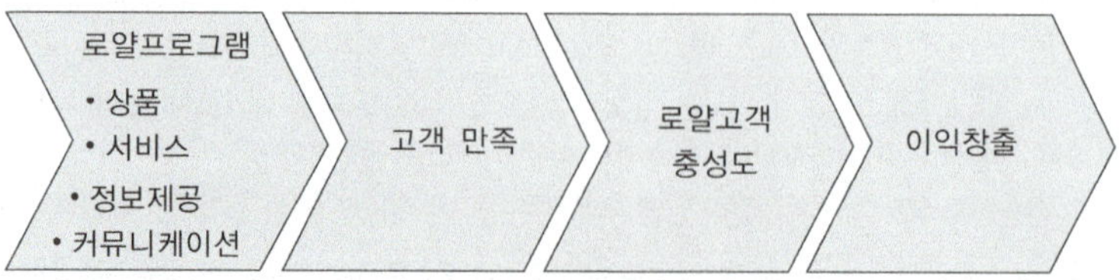

(1) 로열프로그램

로열프로그램(Loyal Program)은 기업이 로열고객을 대상으로 시행하는 고객과의 관계발전을 위한 다양한 프로그램이다. 상품, 서비스, 정보 등을 캠페인, 이벤트, 전시회, 신제품 발표회, 문화행사 등을 통하여 제공하며, 쌍방향 커뮤니케이션 등의 CRM 활동을 수행한다.

(2) 고객만족

고객만족(Customer Satisfaction)은 기업의 로열프로그램을 통하여 로열고객이 느끼는 감정이다. 만족이라는 수준은 개인마다 다르므로 일률적으로 표준화할 수 없다.

로열고객의 개인별 특성을 파악하여 적합한 로열프로그램을 시행함으로써 만족도를 향상시킬 수 있다.

(3) 충성도

충성도(Loyalty)는 고객이 기업의 전반적인 상황에 대하여 신뢰감이 상승했을 때 생기게 된다. 충성도는 기업에 대한 고객의 믿음이므로, 기업이 정하는 정책, 전략, 제품, 서비스, 정보 등의 모든 경영상황에 대하여 의심을 하지 않고 특별하고 차별화된 대우를 받는 것이 지속될 것이라는 신뢰가 쌓일 때 생기게 된다.

(4) 이익창출

로열고객의 이익창출(Profit Creation)은 기업경영의 원동력이 된다. 이익의 창출은 매출과 이익, 로열고객유지 등으로 나타난다.

2) 로얄고객의 특성

로열고객의 특성으로는 반복구매, 교차구매, 상승구매, 구전활동, 관대함 등이 있으며 [그림 5-9]와 같다.

그림 5-9 로얄고객의 특성

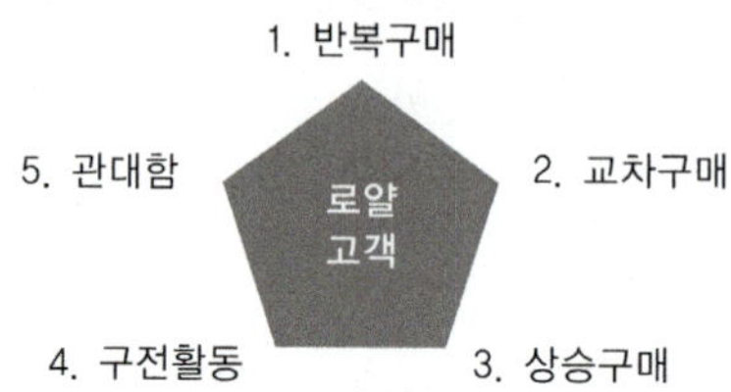

(1) 반복구매

반복구매(Repeated Purchasing)는 충성도가 높은 고객이 반복적인 구매행동을 지속하는 것을 의미한다. 비용의 증가 없이 재구매가 연속되므로 기업의 이익 기여가 매우 높다.

(2) 교차구매

교차구매(Cross Purchasing)는 현재 사용하고 있는 상품을 생산하는 기업의 다른 제품이나 서비스상품을 추가하여 구매하는 것이다. 한 가지 제품에 대한 충성스러운 신뢰를 가진 고객은 다른 제품에도 동일한 신뢰를 가지고 있기 때문이다. 고객은 현재 거래하고 있는 제품과 서비스 이외에도 기업과의 관계를 심화시키면서 다른 제품과 서비스를 다양하게 거래함으로써, 거래량과 거래시간을 늘려가려고 한다. 그리고 기업의 입장에서는 고객이 원하는 제품이나 서비스의 재고가 없을 경우에 가격과 성능이 유사한 상품으로 판매를 유도할 수 있다. 이러한 경우를 교차판매(Cross Selling)라고 한다.

(3) 상승구매

상승구매(Up Purchasing)는 현재 사용하고 있는 상품보다 높은 수준의 고급제품 또는 서비스를 구매하는 것이다. 처음 구매할 경우에 구입할 금액이 부족했지만, 현재는 재무적 요건이 양호해졌으므로 동일한 기업의 상위 제품 구입을 원하게 된다. 기업에서는 고객의 상승심리를 파악하고 고객이 원하는 제품이나 혹은 서비스와 유사한 상위 상품을 제안함으로써 고가격의 고급상품을 판매할 수 있도록 유도한다. 판매자의 입장에서 보면 상승판매(Up Selling)가 된다.

(4) 구전활동

구전활동(Mouth to Mouth Activities)은 로열고객의 입에서 입으로 전달되는 홍보활동이다. 구전활동은 고객 스스로 지인을 통해 소개하는 자발적인 활동이기 때문에 별도의 비용이 소요되지 않는다. 구전활동은 긍정적인 측면도 있지만 기업의 나쁜 소문이 빨리 전파되는 부정적인 측면도 주의해야 한다. 나쁜 소문의 전파속도는 좋은 소문의 전파속도보다 열 배가 빠르다고 한다.

(5) 관대함

관대함(Tolerance)은 기업이나 브랜드에 대한 애착심이 많아 생기는 마음의 현상이다. 관대함은 가격 상승까지도 충분하게 수용한다. 기업의 이익에 기여할 수 있는 원인이 되기도 한다.

3) 로얄고객전략

기업은 로열고객에게 개별적인 맞춤형 서비스를 제공해야 한다. 고객이 스스로 무엇이 필요한지를 인식하기 전에 고객이 필요로 하는 것을 먼저 제안해서 불편함을 해소시킬 수 있다. 특히 서비스관련 기업에서 고객 개인별 맞춤정보 및 서비스를 제공하면서 로열고객 스스로가 특별한 대우를 받고 있음을 인식할 수 있도록 해야 한다. 금융기관에서 개인은행과 같이 이용할 수 있는 느낌을 주고 있는 PB(Private Bank), 백화점과 같은 유통기업에서 VIP룸을 만들어서 가족들의 건강관리 등의 서비스를 제공하는 경우가 좋은 사례가 될 수 있다.

〈사례 5.3〉은 은행에서 시행하고 있는 MVP스타, 로얄스타, 골드스타, 프리미엄스타를 대상으로 우대서비스를 의 내용을 보여 주고 있다.

CRM Practice 5.3 KB금융, KB스타클럽제도 서비스 개편

KB금융그룹은 그룹 주거래 고객 우대서비스 제도인 'KB스타클럽제도'를 새롭게 개편한다고 10일 밝혔다. KB스타클럽제도는 KB금융그룹 내 은행, 증권, 손해보험, 카드, 생명보험 등 계열사 거래 실적을 합산해 MVP스타, 로얄스타, 골드스타, 프리미엄스타로 고객 등급을 선정하고 다양한 우대서비스를 제공하는 KB금융의 고객우대제도다.

이번 개편으로 대상 고객을 선정할 때 생활밀착형(은행의 급여이체, 주거래이체 등) 금융거래 배점을 강화해 실질적인 주거래 고객들이 더 많은 혜택을 받을 수 있게 됐다. 또, 모든 스타클럽 고객을 대상으로 하는 '패밀리

서비스', 최고등급 고객 대상 'MVP서비스', 계열사 복수거래 최고등급 고객 대상 '마에스트로서비스'등을 신설해 비금융 부문 혜택을 확대했다.

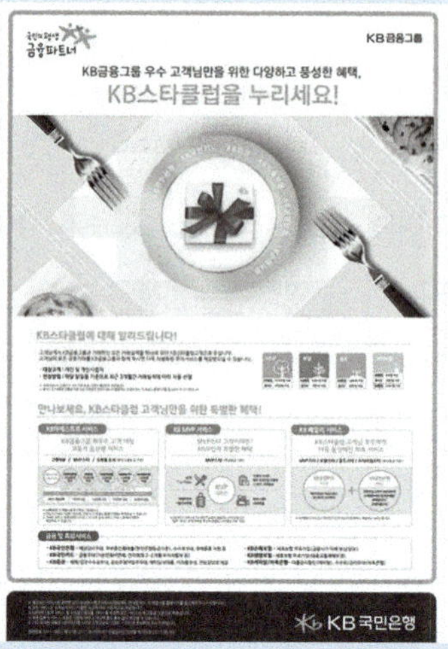

패밀리서비스는 KB금융을 거래하는 모든 고객이 한가족이라는 의미로, 스타클럽 고객이면 누구든지 프리미엄 레스토랑을 이용할 때 현장할인 받을 수 있는 파인다이닝 서비스를 누릴 수 있다. 도서요약본 제공서비스와 해외여행 패키지 추가 할인 서비스도 받을 수 있다.

MVP서비스는 80만명의 MVP스타 고객을 대상으로 생활 전반에 걸친 프리미엄 라이프 서비스를 제공한다. VIPS 1인 샐러드바 무료 이용권과 11번가 전용 쿠폰팩이 제공되고 온라인 식품몰 마켓컬리의 WHITE등급(3% 할인) 승급도 이뤄진다. 아울러 롯데시네마, 대명리조트 등에서 서비스를 제공하며 해외의료지원이 포함된 프리미엄 컨시어지 서비스 등도 검토되고 있다.

마에스트로서비스는 은행, 증권, 손해보험, 카드, 생명보험 중 2개 이상의 계열사에서 최고등급(MVP스타)으로 선정된 고객을 대상으로 제공되는 신규 서비스로 선정된 계열사 수에 따라 10만~500만원 상당의 호텔 연간 회원권, 백화점상품권, 리브메이트 포인트리 등 차별적인 옵션형 서비스를 제공받을 수 있다.

(출처: 중앙일보, 2017. 7. 10., http://biz.chosun.com/site/data/html_dir/2017/07/10/2017071000513.html)

4) 로얄프로그램의 목적 및 기대효과

로열고객을 대상으로 시행하는 프로그램은 목적이 매우 정밀하고 명확해야 한다. 로열고객은 구매력이 높으며 구매활동 역시 매우 활발하지만, 충동구매와 같은 무계획적 구매를 하지 않는다. 로열고객은 제품과 서비스의 가격이 저렴하다는 이유로 구입하지 않지만 제품과 서비스 수준이 높다고 해서 무조건 고가격으로 구입하지도 않는다. 로열고객을 대상으로 하는 로열프로그램은 고객 개인별로 선호하는 제품과 서비스상품에 대한 명확한 프로그램을 고급스럽게 차별화해서 특별하게 시행해야 한다.

로열고객을 대상으로 한 VIP프로그램은 먼저 목적을 명확하게 한 다음에 시행해야 적중률을 높일 수 있다. VIP고객 또는 로열고객 프로그램의 기대효과로는 로열고객가치 정밀화, 로열티(Loyalty) 향상, 이탈고객 방지, 고객점유율 증대, 추가구매 지속, 이익창출 등이 있으며, [그림 5-10]과 같다.

그림 5-10 로얄프로그램의 기대효과

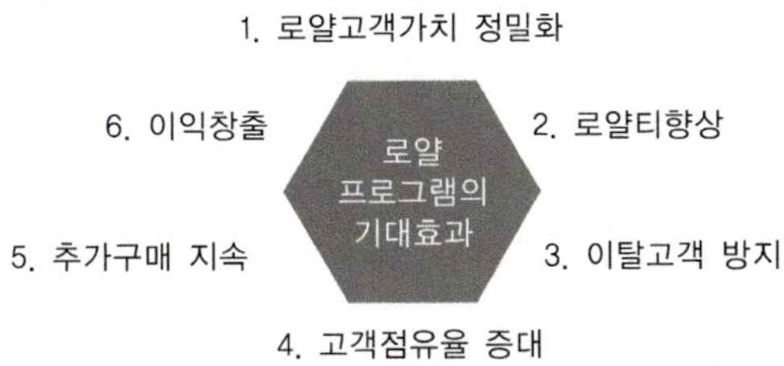

(1) 로열고객가치 정밀화

로열고객집단 내에서도 다양한 고객이 존재한다. 따라서 로열고객의 이질성을 파악하여 정밀하게 세분화를 해야 한다. 로열프로그램을 수행하면 고객의 다양한 구매행동패턴에 대한 정보를 용이하게 수집할 수 있고, 로열고객집단의 정밀한 세분화를 통하여 고객별로 적합한 맞춤서비스, 맞춤상품, 맞춤가치를 제공함으로써 경쟁사보다 우월적 지위를 가질 수 있다. 기업은 로열고객관리 프로그램을 통하여 로열고객가치의 정밀화를 기대한다.

(2) 로열티(Loyalty) 향상

고객은 상품에 대한 가격, 편익, 관여도 등의 요인에 따라 반복구매를 지속하게 된다. 기업은 로열프로그램에 의해서 로열고객에게 차별화된 특별한 서비스를 제공함으로써, 로열고객의 로열티가 지속적으로 발전할 수 있기를 기대한다.

(3) 이탈고객 방지

기업은 로열고객이 경쟁사로 이탈하는 행동을 방지하기 위한 노력으로 CRM 전략을 실행해야 한다. 로열고객의 LTV는 매우 높으므로 로열고객이 이탈하게 되는 경우는 고정고객이 이탈하게 되는 경우와는 전혀 다르다. 기업은 로열고객이 이탈하지 않도록 이탈장벽을 형성하는 프로그램을 지속해야 한다. 예를 들면, 거래규모에 따른 포인트는 이탈을 방지할 수 있는 심리적인 장벽이 될 수 있다. 특히 서비스산업 중에서 이동통신서비스, 케이블 TV, 초고속인터넷 서비스 등의 통신산업은 이탈장벽을 형성하기 용이한 산업들이다.

(4) 고객점유율 증대

기업은 로열고객의 이탈방지에 대한 기대효과와 동시에 고객이 동일한 기업의 제품이나 서비스의 구매행동을 지속할 수 있기를 기대한다. 즉, 기업은 로열고객의 지속적인 확대로 고객점유율이 증대될 것을 기대한다. 로열티의 증가로 인하여 재구매를 증대시키기 위해서는 무엇보다도 로열고객의 확대를 통한 고객점유율의 상승이 효과적이기 때문이다.

(5) 추가구매 지속

추가구매행동은 재구매행동과는 약간의 차이가 있다. 추가구매는 교차판매 혹은 상승판매를 통한 재구매활동의 증가와는 다소 다른 의미이다. 유사한 제품이나 서비스상품에 대한 고객의 수요를 추가하는 의미이다. 고객으로 하여금 추가구매행동을 유발시키는 데 용이한 상품으로는 무엇보다도 유연성이 있는 제품과 서비스이어야 한다.

예를 들면 커피전문점의 경우에는 소비의 유연성이 매우 크다. 커피를 주문한 경우에 유사한 수준에 해당되는 식음료를 제안하면 교차판매이고, 더욱 고급커피를 제안하면 상승판매가 되며, 커피를 판매하고 또 다른 차를 판매하면 추가판매가 된다. 다른 예를 들면, 어떤 남성고객이 백화점에서 신사복을 구입할 경우에 외투를 추가로 판매할 수 있을 것이다. 기업은 로열고객이 추가적인 구매행동을 지속하기를 기대하면서 로열프로그램을 수행한다. 그러나 초고속인터넷 서비스와 같은 유틸리티 서비스(Utility Service) 상품의 경우에는 유연성이 거의 없으므로 추가로 구매할 상품이 크게 없다.

(6) 효율적/효과적 이익창출

로열고객은 반복적 구매활동을 지속한다. 기업은 신규고객에게 고객확보비용을 지불하는 것보다 반복적 구매를 지속하는 고객에게 훨씬 적은 고객관리비용을 지불한다. 기업은 동일한 성과를 달성하는 데 적은 비용의 지불을 원하며, 로열고객이 반복적 구매행동을 지속하게 하여 효율적인 이익의 창출을 원한다. 로열고객은 장기적으로 구매활동을 지속하며 구매금액의 확대를 통하여 기업의 이익에 기여한다. 반면 기업은 로열고객에게 특별한 프로그램을 시행하여 더욱 발전된 장기적인 관계를 기대하며 동일한 고객관리비용을 지불하면서도 더욱 많은 성과를 기대하고 로열고객의 로열티를 더욱 확대하여 효과적인 이익의 창출을 원한다.

6. 고객소멸

고객소멸은 기업에게 가치를 제공할 수 있는 능력, 환경, 조건들이 소멸되는 고객을 의미하며, 고객의 경제력이 소멸하게 되는 경제력 감소고객, 경쟁사로 이탈하게 되는 이탈고객, 잠정적으로 구매활동을 중단하고 있는 휴면고객 등이 있다.

[그림 5-11]은 고객소멸에 해당하는 고객을 나타내고 있다.

그림 5-11 고객소멸의 고객

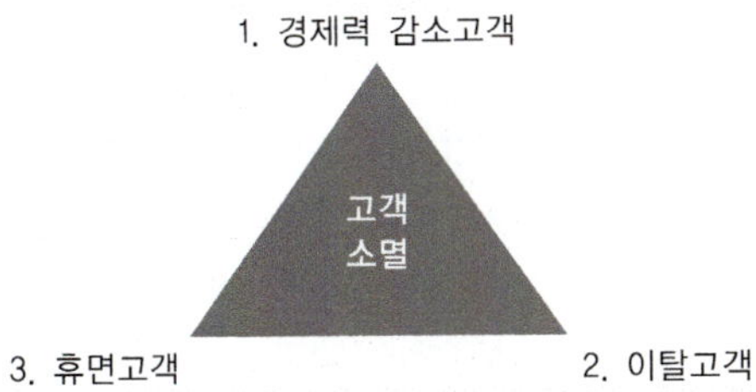

1) 경제력 감소고객

고객은 사람이다. 고객의 진화과정의 마지막 단계는 로열고객이다. 경제력이 가장 왕성하기 직전에 LTV가 최고점을 보이며, 이후에는 경제력이 감소하게 되는 고객을 경제력 감소고객이라고 부른다. 모든 고객은 어느 순간에는 경제력이 전혀 없어지는 시점이 있게 된다. 고객의 경제력이 소멸되는 시점이 고객소멸 시점이 된다. 경제력 소멸은 자연스러운 현상이므로 기업에서는 특별한 고객관리가 필요없지만, 가족이나 주위의 지인들에게 미치는 영향을 고려하여 로열고객에게 제공하던 맞춤서비스는 경제력 소멸의 시점까지 멈추어서는 안 된다.

2) 이탈고객

이탈고객(Defected Customer)은 더는 자사의 제품이나 서비스를 구매하지 않는 고객을 의미한다. 기업마다 이탈의 의미가 다르다. 이탈고객으로 분류하기 위해서는 이탈의 기준을 명확하게 하는 것이 필요하다. 현재 이탈고객에 대한 중요성이 높아지고 있는데, 로열고객을 포함한 우량고객이 이탈하는 것을 방지해야 하고, 기존의 고객이 이탈하지 않도록 미리 예방할 수 있는 CRM 전략을 수립하고 시행해야 한다. 이탈의 원인에는 서비스, 제품, 정보제공 등에 대한 불만족이 있는데, 고객의 불만족으로 인한 이탈에 대해서는 불만족의 원인을 해결해 주면 바로 재확보할 가능성이 크다. 그러나 이탈의 원인이 개인 신상의 변화로 인한 것이었다면, 재확보가 거의 어렵다. 고객의 개인적 사정으로 인한 이탈에 대해서는 적극적인 CRM 전략을 수립하지 않는 것도 비용 낭비를 방지할 수 있으므로 유익한 방법이 될 수 있다.

〈사례 5.4〉는 통신요금이 인하되자 저렴한 가격의 알뜰폰의 고객이 이탕하는 내용을 보여 주고 있다.

CRM Practice 5.4 통신요금 인하 직격탄 … 알뜰폰 죽을 맛

대형 마트 홈플러스가 이달 말로 알뜰폰 사업을 종료하겠다고 밝히면서, 알뜰폰 업계에 위기감이 감돌고 있다. 2011년 도입 이후 40여 개 군소 업체가 난립한 상황에서 정부 주도의 통신요금 인하 후폭풍까지 겹쳐 경영난이 가중되고 있다. 알뜰폰은 현재 700만명이 넘는 가입자를 끌어 모았지만 누적 적자가 무려 3200억원대에 달한다.

최근에는 알뜰폰과 대형 통신 업체의 요금 격차가 좁혀지면서 알뜰폰에서 통신 3사로 되돌아가는 고객 이탈도 심화되고 있다. 알뜰 휴대전화는 대형 이통사의 통신망(網)을 도매로 빌려 고객에게 기존 통신 업체 대비 30%가량 저렴한 서비스를 제공하겠다고 출범했지만 가격 메리트가 갈수록 악화하고 있다. 한국 알뜰 통신사업자협회 관계자는 "엎친 데 덮친 격으로 알뜰폰이 통신 3사에 내는 통신망 사용료 인하 폭도 당초 기대에 못 미쳤다"며 "내년에도 각종 요금 인하 정책이 줄줄이 대기하고 있어 알뜰폰 업체들이 통신 3사보다 눈에 띄게 싼 요금제를 내놓기 힘든 게 사실"이라고 말했다.

◇수익성 악화에 홈플러스 철수

홈플러스는 지난 2013년 KT와 LG유플러스 통신망을 빌려 알뜰폰 사업을 시작했다. 전국 140여 개 마트에 알뜰폰 판매점을 속속 도입하면서 2014년 한때 가입자 2만명을 넘어서기도 했다. 하지만 사업 환경 악화로 지난해 6월부터 가입자를 받지 않고 사업 철수 수순을 밟았다. 그런 과정에서 통신요금 인하 정책이 잇따라 도입되자, 사업 철수를 서두른 것으로 보인다. 홈플러스 관계자는 "이달 말 서비스를 종료한 뒤 현재 4000여 명의 가입자들은 다른 알뜰폰 업체로 옮겨 가도록 조치할 계획"이라고 말했다.

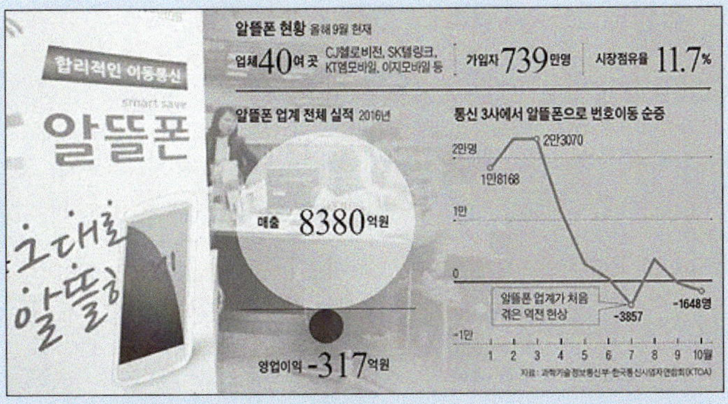

문제는 알뜰폰 업체의 경영난이 갈수록 확산할 조짐을 보이고 있다는 것이다. 예컨대 지난 1분기에는 통신 3사에서 알뜰폰으로 옮겨간 고객이 2만명 이상이었지만, 지난 7월에는 알뜰폰 업체들이 통신 3사에 가입자를 뺏기는 역전(逆轉) 현상이 나타났다. 이후 8월 반짝 회복세를 보였지만 9·10월 잇따라 가입자를 통신 3사에 빼앗겼다. 통신 3사가 통신요금 인하에 따른 손실을 만회하기 위해 적극적인 고객 유치에 나서자 알뜰폰 업체들이 직격탄을 맞은 것이다.

(출처: 중앙일보, 2017. 11. 15., http://biz.chosun.com/site/data/html_dir/2017/11/14/2017111403689.html)

3) 휴면고객

휴면고객(Inactive Customer)은 구매활동을 일시적으로 중단한 고객이다. 해외여행으로 잠시 휴면하는 고객도 있지만, 장기간 휴면하는 고객은 이탈상태인지 휴면상태인지 판단이 어려운 경우도 빈번하게 발생한다. 기업은 이탈고객과 휴면고객을 파악하기 위해서 쌍방향 커뮤니케이션 활동을 지속해야 하며, 휴면고객에게 빠른 시일 이내에 구매활동이 지속될 수 있도록 기업과 제품에 관련한 정보를 계속 제공해야 한다.

7. 고객전환전략

고객전환(Customer Migration)전략은 어떤 특정한 고객의 활동 분야를 더욱 가치있는 고객층으로 이동시키는 전략을 의미한다.

1) 재무가치와 접점빈번도 매트릭스 전략

고객은 재무가치 측면과 접점빈번도 측면의 매트릭스를 구성할 수 있고, 이에 따라 4가지의 고객전환을 생각할 수 있다. 재무가치와 참여도 모두 높은 우량고객, 참여도는 낮지만 재무가치가 높은 가치고객, 재무가치는 낮지만 참여도가 높은 지지고객, 그리고 재무가치와 참여도 모두 낮은 휴면고객으로 구분할 수 있다.

기업은 구매활동을 중단한 휴면고객을 가치를 창출할 수 있는 고객 혹은 기업의 활동에 적극적으로 참여할 수 있는 지지고객으로 전환시키는 CRM 전략을 수행할 수 있어야 한다. 그리고 가치고객을 우량고객으로 전환하기 위해서는 고객참여유도전략을, 지지고객을 우량고객으로 전환하기 위해서는 고객가치 부가전략을 시행하면 효과적이다. 고객참여 유도전략은 고정고객의 고객가치는 매우 좋지만 고객 접점에서의 접촉빈번도가 낮은 고객이므로 고객과의 쌍방향 커뮤니케이션 등의 접점활동을 강화하는 전략이 효과적이고, 고객가치 부가전략은 직접적인 판매캠페인 전략을 활용하면 효과적이다.

[그림 5-12]는 고객의 재무가치와 접점빈번도에서의 고객전환전략에 대한 매트릭스분석의 모형이다.

그림 5-12 고객전환(가치–접점) 매트릭스전략

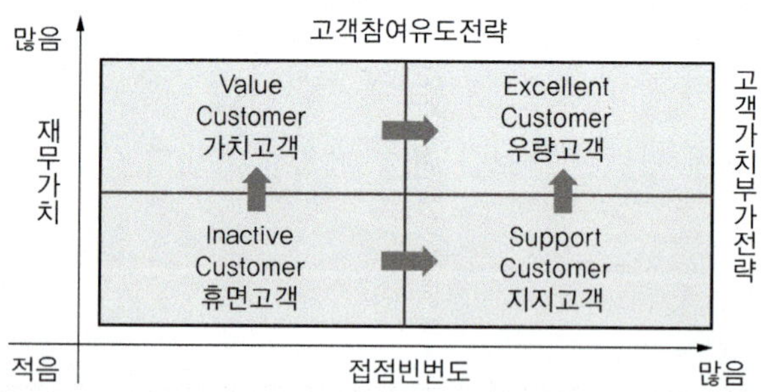

2) 현재가치와 잠재가치 매트릭스 전략

고객전환전략에서 현재가치와 미래가치의 매트릭스를 분석하여 고객을 평생고객(Lifelong Customer)으로 발전시킬 수 있는 CRM 전략을 실행할 수 있다. 현재가치가 높지만 잠재가치가 낮은 고객에게는 미래의 잠재력을 자극할 수 있도록 간접적인 마케팅방법을 활용하여 평생고객으로 전환할 수 있는 고객유지전략을 활용하는 것이 효과적이다. 이러한 고객은 고정고객집단에 많이 분포하고 있다. 현재가치는 낮지만 잠재가치가 높은 고객에게는 현재 구매력을 활성화시킬 수 있는 고객활성화전략을 시행하면 효과적이며, 이러한 고객은 신규 고객의 특성과 많이 중복된다.

고객활성화전략은 직접적인 마케팅활동으로 평생고객으로 전환할 수 있다. 직접적인 마케팅방법은 제품과 서비스상품의 판매에 관련된 정보를 제공하여 판매활동에 직접적으로 영향을 미칠 수 있는 캠페인전략 등의 CRM 전략이 필요하다. 직접적인 캠페인활동의 실행 방법으로는 교차판매 및 상승판매에 적합한 고객을 대상으로 관련 상품에 대한 판매정보를 제공할 수 있다. 현재가치를 상승시키기 위한 직접적인 판매캠페인을 시행하는 데 적합한 고객을 검색할 수 있는 방법으로 RFM전략과 LTV전략을 혼용한 RFM-LTV전략을 활용해도 좋을 것이다.

좀 더 구체적으로 살펴보면, 먼저 고객정보마트에 있는 RFM분석결과 R과 F점수가 높은 고객들 중에서 상위고객을 선택하고 제품특성에 적합한 LTV전략을 혼합하면, 매우 적중률이 높은 정밀한 고객집단을 선택할 수 있다. 그리고 고객유지전략에 효과적인 간접적인 마케팅방법은 기업이미지 혹은 상품에 관련된 브랜드이미지 제고를 위한 이벤트 및 행사 참여 초청, 전시회 초청 등의 CRM 전략이 유용하다.

[그림 5-13]은 현재가치와 잠재가치를 두 개의 축으로 분석한 매트릭스 전략이다.

그림 5-13 고객전환(현재가치–잠재가치) 매트릭스전략

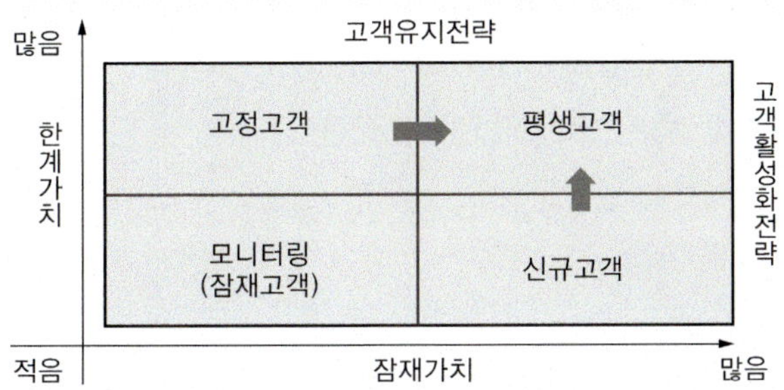

제4절 LTV세분화 분석

1. LTV의 의미

기업의 측면에서 바라본 고객의 생애가치(LTV, Lifetime Value)는 고객이 자사에게 생애에 걸쳐서 기여하게 될 이익을 현재가치로 환산한 기여예상 금액을 의미한다.

LTV는 과거에 이익을 기여한 부분보다는 미래의 일정한 기간에 기여할 수 있는 재무적 가치를 현재가치로 환산한 가치이다. 고객의 LTV는 CRM 전략을 수행하는 측면에서 기업이 고객의 미래가치를 중요하게 취급해야 할 세분화 기준이다.

자동차를 생산하는 제조기업의 입장에서 고객의 LTV를 비교해 보면 쉽게 알 수 있다. 기존의 고객을 대상으로 혁신적인 신제품 자동차를 확산시키기 위한 CRM 전략을 수립할 경우를 가정해 보면, 구매한 고객과 아직 구매하지 않은 고객의 LTV는 아직 구매하지 않은 고객의 LTV가 더 많음을 알 수 있다. 여기서 중요한 것은 구매하지 않은 고객의 LTV가 더 크다고 해서 아예 거래가 없는 경쟁사 고객의 LTV가 더 크다고 할 수는 없다. LTV를 비교할 경우에는 반드시 자사에서 고객 관계를 관리하고 있는 기존 고객의 범위 내에서 LTV를 산정해야 한다.

고객의 LTV는 기업의 고객으로 지속하는 전체 기간에 기업의 이익에 기여할 것으로 예상되는 미래가치의 총합이다. 기업이 보유하고 있는 모든 고객의 미래가치의 총합을 현재가치로 환산한 금액을 고객 자본으로 평가하기도 한다.

2. LTV의 중요성

고객의 LTV는 기업 측면에서 바라본 개념이다. 많은 기업이 신규고객을 많이 확보하기 위한 노력을 하고 있는데, 신규고객을 확보하기 위해서는 큰 비용이 소요된다. 기존고객으로부터 이익을 확대하는 데 소요되는 비용과 비교하면, 신규고객으로부터 이익을 창출하는 데 소요되는 비용이 기존고객의 경우보다 10배가량이 소요된다고 한다. 기존고객의 LTV를 분석하고, 이에 대응하는 CRM 전략을 시행하면 신규고객을 대상으로 마케팅활동을 전개하는 것보다 훨씬 적은 비용으로 더 큰 효과를 기대할 수 있다.

고객의 LTV를 분석하여 세분화한 고객을 대상으로 CRM 전략을 수행하는 것은 세분화된 고객들 중에서 LTV가 높은 고객을 선별해서 관계발전을 위한 쌍방향 커뮤니케이션 활동을 집중해야 한다는 것을 의미한다. 기업의 경영활동에는 선택과 집중이 필요하다. 기업은 관리해야 할 고객이 너무 많아 고객 전체를 대상으로 관계를 발전시키는데 너무 많은 비용이 소요되기 때문에 LTV가 높은 고객을 선택해서 집중적인 투자를 해야 한다. LTV가 높은 고객을 선택하여 집중적인 CRM 전략을 시행하면 적은 비용으로 미래의 고객을 미리 확보할 수 있다. 기업의 이익에 기여하고 있는 고객은 그렇게 많지 않다. 8:2의 법칙인 파레토의 법칙이 LTV세분화 방법에도 적용되고 있다. LTV가 높은 상위 20%의 고객이 기업 전체 이익의 80%를 기여하고 있다.

3. LTV의 측정

고객의 LTV를 측정하는 방법은 비교적 간단하다. 고객의 미래가치를 정확하게 계산하는 것은 애당초 불가능한데, 기업의 CRM 활동에 따라서 고객의 가치가 변동되기 때문이다. 그러나 CRM 전략의 기본은 고객의 과거 행동을 관리하는 것이다. 고객의 과거 행동으로 미래의 가치를 점수화하는 것이 고객가치의 점수이다. 고객가치의 점수를 고객의 생애주기인 연령대와 비교하여 LTV를 간단하게 계산할 수 있다. 고객의 LTV는 '과거의 평균구매액×거래가능기간' 등의 방법으로 계산할 수 있다. 이러한 방법은 거래가능기간이 짧으면 적중도가 높겠지만 거래가능기간이 평생으로 길면 연령이 오래될수록 구매력이 하향되는 경향을 적용하면 된다. 그러나 이렇게 나온 LTV의 결과는 현재까지의 거래를 미래로 연장하여 계산한 단순결과이므로 CRM 전략을 어떻게 실행하느냐에 따라서 고객의 실제 LTV는 증감의 폭이 매우 크게 변화될 수 있다.

기업이 고객의 LTV를 측정하는 이유는 고객의 LTV에 맞추어 기업의 제한된 자원을 효율적이고 효과적으로 활용하기 위해서이다. 고객의 LTV를 산정하는 데 미치는 영향요인들에 대한 함수관계를 간단하게 표시하면 다음과 같이 된다.

고객LTV = f(수익, 비용, 잔존 가능성, 이자율, 유지 기간, CRM 활동, 등)

4. LTV세분화

기업에서 보유하고 있는 고객의 LTV를 분석한 결과에 대한 분포도를 활용하여 고객을 등급별로 분류하고 RFM세분화 방법을 혼용하여 세부적인 CRM 전략을 수행할 수 있다. 고객등급은 초우량고객, 우수고객, 일반고객, 불량고객 등으로 분류할 수 있다.

LTV에 의한 단순한 고객분류로만 마케팅전략을 시행하면 기업의 경영에 큰 도움이 되지 못할 수 있다. LTV분류방법으로 고객을 분류한 다음에는 고객등급별로 적합한 기업의 정보나 혹은 관련 제품 등의 요인들을 복합적으로 고려한 다음에, 고객과의 관계를 발전시킬 수 있도록 구체적으로 활동해야 한다.

고객의 진화과정에 따른 고객의 거래빈도를 보면 고정고객일 경우의 거래빈도가 가장 높으며, 초우량고객이라고 해서 반드시 기업과의 거래빈도나 접촉빈도수가 많은 것은 아니다. 오히려 기업이 중요시하는 우수고객과 로열고객은 거래횟수가 적으면서도 거래금액은 상위에 위치하고 있다. LTV가 높은 고객 역시 로열고객이 될 가능성이 크지만 거래빈도가 높아야 되는 의미는 아니므로, 고객이 궁금해할 것으로 예상되는 기업과 제품에 관련한 고급정보를 지속적으로 제공하게 되면 매우 효과적이다. [그림 5-14]는 고객의 거래빈도별로 LTV를 분석한 내용이다.

그림 5-14 고객LTV별 거래빈도

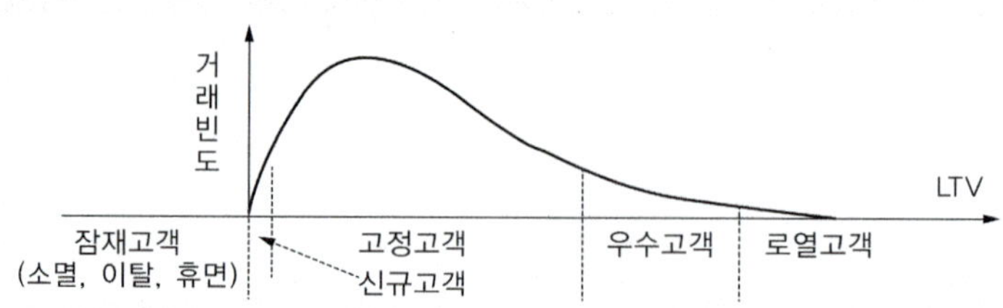

출처: 이훈영, 마케팅, 도서출판청람, p618, 2011

5. 혼합 LTV 전략

고객별 LTV를 활용해서 고객등급별로 고객의 부가정보를 활용하여 세분화할 수 있다. 부가정보에는 신상정보, 사회적 지위, 거래정보, 자산정보, 접점접촉정보 등이 있다. 부가정보는 기업의 특성에 따라서 선택적으로 활용하면 된다. 세분화된 고객을 대상으로 기업의 특성에 적합한 CRM 전략을 수립하고 활용한다면 고객과의 관계가 좀 더 손쉽게 발전될 수 있다.

그리고 LTV세분화 방법의 경우에도 CRM 시스템의 데이터웨어하우스와 고객정보마트의 고객정보를 활용하여 쉽게 세분화할 수 있다. 서비스기업 등에서 고객의 LTV를 기준으로 분류한 등급별 고객을 부가정보를 혼합하여 〈표 5-4〉와 같이 정밀하게 세분화할 수 있다.

〈표 5-4〉 LTV 세분화 리스트 사례

부가정보		업체명	일반고객	우수고객	초우량고객
신상정보	취미 습관 기호음식				
사회적지위	회사원 공무원 교사 학생				
거래정보	명품(의류 등) 전자제품 생활용품				
자산정보	아파트형태 거주지역 자동차브랜드 예금액				
접점정보	불만의견 건의.요구사항				

LTV를 활용하여 고객과의 관계를 제고할 수 있으며, 기업의 가치를 향상시킬 수 있다. 또한 정밀하게 세분화된 고객을 대상으로 고객등급별 차별화 전략을 활용할 수 있다.

우량고객과 로열고객을 대상으로 차별화된 고객전용의 VIP룸 제공, PB(Private Bank)서비스, 특별 고급행사 초대 등 차별화된 프리미엄 서비스를 제공하여 고객의 충성도를 지속적으로 향상시킬 수 있는 전략을 시행해야 할 것이다. 우수고객을 선택해서 집중적인 투자를 함으로써, 이익의 최대화를 기대할 수 있다. 즉, 상위 고객 20%가 전체 이익의 80%를 기여하고 있다는 파레토법칙이 적용되고 있다.

반면에 불량고객은 과감하게 버릴 줄 알아야 한다. 불량고객은 관리를 하든 하지 않든 비용이 많이 소요되고 기업의 이익에 기여하지 않는다. 오히려 마이너스 이익을 기여하는 경우가 더 많을 수 있다. 불량고객에 대해서는 비용을 투입해서 우수고객으로 만들기 위한 노력보다는 디마케팅(Demarketing)의 방법을 활용해서 경쟁사로의 이탈을 유도하는 것도 좋은 방법이 될 수 있다.

일반고객은 직접적으로 기업의 이익에 기여하는 부분이 크지는 않지만, 기업의 기본적인 경영활동에 필수적인 기본 거래를 담당하고 있다. 그러나 일반고객에게까지 고객 관계관리를 하는 데는 막대한 비용이 소요되기 때문에 오히려 역효과가 나타나게 된다. 일반고객은 일반적이고 공통적인 마케팅전략인 표준화된 마케팅방법을 적용해도 무난하다. 일반고객을 우수고객으로 향상시키기 위하여 차별화된 전략을 수립하는데 너무 많은 비용이 소요되므로, 관망하는 태도를 견지하면서 최소한의 고객대응으로 고객 관계를 유지하는 전략이 유용하다.

제5절 라이프스타일 세분화 분석

사람은 누구나 태어나 한평생을 살아가면서 고통의 과정을 경험하게 된다. 학력, 경험, 환경, 직업 등 많은 부분이 다르지만, 연령의 변화에 따른 스타일은 대부분 유사하다. 이러한 연령에 따른 상황의 변화가 고객의 구매패턴에 미치는 영향은 거의 절대적이다. 따라서 고객의 라이프스타일별로 세분화하여 CRM 전략을 수립하고 실행하면 고객과의 관계는 더욱 발전할 수 있다.

1. 고객의 특성요인

1) 고객의 개성

고객의 개성은 기업 등의 비즈니스에 관련된 외부환경으로부터 받는 자극에 대하여 일관된 형태로 반응을 나타내는 심리적 특성이다. 이러한 고객의 특성은 고객의 행동을 예측하는 데 도움을 주기도 한다. 고객 개인이 가지고 있는 개성은 일관되고 지속적이긴 하지만, 어떤 큰 변화의 계기가 있거나 연령이 많아짐에 따라 바뀌기도 한다.

2) 라이프스타일

고객의 라이프스타일(Life Style)은 나이, 성별, 직업 등 고객 개인에 대한 프로필을 나타내고 있다. 라이프스타일을 측정하는 도구로는 AIO(Attitude, Interest, Opinion)가 사용된다. AIO는 고객이 주로 어떤 태도로 활동을 하고, 흥미있는 관심분야는 무엇이며, 기업에 대해서 어떤 생각을 하는지에 대해서 파악하고 분석하는 도구이다.

라이프스타일은 시간의 경과에 따라서 필연적으로 변화한다. 사람은 연령이 많아짐에 따라 상황이 변하게 되고, 변화된 상황은 고객의 라이프스타일에 많은 영향을 미치게 된다. 20대 후반 남성의 라이프스타일에 대한 예를 들면 대체로 성공지향형, 패션추구형, 레저영위형 등으로 분류될 수 있다. 이들은 각각의 특성에 적합한 독특한 생활형태를 가지고 특별한 방법으로 소비생활을 하고 있다. 기업 측에서는 이러한 유형의 젊은 고객을 대상으로 차별화된 CRM 전략을 수행할 수 있다.

2. 라이프스타일의 상황요인

사람은 한평생을 살아가면서 라이프스타일의 변화를 겪게 된다. 라이프스타일의 상황요인은 특정한 시간과 장소에서 발생하는 일시적인 상황이 고객의 행동에 영향을 미치는 요인을 말한다. 고객의 라이프스타일에 대한 상황요인의 예를 보면, 소비상황, 구매상황, 커뮤니케이션 상황 등이 있으며 [그림 5-15]와 같다.

그림 5-15 라이프스타일의 상황요인

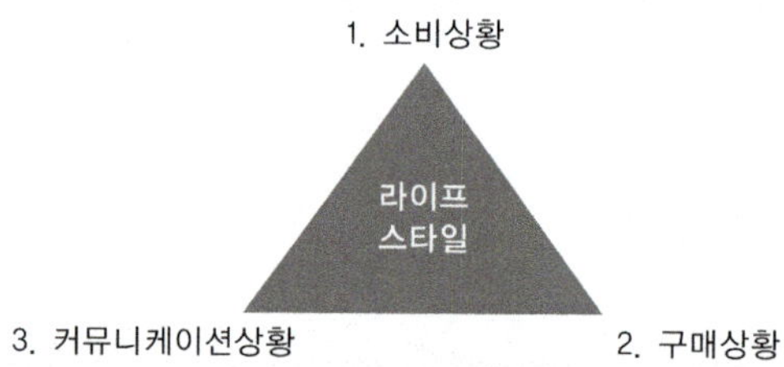

1) 소비상황

소비상황은 동일한 제품을 구입하는 경우에도 상황에 따라 변할 수 있도록 구매행동에 영향을 미치는 상황이다. 고객은 상품의 소비상황에 따라 다른 형태의 의사결정과 구매행동을 보인다. 예를 들면 평상시에는 값싼 맥주를 좋아하지만, 휴가지에서 값비싼 고급 맥주를 마시는 경우에는 휴가지라는 환경이 고급맥주를 마실 수 있도록 영향을 미친다고 할 수 있다.

〈사례 5.5〉는 싱글족이 확대되는 상황에 맞추어 전자제품 기업이 1인용 전자제품을 개발하고 공급하고 있는 내용이다.

CRM Practice 5.5 혼밥·혼술 맞춤형 가전… 싱글라이프 더 우아해진다

◇ 1인가구용 가전 제안하는 삼성전자

1인 가구가 점점 더 증가하는 한편 셀프 인테리어(self-interior), 홈쿡(home cook) 등 혼자서도 즐길 수 있는 새로운 생활 양식과 소비 패턴도 속속 등장하고 있다. 통계청에 따르면 지난해 1인 가구는 전체 가구 형태 중 가장 큰 비중인 27.9%(약 540만가구)를 차지했다.

기업 역시 1인 가구 소비자들의 다양한 니즈와 욕구를 충족시키기 위해 다양한 제품을 내놓고 있다. '1인 가구'와 '경제(이코노미)'를 합친 단어 '1코노미'에서 1인 가구가 시장의 주요 고객으로 떠오르고 있는 현실을 잘 파악할 수 있다. 삼성전자가 1코노미 시대에 맞춰 1인 가구의 생활 양식과 니즈를 정확히 반영한 신제품을 연이어 내놓고 있다. 이를 기반으로 1인 가구를 위한 큐레이션 '1인 가구샵'을 기획하기도 했다.

오피스텔이나 원룸 등 좁은 공간에서도 효율적으로 사용할 수 있는 냉장고, 이전보다 김치를 덜 먹게 되면서 와인, 열대과일 등 다양한 식품을 신선하고 오래 보관하고 싶어하는 니즈를 반영한 김치냉장고, 반려동물과 함께 사는 '펫팸족(Pet+Family)'을 배려한 청소기와 공기청정기 등이 대표적이다.

◇ 홈쿡 돕는 냉장고…1인 가구 사는 원룸에 딱 맞는 슬림 디자인 구현

1인 가구의 대표적인 생활 양식으로 떠오른 것 중 하나가 바로 요리다. 혼자서 밥을 먹는 이른바 '혼밥' 문화가 일반화되고 집밥을 다루는 요리 프로그램이 확산되면서 집에서도 간단히 맛있는 음식을 해먹는 이른바 홈쿡 문화가 퍼졌다. 하지만 집에서 요리를 하는 게 마냥 쉽고 재밌는 것만은 아니다. 먹을 사람이 적다 보니 식재료를 빨리 소진할 수 없고 재료와 메뉴를 다양화하거나 짜임새 있게 준비하기도 어렵기 때문이다.

지난 5월 선보인 삼성전자의 'T9000 슬림스타일' 냉장고는 1인 가구의 식습관을 반영한 다양한 기능을 제공함으로써 1인 가구의 요리 생활을 적극적으로 지원하고 있다. 음식품을 오랜 기간 신선하게 보관해야 한다는 냉장고 본연의 기능도 더욱 강화했다. 슬림스타일 냉장고는 디자인에서도 1인 가구의 생활 환경을 고려했다. 공간 차지를 최소화했다.

◇ 김치와 함께 와인과 바나나도 신선하게 보관…4계절 식품전문보관 냉장고로 진화

1인당 김치소비량이 감소해 이전보다 김치 보관 공간에 대한 필요는 줄어든 반면 와인 등 다양한 냉장 식품에 대한 보관 욕구는 커지고 있는 현상은 자연스럽게 김치냉장고에도 변화할 것을 요구했다. 김치플러스는 기존의 91㎝에서 80㎝로 너비를 11㎝ 줄였다. T9000 슬림스타일 냉장고가 그랬듯 최근 신규 분양 아파트의 90% 이상이 전용면적 85㎡ 이하로 소형화되고 있는 현상을 반영했다.

◇ 1인 가구 청소 돕는 무선 청소기 파워건 … 반려동물 털 완벽 제거

지난 9월 출시된 삼성전자의 무선 청소기 '파워건'은 뛰어난 청소 성능과 함께 편의성을 갖춰 1인가구의 청소 생활을 돕고 있다. 특히 평범한 가구보다는 자신이 좋아하는 취향과 디자인으로 자신만의 공간을 꾸미고 싶어하는 1인 가구의 취향을 정확히 반영해냈다는 평가를 받고 있다.

◇ 초미세먼지까지 잡아 정화해주는 공기청정기 블루스카이

미세먼지에 대한 관심과 우려가 증가하면서 1인 가구 역시 쾌적한 공간에서 살고 싶은 욕구가 커지게 됐다. 삼성전자만의 기술인 '피러세이빙 7중 청정시스템'은 미세먼지뿐만 아니라 다양한 오염 공기에도 대처할 수 있게 했다. 반려동물의 털을 비롯해 머리카락 등을 극세필터로 걸러낸 후 탈취필터로 각종 냄새와 악취, 유해가스를 제거할 수 있게 한 것이다.

(출처: 조선일보,
2017. 9. 11., http://biz.chosun.com/site/data/html_dir/2017/09/08/2017090801939.html)

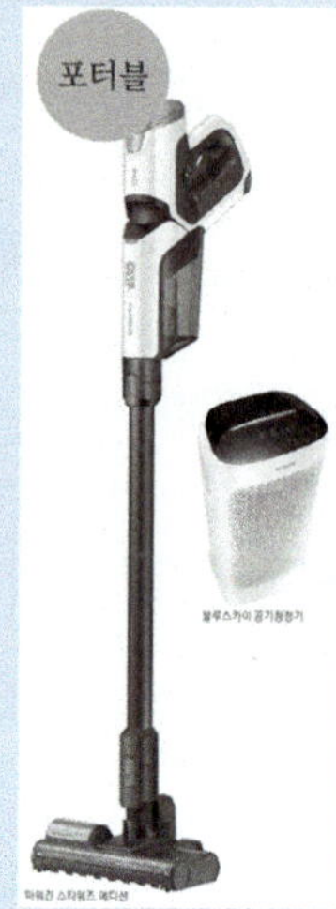

2) 구매상황

구매상황은 고객이 제품이나 서비스를 구입하는 구매환경이 고객의 구매행동에 영향을 미치는 상황이다. 예를 들면, 매장의 진열상태, 음악 및 상권의 특성, 유동인구, 매장의 입지적 조건 등의 구매상황은 고객의 구매행동에 많은 영향을 미친다.

3) 커뮤니케이션 상황

판매원, 주변사람, 방송, 신문, 인터넷, 전자상거래, SNS, SC 등의 매체를 통한 고객과의 커뮤니케이션 상황은 고객의 구매행동에 영향을 미친다. 예를 들면 코카콜라는 뉴스시간대에는 광고를 하지 않는데, 뉴스시간에는 좋지 않은 뉴스가 더 많기 때문에 기분이 가라앉게 되고 코카콜라에 대한 감정이 좋지 않을 수 있기 때문이다. 백화점에서 친절한 상담원이 장시간 동안 열성을 가지고 커뮤니케이션을 했을 경우에는 고객이 차마 사지 않고는 미안해서 구입하는 경우도 있다. 온라인거래에서는 볼 수 없는 상황이다.

3. 라이프스타일 전략

라이프스타일은 생애주기인 연령과 관계가 깊다. 대체로 7세에 초등학교를 입학하고, 20대에 직업을 가지며, 30대에 결혼을 하고, 60대에 은퇴를 한다. 이러한 연령별 라이프스타일은 모든 사람에게 공통으로 적용되며, 이러한 주기별 라이프스타일에 해당하는 고객들을 대상으로 적절한 CRM 전략을 수행한다면 고객과의 관계를 발전시킬 수 있다. 또한 이러한 연령대별 고객을 RFM점수의 특성과 연관시킨다면 매우 정밀한 고객세분화가 가능하며 정밀한 CRM 전략을 시행할 수 있다.

A자동차회사의 사례를 들면 상품기획 담당은 신형자동차 1500CC급을 시장에 출시하기 전에 고객의 욕구를 파악해서 신형자동차에 적용하고, 동시에 홍보활동을 강화하기 위하여 실제 구매 가능한 정밀한 세분화 시장을 찾아서 타겟마케팅(Target Marketing)을 하려고 한다. 상품기획 담당자는 우선 연령대별 라이프스타일 중에서 해당 자동차를 구입할 수 있는 연령대를 구분한다. 40대 이상은 경제력의 여유가 다소 있으므로 더 큰 자동차로 바꾸려는 고객들이 많을 것이다. 그러나 40대 중에서도 아직 자동차를 구입하지 못한 고객을 대상으로 할 수도 있다. 그리고 30대의 직장인이 주력 대상이 될 수 있으며, 20대 후반의 직장인 중에서도 구입할 가능성이 있다. 이러한 라이프스타일을 분석해서 주타겟 고객층을 구분하고 난 다음에, 해당 고객 중에서 RFM분석을 병행하게 된다. 최근까지 상담의 횟수가 어느 정도로 많았는지, 특히 구매력에 대한 경제력이 있는지를 비교 분석해서 RFM점수가 상위에 있는 고객을 선별한 다음에, 그들에게 신형자동차에 대한 정보를 제공하고 설문을 하게 되면 그들의 관심도는 급속도로 향상되면서 사전주문까지도 가능하게 될 것이다.

〈사례 5.6〉은 새롭게 형성되고 있는 20-30대의 라이프스타일에 따라 은행이 우대금리 등을 대응하는 내용이다.

CRM Practice 5.6 라이프스타일 따라 우대금리 '쏠쏠'

'다이어터 · 펫팸족' …

최근 포미족(For me · 자신이 추구하는 가치에 과감하게 투자하는 이들을 지칭하는 신조어), 욜로족(YOLO · You Only Live Once의 약자) 등 자신에게 돈과 시간을 아낌없이 투자하는 20~30대 소비자가 늘어나고 있다.

이런 추세에 맞춰 은행들은 고객들의 '라이프스타일(생활 방식)' 맞춤형 상품을 잇따라 내놓고 있다. 특히 상품의 각 특성에 맞는 일정 조건을 충족하면 우대금리를 제공받을 수 있어 저금리 시대 라이프스타일도 즐기고 목돈도 마련할 수 있는 스마트한 일석이조 재테크 수단으로 주목할 만하다.

◇ '다이어터 · 홈트족' 건강관리하며 목돈까지

100세 시대 건강하고 행복한 인생을 위해, 헬스장이나 집에서 자기 관리에 열중하는 '헬스족, '홈트족'(홈트레이닝을 하는 사람), 자신있는 몸매를 위해 노력하는 '다이어터'가 주목할 만한 상품들이 있다.

신한은행이 판매 중인 스마트 헬스케어 적금은 운동 중에도 스마트폰으로 음악을 듣거나 TV를 시청하는 이들이 주목할 만한 상품이다. 이 상품과 연동된 삼성전자의 건강관리 앱 'S헬스'를 이용해 ▲만기일 전일까지 10만보 이상 걷기 ▲아침, 점심, 저녁 식단 10일 이상 기록하기 ▲수면 패턴 10일 이상 기록하기 중 1개를 선택하고 목표를 달성하면 스마트 건강관리 우대 이자율 연 0.1%포인트를 얹어준다.

KEB하나은행도 행복 · 건강 S-라인적금을 판매 중이다. 이 상품은 가입한 기간 동안 건강 다이어트 생활 서약서를 작성하면 연 0.2%포인트의 우대금리를 제공한다. 또 운동관련 수강증, 마라톤대회나 걷기 대회 참가증을 제시하거나 장기기증희망등록증, 헌혈증, 봉사활동확인서, 기부금영수증 등 '나눔실천' 증거를 제시하는 경우에도 각각 연 0.2%포인트의 우대금리를 제공한다.

◇ 반려동물을 가족처럼 '펫팸족'… 우대금리 적금에 신탁상품까지

반려동물을 가족 삼는 '펫팸족(Pet+Family)'이 증가하면서 은행권도 이들을 위한 상품을 내놓고 있다. 특히 KB금융그룹은 지난 7월 펫팸족 맞춤형 금융 솔루션인 KB펫코노미 패키지를 출시했다. '펫코노미'는 반려동물을 의미하는 '펫(Pet)'과 경제를 뜻하는 '이코노미(Economy)'의 합성어다. KB펫코노미적금은 계좌별로 제공되는 추천번호를 신규가입하는 타인이 입력하는 경우 각각의 계좌에 대해 연 0.1%포인트 우대금리를 제공한다. 아울러 본인 명의로 'KB국민 펫코노미카드'를 보유한 실적이 있는 경우, 또 적금 가입 시 제공되는 스타뱅킹 전용화면에 인터파크 펫 앱(Pet App)에서 발급된 'KB펫코노미적금 금리우대 쿠폰'을 등록한 경우 각각 연 0.2%포인트 우대금리를 얹어준다.

(출처: 조선일보, 2017. 9. 11., http://biz.chosun.com/site/data/html dir/2017/09/08/2017090801939.html)

4. 혼합 라이프스타일 전략

라이프스타일의 변화에 따른 고객세분화를 RFM세분화와 혼용하여 활용한다면 고객세분화가 매우 정밀하게 될 것이며, CRM 전략의 성공률 혹은 적중률의 대폭적인 향상을 기대할 수 있을 것이다.

〈표 5-5〉는 연령별 라이프스타일에 따른 특성과 각 라이프스타일에 적합한 제품과 서비스상품의 사례에 대한 내용이다.

〈표 5-5〉 연령대별 라이프스타일의 특성

생애주기 및 특성	0~3세 영아기	4~6세 유아기	7세~10대 소년세대	10~20대 청소년기	20~30대 청년기	30~40대 청장년기	40~50대 장년기	50~60대 중장년기	60대~ 노년기
	영아원	유아원 유치원	초등학생	중고교	대학생 취업 결혼	가정 직업인	직업인	은퇴 자녀결혼	은퇴 사망
소비상품 사례	영아용품 유모차 장난감 이유식	유아용품 장난감 게임기 운동기구 유아복	학용품 게임기 스마트폰 컴퓨터 유명의류	학용품 게임기 스마트폰 컴퓨터 유명의류 외식	스마트폰 컴퓨터 가전제품 가구 자동차 외식 유명의류	스마트폰 가전제품 자동차 건강기구 주택 유명의류 외식 보험	전자제품 자동차 건강기구 주택 보험 여행	실버상품 여행 치료 의료상품	실버상품 장례상품

제6절 고객정보의 종합적 정밀분석

고객정보를 정밀하게 분석하기 위해서는 위에서 살펴본 고객정보마트에 저장되어 있는 RFM분석 결과만을 활용하게 되면 다소 부족한 경우가 있을 수 있다. CRM의 성과를 극대화하기 위해서는 RFM분석 뿐만 아니라, 실시간으로 발생하고 있는 고객정보를 종합적으로 활용해야 할 것이다.

RFM분석에 보완하여 고객정보를 매우 정밀하게 분석할 수 있도록 지원할 수 있는 CRM DB와 이를 활용한 다차원 고객정보 분석을 살펴보면 다음과 같다.

1. CRM DB

분석 CRM 시스템은 CRM 활동을 위한 정보를 제공하기 위하여 다양한 분석의 기반을 제공하면서, 매 순간 새롭게 입수되고 있는 다양한 고객정보를 다시 축적하고 저장하며 분석할 수 있는 기능을 제공해야 한다. 그러나 데이터웨어하우스와 고객정보마트는 읽기만이 가능한 데이터 저장소이기 때문에 새롭게 입수된 고객정보를 즉시 축적하고 분석하기는 어렵다.

CRM 활동을 위한 정보 제공이라는 측면에서도 데이터웨어하우스나 고객정보마트에 저장되어 있는 고객정보는 백오피스(Back-office)에서는 유용하게 활용될 수 있지만, 신속하게 고객정보를 조회하고 처리해야 하는 운영 CRM과 협력 CRM의 영역에서는 효과적으로 활용하기에는 어려움이 있다.

따라서 CRM의 운영에 있어서 데이터웨어하우스와 고객정보마트가 지원할 수 없는 실시간 고객정보의 입수와 처리와 새롭게 가공된 고객정보를 누적 저장할 수 있는 역할을 제공하는 기능이 필요하게 된다. 이러한 분석 CRM 영역에서의 데이터 저장소를 CRM DB(Data

Base), 혹은 ODS(Operational Data Store)라고 한다. CRM DB는 최적화된 고객 데이터베이스이다.

CRM DB는 기본적으로 데이터웨어하우스나 고객정보마트의 데이터를 확보하여 운영되지만, 영업지점, 대리점, 홈페이지, 서비스, 물류, 콜센터, SNS/SC 등의 여러 고객 접점상의 운영 데이터베이스에서도 관련 데이터를 읽어 들이고, 기존의 CRM 활동을 통해서도 발생된 데이터를 입수하고 통합하여 저장하기 때문에 매우 다양한 정보 원천을 갖게 된다.

CRM DB의 가장 큰 특징은 CRM을 수행하는 데 있어서 일반적인 실시간 운영 데이터베이스와 정적인 데이터웨어하우스의 장점을 모두 취하고 있다.

CRM DB는 고객 접점의 업무가 중요한 마케팅, 영업, 그리고 고객서비스 부서에서 주문처리 및 재고 확인 등을 포함하는 구매 프로세스, 제품 교환, 소비자 불만 접수, 제품 및 서비스 정보 확인 등과 같은 즉각적인 고객 대응 업무(point-in-time job)상에서 필요한 정보를 효과적으로 제공 및 처리할 수 있다. 가령, 콜 센터의 텔레마케터는 ODS를 통해 고객의 정보를 빠르게 조회하고, 상담의 반응이나 결과를 ODS에 다시 반영할 수 있다.

2. 다차원 고객정보 분석(OLAP)

CRM의 다차원 고객정보 분석(OLAP, Online Analytical Processing)은 CRM의 사용자가 CRM 시스템의 다차원 고객정보에 직접 접근하여 대화식으로 고객정보를 분석하고 CRM 의사결정에 활용하는 과정과 이를 지원하는 시스템을 의미한다. '다차원 고객정보 분석'이라고 하는 OLAP는 신제품 출시 후에 각 매장별로 매출액의 변동 추이를 분석하거나, 고객들의 지역별, 연령별 구매내역을 비교분석하는 등의 CRM을 위해 필요한 다양한 분석활동을 원활하게 수행할 수 있게 한다.

데이터웨어하우스는 주로 데이터 자체의 통합과 관리를 위한 인프라 구축에 초점을 두지만, 다차원 고객정보 분석은 분석 CRM의 주요 구성요소이며 데이터웨어하우스와 고객정보마트와 통합되어 구축된다.

이러한 다차원 고객정보 분석의 특징은 다음과 같이 4가지로 요약할 수 있다.

(1) 다차원 고객정보 구조

다차원 고객정보는 상품, 기간, 지역, 부서와 같이 기업의 경영활동에 있어서 인간이 직관적으로 이해할 수 있는 여러 가지의 고객정보의 구조를 의미하며, 고객정보들을 여러 차원의 집합으로 분석하고 분류하여 체계화하는 다차원 모델링이 실행되어야 한다.

(2) 데이터에 대한 직접적인 접근

과거의 정보처리 환경에서는 사용자가 필요한 데이터를 획득하기 위해서는 먼저 정보처리 부서에 의뢰하고, 프로그램의 개발과 정보추출 및 분석과정을 거쳐 일정한 시기가 지난 후에 얻는 경우가 많았다. 그러나 다차원 고객정보(OLAP)의 사용자는 정보처리 전문가의 도움없이 온라인상에서 직접 데이터에 접근하여 다양한 고객정보를 검색할 수 있게 되었다.

(3) 대화식 검색을 통한 고객정보 분석

다차원 고객정보(OLAP)의 사용자는 대화식 질의를 활용해서 신속하게 목적하는 결과를 얻을 수 있다. 사용자가 특정한 고객정보에 대한 결과를 얻었을 경우에 더욱 상세한 고객정보를 원한다면 또 다른 검색을 반복적으로 수행함으로써 원하는 고객정보를 획득할 수 있게 된다.

(4) 의사결정의 효과적인 지원

다차원 고객정보(OLAP)는 기업이 실행하고자 하는 CRM의 전략을 수립할 수 있도록 다양한 고객분석 정보를 제공한다. 즉, 다차원 고객정보(OLAP)은 CRM 담당이 CRM의 전체적인 현황을 용이하게 파악하게 함으로써 의사결정을 스스로 할 수 있도록 지원할 수 있다.

3. 종합적 정밀분석

고객정보는 다양한 방법으로 분석하고 등급화하며 세분화할 수 있다. 고객정보를 분석할 때는 한 가지 방법이나 지표를 사용하여 분석하는 것보다는 여러 가지 방법을 혼용하여 세분화하면, 매우 정밀하게 분석할 수 있고, 고객별로 맞춤 고객서비스를 제공할 수 있다.

예를 들면 고객평생가치인 LTV(Life Time Value), RFM 고객점수, 제품과 상품정보 등을 혼합하여 종합적으로 고객정보를 분석한다면 고객을 매우 정밀하게 세분화할 수 있으며, 고객이 필요로 하는 욕구를 용이하게 파악할 수 있다. 그리고 고객 진화단계별 세분화, 라이프스타일, 제품과 서비스를 혼용하여 고객정보를 정밀하게 세분화할 수 있다. 위에서 살펴본 방법 이외에도 고객의 과거 구매정보, 취미, 습관, 선호하는 스포츠 등 세분화할 수 있는 방법들과도 혼용하여 활용하면 기업에서 원하는 고객을 매우 정밀하게 선별해 낼 수 있다.

그림 5-16 고객정보의 종합적 정밀 분석

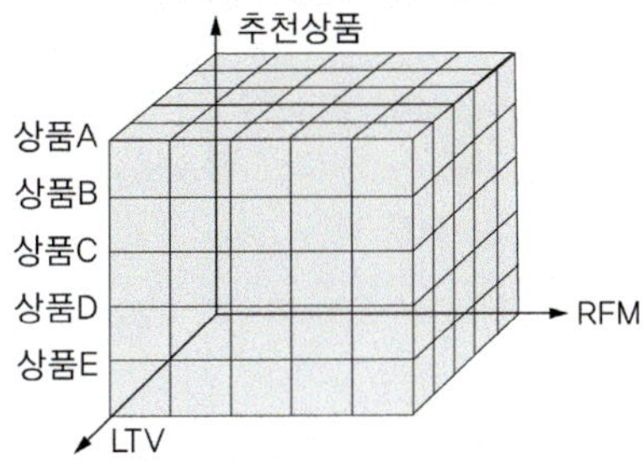

[그림 5-16]은 LTV와 RFM으로 고객을 정밀하게 세분화하고 정밀한 고객군별로 어떤 상품과 서비스가 적합할 것인지 선정하는 내용을 보여 주고 있다. 정밀하게 세분화된 고객의 소집단을 대상으로 어떤 제품과 서비스를 공급해야 할지를 결정하기 위해서는 기업의 경영전략과 마케팅전략을 실행하는 데 적합한지를 판단하면 될 것이다. 5개의 상품을 5단계의 RFM고객점수와 5종류의 LTV를 혼합하여 종합적으로 분석하게 되면 5×5×5=125개 종류의 소집단 고객군으로 정밀하게 세분화될 수 있다.

Chapter 5 정리

1. 정밀시장 세분화 분석

- CRM 전략을 수행하기 위한 정밀시장 세분화는 고객을 기업이 의도하는 특성에 따라 분류하는 것을 의미한다. 정밀시장 세분화 과정은 일반적으로 정밀한 목표설정, 가용자료 파악, 정밀시장 세분화 기준 선택, 정밀시장 분석, 정밀시장 평가의 과정을 반복하게 되는 폐쇄성 세분화(Closed Loop Segmentation) 과정이다.

2. RFM세분화 분석

- 정밀시장 세분화와 RFM세분화의 최종 목표는 고객 한 사람 한 사람까지 세분화할 수 있을 정도의 정밀함이다. 따라서 정밀시장 세분화 전략과 RFM세분화 전략은 거의 유사어로 사용되어도 좋을 듯하다. RFM세분화는 RFM점수화를 활용하여 고객을 세분화할 수 있다. RFM점수화를 통하여 나타난 점수의 결과는 한 사람의 고객에 대하여 f(R,F,M), f(R), f(F), f(M) 등 독립변수별로 고객행동의 점수를 알 수 있다.

3. 고객진화 단계별 세분화 분석

- 기업과 고객과의 관계는 시간의 흐름에 따라 진화한다. 기업과 고객의 관계에서 고객으로서의 시작과 끝이 있을 것이다. 고객의 진화단계를 보면 잠재고객, 신규고객, 고정고객, 우량고객(로열고객 포함), 이탈고객(휴면고객 포함)으로 진행이 될 수 있다. 고객의 진화단계별로 고객의 생애가치인 LTV의 변화를 보면 우량고객과 특히 로열고객일 때가 LTV가 가장 높게 나타난다.

고객의 진화단계별 LTV

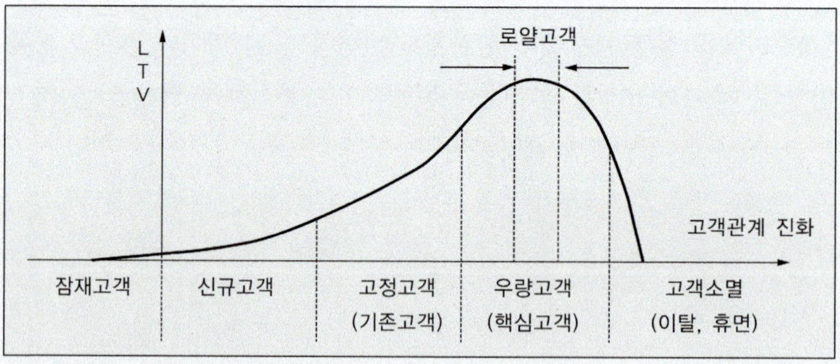

4. LTV세분화 분석

- 기업의 측면에서 바라본고객의 생애가치(LTV, Lifetime Value)는 고객이 자사에게 생애에 걸쳐서 기여하게 될 이익을 현재가치로 환산한 기여예상 금액을 의미한다.
- LTV는 과거에 이익을 기여한 부분보다는 미래의 일정 기간에 기여할 수 있는 재무적 가치를 현재가치로 환산한 가치이다. 고객의 LTV는 CRM 전략을 수행하는 측면에서 기업이 고객의 미래가치를 중요하게 취급해야 할 세분화 기준이다.

고객LTV별 거래빈도

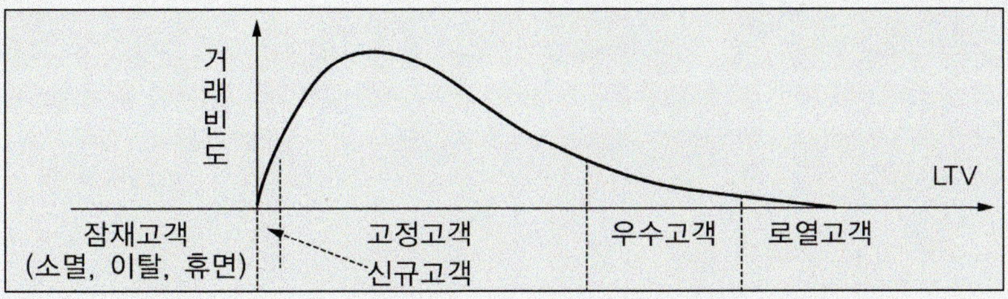

5 라이프스타일 세분화 분석

1) 고객의 특성요인

고객의 특성요인으로는 고객의 개성과 라이프스타일이 있다. 고객의 개성은 기업 등의 비즈니스에 관련된 외부환경으로부터 받는 자극에 대하여 일관된 형태로 반응을 나타내는 심리적 특성이다. 그리고 고객의 라이프스타일(Life Style)은 나이, 성별, 직업 등 고객 개인에 대한 프로필을 나타내고 있다.

2) 라이프스타일의 상황요인

사람은 한평생을 살아가면서 라이프스타일의 변화를 겪게 된다. 라이프스타일의 상황요인은 특정한 시간과 특정한 장소에서 발생하는 일시적인 상황이 고객의 행동에 영향을 미치는 요인을 말한다. 고객의 상황요인의 예를 보면, 소비상황, 구매상황, 커뮤니케이션 상황 등이 있다.

6. 다차원 고객정보 분석 (OLAP)

CRM의 다차원 고객정보 분석(OLAP, Online Analytical Processing)은 CRM의 사용자가 CRM 시스템의 다차원 고객정보에 직접 접근하여 대화식으로 고객정보를 분석하고 CRM 의사결정에 활용하는 과정과 이를 지원하는 시스템을 의미한다. '다차원 고객정보 분석'이라고 하는 OLAP은 신제품 출시 후에 매장별로 매출액의 변동 추이를 분석하거나, 고객들의 지역별, 연령별 구매내역을 비교 분석하는 등의 CRM을 위해 필요한 다양한 분석활동을 원활하게 수행할 수 있게 한다.

Part 2. CRM의 운영과 실행

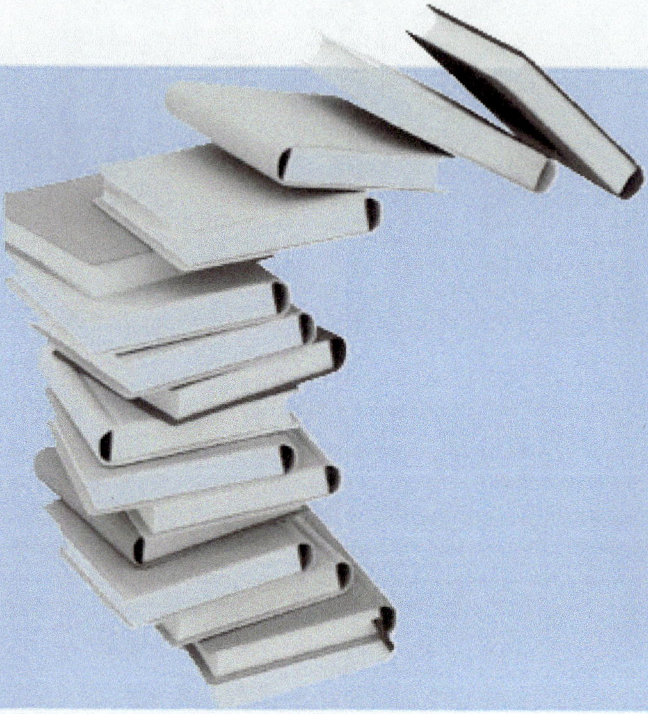

Chapter 6. 고객서비스 CRM마케팅

CRM 기반의 고객서비스의 원칙을 보면 서비스산업에 종사하지 않는 기업의 경우에도 서비스산업에 종사하고 있다는 업종인식의 전환이 필요하고, 공정한 결과, 공정한 절차, 공정한 상호작용 등을 포함하는 고객서비스의 공정성이 확보되어야 하며, CRM시스템이 반드시 연동되어야 한다. 그리고 기업이 고객의 소리인 VOC를 체계적으로 관리함으로써 기대할 수 있는 효과로는 고객욕구 파악력, 신속 정확한 대응력, 프로세스 개선, 기업이미지 개선 등이 있으며, 기업은 모든 고객접점에서 MOT(진실의 순간)에 관심을 가져야 하며, 모든 진실의 순간에 CRM기반의 고객지향적인 VOC 관리에 최선을 다해야 할 것이다.

CRM기반의 텔레마케팅의 특성은 고객상담에 소요되는 시간절약, 고객과의 공간적인 거리 극복, 효과적인 고객정보수집, CRM시스템 기반, 고객 관계 중시 등이 있으며, CRM기반 콜센터의 효과로는 조직별 시스템 및 프로세스 통합, 조직별 고객서비스 역할 정립, 기획과 실행 조직의 협력, 온오프라인의 협력, 고객정보수집 및 관리 용이, 고객맞춤서비스 제공 용이, 고객의 기업접근 용이, 고객의 기업정보 습득 용이, 고객서비스 향상, 고객만족도 향상, 기업이미지 제고 등이 있다.

제1절 CRM기반의 고객서비스

고객서비스는 일반적으로 제품과 서비스상품을 구입한 고객에게 구매한 이후에 발생하는 제품상의 문제를 해결해 주는 기능이다. 최근의 고객서비스는 제품이나 제품과 관련된 서비스 이상의 범위까지 확장되고 있다. 고객에게 기업과 상품에 관련한 정보를 제공하는 것도 서비스의 한 부분이며, 고객이 궁금해하거나 불편한 내용을 상담하고 문제를 해결할 수 있도록 도움을 제공하는 활동도 서비스의 범위에 포함되고 있다. 기업과 고객과의 관계를 연결할 수 있는 모든 활동이 고객서비스의 범위로 확대되고 있다.

1. 서비스의 본질

고객서비스는 CRM전략의 시작과 끝이다. 고객서비스는 고객과의 관계를 유지하고 발전시킬 수 있는 시작임과 동시에 마지막 과정이다. 서비스의 본질은 모든 고객을 대상으로 일률적으로 동일한 서비스를 적용하는 것이 아니다. 서비스는 고객이 원하는 대로 맞춤서비스가 실행되어야만 고객의 만족도를 향상시킬 수 있고, 고객이 감동할 수 있다. 고객서비스는 고객이 받는 인상이고 느낌이다. 고객의 우호적인 느낌만이 고객서비스의 만족도를 향상시킬 수 있다. 서비스의 본질은 기업의 실제 서비스 내용보다도 고객의 느낌이 더욱 중요하게 작용한다. 고객서비스관리는 기업이 어떻게 서비스를 제공하는가보다는 고객이 실제로 서비스를 받는 과정에서 어떤 느낌을 받는지를 파악하고 관리하는 것이다. 성공적인 고객서비스관리는 고객이 받는 서비스에 대한 긍정적인 느낌을 고객 전체의 인식으로 확산될 수 있도록 관리하는 것이다.

고객을 불쾌하게 만드는 서비스는 평균적인 서비스수준이 아니라, 고객이 느꼈던 가장 불만족했던 기억이다. 예를 들면, 불만이 있는 고객이 한 은행에 새로 판매하고 있는 보험과 관련하여 전화를 했을 때 상담원이 매우 친절하고 상세하게 응답하면 고객은 만족할 것이다. 그렇지만 만족하는 고객은 처음부터 만족할 가능성이 매우 클 수도 있을 것이다. 고정고객 혹은 우수고객일 가능성이 크기 때문이다. 혹시, 호의적이지 않은 고객이 전화를 걸었을 경우에, 자동응답 장치의 별의별 기계음을 한참 동안이나 인내하면서 듣고 시키는 대로 주민번호까지 입력하였는데, 기계음의 소리로 상담원들이 통화 중이니 대기하라는 안내를 받았을 때, 불만을 느끼지 않는 고객이 있는가?

이러한 불만고객은 아무 말 없이 전화를 끊어버리게 된다. 그러나 은행에서는 90% 이상의 고객이 만족한 결과를 보인다고 분석하기 쉽다. 불만고객은 통계에서 누락되기 때문이다. 이러한 서비스방법은 고객지향적인 서비스가 아니고 은행중심의 서비스이다. 고객으로 하여금 상담원과 통화를 연결해 주는 과정에서 고객의 정보를 모두 입력하게끔 유도하고서는, 마지막 단계에서 상담원이 대기 중이니 몇 분 이상을 더 기다리게 한다든지, 다음에 다시 전화를 걸라고 하면서 전화를 끊는다든지, 또는 상담원이 시간이 나면 전화를 하겠다면서 전화를 끊게 한다든지 하는 활동은 모두 고객중심이 아닌, 은행중심의 서비스이다. 고객에게 서비스를 제공하는 활동보다는 고객정보를 확보하는 데 욕심이 먼저 작용하는 사례이다. 이렇게 확보한 고객정보는 은행에 별로 도움이 되지 않는다. 다른 은행으로 이탈할 가능성이 매우 크기 때문이다. 고객 중심적인 서비스를 제공하는 은행이라면 고객정보를 물어보기 전에 상담원의 연결 여부를 먼저 알려 주고 고객정보를 입력하라고 해야 한다. 상담원과 연결이 가능할 경우에만 고객정보를 입력하라고 해야 한다. 이러한 사례는 백화점의 경우에도 빈번하게 발생하고 있으며, 고객지향적인 서비스이기보다는 기업의 편의를 우선적으로 생각하는 기업 중심적인 서비스 정신의 결과로 나타나게 된다.

고객이 원하는 수준 이상의 과도한 서비스는 고객을 불쾌하게 하는데, 전자제품을 생산해서 공급하는 국내의 글로벌 제조기업의 경우에 빈번하게 발생하고 있다. S전자와 L전자의 전자제품의 품질은 세계적인 수준 이상이 되었다. 그러나 품질이 좋다고 고객의 만족이 전부 해결되는 것은 아니다. 품질이 좋은 제품이 한 번 고장나면 서비스하기가 더 어렵게 되는 경우가 많은데 부품을 구하기가 더 어렵기 때문이다. 제조기업에서는 서비스에 대비하기 위하여 부품을 모듈단위로 준비한다. 고객의 고장신고가 접수되면 모듈단위로 신속하게 서비스를 시행하는데, 서비스로 교환해야 하는 모듈가격이 제품가격의 50%를 상회하는 경우 고객의 불만이 발생할 수도 있다. 이러한 경우는 자동차와 고가격의 고급제품일수록 빈번하게 발생한다. 고객이 원하는 이상의 과도한 서비스는 고객중심의 서비스가 아니고 기업의 효율을 먼저 생각하는 기업중심의 서비스이기 때문에 고객불만의 원인이 될 수 있다.

2. CRM기반의 고객서비스의 원칙

정보통신의 발전은 기업뿐만 아니라 고객에게도 동시에 많은 혜택을 제공하고 있다. 고객은 UCC(User Created Contents), SNS(Social Network Service) 등의 활동으로 고객의 주장과 의견을 끊임없이 전파하고 있다. 누구든지 동영상을 올릴 수 있는 유튜브(You Tube)는 전 세계의 고객에게 개인의 생각과 주장 혹은 아이디어에 대한 컨텐츠를 전파시키고 있다. 우리는 이미 유튜브의 위력을 많은 분야에서 경험을 하고 있다.

글로벌 시대에서 기업은 고객과의 관계를 발전시킬 수 있는 고객서비스활동을, 수동적인 관계로부터 적극적이고 능동적이며 전략적인 접근방법으로 변화시켜야 한다. 고객서비스가 CRM기반의 전략적이고 핵심적인 역할을 수행할 수 있기 위해서는 업종인식의 전환, 고객서비스의 공정성, CRM시스템 연동 등의 원칙이 지켜져야 한다. [그림 6-1]은 CRM기반의 고객서비스 원칙을 나타내고 있다.

그림 6-1 CRM기반의 고객서비스 원칙

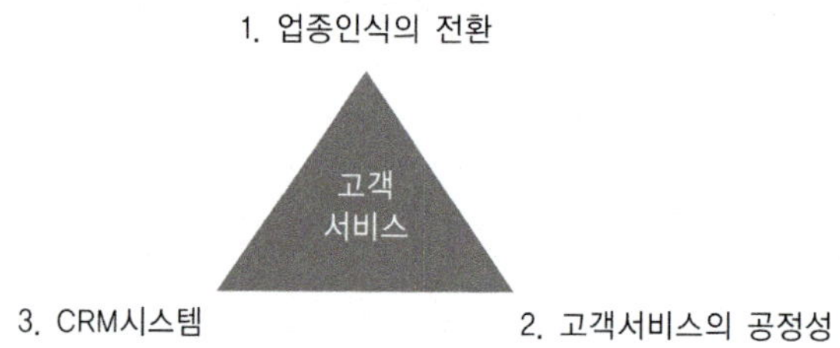

1) 업종인식의 전환

제조기업 등 서비스산업에 종사하지 않는 기업의 경우에도 서비스산업에 종사하고 있다는 업종인식의 전환이 필요하다. 제조기업의 경우 좋은 품질의 제품을 생산하기만 하면 된다는 생각은 기업 중심적인 전통적인 관점의 경영전략이다. 이제는 고객지향적인 시대이다. 제조기업은 제품의 공급을 통해서 고객의 욕구를 해결해 줄 수 있는 서비스산업에 종사하고 있다는 개념으로 기업의 활동범위를 확대해야 한다. 고객지향적인 시대에는 제조기업의 경우에도 제품제조분야에서 고객서비스분야까지 사업의 범위를 확대시켜야 하는 업종에 대한 인식의 전환이 필요하게 되었다.

2) 고객서비스의 공정성

고객서비스의 공정성은 기업이 고객에게 서비스를 제공하는 과정에서 공정성이 확보되어야 함을 말한다. 공정성에는 공정한 결과, 공정한 절차, 공정한 상호작용 등이 있다. [그림 6-2]는 고객서비스의 공정성에 대한 내용이다.

그림 6-2 고객서비스의 공정성

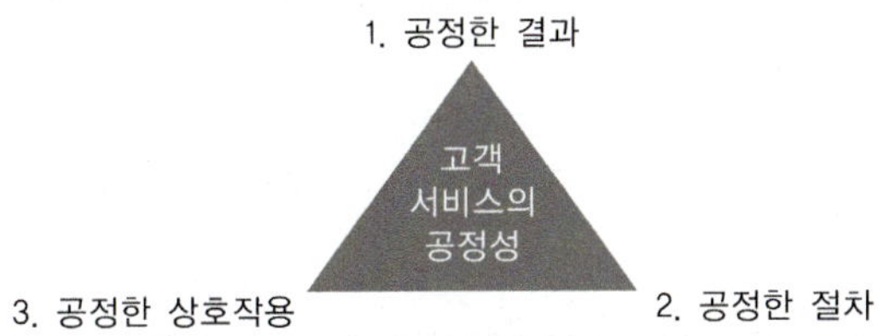

(1) 공정한 결과

공정한 결과(Just Result)는 기업과 고객의 상호교환 결과가 공정해야 함을 의미한다. 고객이 제품이나 서비스상품을 구입했을 경우에는 품질, 성능, 기능, 디자인, 구매비용, 구매노력, 구매시간 등의 결과가 고객이 원하던 수준에 만족되어야 한다. 고객은 원하던 수준에 미흡할 경우에는 불만을 해결하기 위하여 클레임을 제기하게 되며, 기업이 문제를 해결하는 과정에서 서비스를 회피한다든지 혹은 서비스가 지체된다면, 공정한 결과가 되지 못하므로 고객의 불만은 점점 확대될 수 있다. 서비스를 회피한다든지 지연할 경우에는 오히려 기업의 문제 해결을 위한 고객서비스의 비용이 점점 확대될 수 있음을 의미한다.

(2) 공정한 절차

공정한 절차(Just Procedure)는 고객이 제품이나 서비스를 구입하거나 반품하는 과정에서 절차가 공정해야 함을 의미한다. 공정한 절차는 기업이 고객에게 제품이나 서비스를 제공하는 과정 또는 고객이 불만, 요구, 의견 등을 전달하고 기업이 이에 대한 대응을 하는 과정에서의 공정성을 말하며, 신속성, 편리성, 환불, 교환, 수리 등의 절차가 공정해야 한다.

(3) 공정한 상호작용

공정한 상호작용(Just Interaction)은 기업과 고객의 관계에서 발생하는 상호작용이 공정해야 함을 의미한다. 상호작용은 기업이 고객에게 서비스를 제공하는 과정에서 보일 수 있는 태도를 포함하는 의미이다. 상호작용의 예로는 기업의 상담원이 고객접점에서 보일 수 있는 태도로서, 신속함, 친절함, 예의바름, 관심도 등의 측면에서도 고려되어야 함을 의미한다. 기업의 고객에 대한 공정한 상호작용은 고객지향적인 태도를 의미한다.

3) CRM시스템 연동

모든 고객을 대상으로 일률적이고 동일한 서비스를 제공하는 활동인 전통적인 매스마케팅(Mass Marketing)은 매우 비효율적인 방법이다. CRM기반의 고객서비스는 고객별로 필요한 욕구를 파악하여 고객맞춤의 서비스를 시행하며, 고객서비스를 일률적으로 적용하는 경우보다 비용이 오히려 절감될 수 있다. 일반적인 서비스를 광범위하게 적용하는 것보다 서비스 대상의 고객을 선택하여 집중하면 적은 비용으로 더 큰 효과를 얻을 수 있다.

서비스 대상의 고객을 선정하려면 CRM시스템의 데이터웨어하우스와의 연동이 필수적이다. CRM시스템을 연동하여 고객에게 제공할 수 있는 맞춤서비스를 고객별로 제공하면서, 고객과의 관계를 지속적으로 발전시켜 나갈 수 있다. CRM시스템을 연동하여 고객서비스를 실행하면 고객이 원하는 서비스를 파악할 수 있으므로 고객별로 맞춤서비스를 제공할 수 있고, 고객의 만족도를 더욱 향상시킬 수 있다. CRM시스템을 연동함으로써, 고객별 맞춤서비스인 혁명적 고객서비스가 가능하게 된다.

과거의 고객서비스는 기업이 고객에 약속했던 서비스를 지키는 활동이었으며 고객이 기대하는 서비스를 제공하는 활동이었다. 그리고 고객이 원하는 서비스를 원하는 시간에 제공하는 활동이었다. 그러나 CRM기반의 고객지향적인 서비스는 고객과의 관계를 형성함으로써, 고객의 필요와 욕구를 미리 파악할 수 있으므로, 고객의 욕구를 고객 자신이 인식하기도 전에 먼저 고객 맞춤서비스를 제공할 수 있게 되었다. CRM기반의 고객 맞춤서비스는 혁명적인 고객서비스를 가능하게 한다.

3. 서비스차별화 전략

서비스차별화 전략은 고객을 최대한 정밀하게 세분화하여 정밀시장을 대상으로 서비스를 차별화하는 방법으로 고객별 맞춤서비스를 시행해 나가는 과정이다. 서비스차별화는 기업과 고객 모두에게 이익을 제공한다. 먼저 기업의 입장에서 서비스차별화는 정밀하게 세분화된 고객을 대상으로 맞춤서비스의 규모를 적절하게 조절할 수 있기 때문에 비용절감과 함께 고객만족의 극대화를 동시에 달성하게 한다. 그리고 서비스차별화는 고객의 입장에서도 이익이 된다. 기업의 일관된 서비스를 기대할 수 있기 때문이다.

고객 서비스차별화 전략의 실행을 위하여 고객을 세분화하는 방법에는 Jonathan L. S. Byrnes(2010)가 제시한 고객의 혁신제품선호도와 고객 및 시장의 규모를 두 개의 축으로 비교하는 방법이 있다. 혁신제품선호도가 많고 고객의 규모가 큰 전략고객, 혁신제품선호도는 많지만 고객의 규모가 작은 신흥고객, 혁신제품선호도는 적지만 고객의 규모가 큰 통합고객, 혁신제품선호도가 적고 고객의 규모가 작은 안정고객 등으로 시장을 정밀하게 세분화할 수 있다.

[그림 6-3]은 고객 서비스차별화 전략을 원활하게 수행하기 위하여 고객의 혁신제품선호도와 고객의 규모를 두 개의 축으로 한 고객 세분화의 방법을 보여 주고 있다. Jonathan L. S. Byrnes가 제시하였던 고객 세분화 방법은 기업고객을 대상으로 세분화하는 내용이므로 소비재를 생산하는 제조기업과 소비자인 고객과의 상황에 적합하도록 부분적으로 응용하고 변경하였다.

그림 6-3 서비스차별화를 위한 고객 세분화

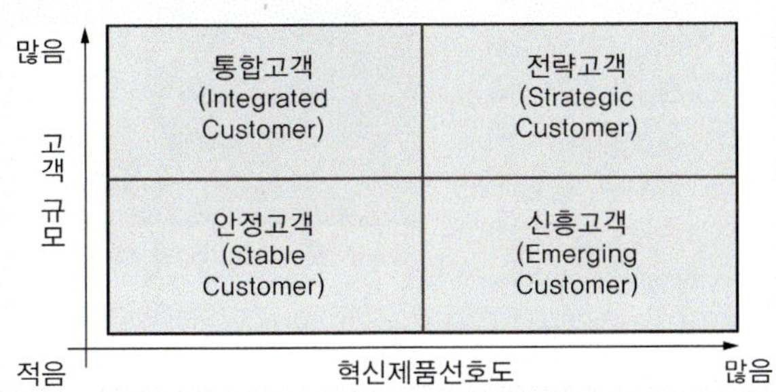

출처: Jonathan L. S. Byrnes, 'Islands of Profit in a sea of Red Ink', Penguin Group US, 2010, 응용

1) 전략고객

전략고객(Strategic Customer)은 고객의 규모도 크지만, 고객의 혁신제품에 대한 선호도 역시 매우 많다. 기존의 우수고객과 유사한 고객이며 미래의 기업이익을 가장 많이 확보할 수 있도록 기여할 수 있는 고객이기도 하다. 전략고객을 대상으로 하는 기업의 고객서비스 전략은 장기적이고도 밀접한 관계를 유지하면서 고객의 욕구를 파악하고 맞춤서비스를 제공하는 전략이 유용하다. 제조기업과 소매유통점은 공동으로 통합CRM전략을 지속적으로 실행함으로써, 미래의 고객을 선점할 수 있다.

〈사례 6.1〉은 경기불황에도 불구하고 차별화 전략으로 접근할 수 있는 전략고객인 부자들을 대상으로 CRM활동을 강화할 수 있는 내용이다.

CRM Practice 6.1 부자들 대상의 차별화 전략

'고객의 소리' 데이터베이스화해 체계적 관리

극심한 불황 탓에 하우스푸어로 전락한 중산층뿐 아니라 부자들마저 지갑을 닫았다는 분석도 나옵니다. 어찌 된 일인지 회원제로 운영하는 최고급 서비스 상품엔 점점 더 고객이 몰립니다. 부자들이 지갑을 닫은 게 아니라 혹시 돈 쓰는 곳이 달라진 건 아닐까요.

국적기 비즈니스석을 타고 가 전 일정 최고급 특급호텔에서 묵었다. 여행비는 1인당 2450만원이라 김씨 부부는 11박 13일 일정에 4900만원을 지불했다. 김씨는 "비용은 꽤 들었지만 주빈 메타나 발레리 게르기예프 같은 세계적인 지휘자를 오스트리아에서 직접 볼 수 있어 무척 만족스러웠다"며 "올해는 또 다른 여행사에서 하는 비슷한 투어에 참여할 계획"이라고 말했다.

▲ 서울 남산 반얀트리 야외 수영장 오아시스에 설치된 '카바나'

차별화한 서비스엔 아낌없이 쓴다. J(60 · 임대업)씨는 연회비 100만원짜리인 모 은행 신용카드의 VVIP 카드를 발급받았다. 가족과 함께 이탈리아 베네치아로 여행을 갔을 때다. 간 김에 유명 레스토랑 비니 다 지지오(VINI DA GIGIO)에서 식사를 하려고 했다. 그러나 베네치아에 머무는 내내 만석이라는 말을 듣고 포기하려다 혹시나 하는 마음에 카드사 컨시어지 서비스에 연락했다. 얼마 지나지 않아 카드사에서 바로 다음 날 저녁 식사 자리를 확보했다는 연락을 받았다. 그는 "어떻게 자리를 만들었는지 모르겠지만 제대로 VVIP 대접을 받은 것 같아 기분이 좋았다"고 떠올렸다.

명품이 아니라 명품 서비스를 산다. 백화점은 어떨까. 백화점은 경기불황 직격탄을 맞는 업종 중 하나다. 그러나 매출 상위 1%인 최고등급 VIP 쇼핑 실적은 이런 흐름과 전혀 다르다. VIP들은 백화점에서 단순히 물건을 사는 게 아니라 최고등급 고객으로 누릴 수 있는 서비스를 사기 때문에 최고등급 고객으로서의 혜택을 누릴 수 있다면 비싼 값도 얼마든지 지불하는 것이다.

▲ 연 회원권이 1500만~2500만원인 역삼동 고급 스파 '오셀라스'의 VIP룸

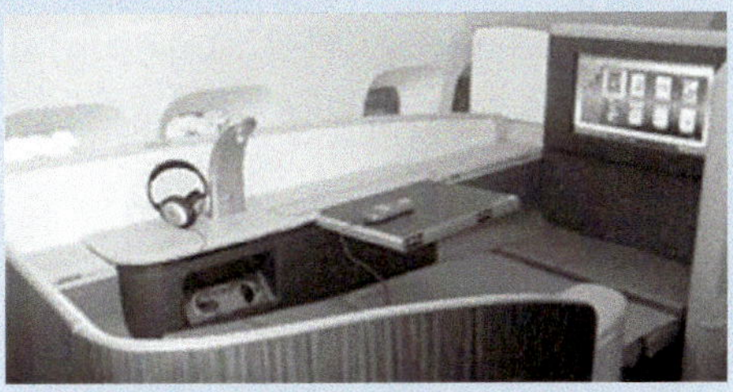

대한항공 퍼스트클래스 코스모스위트는 서울~뉴욕 왕복 가격이 1300만원대다. 유류세와 엔저 현상 등으로 최대의 위기를 맞고 있다는 항공사의 경우도 고가 좌석의 점유율은 그대로다. 대한항공 미디어 커뮤니케이션팀 부장은 "퍼스트클래스와 비즈니스석은 2012년 부터 평균 8% 증가했다"고 분석했다.

반얀트리 야외수영장 오아시스에는 일반적인 야외 수영장 선 베드 외에 독립된 공간 카바나가 23개 있다. 하루 사용료가 주간 기준으로 52만원부터 102만원으로 웬만한 럭셔리 핸드백 하나 가격이지만 성수기 내내 꽉 찼다. 독립된 공간이라는 점 외에 카바나 고객만을 위한 개인용 풀(pool)이 딸려 있어 인기를 얻었다. 대대적인 리모델링 후 개장한 신라호텔 야외 수영장도 사정은 비슷하다.

여행에서도 이러한 취향을 맞춘 상품이 늘고 있다. 하나투어가 올해 내놓은 '딱 한 커플을 위한 여행'은 말 그대로 딱 한 커플을 위한 초고급 여행 상품. 예를 들어 홍콩 여행이라도 비행기부터 다르다. '하늘을 나는 비즈니스 라운지'로 불리는 세스나의 8인승 '사이테이션 X'를 타고 간다. 홍콩 시내에서는 전용차인 벤츠 S-600을 타고 홍콩 시내를 누빈다. '수퍼카'로 유럽 투어를 할 수 있는 상품도 있다.

현대카드 홍보팀장은 "VVIP 마케팅은 디테일이 중요하다"며 "보통 고객에게 들이는 노력의 10배, 20배가 더 필요하다"고 말한다. 루이뷔통 최고경영자(CEO), 프랑스 셰프 피에르 가니에르 등 글로벌 유명인사를 초청하는 현대카드 VVIP카드 블랙 회원 전용행사인 타임 포 더 블랙(Time for the Black)은 3개월 전부터 리허설을 할 정도다.

(출처: 중앙일보, 2014. 9. 25.)

2) 통합고객

통합고객(Integrated Customer)은 혁신제품에 대한 선호도는 다소 적지만, 고객의 규모는 큰 시장이므로 투자를 줄여서는 안 된다. 통합고객은 고객의 구매행동 패턴이 거의 유사한 형태로 통합된 고객집단이므로 제품과 서비스의 공급에 대한 프로세스의 통합이 중요한 경쟁력이 될 수 있다. 기존의 고정고객과 우수고객의 일부와 유사한 특성을 가지고 있으며 기업의 현재이익을 확보하는 데 가장 많이 기여하고 있다. 혁신성에 대한 선호도보다는 기존의 확인된 제품을 선호하는 경향이 많기 때문에 고객별 맞춤서비스를 제공할 필요성은 감소한다. 고객은 비교적 단기적인 거래가 지속되므로 고객과의 관계를 지속하기 위한 신뢰형성이 매우 중요하다. CRM전략을 실행하는 과정에서 맞춤서비스가 불필요하므로 기업과 소매유통점이 서로 독립적으로 활동을 해도 좋을 것이다. 기업과 소매유통점은 상호 독립적으로 캠페인 전략을 지속적으로 반복할 수 있는 고객이며 성과가 매우 높게 나타날 수 있는 고객이다.

3) 신흥고객

신흥고객(Emerging Customer)은 고객의 규모는 비교적 작지만, 제품에 대한 혁신성을 선호하는 마인드가 매우 크므로 시장의 성장 속도가 빠른 고객이다. 신규고객 중에서 구매금액이 많은 고객들이 포함되고 오피니언 리더(Opinion Leader)그룹에 속하기도 한다. 신흥고객을 대상으로 하는 기업의 서비스차별화 전략은 고객별 욕구를 파악하여 맞춤서비스를 제공해야 하지만, 서비스의 집중적인 투자에 대해서는 서비스제공의 완급을 조절해야 한다. 아직 리스크가 존재하고 있기 때문에 전략고객으로 분류되기는 어렵다.

4) 안정고객

안정고객(Stable Customer)은 고정고객 중에서 규모가 작으며 제품의 혁신성에 대한 선호도 역시 많지 않은 고객이다. 안정고객은 저렴한 가격으로 안정된 소비를 원하는 고객이기 때문에 맞춤서비스로 인한 비용의 증가는 피해야 한다. 고객의 입장에서도 불필요한 서비스의 추가보다는 저렴한 비용을 지불할 수 있는 편을 선호하고 있다.

안정고객은 규모가 작은 고정고객으로 반복적인 구매를 지속하는 고객이다.

제2절 CRM기반의 쌍방향커뮤니케이션

1. 쌍방향커뮤니케이션의 개념

고객의 욕구를 파악하기 위해서는 고객과의 쌍방향 커뮤니케이션 방법이 유용하다. 기업이 고객과 쌍방향 커뮤니케이션을 유지하기 위해서는 콜센터, 이메일, 전화, 우편 등의 수단을 활용할 수 있다. 기업은 쌍방향 커뮤니케이션을 통하여 인식하게 된 고객의 욕구에 대한 해결방안을 고객에게 제공함으로써, 고객의 불만을 최소화하고 고객만족도를 제고할 수 있다. 개인이든 조직이든 간에 쌍방향 커뮤니케이션이 활발하면 어떠한 문제든지 쉽게 해결될 수 있다. 기업이 고객과 장기적으로 우호적인 관계를 발전시킬 수 있는 수단으로 쌍방향 커뮤니케이션의 방법이 매우 유용하다. 전국적이거나 상권의 범위가 넓은 경우에는 모기업에서 쌍방향 커뮤니케이션을 실행해야 하겠지만, 좁은 상권에서는 판매를 대행하고 있는 소매유통점이 쌍방향 커뮤니케이션을 실행함으로써, 고객과 더욱 밀착된 관계를 유지할 수 있다. 광범위한 지역은 기업이, 좁은 지역의 상권은 소매유통점이 서로 분담하면서 실행할 수 있는 쌍방향 커뮤니케이션은 통합CRM전략으로 접근해야만 효과적으로 실행될 수 있다. 쌍방향 커뮤니케이션으로 수집되는 고객정보는 모기업의 CRM시스템 데이터웨어하우스에 통합되어 저장・관리되기 때문이다.

2. 커뮤니케이션의 단계

상담원과 고객 간의 쌍방향 커뮤니케이션 과정에는 다양한 매체가 있으며, 커뮤니케이션 과정에 외부로부터 여러 가지 잡음이 섞일 수 있으므로, 의사전달이 정확하지 못할 수 있다. 쌍방향 커뮤니케이션 도중에 잡음이 섞이지 않도록 충분하게 보완된 컴퓨터시스템을 구비해야 하겠지만, 상담원의 역할이 더욱 중요하다. 상담원은 고객과의 커뮤니케이션의 과정에서 반드시 고객의 의견이나 요구사항을 반복하여 재확인함으로써 쌍방향 커뮤니케이션 과정에서 발생하는 잡음의 영향을 최소화해야 한다. [그림 6-4]는 상담원과 고객과의 쌍방향 커뮤니케이션 시스템을 나타내고 있다.

그림 6-4 쌍방향커뮤니케이션 시스템

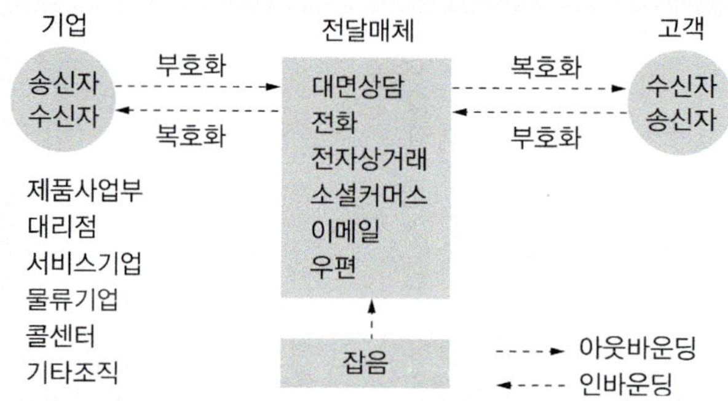

먼저, 아웃바운드 커뮤니케이션은 기업 측이 송신자가 되어 정책과 제품에 관련한 기업 전반의 정보를 고객에게 전달하고자 하는 경우를 말한다. 송신자는 기업 측의 제품사업부, 소매유통점인 대리점, 서비스기업, 물류기업, 콜센터 등의 조직이 될 수 있으며, 송신자의 정보는 중간 매체를 활용하여 전달될 수 있는 전기신호 등의 부호로 바뀌게 된다. 부호로 바뀐 정보는 상담, 전화, 전자상거래, 소셜커머스, 이메일, 우편 등으로 전달될 수 있으며, 수신자 측에 도달한 부호화된 정보는 다시 사람이 알아 듣거나 혹은 눈으로 확인할 수 있도록 원래상태의 정보로 환원이 되는 복호화 과정을 거쳐서 수신자에게 도달하게 된다. 이러한 과정에서 예상치 못한 잡음으로 인하여 송신자가 발송한 원래의 정보가 왜곡되어 수신자에게 잘못 전달되는 경우가 있는데, 이러한 잡음을 최소화할 수 있는 장치와 대비가 있어야 한다.

반대로 인바운드 커뮤니케이션은 고객이 먼저 기업으로 연락을 하며 고객의 불만, 의견, 요구, 건의사항 등의 내용을 기업의 상담자가 접수하고 고객에게 서비스를 제공하는 쌍방향 커뮤니케이션의 방법이다. 고객의 정보가 기업 측으로 전달되는 과정은 아웃바운드 커뮤니케이션과 동일하다.

1) 송신자

송신자는 기업과 제품에 관련한 내용을 고객에게 전달하는 기업의 대표인 상담원의 입장에서 고객과 상담할 내용에 대해서 정확하고 상세하게 파악하고 있어야 할 뿐만 아니라, 내용을 정확하게 표현할 수 있어야 한다. 고객이 요구하는 내용을 충분하게 청취하고 신속하게 내용을 파악한 다음에 고객의 요구에 대응함으로써, 고객의 불만사항이나 요구사항을 해결할 수 있어야 한다. 따라서 송신자의 역할이 매우 중요하다.

기업의 측면에서 송신자의 역할은 기업 내의 각 제품사업부, 유통소매점인 대리점, 서비스기업, 물류기업, 콜센터 등의 조직에서 담당할 수 있으며, 고객과 쌍방향 커뮤니케이션을 실행할 수 있다.

2) 부호화

부호화는 상담원이 고객에게 전달하고자 한 내용이 고객에게 전달이 잘 될 수 있도록 부호화되는 과정이다. 예를 들면 교통신호의 경우 정지하기 위한 적색, 진행하기 위한 녹색 등의 색으로 부호화할 수 있다. 일종의 약속이다. 고객과의 쌍방향을 위한 부호화의 경우로는 전기신호, 그림, 화면 등의 방법이 있다.

3) 전달 매체

부호화된 신호는 전달매체를 통해서 수신자에게 전달된다. 매체는 직접 만나서 상담을 진행하는 대면상담, 전화, 전자상거래(e-Commerce), 소셜커머스(Social Commerce), 이메일(e-Mail), 우편 등의 방법들이 다양하게 활용되고 있다. 전달매체는 고객과의 원활한 쌍방향 커뮤니케이션이 주목적이므로 기업은 고객이 가장 편리하게 활용할 수 있는 방법으로 준비를 해야 한다.

4) 잡음

잡음(Noise)은 송신자와 수신자 사이에서 의사소통이 왜곡되는 현상을 의미한다. 잡음은 송신자가 수신자에게 전달하고자 하는 내용을 정확하게 전달할 수 없도록 방해한다. 잡음의 요인들로는 왜곡현상, 표현생략, 준거틀의 차이, 수신자의 수용 마인드, 타이밍 등이 있다. 송신자는 잡음의 영향을 최소한으로 줄이기 위하여 수신자가 정확하게 내용을 수신하였는지 확인해야 한다.

최근에는 잡음으로 인한 송신자인 기업과 수신자인 고객 사이의 오해로 인한 문제를 방지하고자 녹음을 즐겨 활용하지만 이것은 고객지향적이라기보다는 기업 중심적 쌍방향 커뮤니케이션의 방법이라고 볼 수 있다. 따라서 이 방법은 고객에게 정확한 의사전달의 잡음 방지를 위한 긍정적인 의미보다는 기업의 책임회피 의미가 더 많은 것으로 오해받을 수 있는 부분이므로 주의해야 한다.

5) 복호화

복호화는 기업 측의 송신자가 전달한 부호화된 내용을 수신자가 이해할 수 있도록 다시 복구하는 과정을 의미한다. 신호등의 경우 적색 신호등은 정지하라는 의미로, 녹색 신호등은 진행하라는 의미로 해석을 하게 되는 과정과 같다. 기업과 고객의 쌍방향 커뮤니케이션 과정을 보면, 전기신호를 언어로 전환하는 경우와 같다.

6) 수신자

수신자는 고객이다. 고객은 기업에서 전달하고자 하는 정보에 관하여 별로 관심이 없다. 고객이 매우 바쁜 일과 중인데도 불구하고, 갑자기 전화를 걸어서 기업에서 제공하는 정보를 일방적으로 들으라고 할 경우에 반갑게 응대할 고객은 없을 것이다. 송신자는 가장 짧은 시간 동안에 고객에게 전달하고자 하는 내용을 정확하게 전달할 수 있도록 스크립트 등을 준비해서 숙지해야 한다. 스크립트(Script)는 고객과 상담하기 위해서 준비하는 대화의 시나리오이다. 스크립트는 인바운드용과 아웃바운드용의 특성이 다르므로 주의깊게 작성해서 숙지해야 한다.

3. 고객의 소리 관리

1) VOC의 의미

고객의 소리를 VOC(Voice Of Customer)라고 한다. 고객이 기업으로 전달하는 메시지이며, 고객의 불만, 건의, 제안, 요구 등의 방법으로 전달된다. 기업과 고객이 상호 의견을 주고받을 수 있는 쌍방향 커뮤니케이션을 통해서 CRM전략이 실행될 수 있다. 따라서 기업은 기업의 정보와 서비스를 고객에게 전달하는 활동도 중요하지만, 고객의 소리인 VOC를 제대로 수용할 수 있는 역량이 매우 중요하다.

2) CRM기반의 VOC관리

VOC관리는 고객서비스를 쌍방향 커뮤니케이션의 관점에서 고객의 소리를 접수하고 관리하며 대응하는 일련의 활동이다. 기업은 다양한 VOC를 체계적으로 수집, 분류, 저장, 분석하여 기업의 경영활동에 반영할 수 있으며, VOC에 대한 처리 결과를 다시 고객서비스로 제공할 수 있도록 관리할 수 있다. 기업은 VOC를 CRM시스템의 데이터웨어하우스의 고객정보와 통합함으로써 고객과의 관계를 지속적으로 발전시켜 나갈 수 있는 정보로 활용할 수 있게 된다. CRM기반의 VOC관리는 VOC를 직접 관리하는 상담원에게 통합고객정보를 활용할 수 있게 함으로써, 고객에게 맞춤서비스를 제공할 수 있고, 고객의 만족도를 더욱 향상시킬 수 있다.

〈사례 6.2〉는 자동차 기업이 고객접점의 중요성을 잘 인식하고 현장에서 나타는 문제를 제품에 적용하려는 노력으로 보여 주고 있다.

CRM Practice 6.2 현대자동차, "함께 변화" 고객중심 경영 通했다

현대자동차가 '고객 중심 경영'을 기업의 DNA로 삼고 지속적으로 변화하고 있다. 국내 시장에서 고객 만족과 고객 소통을 강화하고 다양한 신차 출시와 새로운 고객 만족 프로그램을 도입하고 나섰다.

국내 시장을 담당하는 현대자동차 국내영업본부는 올해 초 미래 전략과 시장 환경 변화 대응전략을 구상하는 전략 조직을 신설했다. 여기에 현장에서 접수하는 고객들의 'VOC(Voice Of Customer)'를 분석하고 현업에 적용하는 부서를 새로 배치했다.

기업 운영의 밑그림을 그리는 전략 조직에 고객의 소리를 직접 듣는 조직을 운영하는 사례는 드물다. 이는 고객의 목소리를 기업 운영 전체에 반영하겠다는 것이며 실제로 상품과 마케팅, 서비스 등 모든 측면에서 고객과 활발한 소통을 이어가고 있다.

현대차는 지난해에 이어 올해도 고객 소통 프로그램인 'H-옴부즈맨 2기'를 운영하고 있다. 지난해 진행한 'H-옴부즈맨 1기'는 19개 팀, 77명의 고객이 총 162일간 활동하면서 현대차 경영진에 고객과 현장의 목소리를 가감없이 전하고 다양한 아이디어를 제안했다. 올해 진행 중인 2기는 지난해 프로그램을 확대해 고객과 현대차 간의 소통 거리를 더욱 좁힌 것이 특징이다.

100명의 고객이 참여한 H-옴부즈맨 2기는 '고객과 함께 바꾸다(Change)'라는 슬로건 아래 각 분야의 전문가들과 함께 올해 말까지 현대자동차의 상품, 고객 가치, 사회공헌 부문에 있어 변화와 혁신을 이끌어낼 수 있는 다양한 아이디어를 제안하게 된다. 특히 이번에 상품혁신 분야에 참여하는 옴부즈맨들은 '쏘나타 뉴 라이즈 스페셜 트림'을 직접 개발하게 된다. 옴부즈맨들이 개발한 '쏘나타 뉴 라이즈 스페셜 트림'은 올해 하반기 실제 출시될 예정이며 현대차에서 '최초'로 시도하는 '고객 직접 참여형 모델'이다.

현대차는 지난해 6월 친환경차의 패러다임을 바꿀 '아이오닉 일렉트릭'을 출시했다. 이는 1회 충전에 191㎞ 이상을 달릴 수 있는 '순수 전기 자동차'다. 현대차는 아이오닉 일렉트릭을 구매한 고객들이 가장 우려하는 '배터리 안전성'과 '충·방전 불안'이라는 두 가지를 해소하기 위해 '배터리 평생 보장 서비스'와 '찾아가는 충전서비스'를 실시하고 있다.

(출처: 매일경제, 2017. 10. 12., http://news.mk.co.kr/newsRead.php?year=2017&no=672251)

3) VOC관리의 효과

기업이 고객의 소리인 VOC를 체계적으로 관리함으로써 기대할 수 있는 효과로는 고객욕구 파악력, 신속 정확한 대응력, 프로세스 개선, 기업이미지 개선 등이 있다. [그림 6-5]는 VOC관리의 효과에 대한 내용이다.

그림 6-5 VOC관리의 효과

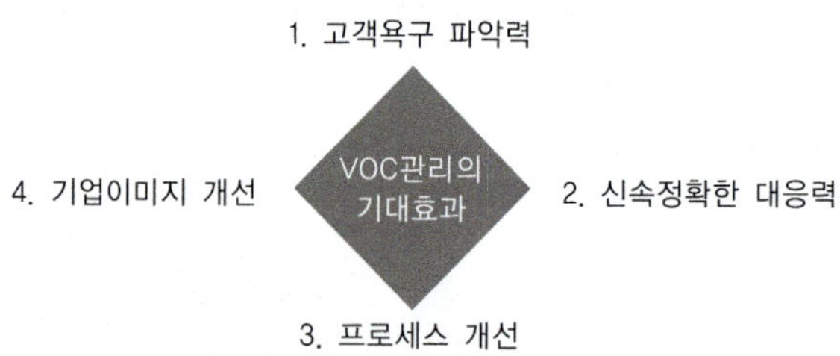

(1) 고객욕구 파악력

정확한 고객의 욕구는 VOC를 통하여 고객이 직접 알려 준다. 간접적으로 수집한 고객정보가 아니고 직접적으로 수집한 고객정보이므로 고객욕구를 정확하게 파악할 수 있다. 고객으로부터 직접 수집한 VOC를 분석하여 대응할 수 있으므로, VOC를 고객과의 장기적인 관계를 우호적으로 발전시킬 수 있는 CRM전략에 활용할 수 있다. 고객욕구의 직접적인 파악

방법에 의한 VOC관리는 고객의 만족도를 높일 수 있기 때문에 고객이탈 방지에도 많은 역할을 한다.

〈사례 6.3〉은 고객의 소리를 듣기 위하여 노력하는 가전제품 기업에서 성과를 보여 주고 있다.

CRM Practice 6.3 LG전자 "가전 펀더멘털 튼튼…내년에도 호실적

H&A사업본부장 기자간담회 "앞으로 스마트기기 집중할 것"

LG전자 H&A(가전・에어솔루션)사업본부장(사장)은 6일 "(가전 부문의 호실적) 기조는 내년에도 이어질 것"이라며 "펀더멘털(기초체력)이 튼튼하다"고 말했다. 올해와 같은 호실적이 내년에도 이어질 것으로 보는지 묻는 질문에 이같이 답했다.

LG전자 가전 부문은 올해 들어 가전업체로는 매우 높은 8~9%대의 영업이익률을 거두고 있다. LG는 "제품들이 많이 프리미엄화됐다"면서 "건조기, 무선청소기, 스타일러 등 내수시장에서 히트한 제품들이 주로 그런 것들이고, 거기에 마케팅・브랜드 투자에 신제품 투자까지 어우러져 나오는 결과"라고 설명했다.

그리고 내년에 집중할 제품으로 IoT(사물인터넷) 등 스마트 기기화를 지목했다. 그는 "(시장이) 인공지능(AI) 베이스로 연결되는 스마트홈 솔루션으로 대세가 흘러가고 있다"며 "(내년에는) 오픈(개방형) 플랫폼에 커넥티비티(연결성)에다가 스마트홈을 접목하는 쪽으로 할 것"이라고 말했다. 또 부품 여러 개를 합쳐 덩어리화하면서 규격화・표준화하는 부품의 모듈러화를 업그레이드하고, 제품도 프리미엄화하면서 브랜드 위상을 높이겠다고 밝혔다.

LG 사장은 건조기와 스타일러 등 가전 시장의 '히트상품'을 연달아 내놓은 '비결'에 대해 고객의 마음속에 있는 숨은 니즈(수요)를 읽을 줄 아는 역량을 꼽았다. "고객들이 참으로 원하는 '페인 포인트'(불편한 점), 고객들의 숨은 욕구를 찾아내야 한다"며 "하지만 고객을 인터뷰한다고 숨은 욕구를 대답할 수 있는 게 아니다"라고 말했다. 그러면서 "인터뷰로 하는 게 아니라 현장의 많은 기법이 있다. 숨은 욕구를 찾아내 제품화시켰을 때 사람들이 자기도 모르게 '와우' 하는 '와우 프로덕트'가 나온다"면서 "모든 답은 시장에, 고객의 마음속에 있다는 관점으로 접근하고 있다"고 강조했다.

히트상품의 판매량은 공개하지 않았다.다만 "건조기나 무선청소기 A9, 스타일러 등이 혼수품에 확실히 들어간 것 같다"며 건조기는 작년보다 올해 5~6배 정도 더 많이 팔았고, A9의 경우 당초 기대보다 2~3배 많이 판 듯하다고 설명했다. 미국 가전업체 월풀의 청원으로 진행 중인 세이프가드(긴급 수입제한조치) 발동 판정과 관련해선 "예단하기 어려워서 경우의 수에 따라 어떻게 하자는 내부 시나리오로 도상 검토만 하는 단계"라며 "우리도 초조하게, 최선을 다해 좋은 결과가 나오기만 기다리는 단계"라고 말했다.

(출처: 매일경제, 2017. 11. 7., http://news.mk.co.kr/newsRead.php?year=2017&no=736115)

(2) 신속 정확한 대응력

VOC를 관리할 수 있는 체계는 고객의 요구에 대응할 수 있는 역량에 직접적으로 영향을 미친다. VOC관리의 체계 하에서는 VOC에 대한 특성과 영역이 부서별로 구분되어 있기 때문에 VOC가 접수되는 즉시, 관련 부서로 전달되고 고객서비스가 실행될 수 있다. 많은 기

업이 콜센터 등을 활용하여 VOC관리 체계를 준비하고, 고객의 소리에 관심을 가지고 있다.

(3) 프로세스 개선

고객의 소리를 통해서 평소에 인식하지 못했던 내부의 프로세스에 대한 문제점을 파악할 수 있으며, 문제를 해결하고 프로세스를 개선함으로써 고객서비스에 대한 동일한 실수를 반복하지 않게 된다.

(4) 기업이미지 개선

고객은 자신의 소리가 접수되고 문제가 해결되며 피드백되는 서비스를 통해서 기업에 대한 신뢰가 증가되고, 이 결과 기업의 이미지가 개선된다. CRM기반의 고객지향적인 VOC관리는 종업원들의 서비스마인드를 재정립시키며, 서비스체계를 확인할 수 있는 계기를 마련하고, 기업의 이미지를 개선시킨다.

〈사례 6.4〉는 병원에서 환자고객들과의 일대일 커뮤니케이션을 확대하여 환자의 불만이 발생하자마자 해결하여 만족도를 향상시키고 병원의 이미지를 향상하는 내용이다.

CRM Practice 6.4 전담 간호사 일대일 상담… '고객 중심 건강검진' 눈길

서울아산병원 건강증진센터

서울아산병원 건강증진센터는 고객 맞춤형 건강검진과 신속한 진료 연계로 고객의 건강을 지키기 위해 노력한다. 서울아산병원 건강증진센터는 1990년 개소 후 '고객 중심 건강검진'이란 철학을 바탕으로 고객 맞춤형 건강검진과 신속한 진료 연계로 고객의 건강을 지키기 위해 전력을 다하고 있다.

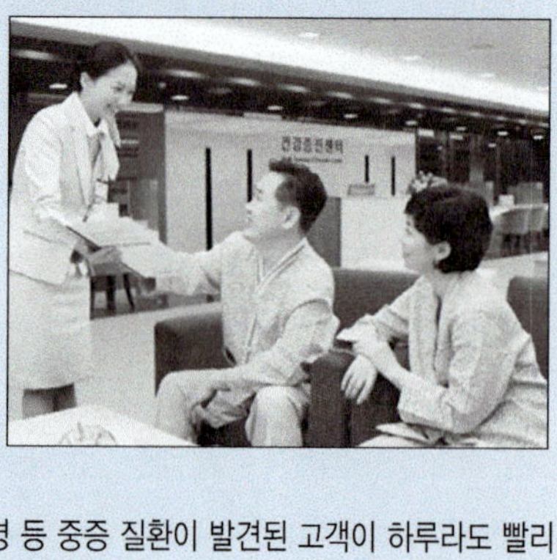

전담 간호사가 일대일 상담을 통해 고객의 특성과 요구를 반영한 맞춤형 검진 프로그램을 설계해 질환의 조기 발견 및 예방에 특화된 건강검진을 제공한다는 평가를 받고 있다. 관계자는 "서울아산병원 건강증진센터는 사소한 점까지 놓치지 않는 고객 맞춤형 건강검진으로 유명하다"며 "암 조기 발견 우수성도 인정받고 있다"고 했다. 고객 편의를 위해서도 만전을 다한다. 1일 최대 수진 인원을 제한해 쾌적한 환경을 유지하고 전문의가 직접 검진 결과를 자세히 설명해준다. 과거에 건강검진을 받았던 고객에게 건강 관련 주의사항을 안내해주는 해피콜 서비스를 제공하며 다양한 건강 강좌도 운영한다.

신속한 진료 연계 시스템도 높은 평가를 받고 있다. 암과 심장병 등 중증 질환이 발견된 고객이 하루라도 빨리 전문 치료를 받을 수 있도록 서울아산병원과 연계해 고객의 불안감을 덜어준다. 서울아산병원은 암과 장기이식,

심장병 등 고난도 수술 건수와 성공률이 세계 유수 병원들과 견줘도 대등할 만큼 독보적인 수술 경험과 생존율을 자랑한다. 또 서울아산병원 건강증진센터는 자체적으로 13개 외래분과를 운영해 전문적인 검진 결과 분석을 제공하고 질환 발견 시 빠르게 진료를 연계해 호평받고 있다.

(출처: 조선일보, 2017. 7. 11., http://news.chosun.com/site/data/html dir/2017/07/10/2017071001601.html)

4) 진실의 순간

MOT(Moment Of Truth)는 진실의 순간으로서, 고객이 기업에 대한 가치를 결정하는 순간을 의미한다. MOT는 스페인의 투우경기장에서 소를 쓰러뜨리기 위하여 투우사가 마지막 칼을 소의 목에 꽂아 찌르는 순간을 말하며, 기업과 고객의 관계에서는 기업이 제공하는 제품 및 서비스의 현장에서 고객이 제품과 서비스에 대한 가치를 판단하는 결정적인 순간을 의미한다. 기업은 고객접점에서 고객과 항상 진실의 순간을 맞이하고 있다. 수많은 진실의 순간 중 어느 하나라도 부정적인 MOT의 결과가 나오게 되면 고객들 사이에 급속도로 전파되어 기업의 경영에 부정적인 영향을 미칠 수 있다. 긍정적인 소식보다는 나쁜 소식의 전파 속도는 10배 이상의 빠른 속도라고 한다.

기업에서의 MOT의 예를 들면 문의 전화 응대, 방문 약속, 회사 정문의 통과 절차, 경비원의 태도, 회의실 안내, 차 대접 태도, 약속 시간 준수, 사정 변경시의 태도, 명함 교환, 악수 태도 등이 있을 것이다. 기업은 모든 고객접점에서 MOT에 관심을 가져야 하며, 모든 진실의 순간에 CRM기반의 고객지향적인 VOC관리에 최선을 다해야 한다.

〈사례 6.5〉는 제품을 구입한 고객에게 일정한 시간이 경과한 후 전화해서 불편한 사항 혹은 추가로 필요한 고객 욕구를 수집하고, 고객에게 맞춤서비스를 제공할 수 있도록 진실의 순간을 관리하는 해피콜 내용이다.

CRM Practice 6.5 삼성디지털프라자, 판매 뒤 감사 전화하며 제품 이상 여부 확인

삼성디지털프라자는 삼성전자 제품을 전문적으로 취급하는 유통 브랜드다. 국내 최대인 510여 개 매장이 있다. 삼성전자 전 제품의 최대 전시매장일 뿐 아니라 쿠쿠·리홈·린나이·필립스 등 국내외 유명 브랜드 제품을 판매해 원스톱 쇼핑이 가능하도록 하고 있다.

◇ 2014 고객접점 서비스 품질 지수

매장마다 축적된 고객 데이터를 활용하기 위해 고객 관계관리(CRM) 프로그램을 운영하고 있다. 고객이 제품을 구매하고 난 후 고객에게 감사 전화를 하면서 제품 이상 여부를 확인하고, 무상 서비스 만료 1개월 전에 고객에게 전화로 만료 기간을 알려준다. 전문 판매 상담사를 육성하는 '디지털 마스터' 제도도 운영한다.

(출처: 중앙일보, 2015. 7. 18. 다운로드 2017. 12. 10.)

제3절 CRM기반의 텔레마케팅

1. 텔레마케팅의 개념

텔레마케팅(Telemarketing)이란 Telecommunication과 Marketing의 합성어이며, 통신방법 중에서도 전화를 사용하는 마케팅활동을 의미한다. 특히 콜센터와 같은 경우에는 전화를 주로 이용해 텔레마케팅 업무를 수행하면서 고객과의 관계를 지속적으로 발전시키고 있다. 텔레마케팅은 고객서비스 및 고객만족을 극대화하기 위하여 전기통신매체, 컴퓨터 및 정보통신매체, 데이터웨어하우스 등을 활용하여 CRM기반의 고객지향적인 마케팅을 실행할 수 있는 현대적인 마케팅방법이다.

정보통신 기술의 발전으로 기업은 다양한 고객접점을 통하여 고객과의 만남을 더욱 확대하고 있다. 고객의 입장에서도 매우 바쁜 일상생활로 인하여 기업의 전시장, 판매장소, 또는 소매유통점의 매장 등을 방문하지 못하는 경우에는 홈쇼핑 등 텔레마케팅의 방법이 활용되기도 한다.

2. 텔레마케팅의 특성

전화를 주로 활용하는 텔레마케팅의 특성으로는 고객상담에 소요되는 시간절약, 고객과의 공간적인 거리 극복, 효과적인 고객정보수집, CRM시스템 기반, 고객 관계 중시 등이 있다. 이러한 텔레마케팅의 특성을 [그림 6-6]과 같이 나타낼 수 있다.

그림 6-6 텔레마케팅의 특성

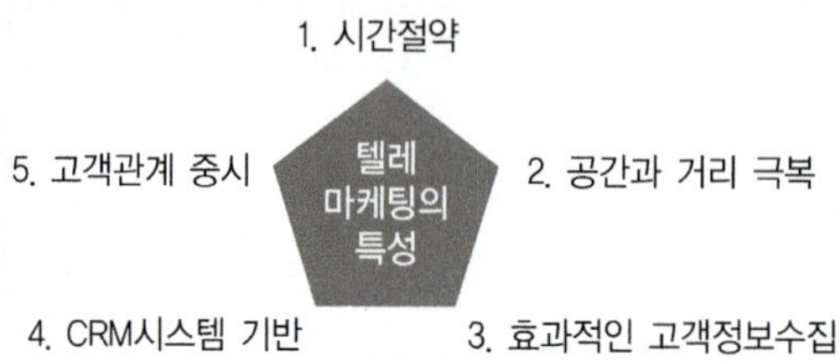

1) 시간절약

기업의 상담원은 텔레마케팅을 활용하여 고객을 직접 방문하지 않고 제품과 서비스에 대한 정보를 제공하고, 고객의 관심을 유발하며, 고객으로 하여금 자발적으로 구매하도록 유도한다. 또한 텔레마케팅은 고객과의 상담을 준비하고 실행하며, 고객과의 거래를 성사시킬 수 있는 데까지 걸리는 시간을 단축할 수 있다. 그러나 텔레마케팅은 성공률이 매우 취약하므로 CRM시스템을 활용한 고객과 시장의 정밀한 세분화를 활용하여 성공률을 높여야 한다.

2) 고객과의 공간적인 거리 극복

텔레마케팅은 전화를 사용하여 상담을 진행하므로, 공간적인 문제가 해결된다. 예를 들면, 호남에서 활동하고 있는 텔레마케터(Telemarketer)가 경상도 지역의 고객과 직접 상담하면서 거래를 진행할 수 있다. 주문을 접수하면 주문을 처리하는 업무는 모기업의 자동화된 영업프로세스에 의하여 고객에게 배달됨으로써 지역적인 문제는 해결될 수 있다.

3) 효과적인 고객정보수집

텔레마케팅은 CRM시스템을 통하여 우호적인 고객을 선별한 다음에 전화로 쌍방향 커뮤니케이션을 할 수 있기 때문에 고객이 우호적으로 응답할 가능성이 커지며, 고객정보를 효과적으로 수집할 수 있다.

4) CRM시스템 기반

과거의 텔레마케팅은 대량의 고객을 대상으로 무작위로 전화를 하여 제품과 서비스를 소개하는 방법을 활용하였기 때문에 전화통화 성공률조차 매우 낮았다. 그러나 CRM시스템을 활용하면 고객과 시장을 개인 수준까지 정밀하게 세분화함으로써, 고객 맞춤제품과 서비스를 제공할 수 있어 텔레마케팅의 성공률을 높일 수 있다. 최근의 텔레마케팅은 CRM기반의 고객지향적인 마케팅방법을 활용하는 경우가 확산되고 있다.

5) 고객 관계중시

과거의 텔레마케팅은 한 번 거래로 고객 관계가 단절되었지만, CRM기반의 텔레마케팅은 고객정보를 지속적으로 통합하여 관리하고 있기 때문에 고객과의 관계는 지속적으로 발전될 수 있다. 따라서 CRM기반의 텔레마케팅에서는 고객과의 관계가 더욱 중시되는데, CRM기반에서는 거래가 한 번으로 종결되지 않고 반복적으로 지속될 수 있기 때문이다.

3. 텔레마케팅의 효과

텔레마케팅의 효과는 판매비용을 절감할 수 있으며, 다른 마케팅활동을 보완하여 시너지효과를 창출할 수 있고, 기업의 이미지를 제고할 수 있으며, 쌍방향 커뮤니케이션 활동으로 고객서비스의 품질을 향상시킬 수 있다. 그리고 고객과 시장조사를 하는 과정에 활용할 수 있으며, 마케팅 생산성을 향상시킬 수 있다. 이러한 텔레마케팅의 효과를 [그림 6-7]과 같이 나타낼 수 있다.

1) 판매비용 절감

전화를 이용한 텔레마케팅은 판매원이 고객을 방문하여 제품과 서비스를 소개하고 판매하는 경우에 소요될 수 있는 인건비, 교통비, 기타 비용 등의 인적판매비용을 절감할 수 있다.

그림 6-7 텔레마케팅의 효과

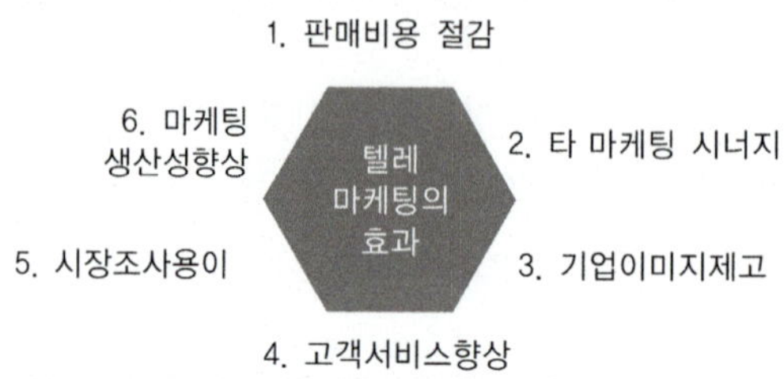

2) 타 마케팅과의 시너지효과

텔레마케팅은 대중매체인 광고, 판매촉진활동, 홍보, DM(Direcr Mail) 등과 같은 다른 매체를 보완하는 역할을 함으로써 고객의 반응률을 향상시킬 수 있다. 특히, 제품이나 서비스에 관하여 신문이나 TV와 같은 매스미디어(Mass Media)를 통하여 대대적인 광고를 시행하여 인지도를 높인 후, 고객에게 전화를 걸어서 캠페인 활동을 실행하는 텔레마케팅은 계약성공률이 매우 높게 나타난다.

3) 기업의 이미지 제고

고객서비스를 시행하는 수단으로 텔레마케팅을 활용하여 고객과 직접 쌍방향 커뮤니케이션을 실행함으로써, 기업에 대한 고객의 이미지가 상승될 수 있다. 예를 들면, 병원에서 치료를 마치고 귀가한 환자에게 의사가 직접 전화를 걸어서 불편한 점이 없었는지와 함께 만족 여부를 확인할 때 환자는 병원에 대한 감동과 고마움을 느끼게 되고 병원과 의사에 대한 우호적이고 긍정적인 이미지는 매우 강하게 남게 된다.

4) 고객서비스 향상

텔레마케팅은 매스미디어를 활용한 대중광고와는 달리 고객의 반응을 즉시 파악하고 대응할 수 있다. 대중광고와 같이 일방적으로 고객에게 접근하는 것이 아니라 쌍방향 커뮤니케이션으로 고객의 반응에 따라서 정확하고 세밀하게 고객서비스를 제공할 수 있다. 텔레마케팅은 고객과의 상호작용으로 유연하고 융통성있는 고객서비스를 제공할 수 있으므로 고객의 만족도를 향상시킬 수 있다.

5) 시장조사 용이

CRM시스템의 데이터웨어하우스와 고객정보마트를 활용할 수 있는 텔레마케팅은 쌍방향 커뮤니케이션을 통하여 고객에 관련한 정보를 세밀하게 파악할 수 있으며, 고객의 욕구를 파악하는 시장조사의 도구로 활용할 수 있다.

6) 마케팅 생산성 향상

텔레마케팅은 영업사원이 직접 방문하여 상담하는 활동보다 시간과 비용을 절감할 수 있으므로 제품과 서비스의 판매에 대한 생산성을 향상시킬 수 있다.

4. 텔레마케팅의 실행방법

텔레마케팅은 판매촉진활동, 고객상담, 주문 및 예약 등의 마케팅활동을 수행할 수 있다. 텔레마케팅은 고객이 기업으로 전화를 거는 인바운드 텔레마케팅 방법과 기업이 고객에게 전화를 거는 아웃바운드 텔레마케팅 방법이 있다. 텔레마케팅 업무를 수행하는 사람을 텔레마케터(Telemarketer)라고 한다.

일반적으로 텔레마케팅이라고 하면 아웃바운드 텔레마케팅을 의미하고 있다. 인바운드 텔레마케팅보다 아웃바운드 텔레마케팅이 훨씬 적극적이고 공격적인 마케팅 수단이다.

1) 인바운드 텔레마케팅

인바운드 텔레마케팅(Inbound Telemarketing)은 기업의 광고나 판촉물에 관심을 갖게 된 고객이 자발적으로 기업에 연락하여 주문, 질의, 상담, 건의, 요구 등의 활동을 하는 마케팅방법이다. 인바운드 텔레마케팅은 고객이 먼저 전화를 걸고 주도하므로, 고객주도형 텔레마케팅이라고도 한다. 고객이 먼저 전화를 걸어서 상담을 진행하는 경우에는 고객이 이미 관심을 가지고 있는 상태이므로, 상담원은 비교적 쉽게 고객의 욕구를 자극할 수 있으며, 제품과 서비스의 장점을 추가로 설명하여 판매로 연결시키는 데 용이하다.

그리고 고객이 클레임을 제기할 경우에도 상담원은 고객을 만족하게 하는 제품을 하나 더 판매하는 활동보다 더 중요하므로 융통성이 있으면서도 성심성의껏 상담을 진행하여 고객불만을 해결할 수 있어야 한다.

〈표 6-1〉은 인바운드 텔레마케팅의 활용분야에 대한 구체적인 사례를 나타내고 있다.

〈표 6-1〉 인바운드 텔레마케팅의 활용사례

분야	판매분야	비판매분야
금융기관	예금, 대출, 파생상품, 폰 및 인터넷뱅킹	지점안내, 고객불만, 분실물
통신기업	신규가입, 제품문의, 기본 및 부가서비스문의	지점안내, 고객불만, 분실물 통신료 납부 방법
백화점	상품문의, 가격문의, 주문, 반품프로세스	캠페인, 할인판매, 사은품, 고객불만, 분실물, 회원조건, 문화활동 등의 부가시설
병원	진료접수, 진료비문의, 건강검진접수	증상상담, 치료결과상담, 진료과목, 예약가능일, 고객불만, 분실물
제조기업	상품문의, 가격문의, 반품프로세스, 서비스문의	영업점문의, 배달, 정책문의, 캠페인 및 가격, 고객불만, 분실물, 사회봉사활동

2) 아웃바운드 텔레마케팅

기업은 마케팅, 판매, 캠페인, 이벤트, 정보제공 등을 통해 고객에게 정보를 제공한다. 기업이 고객에게 정보를 제공하기 위하여 연락을 하고, 고객의 반응에 대한 정보를 입수하는 활동을 아웃바운드 텔레마케팅(Outbound Telemarketing)이라고 한다.

아웃바운드 텔레마케팅은 기업이 주도하는 기업주도형 텔레마케팅이라고도 한다. 아웃바운드 텔레마케팅은 기업주도의 공격적인 마케팅방법이기 때문에 적극적이고 목표지향적이며 성과지향적이다.

(1) 아웃바운드 텔레마케팅의 프로세스

기업에서 캠페인을 통하여 판매를 확대하려는 목적이 있을 경우 다음과 같은 프로세스를 따르게 된다.

첫째, 캠페인을 실행하려는 제품과 서비스에 적합한 고객을 CRM시스템의 데이터웨어하우스를 통하여 정밀하게 세분화된 고객 중에서 선별한다.

둘째, 선별된 고객리스트를 기준으로 고객에게 전화를 건다.

셋째, 고객정보를 화면으로 보며 고객과 쌍방향 커뮤니케이션을 실행하면서 고객에게 제품과 서비스에 대한 정보를 제공한다.

넷째, 커뮤니케이션 과정에서 알게 된 새로운 정보를 입력하여 기존의 고객정보에 통합한다.

다섯째, 상담결과를 CRM시스템의 데이터웨어하우스에 기록하여 고객정보를 발전시킨다.

[그림 6-8]은 아웃바운드 텔레마케팅의 프로세스에 대한 내용을 보여 주고 있다.

그림 6-8 아웃바운드 텔레마케팅의 프로세스

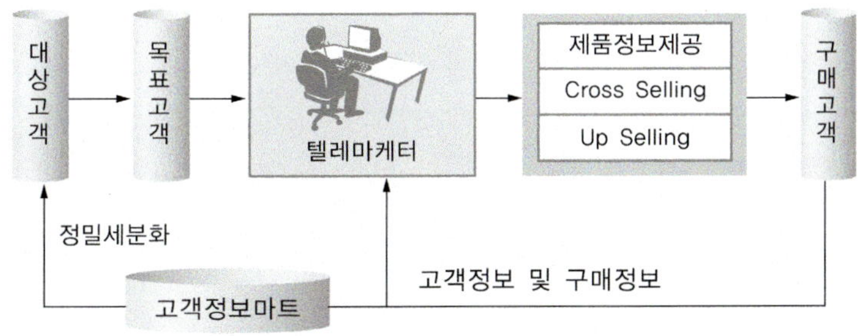

(2) 아웃바운드 텔레마케팅의 활용

아웃바운드 텔레마케팅은 첫째, 판촉활동, 고객관리, 시장조사 등의 분야에 활용될 수 있으며, 텔레마케팅의 성과는 어떤 고객정보를 어떻게 분석하고 판촉활동을 실행하는가에 달려 있다. 둘째, 텔레마케팅의 궁극적인 목적은 고객과의 관계를 지속적으로 발전시키는 데 있다. 고객과의 관계발전은 미래의 경쟁력을 확보할 수 있기 때문이다. 셋째, 시장개발 혹은 상품개발을 위하여 고객과 시장의 반응이나 선호도를 조사할 경우에 시장조사를 시행할 수 있다.

〈표 6-2〉는 아웃바운드 텔레마케팅의 활용분야에 대한 내용을 나타내고 있다.

〈표 6-2〉 아웃바운드 텔레마케팅의 활용

판매분야	비판매분야
상품캠페인 판매 신규고객 확보 휴면고객활성화 이탈고객 방지 고정/우수/로얄고객 확대	기업 및 상품정보 제공 시장조사, 고객반응조사 판매지원, 상담약속, 방문예약 캠페인, 이벤트, 행사 안내 연체대금 수취촉진 해피콜, 감사콜, VIP관리

〈사례 6.6〉은 금융기관이 텔레마케팅을 실현할 수 있는 온라인 금융센터를 운영하는 내용이다. 이러한 곳에서 활동하고 있는 상담원은 재무설계까지 가능한 전문가이다.

CRM Practice 6.6 국민은행, 온라인 금융센터 출범

▲ 인터넷 · 스마트폰 뱅킹 고객에 오프라인 영업점 수준 서비스 제공

스마트 기기와 정보기술(IT) 혁신을 앞세운 정보화 사회가 가속화됨에 따라 은행들이 온라인 서비스를 강화하고 있다. 고객들은 영업점을 방문하지 않아도 은행 일을 볼 수 있게 돼 매우 편리해졌다. 이에 따라 인터넷 뱅킹, 스마트폰 뱅킹 채널을 이용하는 고객 수가 폭발적으로 늘어났다.

온라인 금융서비스를 오프라인 영업점 수준으로 끌어올린 은행이 나와 주목을 끌고 있다. KB국민은행은 지난 1일 인터넷 뱅킹과 스마트폰 뱅킹 이용 성향이 높은 고객들을 집중적으로 관리하는 '온라인 금융센터'를 출범시켰다. 온라인 금융센터는 온라인상에서도 영업점 수준의 고객서비스를 제공한다는 '스토리 금융'의 일환이다. 은행의 필요에 따라 상품을 권유하던 기존 관행에서 벗어나 고객이 원하는 상담과 관리 서비스를 제공해 고객 가치를 높이는 게 스토리 금융의 정신이다. 말하자면 온라인 금융센터는 KB국민은행의 스토리 금융정신을 실천하는 곳이다.

온라인 금융센터는 단순 상담 업무에 치중하던 콜센터와는 달리 전문적인 고객관리 서비스를 제공할 수 있도록 차별화된 업무 프로세스를 마련했다. 우선 1:1 전담 고객관리를 위한 '온라인PB'를 배치해 운영한다. 단순 상담부터 전문적인 재무설계까지 가능한 온라인PB는 고객과 신뢰관계를 바탕으로 고객별 특성에 맞춘 금융 상담 및 서비스를 제공하고 고객 가치를 높일 수 있는 업무를 수행할 예정이다.

엄격한 기준에 따라 내부 공모를 거쳐 선발된 온라인PB는 모두 10명. 이들은 일선 영업점에서 여러 해 동안 금융상담 업무를 하면서 고객관리 역량을 인정받은 직원으로 수신 · 여신 · 외환 등 일반업무 상담부터 전문적인 재무설계 능력 배양을 위해 집중교육을 받았다. 온라인 PB는 고객별 자산분석에 기반한 맞춤형 포트폴리오를 제안한다. 기존 단순 데이터 기준에 따라 고객들에게 대량으로 문자를 발송하는 형태의 상품 추천과는 차별화된 접근이다.

(출처: 중앙일보, 2014. 4. 14.)

제4절 CRM기반의 콜센터

1. CRM기반의 콜센터의 개념

고객은 기업과 접촉하여 자신의 욕구를 직접 전달하여 해결하기를 원하고, 기업은 고객과 직접 접촉하여 고객의 욕구를 파악할 수 있기를 원한다. 다양한 고객접점에서 발생하고 있는 고객과의 쌍방향 커뮤니케이션은 기업과 고객 모두에게 혼란을 야기할 수 있다. 기업은 고객접점의 혼란을 방지하기 위하여 콜센터의 도입을 통해 기업과 고객의 접점을 한곳으로 통합할 수 있고, 효율적으로 고객의 의견을 수집할 수 있으며, 효과적으로 고객서비스를 제공할 수 있다. 최근에는 많은 기업들이 콜센터를 도입하여 운영하고 있으며, 계속 확산되고 있다.

콜센터(Call Center)는 여러 가지 정보통신기술과 데이터웨어하우스에 저장되어 있는 고객정보를 활용하여 고객과 효과적인 쌍방향 커뮤니케이션을 실행할 수 있는 조직이다. 초기의 콜센터는 고객의 불만, 건의, 제안 등 고객의 의견을 접수하고 문제를 해결하기 위한 조직으로 출발하였지만, 최근에는 고객에게 기업의 정책이나 제도 및 신제품과 기술에 관련한 정보를 제공하는 등 기업과 상품의 이미지 제고에 관련한 적극적인 활동을 하고 있다. 콜센터는 고객과의 관계를 우호적으로 지속하고 발전시킬 수 있는 업무를 수행하고 있으며, 고객과 가장 가까운 위치에 있는 고객접점이다.

콜센터는 다양한 고객의 소리인 VOC를 관리하고 있다. 수많은 고객의 전화상담에 효과적으로 대응할 수 있도록 컴퓨터 전화 통합(CTI, Computer Telephony Integration)시스템의 도움을 받으면서 CRM기반의 고객서비스를 제공하고 있다. 기업은 고객을 대상으로 지속적으로 고객서비스를 개선하고 발전시킴으로써 고객과의 관계를 발전시킬 수 있다. 콜센터는 고객만족을 통하여 기업의 이익을 창출할 수 있는 방안으로 CRM시스템의 고객정보 데이터웨어하우스와 CTI시스템을 연계한 CRM기반의 콜센터로 역할이 확대되고 있다.

CRM기반의 콜센터를 고객상호작용센터(CIC, Customer Interaction Center)라고도 한다.

〈사례 6.7〉은 롯데면세점의 콜센터 사례이다.

CRM Practice 6.7 롯데면세점의 콜센터

롯데면세점, 업계 최초 고객상담센터

롯데면세점은 업계 최초로 고객상담센터와 '3시간 전 숍' 등을 운영하고 있다. 최근에는 롯데인터넷면세점 중국어사이트를 개설하는 등 고객 감동을 실현하고 있다. 롯데면세점은 CS(Customer Service · 고객서비스) 담당을 CRM(Customer Relationship Management · 고객 관계관리) 담당으로 변경하고, 세분화된 데이터베이스를 구축했다. 주로 출국 고객과 VIP 고객을 대상으로 맞춤서비스를 진행해 효율적인 고객 관리를 시작했다. 모바일에 친숙한 20~30대를 위해 이메일은 물론 모바일 쿠폰을 증정해 호평받기도 했다.

롯데인터넷면세점은 인천공항 출국 시 출국 3시간 전까지 구매할 수 있는 '3시간전 숍'을 운영, 시간 여유가 없는 고객이 편리하게 쇼핑을 할 수 있도록 했다. 또 업계 최초로 모바일에서도 면세점 쇼핑을 즐길 수 있도록 아이폰 및 안드로이드폰 등 스마트폰에서 모두 이용이 가능한 '모바일 면세점'도 운영하고 있다.

(출처: 한국경제, 2014. 1. 16.)

2. CRM기반의 콜센터의 기능

1) 콜센터의 기능

CRM기반의 콜센터 기능으로는 텔레마케팅, 캠페인, 고객서비스가 있으며, 이 세 가지의 기능을 통합하여 실행할 수 있다. 고객과의 쌍방향 커뮤니케이션을 통해서 수집된 고객정보는 CRM시스템의 데이터웨어하우스에 통합되므로, 이들 고객을 대상으로 CRM전략을 수립하여 다시 텔레마케팅, 캠페인, 고객서비스를 실행할 수 있다. 콜센터에서 고객의 불만, 요구, 건의 등의 VOC를 수집하고 분석하여 데이터하우스에 통합할 수 있으며, 이를 기반으로 고객과의 관계를 발전시킬 수 있는 캠페인과 고객서비스를 제공할 수 있다. CRM기반의 콜센터는 기업의 대표적인 고객접점이며, 기업과 고객의 관계를 더욱 발전시켜 고객만족을 향상시키고 기업의 이익을 창출할 수 있게 한다.

[그림 6-9]는 콜센터의 기능을 나타내고 있다.

그림 6-9 콜센터의 기능

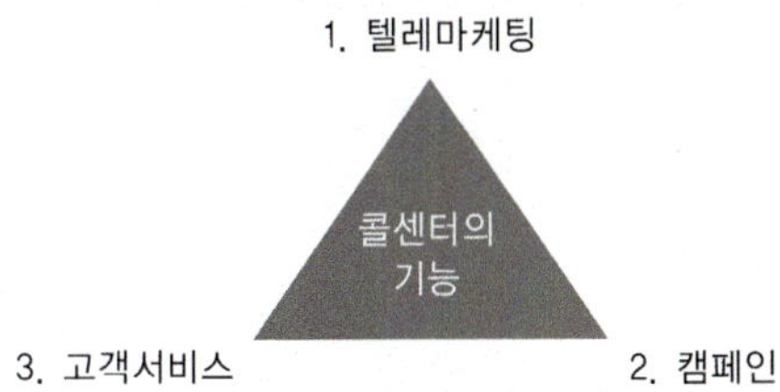

2) 인터넷 콜센터의 기능

인터넷 콜센터는 전화응대와 같은 기본기능 이외에도 웹 기반의 다양한 지원기능들이 있다. 인터넷 콜센터는 웹상담, 웹통화, 화상통화, 화면공유, 이메일 응답, 전화요청 등을 지원할 수 있다. [그림 6-10]은 인터넷 콜센터의 기능을 나타내고 있다.

그림 6-10 인터넷 콜센터의 기능

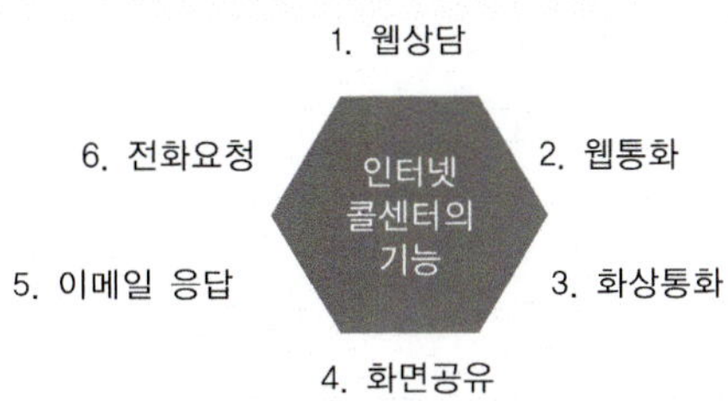

(1) 웹상담

웹채팅(Web Chatting)은 고객이 기업 측의 상담원과 함께 웹을 통하여 대화하듯이 문자로 커뮤니케이션 할 수 있는 기능이다. 고객과 직접 대화를 통하여 커뮤니케이션하기 어렵지만, 인터넷이 용이한 경우에 활용될 수 있다.

(2) 웹통화

웹통화(Web Call)는 웹으로 음성패킷망인 VoIP(Voice over Internet Protocol)기술을 활용하여 기업 측의 상담원과 고객이 직접 대화를 할 수 있는 기능이다. 기업 측은 웹을, 고객측은 전화를 사용하게 된다.

(3) 화상통화

화상통화(Video Communication)는 웹으로 고객과 기업 측의 상담원이 화상을 통해서 커뮤니케이션을 할 수 있는 기능이다. 화상통화는 양측이 모두 화상통화가 가능한 환경이 되어야 하므로, 일반적으로 사용할 수 있을 정도로 확산되지 않고 있지만, 고객이 문제를 기업 측으로 직접 보여 주기 위해서 유용하게 활용할 수 있는 방법이다.

(4) 화면공유

화면공유(Screen Sharing)는 기업 측의 상담원과 고객이 웹상으로 상담을 진행하는 중에 기업 측의 그림정보를 고객에게 제공하고자 할 경우에 고객에게 보내거나 혹은 고객이 보유한 그림정보를 기업으로 보내고자 할 경우에 활용될 수 있는 기능이다. 기업과 고객이 동시에 동일한 그림정보를 가지고 상담을 진행할 수 있기 때문에 고객의 만족도를 더욱 향상시킬 수 있는 유용한 방법이 될 수 있다.

(5) 이메일 응답

이메일 응답(e-Mail Response)은 전화의 콜과 같이 처리되며, 응답이 가능한 상담원에게 전달되고 응답이 즉시 가능한 기능이다. 고객이 말로써 표현하기 어려운 내용을 전달할 경우에 문자를 써서 상세하게 설명할 수 있는 장점이 있지만, 기업 측에서 즉시 응답할 수 있는 상담원을 찾지 못하든지, 어떤 이유로 응답이 지연될 경우에는 오히려 고객의 불만이 증가될 수 있음을 주의해야 한다.

(6) 전화요청

전화요청(Call Back)은 고객이 기업의 웹을 활용하여 상담원에게 전화를 걸어 주기를 원할 경우에 웹에 전화번호를 남길 수 있으므로 편리하다. 고객이 콜센터로 전화를 걸었을 때 통화중일 경우 활용될 수 있는 방법이며, 콜센터의 상담원이 부족한 경우에 유용한 방법이다.

3. 콜센터의 역할

콜센터의 기능은 인바운드 콜서비스와 아웃바운드 콜서비스의 기능으로 구분하여 생각할 수 있다.

1) 인바운드서비스

콜센터의 인바운드 서비스(Inbound Service)는 고객주도형 서비스이다. 고객이 어떤 의견을 전달하기 위해서 콜센터로 전화를 걸 경우에는 사전에 많은 생각을 한 다음이기 때문에 상담원은 품격이 있으면서도, 전문적인 고객서비스의 자세를 가져야 한다. 즉, 상담원은 고객지향적인 서비스를 제공해야 한다.

콜센터에서의 인바운드 서비스에 대한 역할은 고객의 불만, 필요, 욕구, 건의 등 고객의 주장이나 의견을 접수하고 분석하며, 고객별로 적합한 맞춤 고객서비스를 제공하여 불만고객을 만족고객으로 전환시키는 것이다.

2) 아웃바운드 서비스

콜센터의 아웃바운드 서비스(Outbound Service)는 기업주도형 서비스이다. 기업이 고객에게 기업의 정보를 전달하기 위해서 전화를 걸기 때문에 미리 효과적인 정보전달 방법을 준비해야 한다. 고객은 콜센터의 전화를 기다리지 않고 있으며, 오히려 전화를 빨리 끊을 기회를 찾고 있는 경우가 많다. 따라서 상담원은 짧은 시간에 고객의 관심을 끌 수 있는 방법을 준비해야 한다.

콜센터에서의 아웃바운드 서비스에 대한 역할은 기업의 정책, 전략 등의 기업이미지 제고에 관한 정보, 신제품 정보, 캠페인 정보, 행사 및 이벤트 정보를 고객에게 원활하게 전달함으로써 고객과의 관계를 지속적으로 발전시키는 것이다. 특히 텔레마케팅의 분야이기도 한 캠페인의 경우에는 고객에게 특별한 혜택을 제공할 수 있지만, 상품을 판매하는 활동이기 때문에 고객에게 접근하는 방법에 많은 주의를 기울여야 한다. 고객의 입장에서는 콜센터의 전화를 받는 순간부터 관심이 있는 정보인지 관심이 없는 정보인지를 먼저 판단하려고 한다. 만약 관심없는 정보라고 판단되는 순간에는 대부분 전화를 끊으려고 할 것이다. 따라서 고객과의 대화매뉴얼인 스크립트(Script)를 준비하여 체계적으로 고객에게 접근하면서 고객의 관심을 유도하는 활동이 매우 중요하다.

4. 콜센터의 다이얼링 시스템

콜센터에서의 다이얼링방법은 매우 중요하다. 최근에는 CTI 등의 기술이 다이얼링(Dialing)에 많은 도움을 주고 있다. CTI(Computer Telephony Integration)는 컴퓨터와 전화를 통합하는 기술이며, 컴퓨터가 전화를 효율적으로 제어, 통제, 분석, 모니터링 등이 가능한 시스템이다. 특히, 아웃바운드 텔레마케팅을 수행하기 위해서는 다이얼링 시스템이 매우 중요하다. 최근의 다이얼링 시스템은 컴퓨터와 결합하여 상담원과 고객의 통화를 최적화시켜 주고 있다. 초기의 다이얼링 시스템으로부터 최근의 다이얼링 시스템의 기능을 보면 다음과 같다.

1) Manual Dialing

Manual Dialing은 컴퓨터의 도움없이 전화를 거는 일반적인 전화의 다이얼링방법이다.

2) Preview Dialing시스템

Preview Dialing시스템은 자동 발신 버튼으로 시스템이 고객에게 자동으로 전화를 걸 수 있는 다이얼링 시스템이다.

3) Power Dialing시스템

Power Dialing시스템은 상담할 수 있는 인원의 2~3배의 고객에게 시스템이 자동으로 다이얼링할 수 있는 다이얼링 시스템이다.

4) Progressive Dialing시스템

Progressive Dialing시스템은 통화가 가능한 상담원이 있으면 시스템에서 자동으로 전화를 걸게 되며 상담원 대기시간을 단축시킬 수 있는 다이얼링 시스템이다.

5) Predictive Dialing시스템

Predictive Dialing(예측 다이얼링)시스템은 상담원의 여유시간을 예측하여 시스템이 자동으로 상담원을 고객과 전화연결해 주는 다이얼링 시스템이다. 텔레마케팅의 효과적인 성과를 기대하기 위해서는 가장 최근에 보급되고 있는 예측다이얼링 시스템이 유용하다.

〈사례 6.8〉은 콜센터의 CTI에 대한 사례이다.

CRM Practice 6.8 콜센터의 CTI에 대한 사례

통화할 고객 골라주고 대화법도 제시

삼성화재 보험설계사는 아침에 고객들에게 전화를 거는 일로 하루를 시작한다. 통화해야 할 고객 명단은 회사의 CRM(고객 관계관리) 전산시스템이 자동으로 선정해서 알려준다. 과거처럼 수첩을 뒤적여 눈에 띄는 고객에게 덜컥 전화를 돌리는 식이 아니다. 출근해 업무용 전산 프로그램에 접속하면 교통사고 접수, 긴급출동 서비스 이용, 해약환급금 지급 등 최근 보험서비스를 받은 고객들의 이름과 연락처가 먼저 뜬다. 서비스에 대한 불만이 있을지도 모르니 잘 챙겨야 하는 고객들이다. 화면엔 그날 생일이나 결혼기념일을 맞은 고객 명단과 연락처도 나온다. 기분 좋게 축하 인사를 건네며 다른 보험 가입을 권할 수 있는 고객들이다.

특별한 일이 없는 고객들도 3개월에 한 번씩은 통화해 관리할 수 있도록 CRM 시스템이 날마다 알려준다. 마땅한 대화 소재가 없을 경우에 대비해 날씨와 건강, 안부를 소재로 부드럽게 대화를 시작하게 도와주는 화법 팝업 창도 있다. 예를 들면, "날씨가 무더운데 가족들 모두 건강하신가요?" "사고에 대비해 49번 단축번호에 제 전화번호를 넣어주세요"와 같은 것들이다. 고객과 나눈 대화를 메모하는 기능도 있다. 예컨대 "휴가 때 해외에서 골프 친다"는 말을 적어뒀다가 "여행자보험, 골프보험 준비하셨나요?"라며 세일즈 할 수 있다.

삼성화재는 CRM 시스템의 이름은 "텐 콜(ten call)"로 지었다. 1주일에 계약 한 건을 따려면 전화를 매일 최소 10통은 돌려야 한다는 보험업계의 잠언을 반영한 이름이다.

(출처: 조선일보, 2014. 6. 22.)

5. CRM기반 콜센터의 기대효과

CRM기반 콜센터는 고객과의 쌍방향 커뮤니케이션 활동으로 기업과 고객과의 관계를 지속시킬 수 있는 제반 활동을 수행하는 고객접점의 조직이다. CRM기반의 콜센터에 대한 기대효과는 기업의 내부적인 효과와 외부적인 효과로 구분하여 생각할 수 있다.

1) 내부적인 효과

CRM기반 콜센터의 내부적인 효과로는 조직별 시스템 및 프로세스 통합, 조직별 고객서비스 역할 정립, 기획과 실행조직의 협력, 온오프라인의 협력, 고객정보수집 및 관리 용이, 고객맞춤서비스 제공 용이 등이 있으며 [그림 6-11]과 같다.

그림 6-11 CRM기반 콜센터의 내부적 기대효과

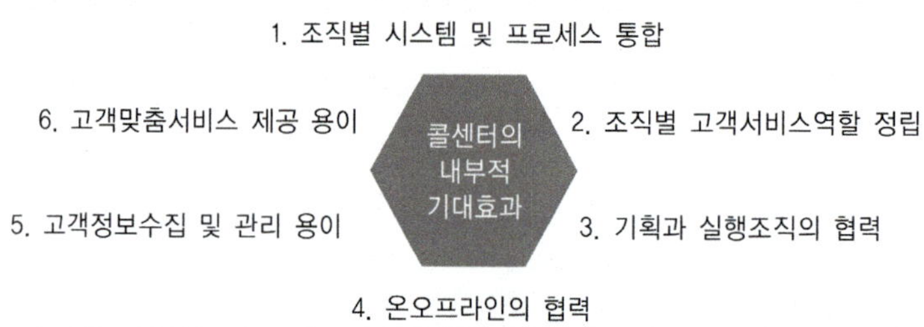

(1) 조직별 시스템 및 프로세스 통합

기업의 조직은 복잡하므로 조직별로 구축하기 시작한 시스템의 종류와 업무를 처리하는 프로세스도 복잡하며, 중복되는 경우도 발생한다. 기업의 다양한 시스템 중에서 전사적 관리 시스템인 ERP시스템, 물류정보를 관리하는 SCM시스템, 고객 관계를 관리하는 CRM시스템들이 콜센터를 중심으로 연계되고 통합되어야 CRM기반의 기업경영이 가능하게 된다.

(2) 조직별 고객서비스 역할 정립

기업의 경영전략은 제품생산 지향적 경영으로부터 고객지향적 경영으로 바뀌어 가고 있다. 기업의 모든 조직은 조직 고유의 업무 특성에 맞추어 CRM기반의 콜센터를 중심으로 고객지향적인 고객서비스업무를 수행할 수 있다.

(3) 기획과 실행조직의 협력

CRM전략을 기획하는 조직과 CRM전략을 실행하는 조직은 서로 다르지만, CRM기반의 콜센터를 중심으로 긴밀하게 상호 협조할 수 있다.

(4) 온오프라인의 협력

기업이 고객과 직접 거래를 수행할 수 있는 온라인의 대표적인 전자상거래와 기업이 판매를 의존하고 있는 간접판매조직인 오프라인판매의 소매유통점은 상호 협력하기 어려웠지만, CRM기반의 콜센터를 중심으로 공동의 목표인 미래 고객의 확보를 위하여, 온라인과 오프라인은 상호협력하면서 공동의 CRM전략을 실행한다.

(5) 고객정보수집 및 관리 용이

CRM기반의 콜센터를 운영함으로써, 텔레마케팅, 캠페인, 고객서비스정보 제공 등의 CRM전략을 실행하는 과정에서 고객정보를 수집하고 관리하기가 용이하다.

(6) 고객맞춤서비스 제공 용이

CRM시스템은 고객집단을 매우 정밀하게 세분화할 수 있으므로, 고객별로 관심을 유도할 수 있는 맞춤식 서비스를 제공할 수 있다.

2) 외부적인 효과

CRM기반 콜센터의 외부적인 효과로는 고객의 기업접근 용이, 기업정보 습득 용이, 고객서비스 향상, 고객만족도 향상, 기업이미지 제고 등이 있으며, [그림 6-12]와 같다.

그림 6-12 CRM기반 콜센터의 외부적 기대효과

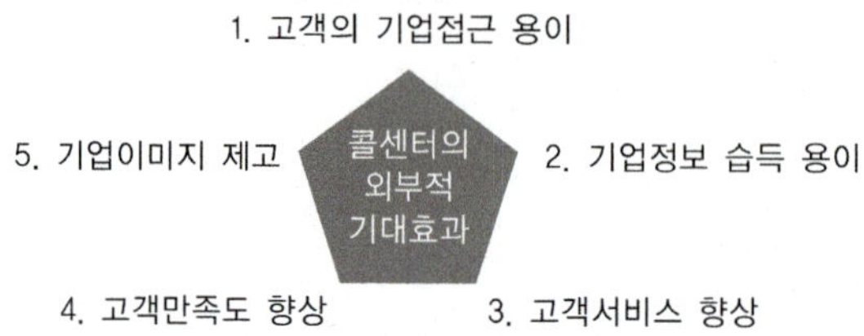

(1) 고객의 기업접근 용이

대부분의 고객은 제품과 서비스를 구입한 후에는 사용방법, 사용상 주의할 사항, 궁금한 사항, 사용상 불만사항, 서비스요청, 개선요청, 심지어는 반품요청에 이르기까지 기업과 커뮤니케이션할 수 있기를 원한다. 그러나 종전에는 기업과의 접촉방법이 원활하지 못하여 소비자 보호기관 등을 통하여 문제를 강제로 해결하는 경우도 많았다.

그러나 CRM기반의 콜센터가 도입된 이후로는 고객이 기업으로 접근하는 데 매우 용이하며, 기업이 자발적으로 문제해결을 위하여 고객에게 서비스를 제공한다.

(2) 기업정보 습득 용이

고객이 기업에 관련한 정책, 신제품, 구매방법, 가격 등에 대한 정보를 알고 싶은 경우에 CRM기반의 콜센터로 전화를 하면, 원하는 기업관련 정보를 용이하게 습득할 수 있다.

(3) 고객서비스 향상

고객의 불만은 대부분 사소한 부분에서 시작된다. 사소한 불만이 해결되지 않고 시간이 지연됨에 따라서 고객의 불만은 증폭될 수 있으며, 마지막 단계에서는 법정 다툼과 함께 인터넷으로 불만사례를 전파함으로써, 기업에게 매우 부정적인 영향을 미칠 수 있다. CRM기반의 콜센터를 운영하면 고객의 불만을 초기에 파악할 수 있으므로, 맞춤식 고객서비스를 제공할 수 있다. 고객에 대한 맞춤서비스는 고객불만을 제거하고 고객만족이 향상될 수 있게 한다.

(4) 고객만족도 향상

사소한 고객의 불만에도 맞춤식 고객서비스를 제공함으로써, 오히려 고객의 불만이 고객만족으로 전환될 수 있기도 하며, 고객만족도의 향상을 기대할 수 있다.

(5) 기업이미지 제고

CRM기반의 콜센터가 고객접점에서 고객과의 쌍방향 커뮤니케이션을 원활하게 실행하면 고객은 기업의 특별한 서비스를 제공받는다고 인식하게 된다. 고객이 인식하게 되는 특별한 서비스는 CRM기반의 맞춤식 서비스이기 때문에 가능하다. 고객의 우호적이고 긍정적인 인식은 기업이미지를 제고시킨다.

Chapter 6 정리

1. CRM기반의 고객서비스의 원칙

1) 업종인식의 전환

제조기업 등 서비스산업에 종사하지 않는 기업의 경우에도 서비스산업에 종사하고 있다는 업종인식의 전환이 필요하다.

2) 고객서비스의 공정성

고객서비스의 공정성은 기업이 고객에게 서비스를 제공하는 과정에서 공정성이 확보되어야 함을 말한다. 공정성에는 공정한 결과, 공정한 절차, 공정한 상호작용 등이 있다.

3) CRM시스템 연동

CRM기반의 고객서비스는 고객별로 필요한 욕구를 파악하여 고객맞춤의 서비스를 시행하며, 일반적인 서비스를 광범위하게 적용하는 것보다 서비스 대상의 고객을 선택하여 집중하면 적은 비용으로 더 많은 효과를 얻을 수 있다.

2. VOC관리의 효과와 진실의 순간

1) VOC관리의 효과

기업이 고객의 소리인 VOC를 체계적으로 관리함으로써 기대할 수 있는 효과로는 고객욕구 파악력, 신속 정확한 대응력, 프로세스 개선, 기업이미지 개선 등이 있다.

2) 진실의 순간

기업은 모든 고객접점에서 MOT에 관심을 가져야 하며, 모든 진실의 순간에 CRM기반의 고객지향적인 VOC관리에 최선을 다해야 한다.

3. 텔레마케팅의 특성과 효과

텔레마케팅의 특성은 고객상담에 소요되는 시간절약, 고객과의 공간적인 거리 극복, 효과적인 고객정보수집, CRM시스템 기반, 고객 관계 중시 등이 있으며, 텔레마케팅의 효과로는 판매비용을 절감, 마케팅활동과의 시너지 효과를 창출, 기업의 이미지를 제고, 고객서비스의 품질을 향상, 고객과 시장조사 활용, 마케팅 생산성 향상 등의 효과가 있다.

4. CRM기반의 콜센터의 기능

CRM기반의 콜센터 기능으로는 텔레마케팅, 캠페인, 고객서비스가 있으며, 이 세 가지의 기능을 통합하여 실행할 수 있다. CRM기반의 콜센터는 기업의 대표적인 고객접점이며, 기업과 고객의관계를 더욱 발전시켜 고객만족을 향상시키고 기업의 이익을 창출할 수 있게 한다.

5. CRM기반 콜센터의 기대효과

CRM기반 콜센터의 내부적인 효과로는 조직별 시스템 및 프로세스 통합, 조직별 고객서비스 역할정립, 기획과 실행조직의 협력, 온오프라인의 협력, 고객정보수집 및 관리 용이, 고객맞춤서비스 제공 용이 등이 있으며, 외부적인 효과로는 고객의 기업접근 용이, 고객의 기업정보 습득 용이, 고객서비스 향상, 고객만족도 향상, 기업이미지 제고 등이 있다.

Chapter 7. 인터넷 CRM

전자상거래의 특성은 소비자와의 직접적인 거래, 고객정보의 통합관리, 고객별 맞춤정보 제공, 반복적 거래, 국경 없는 상거래, 시간 제약 없음, 고객 욕구 파악 용이, 고객별 맞춤 서비스, 판매비용 절감 등이 있으며, 전자상거래의 응용분야를 보면 쇼핑몰, 증권, 뱅킹, 보험, 여행, 경매, 무역, 의료, 교육 등 거의 모든 생활분야로 확산되고 있다.

기업이 이메일을 활용할 수 있는 분야를 보면 차별화 서비스, 홍보수단, 쌍방향 커뮤니케이션, 고객유지 및 발전, 시장조사, 사후서비스 등이 있으며, 모바일커머스는 무선단말기 활용, 시간과 장소의 무제한성, 기업과 고객의 공동기대심리 등이 있으며, 모바일커머스 유형으로는 상품정보 서비스, 엔터테인먼트 서비스, 모바일 포털 서비스 등이 있다.

그리고 최근에 활성화되고 있는 소셜커머스인 SC는 '사회적 전자상거래'를 의미하며, 소셜네트워크 서비스(SNS)를 통하여 이루어지는 전자상거래를 의미한다. SC를 활용한 마케팅전략의 장점은 정보 트래픽의 증가, 고객관리비용의 절감, 합리적인 공동구매의 도구, 저비용・고효율의 성과, 고객의 재구매율 증가 등이 있다.

제1절 전자상거래 CRM

1. 전자상거래의 개념

1) 전자상거래의 의미

전자상거래(Electronic Commerce)는 컴퓨터와 인터넷을 활용하여 이메일, 전자문서교환, 전자자금이체 등의 전자적인 방법으로 제품과 상품을 가상공간(Virtual Space, 또는 Cyber Space)에서 교환할 수 있는 상거래를 의미한다. 전자상거래는 제품과 서비스의 상거래뿐만 아니라, 홍보, 금융, 교육, 전시회 등의 분야까지 확대되고 있다. 전자상거래는 가상공간에서 발생하고 있는 상거래를 지원하는 모든 활동까지도 포함하며, 의미를 확대하고 있다. 전자상거래의 의미는 인터넷이 발전되기 전부터 전자기술(Electronic Technology)에 의하여 활용되기 시작하였다. 그러나 최근에는 인터넷을 활용한 기술이 일반화되면서 전자상거래는 인터넷과 컴퓨터를 활용해서 제품과 서비스를 거래하는 활동의 의미로 사용되고 있다.

전자상거래의 형태는 고객이 원하는 제품과 서비스에 대한 정보를 가상공간인 컴퓨터 화면을 통하여 구매자가 볼 수 있도록 진열한 다음에, 멀리 있는 고객이 인터넷을 통하여 컴퓨터 화면상에서 원하는 상품을 선택할 수 있도록 준비하고, 고객이 주문을 하고 대금을 결제하면 가상공간상에서의 주문에 대한 과정이 완성된다. 기업은 고객이 주문한 상품을 지정한 장소로 배달한다. 전자상거래는 지역적 · 공간적 · 시간적 제약을 해결할 수 있는 상거래의 혁명이라고 할 수 있다. 현재 전자상거래는 우리 생활의 주변에 없어서는 안 될 일상생활의 한 부분으로 정착되었지만, 불과 20여 년 전까지도 현재 우리가 경험하고 있는 전자상거래의 발전을 예측하기 어려웠다.

2) 전자상거래의 유형

전자상거래는 1990년대 초반 미국의 민간 부분에서 시작하여 유럽으로 확산되기 시작하였고, 1990년대 중반에는 일본에서, 1990년대 말에는 우리나라에서 시작되었다. 전자상거래가 미국에서 시작하여 우리나라에 도입되기까지 불과 10년이 채 안 걸렸으며, 우리나라에서의 인터넷 발전속도는 미국, 유럽, 일본을 능가하고 있다.

전자상거래를 실행주체를 기준으로 분류하면 B2C, B2B, C2B, C2C, B2G, G2C, C2G, G2B, P2P, B2B2C 등의 다양한 형태로 발전되고 있다.

(1) B2C

B2C(Business to Customer)는 기업과 소비자 간의 거래이다. B2C는 기업의 제품과 서비스를 최종 소비자인 고객을 대상으로 거래하기 위하여, 가상공간인 인터넷쇼핑몰에 상품을 진열하고, 고객이 원하는 제품 혹은 서비스를 구입할 수 있는 인터넷상의 상거래 활동이다.

본 교재에서는 기업과 개인 간의 거래를 중심으로 B2C를 기술하고자 한다. CRM전략은 소비자인 고객을 대상으로 하기 때문에 조직을 가진 고객은 본 교재의 범위를 벗어나므로, 고객이 소비자인 B2C의 범위로 국한하여 기술하고자 한다. CRM전략은 소비자인 고객 한 사람 한 사람을 대상으로 관리할 수 있기 때문이다.

(2) B2B

B2B(Business to Business)는 기업과 기업 간의 거래로 부품 및 상품의 조달과 공급 등에 관한 업무를 인터넷을 통하여 처리할 수 있다. 이미 살펴본 바가 있는 SCM이 대표적인 B2B의 한 형태라고 볼 수 있다. 부품을 공급하는 제휴기업 혹은 협력업체들과 부품을 조달할 때 인터넷으로 업무를 처리할 수 있는 인바운드 SCM과 완성된 제품을 판매하기 위하여 소매유통점으로 출하할 경우에 인터넷으로 업무를 공유하게 되는 아웃바운드 SCM이 대표적인 B2B의 경우라고 할 수 있다.

(3) C2B

C2B(Customer to Business)는 소비자와 기업 간의 거래를 의미하며, 소비자가 개인 혹은 단체를 구성하여 구입을 원하는 제품 혹은 서비스를 제시하고 구매하는 형태이다. 이때 소

비자는 수량, 가격, 서비스 등에 대한 조건을 동시에 제시하고 기업은 이를 검토하여 조건이 합당하면 거래를 진행한다. 요즘 활발하게 진행되고 있는 단체 구매 또는 역경매(Reverse Auction)가 C2B의 한 형태이다. C2B는 소비자의 구매력(Buying Power)이 커지는 과정에서 나타나는 현상이기도 하다.

(4) C2C

C2C(Customer to Customer)는 소비자와 소비자 간에 인터넷상에서 직접 상거래 활동을 할 수 있게 한다. 경매 혹은 벼룩시장과 같은 인터넷 웹사이트에서 소비자가 가지고 있는 중고제품을 다른 소비자에게 판매할 경우에 많이 활용되기도 한다.

(5) B2G

B2G(Business to Government)는 기업과 정부 간의 상거래가 인터넷의 가상공간에서 처리된다. B2G는 정부기관을 상대로 납품하는 기업은 영업활동의 편리함과 비용절감을 기대할 수 있으며, 정부기관에서도 조달활동에 대한 투명한 업무처리와 함께 구매비용의 절감을 기대할 수 있으며, 많은 기관으로 확산되고 있다.

(6) G2C

G2C(Government to Customer)는 소비자인 국민에게 서비스상품이라고 할 수 있는 각종 증명서, 확인서 등에 관한 정부의 문서를 발행할 수 있다. 우리나라는 전자정부라고 불릴 정도로 많은 분야에서 대국민 전자서비스가 활성화되고 있다.

(7) C2G

C2G(Customer to Government)는 소비자와 정부 간의 거래형태를 의미하며, 각종 세금, 공과금, 과태료 등을 소비자인 국민이 직접 정부기관으로 납부할 수 있다.

(8) G2B

G2B(Government to Business)는 정부기관이 기업에서 필요한 증명서, 확인서, 공지사항 등의 문서를 발급할 수 있으므로, 기업의 입장에서는 편리하게 정부기관의 정보를 접할 수 있다.

(9) P2P

P2P(Peer to Peer)는 친구나 동료 간에 컴퓨터를 상호 공유하면서 각종 정보와 파일을 공유할 수 있는 서비스 유형이다.

(10) B2B2C

B2B2C(Business to Business to Customer)는 한 기업이 다른 기업의 인터넷 공간에서 소비자와 제품 및 서비스의 상거래활동을 할 수 있다. 이때 발생하게 된 업무처리 프로세스는 두 기업이 공동으로 고객의 주문을 접수하고 고객정보를 공동으로 관리한다.

2. CRM기반의 전자상거래의 특성

전자상거래는 전통적인 상거래에 비하여 많은 특성의 차이가 있으며 〈표 7-1〉과 같다.

〈표 7-1〉 CRM기반의 전자상거래의 특성

구분	전통적 상거래	전자상거래
1. 거래유형	소매유통점의존 간접거래	소비자 직접거래
2. 고객정보관리	파일 누적관리	누적통합관리
3. 기업정보제공	매스미디어 일방적제공	고객별 맞춤정보 제공
4. 고객관리	어려움	고객 관계관리
5. 거래방법	일회성 거래	반복적 거래
6. 거래지역	상권내 한정	글로벌 무한정
7. 거래시간	영업활동시간 한정	24시간
8. 고객욕구파악	어려움	용이함
9. 고객서비스	대중 일괄 서비스	고객별 맞춤서비스
10. 판매효율	비효율	효율적이며 판매비용절감

1) 거래유형

전통적인 상거래에서 대부분의 기업은 소매유통점을 포함한 다양한 유통조직을 통하여 소비자에게 제품과 서비스를 공급하였지만 전자상거래의 등장으로 생산자와 소비자의 직접

거래가 가능하게 되었다. 최근에는 수산물과 농축산물 등 상하기 쉬운 생물까지도 전자상거래로 생산자와 소비자가 직접 거래하는 경우가 많아지고 있다.

2) 고객정보관리

기업은 전자상거래를 통하여 고객접점에서 고객과 직접 접촉함으로써 고객의 정보를 수집하고 관리할 수 있게 되었다. 전자상거래가 활성화되기 이전에는 고객 파일을 사용해서 고객정보를 단순하게 누적 관리하였지만, 전자상거래가 활성화된 이후에는 CRM을 기반으로 고객이력정보를 누적통합 관리하기가 용이하게 되었다.

3) 기업정보제공

CRM을 기반으로 한 전자상거래는 기업과 제품에 관련한 정보를 고객에게 직접 전달할 수 있다. 전자상거래가 도입되기 이전에는 매스미디어의 일괄적인 방법으로 고객에게 정보를 제공하였지만, 전자상거래가 도입되고 나서는 전자상거래를 통하여 다양한 정보를 고객에게 직접 제공할 수 있게 되었다.

4) 고객관리

기업이 고객과의 관계를 유지하고 발전시키기 위해서는 고객의 정보를 직접 수집하고 관리할 수 있어야 한다. 고객정보를 관리할 수 없었던 전통적인 상거래 방법으로는 고객과의 관계를 지속하기가 어려웠지만, CRM을 기반으로 한 전자상거래가 도입된 이후에는 고객정보를 직접 수집하고 관리할 수 있게 되었다.

5) 거래방법

고객과의 관계에 대해서 관심이 없었던 전통적인 상거래에서는 고객과의 거래는 한 번으로 종료하게 되었지만, 고객과의 거래관계를 지속적으로 관리할 수 있는 CRM기반의 전자상거래에 있어서는 기업과 고객의 거래가 지속적으로 반복될 수 있는 관계가 가능하게 되었다.

6) 거래지역

전통적인 상거래에서는 상권이라는 지역적 한계가 있었다. 물리적인 이동의 한계 때문이었다. 전자상거래는 인터넷으로 전 세계 어디에서든지 거래가 가능하다. 여행에 관련한 전자상거래를 취급하는 웹사이트를 방문해 보면 쉽게 알 수 있다.

7) 거래시간

전자상거래는 매일 24시간 연중무휴로 활용할 수 있다. 전시장과 같이 운영하는 사람이 매장을 관리할 필요가 없기 때문이다.

8) 고객욕구파악

전통적인 상거래 방법은 고객별로 직접 상담을 해야 하므로 고객욕구를 파악하기가 어려웠지만, CRM을 기반으로 한 전자상거래에서는 고객의 의견을 접수하거나 고객의 욕구를 파악하는 데 인터넷의 가상공간에서 매우 용이하게 되었다.

9) 고객서비스

전통적인 상거래 방법은 고객서비스를 평준화하여 많은 고객에게 일괄적으로 제공하게 되므로 모든 고객의 만족도를 향상시키기 어려웠지만, CRM기반의 전자상거래는 고객별로 맞춤 고객서비스를 제공함으로써 고객별로 만족도의 향상을 기대할 수 있게 되었다.

10) 판매효율

전통적 상거래는 고객과 일대일 대면의 직접적인 거래방법이었지만, CRM기반의 전자상거래는 고객을 직접 대면하거나 사람 대 사람의 상담이 대폭 감소하게 되므로, 판매력 향상과 함께 판매비용의 절감을 동시에 달성할 수 있는 판매효율이 가능하게 되었다.

3. CRM기반의 전자상거래 전략

CRM시스템의 고객정보마트에 통합저장되어 있는 고객의 집단을 정밀하게 세분화하여, 전자상거래 과정에서 정밀시장별 전략을 실행할 수 있다. M. Porter의 경쟁전략을 적용해서 원가우위전략, 차별화 전략, 집중화 전략의 측면으로 CRM기반의 전자상거래 전략을 살펴보면 [그림 7-1]과 같다.

그림 7-1 CRM기반의 전자상거래 전략

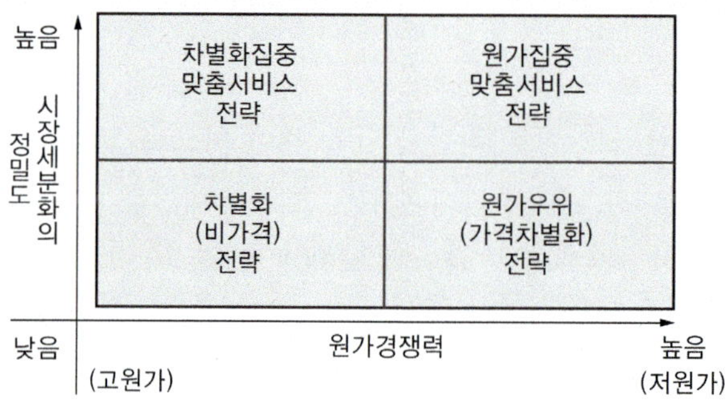

1) 원가집중 맞춤서비스 전략

원가집중 맞춤서비스 전략은 목표시장을 매우 정밀하게 세분화해야 한다. CRM기반의 전자상거래는 개인까지도 거의 정밀하게 세분화할 수 있으므로, 고객의 욕구에 적합한 제품과 서비스를 고객이 원하는 가격으로 제공할 수 있으며, 성공률이 매우 높게 나타날 수 있다. 원가집중 맞춤서비스 전략은 CRM기반의 전자상거래 경쟁력을 확보할 수 있는 매우 유용한 수단이며, 개별 단위의 전략이기 때문에 고가상품의 경우보다는 원가경쟁력을 보유한 상품이 유용한 전략이 될 수 있다. 즉, 기존의 상품 중에서 원가경쟁력이 있는 상품을 선택하여, 정밀시장의 고객별로 맞춤서비스를 제공하면 성공률이 높게 나타날 수 있다.

2) 차별화집중 맞춤서비스 전략

차별화집중 맞춤서비스 전략은 원가집중 전략과 유사한 정도의 정밀하게 세분화된 고객을 대상으로 적용할 수 있는 유용한 전략이다. 차별화집중 맞춤서비스 전략의 대상 고객은 가격보다는 상품의 품질, 성능, 기능, 서비스 등에 관하여 보다 더 많은 관심이 있으며, 앞서가는 신기술을 적용한 신제품을 선호하는 고객이므로, CRM기반의 고객정보를 분석하여 선별해서 대상고객을 개인단위까지 정밀하게 세분화할 수 있어야 한다. 차별화집중 맞춤서비스 전략은 고객의 기호와 욕구를 정밀하게 세분화할수록 성공률이 매우 높게 나타나며, 고가격을 유지하면서 동시에 상품의 차별화된 경쟁우위를 활용하여 고객별로 맞춤서비스를 제공할 수 있으므로 매우 정밀한 시장에 집중할 수 있는 전략이다. 이러한 전략에 적합한 상품은 경쟁사의 상품과 차별화가 가능한 혁신적이고 고가격인 고급상품이 적합하다.

3) 원가우위 전략(가격차별화 전략)

원가우위전략은 경쟁사보다 저렴한 가격으로 상품을 공급하는 전략이며, 가격차별화 전략이라고도 한다. 기업은 생산 및 판매과정에서의 원가절감으로 원가경쟁에 대한 우위를 확보했을 경우에는 경쟁사의 가격전략에 탄력적으로 대응할 수 있다. CRM기반의 전자상거래에서는 저렴한 상품을 선호하는 고객집단을 정밀하게 세분화할 수 있으므로, 세분화된 정밀시장의 고객만을 대상으로 가격을 특별하게 할인하여 캠페인을 실행한다면 성공률이 매우 높은 원가우위전략이 될 수 있다. 그러나 원가우위전략은 일반고객을 대상으로 반복적으로 활용하게 되면, 시장전체의 가격할인을 불러올 수 있으므로 주의해야 한다. 원가우위전략은 특별한 행사를 특별한 기간에 특별한 고객을 대상으로 한정하여 실행해야 효과적이다.

4) 차별화 전략

차별화 전략은 경쟁사가 쉽게 대응할 수 없는 차별화된 상품을 제공함으로써 고객의 욕구를 충족시킬 수 있는 전략이다. 기업은 우수한 품질, 브랜드력, 효율적이고 효과적인 서비스체계, 상품의 신뢰성과 혁신성 등으로 차별화할 수 있다. 차별화 전략은 비가격 전략이라고도 한다. 신제품과 같은 경우 원가경쟁력을 확보하기 위해서는 시간이 다소 걸리게 되므로 원가우위전략을 실행하기는 어려우며 차별화 전략이 유용하다.

CRM기반의 전자상거래에서 신제품을 선호하는 오피니언 리더와 같은 정밀하게 세분화된 고객집단을 대상으로 제품과 서비스에 대해서 비가격경쟁력의 차별화 전략을 시행하면 성공률을 높일 수 있다.

4. CRM기반의 전자상거래 응용분야

CRM기반의 전자상거래를 응용하여 실행하고 있거나 혹은 실행할 수 있는 분야를 보면 쇼핑몰, 증권, 뱅킹, 보험, 여행, 경매, 무역, 의료, 교육 등 거의 모든 생활분야로 확산되고 있다.

1) CRM기반의 쇼핑몰 전자상거래

쇼핑몰 전자상거래(Shoppingmall Electronic Commerce)는 오프라인의 백화점이나 쇼핑몰을 인터넷상으로 옮겨놓은 형태이다. 쇼핑몰 전자상거래는 백화점과 같은 쇼핑몰의 인터넷 전자상거래이다. 고객이 컴퓨터나 모바일기기를 사용하여 쇼핑몰 웹사이트에 접속하여 마치 백화점이나 쇼핑몰을 방문한 것처럼 구매활동을 할 수 있다.

쇼핑몰 전자상거래는 인터넷 상거래의 핵심으로 발전하고 있으며, 매일 24시간 연중무휴로 운영되고 있으므로 시간, 공간, 장소의 제약이 없는 백화점이나 쇼핑몰과 같은 가상공간이다. 우리나라의 쇼핑몰 전자상거래는 2012년 말 현재 G마켓, 인터파크, CJ몰, 11번가 등 6,000개 이상이 운영되고 있다.

쇼핑몰 전자상거래는 제품의 취급 상품을 기준으로 전문쇼핑몰과 종합쇼핑몰로 구분할 수 있다. 전문쇼핑몰은 도서, 음반, 전자제품 소모품 등의 정형화된 상품을 취급하며, 종합쇼핑몰은 판매할 수 있는 모든 상품을 취급한다. 즉, 시중의 백화점을 그대로 옮겨 놓은 형태로 운영하고 있다. 고객이 쇼핑몰을 방문한 이후 구매절차를 보면 고객의 쇼핑, 구매, 결제, 배송, 정산, 사후관리 등의 과정을 반복하게 되며 [그림 7-2]와 같다.

그림 7-2 CRM기반의 쇼핑몰 전자상거래의 거래절차

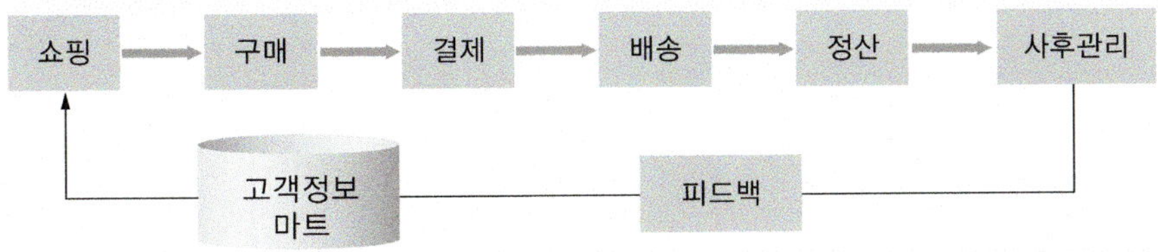

(1) 쇼핑

쇼핑(Shopping)은 고객이 자신이 필요한 상품을 검색·확인하며, 구매할 상품을 선택하여 쇼핑백(Shopping bag)에 담는 과정이다. 고객이 구매하고 싶은 상품을 모두 쇼핑백에 담을 수 있다.

〈사례 7.1〉은 온라인 흥행에 큰 역할을 미치고 있는 상품들을 분석한 내용이다.

CRM Practice 7.1 온라인 마트, '달걀'이 효자상품

G마켓·옥션 홈플러스 당일배송관 매출 분석 … 식품·음료 등 먹거리 판매 비중 94%

신선식품과 생필품 등을 주문 당일 배송 받는 온라인 마트 이용객들은 달걀을 가장 많이 찾는 것으로 나타났다.

23일 G마켓과 옥션이 양 사이트의 홈플러스 당일 배송관 판매 데이터를 분석한 결과, 달걀이 공통으로 판매 1위에 올랐다. 10위권에는 달걀을 비롯 초밥, 오징어, 우유, 콩나물 등의 신선식품이 9개나 올라 저녁 찬거리가 온라인 장바구니의 흥행에 큰 역할을 하는 것으로 나타났다. 이번 조사는 홈플러스 당일 배송관 론칭 이후부터 지난 19일까지의 판매 데이터를 분석한 것으로, G마켓은 지난 7월 말, 옥션은 8월 말에 론칭했다.

G마켓에서는 달걀에 이어 당일 배송관 판매 2위는 홈플러스에서 직접 만들어 포장 판매하는 초밥이 차지했다. 이어 △3위 생수 △4위 오징어 △5위 포도 △6위 우유 △7위 애호박 △8위 청양고추 △9위 콩나물 △10위 라면 순이었다. 옥션에서는 △1위 달걀 △2위 오징어 △3위 초밥 △4위 생수 △5위 포도 △6위 우유 △7위 후라이드치킨

△8위 콩나물 △9위 즉석찌개 △10위 애호박 등의 순으로 인기였다.

10위권뿐만 아니라 전체 순위에서도 식품의 판매가 압도적으로 높았다. G마켓과 옥션의 홈플러스 당일 배송관 판매량의 94%가 식품과 음료 상품이었다. 매출 기준으로는 83%에 달했다. 이에 대해 이주철 이베이코리아 제휴사업실 상무는 "당일 배송 서비스이기 때문에 저녁 식사를 준비하기 위한 식품 구매가 많았고, 특히 소량씩 담아 파는 상품 판매율이 높은 것으로 볼 때 당일 식사를 준비하는 것으로 볼 수 있었다"고 말했다.

(출처: 중앙일보, 2015. 10. 13.)

(2) 구매

구매(Purchasing)는 쇼핑백에 담겨 있는 상품 중에서 구입을 원하는 상품에 대해 금액을 계산하는 과정이다. 쇼핑백에 담은 상품은 총금액을 나타내므로 고객이 구매예상금액을 조정해 가면서 필요한 상품을 선택하게 된다.

(3) 결제

결제(Account)는 쇼핑몰에서 지정한 방법 중에서 편리한 방법을 선택하여 구매금액을 지불하는 과정이다. 구매금액을 지불하는 방법으로는 현금입금, 계좌이체, 카드결제, 폰지불 등이 있다.

(4) 배송

배송(Delivering)은 결제가 완료되면, 기업에서 물류기업으로 해당상품을 출하하며, 물류기업의 배송담당은 고객이 지정한 장소로 배달한다. 물류기업으로는 우체국과 다양한 택배회사들이 있다.

〈사례 7.2〉는 고객이 주문한 물품을 신속하게 배송하는 물류경쟁으로 번지고 있는 온라인 업체들을 보여 주고 있다.

CRM Practice 7.2 쇼핑몰 초고속 배송 경쟁, 판매자도 초고속 골병

소문난 잔치엔 먹을 게 별로 없었다. 소셜커머스 등 온라인 업체의 배송 전쟁이 치열하지만 정작 실속은 없다는 지적이 나온다. 티몬과 위메프는 최근 빠른 배송의 상징으로 여겨졌던 '당일 배송'을 넘어서는 서비스를 야심차게 내놓았다. 하지만 해당되는 품목과 서비스 지역이 제한적인데다, 새벽 5시 이전에 주문해야 한다는 비현실적인 조건으로 대대적인 홍보가 무색할 정도다.

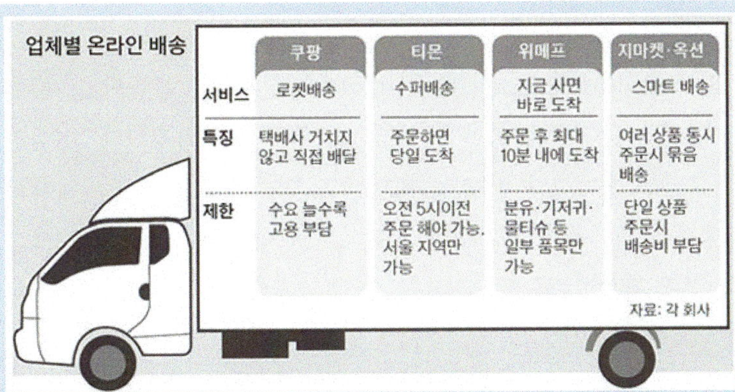

업체별 온라인 배송

	쿠팡	티몬	위메프	지마켓·옥션
서비스	로켓배송	수퍼배송	지금 사면 바로 도착	스마트 배송
특징	택배사 거치지 않고 직접 배달	주문하면 당일 도착	주문 후 최대 10분 내에 도착	여러 상품 동시 주문시 묶음 배송
제한	수요 늘수록 고용 부담	오전 5시이전 주문 해야 가능. 서울 지역만 가능	분유·기저귀·물티슈 등 일부 품목만 가능	단일 상품 주문시 배송비 부담

자료: 각 회사

지난달 25일 위메프는 '지금사면 바로도착' 서비스를 시작했다. 빠르면 10분 안에 물건을 받아볼 수 있도록 한다는 것이다. 이런 서비스를 위해 대형택배사 외에도 서울에 탑차를 소유하고 있는 소형 택배사와 별도의 계약을 맺었다. 서울 지역 각구에 1개의 탑차를 배치, 실시간 배송이 가능하도록 했다. 하지만 배송 품목이 기저귀·분유·물티슈 등 12개 품목에 불과한 데다, 지역도 서울 외에는 불가능해 반쪽짜리 서비스라는 비판이 나온다. 또 배송비가 무료라고 홍보하지만 물티슈를 제외하면 기저귀나 분유 등은 4만원 이상의 고가제품이다. 원래도 무료배송(9700원 이상 제품)이다. 위메프 관계자는 이에 대해 "아직은 한달 밖에 안돼서 품목이 적지만 잡곡류나 식료품까지 품목을 늘려갈 계획"이라고 해명했다.

경쟁사인 티몬은 지난해 10월 24시간 내 배송을 내걸고 출발한 '수퍼배송'을 서울 전 지역으로 늘렸다. 강남-서초-송파 3구로 시작한 서비스를 올 상반기 14개구로 늘렸고 다시 지난 1일부터는 모든 지역으로 확대한 것이다. 티몬이 직접 구매해 판매하는 8000여종의 생필품이 서비스 대상이다. 서비스를 위해 협력 택배사인 현대로지스틱스에 전담팀까지 두고 있다. 하지만 당일 배송을 받으려면 새벽 5시 이전에 주문해야 하고, 이후 주문은 다음날 받아볼 수 있다. 티몬 관계자는 "현실적으로 서울 외 지역이나, 일반 판매자가 파는 물건까지 서비스를 확대하긴 힘들다"면서 "연말까지 당일 배송 시간을 정오까지로 연장할 계획은 있다"고 말했다.

'로켓배송'으로 배송 전쟁을 촉발시킨 쿠팡은 어떨까. 쿠팡은 2014년 택배 사에 물품을 위탁해 운송하던 기존 방식을 깨고, 직접 고용한 '쿠팡맨'을 통한 배송을 시작했다. 하지만 최근 쿠팡도 어려움을 겪는것으로 알려졌다. 쿠팡맨만으로는 급증하는 배송 물량을 소화할 수 없게 되자 전문 택배업체와 일부 위탁 계약을 맺었다. 지난해 11월 김범석 쿠팡 대표는 3500명이던 쿠팡맨을 점차적으로 늘려 내년까지 1만5000명을 고용하겠다고 발표했다. 하지만 현재 쿠팡맨은 3600명으로 목표치에 한참 밑돌고 있다.

(출처 : 중앙일보. 2016. 9. 21., http://http://news.joins.com/article/20613080)

(5) 정산

정산(Adjustment)은 상품이 배달되고 난 다음에, 쇼핑몰, 상품공급기업, 카드회사 또는 해당 금융기관과 판매대금을 정산하는 과정이다. 판매대금은 고객이 제품을 확인할 수 있는 일정한 기간이 경과한 후에 지불하는 것이 일반적이다.

(6) 사후관리

사후관리(Following-up Management)는 대금이 정산된 후, 상품의 문제 혹은 고객의 변심으로 인하여 반품했을 경우에 반품을 처리하고 환불하는 과정이다. 반품과 환불하는 과정에서 고객의 불만을 증가시킬 수 있는 요인이 있으므로 기업은 주의해야 한다. 특히, 반품과정에서 발생하는 반품운송료에 대한 고객의 불만사례가 증가하고 있으므로 고객이 상품을 구입하기 전에 확실한 고지가 필요하다.

(7) 피드백

피드백(Feedback)은 상품판매를 완료한 다음에 성과를 보고하고 피드백하는 과정이다. 이때 피드백하는 고객정보는 CRM시스템의 고객정보에 통합되어 다음의 쇼핑이나 혹은 다른 형태의 캠페인 활동이 필요할 경우를 대비할 수 있도록 한다.

CRM시스템의 데이터웨어하우스나 고객정보마트로 고객정보가 통합되는 프로세스는 CRM전략의 실행을 위하여 자동화되어 있어야 한다. 고객이 인터넷 쇼핑몰을 다시 방문하였을 경우에 통합된 고객정보를 활용하여 고객에게 가장 필요하거나 고객이 선호할 수 있는 상품의 정보를 먼저 제시할 수 있는 맞춤고객서비스가 가능하게 된다.

2) CRM기반의 증권 전자상거래

증권 전자상거래(Stock Electronic Commerce)는 증권 분야에서의 인터넷 전자상거래이다. 증권 전자상거래는 전자상거래 분야 중에서 가장 활발하게 빠른 속도로 확산되고 있다. 인터넷을 접할 기회가 적은 가정주부들 중에서도 증권거래만큼은 인터넷으로 거래하는 고객이 확대되고 있는 추세이다. 증권 전자상거래는 고객과의 효율적인 측면과 거래 성공률의 성과 향상이 기대된다. 모든 증권기업은 CRM기반의 증권 전자상거래에 더 많은 투자를 하고 있는데, 증권거래를 하는 고객이야말로 장기적인 관점에서 관계를 유지하고 발전시킬 수 있는 가능성이 많으며, 우량고객과 로열고객으로 발전할 가능성이 크기 때문이다.

인터넷을 통한 증권 전자상거래는 고객이 객장으로 방문해야 하는 번거로움과 시간적 손실을 방지하게 해 주는 한편, 다양한 기업정보를 앉은 자리에서 쉽고 신속하게 접할 수 있으며, 고객은 거래수수료를 대폭 절감할 수 있으므로 수익률이 증가하게 된다. 최근에는 스마트폰 등 모바일기기의 발달로 인하여 증권 전자상거래는 더욱 확산되고 있다.

증권사는 증권 전자상거래를 통하여 증권거래 고객의 거래 행동을 분석하기가 매우 용이하게 되었다. 대부분의 증권사은 CRM기반의 고객 관계관리를 실행함으로써, 장기적인 우량고객과 로열고객을 확보할 수 있으며, 이들 고객을 대상으로 집중적인 고객서비스를 제공할 수 있다.

3) CRM기반의 뱅킹 전자상거래

뱅킹 전자상거래(Banking Electronic Commerce)는 금융기관의 인터넷 전자상거래이다. 뱅킹 전자상거래는 고객이 은행의 웹사이트에 접속하여 인증단계를 거친 다음에, 은행의 제반 업무를 실행할 수 있는 전자금융서비스이다. 뱅킹 전자상거래의 서비스내용을 보면 상품소개, 잔고조회, 거래명세조회, 자동이체, 계좌이체, 기타 경제관련 동향 등에 대한 맞춤형 서비스를 제공하고 있다.

은행은 CRM기반의 고객맞춤서비스를 가장 먼저 실행하고 가장 먼저 안정화된 분야이므로, 고객과의 장기적인 관리가 가장 효과적으로 실행되고 있는 분야이다. PB(Private Banking)의 발전도 고객과의 장기적인 관계를 지속적으로 발전시킬 수 있는 CRM전략이 기업의 성장에 영향력을 매우 많이 미치고 있기 때문에 나타나게 된 고객지향적인 제도이기도 하다. 뱅킹 전자상거래의 특징으로는 거래비용의 감소, 맞춤고객서비스 제공, 거래의 편리성, 시간・장소・공간의 자유, 소액거래의 확대 등이 있다.

〈사례 7.3〉은 금융기관에서 온라인을 활용하여 다양한 고객 지향적 전자금융서비스를 제공하고 있는 내용이다.

CRM Practice 7.3 신한카드 'SMART ON' 홈페이지

쉽게・편리하게・안전하게・유익하게

◇ 사용자의 손끝서 펼쳐지는 'Smart On'

새로운 신한카드 홈페이지 테마는 'Smart On'이다. 'Smart On'의 첫 번째 'On'은 '켜다, 밝히다'라는 의미이고, 두 번째 '온'은 '모든', '전부'의 의미를 내포하며, 마지막 '온(溫)'은 '금융의 본업을 통해 세상을 이롭게 한다'는 '따뜻한 금융'의 의미를 담고 있다. 이러한 'Smart On' 구현을 위한 핵심 키워드는 '쉽게', '편리하게', '안전하게', '유익하게'이며, 디자인, 사용성, 콘텐츠, 서비스 등 사이트 전반의 영역에 적용했다.

◇ 디자인에 단순함을 더하다! Simple is Beautiful

사용자에게 따뜻함을 전달하고자 '빛'(Light)을 소재로 하는 Motif, Shape, Color 요소를 반영하여 세련되고, 깔끔하면서도 사용성에 불편함이 없도록 웹에 최적화된 스타일로 제작되었다.

과도한 이미지와 컬러 사용을 배제하고, 인포그래픽 이미지를 활용, 직관적이고 심플하게 콘텐츠를 구성해 정보 전달의 목적을 최우선으로 했다.

◇ 위대한 홈페이지로 도약 – 'Big to Great'

남다른 애착과 열정으로 1400만 고객이 사용하고 있는 'Smart On' 홈페이지의 구축 프로젝트 총괄PM을 책임지는 e-biz팀 L 부장은 "인터넷 채널만이 줄 수 있는 새로운 고객가치를 능동적으로 발굴하고, 창의적 사업기회로 삼아 고객 스스로가 신한카드를 진정한 e-Partner로 공감할 할 수 있는 고객 상생형 Biz 모델을 지속 발굴해 나가는 것이 가장 중요하다"고 힘주어 말했다.

또한, "고객의 자발적인 홈페이지 유입, e-CRM 기반 예측모형에 의한 고객 온라인 Life Log 분석, 고객별 상황과 니즈에 맞는 최적화 상품, 서비스, 오퍼의 선별적 제공, 그리고 상황별 고객 선호 채널을 고려한 실시간 스마트컨텍 등 고객 입장에서는 편리성과 경제성을, 그리고 회사 입장에서는 풀(Pull)마케팅이라는 양대 가치를 'Smart On' 홈페이지에 투영하고자 노력했다"고 밝혔다.

(출처: 중앙일보, 2014. 12. 16.)

4) CRM기반의 보험 전자상거래

보험 전자상거래(Insurance Electronic Commerce)는 오프라인상에서 상담에 의하여 거래되던 보험업무가 가상공간인 인터넷상의 전자상거래를 통하여 거래가 성사되는 보험이다. 보험은 금융기관 중에서 전자상거래가 가장 늦게 도입되었다. 보험의 특성상 설계사가 고객과 직접 만나서 상담을 통하여 계약이 체결되는 경우가 많았기 때문이다. 그러나 젊은 층의 고객이 유입되기 시작하면서부터 보험시장의 가격경쟁이 치열해지고, 보험사들은 원가절감의 필요성이 증가하였기 때문에, 보험 전자상거래가 자연스럽게 증가하게 되었다. 예를 들면, 자동차보험 같은 경우에는 상담원을 통하여 보험에 가입하는 경우보다 보험 전자상거래의 경우가 많게는 30% 정도의 거래비용을 줄일 수 있다. 보험가입자에게 혜택이 돌아갈 수 있는 이유이다.

보험 전자상거래의 특징으로는 보험회사는 고객이 원하는 서비스를 신속하게 제공할 수 있으며, 고객은 다양한 보험관련 정보를 신속하게 받아 볼 수 있는 것이다. 보험관련 기업에서도 고객과의 지속적인 관계 발전이 필요하다. CRM전략을 실행하여 기존의 고객을 정밀하게 세분화하여 집중적인 관리를 하게 되면 VIP고객을 더 많이 확보할 수 있을 것이다. 보험고객이야말로 진정한 장기고객이다. 보험회사는 장기고객의 욕구가 무엇인지를 항상 파악하고 해결방안을 제공하는 고객서비스가 중요하다.

〈사례 7.4〉는 보험 기업이 고객에게 1년에 한 번씩 찾아가서 보험 내용을 설명하고 고객 만족을 향상할 수 있는 활동 내용을 보여 주고 있다.

CRM Practice 7.4 담당 컨설턴트가 매년 방문해 보험 보장 내용 설명

고객사랑지급서비스를 통해 보험금 청구 당일 지급률이 50% 수준으로 향상됐다. 삼성생명은 '회사가 존립할 수 있는 기반은 고객이 있기 때문'이라는 신념에 따라 모든 제도와 업무 프로세스를 고객 중심으로 바꾸고 최고의 상품과 서비스를 제공하기 위해 노력하고 있다. 이 결과 보험 가입-계약 유지-보험금 지급 등 전 과정에서 업계를 선도하는 서비스를 출시하고 있다.

보험계약 유지 단계에서는 '고객사랑 방문서비스'를 운영 중이다. 담당 컨설턴트가 1년에 한 번 고객을 방문해 가입한 보험의 보장 내용을 설명해 주고 부족한 보장은 없는지 분석해 준다. 보험금 지급 단계에서는 고객사랑 지급서비스가 대표적이다. 2012년 7월부터 보험금 접수에서 심사지급 · 사후관리에 이르는 모든 절차를 바꿨다. 전산만으로 심사를 끝내는 전산심사시스템을 확대하고 고객 창구의 직접 심사를 강화해 보험금 청구 당일 지급률을 50% 수준으로 끌어올렸다. 24시간 내 지급률도 청구서류 문자인식 시스템 개발 등을 통해 75% 수준으로 향상시켰다.

삼성생명은 매월 모든 임직원이 다양한 고객의 소리를 청취할 수 있도록 하는 사이버 VOC체험관을 운영하고 있다. 또 상품 · 서비스를 비롯한 제반 제도와 프로세스 입안 시 고객의 의견을 반영해 실질적인 개선 활동을 추진한다.

(출처: 중앙일보, 2015. 10.13.)

5) CRM기반의 여행 전자상거래

여행 전자상거래(Travel Electronic Commerce)는 여행업, 숙박업, 항공, 교통 등의 정보와 서비스를 제공하는 과정을 인터넷을 활용한 여행 전자상거래에 옮겨 놓은 것으로 쇼핑, 공연, 스포츠, 서점 등의 서비스 분야와의 제휴가 인터넷 공간에서 이루어지고 있다. 여행 전자상거래는 전자상거래 분야에서 국경의 개념이 가장 먼저 없어지고, 국제화된 분야이기도 하다.

여행업체들은 대부분 대리점과 같은 소매유통점을 통하여 간접적인 판매를 하고 있다. 마치 제조기업에서 제품 판매를 소매유통점에 의존하는 간접판매방법과 매우 유사한 서비스 업종이다. 여행업체는 소매유통점과 같이 통합 전자상거래를 운영하고 고객의 주문을

소매유통점으로 이관하고 있으며, 고객정보에 대한 기득권을 소매유통점에게 인정하고 있다. 고객정보에 대해서는 모기업과 소매유통점이 공동으로 고객관리를 실행하고 있다. 여행업체와 소매유통점은 통합 CRM을 공동으로 운영하고 공동의 CRM전략을 실행해야 한다. 만약 여행업체가 여행 전자상거래를 통하여 수집한 고객정보를 독점하려고 한다면, 기존의 소매유통점으로부터 극심한 저항에 부딪히게 되어 전자상거래를 수행하지 못하게 되고 결국 고객과의 장기발전에 대한 CRM전략을 실행하기 어렵게 될 수 있다. 여행 전자상거래를 실행하고 있는 국내의 대표적인 기업으로는 롯데관광, 하나투어, 모두투어 등이 있다.

6) CRM기반의 경매 전자상거래

경매 전자상거래(Auction Electronic Commerce)는 오프라인에서의 경매활동에 관련한 프로세스가 인터넷상의 가상공간인 전자상거래를 통하여 실행되는 상거래활동이다. 오프라인상의 경매는 입찰, 낙찰, 가격산출, 거래성립, 대금지불 등의 과정으로 시간과 비용이 많이 소요되었기 때문에 특정한 분야 이외에는 크게 활성화되지 못했다. 그러나 인터넷의 등장으로 오프라인에서의 경매에 대한 장애요인을 상당히 해결함으로써 경매 전자상거래는 수익성 있는 전자상거래의 형태로 확산되고 있다.

경매 전자상거래의 구성요소는 구매자, 판매자, 경매 전자상거래 사이트가 있으며, 경매 전자상거래 사이트는 중계기능만 담당하고 이에 따른 수수료만 받는다. 구매자와 판매자는 적은 비용의 수수료를 지불하고 상호 만족할 수 있는 가격으로 매매를 할 수 있는 장점이 있다. 초기의 경매 전자상거래는 수동적이고 단순한 중계기능만을 담당하였으나, 최근에는 적극적으로 매입과 매출에 개입할 수 있는 위탁판매 형태의 경매를 실행함으로써 이익률을 확보하기도 한다. 경매 전자상거래에서도 고정고객인 단골고객이 있다. 단골고객들에게 CRM시스템의 고객정보마트에 저장되어 있는 고객정보를 정밀하게 세분화하여 매물에 대한 정보를 제공할 경우에는 경매의 적중률을 향상시키고 이익률을 향상시킬 수 있게 된다. 경매 전자상거래에서도 장기적인 고객 관계를 발전시킬 수 있는 CRM전략이 점차 유용해지고 있다.

7) CRM기반의 무역 전자상거래

무역 전자상거래(Trading Electronic Commerce)는 글로벌 소비자를 대상으로 제품이나 서비스를 직접 판매할 수 있는 인터넷상의 가상공간에서 상거래를 실행할 수 있으며, 외국의 고객이 주문을 하면 직접 국제택배회사 혹은 우체국으로 배달을 의뢰하여, 수출업무를 실행할 수 있다. 아직까지는 제품에 대한 무역 전자상거래는 활발한 편이 아니지만, 소프트웨어 같은 경우에는 관세가 면제되는 경우가 많으며, 실제로 전자상거래가 이루어지고 있다. 예를 들면, 한국의 가수가 부른 가요를 외국에서 일정한 금액을 지불하고 다운받을 수 있는 경우가 일반화되고 있다. 반대로 외국의 가수가 부른 팝송 같은 경우에도 우리나라에서 정해진 금액을 지불하고 다운로드하여 팝송을 구입할 수 있다.

무역 전자상거래는 소프트웨어 혹은 컨텐츠 사업에 활용될 수 있는 유용한 수단이 되고 있다. 즉, 글로벌 CRM기반의 무역 전자상거래가 확산되기 시작하고 있다. 신곡이 발표될 때마다 고객별로 선호도를 분석하고 정밀하게 세분화하여서, 글로벌 고객별로 관심이 있을 만한 신곡에 대한 맞춤정보를 제공할 수 있다.

8) CRM기반의 의료 전자상거래

의료 전자상거래(Medical Electronic Commerce)는 건강검진 등 예방의학의 분야에서 CRM을 기반으로 고객(환자)관계관리가 발전되고 있다. 의료 전자상거래는 고령화 사회에 더욱더 필요성이 부각되고 있다. 원격지에 거주하고 있는 고령자의 경우 병원을 방문하지 않고서도 화상시스템을 통해서 원격진료가 가능하다. 병원에서 제공하는 웹사이트에 접속하여 고객(환자) 자신이 궁금해하는 전공과목을 선택하고 여러 가지 증상을 검색한 후에, 상담의사와 접속하여 유·무상의 의료서비스를 제공받을 수 있다. 상담의사는 고객의 과거 이력을 CRM시스템의 고객정보마트를 보면서 상담할 수 있으므로, 정확한 진단이 가능하게 된다. 특히 병원 측에서 위험한 상태의 환자에게 진료 및 치료에 대한 정보를 먼저 제공하는 등의 고객서비스를 지속적으로 실행할 수 있다면, 병원에 대한 신뢰가 향상될 수 있고 장기적인 고객 관계가 형성될 수 있다. 한 번의 고객(환자)이 영원한 고객(환자)이 될 수 있는 CRM기반의 의료 전자상거래가 가능한 시점에 와 있다. 그러나 아직은 병원의 의료 공급보다는 환자들의 의료 수요가 더 많기 때문에 병원에서의 CRM활동은 다소 적극적이지 못한 환경이다. 그러나 앞으로는 병원도 경쟁의 환경이 도래할 것이므로 글로벌 병원의 국내진입에 대비해야 한다. 언제까지 국가의 보호를 기대하기는 어려울 것이므로 병원도 글로벌 경쟁력을 확보해야 한다. 병원이 글로벌 경쟁력을 확보하기 위해서는 환자고객별로 맞춤의료서비스를 실행하는 것이 가장 강력한 경쟁력 확보방법이 될 수 있다. 병원에서는 CRM기반의 환자고객별 맞춤의료서비스가 필요한 시점에 와 있다. 아직은 초보적인 수준이

긴 하지만, 일부 병원에서 CRM시스템을 도입하여 CRM전략을 시작하고 있다. 현재 인터넷 종합병원의 사례를 보면, www.doctor.co.kr에서는 전공의별로 디렉토리 상담서비스를 제공하고 있다.

9) CRM기반의 교육 전자상거래

교육 전자상거래(Education Electronic Commerce)는 교육 관련 업무들이 인터넷의 가상공간에서 이루어지고 있다. 많은 대학교에서 사이버대학교를 운영하고 있고, 정규과정의 과목을 출석하지 않고서도 인터넷의 사이버공간에서 화상 교육을 받을 수 있다. 사설학원의 경우에도 원격교육이 일반화되어 있으며, 특수 분야의 경우에도 교육 전자상거래가 확산되고 있다. 기업과 단체 등 조직체의 내부 교육에도 연수원에 집결하여 일괄 교육을 받기보다는 각자의 위치에서 인터넷상으로 사이버교육을 받는 경우가 일반화되고 있다. 교육 전자상거래는 비용절감의 효과와 함께 교육의 필요성이 있을 경우에는 언제 어디서든지 교육을 실행할 수 있는 장점이 매우 크다.

일반인들의 자기개발을 위한 취미 분야는 교육과정에서 교육 전자상거래가 발전할 수 있는 가능성이 많은 분야이다. 오프라인에서의 교양강좌와 같은 경우에는 전자상거래로 활성화될 가능성이 커지고 있다. CRM시스템의 고객정보마트를 활용하여 여가생활을 즐길 수 있는 고객을 정밀하게 세분화하면, 교양강좌와 사회사업 분야 등에 관련한 정보와 고객서비스를 제공할 수 있게 되므로, 고객과의 관계는 더욱 친밀하게 발전할 수 있다.

제2절 이메일 CRM

1. 이메일의 개념

1) 이메일의 의미

이메일(Electronic Mail)은 인터넷 통신망을 통하여 실시간으로, 다른 사람에게 전하고 싶은 내용을 편지형식으로 보내거나 다른 사람으로부터 받을 수 있는 전자편지이다. 이메일은 시간과 비용 측면에서 매우 신속하게 원하는 내용을 보내거나 받을 수 있기 때문에 쌍방향 커뮤니케이션의 수단으로 일상생활에 없어서는 안 될 수단이 되고 있다. 일반인들의 입장에서 이메일은 편리성과 보편성으로 사용이 일반화되고 있으며, 기업의 측면에서는 고객정보를 수집할 수 있는 매우 유용한 수단으로 고객욕구조사 및 시장조사 등의 다양한 분야에서 활용되고 있다.

이메일은 우편물의 기록성과 전화의 즉시성을 동시에 가지고 있는 쌍방향 커뮤니케이션 수단이다. 이메일의 쌍방향 커뮤니케이션의 특성은 제품과 서비스의 판매촉진을 위한 수단뿐만이 아니라, 고객 관계를 관리할 수 있는 CRM전략의 도구로도 사용이 되고 있다. 기업은 이메일을 활용하여 광고, 홍보, 판촉 등의 다양한 행사와 이벤트를 실행함으로써, 고객욕구를 파악하고 고객의 니즈를 창출할 수 있다.

2) 이메일의 효과

기록성과 즉시성을 가지고 있는 이메일의 효과는 고객과의 실시간 커뮤니케이션이 가능하고, 고객의 반응을 측정하기가 용이하며, 비용이 절감되고, 고객의 반응률 향상이 기대된다. 그리고 이메일은 판매로 연결될 가능성을 향상시킬 수 있다.

[그림 7-3]은 이메일의 효과에 대한 내용을 나타내고 있다.

그림 7-3 이메일의 효과

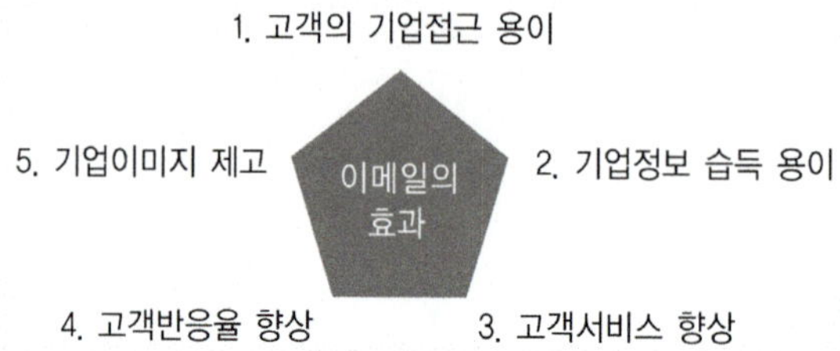

(1) 고객과의 실시간 커뮤니케이션

이메일을 활용하면 고객과의 커뮤니케이션이 거의 실시간에 가깝게 이루어진다. 이메일은 우편물에 의한 커뮤니케이션보다 신속하게 고객의 반응을 수집할 수 있으며, 고객의 욕구에 대해서도 신속한 고객서비스를 제공할 수 있다.

(2) 고객의 반응 측정 용이

이메일 발송 후, 고객의 수신율, 개봉 여부, 읽는 시간, 응답 결과 등의 반응에 대하여 측정할 수 있으며 고객의 관심 분야와 취미를 분석함으로써 캠페인과 행사 이벤트 등의 활동에 활용할 수 있으므로, 고객과의 관계를 지속하고 발전시킬 수 있는 CRM전략의 실행을 위한 유용한 수단이 될 수 있다.

(3) 비용 절감

이메일을 활용하여 고객과 쌍방향 커뮤니케이션을 활발하게 실행하면, 제품과 서비스에 관련한 광고, 홍보, 판촉활동에 소요되는 비용을 절감할 수 있다. 우편물을 활용한 비용은 이메일을 활용한 비용보다 10배 정도의 비용이 소요된다.

(4) 고객의 반응률 향상

이메일을 활용하여 고객과 쌍방향 커뮤니케이션을 실행하면, 우편물의 경우보다 고객의 반응률이 높게 나타난다. 우편물의 경우에는 반응률이 2% 정도이지만, 이메일의 경우 반응률은 10%를 상회한다.

(5) 판매 연결

이메일은 제품과 서비스에 대한 상세한 정보를 제공하고 있으며, 특히 CRM기반의 이메일 발송은 고객의 관심 분야를 정밀하게 세분화하여 맞춤정보를 발송하기 때문에, 고객의 구매활동으로 연결될 가능성을 높일 수 있다.

2. 이메일의 활용

기업은 이메일을 다양한 목적으로 활용할 수 있으며, 활용할 수 있는 분야를 보면 차별화 서비스, 홍보수단, 쌍방향 커뮤니케이션, 고객유지 및 발전, 시장조사, 사후서비스 등이 있다. [그림 7-4]는 이메일을 활용할 수 있는 분야를 나타내고 있다.

그림 7-4 이메일의 활용분야

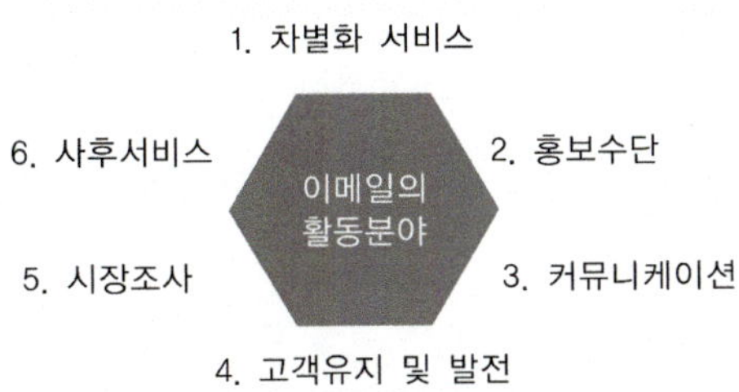

1) 차별화 서비스

CRM을 기반으로 고객정보를 정밀하게 세분화하여 고객별로 차별화된 맞춤정보를 제공함으로써 고객의 구매 효과를 향상시킬 수 있다. 차별화된 내용으로는 제품과 서비스의 품질, 성능, 기능, 디자인이 포함될 수 있으며, 고객별로 가격도 차별화할 수 있다. 단, 가격을 차별화할 경우에는 고객 전체를 대상으로 공개되지 않아야 하며, 특정한 기간에 일시적으로 실행해야만 한다.

2) 홍보수단

기업이 고객에게 이메일을 활용하여 기업에 관한 다양한 정보를 제공할 수 있는 방법으로 이메일 뉴스레터(e-Mail News Letter)가 많이 활용되고 있다. 기업은 신상품 등 고객이 필요한 정보를 홍보할 수 있는 방법으로 이메일을 유용하게 활용하고 있다.

고객서비스 차원에서 고객별로 맞춤정보를 제공하고 있는 이메일 뉴스레터는 기업과 고객의 일상적인 커뮤니케이션으로 정착되고 있으며, 기업의 중요한 홍보도구로 활용되고 있다.

3) 쌍방향 커뮤니케이션

이메일은 기업과 고객이 서로의 정보와 욕구를 교환할 수 있는 중요한 도구로 활용되고 있다. 기업이 고객에게 맞춤정보를 제공하는 것도 중요하지만, 고객이 먼저 기업으로 커뮤니케이션할 수 있는 방법도 중요하므로, 이메일은 기업과 고객을 연결시키는 중요한 의사소통의 통로가 될 수 있다.

4) 고객유지 및 발전

CRM을 기반으로 고객정보를 정밀하게 세분화한 다음에, 이메일을 통하여 고객별로 제공하게 되는 고객서비스는 고객의 만족도를 향상시킬 수 있으며, 고객과의 관계를 장기적으로 발전시킬 수 있다.

5) 시장조사

기업은 이메일을 이용하여 고객과 시장의 반응 및 변동사항 등을 설문 조사할 수 있으며, 그 결과를 분석하여 경영활동에 반영할 수 있다. 신상품이 출시되었을 때 이메일의 설문조사를 통하여 고객의 반응을 신속하게 조사하고 파악함으로써 문제를 사전에 예방하거나 조기에 해결할 수 있다.

6) 사후서비스

제품과 서비스의 판매 이후 사후서비스를 할 경우에 이메일이 활용될 수 있다. 고객이 구입한 제품과 서비스를 사용하는 과정에서 문제가 발생하거나 사용방법을 문의할 경우에는 이메일을 활용하여 고객 자신의 의견을 전달할 수 있으며, 기업은 고객의 욕구를 파악하고 맞춤고객서비스를 제공할 수 있다.

3. CRM기반의 이메일 캠페인의 실행

CRM기반의 이메일 캠페인을 실행하기 위해서는 이메일 캠페인 설계, 목표고객 정밀세분화, 이메일 디자인, 이메일 발송, 이메일 반응분석, 보고 및 피드백 등의 과정을 거치게 된다. [그림 7-5]는 CRM기반의 이메일 캠페인 실행과정을 보여 주고 있다.

그림 7-5 CRM기반의 이메일 캠페인 실행과정

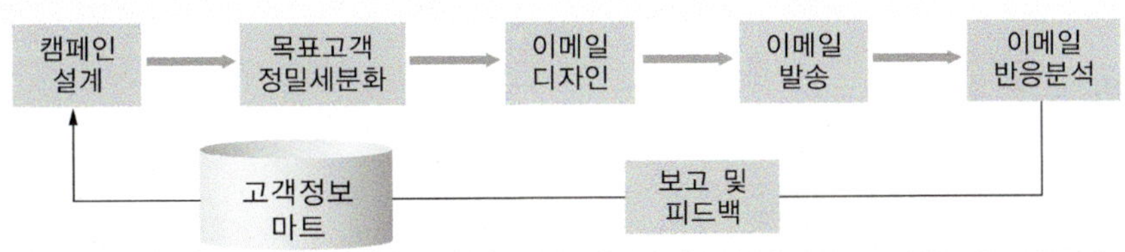

1) 이메일 캠페인 설계

기업이 이메일을 활용하여 고객에게 특정한 제품과 서비스에 대한 캠페인을 실행하기 위해서 캠페인에 대한 컨셉, 목표, 예산을 수립하고, 기업 내의 연관 부서 혹은 연관 조직의 마케팅활동과 협력할 수 있는 방법 및 시너지 효과를 신중하게 분석해야 한다. 이메일의 목적은 매우 다양하다. 신규회원 확보, 고정고객 확대, 고객의 로열티 제고, 신상품 홍보, 기업의 이미지 제고를 통한 고객과의 관계 지속 등 다양한 목표를 설정할 수 있다. 다양한 이메일의 목적 중에서 캠페인의 목적을 명확하게 함으로써, 캠페인의 설계가 시작된다. 이메일 캠페인은 기업의 전사적인 측면에서 시너지 효과가 발생할 수 있도록 설계되어야 한다.

2) 목표고객 정밀세분화

이메일을 활용한 캠페인의 설계가 완성된 다음에는 CRM기반 이메일 캠페인의 대상 고객을 선정하는 단계이다. 캠페인의 대상고객 선정은 CRM시스템의 고객정보마트를 활용할 수 있다. 캠페인의 목표에 적합한 고객군을 설정한 다음에, 캠페인을 실행하려는 제품과 서비스에 적합한 고객 중에서 고객점수가 높은 상위고객을 정밀하게 세분화하고, 소규모의 고객집단을 선택하여, 이메일 캠페인을 실행하면 성공률이 높게 나타난다. 목표고객을 정밀하게 세분화할 수 있는 방법은 제1권 제5장에서 살펴본 바가 있다.

3) 이메일 디자인

고객은 기업의 의도와는 달리, 기업이 일방적으로 제공하는 캠페인 정보에 관심이 매우 적다. 이메일 캠페인을 실행하려는 기업 측의 담당자는 고객이 관심과 흥미를 가질 수 있는 특별한 이메일을 제공해야 한다. 이메일의 제목과 디자인이 구체적인 캠페인의 내용보다 더욱 중요할 수도 있다.

4) 이메일 발송

이메일을 발송하는 날짜, 요일, 시간 등에 관하여는 기업 내에서 과거의 고객 행동을 분석한 결과를 참조하면 될 것이며, 과거의 자료가 없다면 일반적으로 알려져 있는 자료를 활용하면 될 것이다. 예를 들면, 직장인은 매우 바쁜 월말 및 월요일과 주말은 피해야 하며, 출근 직후와 점심시간 직후의 시간이 이메일을 클릭할 가능성이 크다고 알려져 있다.

5) 이메일 반응분석

CRM을 기반으로 하는 이메일 캠페인의 장기적인 목표는 고객과의 관계를 장기적으로 지속하고 발전시키기 위하여 고객을 관리하는 활동이다. 캠페인은 일회성으로 완료되는 것이 아니고, 다음의 다른 캠페인으로 지속되어야 한다. 따라서 모든 캠페인에 대해서 단기적인 목표가 달성되었다 해도, 장기적인 목표인 고객과의 지속적인 관계 발전을 위해서는 이메일에 대한 고객의 반응을 세밀하게 분석해서 피드백해야 한다. 분석방법으로는 캠페인 자체의 목표 대비 성과에 대한 단기적인 재무적 분석과 이메일이 고객에게 어떻게 영향을 미치고 고객이 어떻게 반응했는가에 대한 장기적인 고객 관계의 분석으로 구분해야 한다.

6) 보고 및 피드백

이메일 캠페인의 결과에 대해서는 상급자에게 보고하고, 관련 조직과 부서별로 전파해야 하며, 이메일에 대한 고객의 반응률 개선을 위한 방안을 다음번에 실행하게 될 캠페인에 적용할 수 있도록 CRM기반의 캠페인 시스템으로 피드백해야 한다.

4. 이메일의 문제점 및 개선방안

1) 이메일의 문제점

이메일의 편리성으로 인하여 수많은 기업이 이메일을 활용한다. 기업들의 과다한 이메일 활용으로 고객의 입장에서는 난처한 경우가 발생할 수 있는데, 이메일의 급증, 무차별적 주제, 피싱, 과다한 스팸메일, 인센티브 부족 등의 문제로 인하여 이메일을 클릭조차 하지 않는 고객들이 확산되고 있다. 이에 따라 이메일에 대한 부정적인 반응이 증가하고 있다.

[그림 7-6]은 이메일의 문제점을 보여 주고 있다

그림 7-6 이메일의 문제점

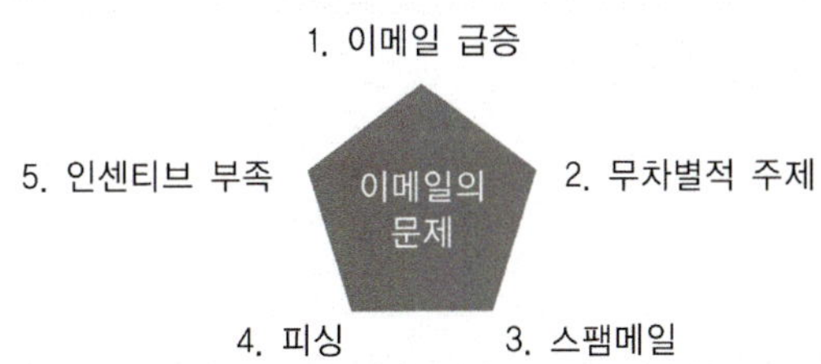

(1) 이메일 급증

이메일 계정을 가지고 있는 사람들은 매일같이 쏟아지는 이메일의 홍수를 경험하고 있으며, 매우 다양한 종류의 이메일을 받고 있다. 이메일을 너무 많이 받고 있는 고객의 입장에서는 특별한 관계가 없을 것으로 보이는 이메일은 아예 클릭조차 하지 않고 무시해 버리고 스팸(Spam)처리하는 경우가 증가하고 있다. 고객은 수신한 모든 이메일 중에서 10% 정도의 이메일만 클릭하고 있으며, 클릭한 이메일 중에서 잠시라도 읽어보는 내용은 20% 미만이라고 한다. 고객의 입장에서는 과도하게 수신되는 이메일에 대한 거부감이 확산되고 있기 때문이다.

(2) 무차별적 주제

고객이 수신하고 있는 대부분의 이메일은 상품광고 내용이다. 전혀 관심조차 없는 정보와 상품에 대한 이메일이 매일같이 과다하게 수신되고 있으므로 이메일이 귀찮게 느껴질 때도 있다. 이러한 무차별적 주제에 대한 이메일의 범람에도 불구하고 고객이 이메일을 포기하지 않고 사용하고 있는 이유를 보면, 이메일 중에는 고객에게 꼭 필요한 정보가 반드시 있기 때문이다.

(3) 피싱

피싱(Phising)은 복잡한 미끼를 사용해서 고객의 금융정보와 비밀정보를 낚는 데서 유래된 말이다. 피싱은 이메일을 활용하여 신뢰할 수 있는 기업 또는 개인이 발송한 것처럼 가장하여, 고객의 비밀번호, 혹은 신용카드번호를 불법적인 방법으로 얻으려는 소셜엔지니어링(Social Engineering)의 악용사례이다. 전화를 사용하여 동일한 피싱을 하는 것을 보이스피싱(Voice Phising)이라고 하는데, 최근에는 사회적인 문제로까지 확대되고 있다.

(4) 과다한 스팸메일

스팸메일(Spam Mail)은 출처가 불분명하거나, 고객의 관심과 흥미가 전혀 없는 분야의 메일이 무차별적으로 수신되는 경우를 의미한다. 스팸메일은 정크메일(Junk Mail) 혹은 벌크메일(Bulk Mail)이라고도 불리며, 일반적인 의미로는 수신자가 원하지 않는 모든 메일을 의미한다.

(5) 인센티브 부족

고객의 입장에서 기업 측에서 제공하는 인센티브는 직접적인 인센티브 혹은 혜택이 별로 없기 때문에 기업의 과장된 광고에 속았다는 느낌을 받으므로, 모든 이메일을 불신하게 된다. 기업에서 제공하는 많은 인센티브가 추첨이나 도박적인 확률로 고객을 유인하거나 포인트 적립과 같이 오랜 시간을 요하는 경우가 많기 때문에, 고객은 직접적인 인센티브로 느끼지 않는 경우가 대부분이다.

2) 이메일의 개선방안

이메일은 수많은 사람이 정보를 교환하는 수단으로 활용하고 있으면서, 문제점 역시 많이 발생하고 있다. 이메일을 사용하는 데 방해요인을 해결할 수 있는 방법을 보면 맞춤화, 차별화, 발송시점, 발송빈도, 스팸방지 등이 있다.

[그림 7-7]은 이메일 활용의 개선방안에 대한 내용이다.

그림 7-7 이메일의 개선 방안

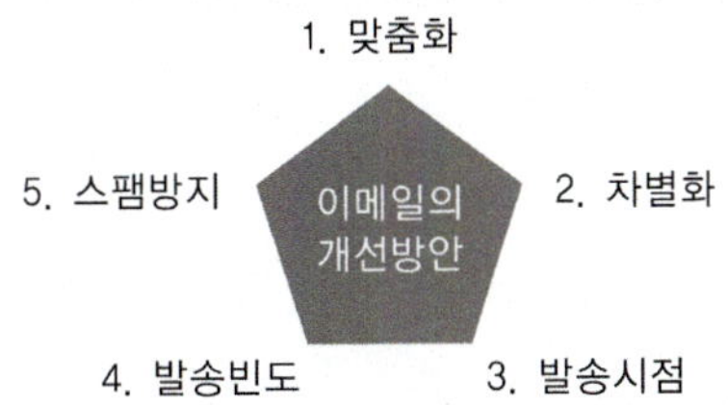

(1) 맞춤화

고객별로 제공할 수 있는 맞춤형 고객서비스는 고객의 만족도를 향상시킬 수 있는 중요한 영향요인이다. 고객별로 맞춤형 고객서비스를 제공하기 위해서는 고객을 매우 정밀하게 세분화해야 한다. CRM기반의 고객정보 분석방법은 고객을 거의 개인 수준까지 정밀하게 세분화가 가능하다. 정밀하게 세분화된 여러 개의 소규모 고객집단을 대상으로 고객별 맞춤정보를 이메일로 발송하면 고객과의 커뮤니케이션 성공률이 향상될 수 있다.

(2) 차별화

CRM을 기반으로 고객을 매우 정밀한 소규모의 집단으로 세분화한 다음에, 고객의 관심과 흥미를 유발할 수 있는 이메일의 제목을 고객별로 정하고, 이메일의 내용을 고객별로 차별화해야 한다. 고객의 관심을 유발하기 위해서는 이메일의 제목부터 관심을 불러일으킬 수 있어야 한다. 이메일의 내용이 아무리 우수할지라도 제목에 관심이 없다면 이메일을 읽어볼 기회조차 없게 된다. 이메일의 제목은 고객과 접촉할 수 있는 첫 번째 단계이며, 고객이 느끼는 기업에 대한 첫 인상이다. 고객의 관심과 흥미를 유발할 수 있는 이메일의 제목을 만들기 위해서 전문 카피라이터의 도움을 받기도 한다. 이메일을 발송하기 전에 고객의 관심과 흥미를 끌 수 있는 고객별 맞춤제목을 준비해야 한다.

그리고 고객이 이메일의 제목을 보고 관심과 흥미가 생겨서 이메일을 클릭하게 되면 눈에 뜨이는 디자인으로 고객의 관심과 흥미를 지속시킬 수 있어야 한다. CRM을 기반으로 하여 고객을 정밀하게 분석한 상태라면, 고객이 가장 관심이 갈 수 있는 고객별 맞춤디자인으로 제품과 서비스에 대한 정보를 제공할 수 있다. 이메일을 디자인하는 방법은 매우 다양하다. 사진, 그림, 애니메이션, 사운드, 동영상 등의 기법을 활용해서 고객별 맞춤 디자인으로 차별화한 이메일 캠페인을 실행하면 성공률이 매우 높게 나타날 수 있다.

(3) 발송시점

이메일을 발송하는 시점은 고객의 직업, 취미, 관심 분야 등에 따라서 서로 다르게 나타난다. 주식을 거래하는 고객을 대상으로 한다면, 정보가 발생하는 즉시 실시간으로 이메일을 발송하는 것이 매우 효과적이다. 그러나 일반적으로는 고객의 상황에 맞추어서 이메일을 발송하면 효과를 향상시킬 수 있다. CRM기반의 이메일 전략에서는 고객을 매우 정밀하게 세분화할 수 있으므로, 고객별로 이메일을 클릭할 가능성이 많은 여유시간을 파악할 수 있다. 기업은 고객의 여유 시간대를 파악하여 이메일을 발송함으로써, 고객의 이메일 클릭 성공률을 증가시킬 수 있다.

(4) 발송빈도

기업이 이메일을 발송하는 빈도는 고객의 입장에서 고려되어야 한다. 이메일을 반복적으로 많이 발송한다고 해서 항상 좋은 성과를 기대하기는 어렵다. 일반적인 직장인을 상대로 이메일을 발송하게 될 경우를 보면, 업무 관련 정보, 유머, 뉴스, 주식정보와 같은 경우에는 매일 발송하더라도 내용이 매번 변하기 때문에 고객의 만족도는 오히려 상승할 수 있겠지만, 동일한 내용이나 정보를 반복적으로 발송하게 되는 여행이나 쇼핑에 관련한 캠페인 정보는 고객에게 불편함을 제공할 수 있기 때문에 스팸메일이 될 가능성이 크다. 그러나 동일한 여행 관련 캠페인 정보를 제공하는 경우에도 여행에 큰 관심이 없는 고객에게는 스팸이 될 수 있지만, 여행을 가고 싶은 고객에게는 귀중한 정보가 될 수 있으므로 CRM기반의 이메일 전략이 더욱 중요한 역할이 되고 있다.

(5) 스팸방지

기업은 고객에게 스팸메일을 발송해서는 안 된다. 그러나 스팸메일의 기준을 정하기가 매우 어렵다. 스팸메일의 기준은 기업에서 규정하는 것이 아니고 고객이 정하는 것이다. 동일한 이메일 내용의 경우에도 고객에 따라서는 귀중한 정보가 될 수도 있고, 스팸메일이 될 수도 있기 때문이다. 기업은 CRM을 기반으로 고객을 매우 정밀하게 세분화한 다음에, 이메일이 고객에게 불편함을 제공할 가능성이 있을 경우에는 기업 스스로 통제하고 관리해야 한다.

제3절 모바일커머스 CRM

1. 모바일커머스의 개념

1) 모바일커머스의 의미

모바일커머스(Mobile Commerce)는 기존의 전자상거래를 무선인터넷과 결합한 것으로, 현재 보편화되어 사용되고 있는 스마트폰을 활용하여 전자상거래를 실행하고 있는 경우가 대표적이다. 기업은 모바일커머스를 경영활동에 활용함으로써, 거래비용 절감, 판매 생산성 향상, 고객서비스 효율성 증대 등의 효과를 기대할 수 있다.

모바일커머스는 무선 인터넷기술의 발달과 금융결제기능의 결합으로 매우 빠른 속도로 확산되고 있으며, 미래의 모바일커머스가 더욱 기대된다. 앞으로는 기술의 발달이 고객의 욕구를 불러일으키게 할 것이다. 과거에는 고객의 욕구가 기술의 발달을 유도했지만, 최근에는 기술발전 속도가 고객의 욕구를 충족시킬 수 있는 단계가 되었다. 미래의 기술발전의 속도는 예측하기가 어려울 정도로 더욱 빠르게 발전할 것이므로, 고객의 욕구 또한 매우 빠르게 변화할 것이며, 시장환경은 하루가 다르게 급변할 것이다. 그 중에서도 모바일커머스의 환경변화는 더욱 빠르게 변화할 것이다. 현재 각광을 받고 있는 모바일커머스의 대표격인 스마트폰 모바일커머스는 언제 다른 형태로 바뀌게 될지 아무도 예측할 수 없지만, 가까운 미래에 전혀 다른 형태의 인텔리전트 스마트폰이 나타날 것은 분명하다. 이미 애플과 삼성전자에서 차세대의 스마트폰 개발에 집중하고 있음은 잘 알려진 사실이다.

2) 모바일커머스의 특징

모바일커머스의 특징을 보면 무선단말기 활용, 시간과 장소의 무제한성, 기업과 고객의 공동기대심리 등이 있으며, [그림 7-8]과 같다.

그림 7-8 모바일커머스의 특징

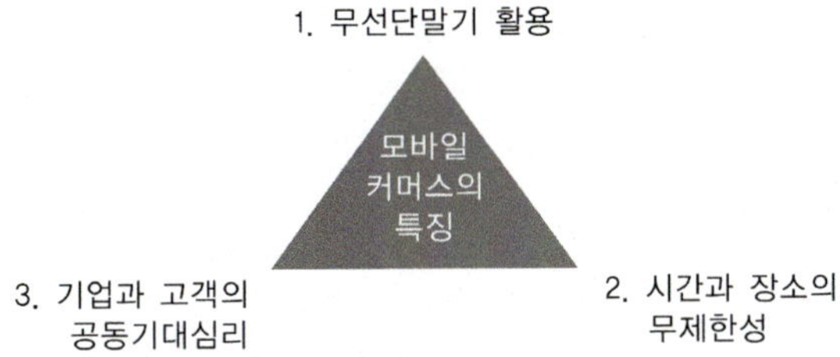

(1) 무선단말기 활용

인터넷의 발전은 인류의 역사적 사건이었으며, 컴퓨터의 발전과 함께 인류의 생활방법과 습관을 완전히 바꾸어 놓았다. 인터넷은 컴퓨터와 같이 발전을 해 왔으므로 컴퓨터와는 밀접한 관계이다. 그리고 무선인터넷의 발전은 전자상거래의 분야로 영역을 확장하고 있다. 무선인터넷을 활용할 수 있는 무선기기의 대표적인 단말기로는 스마트폰, PDA(Personal Digital Assistant, 개인 휴대용 정보단말기) 등이 있다. 가까운 미래에는 현재의 컴퓨터와 스마트폰이 통합된 형태의 새로운 무선단말기기 출현할 것으로 예상된다. 그 형태는 간단한 손목시계형으로부터 컴퓨터 기능이 통합된 안경형, 의류형 등의 개념으로 개발이 진행되고 있다.

(2) 시간과 장소의 무제한성

무선으로 인터넷을 활용할 수 있는 모바일커머스는 시간과 장소에 대한 제한이 거의 없다. 휴대폰이나 스마트폰이 개통되지 않는 지역에서는 아직 인터넷 사용이 제한을 받고는 있지만, 누구나 인공위성을 활용할 수 있는 가까운 미래에는 세계 어느 지역에서든지 모바일커머스가 가능해질 것이다.

(3) 기업과 고객의 공동기대심리

기업은 고객에게 조금이라도 더 많은 정보를 전달하고 싶어 하고, 고객은 시간과 장소에 구애받지 않고 다양한 정보를 실시간으로 얻고 싶어 한다. 고객이 기차 여행 중에 인근 지역의 특산물에 대한 지식이나 특별한 역사적인 숙박시설을 알고 싶을 경우에는 모바일커머스를 활용하여 정보를 검색하고 상품을 구입할 수 있다. 기업과 고객은 시간과 장소에 구애받지 않는 정보교환에 대한 공동의 기대심리를 가지고 있다.

2. 모바일커머스의 유형

모바일커머스(Mobile Commerce)는 고객과의 관계를 지속적으로 발전시키면서 우량고객과 로열고객을 확보하려는 조직 및 기업이 모바일기기를 활용하여 인터넷으로 전자상거래를 실현하는 것을 의미한다. 모바일커머스로 이동 중인 고객과의 실시간 쌍방향 커뮤니케이션을 통하여, 기업은 고객과의 지속적인 관계를 더욱 강화할 수 있다. 모바일커머스의 서비스는 상품정보 서비스, 엔터테인먼트 서비스, 모바일 포털 서비스 등의 유형으로 구분될 수 있으며, [그림 7-9]와 같다.

그림 7-9 모바일커머스의 서비스유형

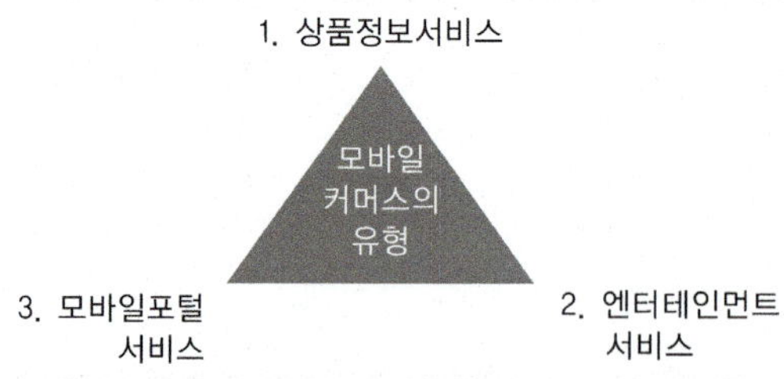

1) 모바일 상품정보서비스

CRM기반의 모바일 상품정보 서비스(Mobile Product Information Service)는 기업이 이동 중인 고객에게 제품과 서비스에 관련한 정보를 제공하고, 고객별 맞춤서비스를 제공하며,

고객과의 거래에 대한 프로세스를 제공한다. 모바일 뱅킹서비스, 모바일 증권서비스, 모바일 쇼핑 등의 분야에서 활용이 확산되고 있다. [그림 7-10]은 모바일 상품정보 서비스에 관한 내용을 보여 주고 있다.

그림 7-10 모바일 상품정보서비스

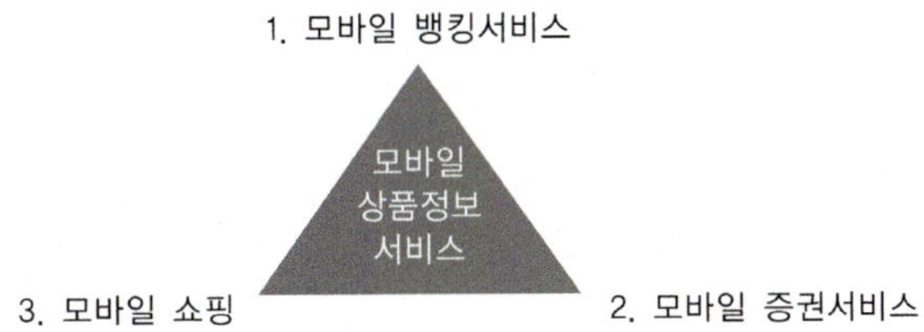

(1) 모바일 뱅킹서비스

모바일 뱅킹서비스(Mobile Banking Service)는 은행이 이동 중인 고객에게 서비스상품인 입출금, 잔액조회, 계좌이체 등과 같은 거래량이 많은 업무를 지원하는 서비스를 의미한다. 모바일 뱅킹서비스는 은행의 입장에서는 고객서비스의 질적 향상과 거래비용의 절감을 기대할 수 있으며, 고객의 입장에서는 은행을 방문하지 않아도 되는 편리함이 있다.

(2) 모바일 증권서비스

모바일 증권서비스(Mobile Stock Service)는 이동 중인 고객에게 무선인터넷을 통하여 증권거래를 제공하는 서비스를 의미한다. 모바일 증권서비스는 증권을 거래할 수 있는 시간인 오전 9시부터 오후 3시까지 한정되어 있으며, 이 시간 동안은 고객이 이동할 가능성이 많은 시간대이므로, 기업은 무선인터넷을 통하여 고객에게 증권거래에 대한 편리성을 제공할 수 있다.

(3) 모바일 쇼핑

모바일 쇼핑(Mobile Shopping)은 이동 중인 고객에게 인터넷 전자상거래를 통하여 원하는 제품과 서비스를 쇼핑할 수 있도록 지원하는 서비스를 의미한다. 모바일 쇼핑은 아직

시장이 성숙되지 않은 초기시장의 형태를 보이고 있다. 유선인터넷 전자상거래는 컴퓨터를 활용하여 기업에서 제공하는 정보를 사진, 애니메이션, 동영상으로 판단하기 쉬우므로 구매 의사결정에 도움이 되고 있지만, 모바일기기는 화면크기의 제한 때문에 고객이 화면을 통해서 상품의 질적 수준을 판단하고서 구매 의사를 결정하기에는 다소 부족한 점이 있다. 그러나 모바일 쇼핑의 미래는 밝은 것으로 보인다. 화면의 크기라든지 제약요소가 해결될 수 있는 미래에는 현재의 유선인터넷이 무선인터넷으로 대체될 가능성이 크며, 현재의 컴퓨터에 대한 장점들은 전혀 다른 형태의 모바일 기기로 옮겨가게 될 가능성이 매우 크기 때문이다.

2) 모바일 엔터테인먼트 서비스

모바일 엔터테인먼트 서비스(Mobile Entertainment Service)는 이동 중인 고객에게 엔터테인먼트를 제공할 수 있는 서비스를 의미한다. 모바일 엔터테인먼트 서비스는 모바일 게임, 모바일 비디오, 모바일 복권, 모바일 티켓 예매 등의 분야에서 활용되고 있으며, 일반화되고 있는 추세이다. 모바일 엔터테인먼트에 있어서 CRM전략을 실행하기에는 아직 성숙되지 않은 도입단계라고 보인다. CRM기반의 모바일 엔터테인먼트 서비스 분야는 앞으로 발전이 기대되는 분야이다. 서비스산업에 종사하는 고객들이 증가함에 따라 여행이나 업무출장 등으로 이동하는 사람들이 증가하게 되면 모바일 엔터테인먼트 서비스가 더욱 필요하게 될 것이며, 고객별로 맞춤 모바일 엔터테인먼트 서비스가 가능하게 될 것이다.

3) 모바일 포털서비스

모바일 포털서비스(Mobile Portal Service)는 고객이 이동 중에 무선 웹 포털을 통하여 사용자에게 비즈니스의 편의를 제공할 수 있는 포털서비스이다. 모바일 포털서비스는 일종의 무선인터넷상의 마켓플레이스(Market Place)라고 할 수 있다. 모바일 포털서비스는 컨텐츠를 소수의 제작자로부터 제공받아서 다수의 고객에게 제공하는 서비스이며, 경우에 따라서는 한 사람의 고객이 다수의 컨텐츠 제공자를 직접 접속할 수도 있다.

제4절 SNS와 SC의 CRM

1. 소셜네트워크 서비스의 의미와 특성

소셜네트워크 서비스인 SNS는 Social Network Service의 약어로서 인터넷을 기반으로 사람과 사람을 연결하고, 정보공유, 인맥관리, 자기표현 등을 통해서 타인과의 관계를 관리할 수 있는 '사회적 인맥네트워크서비스'이다. SNS는 개인들 간의 커뮤니케이션을 촉진하고 사회적인 네트워크를 형성하며, 새로운 인간관계를 만들 수 있는 가상의 커뮤니티를 제공한다. 그리고 상대방의 허락없이도 팔로워가 될 수 있다. 최근 스마트폰의 확산으로 SNS는 더욱 빠른 속도로 사회적인 교류수단으로 활용되고 있다.

SNS의 특성으로는 개인정보, 사진, 웹정보, 기호, 취미를 저장하고 활용할 수 있는 개인의 프로파일이 있고, 개인의 프로파일을 서로 연결하여 새로운 커뮤니티를 창조할 수 있는 특성이 있다. 즉, SNS는 많은 사람이 웹사이트를 공유하고서 아이디어 및 정보를 전파하는 사용자 중심의 디지털 인터넷문화를 창조하고 있다. SNS는 인터넷을 기반으로 하는 광범위한 친구들과 지인들을 창조하고 결속시키며 이들 지인 사이에 정보를 교환하고 공유할 수 있는 가상의 공간이다. SNS는 온라인 인맥을 구축할 수 있는 가상의 공간으로서 기존의 오프라인에서 알고 있었던 사람들과의 인맥을 강화할 수 있고, 온라인을 통해서 형성된 새로운 인맥을 확보할 수 있다.

SNS는 여러 형태로 발전하고 있으며 서로 유사하지만, 조금씩 차이가 있다. 트위터는 많은 사람에게 의견을 전달할 수 있기 때문에 정치인들이 선호하며, 싸이월드는 친구들과의 친밀한 관계를 중시하므로 유사한 집단 간의 정보공유에 유용하고, 페이스북은 친구관리 이외에도 게임, 기사, 동영상 공유, 친구 자동찾기 등의 기능이 있다.

SNS를 활용할 수 있도록 서비스를 제공하고 있는 사이트들로는 미국의 페이스북, 트위터, 한국의 싸이월드와 카카오톡 등이 있으며, SNS를 선도하고 있는 사이트는 페이스북이라고 할 수 있다.

페이스북은 하버드대학교 재학생이였던 Zuckerberg가 2004년에 교내 학생들을 연결해 주는 사이트를 시작해서 비즈니스로 성공한 사례이다. 페이스북은 2011년 12월 현재 모바일 사용자가 4억 9천만 명을 돌파함으로써, 지구촌 인구 14명당 1명이 사용자라고 할 수 있다. 최근 한국에서는 모바일 SNS에서 카카오톡이 매우 빠른 속도로 성장하고 있다. 2010년 3월에 비즈니스를 시작한 이래 2012년 4월 기준 4,400만 명 이상의 회원을 확보한 거대한 SNS기업으로 발돋움했고, 2014년 10월 1일에는 다음과 합병하였다. 2015년 현재에는 회원 수 확보보다는 카카오 택시, 카카오 페이, 카카오 게임, 웹툰, 지도서비스, 뮤직 등의 분야로 영역을 확대하면서 성장을 지속하고 있다. SNS기업은 현재보다는 미래의 기업이라고 할 수 있다.

2. 소셜커머스의 의미

소셜커머스인 SC는 Social Commerce의 약어로서 '사회적 전자상거래'를 의미하며, 소셜네트워크 서비스(SNS)를 통하여 이루어지는 전자상거래를 의미한다. SC는 공동구매형 전자상거래이다. 공동구매형 SC의 가장 큰 특징으로는 일정 규모 이상 구매 시 할인판매가 적용되며 30~80% 정도의 할인율이 적용된다. 그리고 할인쿠폰 판매 역시 인터넷으로 발행된다. SC는 SNS와 전자상거래의 요소를 결합한 인터넷 검색 SC기업들이 소규모의 개인 혹은 SC소매점들의 마케팅을 대행해 주고 고객들을 모아 주는 역할을 주관하는 마케팅을 대행하는 서비스활동이다. SC는 지인들과 연합하여 공동으로 상품을 반값 정도로 저렴하게 구입할 수 있는 인터넷의 가상 공동구매 공간이다. SC는 소비자 스스로 SNS를 통해서 상품정보를 다른 사람들에게 전파하여 인터넷으로 공동구매를 할 수 있도록 하는 가상공간이다. SC는 장기재고를 처분할 수 있도록 할인판매를 적극적으로 활용하기도 한다.

3. SC의 현황 및 발전 전망

1) SC의 현황

SC마케팅은 급속도로 성장하고 있다. 국내의 경우를 보면 2011년 4월 현재 700개 이상의 사이트가 등록되어 있으며, 이는 미국이나 다른 외국보다도 국내의 인터넷 환경이 최적화되어 있기 때문이다. SC마케팅은 SNS와 스마트폰의 확산으로 인하여 모바일 인터넷 환경이 성숙해짐에 따라서 더욱 발전의 속도가 가속화되고 있다. 모바일 인터넷 환경은 새로운 인터넷 공동구매방법인 SC마케팅의 발전을 더욱 가속화시키고 있다. 국내 SC시장의 규모는 2010년 500억 원 정도였었고, 2011년 8,000억 원 이상 의 규모로 매년 급격한 성장을 지속하고 있으며, 미래에도 지속적으로 발전하게 될 것이다.

국내 SC기업의 경우를 보면, 티켓몬스터가 SC를 가장 먼저 시작한 기업으로 2010년 5월에 5명의 규모로 창업하였으며, 티켓몬스터 이후에 쿠팡, 위메프 등의 SC기업들이 사업을 시작하였고, 2015년 7월 현재 국내의 SC기업은 1,500여 개를 상회하고 있다. 국내의 SC기업은 매년 수백개씩 새로 생겨나고 없어지고 있다. 그리고 기존의 인터넷 검색사이트인 네이버, 다음에서도 '미투데이', '요즘'이라는 SC비즈니스에 참여하고 있으며, 인터넷 쇼핑몰인 인터파크에서도 '하프타임'이라는 SC비즈니스에 참여하고 있다. SC는 현재 완성된 비즈니스모델이 아니고, 지속적으로 발전하고 있는 진행형이다.

2) SC의 발전전망

SC의 발전은 앞으로도 더욱 가속화될 것으로 보이며, SC의 영역은 현재의 레스토랑, 의류, 활어, 뷰티, 피부, 미용, 성형, 스포츠, 레포츠, 연극, 영화, 뮤지컬, 여행, 숙박, 대여, 주점 등의 분야들로 무한하게 확대될 것으로 보인다. 심지어는 전자제품 등 고가의 제품 영역까지 확대되고 있다.

전자상거래가 있던 곳에는 SC로 대체되고 있다. 사용자인 소비자는 사이트를 떠나지 않고도 서비스와 제품을 구입할 수 있는 편리함이 있기 때문이다. 따라서 SC를 활용한 마케팅 분야는 향후에도 지속적으로 확대되고 발전될 것이다. 그리고 의료서비스의 세부정보를 제공하는 고품격 서비스상품의 공급까지도 가능하게 될 것이다.

SC는 신뢰가 중요하다. 사회적인 신뢰도가 SC를 확산시키고 있다. SC는 사람과 사람의 관계가 느슨한 관계로서 수많은 사람의 집단이기 때문에 인터넷을 통한 소셜네트워크를 활용한 정보들은 권위가 부족하고 신뢰하기 어렵다. SC에서는 서비스의 권위와 신뢰를 확보하기 위한 노력이 매우 중요하다. 제품보다는 서비스상품을 제공하는 경우가 더 많은 SC에서는 많은 위험이 항상 존재하고 있으므로 신뢰가 더욱 중요하게 된다. 고객의 기대수준을 충족시키지 못할 경우에는 SC에 대한 실망감으로 고객의 재구매활동이 중단될 수 있다. 이러한 위험을 제거하기 위하여 정부기관에서는 SC마케팅을 SC주관기업의 측면, SC소매점의 측면, 고객인 소비자의 측면에서 모두를 합법적으로 보호하고 통제하는 법률들을 제정하고 있다.

SC분야는 현재 시작단계에 불과하지만, 매년 수십 혹은 수백 배의 급속한 성장을 보이고 있다. 신뢰가 더욱 중요하게 될 미래의 사회에서는 SC를 통하여 마케팅을 대행하고 있는 SC기업들이 앞으로 더욱 활성화되고 발전될 것이다.

4. SC의 특성 및 장점

SC를 활용한 마케팅전략의 장점으로는 정보 트래픽의 증가, 고객관리비용의 절감, 합리적인 공동구매의 도구, 저비용·고효율의 성과, 고객의 재구매율 증가 등이 있다.

[그림 7-11]은 SC의 특성 및 장점을 나타내고 있다.

그림 7-11 SC의 특성 및 장점

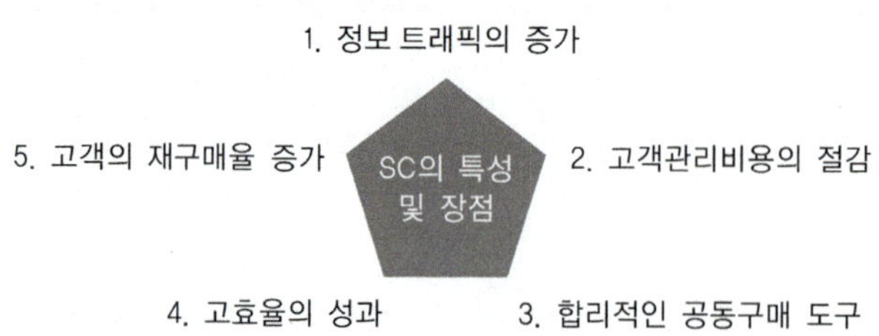

1) 정보 트래픽의 증가

정보 흐름의 최대접점인 SNS를 활용한 브랜드의 효율적인 노출이 가능하게 되었다. 잘 알려져 있는 카카오톡에서는 매일 발생하는 정보 트래픽이 일일평균 12억 건을 상회하고 있다. CRM을 기반으로 고객을 매우 정밀하게 세분화하여 맞춤서비스를 제공하게 되면 상당한 수준의 SC를 형성할 수 있을 것이라는 근거가 되는 이유이다. 카카오톡의 경우 현재 가치보다는 미래가치를 훨씬 더 크게 인정받고 있다.

2) 고객관리비용의 절감

고객과의 커뮤니케이션의 활성화로 고객과의 관계가 발전될 수 있는 CRM전략의 수단으로 활용될 수 있다. 이미 고객이 확보된 상태이므로 별도의 고객관리비용이 추가되지 않는다. 이미 확보되어 있는 고객을 매우 정밀하게 세분화할 수 있으며, 정밀하게 세분화된 고객을 대상으로 고객별 맞춤서비스를 실행하면서 고객과의 관계를 지속적으로 발전시킬 수 있다.

3) 합리적인 공동구매의 도구

고객은 고품질의 제품과 서비스에 대한 욕구가 있지만, 가격 등의 이유로 구매행동을 결정하기 어려운 경우가 있다. 이러한 고객의 욕구를 파악하고서 고객이 원하는 제품과 서비스를 구입할 수 있는 고객을 모아서 공동구매를 실행하면, 고객은 저렴한 비용으로 원하던 상품을 구입할 수 있으며, 기업은 대량판매로 원가절감이 가능하여 기업과 고객 모두가 만족할 수 있다. SC는 공동구매를 실현할 수 있는 매우 유용한 도구가 될 수 있다.

4) 고효율의 성과

SC는 기존의 고객을 대상으로 고객이 원하는 제품과 서비스를 제공할 수 있는 업체와 제휴를 한 다음에, 상품에 관심이 있을 만한 고객을 정밀하게 세분화하고, 상품정보를 제공한다. SC는 정밀하게 세분화된 소규모의 고객집단을 대상으로 공동으로 구매활동을 할 수 있는 가상의 공간을 운영하기 때문에, 마케팅 등의 판매비용을 대폭 절감할 수 있으면서도 매우 높은 성과를 얻을 수 있다.

5) 고객의 재구매율 증가

SC기업이 CRM의 고객분석을 통하여 고객이 평소에 원하던 제품과 서비스에 대한 맞춤정보를 고객별로 제공하고, 이러한 맞춤제품과 서비스를 구입한 고객의 만족도는 상승하게 될 것이므로, 재구매의 확률은 매우 높게 된다. SC를 통하여 한 번 구매경험을 해 본 고객은 지속적으로 SC가 제공하는 맞춤정보를 활용하고 이용할 가능성이 커진다.

5. SC의 구성요인

SC를 구성하고 있는 요인을 보면 SC주관기업, SC소매점, SC고객으로 구분되며, [그림 7-12]와 같다.

그림 7-12 SC의 구성요인

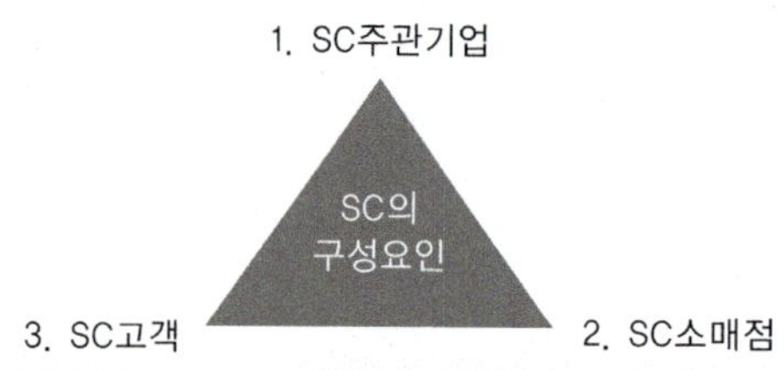

1) SC주관기업

본 교재에서는 SC를 주관하는 기업을 SC주관기업이라고 부르기로 한다. SC소매점에서 제공하고 있는 제품과 서비스에 대한 구체적인 정보를 회원고객들에게 제공하고, 회원고객 중에서 구매를 원하는 고객을 하나의 소규모 고객집단으로 구성하여서, SC소매점에서 제공하는 제품과 서비스를 구입할 수 있도록 지원한다. 이때 소규모 고객집단은 수천 명 정도이며, 제품과 서비스의 내용에 따라서 사전에 정해지는 것이 일반적이며, 사전에 정한 최소의 공동구매집단이 이루어지지 않으면 공동구매는 취소된다. 공동구매집단의 인원수에 대한 조건은 SC주관기업과 SC소매점이 사전에 결정하며, 고객에게도 사전에 공지해야 한다. 공동구매가격은 일반적으로 30~50%가 할인된 가격으로 제공된다.

SC주관기업으로는 미국의 시카고에서 2008년 11월에 비즈니스를 시작한 Groupon이 최초로 설립되었으며, 2010년도 매출액이 5억 달러, 기업가치는 13억5천만 달러를 상회하고 있다. 국내의 경우를 보면, 2010년 5월에 서울에서 비즈니스를 시작한 티켓몬스터와 쿠팡, 위메프 등의 SC기업들이 활동하고 있다.

2) SC소매점

SC소매점은 소비자인 고객을 대상으로 제품과 서비스를 직접 제공하는 기업들이 대부분이다. SC소매점은 대부분 소규모의 업체들이며 자체적인 마케팅 역량이 부족한 업체들이다. SC소매점은 고객을 확보할 수 없는 소규모이거나 최근에 창업한 기업인 경우에 SC주관기업으로 고객 확보를 위한 마케팅을 요청하게 되는 경우가 대부분이다.

SC소매점은 서비스공간의 소규모를 감안하여 적정한 규모의 고객을 신규고객으로 확보할 수 있고, SC소매점을 홍보할 기회를 확보할 수 있다.

3) SC고객

SC고객은 SC주관기업으로 제품 및 서비스를 주문하고, 대금을 지불하면 SC주관기업으로부터 주문내용에 대한 쿠폰을 발행받을 수 있으며, 이 쿠폰으로 SC소매점을 방문하면, 주문했던 제품 및 서비스를 제공받을 수 있다.

SC주관기업은 SC소매점에서 제공하는 제품과 서비스에 적합한 고객을 매우 정밀하게 세분화한 다음에 정보를 제공할 수 있으므로 성공률이 매우 높게 나타나며, 고객의 입장에서는 평소에 원하고 있던 제품과 서비스를 매우 저렴한 가격으로 구입할 수 있으므로 고객만족도가 향상될 수 있다.

6. 소셜커머스의 문제점

1) SC주관기업 입장에서의 문제점

SC기업들의 가장 큰 문제는 성공적인 SC기업의 사례를 모방한 SC기업들이 거의 매일

창업되고 있으며, 현재 등록된 사이트 수가 700여 개를 상회하고 있다. 이러한 급속한 증가는 치열한 경쟁으로 조기 퇴출되는 SC기업들이 증가하는 원인이 되기도 한다. 경우에 따라서는 SC기업의 영업인력들은 SC소매점과 고객을 확보하기 위해서 무리한 방법을 선택하기도 한다. 우선 외형의 크기가 중요하기 때문이다. SC소매점의 서비스능력과 환경을 배제하고 SC의 장점만을 홍보하여서 결국 SC소매점들과 소비자들에게 많은 손실을 감당하게 하기도 한다.

그리고 SC기업의 입장에서는 가격할인 이외에는 특별한 차별화 전략이 부족한 상태이다. 제품과 서비스에 대한 차별화는 SC소매점에서 확보하고 있기 때문이다. SC기업은 차별화된 양질의 서비스를 제공할 수 있는 SC소매점을 발굴하는 것이 중요한 차별화 전략이 될 수 있다.

2) SC소매상의 입장에서의 문제점

SC소매점들은 SC를 위한 환경이나 서비스능력이 전혀 준비되지 않았는데도 불구하고, SC주관기업 측의 장점만을 믿고서 SC서비스를 제공하기로 결정하는 경우가 많다.

SC서비스를 제공할 여건이 성숙되지 않은 SC소매점에서 수천 명의 고객을 갑자기 맞이하면, 서비스 질이 저하되어 오히려 고객의 불만을 사는 경우가 발생할 수 있다. 그러나 SC주관기업들 중에는 여건이 열악한 SC소매점에게 SC서비스를 제공하도록 권유하는 경우도 있다. 이러한 경우에는 SC주관기업은 SC소매점의 위험이나 손실은 감안하지 않은 채 고객 확보를 위한 SC의 장점만을 나열한 채로 SC소매점의 참여를 유도하게 된다. SC소매점의 위험이나 손실에 대한 책임을 SC소매점에게 부담시킬 수 있기 때문이다.

3) SC고객의 입장에서의 문제점

SC가 도입된 이후로 수많은 소비자 고발이 발생하고 있다. SC주관기업이 홍보하고 있는 SC서비스는 SC소매점들의 현실적인 정보를 소비자들에게 제공하기보다는 과장된 정보를 소비자들에게 제공하기도 한다. SC에 대한 소비자불만 사례를 보면, 가격할인을 이유로 정당한 서비스를 받지 못한다든가, 일반소비자들에 비해서 질이 떨어지는 역차별 대우를 받는다든가, 할인쿠폰 남발로 제대로 된 서비스를 받지 못하는 경우들이 발생하기도 한다. 좀 더 심한 표현으로는 "소셜은 사라지고 커머스만 남았다"라고까지 언론에서 평가되기도 한다.

7. CRM기반의 SC전략

SC기업은 SC소매점의 이익창출을 위한 전략을 수립하기 위하여, 먼저 SC소매점에서 제공하는 SC상품이 서비스상품인지 제품인지를 구분한 다음에, SC상품의 품격 수준이 고급인지 일반적인지를 구분할 수 있다. SC상품을 서비스상품과 제품, 그리고 고급품격과 일반품격 등 두 개의 요인으로 4가지의 매트릭스를 분석할 수 있다. 즉, SC소매점을 고품격-서비스 소매점, 고품격-제품 소매점, 일반품격-서비스 소매점, 일반품격-제품 소매점 등 4개의 매트릭스로 구분할 수 있으며, 각각의 매트릭스의 유형별로 SC전략을 실행하면 SC소매점의 생산성이 더욱 향상될 수 있다.

SC소매점의 유형별로 적합한 전략을 실행하기 위해서 SC기업은 CRM전략을 통하여 각각의 SC소매점의 유형에 맞도록 고객을 정밀하게 세분화한 다음에, 세분화된 고객들에게 SC소매점의 상품과 정보를 제공할 수 있다.

[그림 7-13]은 SC소매점의 4가지 매트릭스 유형과 모든 SC소매점들이 제공하고 있는 재고상품의 유형을 합하여 모두 5개의 SC소매점의 유형을 나타내고 있다.

그림 7-13 SC소매점의 유형

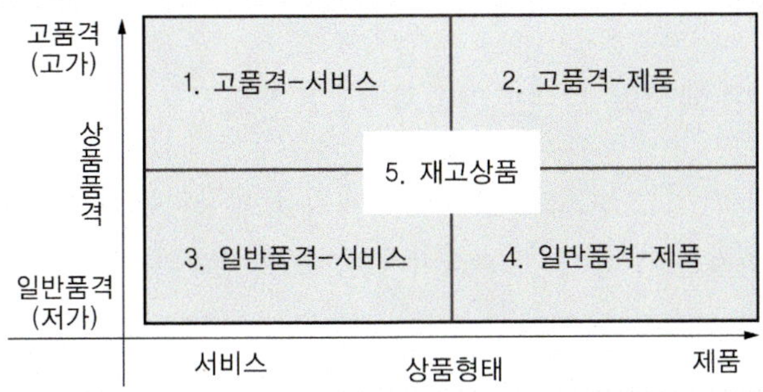

1) 고품격-서비스 SC소매점의 비수기 한계이익 확보 전략

고품격-서비스상품을 제공하고 있는 SC소매점이 SC마케팅을 활용하는 가장 큰 목적은 비수기에도 일평균 판매를 유지하는 것이다. 고품격의 서비스상품은 비수기 한계이익 확보전략이 효과적이며, 비수기 중에도 평균적인 판매를 유지하게 되어 한계이익을 확보할 수 있으므로, SC소매점 전체의 이익을 유지할 수 있게 한다. 이러한 한계이익전략은 판매와 이익의 확대를 통한 경영 생산성 향상보다는 판매가 되지 않는 비수기 동안에도 최소한의 이익을 확보하여 SC소매점 전체 이익의 감소를 방지할 수 있게 한다. 고품격-서비스상품을 제공하고 있는 SC소매점은 한 번 방문한 고객에게 최고 수준의 품격있는 서비스상품을 제공하면, 고객이 만족하게 되므로 고객의 재방문을 유도할 수 있으며, 장기적인 단골고객 혹은 충성고객으로 확보할 수 있다. 고품격의 서비스상품에 대한 SC마케팅의 실행 시점으로는 휴가, 주중, 공휴일 등의 비수기가 되며, 매우 저렴한 40~60% 정도의 할인가격으로 고객에게 최고 품격의 서비스를 제공하게 된다.

고품격-서비스상품을 제공하는 SC소매점에 대한 SC마케팅의 방법을 보면 틈새시장 공략, 투사형 마케팅 등의 방법이 유용하다. CRM 기반의 고객정보시스템을 활용하여 고품격-서비스상품을 선호하는 고객층을 세분화한 틈새시장을 선점할 수 있다. 틈새시장에 대한 특별한 상품을 개발하고 제공하여 고객에게 고품격의 서비스상품을 경험하게 하면, 장기적인 단골고객 혹은 충성고객을 확보할 수 있다. 이러한 특별한 용도로 개발된 한정적인 목적의 상품을 투사형 상품이라고 한다. 투사형 상품은 단기간의 성과를 목표로 개발된 상품이며, 목적을 달성한 다음에는 소멸되는 특별한 이벤트성의 상품을 의미한다.

그리고 고품격의 서비스상품을 저렴하게 공급할 수 있는 SC소매점의 상품으로는 레스토랑, 레포츠, 건강시설 상품, 고급의류, 숙박(호텔, 펜션, 콘도), 해외여행, 문화(뮤지컬, 연극) 등이 있다.

2) 고품격-제품 SC소매점의 브랜드이미지 제고 전략

고품격-제품을 제공하고 있는 SC소매점이 SC마케팅을 활용하는 가장 중요한 목적은 신제품을 시장에 신규진입하는 것이며, 브랜드이미지 제고 전략을 활용하기 위함이다. 서비스상품이 아닌 고품격의 제품을 제공하고 있는 SC소매점은 제품을 개발하고 생산하고 있지만, 자체 마케팅 능력이 부족하므로 고객을 확보하기 위하여 SC기업으로 마케팅을 요청하게 된다.

고품격의 제품을 제공하고 있는 SC소매점은 브랜드이미지가 형성되어 있는 기존제품보다는 고객들이 인식하지 못하고 있는 신제품에 대한 브랜드이미지를 확산하기 위하여 활용된다. SC소매점은 신제품의 시장진입 기간에 다소의 손실을 감수하더라도 장기적인 이익을 확보하고, 단골고객을 확보할 수 있기를 기대하면서 SC마케팅을 활용하게 된다. 고품격의 제품을 제공하고 있는 SC소매점은 광범위한 전국적인 브랜드인지도 확산보다는 지역별로 시장과 고객을 세분화하여, 접근하기 용이한 지역부터 진입하는 것이 효과적이며, 지역별로 게릴라 마케팅방법을 활용하면 효과적이다.

게릴라 마케팅은 짧은 기간 특별한 이벤트를 시행하고 신속하게 다른 지역으로 옮겨서 이벤트를 반복하는 전략을 의미한다. 이러한 고품격의 제품을 제공하는 SC마케팅에서의 가격할인율은 10~40% 정도를 보이고 있으며, 할인율이 그렇게 높지 않은 편이다. 판매 목적보다는 단골고객 확보를 위한 이미지 제고의 목적이 더 크기 때문에 10% 이하의 할인율을 보이는 경우도 있다. 특히, 전자제품의 경우에는 가격할인율이 매우 적게 나타나고 있다.

그리고 고품격의 제품을 공급하고 있는 SC소매점들이 제공하고 있는 제품을 보면 유명한 기업의 제품들이 포함되기도 하며, 패션/계절, 가구, 홈인테리어, 가전/건강/주방, 레포츠, 유아(장난감, 교육용)관련 등의 제품이 있다.

3) 일반품격-서비스상품 SC소매점의 단기 판매력 확보 전략

일반품격-서비스상품을 제공하는 SC소매점의 경우에는 단기판매력 확보전략이 SC소매점의 생산성 향상에 매우 효과적이다. 일반품격의 서비스상품을 제공하는 SC소매점의 목표는 짧은 기간에 최대한 많은 고객을 확보하는 것이다. 이러한 SC소매점들은 40~60% 정도의 높은 가격할인율을 적용하게 되며, 이익을 확보하기 위하여 다른 관련 상품을 추천하여 판매를 확대하기도 한다. 이러한 연관상품을 추천하여 판매하는 방법을 교차판매(Cross Selling)라고 한다.

일반품격의 서비스상품을 제공하는 SC소매점에서의 할인판매는 일정한 기간이 경과한 다음에 간헐적으로 반복하는 것이 효과적이며, 취급할 수 있는 서비스상품으로는 대중음식점, 취미활동, 여행, 문화(연극·영화·공연), 음악녹음실 등이 있다.

4) 일반품격-제품 SC소매점의 제품회전율 제고 전략

일반품격-제품을 제공하는 SC소매점은 제품회전율 제고 전략이 생산성 향상에 매우 효과적이다. 일반품격의 제품들은 단기간에 판매량을 최대한 확대하여 박리다매의 방법으로 이익을 확보해야 한다. 특히 최근에는 상설 쇼핑몰과 같은 수준으로 빈번하게 SC마케팅을 활용하고 있으며, SC마케팅의 구전효과를 통하여 판매를 확대하고 있고, 전국적인 광범위한 지역의 고객을 대상으로 대량판매 활동을 실행하고 있다. 일반품격의 제품에 대한 가격할인율은 40~60% 정도의 높은 할인율이 적용된다. 일반품격의 제품을 제공하는 SC소매점에서 취급할 수 있는 제품을 보면 식품(농·축·수산물), 액세서리, 뷰티제품, 기념품, 취미/사무/생활/주방용품, 기념품, 의류, 소모품, 잡화, 도서, 중고제품 등이 있으며, 매우 다양한 제품들이 SC를 통하여 공급되고 있다. 일반품격의 제품을 제공하는 SC소매점들은 SC마케팅을 활용함으로써, 제품회전율 향상과 박리다매 등의 성과를 기대할 수 있게 되고 마케팅 생산성 향상에 많은 기여를 할 수 있다

5) 재고상품 SC소매점의 재고제로 전략

재고상품을 제공하는 SC소매점은 재고 제로 전략을 실행함으로써, 재고비용을 최소화하려는 목적을 달성할 수 있다. 급변하는 시장환경에서 재고는 SC소매점은 물론 모든 기업의 경영활동에 부담이 되고 있다. 재고 제로 전략은 모든 기업에 적용될 수 있지만, 특히 과다한 재고와 불용재고를 보유하고 있는 SC소매점은 최대한 신속하게 재고를 처분해야 한다. 재고 제로 전략은 재고비용을 제로화함으로써, 비용절감을 통하여 이익을 확보할 수 있는 방법이다. SC소매점은 과다재고 혹은 불용재고가 발생하는 즉시 재고를 신속하게 처분해야 하며, SC마케팅을 활용하여 초단기간에 대량의 거래고객을 확보할 수 있다. 재고처분에 대한 SC상품의 가격할인율은 60~80% 정도로 매우 높게 적용되고 있다. 이러한 상품으로는 서비스 잔여상품, 악성재고(이월, 과다, 장기)상품 등이 있으며, 모든 기업의 모든 상품에 적용될 수 있다.

SC전략을 CRM을 기반으로 다시 정리하면 [그림 7-14]와 같이 된다.

그림 7-14 CRM기반의 SC전략

Chapter 7 정리

1. CRM기반의 전자상거래의 특성과 응용 분야

1) CRM기반의 전자상거래의 특성

구분	전통적 상거래	전자상거래
1. 거래유형	소매유통점의존 간접거래	소비자 직접거래
2. 고객정보관리	파일 누적관리	누적통합관리
3. 기업정보제공	매스미디어 일방적제공	고객별 맞춤정보 제공
4. 고객관리	어려움	고객 관계관리
5. 거래방법	일회성 거래	반복적 거래
6. 거래지역	상권내 한정	글로벌 무한정
7. 거래시간	영업활동시간 한정	24시간
8. 고객욕구파악	어려움	용이함
9. 고객서비스	대중 일괄 서비스	고객별 맞춤서비스
10. 판매효율	비효율	효율적이며 판매비용절감

2) CRM기반의 전자상거래 응용분야

CRM기반의 전자상거래를 응용하여 실행하고 있거나 혹은 실행할 수 있는 분야를 보면 쇼핑몰, 증권, 뱅킹, 보험, 여행, 경매, 무역, 의료, 교육 등 거의 모든 생활분야로 확산되고 있다.

2. 이메일의 효과와 활용

1) 이메일의 효과

이메일은 고객과의 실시간 커뮤니케이션이 가능하고, 고객의 반응을 측정하기가 용이하며, 비용이 절감되고, 고객의 반응률 향상이 기대된다. 그리고 이메일은 판매로 연결될 가능성을 향상시킬 수 있다.

2) 이메일의 활용

기업이 이메일을 활용할 수 있는 분야를 보면 차별화 서비스, 홍보수단, 쌍방향 커뮤니케이션, 고객유지 및 발전, 시장조사, 사후서비스 등이 있다.

3. 모바일커머스 CRM마케팅

모바일커머스의 특징을 보면 무선단말기 활용, 시간과 장소의 무제한성, 기업과 고객의 공동기대심리 등이 있으며, 모바일커머스 유형으로는 상품정보 서비스, 엔터테인먼트 서비스, 모바일 포털 서비스 등이 있다.

4. 소셜커머스

1) 소셜커머스의 의미

소셜커머스인 SC는 '사회적 전자상거래'를 의미하며, 소셜네트워크 서비스(SNS)를 통하여 이루어지는 전자상거래를 의미한다.

2) SC를 활용한 마케팅전략의 장점
정보 트래픽의 증가, 고객관리비용의 절감, 합리적인 공동구매의 도구, 저비용 · 고효율의 성과, 고객의 재구매율 증가 등이 있다.

3) SC 구성 요인
SC주관자, SC소매점, SC고객 등이 있다.

4) 취급상품의 특성에 따른 SC소매점의 유형는 5가지의 유형으로 구분할 수 있다.

Chapter 8. 캠페인 CRM

캠페인은 CRM기반의 활동이 되어야 성과를 기대할 수 있다. CRM기반의 캠페인관리에 대한 요건으로는 정밀한 표적고객 선정, 명확한 실행 기간, 명확한 성과 기준, 사후관리 및 피드백 등이 있다. CRM 캠페인의 목적은 고객 관계의 지속적인 발전, 소매유통점과의 제휴강화, 특정 제품의 판매확대, 고객 이탈 방지, 재구매 기간 단축 등이 있다.

캠페인 활동 중에 발생하게 될 예상하지 못한 문제를 미리 파악하기 위해서 시범 운영을 하고, 시범 운영에서 나타난 문제를 해결한 다음에 캠페인을 실행하며, 캠페인 실행 중에도 항상 모니터링하면서 원활한지를 주시해야 하며, 시범 운영 원칙으로는 외부요인 영향력 방지, 동일한 고객 대상의 반복점검 금지, 동일한 변수의 반복점검 금지 등이 있다. 캠페인의 평가항목으로는 캠페인 자체의 성과, 고객획득에 대한 성과, 고객동향 파악 등에 대한 성과가 등이 있다. 그리고 성공적인 캠페인 조건으로는 창의적인 아이디어, 과학적인 분석, 캠페인 전략 실행력 등이 있다.

제1절 캠페인의 개념

CRM시스템의 도입으로 CRM전략이 완성된 것으로 이해하고 더 이상의 활동을 하지 않은 채 CRM전략의 성과를 기대하는 기업이 의외로 많다. CRM시스템은 고객과의 쌍방향 커뮤니케이션을 원활하게 수행할 수 있도록 지원하는 수단에 불과하다. 캠페인의 의미와 캠페인을 관리하는 요건을 살펴보면 다음과 같다.

1. 캠페인

캠페인(Campaign)은 기업이 고객을 대상으로 일정한 기간에 일정한 고객집단을 대상으로 쌍방향 커뮤니케이션 활동을 실행하는 것을 의미한다. 캠페인은 기업이 고객에게 양질의 제품과 서비스에 대한 정보를 제공하면서 호의적인 관계를 지속하고, 고객만족을 극대화할 수 있는 쌍방향 커뮤니케이션 활동이다. 캠페인은 판매를 직접적인 목표로 하지 않는다. 더 나은 서비스를 제공함으로써, 고객의 긍정적인 반응을 얻어 고객과의 관계를 지속적으로 발전시켜 나가기를 원한다. 캠페인은 한 번의 판매가 목적이 아니고, 고객과의 장기적인 관계를 지속할 수 있는 CRM전략의 실행방법으로서 매우 중요한 활동이다.

기업의 CRM전략의 목적은 캠페인 활동을 통하여 고객이 만족을 얻게 하고 고객의 충성도를 향상시켜서 고객의 가치를 향상시키는 것이다. 따라서 캠페인은 CRM전략을 수행할 수 있는 가장 강력한 수단이며, CRM중심의 마케팅을 실현할 수 있는 효과적인 수단이다.

2. 정밀시장 캠페인

기업이 고객을 대상으로 캠페인을 시행하는 가장 큰 목적은 고객과의 장기적인 관계를 긍정적으로 유지하고 발전시킴으로써, 궁극적으로는 기업의 이익을 증대시키는 것이다. 그러나 세분화하지 않은 일반고객을 대상으로 캠페인을 시행하면, 캠페인 비용이 과다하게 소요되고 효과도 크게 기대하기가 어렵다. 기업이 캠페인을 시행하는 대상인 고객을 명확하고 세밀하게 세분화하여서 캠페인 활동을 집중하게 되면 고객의 반응률이 급격하게 상승된다. 반대로 고객집단을 세분화하지 않고 일반고객을 대상으로 캠페인을 시행하게 되면, 캠페인에 대한 관심이 없는 일반고객은 반응을 나타내지 않을 가능성이 크다. 따라서 비용이 더 많이 소요되고 성과는 기대치를 훨씬 밑돌게 되는 결과가 나타날 수 있다.

기업이 캠페인을 시행할 경우에는 반드시 고객집단을 매우 정밀하게 세분화한 시장을 표적시장(Target Market)으로 선정한 다음에, 표적시장의 고객이 선호하는 제품과 서비스를 제공하면 정밀시장 캠페인이 매우 효과적이다. 정밀시장 캠페인은 일반대중을 대상으로 무작정 살포하는 캠페인보다 훨씬 적은 비용으로 훨씬 큰 성과를 기대할 수 있다.

3. 캠페인관리

캠페인 관리(Campaign Management)는 정밀하게 세분화된 고객의 집단 중에서 소수의 정밀한 시장을 선정하고, 정밀시장을 대상으로 차별화된 쌍방향 커뮤니케이션을 실행하며, 캠페인의 결과를 수집하여 당초 수립했던 계획과 어떤 차이가 있는지를 분석하고, 캠페인의 성과에 대한 효율과 효과를 관리하는 일련의 과정을 의미한다. 기업은 한정된 시간과 비용의 범위 이내에서 가장 효율적이고 효과적인 캠페인의 구체적인 계획을 수립하고 실행해야 하며, 고객의 반응을 측정 기록 평가를 해야 한다.

캠페인에 관련된 일련의 모든 활동을 관리하는 것이 캠페인 관리이다.

4. 캠페인의 실행주체

기업은 고객과 직접 접촉하여 고객정보를 수집하고 관리하기 위해서 CRM전략을 수행하지만, 소매유통점과의 제휴를 통한 통합CRM전략을 상호 독립적으로 혹은 공동으로 수행할 수 있어야 한다. 고객과의 관계를 관리하는 부분에 있어서는 모기업과 소매유통점은 공동의 목표와 성과를 위하여 공동으로 CRM전략을 실행하기 때문이다. 캠페인의 경우에도 모기업과 소매유통점은 상호 독립적으로 혹은 공동으로 실행할 수 있어야 한다.

1) 모기업의 비판매캠페인

모기업이 캠페인을 주관하여 시행하는 경우는 대부분 비판매캠페인으로 장기적 관점에서 고객과의 관계를 발전시킬 수 있는 캠페인을 수행하는 것이 일반적이다. 캠페인 지역도 전국상권 혹은 지역별 상권을 대상으로 광범위하게 실행할 수 있다. 비판매캠페인의 내용으로는 문화행사, 전시회, 신제품발표회, 대학생 경진대회, 주부교실, 사회사업참여 등 다양한 활동이 있다. 이러한 비판매캠페인을 통하여 고객의 로열티 및 고객정보의 질적 수준을 향상시킬 수 있고, 고객과의 장기적이고 우호적인 관계를 지속적으로 발전시켜 나갈 수 있다.

2) 소매유통점의 판매캠페인

지역별 소상권을 책임지고 있는 소매유통점의 경우에는 대부분 판매향상을 위한 단기적 판매캠페인을 실행하는 것이 일반적이다. 특정한 고객을 정밀하게 세분화한 다음에 소수의 로열고객 혹은 우수고객을 선별하여 맞춤형 제품과 서비스를 제공함으로써, 판매를 증대하고 고객의 로열티도 향상시킬 수 있는 캠페인을 실행할 수 있다.

이러한 소상권의 고객을 대상으로 한 정밀한 세분화는 거의 개별고객의 수준까지 세분화할 수 있다. 고객 자신도 모르는 욕구를 파악할 수 있으므로 맞춤식 판매캠페인을 실행할 수 있으며, 판매캠페인의 성공률을 매우 높일 수 있다.

3) 통합캠페인

모기업에서 신제품을 확산시키거나 혹은 장기재고상품을 조기에 처분해야 할 경우에는 전국상권을 대상으로 판매캠페인을 실행할 수 있다. 전국을 대상으로 통합캠페인을 실행할 경우에는 전국의 모든 소매유통점과 통합하여 공동으로 판매캠페인을 실행할 수 있다. 통합캠페인은 모기업이 주최하는 경우가 일반적이지만 매출향상에 대한 1차적인 혜택은 전국의 모든 소매유통점으로 돌아가기 때문에 소매유통점들은 적극적으로 참여하게 된다.

이러한 통합캠페인을 통하여 모기업은 고객정보의 질적 수준을 향상시킴과 동시에 고객과의 관계를 더욱 강화시켜 나갈 수 있으며, 소매유통점은 매출확대를 기대할 수 있다.

5. 캠페인의 종류

CRM전략의 일환으로 수행되는 캠페인은 시행하는 주제에 따라서 제품중심의 캠페인과 고객중심의 캠페인이 있다.

1) 제품중심의 캠페인

제품중심의 캠페인(Product Oriented Campaign)은 제품 혹은 서비스상품에 대한 성과분석을 의미한다. 제품중심의 캠페인은 캠페인의 대상인 제품 혹은 서비스상품을 먼저 정한 다음에 이들 상품에 대한 고객의 구매성향을 분석하여 잠재고객을 추출하고 판매를 촉진하는 판매활동이다. 불특정 다수의 고객을 대상으로 시행하는 일반적인 판매촉진활동과는 구분된다. 제품중심의 캠페인은 CRM을 기반으로 하기 때문에 고객정보마트로부터 구체적이고 정밀한 고객정보를 추출한 다음에 고객 개인별로 수행된다. 정밀하게 세분화한 고객을 대상으로 시행하므로 일반적인 판매촉진행사보다 적은 비용으로 더 큰 효과를 기대할 수 있다.

자동차제품의 캠페인에 대한 예를 들면, 중형자동차의 마케팅담당자가 캠페인할 경우에 먼저 고객의 생애주기 중 어느 연령대에서 중형자동차를 가장 많이 구입하는 시기인지 고객정보마트를 분석하여 30대 후반에서 40대 초반이라는 정보를 얻을 수 있다. 다음 단계로는 이러한 연령대의 고객 중에서 과거에 중형차를 구입하지 않았고, 소형자동차를 구입한지 5년이 경과한 고객을 대상으로 중형자동차에 대한 특별하고 차별화된 서비스를 제공하면, 일반인을 대상으로 한 판매활동보다 훨씬 높은 성공률을 보일 수 있다. 이와 같이 제품을 먼저 설정하고 제품에 가장 적합한 고객을 정밀하게 세분화해서 캠페인 활동을 실행하는 방법을 제품중심의 캠페인이라고 한다.

2) 고객중심의 캠페인

CRM기반의 캠페인 중에서 고객중심의 캠페인은 고객이 어떤 제품과 서비스상품을 원하고 있는지를 먼저 파악한다. 고객중심 캠페인의 목적은 고객분석을 통해서 고객의 필요, 욕구, 불만 등의 문제점을 해결하는 것이다. RFM분석을 통해 우수고객 중에서 이탈가능성이 있는 고객을 추출하고, 이들 고객을 대상으로 이탈을 방지하기 위해 시행하는 특별한 캠페인이 고객중심의 캠페인이다. 고객의 생애주기를 분석한 다음에 생애주기별로 필요한 제품과 서비스상품을 제공하는 캠페인도 고객중심의 캠페인이 된다.

〈사례 8.1〉은 화장품회사에서 여성을 대상으로 한정판 캠페인을 보여주고 있다.

CRM Practice 8.1 여성인권 위한 Let's Love 캠페인 한정판 출시

아모레퍼시픽의 발아 식물 화장품 브랜드 프리메라가 '망고 버터 컴포팅 홀리데이 리미티드 에디션' 5종을 선보인다. 프리메라 Let's Love 캠페인의 하나로 출시되는 제품으로 소장가치를 더한 디자인이 특징이다. 2017 프리메라 망고 버터 컴포팅 홀리데이 리미티드 에디션 제작에는 따뜻한 감성으로 많은 사랑을 받고 있는 그림책 작가 김승연이 참여했다.

망고 버터와 호호바 오일이 건조한 피부에 보습막을 형성해 피부를 부드럽고 촉촉하게 보호하는 보디워시와 보디로션 그리고 오랜 시간 촉촉한 손으로 가꿔주는 핸드크림 3종 등 총 5종으로 이루어져 있다. 핸드크림 3종(오리지널, 소프트 시트러스, 리치 플로럴)을 함께 구매할 경우 자무이 소녀 이야기가 담긴 틴 케이스가 함께 제공된다.

프리메라는 지난 2013년부터 매년 Let's Love 캠페인을 펼쳐왔다. 여성인권의 개선 그리고 결혼 지참금을 마련하기 위해 어려움을 겪는 인도 자무이 마을 소녀들의 생활 개선과 자립을 위한 망고 묘목을 기부해왔다. '망고 버터 컴포팅 라인'의 판매 수익금 일부로 망고 묘목을 기부하고, 다 자라난 망고 열매를 사들여 제품의 원료로 사용하는 착한 순환(사이클)을 통해 현재까지 총 4700그루의 망고나무를 기부해왔다.

인도 자무이 소녀의 이야기가 담긴 특별한 패키지와 함께 피부도 마음도 촉촉하게 가꿔주는 프리메라 '망고 버터 컴포팅 리미티드 에디션'은 전국 백화점 프리메라 매장 및 명동 플래그십 스토어, 주요 온라인 몰에서 만나볼 수 있다.

(출처: 중앙일보. 2017. 12. 28., http://news.joins.com/article/22239816)

6. 캠페인의 실행요건

캠페인은 CRM전략을 수행하기 위한 유용한 도구이므로, CRM기반의 활동이 되어야 효율적이고 효과적인 성과를 기대할 수 있다. CRM기반의 캠페인관리에 대한 요건으로는 정밀한 표적고객 선정, 명확한 실행 기간, 명확한 성과 기준, 사후관리 및 피드백 등이 있으며 [그림 8-1]과 같다.

그림 8-1 캠페인관리의 요건

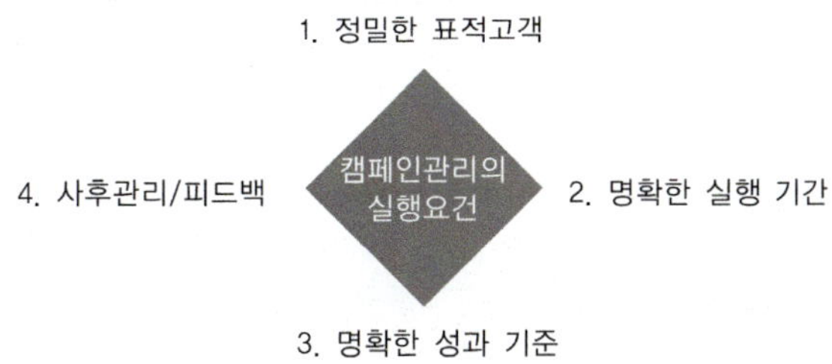

1) 정밀한 표적고객 선정

적은 비용으로 높은 캠페인 성과를 기대하기 위해서는 고객 세분화를 매우 정밀하게 분석해야 한다. 정밀한 고객 세분화를 통하여 표적고객을 소집단으로 선정하면 성공률이 매우 높아진다.

2) 명확한 실행 기간

정밀한 표적고객은 성공률이 높다. 그러나 무한정의 시간 동안 캠페인을 시행할 수는 없다. 일상적인 판매활동은 캠페인이 아니기 때문이다. 명확한 캠페인 기간을 설정하여 집중적인 활동으로 고객과의 관계를 강화시켜야 한다. 캠페인은 차별화된 서비스를 제공한다는 인식을 심어줘야 효과적이다. 차별화된 서비스는 일정한 기간이 지나게 되면 효과가 소멸되기 때문에 짧은 기간에 더욱 차별화될 수 있다.

3) 명확한 성과 기준

성과를 명확하게 하기 위해서 캠페인을 실행하기 전에 미리 적합한 성과 기준을 설정해야 한다. 캠페인의 결과에 대한 성과는 당초의 목표에 따라서 달라지기 때문이다. 사전에 성과평가에 대한 명확한 기준이 설정되지 않을 경우에는 성과에 대한 판단 기준이 서로 다를 경우가 발생하여 평가하는 사람에 따라서 다른 평가결과가 나올 수 있다.

4) 사후관리 및 피드백

캠페인이 종료되면 계획단계에서 수립한 성과 기준에 의하여 성과에 대한 효율성과 효과성에 대하여 분석하고, 분석한 결과를 다음 단계의 캠페인에 적용할 수 있도록 피드백해야 한다.

7. 캠페인 관리의 환경요인

캠페인을 실행하기 위해서는 환경의 요건들이 충족되어야 한다. 캠페인 실행을 위한 환경적인 요건으로는 전략수립을 위한 환경, 캠페인 프로세스의 환경, 소매유통의 제휴환경 등이 있으며, 캠페인의 성공에 영향을 미치고 있다.

[그림 8-2]는 캠페인에 영향을 미치는 환경요인에 대한 내용이다.

그림 8-2 캠페인 관리의 환경요인

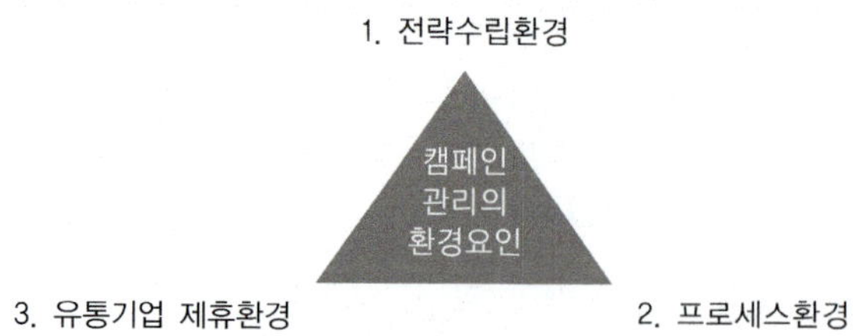

1) 전략수립을 위한 환경

캠페인 전략수립을 위한 환경은 다양한 데이터마이닝의 방법으로 고객정보의 검색이 신속하고 정확해야 하며, 검색한 고객정보를 활용하여 캠페인 시뮬레이션이 가능해야 하고, 정밀한 표적고객을 선정하기 위한 과정에서 비용이 거의 소요되지 않거나 저렴해야 한다. 과다한 비용을 지출하면서 시행하는 캠페인은 이미 캠페인의 성과인 효율성을 잃게 되기 때문이다.

2) 캠페인 프로세스의 환경

캠페인을 수행할 수 있는 자동화된 프로세스 환경이 준비되어 있어야 한다. 그리고 다양한 캠페인을 시행하고 분석한 결과를 피드백할 수 있도록 캠페인을 통합관리할 수 있는 환경이어야 한다. 캠페인을 통합관리할 수 없다면, 다음 단계의 캠페인으로 피드백할 수 없기 때문에 캠페인을 통한 고객 관계관리를 지속적으로 발전시킬 수 없다.

3) 소매유통의 제휴환경

기업은 모든 상품을 직접판매만을 실행하지는 않는다. 금융기관의 경우에는 대부분 직접거래 형태이지만, 최근의 비즈니스 다각화 경영으로 인하여 파생상품을 많이 개발하게 되었고, 파생상품의 경우에는 간접판매 형태가 효과적이기 때문에 소매유통업자(기업 혹은 개인)의 중요성이 증가하고 있다. 특히 제조기업의 경우에는 대부분 간접판매에 의존하고 있다. 기업과 소매유통점의 관계에서 캠페인 활동을 수행하기 위해서는 공동의 목표를 가지고 공동의 캠페인을 시행할 수 있어야 한다. 소매유통과의 제휴환경이 원활하지 못하면 캠페인의 효과는 기대하기 어려울 수 있다.

8. 캠페인관리의 프로세스

프로세스는 업무절차를 의미한다. 모든 업무는 목적을 달성하기 위해서 효과적으로 운영하고 관리할 수 있도록 지원하는 체계적인 절차가 필요하다. 캠페인 관리 프로세스는 캠페인에 관련하여 초기단계부터 완성단계까지 계획하고, 실행될 수 있어야 한다. 캠페인 관리의 프로세스는 캠페인의 전체 과정을 관리해 줄 수 있는 업무절차이다.

1) 캠페인 관리 프로세스의 특징

CRM을 기반으로 하는 캠페인 관리 프로세스의 특징으로는 순환과정, 최적화, 평가기능 등이 있으며 [그림 8-3]과 같다.

그림 8-3 캠페인관리 프로세스의 특징

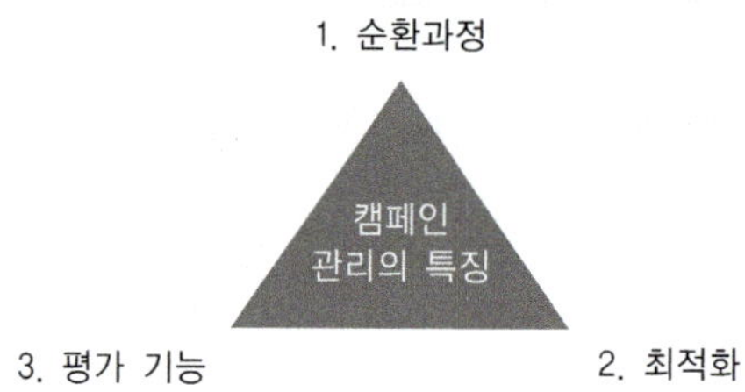

(1) 순환과정

CRM전략은 고객과의 관계를 발전시킬 수 있는 과정을 반복적으로 지속해야 한다. 캠페인은 CRM전략을 실현시킬 수 있는 방법 중의 하나이므로 일정한 기간이 경과한 다음에는 반복적으로 순환과정을 지속해야 한다. 캠페인은 한 시점에서 활동을 완성할 수 있는 단발성이 아니고 고객과의 관계를 지속적으로 발전시켜야 하므로 현재까지의 캠페인 결과를 새로운 캠페인 활동에 반영해야 한다. 캠페인을 반복적으로 지속하지 않을 경우에는 고객과의 관계를 유지할 수 있는 방법을 중단하는 결과로 나타나게 된다.

(2) 조직 전체의 최적화

캠페인 활동은 어느 특정부서 혹은 전문가의 영역이 아니다. 기업 전체의 경영목표를 달성하기 위하여 고객과의 관계를 발전시킬 수 있는 캠페인을 성공적으로 완성하고 지속해야 한다. 캠페인은 기업 전체의 전략과 정책의 방향을 가장 효과적으로 최적화한 제품과 서비스를 고객에게 제공해야 한다. 기업 전체의 목표나 전략과 상관없는 전문가 몇몇 사람들의 아이디어와 계획으로 캠페인을 실행한다면 기업 전체의 전략 방향이 서로 상충하는 경우가 있을 수 있으며, 다른 조직이나 부서의 전략과도 상충하여 불협화음이 발생할 수도 있다.

캠페인 관리 프로세스는 기업 전체의 전략이나 목표와 동일한 방향으로 최적화되어야 한다.

(3) 평가기능

캠페인은 캠페인의 성과를 평가하는 프로세스를 가지고 있다. 일정한 기간의 대고객 활동에 대한 성과를 분석하고 그 결과를 다음 단계의 캠페인 활동에 반영해야 하기 때문에, 캠페인의 활동 기간이 종료되는 시점에 성과를 분석하고 평가하는 프로세스를 포함하고 있어야 한다. 캠페인에 대한 평가는 관련 조직 혹은 담당들 간의 성과를 분석하므로 책임과 권한의 소재를 명확히 할 수 있으며, 다음 단계에서의 캠페인을 더욱 효과적으로 개선할 수 있으므로 기업 전체의 장기적인 성과에 기여할 수 있다.

2) 캠페인 관리 프로세스의 순환

캠페인 관리 프로세스는 일반관리 프로세스의 원칙인 계획(Plan)-실행(Do)-평가(See)의 순환과정을 따른다. 캠페인 관리 프로세스의 순환과정을 좀 더 구체적으로 살펴보면 분석, 기획, 실행, 반응, 평가의 단계로 구분할 수 있다. 분석과 기획단계는 Plan단계, 실행은 Do단계, 반응과 평가는 See단계로 설명할 수 있다.

[그림 8-4]는 캠페인 관리 프로세스의 순환과정을 나타내고 있다.

그림 8-4 캠페인관리 사이클

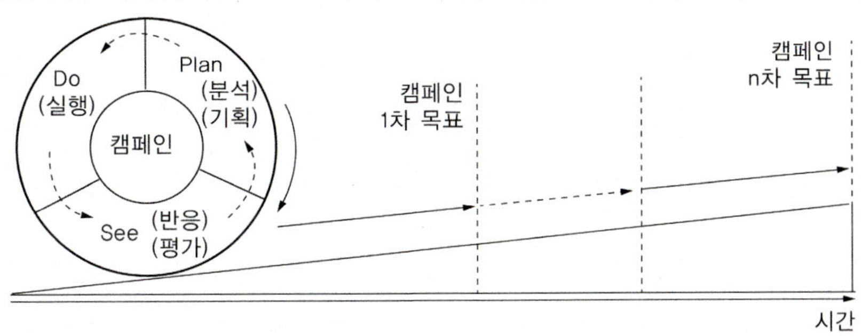

(1) 분석

기업 전체의 경영방향에 따라 수립된 CRM전략에 의거하여 캠페인의 성격과 방향이 결정된 다음에는 우선, 캠페인이 필요로 하는 목표에 대한 분석을 해야 한다. 목표에 대한 분석과정에서는 캠페인의 실행방향과 적합한 제품과 서비스를 확정하고 CRM시스템의 고객정보마트에 있는 고객정보를 정밀하게 세분화하여 캠페인의 대상을 선정한다. 즉, 캠페인의 가장 중요한 부분은 대상고객에 대한 고객정보를 정밀하게 분석하는 것이다. 캠페인을 실행하기 위한 제품 및 서비스를 먼저 확정하고 대상고객을 선정하는 과정이기 때문에 캠페인 대상고객의 특징에 따라서 캠페인의 성과가 좌우될 수밖에 없다.

(2) 기획

캠페인 전체과정을 설계하고 기획한다. 캠페인의 일정을 확정하고, 선정된 대상고객과의 커뮤니케이션의 방법에 대한 실행방안을 확정해야 하며, 캠페인 활동에 소요되는 예산과 캠페인이 완료되었을 때 투자 대비 예상수익과 고객 관계발전 등에 관한 평가 기준을 확정해야 한다. 평가 기준이 확정되지 못한 상태에서 캠페인을 진행하면, 캠페인이 종료되는 시점에서 판단의 근거가 없으므로 성과분석이 어렵게 된다. 성과분석과 평가가 없는 캠페인의 경우에는 일회성의 효과는 기대할 수 있겠지만, 다음에 시행하게 될 캠페인으로 피드백할 수 없어 캠페인의 최종 목적인 고객과의 관계를 발전시켜야 하는 목적은 중단될 수밖에 없다. 캠페인을 기획하는 단계에서는 캠페인의 실행일정, 예산확정, 평가 기준 등에 대한 설계를 해야 한다.

(3) 실행

캠페인을 실행하기 전에 소수의 고객을 선정하여 시범 운영을 한 다음에 캠페인에 대한 최종 조정을 해야 한다. 캠페인을 실행하는 과정 중에는 오류가 발견되더라도 변경하는 데 어려움이 따르므로, 사전에 시범 운영을 통하여 캠페인을 정확하게 실행할 수 있도록 준비를 해야 한다. 사전에 오류와 문제를 도출하고 해결하게 되면 효과적인 캠페인 실행과 성과를 기대할 수 있다.

캠페인을 실행하는 과정에서는 당초 계획한 대로 원활하게 실행이 되고 있는지 모니터링을 계속해야 한다. 모니터링 결과에 문제가 발생하면 즉시 해결방안을 수립하고 적용해야 한다. 문제가 있음에도 그대로 실행하면 캠페인의 성과는 기대에 미치지 못할 수 있다.

(4) 반응

실행한 캠페인에 대한 고객의 반응을 수집하고 분석한다. 고객반응조사는 미리 확정했던 평가 기준을 따라서 측정 가능한 매체를 선정하고 측정방법을 준비하고 있어야 한다.

(5) 평가

고객의 반응을 분석한다. 분석한 고객의 반응을 CRM시스템의 데이터웨어하우스에 저장되어 있는 통합고객정보에 반영하여 고객 관계를 지속적으로 발전시킬 수 있도록 한다. 그리고 재무적인 성과를 평가해야 한다. 당초 계획과의 차이에 대한 원인을 분석하고, 다음에 실행하게 될 다른 캠페인의 개선방향에 반영할 수 있게끔 피드백한다.

제2절 캠페인전략 계획(Plan)

1. 캠페인의 분석

1) 캠페인의 목적

CRM기반의 캠페인의 목적은 매우 다양하다. 단위 조직별로 목적이 다를 수 있는데, 고객관계를 지속적으로 발전시켜야 하는 목적, 소매유통점과의 제휴강화 목적, 특정제품의 판매확대 목적, 고객이탈을 방지하는 목적, 재구매기간을 단축할 목적 등 매우 다양하다. 캠페인을 시행할 경우에는 가장 먼저, 캠페인의 목적을 확정한 다음에 캠페인의 목적에 적합한 실행방향을 설정해야 한다. 캠페인의 목적에 따라서 캠페인의 실행방향이 다르게 되며 결과에 대한 평가도 전혀 다르게 나타날 수 있기 때문이다.

[그림 8-5]는 캠페인의 목적에 대한 내용이다.

그림 8-5 CRM기반의 캠페인 목적

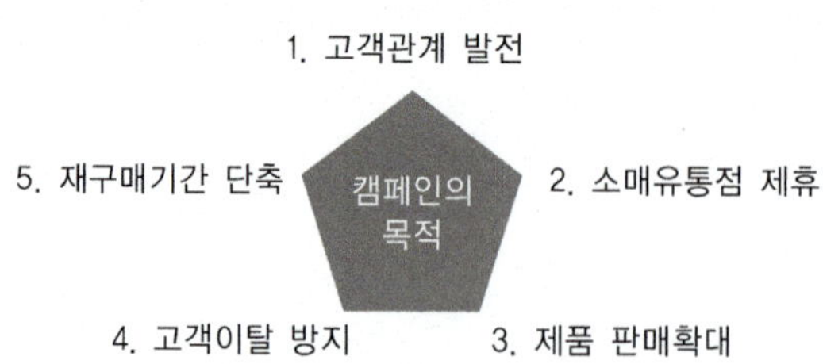

2) 캠페인의 실행방향

캠페인의 목적이 설정되면, 실행방향을 구체적으로 수립해야 한다. 캠페인의 실행방향의 중요한 결정요인으로는 캠페인 실행 대상인 목표고객, 제품 및 서비스 등의 상품, 고객과의 접점경로, 캠페인 실행일정 등이 있으며 [그림 8-6]과 같다.

그림 8-6 캠페인실행 결정요인

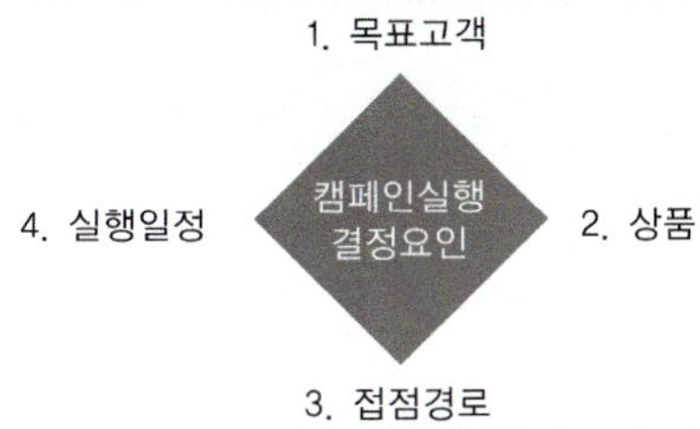

(1) 목표고객

캠페인 활동을 시작하기 위해서 가장 기초적인 단계로서, 캠페인의 대상고객을 누구로 할 것인가에 대한 목표고객을 결정하는 단계이다. 위에서 분석한 캠페인의 목적에 부합하는 고객을 선정하는 방법으로는 CRM시스템의 고객정보마트를 검색하고 분석하여 결정할 수 있다. 다양한 고객정보를 정밀하게 분석할 수 있는 RFM세분화, LTV세분화, 고객의 진화단계별 세분화, 고객의 라이프스타일별 세분화 등의 방법 중에서 캠페인의 목적에 적합한 세분화 방법을 복수로 혼합하여 대상고객을 정밀하게 선정할 수 있다. 목표고객을 정밀하게 선정할수록 캠페인의 성과는 만족한 결과로 나타나게 된다.

캠페인의 목적이 어떤 특수한 목적으로 특별한 고객만을 대상으로 하는 경우에는 목표고객이 미리 정해진 경우이므로 목표고객을 결정하기 위한 세분화는 생략되기도 한다.

캠페인의 대상고객을 분석하고 결정하기 위해서는 정밀한 세분화가 필요하다. 고객정보를 정밀하게 세분화하기 위해서 큰 범위를 대상으로 하는 1단계 세분화와 매우 세밀하고 정확하게 세분화할 수 있는 2단계로 구분할 수 있다.

[그림 8-7]은 CRM시스템의 고객정보마트에 저장되어 있는 다양한 고객정보 중에서 목표고객을 정밀하게 선정하는 1,2단계의 내용에 대한 사례를 보여 주고 있다.

그림 8-7 목표고객의 정밀화 1,2단계

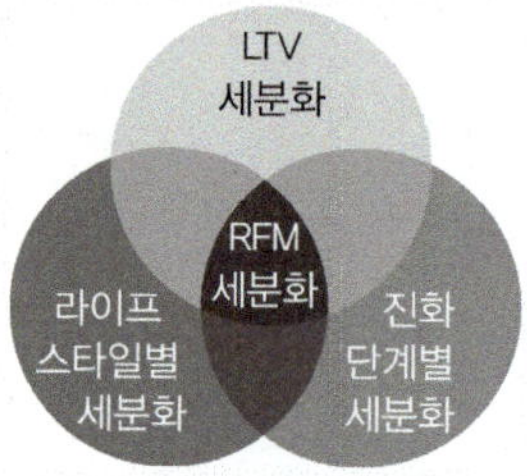

【목표고객 정밀화 1단계】

목표고객 정밀화를 위한 1단계는 LTV세분화, 고객의 진화단계별 세분화, 라이프스타일별 세분화 등을 혼합하여 분석하면 매우 정밀한 세분화가 가능하다. 고객 세분화의 1단계에서 사용할 수 있는 세분화 방법은 기업의 특성에 맞추어서 적합하게 선택하여 활용할 수 있다.

【목표고객 정밀화 2단계】

목표고객 정밀화 1단계의 결과를 가지고, 다시 2단계 과정인 RFM세분화를 통하여 더욱 정밀한 목표고객을 선정할 수 있다. 1단계에서 선정한 목표고객을 대상으로 R,F,M의 3개요인 중에서 영향을 가장 많이 미칠 수 있는 높은 점수의 고객을 순서대로 선정하면 된다.

목표고객 정밀화 1단계와 2단계에 대한 예를 들면, 전자제품을 생산하고 공급하는 A라는 제조기업에서 TV제품을 사용하고 있는 울산지역의 고객들을 대상으로 재구매활동을 확대하고 이들 고객과의 관계를 발전시켜서 다른 전자제품의 판매를 확대시키고자 하는 경우를 가정한다. 이러한 경우에는 울산지역의 TV판매확대와 TV를 구매한 고객의 로열티 증대가 캠페인의 목표가 된다.

먼저, 목표고객 정밀화 1단계에서는 CRM시스템의 고객정보마트를 활용하여 TV를 구입할 가능성이 많은 고객을 선택해야 한다. 고객정보검색 조건으로는 로열고객 중에서, LTV 세분화 결과인 30세에서 55세의 고객, 라이프스타일을 반영한 TV를 구입한 기간이 5년을 경과한 고객 등의 조건을 모두 충족하는 목표고객을 선정한다. 그리고 목표고객 정밀화 2단계는 1단계에서 선정된 고객 중에서 구매력을 나타내는 고객의 M점수가 높은 순위를 선택한다. 최근성을 의미하는 R점수와 빈번성을 나타내는 F점수는 이미 고정고객이라는 조건에서 평균 이상의 의미를 포함하고 있기 때문에 M점수가 가장 중요한 변수가 된다. 만약 캠페인의 대상고객을 500명으로 하면, 2단계 과정 이후의 M점수가 가장 높은 고객의 순서대로 500명까지 상위고객의 리스트를 정하며, 좀 더 탄력적으로 운영하기 위해서 600명을 대상고객으로 원할 경우에는 600명까지 상위고객의 리스트를 정한다.

위의 사례에서 목표고객을 선정하는 과정에서 복수의 세분화 방법을 혼합하여 활용함으로써, 캠페인의 대상인 목표고객을 매우 정밀하게 선정할 수 있음을 알 수 있다.

정밀한 목표고객을 선정함으로써 캠페인의 긍정적인 성과를 기대할 수 있으므로 정밀한 목표고객 선정은 캠페인 전략을 수행하는 과정에서 매우 중요한 역할을 담당하고 있다.

〈표 8-1〉은 위의 A제조기업에 대한 정밀화된 목표고객 리스트의 사례를 보여주고 있다.

〈표 8-1〉 목표고객의 정밀리스트

순위	고객명	연락처	주소지	RFM	M	경과 기간	추가 정보
1	홍길동	052-123-4567	울산시남구xx동xx번지	3.28	4.12	6.5년	Y/N
2	홍길남	010-123-4567	울산시북구xx동xx번지	4.06	4.11	7.3년	Y/N
			......				
500	홍길서	052-890-1234	울산시동구xx동xx번지	3.12	3.57	5.8년	Y/N

〈표 8-1〉을 보면, 목표고객의 정밀리스트에는 고정고객과 로열고객, LTV세분화 결과인 30세에서 55세의 고객, TV를 구입한 기간이 5년을 경과한 고객 중에서 과거에 A제조기업의 제품을 가장 많이 구입했던 구매력이 강한 순서대로 상위의 500명을 선별할 수 있음을 알 수 있다. 이러한 목표고객의 정밀한 세분화를 통해서 선정한 고객리스트를 활용하면 A제조기업은 TV 캠페인을 함으로써 목표를 달성하는 데 많은 도움이 된다.

(2) 상품

캠페인의 목적에 부합하는 목표고객이 정밀하게 선정되었으면, 목표고객에게 적합한 제품 혹은 서비스품목을 선정해야 한다. 고객에게 제공되는 차별화된 제품과 서비스에는 기업에서 목표로 하는 메시지가 담겨야 하므로 신중하게 결정해야 한다. 잘못된 차별화 제품과 서비스의 결정은 목표고객에게 정확한 메시지를 전달할 수 없기 때문이다. 따라서 캠페인의 메시지를 목표고객에게 가장 잘 전달할 수 있는 제품과 서비스를 선택해야 한다.

또한 캠페인의 목표고객에게 가장 적합한 신제품, 기존제품, 서비스 등의 차별화된 상품을 제공하면서 로열프로그램으로 차별화된 대우를 병행해야 한다. 이들 목표고객이 한 번의 구매행동으로 캠페인이 완료되는 것이 아니고 다음에도 구매활동을 지속해야 하는 로열고객으로 상승할 수 있기 때문에 차별화된 로열프로그램이 매우 중요하다. 예를 들면 할인, 쿠폰, 사은품, 문화행사 초청장 등이 있다.

위에서 예를 들었던 A 제조기업의 경우를 계속 적용해 보면, 정밀하게 세분화된 목표고객이 500명으로 정해진 상태이다. 이들 목표고객을 대상으로 적합한 제품 혹은 서비스가 어떤 상품인지를 선정해야 한다. 500명의 목표고객의 세부적인 과거 이력을 조사해서 마지막으로 보유하고 있던 TV를 분석한 뒤 교체할 대상으로 어떤 크기, 어떤 가격, 어떤 디자인의 TV제품이 적합한지를 분석하면 쉽게 캠페인의 대상이 될 수 있는 TV모델명을 선정할 수 있다. 고객정보를 분석하여 교체할 가능성이 큰 TV모델을 3~4개 정도로 압축하여 선정하면 효과적이다. 제품의 수를 너무 많이 선정하면 목표고객에게 차별화된 서비스를 제공한다는 인식을 제공하기 어려울 가능성이 있기 때문이다.

(3) 접점경로

캠페인을 실행하게 되면 어떤 경로의 고객접점을 통해서 고객과 접촉하는 것이 캠페인의 목적에 가장 적합할지를 선택해야 한다. 고객과 접촉할 수 있는 접점은 여러 가지가 있다. 고객접점은 직접제공, 소매유통점, 인터넷, 텔레마케팅, 우편, 방문 등의 방법이 있으며, 경로의 선택에 따라서 효과는 매우 다르게 나타나므로 캠페인의 목표에 적합한 경로를 선택해야 한다. 적합한 고객접점경로가 선정되어야만 커뮤니케이션의 절차와 방법이 결정될 수 있다. 캠페인의 경로는 목표에 따라서 선택되지만, 다수의 경로를 선택할 수도 있으며, 경우에 따라서는 특별한 이유로 인하여 특별한 경로 하나를 선택하여 캠페인을 실행할 수도 있다.

(4) 실행일정

캠페인을 실행할 수 있는 일정을 확정해야 한다. 캠페인의 목적과 캠페인이 전달하고자 하는 메시지의 특성을 동시에 고려해서 일정을 수립해야 한다. 상당히 많은 제품과 서비스는 계절적 특성을 가지고 있다. 특히 패션상품들은 계절에 민감하므로 일정수립에 상당한 주의를 요한다. 위에서 살펴본 대로 캠페인의 목적에 부합되는 목표고객과 이들 고객에게 적합한 상품이 선정된 경우에도 고객이 수용할 수 있는 일정이 아니라면 캠페인에 대한 고객의 반응률은 낮아질 수밖에 없다. 연말, 휴가, 명절과 같은 특별한 시기에는 연관성이 없는 제품은 캠페인의 실행을 피하는 것이 효과적이다.

2. 캠페인의 기획

캠페인의 기획단계는 캠페인의 구체적인 실행전략을 기획하는 과정이다. 캠페인의 목적에 부합되는 목표고객과 제품 및 서비스상품이 결정된 다음의 단계로서 실제상황에서의 커뮤니케이션 활동을 구체화하고, 구체적인 실행전략, 실행주체, 실행예산, 캠페인의 성과에 대한 평가 기준 등을 수립하는 단계이다.

[그림 8-8]은 캠페인의 기획단계에서 수립해야 할 내용이다.

그림 8-8 캠페인의 기획단계

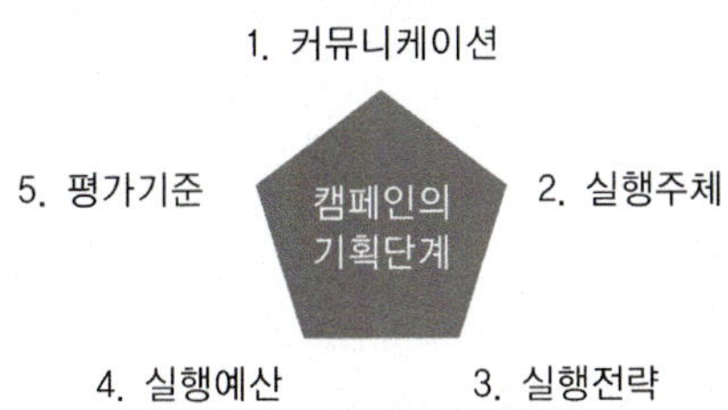

1) 캠페인 커뮤니케이션전략 수립

캠페인 커뮤니케이션전략에서는 다음의 [그림 8-9]와 같이 커뮤니케이션이 전달할 메시지, 실행매체 등이 결정되어야 한다.

그림 8-9 캠페인 커뮤니케이션전략

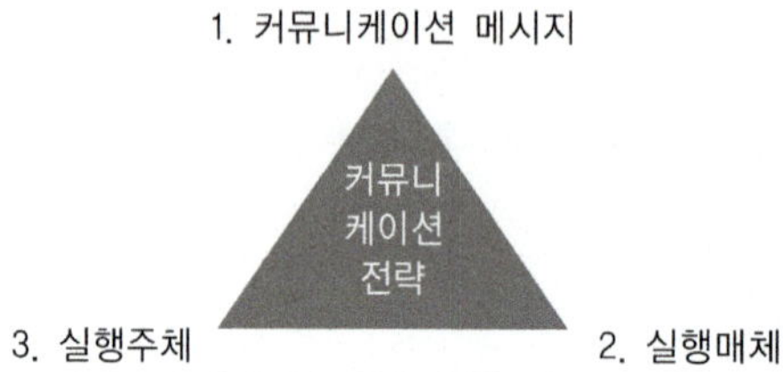

(1) 커뮤니케이션 메시지 개발

커뮤니케이션 메시지를 개발하는 과정은 캠페인으로 제공되는 제품과 서비스상품에 대하여 캠페인의 목적에 부합되는 메시지를 정교하게 작업하는 과정이다. 커뮤니케이션은 정확하게 메시지를 전달해야 하기 때문에 임기응변식의 전달방법으로는 매번 정확하게 전달하기 어렵다. 상담원이 고객과의 쌍방향 커뮤니케이션 시나리오인 스크립트(Script) 등의 체계화된 커뮤니케이션 도구를 활용하여 메시지가 정확하게 전달될 수 있도록 해야 한다.

(2) 실행매체 선정

캠페인의 목적에 따라서 선정된 경로에 적합한 커뮤니케이션 매체를 선정해야 한다. 캠페인 경로가 지역 상권을 책임지고 있는 좁은 지역의 소매유통점을 활용하는 것으로 결정되었다면, 소매유통점이 가장 효과적으로 활용할 수 있는 전화, 우편 등의 매체를 선정할 수 있다. 기업에서 넓은 지역의 많은 고객을 대상으로 캠페인을 실행할 경우에는 방송, 신문, 이메일 등의 매스미디어 방법을 매체로 활용할 수 있다.

신규고객을 대상으로 하는 캠페인의 경우에는 TV 및 라디오 등의 방송과 신문 및 잡지 등의 인쇄물 같은 대중적인 매체가 효과적이고, 기존고객 혹은 고정고객을 대상으로 캠페인을 실시할 경우에는 전화, 이메일, 우편 등의 매체가 효과적이다.

〈사례 8.2〉는 젊은 층으로 충성고객을 확대하기 위한 캠페인을 실행하기 위한 매체를 TV홈쇼핑을 활용한 내용을 보여 주고 있다.

CRM Practice 8.2 “젊은층 잡아라” TV홈쇼핑 변신…다중 방송에 생체인식 로그인도

신세계TV쇼핑은 한 화면에서 두 가지 상품 소개를 볼 수 있는 ‘다중 방송 서비스’를 지난달 도입했다.

홈쇼핑업체 간 신기술 도입 경쟁이 치열해지고 있다. 두 가지 상품을 하나의 TV화면에서 동시에 소개하는 다중 방송 서비스를 도입하고, 모바일 쇼핑에 홍채인식 기술을 도입해 모바일 앱 로그인 속도 개선 작업에도 나서고 있다. 홈쇼핑 충성 고객으로 분류되는 40~50대 주부에서 벗어나 20~30대를 끌어안아야 생존할 수 있다는 절박한 몸부림이다. TV 채널을 통한 판매는 정체기에 접어들었다. 홈쇼핑 5개사에 따르면 TV 채널을 통한 매출은 2014년 이후 8조원 수준에 머물고 있다.

다중 방송 서비스는 신세계TV쇼핑이 지난달 26일 시작했다. 소비자가 리모컨으로 방송 화면 상단 이미지를 선택하면 다중 방송을 시청할 수 있다. 다중 방송 서비스는 인터넷으로 TV를 시청하는 인터넷TV(IPTV)의 데이터 영역을 활용한다. 데이터 영역은 상품정보 검색 · 구매 · 결제 등에 활용되는데 이 영역에서도 상품 소개 화면을 송출하는 방식이다. 신세계TV쇼핑 관계자는 “다중 영상 서비스 도입을 위해 지난 5월 두 화면을 동시에 볼 수 있는 데이터 영역 PIP(Picture In Picture) 기술 개발을 시작했고 업계 최초로 도입하게 됐다”며 “두 가지 상품에 대한 정보를 동시에 받을 수 있어 소비자 쇼핑 선택폭이 넓어질 것”이라고 말했다.

신세계TV쇼핑은 모바일 결제 단계도 6단계에서 3단계로 줄였다. 기존에는 TV 화면을 통해 상품을 선택한 후 연락처를 따로 입력하고 휴대전화로 상품 링크를 받아 주문을 끝냈지만, 연락처를 등록해 놓으면 휴대전화로 주문서를 확인할 수 있도록 결제 단계를 줄였다. 김군선 신세계TV쇼핑 대표이사는 “다중 방송 서비스 등을 통해 젊은 소비자를 공략하는 등 홈쇼핑 업계를 선도할 계획”이라고 말했다.

이에 앞서 롯데홈쇼핑은 지난 9월 삼성전자의 생체인식 서비스인 삼성패스를 도입했다. 이를 통해 모바일 앱 로그인 시간을 평균 10초에서 1초 수준으로 대폭 줄였다. 롯데홈쇼핑 관계자는 “20~30대 소비자 중 번거로운 로그인 과정을 개선해야 한다는 목소리가 높아 로그인 시간을 줄일 수 있는 개선안을 마련했다”고 말했다.

롯데홈쇼핑은 지난 9월 생체인식 서비스인 삼성패스를 도입해 앱 로그인 시간을 1초 수준으로 단축했다.

(출처: 중앙일보, 2017. 12. 27., http://news.joins.com/article/22239004)

2) 명확한 실행주체 선정

캠페인을 실행하는 주체는 반드시 기업 스스로의 능력으로 실행되어야 하는 것은 아니다. 경우에 따라서는 외주대행사에게 위탁하여 시행하는 경우가 더욱 효과적일 수도 있으

며, 제휴기업과 공동으로 실행할 수도 있다. 캠페인의 전략적인 목적으로 인하여 기업이 직접 수행해야 하는 경우에는 캠페인의 목적을 용이하게 달성할 수는 있지만, 캠페인에 대한 실행역량이 확보되어 있어야만 실패의 위험을 줄일 수 있다. 기업에서 캠페인에 대한 실행역량이 부족할 경우에는 전문적인 지식과 경험이 있는 대행사에게 캠페인을 실행하는 것이 매우 효과적이지만, 고객정보에 대한 기업의 비밀을 관리하는 보안의 문제가 발생할 수 있다. 캠페인을 실행할 수 있는 주체로는 모기업, 대행사, 제휴사 등이 있지만 서로의 장·단점이 매우 다르므로 캠페인의 목적과 성과에 가장 적합한 실행주체를 선정해야 한다.

3) 캠페인 실행전략 수립

캠페인의 실행전략을 수립하는 단계는 캠페인의 커뮤니케이션에 대한 전략이 수립된 이후의 단계로서 캠페인 요소, 실행 기간, 부서 간 협조체제, 위험관리 등이 결정되어야 한다. [그림 8-10]은 캠페인 실행전략 수립에 대한 내용을 알려주고 있다.

그림 8-10 캠페인 실행전략

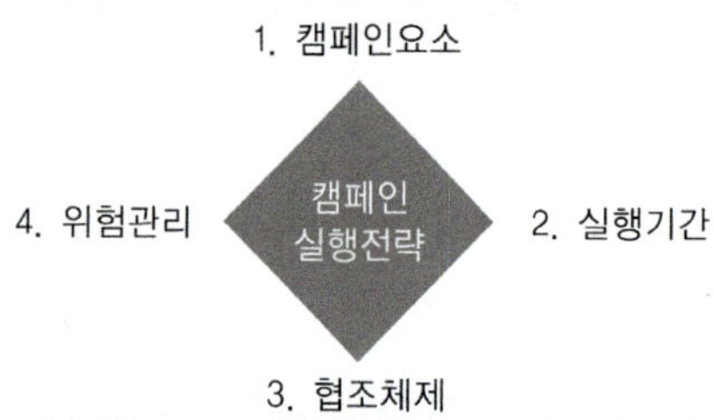

(1) 캠페인 요소 설정

캠페인 요소로는 투입요소와 산출요소가 있다. 캠페인은 비즈니스이다. 고객과의 관계를 강화하고 발전시킬 수 있는 방향으로 활동하는 비즈니스활동이다. 비즈니스활동에는 반드시 투입 대비 산출에 대한 요소를 명확하게 해야 한다.

캠페인 투입요소의 경우에는 목표고객에게 제시될 제품과 서비스상품, 무료견본상품, 할인쿠폰, 증정품, 사은품, 문화행사 초대권과 같은 보상(Reward)항목을 구체화해야 한다. 캠페인 산출요소로는 신규고객 확보율, 재구매율, 이탈고객 재가입률, 고객정보갱신율, 설문 응답률 등과 같은 항목을 선정하고 각 항목에 대한 목표를 설정해야 한다. 캠페인이 종료되는 시점에 투입요소와 산출요소를 비교하여 성과를 분석할 수 있다. 특히 기여금액을 예상하여 산출에 대한 성과를 재무적 가치로 환산하는 것이 가능하며, 투자대비성과(ROI, Return On Invest)를 분석하여 캠페인의 목적을 명확하게 할 수 있다.

〈사례 8.3〉은 고객들을 대상으로 캠페인을 시행할 경우에는 충성도가 미약해진 고객을 고려하여서 캠페인요소를 결정해야 함을 보여 주고 있다.

CRM Practice 8.3 은행, 충성고객이 사라졌다

"우리 지점은 앉을 자리도 없이 손님이 빼곡한데, 바로 옆 다른 은행은 대기고객이 한두 명이더라고요. 바쁘시면 옆에 있는 은행에 가서 일 보시라고 해도 '나는 여기가 편해'라며 계속 오세요." 개인 고객이 많은 A은행 직원의 말이다. 넘치는 고객들로 창구 일이 너무 바쁘다는 푸념 속에 '충성 고객이 많은 은행'이란 자부심이 배어있다. A은행 출신 임원이 맞장구를 친다. "그럼. 개인 고객은 한 은행과 오래 거래하는 게 유리한 법이지." A은행의 수십 년 고객인 시부모님이 떠올랐다. 은행을 바꾼다는 건 생각해본 적 없으신 어르신들, 취재하면서 많이 만났다. 하지만 이제 시대가 달라졌다.

보낸 사람 : '급여 이체 500,000원'. 지난주 월급날, 내 스마트폰에 깔린 B은행 애플리케이션이 이런 내용의 알림 메시지를 띄웠다. 곧이어 C은행 앱도 비슷한 알림을 보내왔다. 두 은행에 '급여 이체'라는 명칭으로 입금한 건 회사가 아니다. 내가 두 달 전부터 D은행 급여통장에 걸어놓은 자동이체가 실행된 결과다.

보낸 사람 이름을 '급여 이체'로 설정한 것은 우대혜택 때문이다. 대부분 은행은 건당 50만원 이상 급여가 입금돼야 급여 이체로 인정하고 수수료·금리 우대를 해준다. 입금 건이 급여인지 아닌지는 어떻게 확인할까. 입금통장 표시내용에 월급·급여·상여 또는 회사 이름 등이 적혀 있으면 급여로 본다. 따라서 나는 실제 월급이 들어오는 D은행은 물론 B, C은행에서도 모두 급여 이체 실적을 인정받는다.

각종 신용카드 결제가 연결된 실질적인 주거래은행 역시 최근 D은행에서 C은행으로 갈아탔다. 7년 전, A은행에서 D은행으로 주거래은행을 처음 바꿨을 때만 해도 은행 갈아타기는 큰맘 먹고 할 일이었다. 보험료와 신용카드 결제계좌를 바꾸려면 일일이 해당 보험·카드사 콜센터로 연락해야 했다. 그런데 이젠 계좌정보통합관리서비스 '내 계좌 한눈에'에 접속만 하면 거의 모든 자동이체를 클릭 몇 번에 옮길 수 있다. 실제 해보니 간단하다. 필요하다면 언제든지 또 다른 은행으로 갈아탈 수 있겠다 싶다.

혜택을 좇아 은행을 분산하고 갈아타라. 개인 고객의 새로운 금융 전략이다. 이러한 시대에 과연 은행들은 '집토끼'를 지키려 무엇을 해주고 있나. 은행의 고민이 필요하다.

(출처: 중앙일보, 2017. 12. 16., http://news.joins.com/article/22232962)

(2) 실행 기간 결정

캠페인 실행 기간은 캠페인 자체의 활동 기간과 캠페인이 종료된 이후의 캠페인 혜택 기간으로 구분할 수 있다. 특히 캠페인이 종료된 이후의 기간이 너무 길거나 짧으면 어려운 문제가 발생할 수 있으므로 신중하게 실행 기간을 결정해야 한다. 할인쿠폰이나 포인트 제공과 같은 경우에 혜택 기간이 너무 길면 캠페인의 가시적인 성과를 파악하기가 어렵게 될 수 있다. 그리고 혜택 기간이 너무 짧으면 캠페인에 대한 고객의 참여 의지가 감소되기 쉽거나 고객이 너무 단기간에 집중될 수 있다.

(3) 조직간의 협조체제 구축

캠페인을 원활하게 실행하기 위해서는 부서, 제휴기업, 소매유통점, 콜센터, 서비스기업, 물류기업 등의 조직들과 협조체제를 구축해야 한다. 캠페인은 보통 한 부서에서 진행되는 것보다는 여러 유관조직이 공동으로 실행하는 경우가 많다. 여러 부서와 조직들이 원활한 협력체제하에서 캠페인을 실행해야 문제를 예방할 수 있고, 실행하는 중에 발생하게 되는 예상하지 못한 문제를 원활하게 해결할 수 있다. 캠페인이 진행되는 여러 단계의 과정과 업무의 내용에 따라서 관련 부서 및 조직에 명확한 책임과 권한을 부여해야 하며, 해당 업무를 효과적으로 실행할 수 있도록 캠페인 결과에 따른 보상체계도 수립해야 한다. 경우에 따라서는 조직 간의 커뮤니케이션 부족으로 비협조문제가 발생할 수 있다.

캠페인을 기획하는 부서에서는 관련 부서에 통보를 다 하였지만, 실무담당까지 전달이 안 되었을 경우 각 조직의 실행담당 간에는 업무협조가 원활하지 못할 수가 있다. 이러한 경우를 대비하여 부서 및 조직 간의 담당자에 이르기까지 업무를 배분하고 책임과 권한을 부여하는 과정을 누락해서는 안 된다.

(4) 위험관리

캠페인을 실행하는 과정에는 항상 문제가 발생할 수 있다. 문제를 예방할 수 없다면, 문제가 발생했을 경우의 대처 방법을 수립해야 한다. 예상되는 문제들로는 부서 및 조직 간의 비협력 문제, CRM시스템의 마비, 예산 초과 고객의 참여도 저조, 예산낭비, 제품 및 서비스의 문제 등을 예로 들 수 있다.

4) 캠페인의 실행예산 확보

캠페인의 실행전략을 수립한 다음에는 캠페인을 실행하기 위한 실행예산을 확보해야 한다. 실행예산을 확보하는 단계에서는 캠페인에 관련되는 홍보, 시범 운영, 투입, 실행 등의 단계에 소요되는 모든 비용을 확보해야 한다. 캠페인을 실행하는 전체 비용이 성과 대비

과다하게 소요될 경우에는 확보할 수 있는 예산의 범위 내에서 단계별로 할당하고 조정하게 된다. 예산을 확보하는 단계에서는 측정 가능한 요소들 뿐만이 아니라 직접적으로 측정할 수 없는 무형의 요소들에 대해서도 예산을 확보해야 한다.

캠페인 실행예산을 확보하기 위해서는 예산을 수립해야 한다. 예산을 수립하는 방법은 매우 다양한데, 캠페인의 특성별로 적절한 예산수립방법을 선택해야 한다. 예산수립은 기준예산, 수익률 기준, 경쟁사, 실행내용, 영업비율, 활동비, 고객 확보 등 기업의 경영전략과 캠페인의 특성을 고려하여 최적의 방법을 선택해야 한다. 캠페인의 경우에는 대부분 매출보다는 장기적인 고객 관계를 발전시킬 수 있는 수단으로 활용되는 경우가 많기 때문에 경쟁사 대비, 고객 확보 대비 예산을 수립하는 경우가 많다. 그러나 고객 관계관리 업무에 직접적인 관계가 없는 경영자와 관리자들은 과다한 예산을 투입한다고 오해할 수 있는 위험이 항상 존재하고 있다. 이러한 관련 경영자와 관리자들의 협조를 얻기 위해서도 고객 관계발전을 지속하기 위하여 투자비용에 대한 이해를 구할 수 있어야만 한다. 투자비용에 대한 이해를 구하기 위해서는 캠페인 성과인 고객 관련 성과를 재무적 성과로 전환하여 투자대비성과(ROI)를 분석할 수 있어야 한다.

5) 성과평가 지표 확정

캠페인의 성과를 평가하기 위한 지표는 캠페인을 실행하기 전에 기업의 관련 임직원들의 합의가 있어야 한다. 캠페인의 목적이 직접적인 성과인 매출보다는 간접적인 효과인 고객 확보와 고객 관계발전에 있기 때문이다. 캠페인전략은 매출향상 보다는 고객과의 관계를 발전시켜서 로얄고객을 많이 확보하는 목적이 더욱 크다. 고객에 관련하여 알려져 있는 평가 기준을 보면 실행률, 접촉률, 반응률, 성공률 등이 있다. 실행률은 당초에 계획했던 정밀화된 목표고객수 대비 캠페인실행 고객수의 비율을 의미한다. 접촉률은 캠페인 실행고객수 대비 캠페인접촉고객수의 비율을 의미하고, 반응률은 캠페인접촉 고객수 대비 캠페인에 긍정적인 반응 고객수를 의미한다. 성공률은 캠페인에 대한 긍정적인 고객수 대비 제품 및 서비스를 구매한 고객수의 비율을 의미한다.

예를 들면, 1,000명의 목표고객을 대상으로 캠페인을 실행한 결과 950명을 실행했고, 800명을 접촉했으며, 캠페인에 긍정적으로 반응한 고객은 700명이고, 상품을 구매한 고객이 600명이라고 가정하면, 성공률은 (950/1000) × 100 = 95%가 되고, 접촉률은 (800/950) × 100 = 84.2%가 되며, 반응률은 (700/800) × 100 = 87.5%가 된다. 그리고 캠페인의 성공률은 (600/700) × 100 = 85.7%가 된다.

고객 관계에 대한 캠페인의 성과를 재무적 가치로 환산하기는 매우 어렵지만, 과거의 경험, 혹은 다른 기관에서의 연구결과를 활용하여 신규고객, 고정고객, 로얄고객, 이탈고객 재확보 등의 고객을 확보하는데 따르는 고객 인당 효과 금액을 산출할 수 있을 것이다. 고객 인당 효과 금액은 산업, 기업, 제품 등의 특성에 따라서 다르게 나타나므로 기업의 특성에 맞추어 적합한 고객의 가치를 금액으로 환산할 수 있다. 단 고객의 가치를 금액으로 환산할 경우에는 기업의 모든 관련 임직원들의 합의가 있어야 한다.

예를 들면, A물산에서 의류제품에 관한 캠페인을 실행한 다음의 결과가 신규고객을, 500명, 고정고객을 300명, 로얄고객을 200명 확보했다면 캠페인의 고객 확보에 대한 성과는 재무적 가치로 얼마가 될까? 신규고객 1명이 일정한 기간 기업에 기여하는 가치가 50만원, 고정고객 1명의 가치가 100만원, 로얄고객 1명은 200만원이라고 가정하면, 고객가치에 대한 캠페인의 재무적 성과는 500명 × 50만원 + 300명 × 100만원 + 200명 × 200만원 = (25,000 + 30,000 + 40,000)만원이 되어 고객 확보로 인한 캠페인의 재무적 성과는 9억5천만원의 성과로 평가될 수 있다.

제3절 캠페인전략 실행(Do)

매우 정교하게 수립한 캠페인의 경우에도 실행단계에서는 예상하지 못한 어려움이 나타날 수 있다. 캠페인 활동에서 실행 중에 발생하게 될 예상하지 못한 문제를 미리 파악하기 위해서 시범 운영을 하게 되고, 시범 운영에서 나타난 문제를 해결한 다음에 캠페인을 실행하며, 캠페인 실행 중에도 항상 모니터링하면서 원활한지를 주시해야 한다. [그림 8-11]은 캠페인전략의 실행 3단계이다.

그림 8-11 캠페인전략의 실행 3단계

1. 캠페인 시범 운영

캠페인 시범 운영은 캠페인을 실행하기 전에 목표고객 중의 일부를 대상으로 간략하게 실행해 보는 것을 의미한다. 시범 운영은 캠페인의 목적대로 원활하게 실행될 수 있을지에 대한 사전실험이라고 할 수 있다. 캠페인을 실행하기 위한 제품, 가격, 할인제도, 보상품, 인센티브, 제안사항 등의 변수들이 실험대상이며, 시범 운영을 통해서 캠페인의 실행과정에서 발생할 수 있는 문제를 미리 해결하고 캠페인을 원활하게 실행할 수 있다. 캠페인 시범 운영은 캠페인의 정당성을 입증할 수 있는 실제와 동일한 환경을 제공해 주며, 캠페인을 기획할 초기에는 생각이 미치지 못했던 부분이나 잘못된 내용을 조정할 기회이기도 하다.

캠페인의 시범 운영 원칙에는 외부요인 영향력 방지, 동일한 고객 대상의 반복점검 금지, 동일한 변수의 반복점검 금지 등이 있으며 [그림 8-12]와 같다.

그림 8-12 캠페인 시범 운영 원칙

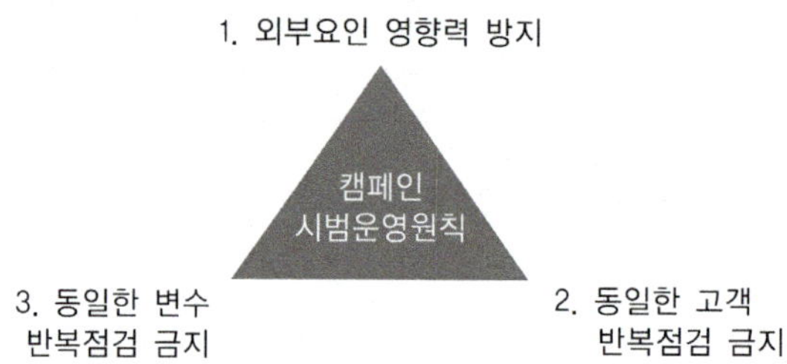

1) 외부요인 영향력 방지

캠페인을 시범 운영하는 과정에서 특정한 변수에 대한 실험을 하기 위해서는 다른 변수는 변하지 않아야 한다. 예를 들면, 캠페인 기간 중 보상품에 대한 점검을 한다면, 다른 변수들의 조건은 고정한 채로 보상품을 변화시키면서 성과에 미치는 영향을 점검하면 된다.

2) 동일한 고객 대상의 반복점검 금지

캠페인을 시범 운영하는 과정에서 동일한 고객을 대상으로 여러 번에 나누어서 여러 가지 변수를 점검하지 않아야 한다. 동일한 고객을 대상으로 여러 번 실험을 하면 응답률이 낮아지기 때문이다. 서로 다른 변수에 대한 실험은 서로 다른 고객을 대상으로 실험해야 효과적이다.

3) 동일한 변수 대상의 반복점검 금지

캠페인을 시범 운영하는 과정에서 동일한 변수에 대해서 반복하여 실험하지 않는다. 동일한 고객에게 반복적인 실험을 하면 반응률이 낮아져 원하는 효과를 기대하기 어렵게 된다.

2. 캠페인 실행

캠페인 시범 운영을 통한 실행계획의 세부적인 내용이 완료된 다음에는 본격적으로 캠페인의 세부적인 실행 일정계획을 수립해야 한다. 세부적인 일정계획은 시범 운영을 통해서 나타난 실행계획을 원활하게 수행할 수 있도록 관련 조직원들과 협의하여 결정해야 한다. 캠페인을 실행하는 과정 중에도 효과적인 성과를 위하여 부분적으로 일정계획을 조정할 수 있다.

캠페인 실행일정계획이 완성되는 대로 캠페인을 실행할 수 있다. 캠페인을 실행하기 위해서는 먼저, 캠페인 프로그램을 이해하기 쉽도록 인력, 시간, 실행방법 등을 요약한다. 그리고 요약된 내용에 따라서 다른 조직이나 부서에서 진행하는 캠페인이나 특별한 행사와 중복되지 않는지를 파악하고 세부적인 일정을 조정해야 한다. 세부적인 일정이 확정되면 활동계획표를 작성한다. 활동계획표는 캠페인을 실행해야 하는 각 개인의 활동을 어떤 순서대로 진행할 것인가를 이해하기 쉽게 작성한 내용이다. 활동 계획표를 작성할 때 캠페인의 세부적인 활동들을 상호의존적이고 서로 도움이 되도록 체계적으로 배치해야 한다. 캠페인에 필요한 활동계획표는 간트차트가 일반적으로 활용되고 있다.

간트차트(Gantt chart)는 캠페인의 세부적인 일정관리를 위하여 바(bar)형태를 사용한 도구이며, 각 활동(Activities)별로 세부적인 일정의 시작과 끝을 그래픽으로 표시하여 전체 일정을 한눈에 볼 수 있다. 또한 각 활동 사이의 관계를 보여주고 있으므로 상호 활동 간의 의존도를 쉽게 이해할 수 있다.

[그림 8-13]은 간트차트를 활용한 캠페인의 세부적인 일정계획의 사례를 보여 주고 있다.

그림 8-13 간트차트의 캠페인 활용사례

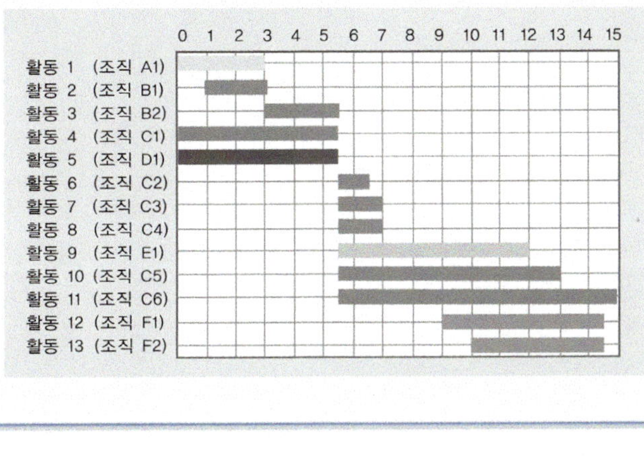

3. 캠페인 모니터링

캠페인 모니터링은 캠페인을 실행하는 단계별 과정을 평가함으로써, 캠페인이 완료되기 전에 발생할 수 있는 문제를 미리 파악하여 조정하기 위한 활동이다. 캠페인은 실행 중에도 상황에 적합하게 조정되고 수정될 수 있지만, 당초에 목적했던 캠페인의 목적이 달라질 정도의 조정이나 수정은 하지 않아야 한다. 즉, 캠페인의 초기 기획목적을 벗어나지 않는 범위 내에서 조정이나 수정은 언제든지 가능하다.

제4절 캠페인 성과평가(See)

캠페인의 실행이 종료되면 캠페인의 성과를 측정하고 분석하며, 분석한 결과를 평가한 후 다음의 캠페인으로 피드백해서 캠페인의 성과를 더욱 증대시켜야 한다. [그림 8-14]는 캠페인의 성과를 평가하는 과정을 나타내고 있다.

그림 8-14 캠페인의 성과평가 과정

1. 고객반응조사

캠페인 활동이 종료되면 성과를 평가하기 위한 첫 번째 과정으로 고객의 반응을 조사해야 한다. 고객의 반응은 캠페인을 실행하는 과정 중에 나타날 수도 있고 캠페인이 종결된 다음 일정한 시간이 경과한 후에 나타날 수도 있다. 고객반응을 조사하고 취합해서 성과를 분석할 수 있도록 측정해야 한다.

2. 성과측정

캠페인의 성과를 측정하기 위해서는 캠페인의 기획목적에 따라서 적합한 평가항목을 선택해야 한다. 일반적으로 캠페인에 대한 측정항목은 직접적인 성과와 간접적인 성과로 나누어 생각할 수 있다.

1) 직접적인 성과측정

캠페인의 실행을 통해 직접적으로 나타난 재무적 성과를 말하며, 판매액이나 이익을 나타낼 수 있다. 직접적인 성과측정은 투입비용에 대한 이익금액인 투자수익률인 ROI를 활용하여 간단하게 측정할 수 있다.

2) 간접적인 성과측정

캠페인에 대한 성과는 직접적인 이익창출보다는 고객과의 관계를 발전시킬 수 있도록 계기를 만드는 것이 더욱 중요하다. 고객과의 간접적인 측정방법으로는 캠페인 자체의 성과, 고객획득에 대한 성과, 고객동향 파악 등에 대한 성과가 있다.

[그림 8-15]는 캠페인의 간접적인 성과를 측정할 수 있는 방법이다.

그림 8-15 캠페인의 간접적인 성과측정 방법

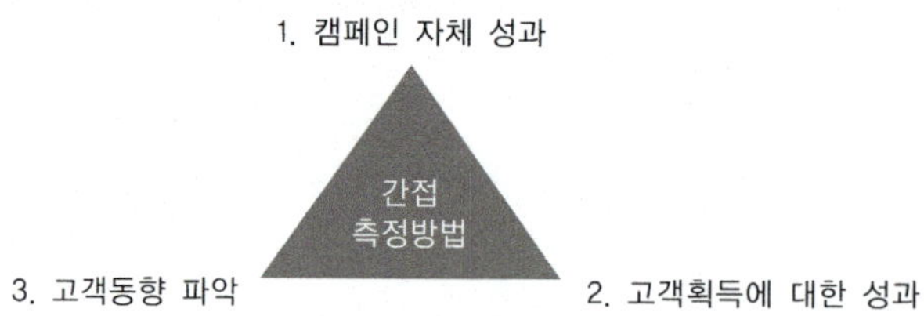

(1) 캠페인 자체의 성과

캠페인 자체성과에 대한 항목으로는 이미 살펴본 바가 있는 캠페인 실행률, 접촉률, 반응률, 성공률 등이 있다.

(2) 고객획득에 대한 성과

캠페인 프로그램을 통하여 잠재고객에서 신규고객으로, 신규고객에서 고정고객으로, 고정고객에서 로열고객으로 고객을 확보할 수 있다. 고객 확보에 대한 성과는 고객과의 관계를 더욱 발전시키고 강화할 수 있다. 캠페인 프로그램을 활용하는 방법이 고객을 확보하고 관계를 발전시킬 수 있는 유용하고 효과적인 방법이다.

(3) 고객동향 파악

캠페인을 실행하는 과정과 실행 후의 고객반응은 고객과 시장의 동향을 알게끔 정보를 제공해 준다. 이러한 고객동향을 분석함으로써, 고객과 시장의 변화를 미리 감지할 수 있으므로 고객의 변화에 미리 대비할 수 있다.

3. 성과분석

캠페인 프로그램이 완료되면 고객의 반응을 수집하고 측정한 결과를 분석한다. 캠페인의 성과를 세밀하게 분석하면 다음에 실행하는 캠페인으로 효과적인 방법론을 제공할 수 있다. 성과분석은 고객의 응답분석과 프로파일 분석으로 구분할 수 있다.

1) 고객의 응답분석

캠페인 프로그램에 참여한 모든 고객의 응답을 분석하면, 고객의 인구통계적 정보, 효과적인 요일, 날짜, 시간에 대한 정보, 고객반응 패턴 등의 정보를 수집할 수 있고 CRM시스템의 데이터웨어하우스에 통합되어 저장될 수 있다. 또한 고객정보의 질적 수준이 향상되므로 고객과의 관계를 더욱 발전시킬 수 있는 정보로 활용될 수 있다.

2) 고객의 프로파일 분석

고객의 프로파일을 통하여 캠페인 프로그램이 실행되는 동안과 캠페인이 완료된 다음의 일정한 기간에 발생하는 잠재고객과 고정고객들의 행동변화를 분석할 수 있다. 프로파일 분석을 통하여 고객과의 관계를 더욱 발전시킬 수 있는 방법을 찾을 수 있으며, 고객등급을 향상시킬 수 있다.

4. 성과평가

캠페인이 완료된 다음에 고객의 반응을 분석한 결과를 가지고 목표를 초과 달성한 항목, 평균수준으로 달성한 항목, 목표에 미달한 항목에 대한 과부족의 원인을 평가해야 한다. 평가가 없으면 부족한 점에 대한 대책이 없으며 다음 단계의 캠페인으로 피드백할 개선방향을 도출하기가 어렵게 된다. 캠페인의 성과평가는 객관적이어야 하며 성과에 따른 보상이 있어야 한다.

1) 객관적인 평가

개선방향을 도출하기 위해서 캠페인의 성공과 실패에 대해 각 항목을 과학적인 분석을 통하여 정확한 원인을 파악하고 성과에 대해서 객관적으로 평가해야 한다.

2) 보상

성과평가 단계에서는 캠페인에 직・간접적으로 참여한 조직과 조직원들에게 합당한 보상이 이루어져야 한다. 정당한 보상이 다음의 캠페인 프로그램을 기획하고 실행할 수 있는 동기가 부여될 수 있기 때문이다. 보상의 방법으로는 상과 벌이 있지만 벌보다는 상이 차지하는 범위가 훨씬 많아야 한다.

5. 피드백

캠페인의 가장 큰 목적은 반복적으로 캠페인 프로그램을 지속하여 고객과의 관계를 발전시키는 것이다. 따라서 캠페인의 실행이 완료되고 성과에 대한 평가와 목적달성에 대한 과부족의 원인까지 파악되었으면, 그 결과를 보고서로 작성하여 관련 조직과 부서로 통보하고 경영자에게 보고해야 하며 다음 단계의 캠페인 프로그램으로 피드백해야 한다. 피드백의 가장 큰 목적은 다음 단계의 캠페인이 더욱 효율적이고 효과적으로 기획될 수 있고 실행될 수 있도록 개선하는 것이다.

제5절 성공적인 캠페인 조건

CRM기반의 캠페인이 성공하기 위한 조건으로는 창의적인 아이디어, 과학적인 분석, 캠페인 전략 실행력 등이 있으며 [그림 8-16]과 같다.

그림 8-16 성공적인 캠페인의 조건

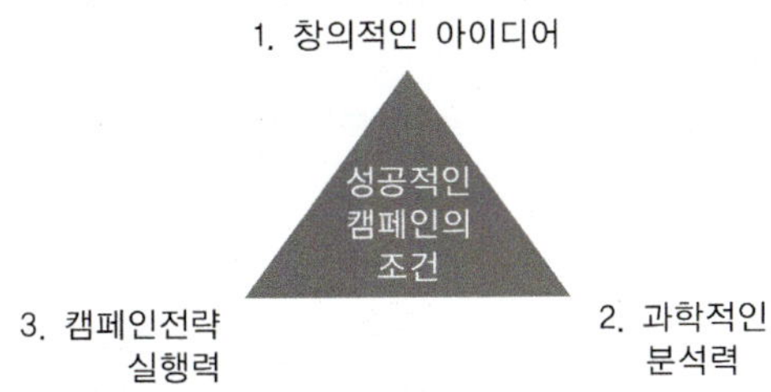

1. 창의적인 아이디어

CRM전략에서 중요한 위치를 차지하고 있는 캠페인은 창의적인 아이디어가 매우 중요하다. 캠페인을 디자인하고 고객서비스를 제공하며, 고객을 확보하고 장기적인 관계를 발전시킬 수 있는 창의적인 아이디어가 성공적인 캠페인의 첫 걸음이 된다.

2. 과학적인 분석

CRM전략을 실행하는 과정에서 다양한 고객정보를 축적하고 캠페인의 목표에 적합한 고객을 정밀하게 세분화할 수 있는 과학적 분석 능력이 중요하므로, 데이터마이닝에 대한 기술적인 이해를 통하여 고객정보를 정확하게 해석할 수 있고, 고객정보를 활용할 수 있는 능력이 있어야 한다. 고객정보를 활용하여 캠페인을 실행하는 과정에서 표적고객을 과학적으로 분석하여 선정하지 않고 단순히 대량고객을 확보하기 위하여 불특정 다수의 고객을 대상으로 실행하는 캠페인 활동은 많은 비용이 소요될 뿐만 아니라, 캠페인의 효과를 크게 기대할 수 없게 된다.

캠페인을 실행하기 위해서는 고객과 시장, 경쟁사의 경쟁력과 자사의 경쟁력, 캠페인 활동에 대한 과학적인 분석이 있어야만 한다.

3. 캠페인 전략 실행력

기업의 캠페인 담당자는 캠페인에 대한 아이디어와 정밀하게 세분화된 고객을 대상으로 고객별 맞춤서비스를 효과적으로 제공하는 등의 캠페인 전략을 개발하고 실행할 수 있는 능력이 있어야 한다. 캠페인 전략의 실행력을 확보하기 위해서는 고객을 접하고 있는 영업현장의 목소리를 반영해야 한다. 캠페인은 영업현장에서 실행되기 때문이다. 단순하게 판매액을 향상시키기 위하여 대중을 대상으로 실행하는 캠페인은 매우 비효율적이고 비효과적일 수 있다. 정밀하게 세분화된 고객을 대상으로 캠페인 전략을 실행해야만 성공의 가능성이 높아질 수 있다. 캠페인을 성공적으로 실행하기 위해서는 CRM시스템 등의 도구를 활용하면서 고객이 있는 영업현장의 소리를 반영해야 한다.

〈사례 8.4〉는 캠페인의 효과적인 실행을 위한 영업현장의 중요성을 강조하는 사례이다.

CRM Practice 8.4 영업현장의 중요성

신한생명, 설계사 패널제도 신설 "현장목소리 듣는다"

신한생명은 현장중심 경영을 강화하기 위해 설계사(FC, Financial Consultant) 패널제도를 운영한다고 밝혔다. 이번 설계사(FC) 패널제도는 본사와 영업현장 간 소통 강화와 실질적인 현장지원을 위해 실시된다. 전자청약, 모바일시스템, 스마트언더라이팅 등 업계 내에서 선도적인 스마트 영업체계와 고객초청행사 등 다양한 마케팅활동에 대해 현장의 의견을 제안하고, 영업관련 업무를 개선시키는 역할을 담당한다.

신한생명은 영업현장에서 활동하고 있는 설계사들을 대상으로 지점장 추천, 역량평가 및 인성평가 등 소정의 선발과정 등을 거쳐 20명의 설계사 패널단을 선발했으며, 온・오프라인 활동과 집단토론, 워크샵 등 다양한 방식으로 ▲영업활동 지원시스템 개선 ▲활동지원Tool 피드백 ▲고객관리(CRM, Customer Relationship Management)캠페인 현장 활용 및 강화방안 등에 대해 각종 조사활동과 제안/평가 업무를 진행해 나갈 계획이다.

신한생명은 설계사 패널단 임명식에서 "모든 문제의 답은 현장에 있고, 현장이 강한 회사만이 차별화된 성장을 이룰 수 있다"며 "현장에 대한 지원이 효과적으로 이뤄질 수 있도록 본사-현장간 '소통의 다리'와 '현장의 신문고' 역할을 해달라"고 당부했다.

(출처 : 매경, 2014. 8. 24.)

Chapter 8 정리

1. CRM기반의 캠페인관리에 대한 요건

캠페인은 CRM기반의 활동이 되어야 성과를 기대할 수 있다. CRM기반의 캠페인관리에 대한 요건으로는 정밀한 표적고객 선정, 명확한 실행 기간, 명확한 성과 기준, 사후관리 및 피드백 등이 있다.

2. 캠페인의 목적과 실행 결정요인

1) 캠페인의 목적

CRM에서의 캠페인은 고객 관계의 지속적인 발전, 소매유통점과의 제휴강화, 특정 제품의 판매확대, 고객이탈 방지, 재구매기간 단축 등을 목적으로 한다.

2) 캠페인 실행방향의 중요한 결정요인

캠페인 실행 대상인 목표고객, 제품 및 서비스 등의 상품, 고객과의 접점경로, 캠페인 실행일정 등이 있다.

3) 목표고객의 정밀화 1,2단계

목표고객 정밀화 1단계는 LTV세분화, 고객의 진화단계별 세분화, 라이프스타일별 세분화 등을 혼합하여 분석할 수 있으며, 목표고객 정밀화 2단계는 1단계에서 선정한 목표고객을 대상으로 R, F, M의 3개 요인 중에서 영향을 가장 많이 미칠 수 있는 높은 점수의 고객을 순서대로 선정한다.

4) 캠페인 실행전략 수립내용

캠페인의 실행전략을 수립하는 내용은 캠페인 요소, 실행 기간, 부서 간 협조체제, 위험관리 등이 결정되어야 한다.

3. 캠페인전략 실행(Do)

1) 캠페인전략 실행 단계

캠페인 활동에서 실행 중에 발생하게 될 예상하지 못한 문제를 미리 파악하기 위해서 시범 운영을 하고, 시범 운영에서 나타난 문제를 해결한 다음에 캠페인을 실행하며, 캠페인 실행 중에도 항상 모니터링하면서 캠페인의 실행이 원활한지를 주시해야 한다.

2) 시범 운영 원칙

외부요인 영향력 방지, 동일한 고객 대상의 반복점검 금지, 동일한 변수의 반복점검 금지 등이 있다.

4. 캠페인의 성과를 평가

1) 캠페인의 성과를 평가하는 과정

반응조사 → 성과측정 → 성과분석 → 성과평가 → 피드백

2) 평가방법

캠페인의 간접적인 측정방법은 캠페인 자체의 성과, 고객획득에 대한 성과, 고객동향 파악 등에 대한 성과가 있다.

5. 성공적인 캠페인 조건

CRM기반의 캠페인이 성공적으로 실행될 수 있는 조건으로는 창의적인 아이디어, 과학적인 분석, 캠페인 전략 실행력 등이 있다.

Chapter 9. 영업 CRM

CRM기반의 영업역할 변화를 보면 Push전략에서 Pull전략으로, 제품의 시장점유율에서 고객점유율로, 단건 거래에서 반복적인 거래로, 영업사원의 능력에서 고객지식의 관리역량으로, 기업지향적 조직에서 고객지향적 조직으로 변화하고 있다. CRM기반의 영업조직은 고객의 진화단계에 적합한 조직으로 변화하고 있으며, CRM기반의 영업 효과는 고객측면, 영업사원 측면, 소매유통점 측면 등의 모든 관련 조직 및 조직원들에게 긍정적으로 나타나고 있다.

그리고 CEM(CEM, Customer Experience Management)은 CRM과 별개가 아닌, CRM을 좀 더 효과적으로 활용할 수 있도록 더욱 정밀하게 분석하고, 더욱 세밀한 맞춤서비스를 제공할 수 있는 방법의 개선이라는 성격이 강하다. 빅데이터의 특징은 3V로 요약될 수 있으며, 3V는 데이터의 양(Volume), 데이터 생성속도(Velocity), 데이터의 다양성(Variety)을 의미한다(O'Reilly Radar Team, 2012). 최근에는 데이터의 가치(Value)를 추가하여 4V라고 불리기도 한다. 현재까지 알려져 있는 "빅데이터"는 말그대로 방대한 정보라는 의미이지만, 미래에는 기존의 CRM방법에 추가하여 비정형의 방대한 자료를 분석할 수 있을 것으로 보인다.

제1절 영업의 역할과 영업조직의 변화

1. CRM기반의 영업역할변화

CRM전략의 가장 큰 목적은 Customer Relationship Management의 의미에서 알 수 있듯이 고객과의 관계를 장기적으로 유지하고 발전시키는 활동으로 고객을 확보함으로써, 미래의 경쟁력을 확보한다는 의미이다. 고객과의 관계를 관리하는 활동은 영업의 역할에 있어서도 많은 변화의 바람을 일으키고 있다. 즉, 과거의 판매중심 관리역할로부터 고객 관계관리의 역할로 급격하게 변화하고 있다.

〈표 9-1〉은 CRM전략의 도입 이전과 이후를 비교한 내용이다.

〈표 9-1〉 CRM기반의 영업역할의 변화

영업관련 항목	CRM전략이전	CRM전략도입 이후
영업방법	Push전략	Pull전략
목표설정	제품의 시장점유율	고객점유율
거래형태	단건 거래	반복적인 거래 지속
영업핵심역량	영업사원의 능력	고객지식의 관리역량
영업관리	영업사원의 관례 및 노하우	시스템적인 연속관리
영업조직	기업지향적 조직	고객지향적 조직

1) 영업방법의 변화

CRM전략의 도입 이전과 이후를 비교하면 가장 큰 차이가 푸시전략과 풀전략의 차이라고 하겠다. 매스마케팅(Mass Marketing)의 시대였던 종전에는 기업이 제품을 대량으로 생산해서 소매유통점으로 제품을 대량으로 출하하면, 소매유통점은 자체의 판매력으로 고객에게 최대한 판매한다. 제조기업이 제품을 생산해서 소매유통점에게 판매를 의존하는 방법을 푸시전략(Push Strategy)이라고 하며, 일명 '밀어내기 판매'라고도 불려지고 있다. 밀어내기 판매방법인 푸시전략을 활용하는 이유를 보면 첫째, 기업의 판매기술, 능력 등의 역량이 부족하기 때문에 판매를 전문으로 하는 소매유통점과 제휴를 통하여 간접적인 방법으로 판매를 대행시킬 수밖에 없는 경우이다. 두 번째 이유로는 제품을 생산하는 기업이 판매역량을 보유하고 있지만, 시장이 너무 크기 때문에 기업 단독으로는 모든 고객과 시장을 확보할 수 없어 상권별로 소매유통점과 제휴를 통하여 판매하는 방법이다. 기업은 직접판매와 간접판매를 병행하게 된다. 푸시전략은 기업의 경영 측면에서 보면 판매분야를 전문기업에 맡기고 생산에만 역량을 집중해 효과적인 생산이 가능하지만, 소매유통점에 너무 많이 의존하게 되는 리스크가 남게 된다. 즉, 푸시전략은 미래의 경쟁력확보를 위한 대비는 소홀하게 된다.

최근의 고객동향은 미래를 예측하기가 불가능할 정도로 급변하고 있다. 고객에 대한 관심을 한순간만 놓치더라도 기업의 경쟁력을 담보하기 어렵게 된다. 급변하는 고객과 시장의 욕구를 충족할 수 있는 최근의 기업 경영환경의 변화는 기업이 제품을 생산하기 전에 고객과의 우호적인 관계를 지속하면서, 고객의 필요(Wants)와 욕구(Needs)를 미리 파악하고, 고객의 욕구에 적합한 제품을 생산하는 방법을 활용하도록 하고 있다. 이러한 방법을 가능하게 하는 전략이 CRM전략이다. 고객의 욕구를 미리 파악하여 원하는 제품을 고객이 원하는 만큼 생산하면, 가장 효율적이고 효과적으로 제품을 생산하고 공급할 수 있다. 즉, 종전에는 시장의 규모에 해당하는 대량생산의 판매방법이었다면, 최근의 변화 방향은 정밀시장별로 제품을 구분한 다음에 적합한 제품을 생산하고 공급하면 고객이 자연스럽게 제품을 구매할 수 있다. 고객이 스스로 필요한 제품을 구매하고 구매한 제품의 수량을 기업이 생산할 수 있도록 요구하는 방법을 풀전략(Pull Strategy)이라고 한다. 정밀시장의 고객욕구를 파악하여 이에 적합한 제품을 맞춤식으로 공급하면 고객은 경쟁사로 이탈하지 않을 것이며, 로열티가 더욱 상승할 것이고 고객과의 관계는 더욱 발전해 나갈 것이다.

2) 영업목표설정

종전의 영업목표 설정방법을 보면, 수요전체를 예측하고나서 제품을 생산하고 공급하였다. 즉 제품의 판매수량이 영업목표로 설정되었다. 영업사원은 제품별 판매수량에 대한 목표관리로 인하여 고객의 욕구에는 관심을 가질 수 없었다. 대량고객에 대한 대량판매방법은 고객 세분화 방법에 한계가 있었기 때문이다. 몇몇 소수의 대형시장을 표적시장으로 선정한 다음에, 표적시장별로 적합한 제품을 대량생산할 수 있는 능력이 경쟁력을 확보할 수 있는 유용한 전략이었다. 제품중심의 판매는 고객과의 관계를 지속할 수 없었다. 즉, 고객과의 거래가 다음의 거래로 연결되지 않았다. 한 번의 거래로 고객과의 관계는 종료되기 때문이다. 고객의 입장에서 고객이 원하는 제품이나 서비스가 없을 경우에는 곧장 경쟁사의 제품으로 거래를 바꾸게 된다. 종전의 영업목표는 제품을 중심으로 목표가 설정되었기 때문에 제품의 시장점유율(Market Share)이 매우 중요한 목표가 되었다.

그러나 CRM전략을 도입한 이후의 영업목표 설정은 제품보다는 고객점유율(Customer Share)로 한다. 고객점유율은 고객이 보유하고 있는 특정한 기업의 제품 중에서 어느 기업이 얼마나 점유하고 있는지를 나타낸다. 고객점유율이 중요한 것은 고객과의 관계를 발전적으로 관리하는 기업의 제품은 저절로 많이 팔릴 수 있기 때문이다. 고객과의 관계를 발전시키면 고객점유율이 상승하고 따라서 제품의 판매량은 저절로 상승한다. CRM관점에서의 영업활동은 고객과의 관계에서 문제를 찾아 해결하면서, 고객의 욕구를 파악하고 고객서비스를 제공하면서 고객과의 관계를 형성하는 활동이 매우 중요하다.

3) 거래형태

종전의 영업방법은 제품중심의 판매방법이었기 때문에 한 번의 거래는 한 번으로 종결되었다. 동일한 고객과 다시 거래를 시작하더라도 새로운 거래로 다시 시작하게 된다. 한 번의 거래 이후에는 거래가 종결되기 때문에 거래 이후의 고객과의 관계는 끊어진다. 대량생산(Mass Production)과 매스미디어(Mass Media)의 시대에서는 제품으로 거래가 성사되고 종결되었으며, 이후에는 고객과의 관계가 단절되었다.

그러나 고객의 다양한 욕구를 충족해야 하는 정밀시장의 시대에서는 한 번의 거래도 고객과의 관계를 형성하고 발전하는 단계로 본다. 거래가 종결된 후에도 사후관리업무로 연결해서 다음 단계의 재거래를 준비해야 한다. 사후관리업무에는 해피콜(Happy Call) 등의 방법이 있으며, 다음 단계의 지속적인 거래를 준비할 수 있게 한다. 해피콜은 고객의 만족여부와 불만사항이 없는지 등 고객의 추가욕구를 파악하는 활동이며, 고객을 지속적으로 모니터링하는 활동이다. 고객과의 거래 후 업무를 지속할 수 있는 것은 CRM전략을 도입하게 된 이유이며 효과이기도 하다. CRM전략을 도입하게 된 이후에는 고객과의 거래가 한 번으로 종결되는 것이 아니고, 반복적인 거래가 지속될 수 있도록 지원한다.

4) 영업의 핵심역량

전통적인 영업활동의 핵심역량은 영업사원의 개인적인 역량이었다. 즉, 제품중심의 판매에서의 영업실적은 영업사원 개인의 역량이었다. 기업의 경쟁력은 유능한 영업사원의 핵심역량에 좌우되었다. 영업사원의 변동에 따른 실적의 변화는 기업의 경영성과에 크게 영향을 미쳐 기업경영이 안정되지 못하기도 하였다. 영업사원의 개인역량이 중요했던 종전에는 매일, 매주, 매월, 매분기, 매년마다 영업사원의 판매목표 달성에 대한 보상이 있었다. 판매능력이 있는 영업사원이 대우를 받기도 했으며, 이들 영업사원에 대한 경쟁사 스카웃이 기업의 판매능력을 좌우함으로써 영업사원의 이탈문제가 매우 커지기도 하였다.

그러나 CRM전략을 도입한 이후에는 영업사원의 판매역량보다는 조직이 보유하고 있는 지식, 즉 CRM시스템의 고객정보마트에 저장되어 있는 고객에 대한 풍부한 지식과 이러한 고객지식을 활용할 수 있는 고객지식관리의 역량이 기업의 경쟁력을 향상시킬 수 있는 영업의 핵심역량이 되고 있다.

CRM시스템의 고객정보마트를 활용할 수 있는 사례를 보면, 신입사원의 경우에도 종전과 같은 오랜 기간의 OJT(직업현장교육, On the Job Trainning)를 통하지 않고, 고객에 대한 지식을 CRM시스템을 통해서 즉시 파악할 수 있으므로 오랫동안 고객과 접촉을 지속해 오고 있었던 것처럼 핵심역량을 확보할 수 있다. 그리고 신설된 대리점과 같은 소매유통점의 경우에도 최단시간 이내에 손익분기점에 도달할 수 있다. CRM전략을 활용할 수 있기 때문이다. 신설된 대리점에서도 상권 내에서 다양하고 세밀한 고객정보를 활용할 수 있기 때문에, 오랫동안 고객과의 접촉을 지속해 오던 다른 대리점들과 동일한 수준의 핵심역량을 즉시 확보할 수 있다.

5) 영업관리 방법

종전의 제품중심 판매방법은 전적으로 영업사원의 관습이나 노하우에 의존할 수밖에 없었다. 고객과의 거래가 한 번으로 종료되기 때문에 고객정보를 확보하고 고객과의 관계를 발전시켜야 할 이유도 없었으며, 고객정보를 분석하고 활용할 수 있는 방법도 거의 없었다. 따라서 영업사원의 판매역량은 개인의 역량이었다. 심지어 영업사원이 이탈할 경우에는 고객과의 모든 거래정보가 동시에 이탈되는 경우도 발생하였다.

고객과의 거래내역은 기업의 자산이 되지 못하고 영업사원의 개인별 거래장부에 기록되어 영업사원의 자산이 되었기 때문에, 기업경영에 심대한 지장을 초래하기도 하였다. 영업사원의 개인적인 영업핵심역량의 증가는 고객정보를 영업사원의 개인적인 자산으로 활용할 수 있었기 때문이었다. 고객정보는 영업사원의 자산이 아니다. 영업사원의 개인적인 자산을 기업의 자산으로 돌리기 위해서는 고객정보를 기업이 직접 관리해야만 한다.

그러나 CRM전략을 시행한 이후 영업사원의 역할은 판매에서 고객관리로 변화하고 있다. CRM전략은 고객의 개인별 필요와 욕구를 파악하는 활동을 전제로 하기 때문에 영업사원의 역할은 고객정보수집, 고객접촉, 고객욕구 파악, 문제해결방안 제시, 제품 및 서비스정보 제공, 거래, 거래완료, 사후관리, 지속적 고객욕구파악 등의 역할로 변화하였으며, 이러한 영업사원의 역할은 과학적이고 체계적으로 시스템화하고 있다. [그림 9-1]은 CRM전략이 도입된 이후 영업사원의 단계별 역할을 보여주고 있다.

그림 9-1 CRM을 기반으로 한 영업사원의 단계별 역할

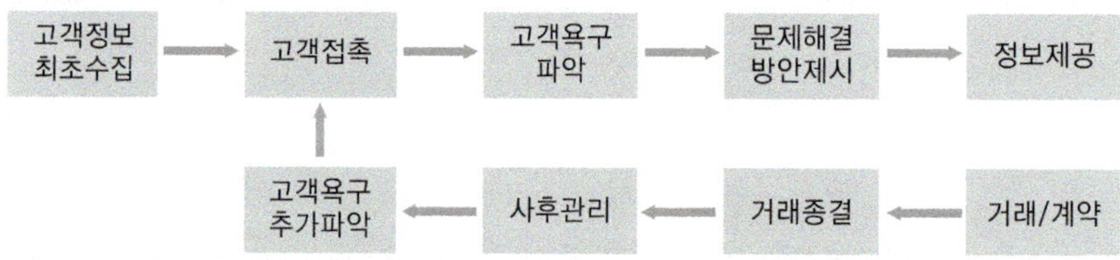

2. 고객지향적 영업조직

제품중심에서의 영업조직은 기업지향적인 조직이었다. 제품을 소매유통점으로 유효적절하게 공급할 수 있는 방법이 중요 관심사였다. 고객과의 관계를 유지시키는 관심사보다는 판매에 의존하고 있는 소매유통점과의 관계가 더욱 중요하기 때문이었다.

그러나 최근에는 영업조직이 고객지향적 혹은 시장지향적으로 변화하고 있다. 급변하는 고객과 시장의 환경변화에 적절하게 대응하기 위해서는 고객지향적이 되어야 한다. 고객의 변화에 둔감한 상태에서, 제품의 판매를 원하는 기업지향적인 영업조직으로는 미래를 대비하기가 매우 어려워지고 있다. 고객지향적인 영업조직을 운영하기 위해서는 먼저 고객의 욕구를 파악할 수 있는 CRM시스템의 도입이 적합하다. CRM시스템의 고객정보마트를 활용하면 고객의 변화를 쉽게 파악할 수 있다.

1) 고객중심의 영업조직의 형태

어떠한 환경의 변화에도 적합한 영업조직은 있을 수 없다. 영업조직도 고객의 변화에 대응하기 위하여 변화해야 한다. 종전에는 제품을 중심으로 판매하는 기업지향적인 영업조직을 선호하였다. 고객에 대한 관심사는 필요하지 않았다. 최고 수준의 품질을 가진 제품을 가장 많이 생산하는 기업이 최고의 경쟁력을 확보할 수 있었기 때문이다. 그러나 고객의 욕구가 다양한 방향으로 급변하고 있는 시대에는 고객의 욕구를 파악하고 고객서비스를 제공할 수 있는 고객지향적인 영업조직이 필요하다. 고객중심의 영업조직 단계를 보면 영업기능을 확보하는 단계, 영업조직력을 강화하는 단계, 영업의 전문성이 필요한 단계, 영업자원 배분의 단계 등으로 구분할 수 있다.

[그림 9-2]는 고객중심의 영업조직의 단계를 나타내고 있다.

그림 9-2 고객중심의 영업조직 단계

(1) 영업기능

신제품이 처음 출시되면 우선 시장에 진입하기 위해서 초기의 영업활동이 가능한 영업의 기능이 확보되어야 한다. 즉, 제품을 고객에게 제공할 수 있는 영업경로가 확보되어야 한다. 영업을 시작할 수 있는 기능은 기업의 내부에서 확보할 수 있는 방법과 기업의 외부로부터 확보할 수 있는 방법이 있다. 외부로부터 영업전문기업과 제휴할 수 있는 방법으로는 소매유통점인 전문점이나 대리점을 활용할 수 있다. 영업기능이 필요한 단계는 영업활동이 전혀 없었던 신제품에 대한 신규고객을 확보하는 단계이다.

(2) 영업조직력

영업기능이 구축되고 시장의 범위가 점차 성장하기 시작하면 고정고객이 확대되기 시작한다. 시장이 성장하고 고정고객이 확대되면 제품을 공급할 수 있는 능력이 최우선이 되므로 영업의 조직력도 동시에 확대되어야 한다. 시장이 성장하는 시기에는 생산한 제품과 서비스를 최대한 많이 공급할 수 있는 영업의 조직력이 필요하다. 영업활동이 확대되기 위해서는 조직적으로 확대되어야 하고 영업인력의 확대가 필요하다.

아직까지는 제품 공급이 충분한 단계가 아니므로 대량생산한 제품을 고객에게 가장 신속한 방법으로 제공할 수 있는 영업조직력의 확대가 필요하다. 영업조직력의 확대가 필요한 시점은 신규고객들이 재구매를 반복적으로 지속하여 고정고객이 증가하는 시점이다. 고정고객이 확대되고 있는데도 불구하고 영업조직력의 미비로 제품과 서비스상품이 공급되지 못한다면, 경쟁력의 약화로 이어질 수 있다.

(3) 영업전문성

시장의 확대가 정체되는 안정화 단계인 성숙단계에 접어들면, 시장은 포화상태에 이르므로 고객의 재구매활동은 지속되지만, 시장의 확대는 더 이상 기대하기 어렵다.

영업전문성이 필요한 고객은 우량고객이다. 고정고객을 확보하기 위해서 영업의 조직력이 필요했다면, 우량고객을 대상으로는 영업의 전문성이 강조된다. 조직력으로는 시장의 성장을 기대하기 어렵다. 시장의 성장이 더 이상 지속될 수 없기 때문에 경쟁은 치열하게 된다. 기업들 간의 제품은 거의 동일한 수준으로 평준화되기 때문에 영업의 전문성이 절대 필요하다. 영업전문성은 제품 및 서비스에 대한 전문성과 고객관리에 대한 전문성으로 구분된다. 영업의 전문성은 영업인력의 개인적인 판매실력으로 나타난다.

① 제품 및 서비스에 관한 전문성

제품의 생산이 안정되고 시장에서의 경쟁이 치열해지면 제품 및 서비스에 관한 전문성이 경쟁력 확보에 많은 영향력을 미친다. 영업에서의 전문성을 확보하기 위해서는 자체 교육과 더불어 제품개발 및 생산에 참여했던 인력을 확보하여 영업전문가로 양성해야 한다. 많은 기업에서 선호하고 있는 방법이다.

② 고객관리에 관한 전문성

유사한 수준의 제품을 가지고 고객의 마음을 사로잡기 위해서는 평소에 고객과의 관계를 우호적으로 유지하는 방법이 가장 효과적이다. 고객과의 관리를 우호적으로 발전시킨다면 유사한 수준의 제품력을 가지고서도 경쟁사보다 우월적인 경쟁력을 확보할 수 있는 조직이라고 할 수 있다. 따라서 고객과의 관계를 우호적으로 유지하고 발전시킬 수 있는 영업전문가를 확보해야 한다.

(4) 영업자원의 배분

위에서 살펴본 바와 같이, 시장의 안정단계인 포화상태에서는 영업의 전문성으로 시장을 유지해야 한다. 시장의 포화상태에서는 재구매를 지속할 수 있는 기간을 최대한 연장시킬 수 있는 전략이 가장 효과적이다. 시장의 포화상태에서는 경쟁이 치열하기 때문에 영업전문성과 동시에 판매촉진비용도 상승한다. 그러나 시장확대를 위한 영업조직의 중요성은 감소한다. 영업조직이 아무리 확대된다 해도 시장은 확대되지 않기 때문이다. 오히려 영업조직력은 감소시키면서 가격경쟁력을 확보할 수 있는 분야로 자원을 배분하는 방법이 유용하게 된다. 영업자원의 배분은 영업전문성과 함께 우량고객과 로열고객에게 적합한 영업조직의 활동 방법이다. 시장의 포화상태 이후에는 반드시 쇠퇴기가 오기 때문에 투자는 오히려 줄이고 다음의 신제품을 대비해야 한다.

2) 고객진화 단계별 영업조직

고객의 진화단계인 신규고객, 고정고객, 우량고객, 쇠퇴고객에 따라서도 영업조직은 효과적으로 변화되어야 한다. 고객의 진화단계별 영업조직의 탄력적 변화에 대한 특성을 살펴보면 [그림 9-3]과 같다.

그림 9-3 고객의 진화단계별 영업조직

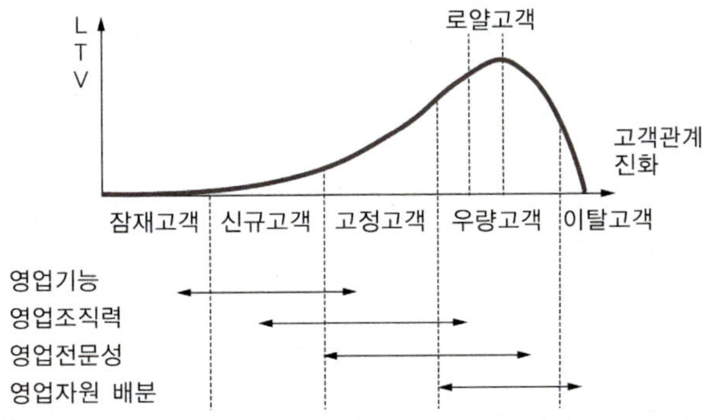

(1) 신규고객에 적합한 영업조직

신규고객을 대상으로 신제품을 도입하는 시장은 미래가 불투명하다. 불투명한 시장을 공략하기 위해서는 기업 내부는 최소로 운영하고 기업 외부의 유통기업들과 제휴함으로써 영업의 기능을 확보할 수 있다. 신제품의 도입단계(Start Up Stage)에서는 영업의 기능적 조직을 확보해야 한다.

(2) 고정고객에 적합한 영업조직

시장의 성장단계(Growth Stage)는 신규고객의 단계를 지나서 고정고객이 확대되는 단계이다. 신제품이 시장진입에 성공한 다음의 시장규모는 급상승하게 되고 고정고객이 급격하게 확대되는 단계이므로 영업조직의 확대가 매우 필요한 시기이다. 영업조직의 확대로 시장을 선점할 수 있기 때문이다. 영업조직의 규모는 시장의 확대속도에 맞추어서 확대할 수 있다.

(3) 우량고객에 적합한 영업조직

우량고객은 시장의 성숙단계(Maturity Stage)에서의 고객이다. 성숙한 시장은 더 이상 성장하지 않고, 더 이상 성장하지 않는 시장에서는 경쟁이 치열하다. 경쟁이 치열한 시장에서는 영업의 전문성이 필요하다. 영업의 전문성으로는 고객 관계관리에 대한 전문성이 매우 중요하며, 우량고객을 유지하고 로열고객을 더 많이 확보하기 위해서는 CRM전략이 더욱 중요하게 부각된다.

성숙단계에서는 조직력보다는 영업의 전문성과 동시에 판매촉진비 등의 자원을 집중할 수 있는 역할이 더욱 중요하다. 영업조직력을 축소하면서 자원을 효과적으로 배분하고 집중할 수 있는 조직으로 우량고객을 지속적으로 관리해야 한다. 우량고객의 일부인 로열고객으로 갈수록 자원의 효과적인 배분이 더욱 중요한 역할을 한다.

(4) 이탈고객에 적합한 영업조직

기업의 입장에서는 한 번 로열고객이 되면 한평생 로열고객으로 유지될 수 있기를 희망하지만, 변하지 않는 고객은 거의 없다. 고객의 로열티가 약해지기 시작하면 매우 빠른 속도로 이탈하는데, 고객이 이탈하는 시장을 쇠퇴기 단계(Decline Stage)라고 한다. 로열고객까지 상승하는 데는 많은 시간이 걸리지만, 이탈하는 속도는 매우 빠르다. 이탈고객은 무엇인가 불만이 있을 때 이에 대한 기업의 대응이 미흡했기 때문에 발생하므로 문제를 해결하지 않고 방치하면 바로 이탈할 수 있다. 그러나 이탈고객에 대한 기업의 고객서비스 대응이 만족스럽게 된다면 오히려 로열티가 더욱 강화될 수도 있다. 쇠퇴기시장의 이탈고객을 대상으로 하는 영업조직은 시장의 상황에 맞추어서 점차 축소하고 다른 사업군으로 조직과 인력을 재편해야 한다.

제2절 고객가치 영업

CRM전략을 기반으로 한 영업활동에서는 고객의 가치를 파악하고 이에 적합한 영업활동을 전개해야 한다. 영업사원 개인의 판매역량 혹은 밀어내기식의 판매는 고객가치영업이 아니다. 기업의 고객에 대한 지식을 활용한 CRM전략을 통하여 고객의 핵심가치를 파악하고 고객가치별로 적합한 제품과 서비스상품에 대한 정보를 제공하여, 고객 스스로도 인식하지 못했던 문제에 대한 해결방안인 고객가치를 제안함으로써, 고객가치영업을 실행할 수 있게 된다.

1. 고객핵심가치 파악

고객의 핵심가치를 파악하는 방법으로는 제6장에서 캠페인 대상의 고객을 정밀하게 선택할 수 있는 방법을 상세하게 살펴본 바가 있다. 고객의 핵심가치는 고객을 대상으로 세분화시켜 나가는 과정에서 구분해 낼 수 있다. 고객의 핵심가치는 먼저, CRM시스템에 있는 고객정보마트의 고객정보를 분석하여 정밀한 시장을 파악할 수 있다. 여기에는 RFM세분화, LTV세분화, 고객 진화단계별 세분화, 라이프스타일별 세분화 방법 등이 있다. RFM세분화 방법을 기본으로 다른 세분화 방법을 혼용하여 정밀한 목표시장을 세분화할 수 있고, 정밀한 세분시장에서 고객 개인별 수준의 욕구까지도 파악할 수 있다. 고객의 욕구를 파악하는 활동이 고객의 핵심가치를 파악하는 과정이 된다.

2. 고객가치 제안

기업은 대상고객을 매우 정밀하게 세분화한 다음에 고객 한 사람 한 사람에게 가장 적합한 맞춤식 정보 혹은 고객서비스를 제공할 수 있다. 이때 기업이 제공하는 가치는 기업에게 필요한 가치이기보다는 고객이 필요한 가치여야 한다. 고객의 가치가 창출된 후에 기업의 이익은 부가적으로 따라오게 되는 것이다. 고객에 대한 가치제안의 방법으로는 나열식 가치제안, 우월적 가치제안, 고객지향적 가치제안 등이 있으며 [그림 9-4]와 같다.

그림 9-4 고객가치제안 방법

1) 나열식 가치제안

나열식 가치제안은 비체계적인 영업활동에서 흔히 나타나는 현상으로 고객에게 제안하는 제품과 서비스에 대한 모든 장점을 나열하는 방법이다. 나열식 가치제안은 고객이 필요성이 있는 제안인지를 판단하기 어렵게 하므로 구매행동을 연기시킬 가능성이 있다.

2) 우월적 가치제안

우월적 가치제안은 경쟁사보다 우월하다고 생각되는 장점을 고객에게 모두 제안하는 방법이다. 필요한 제품 및 서비스에 대한 정보를 제공하면서도 체계적인 영업활동을 수행하고 있다고는 보기 어렵다. 경쟁사보다 우월한 점이 반드시 고객의 구매행동을 유발하지는 않는다. 경쟁사보다 우월한 장점이라고 해서 반드시 모든 고객에게 장점이 될 수는 없기 때문이다.

3) 고객지향적 가치제안

고객지향적 가치제안은 CRM기반의 체계적인 영업활동의 방법이 될 수 있다. 고객의 핵심가치를 파악한 다음에 고객별로 가장 적합한 장점, 즉 고객이 필요한 장점만을 제안하는 영업활동이다. 고객이 원하는 기능, 특성, 성능, 품질, 서비스 등에 대한 장점이기 때문에 고객이 구매 의사결정하는 데 매우 용이하다. 경쟁사의 제품 및 서비스와 동일한 장점이 있는 경우에도 고객의 선택에 우위를 점할 수 있다. 고객이 필요로 하는 가치를 제공한 영업사원에게 고객의 우호적인 감정이 계약으로 연결될 수 있기 때문이다. 고객지향의 가치제안에서 가장 중요한 것은 고객이 무엇을 필요로 하는 것인가를 파악하는 것이다. 즉, 고객의 욕구를 파악하는 것이다. 그리고 고객이 가장 필요로 하는 제품과 서비스에 대한 맞춤정보 몇 가지를 선택하여 집중적으로 부각시키면, 고객은 만족한 상태로 구입의 의사결정을 할 수 있다.

제3절 CRM기반의 영업

CRM전략을 도입한 가시적인 효과로는 CRM문화기반 확보, 영업지원 프로세스 지원, CRM기반의 영업프로세스, 영업프로세스 개선, 영업자동화 등이 있다.

1. CRM기반의 영업효과

CRM기반 확보에 대한 영업효과는 고객과 기업 양쪽 모두에게 CRM문화를 정착시킬 수 있게 되었다.

1) 고객측면

고객측면에서 CRM마케팅의 영업효과는 우수고객 유통점 방문 시 차별대우, 고객편의성 향상, 정보 입수 용이, 기업과의 친밀감 형성, 기업신뢰도 증가 등이 있다.

[그림 9-5]는 고객측면에서의 CRM영업 효과이다.

(1) 차별대우

차별대우를 보면 고객이 기업과의 접점인 소매유통점, 매장, 전시장 등의 장소를 방문하거나 콜센터, 이메일, 전화 등의 수단을 활용하여 고객의 의사를 전달할 경우에, 영업사원 혹은 상담원은 즉시 데이터웨어하우스에 저장이 되어 있는 고객의 통합정보를 검색하여 고객별로 적합한 차별대우를 할 수 있다. 고객에 대한 긍정적인 차별대우는 고객의 만족도를 향상시킬 수 있다.

그림 9-5 고객측면의 CRM영업효과

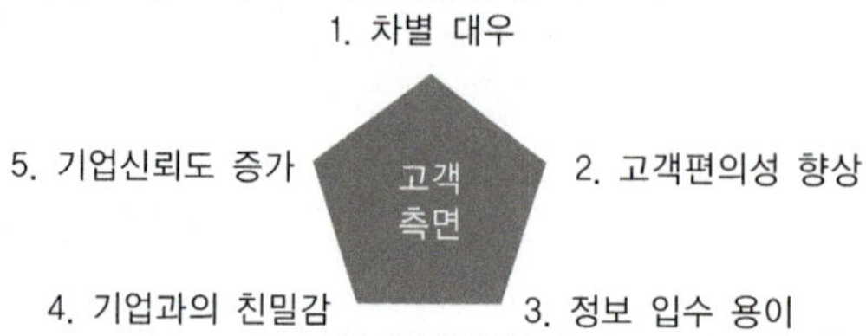

(2) 고객의 편의성 향상

CRM의 영업효과로 고객의 편의성을 기대할 수 있다. 고객이 원하는 욕구에 대하여 기업이 맞춤식 서비스와 정보를 제공할 수 있기 때문이다.

(3) 기업의 정보입수 용이

고객은 기업에서 제공하는 기업관련, 혹은 신제품 및 캠페인 정보를 입수하는 데 매우 용이하다. 기업이 맞춤식 정보를 제공하고 있기 때문이다.

(4) 기업과의 친밀감

고객은 기업과 친밀감을 형성하기가 용이하다. 기업이 앞장서서 고객과의 관계를 지속적으로 발전시키기를 원하고 있기 때문에, 고객은 기업과의 관계를 발전적으로 유지하는 데 매우 용이하다.

(5) 기업의 신뢰도 향상

고객은 기업에 대한 부정적인 생각이 감소하게 되고 기업에 대한 신뢰도가 향상될 수 있다.

2) 영업사원 측면

영업사원의 측면에서 CRM마케팅의 효과는 고객중심의 영업활동, 영업활동의 생산성 향상, 영업활동 Role 변화, 동기부여 등이 있다.

[그림 9-6]은 영업사원의 측면에서 CRM마케팅의 영업효과를 나타내고 있다.

그림 9-6 영업사원측면의 CRM영업효과

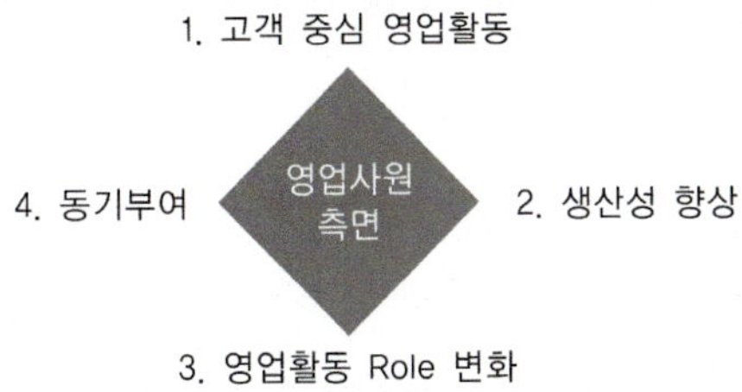

(1) 고객중심의 영업활동

CRM기반의 영업사원은 고객을 중심으로 영업활동을 진행할 수 있다. CRM전략이 도입되기 전에는 제품중심으로 영업활동이 진행되었기 때문에 푸시전략이 유용하였지만, CRM기반에서는 고객을 중심으로 영업활동이 진행될 수 있다.

(2) 영업생산성 향상

영업사원 개인별로 영업활동의 생산성이 향상된다. CRM기반의 영업활동을 실행함으로써, 적은 시간을 투입하고서도 고객정보를 정밀하게 세분화할 수 있고, 정밀시장의 소규모 고객을 목표로 정하였기 때문에 영업활동의 성공률이 급격하게 높아져 영업사원 개인별로 생산성이 향상될 수 있다.

(3) 영업사원의 역할 변화

CRM전략이 도입된 이후에 영업사원의 역할이 급격하게 변하고 있다. 영업사원은 제품중심으로 판매량에 대한 목표를 달성하는 것이 최우선이었지만, CRM전략이 도입된 이후에는 고객을 관리하는 역할이 최우선으로 변하고 있다.

글로벌기업인 S전자의 예를 들면, 영업사원은 소매유통점의 매출을 독려하는 것이 주업무였지만, CRM전략을 도입한 이후에는 소매유통점의 고객관리를 지원하는 역할로 바뀌고 있다. 심지어 영업사원에게는 소매유통점으로 제품주문을 입력하는 권한조차도 없다고 한다. 영업사원의 역할이 상권 내의 소매유통점에 대한 경영지도와 고객관리로 바뀌었기 때문이다. 제품주문에 대한 권한은 소매유통점의 임직원만이 가능하다. 따라서 종전의 영업조직과 영업인력보다 훨씬 적은 인력으로도 훨씬 많은 영업성과를 보이고 있다.

(4) 영업사원에 대한 동기부여

장기적인 고객 관계를 발전적으로 관리함으로써, 고객관리에 대한 직·간접적인 목표달성의 성취감은 동기부여가 될 수 있다. 판매에 관한 성과는 고객과의 관계 발전에 따라서 자연스럽게 발생하므로 고객관리에 대한 성취감과 동기부여는 더욱 증가한다.

2. 영업지원 프로세스 지원

CRM전략을 도입한 영업효과로는 CRM기반 확보 이외에 영업프로세스의 확보가 있으며, 소매유통점의 측면과 기업의 측면으로 구분한다.

1) 소매유통점의 측면

소매유통점 측면에서의 CRM에 대한 영업효과로는 고객구매 예측력 향상, 비가격 경쟁력 상승, 고객유지율 증대, 고객응대력 향상, 매출기여 등이 있다.

[그림 9-7]은 소매유통점 측면에서의 CRM영업효과에 대한 내용이다.

그림 9-7 소매유통점 측면의 CRM영업효과

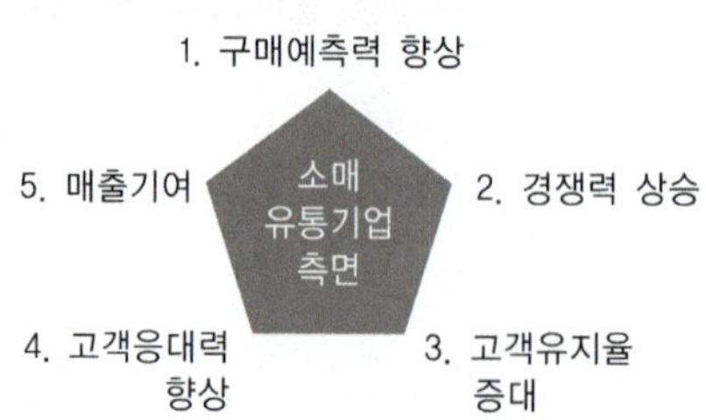

(1) 구매예측력의 향상

CRM에 대한 소매유통점의 영업효과를 보면 CRM전략을 실행함으로써, 상권 내의 고객에 대한 구매행동 예측력이 향상되어 모기업과의 협상력을 높일 수 있다.

(2) 경쟁력 향상

동일한 제품을 판매하면서도 가격할인 등의 가격전략이 아닌 비가격 경쟁력인 고객별 차별화 전략을 실현할 수 있으므로 영업이익률의 향상을 기대할 수 있다.

(3) 고객유지율 증대

소매유통점이 보유하고 있는 고객에 대한 맞춤서비스 향상으로 고객유지율이 증가하는 것을 기대할 수 있다.

(4) 고객응대력 향상

소매유통점의 고객집객능력과 고객응대력이 향상되어 소매유통점별 경쟁력의 향상을 기대할 수 있다.

(5) 매출 기여

소매유통점의 매출 향상을 기대할 수 있다. CRM전략을 도입하기 이전과 이후를 비교하면 10% 이상의 매출액 증가가 발생한다는 S기업의 실험결과가 있었다.

2) 기업의 측면

기업 측면에서 CRM기반의 영업효과는 고객 로열티 강화, 판매지원 CRM 도구 제공, CRM 활용점 확산, 고객정보활용, 비용절감, 고객당 수익률 증가 등이 있다.

[그림 9-8]은 기업 측면에서 CRM기반의 영업효과를 나타내고 있다.

그림 9-8 기업 측면의 CRM영업효과

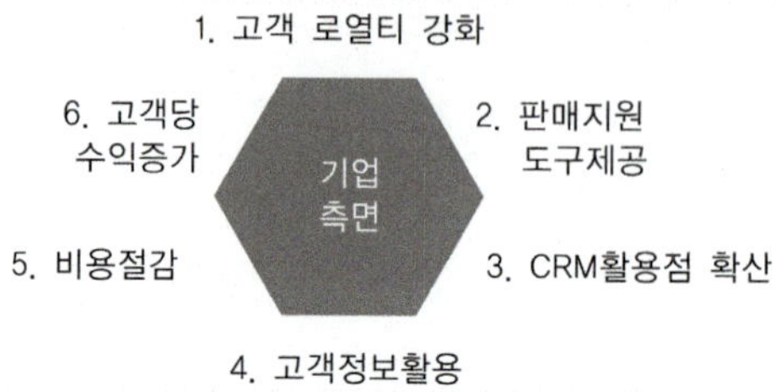

(1) 고객로얄티 강화

고객과의 직접접촉과 직접거래를 통하여 신뢰를 향상시킬 수 있고, 고객의 로열티를 강화할 수 있다.

(2) 판매지원 도구 제공

소매유통점 등의 경쟁력 향상을 제고할 수 있으며, 판매를 지원할 수 있는 통합CRM시스템을 판매도구로 제공할 수 있다.

(3) CRM 활용점 확산

CRM전략을 활용하는 소매유통점의 참여를 확산시켜서 기업전체의 경쟁력을 더욱 향상시킬 수 있다.

(4) 고객정보 활용

기업이 직접 고객과 쌍방향 커뮤니케이션 등의 방법으로 고객정보를 직접 활용할 수 있다.

(5) 비용절감

CRM기반의 영업효과는 기업의 비용절감에 많은 영향을 미치고 있다. 과도한 영업활동의 감소에 따른 비용절감이 상당한 수준에 이르기 때문에 영업인력에 대한 감소를 유도하기도 한다.

(6) 고객당 수익증가

CRM기반의 영업활동은 고객별로 맞춤형서비스를 통해 고가의 제품이나 서비스상품을 제공하기 때문에 고객당 수익이 증가되어 기업 전체의 수익이 증가된다.

3. CRM기반의 영업프로세스

CRM기반의 영업프로세스는 고객을 중심으로 영업관련 업무가 시스템화되어 있음을 의미한다. 프로세스는 정해진 과정을 거쳐야만 다음의 단계로 넘어 갈 수 있는 업무규정을 시스템화한 상태이기 때문에, 영업사원은 고객중심 영업프로세스의 전부 또는 일부를 비켜가거나 생략하고서 업무를 진행할 수 없음을 의미한다.

[그림 9-9]는 CRM기반의 영업프로세스를 나타내고 있다.

그림 9-9 CRM기반의 영업프로세스

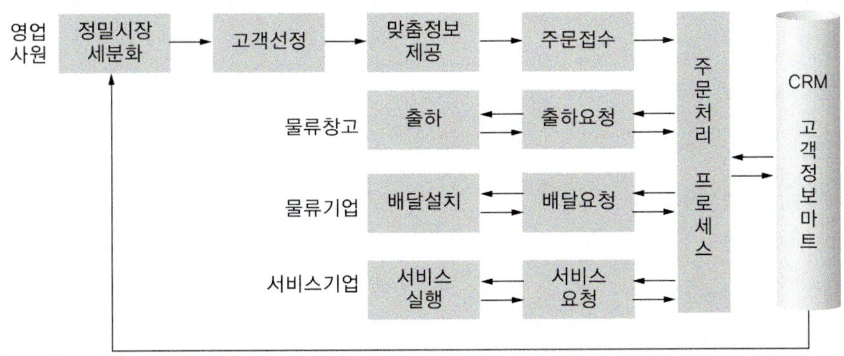

1) 영업사원

영업사원의 영업프로세스는 간단하면 간단할수록 효과적이다. 영업사원은 CRM시스템의 고객정보마트에서 고객의 정보를 검색해서 원하는 고객집단을 정밀하게 세분화하고, 대상고객을 선정한 다음에, 개별고객을 대상으로 제품과 서비스에 관련한 맞춤정보를 온/오프라인(On-Off Line) 등의 방법으로 제공한 후에, 고객으로부터 주문을 접수받는 과정까지를 담당한다.

영업사원의 주문접수 이후 단계에서의 프로세스는 완결된 상태이지만, 주문프로세스가 계속 진행됨을 알 수 있다. 고객의 주문을 접수받음과 동시에 고객정보마트에 고객정보를 통합저장하고 물류창고와 물류기업으로 출하 및 배송요청정보를 자동으로 전송한다.

2) 물류창고

물류창고에서는 출하정보를 접수받고 해당상품을 출하한다. 출하정보는 즉시 데이터웨어하우스로 통합되어 저장된다.

3) 물류기업

물류기업에서는 배송주소지로 배송하게 되며, 배송이 완료됨과 동시에 고객에 관련한 정보를 데이터웨어하우스로 통합저장하게 되면 영업프로세스가 완료된다.

4) 서비스기업

서비스기업의 서비스 프로세스는 영업프로세스와 독립적인 프로세스이지만, 고객정보를 통합관리하는 측면에서는 영업프로세스와 동일한 방법으로 운영되고 동일한 데이터웨어하우스에 고객정보가 통합된다. 이러한 고객정보는 고객이 구입한 상품에 대해 사용 중에 발생하는 문제를 해결할 수 있는 맞춤서비스를 제공하는 데 활용될 수 있다.

4. 영업프로세스 개선

CRM기반의 영업프로세스는 끊임없이 개선되고 발전된다. 그러나 한 가지 변하지 않는 것은 고객중심으로 변화되어야 한다는 것이다.

[그림 9-10]은 영업프로세스가 고객중심으로 지속적인 개선의 과정을 순환하는 내용이다.

그림 9-10 영업프로세스 개선의 순환과정

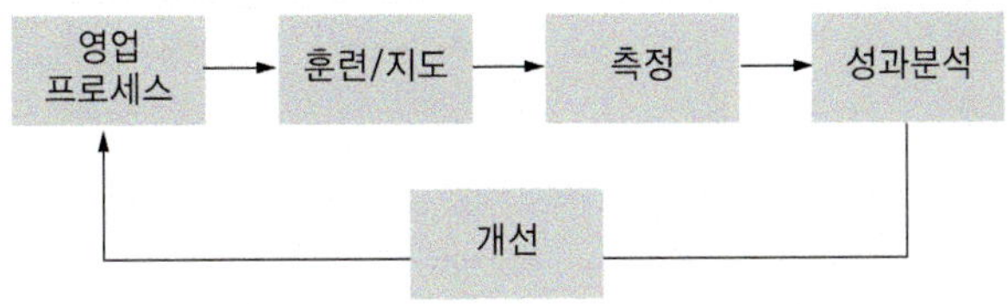

1) 영업프로세스

고객중심적인 영업프로세스는 계속 진화한다. 가장 이상적인 영업프로세스는 영업사원이 필요없는 프로세스가 될 것이다. 현재의 영업프로세스에 고객이 불편하고 어떤 장애요인이 발생하게 되면 항상 개선할 수 있어야 한다.

2) 프로세스 훈련 및 지도

CRM시스템을 활용한 영업프로세스는 외형적으로는 사용하는 방법이 간단하게 보이지만, 고객정보를 매우 정밀하게 세분화하여 고객별로 맞춤정보를 제공할 수 있기 위해서는 많은 훈련이 필요하고 후배 신입사원에게도 훈련이 되도록 지도를 해야 한다.

3) 프로세스 측정

항상 현재의 프로세스가 목적한대로 고객과의 관계를 개선하고 발전시키는데 문제가 없는지를 계속 모니터링해야 한다. 항상 프로세스의 성과에 대해서 측정하고 분석해서 문제를 도출해야 하며, 문제를 해결할 수 있도록 해야 한다.

4) 프로세스 성과분석

개선된 프로세스에 대한 성과를 분석하고 그 결과를 평가해서 영업프로세스의 성과에 따라서 보상이 되도록 해야 한다. 보상을 통해서 동기부여를 할 수 있기 때문이다.

5) 프로세스 개선

영업프로세스의 성과를 분석한 결과에서 고객과의 관계를 개선하고 발전시킬 수 있는 개선을 지속해야 한다. 현재의 만족스러운 영업프로세스가 미래에도 고객을 만족시킬 수 있는 프로세스가 될 보장은 없기 때문이다.

5. 영업자동화

1) 영업자동화의 개념

영업자동화(SFA, Sales Force Automation)는 CRM기반의 영업활동이 원활하게 수행될 수 있도록 자동화된 영업프로세스를 의미한다. 영업자동화는 영업에 관련한 여러 가지 기능과 프로세스를 시스템화하여 효율적이고 효과적으로 영업활동을 지원하는 것이다. 모기업과 소매유통점은 공동으로 영업프로세스를 자동화시킴으로써, 영업비용을 절감시키고 영업활동의 성과를 향상시킬 수 있다.

2) 영업자동화시스템의 구조

통합CRM은 모기업과 소매유통점의 영업자동화를 실행할 수 있게 한다. 모기업과 소매유통점의 영업자동화를 위한 통합CRM의 전제조건은 상호이해와 협력이다. 특히 모기업이 소매유통점의 신뢰를 얻을 수 있는 자동화된 영업프로세스를 확립해야 한다. 이를 위한 유용한 방안으로 통합CRM으로 발생하는 이익창출에 대해서 상권에 대한 기득권을 보장할 수 있는 영업자동화 프로세스를 확립해야 한다.

[그림 9-11]은 통합CRM을 통한 기업의 상품과 고객정보의 흐름에 대한 영업자동화 시스템의 구조를 나타내고 있다.

그림 9-11 소매유통과의 영업자동화 구조

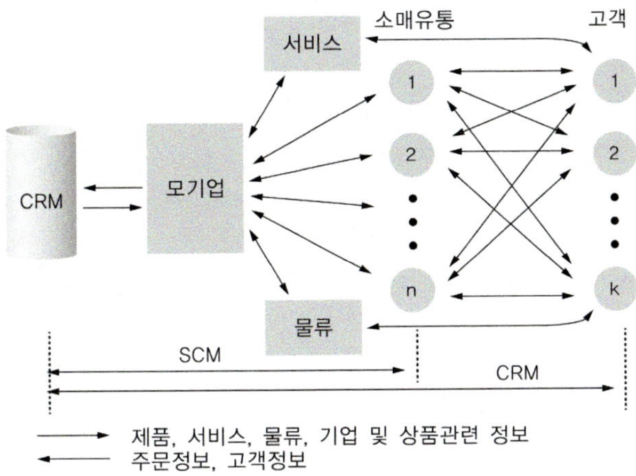

3) 영업자동화 프로세스

모기업에서 활용하고 있는 CRM기반의 영업프로세스를 소매유통점에서도 활용할 수 있어야 한다. 소매유통점에서 고객으로부터 접수한 고객의 주문정보를 모기업으로 전송하면 이후 발생하는 모든 주문프로세스는 자동화되어야 한다. 고객과 소매유통점에 발생할 수 있는 불신의 여지를 원천적으로 방지해야 하기 때문이다. 영업자동화에서 모기업 혹은 소매유통점 어느 한쪽으로 고객정보 쏠림현상 등의 이유로 불이익이 발생한다면 영업자동화에 대한 효과는 급속도로 저하될 수 있기 때문이다.

4) 소매유통점의 영업자동화 특성

소매유통점은 대부분 매장을 방문하는 고객을 대상으로 영업활동을 하게 된다. 따라서 모기업은 소매유통점의 영업활동을 효율화할 수 있도록 영업자동화 프로세스를 제공해야 한다. 소매유통점에서 이익이 창출되지 않는다면 모기업의 영업자동화 프로세스는 활용될 수 없을 것이다. 소매유통점에서 활용하고 있는 영업자동화 프로세스의 특성을 보면 고객관리, 상품구색관리, 제품전시관리, 주문처리, 서비스관리 등이 있다.

[그림 9-12]는 소매유통점의 영업자동화 특성을 보여주고 있다.

그림 9-12 소매유통점의 영업자동화의 특성

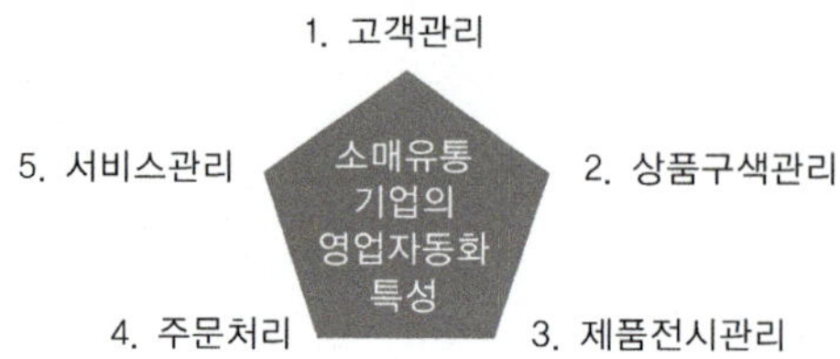

(1) 고객관리

제품중심의 영업활동의 시대는 더 이상 경쟁력의 한계를 보이고 있으며, 미래의 핵심경쟁력은 고객자산이 될 것이다. 소매유통점은 자신의 상권 내에서 수집한 고객정보를 자신만의 고객자산으로 독점할 수 있기를 원한다. CRM의 도입초기에는 소매유통점이 통합CRM시스템으로 고객정보를 전송하지 않은 경우도 많았다.

그러나 최근에는 자동화된 프로세스를 통하여, 소매유통점에서 발생한 고객정보들이 모기업의 통합CRM시스템으로 전송되고, 통합CRM시스템의 데이터웨어하우스에서 통합된 고객정보가 더욱 가치있는 통합고객정보로 전환된 후 고객정보마트에 저장된다. 또한 통합저장된 고객정보는 각 상권에서 소매유통점이 다시 반복적으로 재활용할 수 있게 된다. 기업에서 운영하고 있는 통합CRM시스템은 결국 각 상권에 있는 소매유통점의 CRM시스템으로 활용된다.

(2) 상품구색관리

소매유통점에서는 모기업에서 생산하는 제품과 서비스를 모두 전시하고 판매할 수는 없다. 대표적인 상품을 전시하고 나머지 계열의 상품에 대해서는 모기업의 통합 CRM시스템을 통하여 고객에게 충분한 제품관련 정보를 제공할 수 있으며, 점포 내 상품구색관리에 대한 의사결정을 지원할 수 있다.

(3) 제품전시관리

소매유통점의 매장 혹은 전시장에는 항상 신제품을 전시해야 하는데, 전시제품의 재고원가부담도 적지 않다. 과다한 제품의 전시는 경영에 부정적인 영향을 미친다. 신제품은 일정

기간 전시된 다음에는 중고제품이 되므로, 전시기간이 종료된 후에는 신속하게 처분해야 된다. 전시제품을 처분할 경우에, 통합CRM을 활용하여 상권 내의 적합한 고객을 선별한 다음에 캠페인을 시행하면, 매우 신속하게 재고를 처분할 수 있다. 동시에 고객에게는 신제품을 저렴하게 공급할 수 있으므로 고객의 만족도는 더욱 상승될 수 있다.

신제품의 전시품 재고가 소진되고 다시 다른 신제품의 전시가 필요하면, 통합 CRM시스템에서는 전시에 필요한 신제품의 수요를 예측하여 모기업으로 주문할 수 있도록 지원한다. 경우에 따라서는 신제품에 대한 자동 주문도 가능하다.

(4) 주문처리

영업자동화 프로세스는 통합CRM의 기본이다. 영업자동화 프로세스를 통하여 고객의 주문이 발생하자마자 물류출하요청, 배달요청, 설치요청 등의 프로세스가 자동으로 이루어지고 심지어는 대금청구까지도 자동으로 이루어지기도 한다. 이러한 주문처리과정 중에 발생하는 고객정보는 즉시 통합CRM시스템의 데이터웨어하우스에 통합저장된다.

(5) 서비스관리

소매유통점에서 사후 서비스는 가장 강력한 고객 관계관리 프로그램이다. 통합CRM을 통하여 고객별로 서비스를 제공한 이력을 자동으로 관리할 수 있다. 상권 내의 고객이 언제 어디서 서비스를 제공받은 이력이 통합CRM시스템에서 관리되고 있으므로, 고객이 무엇을 필요로 하는지를 용이하게 파악할 수 있고, 고객별로 추가되는 맞춤서비스를 즉시 제공할 수 있다.

5) 통합CRM의 영업자동화의 기능

영업자동화의 기능은 영업사원으로 하여금 주문처리업무를 자동화함으로써, 고객과 관계되는 장기적인 업무에 더욱 관심을 가질 수 있도록 한다. 영업자동화의 기능으로는 고객별 주문정보 관리, 영업프로세스의 최적화, 영업인력의 최적화, 객관적 성과・평가 등이 있다.

[그림 9-13]은 통합CRM의 영업자동화 기능에 대한 내용이다.

그림 9-13 통합CRM의 영업자동화 기능

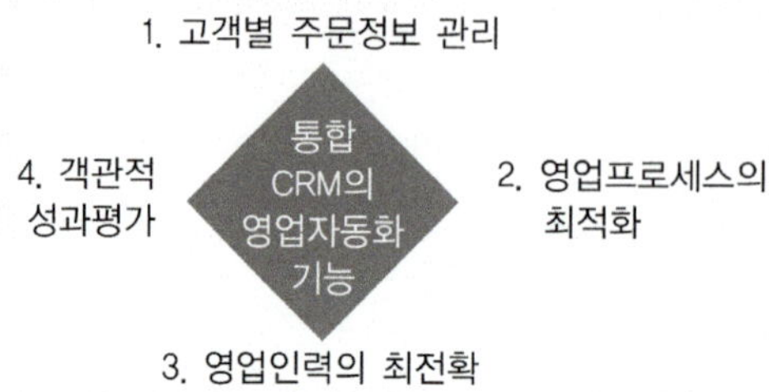

(1) 고객별 주문정보 관리

제품을 중심으로 영업활동을 수행하던 종전에는 소매유통점에서 모기업으로 제품의 총량을 주문했기 때문에 고객정보를 수집하기가 어려웠다. 그러나 CRM을 기반으로 한 영업자동화는 고객별로 주문정보를 수집할 수 있으므로, 판매시점관리시스템인 POS(Point Of Sales) 등으로부터 자동으로 고객정보가 수집될 수 있다.

(2) 영업프로세스의 최적화

SCM과 CRM의 통합으로 영업프로세스를 최적화하였으므로, 영업사원의 업무는 고객과의 관계를 관리할 수 있는 업무로 역할이 변화되고 있다.

(3) 영업인력의 최적화

영업프로세스의 자동화는 CRM이 도입되기 전 영업사원의 업무량을 대폭 경감시킴으로써 영업사원을 대폭 줄일 수 있으므로 영업사원의 최적화가 가능하다.

(4) 객관적 성과평가

CRM을 기반으로 한 영업자동화는 모든 프로세스의 과정이 기록으로 남게 되고 성과에 대한 과부족의 원인을 과학적으로 분석하기가 매우 용이하며, 객관적인 평가가 가능하다.

제4절 CEM 마케팅

1. CEM 마케팅의 의미

CEM은 고객경험관리의 의미로서, Customer Experience Management의 약어이다. CRM은 고객과의 관계를 관리하는 방법으로 RFM고객점수를 이용하는 것이 기본이다. RFM요인은 고객이 기업의 제품과 서비스를 구입하면서 발생한 거래를 분석하여 미래의 고객행동을 예측한다. 고객의 행동에는 제품과 서비스를 구입하는 거래에 대한 행동도 있지만, 거래가 발생하기 전의 경험, 거래시점의 경험, 거래 후의 경험의 과정 중에서 거래와 직접적인 관련이 아닌 비거래 경험에 대한 분석이 누락되어 있다. 고객은 제품과 서비스를 구입하기 위한 직접적인 행동뿐만 아니라, 거래에 영향을 미칠 수 있는 경험이 중요하기 때문에 고객의 구매행동을 분석하기 위해서는 고객의 경험을 분석해야 한다는 이론이며, 콜롬비아 비즈니스스쿨의 번트슈미트 교수가 주장하고 있다.

CEM이론을 주장하는 학자들 가운데는 CRM과 완전히 다른 새로운 이론이라고 주장하는 경우도 있지만, 고객을 정밀하게 세분화할 수 있는 방법 가운데 하나라는 주장이 더 설득력이 있어 보인다.

CEM이 CRM과 전혀 다른 독자적인 분야로 생각하는 이유를 보면, 통계적인 분석을 통한 RFM고객점수를 기본으로 고객과의 관계를 관리하는 방법은 고객에게 친근한 매장직원, 편리한 주문방법, 감동적인 서비스 제공 등의 방법이 누락되어 있다는 주장이다.

그러나 CRM은 고객정보를 정밀하게 세분화시키는 프로세스이다. 따라서, 고객에게 경험을 제공할 수 있는 고객경험관리인 CEM은 CRM과 별개가 아닌, CRM을 좀 더 효과적으로 활용할 수 있도록 더욱 정밀하게 분석하고, 더욱 세밀한 맞춤서비스를 제공할 수 있는 방법의 개선이라는 성격이 강하다고 할 수 있다. CEM은 고객의 욕구를 좀 더 세밀하게 분석할 수 있는 유용한 방법이 될 수 있다.

〈사례 9.1〉은 편의점 등의 판매점에서 감성을 입힌 호빵의 매출이 급신장한 사례를 보여주고 있다.

CRM Practice 9.1 캐릭터 입혔더니 … 호호호, 매출이 빵빵해

소비자의 감성을 자극하는 '캐릭터 호빵'이 인기다. 편의점 3사는 각각 애니메이션 캐릭터를 접목한 호빵을 선보였다. '캐릭터 호빵'이 호빵 업계를 평정했다. 편의점 CU를 운영하는 BGF리테일은 지난달 7일 출시한 '하이큐 호빵' 2종이 3주 동안 약 40만개가 팔렸다고 3일 발표했다. 호빵 소에 초콜릿 · 카라멜만 넣은 하이큐는 하루 약 2만개가 팔리며 CU 호빵 카테고리에서 '단팥 호빵'류를 제쳤다. 하이큐는 배구를 소재로 한 일본 애니메이션으로 다양한 '덕후(일본어 오타쿠를 한국식으로 발음한 오덕후의 줄임말)' 층을 확보하고 있다.

▲ 세븐일레븐의 피카츄 호빵.

지난 10월 출시한 세븐일레븐의 '포켓몬 캐릭터 호빵'도 인기다. 세븐일레븐 관계자는 "11월 출시한 피카추 호빵 13만개가 완판됐다"고 말했다. 포켓몬 호빵은 기존 동그란 호빵과 달리 포켓몬 캐릭터 모양을 그대로 살린 점이 특징이다. SNS서 먼저 입소문이 난 후 판매량이 늘어난 점도 요즘 히트 상품의 공식을 따르고 있다. 세븐일레븐은 '피카츄 호빵'을 비롯해 '잠만보 호빵', '몬스터볼 호빵' 등을 잇따라 선보이며 캐릭터 호빵의 성장세를 이끌고 있다.

▲ GS25의 미니언즈 호빵

GS25는 미니언즈 캐릭터를 활용한 '미니언즈 호빵'이 최근 한 달여 동안 60만 개 가까이 팔렸다고 3일 밝혔다. 미니언즈는 미국의 장편 애니메이션으로 미니언 세 명의 런던 모험을 다룬 작품이다. 총천연색의 호빵 표면에 미니언즈 특유의 커다란 눈을 장식해 먹기 아까울 정도로 깜찍한 제품을 만들어냈다.

GS리테일 고충현 부장은 "미니언즈가 미국에서 건너온 캐릭터인 만큼 핼러윈데이 · 크리스마스에 초점을 맞춘 마케팅을 집중하고 있다"며 "날씨가 추워지는 연말연시에 연인들을 대상으로 인기를 끌 것으로 기대하고 있다"고 말했다.

(출처: 중앙일보. 2017. 12. 4., http://news.joins.com/article/22171803)

CEM은 아직 구체적인 연구가 부족하기 때문에 앞으로 실증적 연구가 더욱 필요한 분야이기도 하다.

2. CEM 마케팅 세분화 분석

고객경험관리(CEM, Customer Experience Management)는 CRM마케팅에서 부족한 고객의 과거 경험을 보완하여 고객정보를 더욱 정밀하게 세분화할 수 있는 방법을 제공하게 된다. CRM의 성과에 미칠 수 있는 고객경험의 세부적인 요인을 보면, 고객이 제품과 서비스를 구입할 시점에서 혁신제품, 성숙제품, 초저가 제품 중에서 어떤 제품을 선호하는지에 대한 혁신성의 경험, 기업이 고객에게 제공하거나 제공하고자 하는 서비스의 경험, 그리고 구입경로의 경험 등이 있다. 이러한 세분화 방법을 CEM세분화라고 한다.

[그림 9-14]는 CEM마케팅 세분화에 대한 내용이다.

그림 9-14 CEM마케팅 세분화

1) 혁신성 경험의 세분화

구입제품에 대한 혁신성(Innovativeness) 경험의 세분화는 고객이 제품과 서비스를 구입할 시점에서 가격이 다소 비싸더라도 최신 제품을 선호하는 오피니언 리더인지, 성능, 기능, 품질 등이 모두 안정된 제품을 선호하는지, 아니면 제품의 수명이 다해 가는 쇠퇴기의 제품을 대폭 저렴하게 구입하는 것을 선호하는지를 구분하여 RFM고객점수와 혼합하여 활용하면, 고객을 더욱 세분화시킬 수 있으면서도 성공률을 향상시킬 수 있다.

2) 서비스경험의 세분화

서비스(Service) 경험의 세분화는 기업이 고객에게 제공하였던 고객의 경험을 세분화하는 방법이다. 기업의 서비스에 대한 만족도보다는 어떤 서비스를 경험하게 하였을 경우에 고객이 더욱 만족하고 감동하였는지를 구분하는 것이 더욱 효과적일 수 있다. 최근에는 로열 고객을 선별하여 고객에게 실제 경험해 볼 수 있는 서비스를 제공하는 전략이 유용하게 활용되기도 한다. 로열고객은 RFM고객점수에 따라서 구분할 수 있다.

3) 구입경로경험의 세분화

고객이 기업의 제품과 서비스를 구입하는 경로(Channel)경험의 세분화는 기업이 어떤 경로에 어떤 제품과 서비스가 적합한지를 알려 줄 수 있다. 고객의 경로경험에 대한 세분화는 고객을 더욱 정밀하게 세분화할 수 있게 한다. 고객이 선호하는 경로를 대리점, 전문점, 백화점, 슈퍼마켓, 할인점 등으로 구분하여 RFM고객점수와 혼합하여 활용하면 고객을 더욱 정밀하게 세분화할 수 있으며, 고객별 맞춤식 서비스를 제공할 수 있으므로 고객의 만족과 감동을 기대할 수 있고 고객과의 장기적인 관계를 더욱 발전시킬 수 있다.

3. CEM 마케팅 세분화 전략

고객경험은 고객이 기업의 제품과 서비스를 구입하는 과정에서 이미 경험했던 감정을 더욱 정밀하게 분석하여 CRM전략에 활용할 수 있으며, 캠페인 등의 활동 과정 중에 고객이 감동할 수 있는 경험을 제공할 수 있다.

1) 고객경험 분석

고객 세분화를 위한 고객분석방법의 한 가지로서, 위에서 살펴본 바가 있는 혁신성, 서비스, 구입경로 등에 대한 고객의 경험을 분석하여 RFM고객점수와 혼합함으로써 고객을 매우 정밀하게 분석할 수 있고 이에 따른 장기적인 고객 관계를 관리할 수 있다.

2) 고객경험 제공

최근에 각 기업들이 선호하는 전략 중에 하나로서, RFM고객점수를 분석한 결과와 고객경험 정보를 혼합하여 정밀하게 세분화한 고객을 대상으로 맞춤형 고객서비스를 제공하여 고객별로 감동을 느끼게 할 수 있다. CEM은 기업이 정밀하게 세분화된 표적고객의 로열티를 강화하여, 고객접점에서 경쟁사보다 우월적인 서비스를 경험할 수 있도록 함으로써, 고객경험에 대한 새로운 정보가 CRM시스템의 고객정보마트로 통합될 수 있으므로, 기업이 CRM전략을 더욱 강력하게 실행할 수 있다.

〈사례 9.2〉는 CEM마케팅 프로젝트에 대한 사례이다.

CRM Practice 9.2 CEM 마케팅 프로젝트의 사례

한국인삼공사의 CEM프로젝트

한국인삼공사는 CRM의 실패경험을 답습하지 않기 위해 진정으로 고객을 이해하고 이들에게 차별화된 가치를 제공하는 것을 CRM프로젝트의 핵심 목표로 삼았다. 이를 위해 한국인삼공사는 '고객경험'이라는 새로운 가치에 초점을 맞춰 '고객경험관리(CEM)' 방법론을 도입했다. 단기적인 매출 향상이 아닌 장기적으로 고객 충성도를 높이는 것에 주안점을 둔 결과 성과는 절로 나타났다.

◇고객군별 '고객경험' 이해에 집중=한국인삼공사의 CEM프로젝트는 지난 2007년 시작됐다. 그 당시는 한국인삼공사의 정관장이 독무대였던 홍삼시장에 천지양, 농협 한삼인, 천지인 등 홍삼전문 업체가 대거 뛰어들어 시장 경쟁이 치열해진 시점이기도 하다. 정관장은 70% 이상의 높은 시장점유율을 차지하고 있었지만 대기업의 시장 진출로 고객 이탈 가능성이 높아짐에 따라 고객관리 필요성도 높아졌다. 이에 한국인삼공사는 6개월간의 전략 수립을 위한 컨설팅을 거쳐 2008년에 시스템 구축을 시작했다.

한국인삼공사는 기존 캠페인 마케팅에 초점이 맞춰져 있던 CRM에서 벗어나 CEM을 추구했던 만큼 고객군별로 고객경험을 사실적으로 이해하는 데 집중했다. 고객들이 한국인삼공사에서 나오는 정관장의 제품과 서비스를 어떻게 느끼는지, 중요하게 생각하는 가치요인은 무엇인지, 불만 및 기대사항은 무엇인지 등을 고객 개별인터뷰, 포커스그룹인터뷰(FGI), 주부모니터 등을 통해 분석했다. 이를 기반으로 고객군별, 구매단계별 50여개의 핵심로열티요인을 도출했다. 이는 고객의 제품 구매 시점을 기준으로 전후 단계에서 어떠한 고객가치 경험이 필요한지를 설명하는 지침서 역할을 한다.

(출처: 전자신문, 2014. 4. 17.)

제5절 빅데이터 CRM 마케팅

1. CRM 마케팅의 한계

CRM의 문제점과 개선방향에 대하여 여러 가지 살펴보았다. 그러나 현재까지의 문제점을 해결하는 개선활동만으로 CRM의 미래를 대비할 수 있기에 충분할 것인가에 대해서는 많은 연구가 진행되고 있으며, 일부 선진기업에서는 CRM의 발전된 형태로 보이는 '빅데이터(Big Data)'라고 알려져 있는 고객분석방법을 활용하고 있기도 한다. 그러나 새로운 CRM의 형태는 아직 연구단계에 있으며, 실험적인 단계에 있는 것으로 보인다. 불확실한 미래의 CRM에 대하여 살펴본다.

1) 정형정보 분석의 CRM

CRM은 통계적인 분석방법을 활용하여 기업이 과거의 고객별 구매행동습관을 분석하고, 고객의 미래의 구매활동을 예측할 수 있으므로, 중요한 고객을 로얄고객으로 분류하여 차별화된 고객서비스를 제공할 수 있게 된다. CRM분석은 고객의 과거 구매행동에 대한 정형화된 정보를 수집하고 분석하는 것으로 시작하게 된다. 대표적인 정형 고객정보는 거래에 관련한 정보 중에서 수치화가 가능한 최근성, 빈번성, 구매력을 나타내고 있는 RFM요인이라고 할 수 있다. 기업은 CRM을 통하여 고객과의 관계를 지속적으로 발전시킬 수 있으며, 기업과의 관계가 강화된 고객은 기업에게 더욱 강력한 충성도를 보이게 되므로, 미래에도 기업에게 이익을 제공할 수 있게 된다. 이러한 개념의 CRM전략은 많은 글로벌 기업들이 성공적으로 활용되고 있으며, 앞으로도 더욱 많은 기업들이 활용하게 될 것으로 보인다.

CRM의 방법으로 고객의 미래 구매행동에 대한 예측을 할 수는 있다. 그러나 고객의 구매행동에 대한 예측은 가능성에 대한 확률적인 예측일 뿐이다. 고객의 미래의 구매행동에 대한 가능성을 확률적인 고객점수를 기준으로 판단하기 때문에 CRM을 기계적으로만 활용하게 되면 오히려 CRM의 목표를 달성하기 어렵게 될 수도 있다. 실제로 거의 50%에 가까운 기업들이 CRM에 대한 실패경험을 하고 있는 것도 이러한 이유로 인하여 발생하기도 한다. 정형화된 고객정보를 시작으로 과학적인 분석을 통한 고객의 구매행동을 예측하는 것이 반드시 고객의 구매행동으로 연결될 수 있다고는 할 수 없을 것이다. 예를 들면, 어떤 고객이 과거에 자사의 제품을 구매경험에 대한 RFM의 고객점수가 매우 높은 4점 이상을 보이고 있다고 할지라도, 항상 자사의 제품을 구입할 것이라고는 할 수 없을 것이다. 기업은 경쟁사의 제품을 구입할 가능성보다는 자사의 제품을 구매할 가능성이 높이는 노력을 하게 되는 것이 CRM 활동의 중요한 의미이다.

2. 비정형 고객정보

과학적인 방법으로 고객의 과거와 미래의 구매행동을 분석하고 예측한다는 측면에서 CRM의 의미는 매우 합리적이고 논리적이며 정확하게 분석한다는 긍정적인 의미가 있지만, CRM은 고객의 구매행동에 영향을 미치게 될 비정형 고객정보에 대해서는 분석할 수 없는 한계가 있다. CRM은 고객의 구매행동에 영향을 미칠 수 있는 모든 비정형 정보는 동일하다는 가정하에 정형화된 정보만을 분석 대상으로 하고 있다. CRM의 한계라고 할 수 있다.

비정형 정보는 관심, 취미, 여가활동, 교육, 문자, 그림, 사진, 동영상 등의 정형화하기 어려운 정보를 말한다. 도로, 골목, 중요시설, 아파트, 엘리베이터 등의 장소에 설치되어 있는 CCTV를 통하여 발생되고 있는 영상정보는 비정형정보이며 그 양이 엄청나지만, 범죄예방을 위한 정보로 활용되고 있으므로 범죄가 발생하지 않는 대부분의 정보는 소멸되고 있다.

사람들은 다른 사람의 마음을 읽고, 사람과 사람의 관계를 서로 이해하면서 생활을 유지할 수 있다. 사람의 마음에 관련되는 비정형 고객정보는 과거의 정형화된 분석방법으로는 분석할 수 없는 분야이기 때문이다. 비정형 고객정보를 CRM의 범주에 포함할 수 없었던 것이다. 컴퓨터, 정보통신 등의 기술의 발전이 따라오지 못하였기 때문이다.

현재까지의 CRM이 정형화된 고객정보를 분석하였다면, 미래에는 비정형적인 고객정보를 분석하는 방법을 포함할 수 있을 것이다.

3. 빅데이터 CRM 마케팅

1) CRM과 빅데이터

기업들이 보유하고 있는 CRM을 통하여 확보하고 있는 정형화된 고객정보의 양도 역시 이미 충분하게 방대하다. 고객정보의 양이 너무 방대하여 오히려 분석하는데 걸림돌이 되는 경우도 발생하고 있다. S기업의 경우를 보면 매일 수집되고 있는 고객과의 거래정보가 평균 8만 건을 상회하고 있다고 한다. 이는 년간으로 환산하면 우리나라의 가구수인 1,500만 보다도 2배가량 되는 양을 수집하고 있는 것을 의미한다. S기업은 방대한 고객정보를 저장하고 분석하기 위하여 60대 이상의 서버를 운영하고 있지만, 엄격한 의미에서의 실시간 CRM시스템을 운영하지는 못하며, 매일 고객정보를 업데이트하는 정도로 고객분석을 만족하는 것으로 보인다.

방대한 양의 정형화된 고객정보를 실시간으로 통합하고 분석하는 것은 거의 불가능에 가까울 정도이므로 CRM을 운영하는데 어려움이 따르고 있다. 이러한 이유로 인하여 CRM시스템을 활용하고 있는 기업들은 방대한 고객정보를 효과적으로 활용하지 못하고 낭비하고 있는 부분이 많은 것으로 보이며, CRM의 활용이 성공적이지 못한 것으로 비판을 받는 것으로 보인다.

사람들이 어떤 상품을 구입할 때에 과학적인 분석이라고 말하는 CRM의 RFM분석을 반드시 따르지는 않는다. 확률적으로 RFM의 분석대로 구매행동이 나타나게 될 가능성이 높다는 의미이다. 과거의 행동의 연장선상에서 미래의 행동을 예측할 수 있는 인과관계를 분석하고 있는 CRM은 정형 고객정보를 활용하고 있다. 그러나 사람들은 어떤 상품을 구입하려고 할 때 과거의 구매행동 이외에도 많은 요인들로부터 영향을 받고 있다. 고객은 어떤 상품을 구입할 경우에 과거의 구매행동 이외에도 유사한 상품을 구입했던 주위의 사람들로 부터 습득하게 된 정보, SNS상에서 유통되고 있는 정보, 각종 커뮤니티에서의 정보, 정보제공 사이트에서의 사용후기 정보, 그리고 언론 및 방송 등의 매스미디어에서의 정보 등의 다양한 요인으로부터 자신도 모르는 사이에 영향을 받게 된다.

이러한 비정형 고객정보는 사람과 사람의 관계를 나타내는 마음의 정보이므로 아직까지 효과적으로 분석되지 못하고 있지만, 멀지 않은 미래에 비정형 정보에 대한 분석기술의 발전으로 CRM을 더욱 발전시킬 수 있을 것으로 보인다.

2) 빅데이터 CRM 마케팅 활용

빅데이터 CRM 마케팅은 마이크로 마케팅(Micro marketing)으로서 빅 데이터를 통해 고객의 소비패턴과 선호도, 정보 등을 분석하여, 구매할 가능성이 높은 고객에게 맞춤형 혜택을 제공하는 것을 말한다. 단순히 유형의 상품에 한정된 것이 아니라 최근에는 금융, 유통, 의료, 통신, 보험 분야와 같은 무형의 서비스를 제공하는 형태로 까지 확대되고 있다(위키백과.daum.net, 2017).

CRM을 활용하고 있는 기업들은 고객정보가 정형정보이든 비정형정보이든 간에 이미 빅데이터의 시대에 접어들었다. 현재 초보적인 수준이기는 하지만 국내에서도 서비스, 광고, 제조기업 등의 다양한 분야에서 빅데이터를 활용하고 있으며 다음과 같다.

(1) 서비스분야

CRM시스템에 저장되어 있는 고객의 과거 구매이력을 역추적하여 핵심고객을 추출하고 표적고객을 선정하고 집중적인 마케팅활동을 실행할 수 있다. 그리고 고객이 쇼핑몰이나 유통기업의 홈페이지를 방문하여 체류 상품에 대한 시간을 분석하고, 검색경험을 분석하여 관심도 높은 상품을 고객별로 분석할 수 있다. 예를 들면, 60대 노인의 가족관계를 분석하게 되면 유아상품과 밀접한 관계를 분석할 수 있다. 신혼부부들은 맞벌이로 인하여 유아를 부모에게 맡기는 경우가 많으므로 유아상품을 60대 노부부가 구입하는 경우가 증가하고 있다. 기업은 신혼부부나 유아를 고객으로 관리하는 것 보다는 60대 노부부를 핵심고객으로 관리해야 할 것이다.

① 의료분야 서비스

〈사례 9.3〉은 빅데이터를 활용하여 환자별로 맞춤형의 병원과 의사를 추천해 줄 수 있는 앱에 대한 내용을 보여 조고 있다.

CRM Practice 9.3 빅데이터 · 인공지능 활용한 의료 앱 '착한의사' 오픈

2017 OECD 건강 통계자료에 따르면, 대한민국은 인구 1000명당 의사 2.2명으로 OECD 회원국 중 의료인 보유 수 최하위 국가이다. 반면 의사 1인당 국민 진찰 수는 1위이다. 의료인이 부족해 환자 대기시간은 늘어나고, 진찰 시간은 줄어든다. 그러다 보니 의사가 환자를 깊게 진찰하기 어려워 의료서비스 품질 저하 문제가 발생한다.

VIVA는 2017년 보건의료빅데이터 창업 공모전에서 우수작에 선정돼 건강보험심사평가원에서 제공하는 맞춤형 데이터와 의료빅데이터를 통해 '착한의사' 어플리케이션을 만들었다. '착한의사'는 빅데이터를 활용해 소비자

가 스마트하게 병원을 찾을 수 있는 병원 O2O 플랫폼 서비스다. '착한의사'의 병원 검색 서비스는 보건의료빅데이터 개방시스템의 데이터를 기반으로 한다.

빅데이터 및 기계 학습 알고리즘을 통해 병원별로 소비자가 많이 찾는 진료 항목 순위를 공개해 소비자에게 최적의 병원을 찾아준다. 사용자의 연령과 성별에 따라 평균 진료비도 확인할 수 있어 의료비에 민감한 소비자의 고민을 덜어줄 수 있다.

실시간 병원 예약도 가능하다. 병원 예약은 원터치로 간편하게 이뤄지며 주변 병원의 대기시간을 실시간으로 보여주는 기능도 있다. 또한, A.I 인공지능을 통해 제공하는 맞춤형 건강정보는 사용자의 최근 방문한 병원 기록과 자주 아픈 부위를 학습하여 제공된다.

한편 VIVA는 의료 CRM 프로그램도 개발하고 있다. 2015년 기준 병원 폐업률은 44.2%로, 높은 폐업률 때문에 CRM 프로그램을 따로 구축하고 있는 곳이 적다. 프로그램을 무상배포 해 실시간 예약, 병원 자체 매출 및 환자 관리에 도움을 주는 것이 현재 목표이다.

(출처: 중앙일보, 2017. 12. 19., http://news.joins.com/article/22218238)

② 금융분야 서비스

금융서비스의 경우에도 빅데이터는 유통기업과 유사하게 적용될 수 있다. 금융상품에 대한 고객은 다양한 금융상품의 특성에 대하여 충분한 지식이 없으므로 친지나 지인으로부터 상품구입에 대한 정보를 얻게 되는 경우가 많게 된다. 금융상품의 특성에 따라서 고객이 다른 고객에게 미칠 영향을 분석할 수 있으면, 금융기관은 고객이 알고 있는 다른 사람을 고객으로 관리할 수 있을 것이다.

〈사례 9.4〉는 은행에서 빅데이터를 기반으로 맞춤형 고객관리를 할 수 있는 CRM시스템을 운영하는 내용을 보여 주고 있다.

CRM Practice 9.4 **KB국민은행, 빅데이터 기반 맞춤형 고객관리 시스템 오픈**

KB국민은행은 고객의 은행거래와 라이프사이클 기반의 데이터분석을 통해 맞춤 금융서비스를 제공하는 '개인 CRM(고객관계관리) 캠페인 시스템 2.0'을 운영한다고 12일 밝혔다. 2005년 구축했던 개인 CRM 시스템의 업그레이드 버전으로, 디지털화 사업전략에 맞춰 고객분석을 통한 마케팅 기능을 고도화하는 방향으로 개편했다고 은행 측은 설명했다.

고객의 비정형 행동유형 데이터도 수집하고 시각화된 분석환경과 모니터링 시스템을 도입해 세밀하고 효율적인 고객분석이 가능하다는 설명이다. 은행 관계자는 "빅데이터 활용을 통해 고객은 최적의 상품과 서비스를 제공 받고, 은행은 적시성 있는 마케팅 수행이 가능해졌다"고 말했다.

(출처 : 중앙일보, 2017. 6. 12., http://news.joins.com/article/21657136)

③ 교통분야 서비스

네비게이션 서비스에 대한 빅데이터의 활용 사례를 보면, 전국의 교통상황을 실시간으로 수집하고, 분석해서 고객에게 가장 빠른 길과 도착 예상시간을 정확하게 알려 줄 수 있다. 네비게이션 서비스를 통하여 고객이 선호하고 있는 도로와 방문처를 분석하여 고객별로 선호하는 상품과 습관을 분석할 수 있으므로, 네비게이션 서비스의 빅데이터는 고객의 구행동을 분석하여 정밀한 고객의 위치별 상권분석에 활용되기도 한다.

④ 홈쇼핑 및 여행분야 서비스

빅데이터는 CRM의 RFM분석 방법으로는 활용할 수 없는 비정형 고객정보를 활용하여 고객의 행동을 예측할 수 있다. 사람들의 관계를 보면 가족관계, 연인관계, 주민관계, 동호회관계, 커뮤니티관계, 직업관계 등으로 매우 다양하게 분석할 수 있을 것이다.

〈사례 9.5〉는 홈쇼핑업체가 빅데이터 분석을 통한 여행관련 상품에 대하여 개인별 맞춤 상담 서비스를 제공하는 내용을 설명하고 있다.

CRM Practice 9.5 한솔인티큐브, '고객여정관리'… 롯데홈쇼핑에 제공

한솔인티큐브는 '고객여정관리' 솔루션을 활용한 고객 상담 솔루션을 롯데홈쇼핑에 제공했다고 9일 밝혔다. 롯데홈쇼핑은 이로써 홈쇼핑업계 최초로 빅데이터 분석을 통한 개인별 맞춤 상담 서비스를 제공하게 된다.

고객여정관리 솔루션은 기존에 산재돼 관리되던 다양한 채널과 고객 데이터를 한 곳에 모아 관리·활용하도록 지원한다. 이에 단순히 서비스 품질 향상뿐만 아니라 진정한 의미의 고객 중심 통합 컨택센터의 기반을 마련할 전망이다. 서울 대구 부산의 롯데홈쇼핑 모든 센터에서 동시에 문을 연 이번 서비스는 다양한 채널로 수집되는 고객의 정보를 실시간으로 활용해 상담원과의 의사소통을 효과적으로 수행할 수 있게 해 준다.

상담원들은 고객의 불만 경험을 미리 파악하고 대응함으로써 상담 중에 불만이 가중됐던 부분을 해결할 것으로 기대된다.

한솔인티큐브는 "차세대 컨택센터는 단순한 고객 응대 채널이 아닌 기업이 고객과 적극적으로 소통하고 함께 성장하는 주요한 창구가 될 것"이라며 "앞으로 고객 인게이지먼트를 강화하는 솔루션 개발을 위해 지속적으로 노력하겠다"고 설명했다.

(출처: 중앙일보, 2017. 11. 9., http://news.joins.com/article/22098699)

(2) 광고업계

광고업계에서는 빅데이터를 활용하여 광고를 기획하고, 제작하며 집행하고 있을 뿐만 아니라 제품의 전시 및 소비 마케팅 활동에 이르기까지 마케팅의 종합적인 해결방안을 제시하고 있다. 광고 대행사들 더 이상 전통적인 방법으로 광고업을 실행하기가 어려워지고 있

다. 광고 대행사는 종합적인 마케팅 컨설팅 회사로 변화하고 있으며, 필수적으로 고객에 대한 빅데이터를 수집하고 분석하여 활용할 수 있어야 할 것이다.

전통적인 광고시장은 축소되고 있다. 광고대행사는 단순한 광고 제작회사로는 경쟁력을 확보할 수 없게 되었다. 광고대행사는 창의적인 아이디어를 기본으로 광고주의 다양한 요구를 충족시킬 수 있는 종합적인 마케팅 컨설팅 회사가 되어야 한다. 그리고 종합적인 마케팅 컨설팅 회사는 경쟁력을 확보하고 생존하기 위해서는 빅데이터를 활용하여 고객을 분석하고 광고주의 다양한 요구사항에 탄력적으로 대응할 수 있어야 할 것이다.

〈사례 9.6〉은 광고대행사들이 빅데이터를 활용하는 내용을 보여 주고 있다.

CRM Practice 9.6 제일기획, 빅데이터 분석 활용...다른광고 기획들도 같다.

"제일기획이 요즘 표방하는 슬로건은 '아이디어로 세상을 움직인다(Ideas that Move)'이자 동시에 '빅데이터로 세상을 움직인다(Big Data That Move)'이다. 회사의 핵심 두뇌도 바뀌고 있다. 강렬하고 번뜩이는 광고카피를 뽑아 '팡' 터뜨리는 개인보다는 소비자 행동을 실증 분석하는 데이터 분석 '조직'이 선두에 서 기획을 이끌어간다.

제일기획의 빅데이터 분석 전문조직인 '제일DnA센터'(2013년 설립)는 소셜 미디어 분석(SMA)과 디지털 패널을 통한 소비자행동 분석을 수행하는 곳이다. 총 30명(박사급 5명)이 일하는 센터는 타깃 소비자가 언제 어디서 무엇을 어떻게(경로) 검색·구매하는지 그 여행 지도를 24시간, 365일 실시간으로 한눈에 파악한다

다른 광고기획사들 역시 크게 다르지 않다. 예컨대 SK플래닛의 광고 부문 역시 소셜 빅데이터 분석 시스템 '빈스(BINS) 2.0'과 60만 명 이상의 온라인 소비자 패널을 보유한 디지털조사시스템인 '틸리언'을 활용해 시장 트렌드를 빠르게 분석하고, 다양한 소비자 트렌드와 인사이트를 찾아내 광고주가 처한 시장 이슈에 대한 효과적인 해결책을 발 빠르게 내놓았다.

HS애드도 2014년 초 온라인상의 버즈를 분석해 소비자 인사이트를 발견하고 클라이언트 마케팅 제안에 활용하기 위한 소셜 미디어 분석 시스템(SMA)를 도입해 빅데이터 수집에 활발히 나섰다. SNS, 뉴스, 블로그, 트위터 등에서 버즈를 다양한 키워드로 분석해 해당 키워드뿐만 아니라 키워드와 연관된 긍정·부정 단어의 버즈량과 키워드 연관 주요 단어들을 조회하는 식이다.

(출처: 백과.daum.net, 2017.)

(3) 제조기업

제조기업은 비정형 고객정보를 분석하여 차세대의 제품을 개발할 수 있다. 기존의 CRM 정보인 RFM분석 방법만으로는 고객의 생각을 분석하기가 어렵다. 고객의 욕구를 분석하기 위해서는 비정형 고객정보를 입수할 수 있는 경로가 열려 있어야 한다. 정형화된 고객정보를 활용하는 CRM활동을 더욱 효과적으로 하기 위해서 비정형 고객정보를 동시에 분석하고 활용하게 된다면 기업의 경영성과에 더욱 많은 영향을 미칠 수 있을 것으로 보인다.

① 글로벌 기업

제조기업인 S전자의 예를 들면, 정형 고객정보인 거래정보 이외에도 배달정보, 서비스정보를 활용하여 비정형 고객정보를 활용하고 있다. 서비스기사가 고객의 가정을 방문하여 TV를 서비스할 경우에 제품에 대한 사용상태, 구입연도, 교체가능시기 등에 대한 고객의 생각을 알 수 있고, 추가로 다른 전자제품에 대한 사전서비스(B/S, Before Service)를 제공하면서 고객의 감동을 유발시킬 수 있다. 서비스기사가 서비스를 시행하면서 습득하게 된 자사 및 타사의 전자제품에 대한 비정형 고객정보를 빅데이터 시스템으로 저장하고 있다고 한다. S전자는 이러한 비정형정보를 분석하여 고객을 정밀하게 세분화하고 고객별 맞춤정보를 제공하면서 고객과의 관계를 향상시키고 있으며 매우 효과적이라고 한다.

〈사례 9.7〉은 소프트웨어 글로벌기업과 한국의 제조기업이 CRM, 빅데이터, 사물인터넷 등의 분야에서 상호협력하여 4차 산업혁명의 시대를 대비하는 내용을 보여 주고 있다.

CRM Practice 9.7 "SAP, 삼성과 협력 사물인터넷 생태계 주도"

독일 프랑크푸르트 공항에서 차로 1시간 정도 떨어진 발도르프 지역에 위치한 SAP 본사. SAP는 전사적자원관리(ERP) · 고객자원관리(CRM) · 인적자원관리(HRM) 등 기업용 솔루션 분야 세계 최대 기업이다. 독일 증시에서 시가총액 1위로 지난해 매출액은 23조7000억원에 이른다. 10일(현지시간) 이 '정보기술 공룡' 기업 본사에서 흥미로운 시연이 벌어졌다.

고객 · 재고 · 인력 관리 통합 운영
데이터 처리 분석 속도 1만배 높여

\# 장면1=스위스에 있는 헬리콥터 제조회사에서 한 정비사가 태블릿 PC로 헬리콥터를 찍는다. 그러자 화면에 헬리콥터 운항정보와 조종사에 대한 정보가 뜬다. 곧이어 어떤 부품에 문제가 있으며, 그 부품 재고가 어디에 있는지, 심지어 부품을 갈아끼우는 방법까지 안내된다.

\# 장면2=독일의 한 편의점. 손님이 들어서자 상점 위에 있는 카메라가 고객의 얼굴을 인식한 뒤 성별과 연령대를 분석해 관심이 있을만한 상품을 화면에 띄운다. 20대 초반 여성에겐 멋진 남성모델이 있는 잡지가, 30대 중반 남성에겐 에딩거 맥주가 화면에 나타난다.

사물인터넷(IoT) 시대, 기기와 기기, 기업과 소비자가 모바일 기기를 통해 얼마나 긴밀하게 연결되는 지를 보여주는 모습들이다. 시연엔 SAP가 개발한 솔루션과 플랫폼이 사용됐다. 이날 SAP본사에서 만난 크리스토프 휘텐(사진) 회계전략총괄 대표는 "구글이 운영체제(OS)인 안드로이드를 공개해 스마트폰 시장을 장악했듯이 사물인터넷 시장에서 가장 뛰어난 플랫폼을 제공하겠다"고 자신했다.

그는 삼성전자와의 협력에 큰 기대를 드러내며 "삼성전자와 협력해 사물인터넷 생태계를 주도해가겠다"고 밝혔다. 지난 11월 삼성전자와 기업용 모바일 솔루션 개발에 협력한다고 발표한 데 이어 이번엔 '스마트 생태계 확장'을 위한 파트너십을 강조한 것이다. 이 전략을 실행하기 위해 휘텐 대표가 내세우는 무기는 SAP의 빅데이터 분석 솔루션인 '하나(HANA)플랫폼'과 삼성전자의 뛰어난 모바일 경쟁력이다. 하나 플랫폼은 고객관리 · 재고관리 · 인력관리 등 지금까지 분야별로 각각 따로따로 운영되던 기업 솔루션들을 모두 연동시켜 데이터 처리 · 분석 속도를 기존보다 1만배 이상 향상시켰다.

기차역의 '플랫폼'처럼 모든 종류의 열차를 한 곳에서 관리해 중복되는 데이터를 없애고 처리 속도를 높였다. 하지만 아무리 뛰어난 솔루션도 이를 언제 어디서나 자유롭게 불러내 활용할 수 없으면 가치가 떨어진다.

이와 관련 휘텐 대표는 "하나 플랫폼 위에서 구동되는 수많은 비즈니스 앱들을 모바일 기기로 언제 어디서든 접속하게 하는 것이야말로 진짜 혁명적인 일"이라며 "특히 한국에서는 사물인터넷과 헬스케어 · 커넥티드카(car) 분야에 우리의 솔루션이 빠르게 접목될 것으로 본다"고 말했다. 헬스케어와 관련 SAP는 삼성의 모바일 기기에서 환자의 건강정보를 빠르고 안전하게 접근하는 '맞춤형 진료와 치료' 솔루션을 개발 중이다.

휘텐 대표는 "사물인터넷이 개인별로 맞춤화된 헬스케어 · 유통 분야를 중심으로 발전할수록 최종 소비자가 점점 중요해 질 수 밖에 없다"면서 "과거 전통적인 기업간거래(B2B)영역들이 기업소비자간거래(B2C)로 바뀌어 가고 있다"고 말했다.

(출처: 중앙일보, 2015. 12. 12., http://news.joins.com/article/16678162)

② 중소기업

중소기업은 비용문제로 인하여 빅데이터 CRM 마케팅을 활용하기가 매우 어려웠다. 그러나 이제는 빅데이터 CRM을 지원하는 기업들의 도움을 받을 수 있게 되었다. 빅데이터는 대기업의 더 이상 전유물이 아니며 마케팅활동에서 빅데이터 CRM을 화용할 수 있게 되었다.

〈사례 9.8〉은 중소기업에서 생산하는 제품을 판매하는 과정에서 빅데이터 CRM을 활용한 내용이다.

CRM Practice 9.8 "빅데이터 마케팅으로 매출 12% '쑥'"

빅데이터 기반 마케팅 수립, 불스원샷 매출 12% 신장

차량용 엔진세정제 '불스원샷'을 판매하는 불스원에는 한 가지 고민이 있었다. 불스원샷이 차량용 엔진세정제 시장에서 선두를 점하고 있지만, 신규고객이 기대보다 늘지 않아서다. 경쟁제품 출시로 기존 고객의 재구매 역시 담보할 수 없었다. 이 가운데 불스원은 2017년 불스원샷의 매출을 전년 대비 12%가량 올리고, 신규 고객 또한 2016년 하반기 대비 2017년 하반기 3% 포인트 증대시키는 등 괄목할 만한 성과를 냈다. 불스원은 어떻게 이 같은 성장을 만들어 낸 걸까?

변화의 중심엔 '빅데이터'가 있었다. 불스원은 올해 한국정보화진흥원(NIA)에서 추진하는 중소기업 빅데이터 활용지원 사업에 선정돼 '와이즈넛'을 통해 데이터 기반의 마케팅 전략을 수립했다. 와이즈넛은 지난 2000년 설립된 소프트웨어(SW) 기업으로, 빅데이터 기반의 마케팅 사업 '다이노마케팅'을 비롯해 인공지능(AI) 챗봇 사업 등을 추진하고 있다.

◇ 불스원샷 사진 [사진=불스원 블로그]

◇ 다이노마케팅 [사진=와이즈넛]

지난달 29일 경기도 판교 와이즈넛 본사에서 다이노마케팅팀 부장에게 효과적인 빅데이터 마케팅 전략 등을 물었다.

– 구체적인 빅데이터 분석 방법?

불스원은 와이즈넛의 SNS 분석 서비스 '버즈인사이트' 솔루션을 활용해 SNS 상에서 나타나는 대중의 목소리를 분석하기로 했다. 지난 2016년 8월 1일부터 2017년 8월 31일까지 뉴스, 블로그, 카페, 커뮤니티 등에 나타난 대중의 목소리를 수집·분석했다. 오픈된 데이터의 경우, 데이터를 크롤링(crawling)해 분석 등에 활용할 수 있다.

먼저 불스원은 불스원샷에 대한 온라인 여론을 파악하고, 엔진세정제 등 주요 마케팅 키워드의 연관어 분석을 통해 기존 마케팅의 효과를 파악하기로 했다. 또 여성 운전자의 비중이 점점 높아지고 있어 이들을 신규 타깃 고객으로 정하고 유치하기 위한 마케팅 방안을 찾아보고자 했다.

– 빅데이터 분석으로 불스원의 효과는?

가장 큰 효과는 마케팅 메시지가 소비자에게 효과적으로 수용되고 있는지를 데이터 기반으로 정확히 파악할 수 있게 된 점이다. 불스원은 자신들의 마케팅 키워드(엔진관리, 엔진때, 엔진세정제)가 소비자에게 효과적으로 전달되고 있음을 확인할 수 있게 됐다.

불스원샷 연관 검색어 Top 20

순위	검색어	건수	순위	검색어	건수
1	불스원샷 넣는법	980	11	LPG연료첨가제	438
2	불스원샷 경유	908	12	연료첨가제	432
3	불스원샷 70000	905	13	불스원샷 휘발유	420
4	불스원샷 효과	824	14	불스원샷 프로	409
5	불스원샷 디젤	717	15	엔진세정제	308
6	불스원샷 프리미엄	707	16	불스원샷 주기	284
7	불스원샷 뉴카	663	17	불스파워	200
8	불스원샷 사용법	536	18	불스원	174
9	디젤연료첨가제	514	19	불스원샷 신제품	158
10	검하웃	447	20	카텍몰	75

◇ 불스원샷 연관 검색어 [자료=와이즈넛]

엔진관리, 엔진때, 엔진세정제를 키워드로 해 수집한 데이터를 기반으로 화제어(특정 키워드와 함께 언급되는 글의 주제어)를 조사한 결과, 불스원과 불스원샷이 브랜드명으로 유일하게 10위권 내에 언급됐다. 연관검색어에서도 가장 높은 연관성을 보였다.

다만 불스원은 불스원샷의 사용법과 효과에 대한 마케팅이 미진하단 점도 파악했다. 불스원샷 연관검색어 상위 20개를 분석한 결과, '넣는법', '효과', '사용법' 등 불스원샷 사용 및 효과와 관련한 키워드들이 나타났다. 이에 불스원은 자체 블로그 등을 활용, 불스원의 사용방법을 사진과 함께 자세히 전달하는 마케팅을 실시했다. 불스원샷의 효과에 대해 공식 검증된 내용을 온·오프라인 소비자들에게 인지시키는 활동도 추진했다.

– 빅데이터를 잘 활용할 수 있는 방법은?

먼저 빅데이터를 잘 활용하기 위해서는 목적을 명확히 해야 한다. 빅데이터를 활용해 얻고자 하는 것이 무엇인지 목적을 명확히 정의해야 한다. 또 요인이 될 만한 주제를 파악해야 한다. 요인이란 빅데이터 분석에 있어 핵심이 되는 키워드를 말한다.

가령 불스원샷이란 제품이 있을 때, 성능, 가격, 브랜드 등이 요인이 될 수 있다. 요인을 파악하기 위해서는 시장과 산업에 대한 기본적인 지식이 있어야 한다. 어느 부서에서 빅데이터를 활용하는지도 고려해야 한다. 마케팅, 홍보, 제조생산 등 부서마다 빅데이터를 활용하는 목적이 다르기 때문에 분석 기법도 달라져야 한다.

이에 앞서 목적에 맞는 데이터가 있는지도 확인해야 한다. 당연한 얘기지만, 데이터가 없으면 빅데이터 분석이 불가능하다. 물론 외부 데이터가 없다면 내부 데이터를 가공하고 섞어서 활용하는 방법도 있다. 와이즈넛은 고객에 맞는 분석 가능한 다른 데이터를 함께 활용하려고 한다.

(출처: 아이뉴스, 2018. 1. 1., http://news.inews24.com/php/news_view.php?g_serial=1069087&g_menu=020200)

Chapter 9 정리

1. CRM기반의 영업역할

1) CRM기반의 영업역할의 변화

영업관련 항목	CRM전략이전	CRM전략도입 이후
영업방법	Push전략	Pull전략
목표설정	제품의 시장점유율	고객점유율
거래형태	단건 거래	반복적인 거래 지속
영업핵심역량	영업사원의 능력	고객지식의 관리역량
영업관리	영업사원의 관례 및 노하우	시스템적인 연속관리
영업조직	기업지향적 조직	고객지향적 조직

2) CRM기반의 영업관리시스템

CRM마케팅 전략은 고객의 개인별 필요와 욕구를 파악하는 활동을 전제로 하기 때문에, 고객정보수집, 고객접촉, 고객욕구 파악, 문제해결방안 제시, 제품 및 서비스정보 제공, 거래, 거래완료, 사후관리, 지속적 고객욕구파악 등의 과정을 과학적이고 체계적으로 시스템화하고 있다.

3) 고객의 진화단계별 영업조직

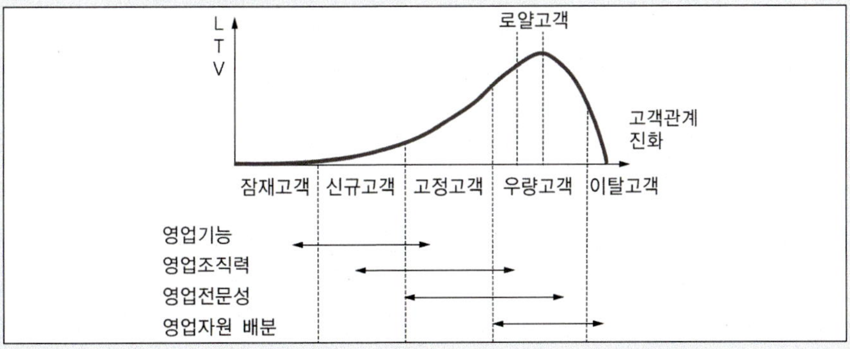

2. 고객가치 영업

기업이 고객에게 제공하는 가치는 기업에게 필요한 가치이기보다는 고객이 필요한 가치여야 한다. 고객에 대한 가치제안의 방법으로는 나열식 가치제안, 우월적 가치제안, 고객지향적 가치제안 등이 있다.

3. 고객측면에서 CRM기반의 영업 효과

고객측면에서의 CRM기반의 영업 효과는 우수고객 유통점 방문 시 차별대우, 고객편의성 향상, 정보입수 용이, 기업과의 친밀감 형성, 기업신뢰도 증가 등이 있고, 영업사원 측면에서의 CRM기반의 영업 효과는 고객중심의 영업활동, 영업활동의 생산성 향상, 영업활동 Role 변화, 동기부여 등이 있으며, 소매유통점 측면에서의 CRM에 대한 영업효과는 고객구매 예측력 향상, 비가격 경쟁력 상승, 고객유지율 증대, 고객응대력 향상, 매출기여 등이 있고, 기업의 측면에서의 CRM에 대한 영업효과는 고객 로열티 강화, 판매지원 CRM 도구 제공, CRM 활용점 확산, 고객정보활용, 비용절감, 고객당 수익률 증가 등이 있다.

4. CEM 마케팅

CEM(CEM, Customer Experience Management)은 CRM과 별개가 아닌, CRM을 좀 더 효과적으로 활용할 수 있도록 더욱 정밀하게 분석하고, 더욱 세밀한 맞춤서비스를 제공할 수 있는 개선된 방법이라는 성격이 강하다고 할 수 있으며, 고객경험관리는 혁신제품, 성숙제품, 초저가 제품 중에서 어떤 제품을 선호하는지에 대한 혁신성의 경험, 기업이 고객에게 제공하거나 제공하고자 하는 서비스의 경험 및 구입경로의 경험 등을 분석하여 고객을 더욱 정밀하게 세분화할 수 있다.

5. 빅데이터 CRM 마케팅

CRM을 활용하고 있는 기업들은 고객정보가 정형정보이든 비정형정보이든 간에 이미 빅데이터의 시대에 접어들었다. 현재 초보적인 수준이기는 하지만 국내에서도 다양한 분야에서 빅데이터를 활용하고 있다.

Part 3. CRM의 협력과 평가

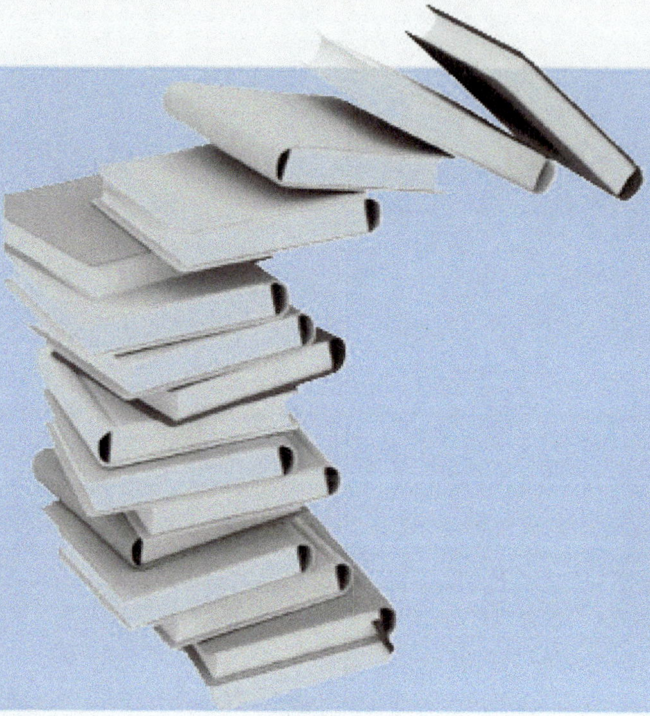

Chapter 10. CRM의 협력 및 통합

금융기관, 통신기업, 유통기업 등 서비스산업 분야에 종사하고 있는 기업이 가장 먼저 CRM을 도입하였고 성공적으로 운영하고 있다. 이들 서비스산업의 성공요인을 보면 내부적으로는 전사적 CRM의 수평적 협력이 있었으며, 외부적으로는 CRM의 유통과 수직적 통합이 있었기 때문이었다. 반대로 CRM을 성공적으로 도입하지 못한 경우를 보면 전사적 CRM의 수평적 비협력 및 무관심과 CRM의 유통과 수직적 통합이 부족했기 때문이다.

CRM의 수평적 협력에 대한 내용을 보면 연구 및 개발조직의 CRM, 조달 및 구매조직의 CRM, 생산조직의 CRM, 마케팅조직의 CRM, 유통조직의 CRM, 전략 및 기획조직의 CRM, 인사조직의 CRM, 정보기술조직의 CRM, 재무 및 관리조직의 CRM 등이 있다. 그리고 소매유통점과의 수직적 통합에 대한 내용으로는 전자상거래와 웹사이트를 통한 고객주문처리 프로세스의 통합, 고객정보입수 프로세스의 통합, 고객정보 활용 프로세스의 통합 등이 있으며, SCM과 CRM의 통합의 개념인 통합CRM의 효과로는 고객욕구 파악 용이, 고객별 맞춤서비스 제공, 고객만족도 향상, 수요예측 정확도 향상, 재고최소화, 리드타임 단축, 비용절감, 스피드경영 등의 통합효과를 기대할 수 있다.

제1절 CRM도입의 환경

대부분의 기업은 산업의 유형이나 기업의 규모에 관계없이 CRM을 도입하여 경쟁력을 확보하고자 하는 의지가 있다. 그러나 CRM을 도입한 기업들 중에서 50%에 가까운 기업이 CRM활동을 만족하지 못하고 부정적인 인식을 가지고 있다고 한다. CRM을 도입하고서도 만족하지 못하는 기업들은 무엇이 부족하였는지 원인을 찾아보고 대응방안을 준비한 다음에 CRM전략을 실행해야 할 것이다.

1. 소비재상품의 CRM의 도입 필요성

기업들은 고객의 욕구가 다양해지고 급변하는 시장환경에 적응하고 경쟁력을 확보하기 위해서 CRM을 도입하고 있다. CRM을 필요로 하는 기업의 특성이 어떠한지 고객에게 제공하는 소비재상품의 가격요인과 해당상품에 대한 고객의 재구매율 요인을 2개의 축으로 비교해 보면 [그림 10-1]과 같다.

그림 10-1 소비재상품에 대한 CRM의 도입 필요성

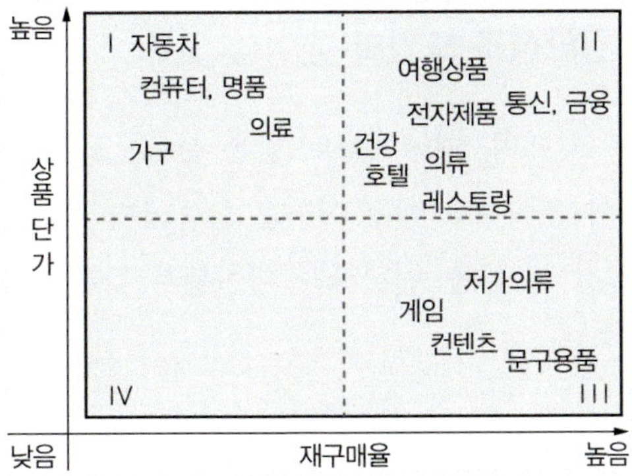

1) I 상한: CRM의 필요성이 강하지만 도입이 어려움

I상한은 고객의 재구매에 소요되는 기간이 많이 소요되고 재구매율은 낮은 편이지만 상품의 가격이 매우 높기 때문에, 기업은 CRM 도입의 필요성을 강하게 인식하고 있다. 그러나 CRM의 도입에 대한 필요성이 높다고 해서 반드시 도입이 용이한 것은 아니다. 고객정보를 수집하기가 까다롭기 때문이다. I상한에 해당하는 상품은 자동차, 컴퓨터, 명품, 의료상품, 가구 등이 있다.

2) II 상한: CRM의 필요성 강하고 도입이 용이함

II상한은 상품단가가 비교적 높으며 고객의 재구매율이 높은 상품군이다. 기업의 입장에서는 CRM을 도입하는 투자비용을 감수하고서도 고객을 장기적으로 관리하고자 하는 욕구가 매우 강하며, CRM 도입의 용이성이 매우 높으므로 실제로 기업이 가장 많이 도입하여 운영하고 있다. II상한에 해당하는 상품으로는 금융, 통신서비스, 여행, 전자제품, 건강, 의류, 호텔, 레스토랑 등이 있다.

3) III 상한: CRM의 필요성과 도입의 용이성 모두 낮음

III상한은 재구매에 걸리는 시간이 매우 짧고 재구매율이 매우 높지만, 기업은 CRM 도입의 필요성을 거의 인식하지 못하고 있다. 상품의 단가가 너무 낮기 때문이다. III상한에 해당하는 상품으로는 저가의류, 게임상품, 컨텐츠, 문구용품 등이 있다.

4) Ⅳ상한 : CRM의 필요성과 도입의 용이성 모두 거의 없음

Ⅳ상한은 상품의 가격도 낮으며, 재구매율도 낮은 상품으로서 CRM 도입의 필요성을 전혀 인식하지 못하며, 도입의 용이성도 매우 어려운 상품군이다. 예를 들면 전문제품의 악세서리와 같은 경우이다. 가전제품들을 연결하는 케이블과 같은 상품들이다.

2. 소비재상품의 CRM 도입의 용이성

기업에서 인식하고 있는 CRM도입의 필요성이 높다고 해서 CRM도입이 반드시 용이하지는 않다. 서비스상품의 경우에는 기업이 직접판매하는 부분이 많기 때문에 고객의 정보를 직접 수집할 수 있다. 이러한 서비스상품의 환경은 CRM을 도입하는 데 매우 용이하다. 그러나 제조기업의 경우에는 소매유통점을 통한 간접판매가 많은 부분을 차지하고 있기 때문에 고객으로부터 직접 고객정보를 수집하기는 쉽지 않다. [그림 10-2]는 제품과 서비스상품의 특성에 따른 CRM도입의 용이성에 대한 내용을 나타내고 있다.

그림 10-2 소비재상품에 대한 CRM의 도입 용이성

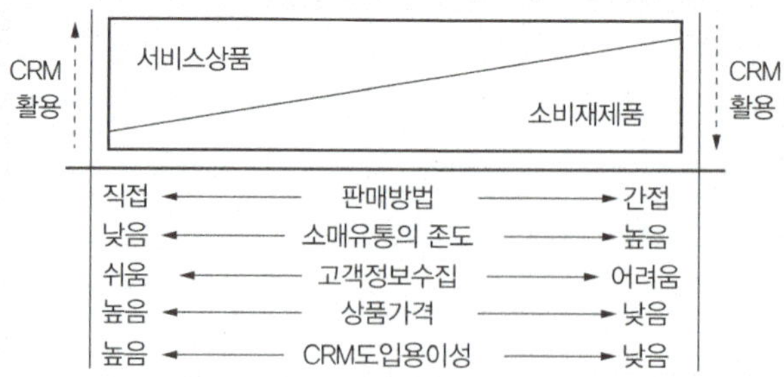

3. 서비스기업의 CRM 성공요인

금융기관, 통신기업, 유통기업 등 서비스산업 분야에 종사하고 있는 기업이 가장 먼저 CRM을 도입하면서, 성공적으로 실행하고 있는 기업이 많은데, 서비스기업의 CRM 성공요인을 보면 다음과 같다.

1) 내부적 성공요인 – 전사적 CRM의 수평적 협력

서비스기업은 서비스상품을 생산하는 과정과 공급하는 과정 그리고 상품의 특성이 제품과는 많은 차이가 있으며, 서비스상품은 제품에 비해서 고객에게 제공하는 방법에 있어 차이가 있다. 서비스기업은 무형의 상품을 서비스하고 고객에게 서비스상품을 상담, 계약, 제공하는 과정에서 관련 부서의 전문가들과 상호 유기적인 관계를 가지고 고객에게 공동으로 서비스를 완성하게 된다. 즉, 서비스기업은 사업특성상 고객에게 서비스를 제공하기 위하여 전사적으로 고객과의 관계를 지속하고 발전시키는 활동에 참여하고 있다. 서비스기업은 전사적 CRM을 실행할 수 있는 용이한 환경이다.

특히 금융기관, 통신기업, 의료기업, 여행사와 같은 서비스기업의 경우를 보면, 어느 부서에서든지 개인별 고객정보를 취급하지 않을 수 없다. 서비스기업의 모든 조직과 부서에서는 고객 한 사람 한 사람에게 개별적으로 서비스를 완성하는 데 관여를 해야 되므로 전사적 CRM을 실행하는 환경이 이미 조성되어 있다. 이러한 전사적 CRM의 긍정적인 환경은 CRM을 도입하는 성공요인으로 작용하고 있다.

2) 외부적 성공요인 – CRM의 유통과 수직적 통합

금융기관, 통신기업, 의료기업, 여행사 등 서비스기업의 경우를 보면 서비스상품을 소매유통점인 전문점과 대리점을 통하여 간접판매에 의존하고 있으면서도 고객정보를 입수하고 관리하는 데 어려움을 겪지 않는다. 서비스기업은 CRM을 도입하는 단계부터 소매유통점과의 수직적 통합이 원활하게 이루어질 수 있다. 서비스상품은 소매유통점에서 고객과 거래에 관련한 계약을 체결하지만, 고객과의 계약에 관련한 서비스는 서비스기업에서 고객에게 직접 제공한다. 제조기업의 경우에는 고객과 직접 대면하지 않더라도 제품을 공급할 수 있지만, 서비스기업은 고객과의 직접적인 접촉이나 대면상태에서 서비스상품을 제공할 수 있다.

통신기업, 여행업체와 같은 서비스기업은 소매유통점을 통한 간접판매에 의존하지만 모기업인 본사에서 서비스를 시행하기 위하여 고객정보를 직접 입수할 수 있는 프로세스가 필수적이기 때문에, 고객과의 관계를 유지하며 발전시키는 CRM을 실행할 수 있는 환경이 조성되어 있다. 서비스기업은 이미 소매유통점의 수직적 통합으로 공동의 통합CRM을 실행할 수 있는 환경이 준비되어 있으므로, 고객과의 장기적인 관계를 성공적으로 발전시킬 수 있는 CRM의 실행이 다소 용이하다.

4. CRM의 실패요인

제조기업의 CRM 실패요인은 모든 기업의 CRM 실패요인을 대표적으로 설명이 가능하다. 즉, 제조기업의 CRM에 관한 실패요인은 모든 기업들의 CRM 실패요인을 포함하고 있기 때문에 제조기업의 중요한 CRM 실패요인을 살펴본다.

1) 내부적 실패요인 – 전사적 CRM의 수평적 비협력

제조기업은 고객과의 개별적인 관계를 중요시하는 업무는 보기가 어렵다. 제품중심의 경영을 하고 있기 때문이다. 제품전략을 수립하고 제품을 생산·공급하는 과정에서 어느 고객이 사용하는지에 대해서는 관심이 전혀 없으며, 양질의 제품을 싼 가격으로 생산할 수 있도록 모든 역량을 집중한다. 제조기업에서는 특별한 업무를 담당하는 고객관련 전문부서가 아니면 고객정보를 개인별로 분석하고 대응하는 부서는 거의 없다.

제조기업의 CRM은 전문가 이외에는 관여하기 어려운 특수한 전문분야로 취급되기도 한다. 기존에 알려져 있는 CRM은 CRM시스템을 운영하는 경영정보 관련 부서의 컴퓨터 전문가들과 CRM활동을 마케팅 현장에서 응용하고 있는 CRM 관련 부서의 전문가들만 관심을 가질 수 있는 전문분야로 인식되기도 하였다. 이러한 기업에서는 CRM시스템을 도입한 다음에 회사로부터 관심과 지원을 충분히 받지 못하여 성공하지 못한 경우가 많다. 과거 초기의 CRM활동은 정보기술을 담당하는 조직과 마케팅을 담당하는 관련 부서에서 전담하였다. 컴퓨터기술과 통계적 분석기술을 확보하고 있는 정보기술 관련 조직에서 CRM시스템을 도입하고 CRM을 운영하였다. 현재에도 CRM을 실행하고 있는 제조기업들은 CRM활동을 정보기술 관련 부서에서 운영하고 있는 경우도 있다. CRM을 성공적으로 운영하기가 어려운 이유이다.

CRM전담조직 전문가에 의한 CRM의 실행방법은 다른 조직의 구성원들로부터 무관심을 유발할 수 있다. 비전문가는 참여해야 할 의무감 혹은 필요성을 인식하지 못하게 되며, CRM전문가에게 CRM의 실행을 일임함으로써, 기업 전체의 시너지 효과를 얻지 못하게 되는 경우가 대부분이다. CRM전담조직에서의 CRM 실행은 기업의 규모가 크면 클수록 의사결정의 단계가 복잡하기 때문에 의사결정의 시간이 지연 되기도 한다. 다른 관련 부서들과의 협조가 어렵기 때문이다. 따라서 CRM은 특정한 전담조직이 아닌 기업전체의 전 종업원이 참여하는 전사적 CRM활동으로 확대되어야 한다.

〈사례 10.1〉은 기업의 CEO가 오해한 기술중심의 CRM의 도입이 실패하기 쉬운 이유들을 설명하고 있다.

CRM Practice 10.1 기술중심의 CRM에 대한 실패사례

네가지 착각을 과감히 부셔라. CEO가 IT에 대해 가진 오해와 진실

1. IT프로젝트는 IT 부서만의 일?

IT프로젝트 본질은 IT를 기반으로 하는 경영혁신에 있다. IT를 기반으로 기업 제품 · 서비스, 프로세스, 시장을 변화시키는 것이다. 그럼에도 불구하고 IT프로젝트 성패에 대해 책임을 지는 경영자는 5~10%밖에 안 된다고 전문가들은 말한다. IT프로젝트가 성공하기 위한 첫 번째 필요조건은 경영자가 "IT프로젝트가 내 일이자 책임"이라는 인식을 하는 것이다.

2. 하드웨어 · 소프트웨어 설치하면 끝?

기업이 ERP(전사적 자원 관리), CRM(고객 관리), SCM(공급사슬 관리) 등 IT프로젝트를 성공으로 이끌기 위해서는 하드웨어와 소프트웨어 솔루션을 단순히 구입 · 설치하는 데서 그쳐서는 안 된다. 업무 프로세스, 데이터, 사람, 가치, 문화도 함께 변해야 한다. 경영진의 많은 관심과 투자가 요구되는 이유다.

3. IT 부서가 맘대로 시스템 구축한다?

경영자들은 IT 프로젝트가 끝나고 나면 항상 불만이다. 자신이 원하는 대로 프로젝트 성과가 나오지 않는다는 것이다. IT 부서는 "비즈니스 부서에서 제대로 된 요구사항을 가지고 있지 않거나 요구사항이 자꾸 바뀐다"며 불만을 토로한다. 경영자는 비즈니스 부서와 IT 부서가 원활한 의사소통을 통해 정확한 요구사항이 전달될 수 있도록 장려해야 한다.

4. IT부서는 부정적이다?

"무엇인가 새로운 것을 시도하려고 하면 이런저런 이유로 어렵다고 답한다. 설령 새로운 것을 시작하기로 해도 늑장을 부린다." 경영자들이 IT 부서에 대해 가지는 불만이다. 반대로 IT 부서에서는 "비즈니스 부서가 전체 시스템도 고려하지 않고 자기 주장만 내세운다. 우리는 밤새워가며 일하는데 욕만 먹는다"며 억울함을 토로한다.

사실 IT 부서 업무는 새로운 시스템을 구축하는 프로젝트뿐 아니라 기존 시스템 운영, 인프라스트럭처 · 표준 구축 등 다양하다. IT 부서를 비즈니스 혁신 파트너로 생각한다면 IT 부서가 처한 상황을 이해하고 비즈니스 문제를 해결할 최적 솔루션을 함께 찾으려는 노력이 필요하다.

(출처 : 매일경제, 2014. 10. 12.)

2) 외부적 실패요인 – CRM의 유통과 수직적 통합 부족

금융기관을 포함한 서비스기관에서는 CRM활동이 매우 활발하게 활용되고 있지만, 특히 고객과 직접적인 거래관계가 거의 없는 제조기업에서는 CRM활동이 거의 성공하지 못하고 있다. 금융기관은 대부분 고객과 직접거래를 통하여 CRM을 실행하고 있지만, 제조기업은 고객과의 직접적인 거래관계가 거의 없고 소매유통점들이 고객과 직접 접촉하면서 거래를 진행한다. 제조기업이 고객과 직접거래를 실행할 수 있는 방법으로는 전자상거래가 있다. 제조기업은 전자상거래를 통하여 고객으로부터 직접 고객정보를 입수할 수 있으며, 이를 기반으로 CRM을 실현할 수 있다.

〈사례 10.2〉는 유통과의 수직적 통합의 실패에 대한 사례이다.

CRM Practice 10.2 유통과의 수직적 통합실패 사례

최첨단 'CRM 시스템' 갖추고도 기업들이 고객관리에 실패하는 이유

1990년대부터 시작된 기업들의 정보화 노력의 결실로 이제 국내에서도 어느 정도 규모 이상의 기업들은 SAP나 오라클과 같은 기업 통합 정보시스템 인프라를 갖추고 있다. 그러나 아무리 뛰어난 정보 인프라가 있어도 꼭 필요한 정보를 볼 수 없다면 무용지물이다. 여전히 기업이 접근하기 힘든 정보 중 하나가 바로 자신들의 고객 관련 정보이다.

예를 들어 '햇반'은 CJ가 만들고 '바나나우유'는 빙그레에서 만들지만, 정작 CJ나 빙그레는 햇반과 바나나우유를 소비하는 고객 정보를 보기 힘들다. 그 정보는 이마트나 홈플러스 같은 대형 유통회사들의 데이터베이스 속에 저장되어 있기 때문이다.

이러한 답답함에서 벗어나기 위해 최근에는 많은 기업이 고객관계관리(CRM) 부서를 만들고, 마일리지와 같은 회원 관리 제도를 도입해 고객 데이터베이스를 구축하고, 콜센터 등 관련 IT시스템들을 도입하고 있다. 문제는 이렇게 CRM에 투자를 한 기업들 중 많은 기업이 아직 투자 대비 효과를 제대로 거두지 못하고 있다는 사실이다.

고객이나 자사 영업사원(유통소매점)의 입장을 전혀 고려하지 않은 채 회사 자체의 내부 목표(수주 증대, 영업 생산성 향상, 영업 프로세스 개선 등)에만 집중해 실제 영업에는 도움이 안 되는 무늬뿐인 CRM 시스템을 만들어 영업사원들에게 사용을 강요하기 때문이다. 영업에 직접적인 도움이 되지 않으면서 자신에 대한 통제 수단으로만 활용될 시스템에 어느 영업사원(유통소매점)이 정확한 고객 데이터를 신속하게 입력하겠는가?

(출처 : 조선일보, 2014. 1. 15.)

5. CRM을 위한 유통통합 전략

1) 유통통합의 마찰원인

전자상거래를 통하여 고객정보를 직접 수집하기를 원하는 대부분의 제조기업이 전자상거래를 제대로 수행하지 못하고 있다. 제조기업에서 전자상거래를 실현하기에는 소매유통점의 반대가 극심하다. 제조기업에서는 CRM활동에 대한 필요성을 인식하고서 전자상거래를 도입하기로 의사결정하지만, 전자상거래 도입 후 고객정보를 수집하는 첫 단계부터 어려움이 발생하게 되어 결국 CRM활동을 포기하는 기업이 많다.

대부분의 제조기업은 소매유통점의 협력의 중요성을 인식하지 못하고서 전자상거래를 추진하였기 때문에, 소매유통점으로부터 극심한 저항에 부딪히게 된다. 통신기업이나 서비스기업과 같은 경우에는 소매유통점과 고객정보를 공동으로 통합관리해야 하는 것이 필수적인 업무이지만, 제조기업에 종속되어 있는 소매유통점에서는 자신들이 수집한 고객정보를 제조기업과 공유하려는 필요성을 인식하지 못하고 있다. 오히려 고객정보를 자신의 자산이라고 인식하기 때문에 제조기업에서 통합관리하는 것을 극렬하게 반대하는 경우도 많다. 즉, 소매유통점 자신이 확보한 고객정보와 이들 고객을 통한 매출을 강자인 제조기업에게 빼앗긴다고 생각하기 때문이다.

소매유통점을 통하여 간접판매를 하고 있는 제조기업은 고객정보를 고객접점으로 부터 직접 수집하기 위하여 전자상거래를 직접 운영하기를 원하고 있지만, 소매유통점의 극심한 반발로 직접 전자상거래를 운영하여 고객으로부터 직접 고객정보를 수집하고 있는 기업은 전 세계적으로 거의 없는 상황이다. 제조기업이 전자상거래를 직접 운영하면서 고객정보를 직접 수집하는 경우는 거의 없으며, 전자상거래를 운영하던 기업들도 전자상거래를 중단하고 소매유통점을 지원하는 웹사이트로 전환하고 있다.

2) CRM을 위한 웹사이트 통합운영

대부분의 제조기업은 고객과 직접 거래할 수 있는 전자상거래를 중단하고 고객의 정보를 수집할 수 있는 웹사이트를 운영하고 있는데, 유통지원전략, 유통차별화전략, 홍보전략, 유통통합전략, 유통절충전략 등 5가지의 전략 유형으로 구분할 수 있다.

[그림 10-3]은 글로벌 제조기업들의 웹사이트 운영전략을 나타내고 있다.

그림 10-3 제조기업의 웹사이트 운영전략

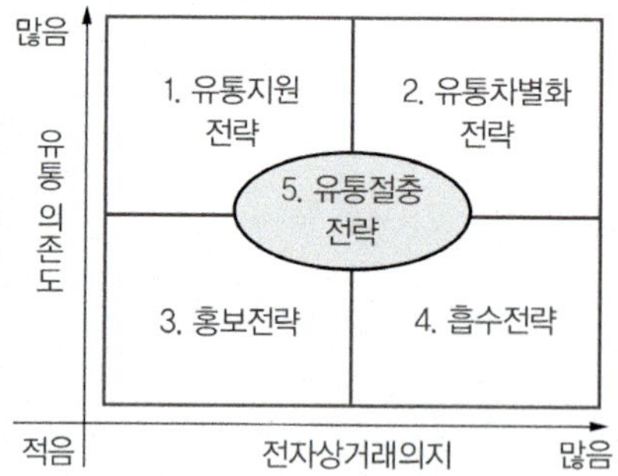

출처: Lee Younghwa, Lee Zoonky, and Kai R. T. Larsen (2003) "Coping With Internet Channel Conflict", Communications of the ACM, Vol. 46

(1) 유통지원전략

제조기업이 전자상거래를 통하여 직접 고객정보를 확보하고자 하는 의지가 약하거나 소매유통점의 반대로 의지가 꺾인 기업으로 Levi's, HP, LG전자 등이 있는데, 소매유통점의 판매를 위한 지원활동으로 홈페이지에 상품소개와 소매유통점의 홍보 등 유통지원전략을 실행하고 있다.

삼성전자의 경우는 소매유통점들과 공동으로 2001년부터 전자상거래인 자체의 쇼핑몰(www.gosamsung.co.kr)을 운영하면서 2011년까지 일정한 수준 이상의 고객정보를 성공적으로 확보할 수 있었다. 이 회사는 목표로 하던 고객정보를 초과하여 확보하게 된 2011년에 쇼핑몰을 중단하고 유통지원전략을 수행할 수 있는 웹사이트로 전환하였으며, 고객과의 커뮤니티 활동에 주력하면서 고객과의 관계를 강화시키고 고객정보의 질을 향상시키고 있다.

(2) 유통차별화전략

제조기업은 전자상거래를 통하여 고객정보를 직접 수집하기를 강력하게 원하지만, 소매유통점을 통한 간접판매의 의존도 역시 높은 기업은 웹사이트를 통하여 공급할 수 있는 상품을 차별화해서 고객과 직접 거래를 실행할 수 있는 유통차별화전략을 시행할 수 있다. 그러나 차별화 상품의 범위가 한정적이므로 제조기업은 소기의 목표를 달성하고 있지 못한 형편이다. 이 전략은 Xerox, Texas Instrument, Sony 등의 기업이 활용하고 있다. Sony의 경우에는 고가의 신제품을 출시하는 경우에 홍보목적으로 웹사이트를 활용하고 있다.

(3) 홍보전략

제조기업의 소매유통 의존도가 낮으며, 전자상거래에 대한 시행의지도 낮은 기업은 마찰을 회피하기 위하여 전자상거래에 참여하지 않고 홍보를 목적으로 하는 웹사이트를 운영하고 있다. 홍보전략의 웹사이트를 운영하는 기업으로는 GM, 3M 등의 기업이 있다.

(4) 흡수전략

전자상거래의 의지가 너무 강하기 때문에 오프라인의 소매유통점을 흡수하고 오프라인의 소매유통기능을 없애버리는 방법으로 유통흡수전략을 시행하고 있는 기업으로 Dell컴퓨터 등이 있다. Dell컴퓨터는 오프라인이 없는 전자상거래 기업이다. 제조부문과 전자상거래 부문을 동시에 적극적으로 운영하고 있는 기업은 현재 거의 없는 형편이다. Dell컴퓨터 역시 오프라인의 소매유통점을 운영하기도 하였으나 상권에 대한 마찰문제로 인하여 오프라인의 소매유통점을 흡수하여 오프라인의 판매기능을 중단하였다.

(5) 유통절충전략

제조기업이 소매유통점에 대한 의존도와 웹사이트를 직접 운영하기를 원하는 정도가 모두 보통인 정도는 유통절충전략을 선호하며, 3M, LG, Sony 등의 기업이 활용하고 있다.

위에서 알 수 있듯이 제조기업이 전자상거래를 직접 운영하거나 고객으로부터 직접 고객정보를 수집하는 활동은 소매유통점과의 극심한 마찰에 부딪힐 수 있으므로, 제조기업이 소매유통점의 합의 없이 적극적으로 CRM을 운영한다는 것은 거의 불가능한 현실이므로 제조기업이 고객의 정보를 직접 수집할 수 있는 방법은 온라인상의 커뮤니티를 운영할 수 있는 웹사이트가 될 수 있다.

3) 제조기업의 고객정보 수집 방안

소매유통점에 대한 의존도가 중요하고 전자상거래 혹은 웹사이트를 통하여 CRM을 강력하게 추진하고자 하는 기업은 소매유통점과의 CRM의 수직적 통합전략이 유용한 방법이 될 수 있다. CRM의 수직적 통합은 제조기업과 소매유통점이 서로 공존할 수 있는 유일한 방법이다.

제조기업이 소매유통점과의 CRM의 수직적 통합 방법을 통하여 고객정보를 공동으로 수집하고 공동으로 활용할 수 있다. S전자의 경우에는 웹사이트를 통하여 입수한 고객정보와 소매유통점을 이용하여 수집하고 있는 고객정보가 매일 9만 건 이상 연간 3,000만 건 이상이라고 한다. 매일 수집되고 있는 방대한 고객정보는 매 순간 기존의 데이터웨어하우스에 있는 과거의 고객정보에 통합되어 저장된다.

제2절 전사적인 수평적 협력(선결과제 I)

CRM을 실행하기 위한 초기 단계에서는 전문가의 도움이 필요하지만, CRM활동이 점차 안정화되어 가고 있는 시점에서는 더 이상 특정 부서에서 전담하는 특수업무가 아니다. 고객과의 관계를 관리하고 고객의 필요와 욕구를 수집하고 분석하는 일들을 어느 특정 조직에서 계속 전담한다면 결국 의사결정에 대한 시간이 지연되고 고객의 필요와 욕구에 대응하는 속도가 늦어짐으로 해서 고객의 불만이 증가하게 되고 결국 경쟁력에서 뒤쳐지게 될 수 있다. 따라서 현재와 미래의 CRM을 실행하기 위해서는 기업의 전체 조직과 종업원들이 동시에 참여해야 하는 전사적 CRM이 먼저 해결되어야 한다. 이것은 과거의 품질관리를 전담하던 조직과 인력이 없어지고 기업의 전체 조직과 종업원이 참여하는 전사적 품질관리(TQC: Total Quality Control)로 발전했던 과정과 매우 유사하다.

전사적 CRM활동을 실현하기 위해서는 기업 내부의 모든 CRM관련 시스템들이 통합되어야만 한다. 기업 내부에 존재하고 있는 조직들을 가치사슬(Value Chain)의 관점에서 CRM 활동을 살펴보면 [그림 10-4]와 같게 된다.

그림 10-4 전사적CRM활동

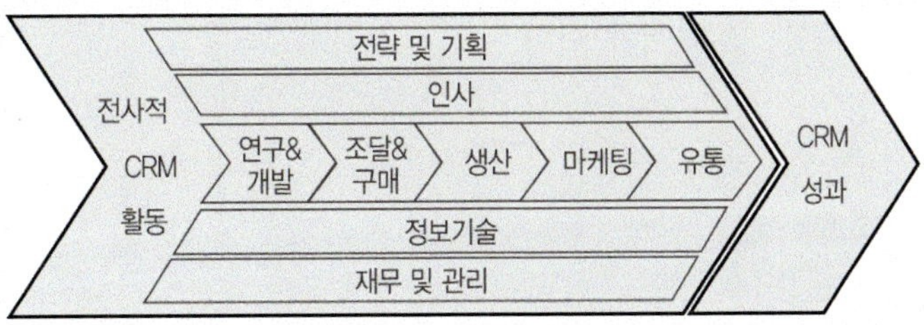

1. 연구 및 개발조직의 CRM

CRM활동을 통하여 수집한 고객의 필요와 욕구를 포함하고 있는 정보와 지식은 혁신제품을 연구하고 개발하는데 필수가 되고 있다. 고객정보를 마케팅관련 조직이나 또는 고객접점 부서의 의견을 간접적으로 종합하여 혁신제품에 반영하기에는 시간적 손실 뿐만이 아니라 의견을 전달하고 취합하는 과정에서 오차가 발생하기 쉽게 되어 고객이 원하는 혁신제품과는 거리가 발생하게 된다. 즉, 간접적인 고객정보의 수집방법으로는 고객정보를 혁신제품에 반영하기가 어렵게 된다. 따라서 연구 및 개발 부서에서도 CRM활동으로 발생하는 고객정보를 직접 분석하고 고객과 직접 쌍방향으로 커뮤니케이션을 교환함으로써 고객이 원하는 혁신제품을 연구하고 개발해야 한다. 연구 및 개발 부서에서 고객이 원하는 제품으로 혁신하는 활동을 고객중심의 혁신(COI: Customer Oriented Innovation)이라고 한다.

2. 조달 및 구매조직의 CRM

과거에는 일방적인 수요예측의 결과를 기반으로 자원을 조달하고 구매를 하였다. 그러나 수요예측이 과다한 경우에는 자원의 재고는 생산에 투입하기 어렵게 되어 과다재고로 인한 손실이 발생할 수 있었고, 수요예측이 부족한 경우에는 생산 자원이 부족하게 되어 기회손실을 감수해야 하는 경우가 빈번하게 발생하였다. 자원을 언제, 어느 만큼, 어떤 방법으로 확보해야 하는지에 대한 의사결정이 잘못 되었을 경우에는 많은 손실을 야기할 수 있다. 따라서 조달 및 구매 의사결정의 잘못으로 인한 손실을 최소화하기 위해서는 조달 및 구매조직에서도 CRM활동을 통하여 고객의 필요와 욕구를 직접 수집하고 분석함으로써, 수요를 보다 더 정확하게 예측할 수 있어야 한다.

3. 생산조직의 CRM

과거에는 대량생산을 함으로써 생산 원가를 낮출 수 있고 가격경쟁력을 확보할 수 있는 규모의 경제(Economy of Scale)가 선호되었지만, 시장환경이 급변하고 있는 시대에서는 더 이상 규모의 경제가 효율적이거나 효과적이지 못하다. 급변하는 고객과 시장환경에 부합될 수 있는 다변화된 제품이나 서비스를 신속하게 생산할 수 있는 역량을 확보해야 한다. 고객의 필요와 욕구 등에 효율적이고 효과적으로 대응할 수 있도록 소량다품종을 생산할 수 있는 범위의 경제(Economy of Scope)를 실현할 수 있어야만 경쟁력을 확보할 수 있다. 이러한 범위의 경제는 생산조직에서도 고객과 직접 접촉하고 고객정보를 직접 수집하며, 고객과 쌍방향 커뮤니케이션을 통하여 의견을 교환하고 고객의 필요와 욕구를 적극 반영할 수 있는 CRM활동에 적극적으로 참여해야 할 것이다.

고객의 다양한 필요와 욕구들이 얼마나 신속하고 정확하게 생산조직에 전달할 수 있는가는 기업의 경쟁력확보에 직결되는 문제이기도 하다. 전사적 CRM시스템은 고객중심의 경영체제를 수립할 수 있도록 지원하며, 생산조직이 개인맞춤 혹은 대량맞춤 제품 및 서비스상품을 효율적이고 효과적으로 생산하여 고객에게 제공할 수 있도록 지원할 수 있다.

4. 마케팅조직의 CRM

마케팅 조직은 고객과의 관계를 강화할 수 있는 이벤트 혹은 캠페인 등의 활동을 지속함으로써 고정고객을 확보하고 기업의 매출과 이익을 확보할 수 있도록 간접적으로 지원하고 있다. 그리고 급변하는 고객의 필요와 욕구를 신속하게 파악하고 평생 고객을 확보할 수 있도록 CRM활동과 전술을 개발하고 활용할 수 있도록 한다. 마케팅조직은 고객과 직접 접촉함으로써, 고객의 필요와 욕구를 직접 입수하고 분석한 고객정보를 CRM활동에 반영할 수 있도록 콜센터를 운영하기도 한다. 콜센터의 중요한 역할은 기업의 정보를 고객에 신속하게 전달하고 고객의 필요와 욕구에 대한 정보를 정확하고 신속하게 수집하고 분석하여 기업의 각 조직으로 전달하여 고객과 기업의 상호 만족을 극대화할 수 있게 한다.

5. 유통조직의 CRM

제품과 서비스상품을 고객에게 직접 판매하고 있는 조직인 소매유통점은 모기업에서 장기간 관리하고 있는 CRM시스템과 고객정보를 공유함으로써 고객 개인별로 맞춤서비스를 제공할 수 있고, 고객 개인별로 판매적중률을 향상시킬 수 있게 된다. 이러한 유통의 CRM 활동은 모기업의 CRM활동과 동일하지만 고객정보를 활용할 수 있는 범위는 지역 상권의 범위에 국한해야 할 것이다.

고객의 욕구는 제품과 서비스상품의 검색, 비교, 주문, 사용과정 뿐만이 아니라 배송되는 시간과 과정의 분야까지도 확대되고 있다. 고객과의 다양한 접점 순간의 만족도가 제품과 기업 전체의 만족도에 영향을 미치기 때문에 기업은 중요한 진실의 순간(Moment of Truth)으로 인식해야 한다. 진실의 순간에서 발생하는 고객의 필요와 욕구는 CRM활동을 통하여 소매유통점에서도 활용될 수 있어야 한다. 소매유통점의 경쟁력은 곧 모기업의 경쟁력이기 때문이다.

6. 전략 및 기획조직의 CRM

기업의 전사적인 전략 및 기획조직에서도 고객중심의 방향으로 변화되고 있다. 고객중심의 방향이라는 의미는 결국 CRM활동을 통한 고객의 필요와 욕구를 파악하고 분석하여 전사적인 입장에서 기업 혹은 제품 전략을 기획하게 된다. 기획조직은 기업 내부의 모든 비즈니스 프로세스를 고객만족과 고객충성도 향상이라는 고객중심적으로 재편하는 노력을 하고 있다. 그리고 새로운 사업분야로 진출하기 위해서 고려해야 할 사항으로 미래의 경영활동에 많은 영향을 미칠 수 있는 고객행동의 변화에 대한 예측능력을 고려해야 한다. 이러한 고객행동의 변화에 대한 예측능력은 CRM활동을 통하여 취득할 수 있는 무형의 중요한 자산이므로 전략 및 기획관련 조직원들은 CRM활동에 적극적으로 참여해야 할 것이다.

7. 인사조직의 CRM

인사조직에서의 고객은 내부고객과 외부고객이 있다. 인사조직의 특성상 내부고객에 대해서 살펴보면, 인사조직은 종업원을 시장세분화의 한 특수한 시장으로 인식하고 차별화 관리를 지속하고 발전시키는 종업원관계관리(ERM: Employee Relationship Management)

활동에 적극적으로 참여해야 한다. 종업원의 능력이 기업전체의 경쟁력이 되기 때문이다. 종업원관계관리 활동을 원활하고 효과적으로 지속하기 위해서는 종업원의 실적과 성과에 대한 평가중심에서 고객중심으로 전환해야 함을 의미한다. 종업원이라는 내부고객의 능력을 향상시키기 위해서는 항상 종업원들과 접촉하는 고객의 만족도를 향상시킬 수 있도록 평가방법을 전환해야 할 것이다.

8. 정보기술조직의 CRM

기업이 CRM정보시스템을 구현하려는 이유는 기업의 모든 조직역량을 고객중심(Customer Oriented)으로 재정비하려고 하기 때문이다. CRM활동은 최신의 높은 기술력의 정보기술이 아니라, 고객중심의 전략을 수립하고 실행하는 데 실제로 도움이 될 수 있는 정보기술(Information Technology)이어야만 한다. 컴퓨터와 정보통신기기들의 기술중심(Technology Oriented) CRM시스템을 도입하여 성공적인 CRM활동을 실행하지 못하고 있는 기업이 거의 50%에 가깝다는 주장도 있으며, 이러한 이유로 인하여 CRM의 무용론이 나타나기도 한다. CRM의 실행 목적과 방법을 정확하게 인식하지 못한 채로 CRM시스템을 도입하면 CRM을 성공적으로 실행할 수 있는 가능성이 감소한다.

정보기술을 담당하는 조직에서는 CRM시스템을 도입하고 운영하는 데 있어서 기술중심에서 탈피하여 고객중심으로 의사결정을 해야만 한다. 그리고 도입된 CRM시스템을 유지하고 발전시키는 과정에서도 고객중심의 의사결정을 해야 하므로, CRM활동을 통하여 고객의 필요와 욕구를 파악하고 맞춤식 고객서비스를 제공해야 한다.

9. 재무 및 관리조직의 CRM

최근에는 기업의 가치평가(Corporate Valuation)에서도 고객기반의 CRM활동에 관련한 지표들이 활용되고 있다. 전통적인 자산평가 방법만으로는 미래의 기업가치를 평가하기에 부족하므로 고객자산가치(Customer Equity)를 중요한 평가지표로 활용하고 있다. 고객자산가치는 CRM활동을 통하여 확보할 수 있는 고정고객과 평생 고객들이 기업에게 한평생 기여할 수 있는 금액으로 표시되기도 한다.

기업의 가치에 고객자산가치가 포함되어서 평가되는 시대에서는 재무 및 관리조직에서도 CRM활동에 적극적으로 참여해야 하며, 고객들과 직접 쌍방향 커뮤니케이션을 통하여 고객의 필요와 욕구를 기업의 가치제고 전략에 반영해야 한다.

제3절 소매유통점과의 수직적 통합(선결과제 Ⅱ)

서비스기업 중에서 금융기관과 의료기관 등은 고객과 직접 거래를 실행하고 있으므로 소매유통점이 없지만, 통신기업 혹은 여행사와 같은 경우에는 제품과 서비스를 간접적으로 판매하는 소매유통점이 있다. 금융, 통신, 여행 등의 서비스기업의 경우에는 직・간접판매에 의존하고 있지만 소매유통점과의 수직적 통합이 대부분 자연스럽게 이루어지고 있다. 이들 서비스상품은 소매유통점에서 고객 개인에게 판매활동을 수행하고 있지만, 서비스상품은 서비스기업 본사에서 직접 제공해야 하고, 고객과 직접 접촉해야 하기 때문에 고객정보를 직접 수집할 수 있기 때문에 소매유통점과의 수직적 통합이 자연스럽게 이루어지고 있다.

그러나 제조기업의 경우에는 매우 다르다. 제조기업은 백화점, 할인점, 전문점, 대리점 등으로 구성된 소매유통점들과 서로 이해관계가 다른 경우가 많기 때문에 수직적 통합이 어려운 경우가 발생하고 있다. 제조기업은 CRM활동을 시작하기 전에 소매유통점과의 고객관계를 관리하는 CRM활동에서 수직적 통합이 이루어져야만 한다. 소매유통점과의 통합에 대한 선결과제에 대하여 제조기업의 환경을 예로 들어 설명하는 것이 효과적이다. 따라서, 본 항에서의 기업과 소매유통점의 수직적 통합에 대해 제조기업과 소매유통점의 수직적 통합의 경우를 적용하여 설명하기로 한다. 제조기업에 대한 선결과제는 서비스기업에도 동일하게 적용될 수 있다.

제조기업에서 시행하였던 대부분의 CRM활동은 투자대비 성과가 미비하여 CRM활동에 대한 부정적인 시각이 팽배하고 있다. 제조기업에서는 기업전체의 지원, 적극적인 참여, 고객과 직접 접촉하면서 거래를 하고 있는 소매유통점들이 서로 협력하고 공동으로 통합CRM을 운영해야 성공할 수 있다. 특히 특정한 기업의 제품만을 소비자에게 공급하고 있는 대리점과 같은 소매유통점의 경우에는 모기업인 제조기업에서 고객과 직접거래를 시도하는 자체를 강자가 약자의 기득권을 강탈한다고 인식하기가 쉽기 때문에 결사항전도 불사하게 된다. 이미 국내의 L전자와 미국의 HP, LEVI'S, 일본의 Sony 등의 사례를 통하여 소매유통점의 저항을 해결하지 않고는 제조기업이 CRM활동을 적극 전개하기는 거의 불가능하다는 사실을 경험하고 있다. 즉, 제조기업은 대리점과 같은 소매유통점들과 공동의 이익을 창출할 수 있는 대안인 새로운 비즈니스모형을 제시하고 공유해야 CRM을 활용할 수 있을 것이다.

CRM을 실행하기 위해서는 무엇보다도 고객정보를 보유해야 한다. 제조기업이 CRM을 실행하는 과정에서 가장 어려운 점은 고객정보를 직접 확보하기가 어려운 점이다. 제조기업은 소매유통점이 자발적으로 협력할 수 있는 방안을 강구해야만 한다. 제조기업의 CRM의 목표는 판매확대가 아닌, 고객정보를 수집하고 분석하여 소매유통점이 다시 고객정보를 재활용할 수 있도록 하여 제조기업과 소매유통점이 서로 공동의 목표를 달성할 수 있게 해야 한다. 제조기업은 대리점과 같은 소매유통점들과 공동의 이익을 창출할 수 있는 CRM을 공동으로 활용할 수 있어야만 CRM을 성공시킬 수 있다.

제조기업이 고객으로부터 직접 정보를 수집할 수 있는 방법은 전자상거래와 웹사이트가 있다. 전자상거래는 고객과의 직접적인 거래가 발생하게 되므로 소매유통점의 반발을 해결하기가 어렵지만, 웹사이트는 고객의 정보를 공동으로 수집하고 공동으로 활용할 수 있기 때문에 CRM을 실행하기 위한 수직적 통합이 다소 용이하다.

제조기업이 CRM을 실행하기 위해서는 고객정보를 공동으로 관리할 수 있도록 소매유통점과 동일한 조직체와 같은 수준으로 수직적 통합이 선결되어야 한다. 제조기업과 소매유통점의 수직적 통합의 구체적인 내용은 전자상거래와 웹사이트를 통한 고객주문처리 프로세스의 통합, 고객정보입수 프로세스의 통합, 통합고객정보 관리, 고객정보 활용 프로세스의 통합 등이 있다.

1. 전자상거래 주문프로세스 통합

기업이 전자상거래를 통하여 고객정보를 직접 수집할 수 있는 방법은 소매유통점의 적극적인 협력을 받기가 어렵고 오히려 반발할 가능성이 많으므로 적극적으로 권장하기에는 부담스러운 부분들이 있다. 제조기업이 전자상거래를 통하여 직접 고객정보를 수집하는 경우에도 반드시 소매유통점의 기득권을 인정하고 전자상거래로 인한 매출과 이익은 소매유통점으로 이관해야 할 것이다.

온라인의 전자상거래를 통한 주문과 오프라인의 소매유통점으로 접수되는 고객주문처리 프로세스의 수직적 통합에 대한 내용은 다음과 같다.

1) 전자상거래의 주문이관 프로세스

대부분의 제조기업은 백화점, 할인점, 전문점, 대리점 등의 소매유통점을 통하여 고객에게 간접판매를 하고 있다. 제조기업이 고객과의 거래정보를 직접 수집할 수 있는 효과적인 방법은 전자상거래를 통하여 고객과 직접 접촉하는 방법이다. 제조기업이 전자상거래를 활용하여 고객과 직접적인 거래를 시도하기 위해서는 기존의 소매유통점들의 합의가 있어야만 한다.

우리나라의 대리점은 모기업에 해당하는 제조기업에서 생산하는 제품을 일정한 상권 내에서 독점적으로 취급하는 대신 다른 제조기업에서 공급하는 유사한 제품을 취급할 수 없도록 계약이 되어 있다. 이러한 상권에서 제조기업이 전자상거래를 통하여 고객과 직접 거래를 실행하게 되면, 소매유통점의 판매량은 감소될 우려가 있다. 그리고 소매유통점의 고정고객은 모기업인 제조기업으로 이동하게 되어 소매유통점은 상권과 고객을 강탈당한다고 인식할 수 있을 것이다. 이러한 이유로 인하여 소매유통점들의 반발은 당연하기도 하다. 그들의 생존에 직접적인 영향을 미치기 때문이다.

제조기업은 소매유통점의 저항과 마찰을 해결하고 오히려 그들에게 혜택이 갈 수 있는 방안을 강구하여 그들로 하여금 자발적으로 제조기업이 운영하는 전자상거래에 편입될 수 있도록 한다면, 제조기업은 고객과 직접 거래를 할 수 있으며, 고객의 거래정보를 직접 취득할 수 있을 것이다.

제조기업에서 고객과 직접적인 거래를 실행하고자 전자상거래를 운영하기를 원한다면, 전자상거래를 통하여 접수된 고객의 주문을 해당 상권에 소재하고 있는 전문점 혹은 대리점으로 주문을 처리할 수 있도록 이관할 수 있는 주문통합프로세스를 자동화해야 한다. 전자상거래에서의 고객주문은 반드시 해당상권에 소재하고 있는 소매유통점을 통해서 접수를 할 수 있도록 자동화를 해야 한다. 물론 소매유통점의 동의 없이는 제조기업이 전자상거래 고객의 주문을 직접 접수할 수 없도록 해야 한다. 제조기업은 고객이 주문하는 시점에 고객정보를 수집할 수 있으며, 고객에게 대한 판매권은 해당 상권의 소매유통점으로 돌아가게 된다. 이럴 경우 소매유통점의 입장에서는 영업활동을 하지 않고서도 판매와 매출이익을 보장받을 수 있다.

제조기업에서 운영하는 전자상거래의 주문프로세스를 기존의 소매유통점과 통합함으로써, 대리점 등의 소매유통점에 대한 상권보호는 물론 이익을 공유할 수 있다. 주문프로세스의 통합을 통하여 제조기업은 소매유통점의 적극적인 참여를 유도할 수 있으며, 제조기업은 고객과의 직접 거래를 활성화할 수 있고, 고객정보를 지속적으로 취득할 수 있게 된다. 고객은 제조기업에서 운영하고 있는 전자상거래를 통하여 주문하게 되지만, 주문접수는 소매유통을 통하여 제조기업이 접수하게 되는 프로세스이다. 소매유통점의 상권에 대한 기득권을 보장하는 프로세스이다.

[그림 10-5]는 제조기업에서 전자상거래를 통하여 주문한 고객의 주문정보를 입수하기를 원할 경우에는 반드시 해당상권의 소매유통점을 통하여 접수할 수 있도록 주문프로세스를 소매유통점과 통합한 프로세스로 나타내고 있다.

그림 10-5 전자상거래 주문통합프로세스

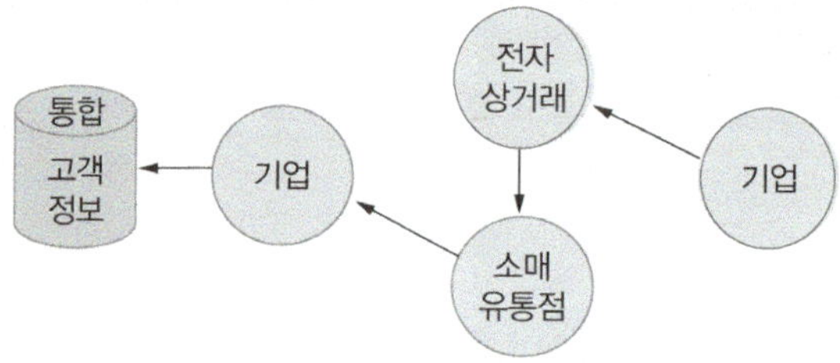

2) 전자상거래와 소매유통점의 주문 통합프로세스

대부분의 제조기업은 백화점, 할인점, 전문점, 대리점 등의 소매유통점을 통하여 고객에게 간접판매를 하고 있다. 고객이 제조기업과 직접 거래를 하기 위하여 운영하고 있는 전자상거래를 활용하여 주문을 하거나 소매유통점을 통하여 주문을 하거나 모두 소매유통점의 주문프로세스를 통하여 제조기업으로 주문을 연결해야 한다. 제조기업은 소매유통점과의 온라인인 전자상거래와 오프라인인 소매유통점과의 주문프로세스에 대한 수직적 통합을 선결해야만 소매유통점들의 적극적인 협력을 구할 수 있게 된다. 이러한 소매유통점과의 수직적 통합을 통하여 제조기업은 전자상거래와 CRM을 도입하기가 용이하게 된다. 다시 말하면, 소매유통점과의 수직적 통합을 의미하는 주문통합프로세스를 이루지 못하면 제조기업은 전자상거래와 CRM을 도입하기가 매우 어렵게 된다.

[그림 10-6]은 제조기업의 전자상거래에 대한 주문프로세스와 소매유통점의 주문프로세스를 통합하여 접수하는 주문통합프로세스를 나타내고 있다.

그림 10-6 제조기업의 주문통합프로세스

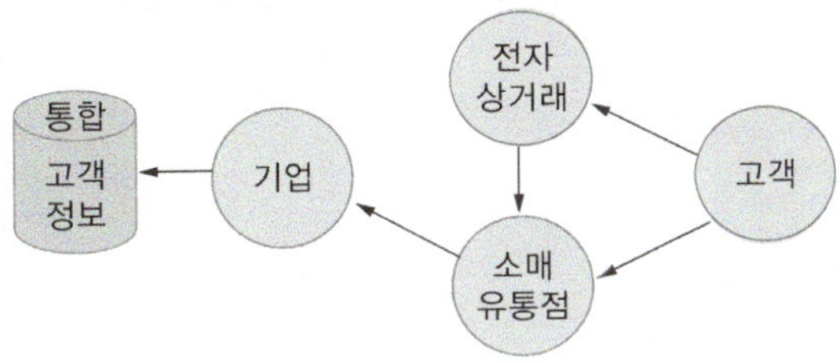

2. 웹사이트의 고객정보입수 통합프로세스

제조기업이 고객정보를 입수할 수 있는 방법으로는 두 가지가 있다. 첫 번째 방법은 웹사이트를 통하여 고객으로부터 직접 고객정보를 입수할 수 있는 방법이며, 두 번째 방법은 기존의 소매유통점으로부터 고객정보를 입수하는 방법이다. 온라인의 웹사이트를 통한 고객정보와 오프라인의 소매유통점을 경유해서 접수되는 고객과의 거래정보수집 프로세스에 대한 수직적 통합인 고객정보입수 통합프로세스의 내용은 다음과 같다.

1) 웹사이트의 고객정보입수 통합프로세스

소매유통점은 제조기업의 웹사이트를 활용한 고객과의 거래에 대한 거부감이 있으며, 자신의 상권 내에 있는 고객정보를 제조기업이 직접 수집하는데 대한 거부감 역시 매우 크다. 웹사이트를 통하여 제조기업이 직접 입수한 고객거래정보를 소매유통점과 공동으로 관리할 수 있는 자동화된 프로세스를 도입하여 제조기업과 소매유통점은 수직적으로 통합해야 한다. 즉, 제조기업이 웹사이트를 통하여 고객정보를 직접 취득하기 위해서는 소매유통점과의 고객정보입수 통합프로세스를 먼저 실현해야 한다.

[그림 10-7]은 제조기업이 웹사이트를 통하여 수집하고 있는 고객정보를 소매유통점과 공유하고 공동으로 관리할 수 있는 자동화된 통합프로세스를 나타내고 있다.

그림 10-7 웹사이트의 고객거래정보 수집 통합프로세스

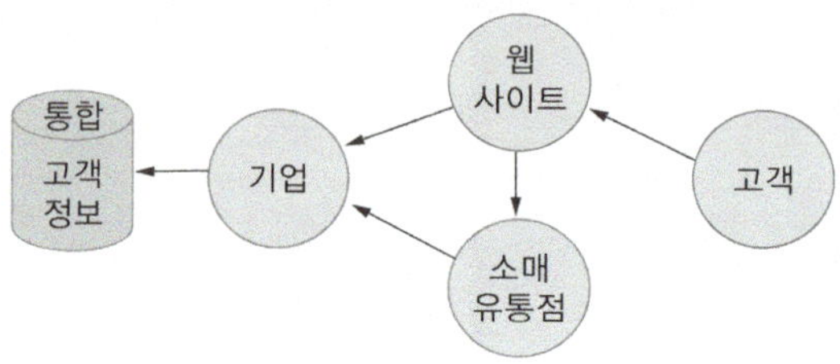

2) 소매유통점과의 고객정보입수 통합프로세스

제조기업이 고객정보를 입수할 수 있는 두 번째 방법으로는 소매유통점에서 신규로 입수하는 고객정보와 웹사이트를 통하여 입수한 고객정보와 통합하는 방법이 있다. 제조기업은 고객정보입수 프로세스의 수직적 통합을 통하여 소매유통점이 고객과 거래를 하는 시점에 고객정보를 즉시 수집할 수 있어야 한다. 제조기업과 소매유통점이 동일한 조직체 수준으로 협력을 강화하기 위해서는 고객접점에서 발생하는 모든 정보는 자동으로 수집되고 유지되면서 최신의 고객정보로 누적되고 통합관리되어야 한다.

그리고 기업이 필요로 하는 고객의 주문정보 이외의 거래정보 또는 고객의 필요(Wants)와 욕구(Needs)에 대한 다양한 정보를 수집해야 한다. 고객에 관련한 다양한 정보를 보면, 제품주문정보, 배송정보, 고객의 서비스요구 및 처리에 대한 정보, 콜센터와 이메일 등을 통한 고객 욕구 및 클레임에 대한 내용과 처리 정보 등의 정보도 함께 입수하고 고객 개인별로 통합 관리해야 한다.

다음의 [그림 10-8]은 다양한 여러 가지 경로를 통하여 고객정보를 공동을 입수하고 누적 관리할 수 있는 자동화된 통합프로세스를 나타내고 있다.

그림 10-8 고객정보입수 통합프로세스

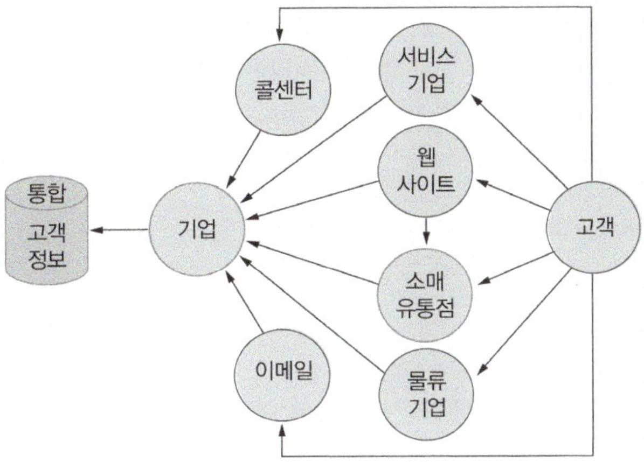

3. 통합고객정보 관리

기업의 웹사이트와 소매유통점 등의 여러 경로를 통하여 입수된 고객정보는 고객정보 데이터웨어하우스(Customer Information Data Ware House)로 통합되고 고객정보의 데이터마이닝(Data Mining)을 거쳐서 고객과의 관계를 발전시킬 수 있는 최신의 고객정보로 통합관리된다.

고객정보가 통합관리되고 있는 고객정보 데이터웨어하우스 내부의 과정을 보면, 다양한 경로별로 입수한 고객정보를 통합하고 개인별로 누적하여 저장한 다음에, 개별 고객정보를 정제하고 발전시키는 단계를 거쳐서, 사용자와 고객이 원하는 형태의 정보를 시장별로 구분하여 고객정보마트에 저장한다.

1) 고객정보 통합관리

다양한 경로를 통하여 입수되는 고객정보의 데이터 형태가 서로 다르기 때문에 고객정보를 유지하고 발전시키기 위해서는 통합을 해야 하고, 가치있는 고객정보로 활용할 수 있도록 부실하거나 중복되는 고객정보를 효과적으로 관리해야 한다.

2) 고객정보마이닝

웹사이트와 소매유통점 등의 다양한 고객접점에서 발생하는 고객거래정보는 거래 즉시 기업의 통합데이터베이스(DB: Data Base)로 수집된다. 고객정보는 매 순간 매우 많은 양이 입수된다. 수많은 고객정보를 단순하게 순차적으로 누적만 하면 정보의 쓰레기 더미가 될 것이다. 따라서 매 순간 개인별 고객정보의 이력으로 누적되고 통합되는 과정에서 중복되는 고객정보를 상호 보완하는 데이터클린징(Data Cleansing) 방법과 부실한 고객정보를 제거하는 데이터스크리닝(Data Screening) 방법을 활용함으로써, 개별 고객정보를 최신의 정보로 재창조한다.

3) 고객점수화

재창조된 최신의 고객정보는 필요한 기업 내의 부서와 상권별 소매유통점에서 여러 가지 정보의 형태로 고객정보마트라는 저장장치에서 유지관리되고 있다. 고객정보마트에 저장된 고객정보는 가치에 따라서 모든 고객의 점수가 부여된다. 고객 개인별로 부여되는 가치를 고객점수화(Scoring)라고 한다. 고객점수는 사용자가 활용하는 방법과 형태에 따라서 서로 다른 세분시장별로 상위 점수의 고객을 선별하여 개별 고객과의 관계를 제고할 수 있는 전략을 실행할 수 있게 된다.

4) 고객정보마트의 고객정보 공유 및 활용

고객정보마트는 고객세분화마트, 고객점수화마트, 제품특성별마트, 고객LTV마트, 성과분석마트 등 기업의 활용분야에 따라 다르게 구성할 수 있다.

예를 들면, 신상품을 개발하는 개발부서에서 특정 상품에 대한 시장과 고객에 대한 선호도를 알고 싶을 경우에는 특정 상권 내의 고객들 중에서 특정한 기호를 가지고 특정한 연령대의 고객이 과거 일정한 기간에 구입하였던 고객정보를 고객세분화마트에서 구할 수 있으며, 특정한 제품을 선호하는 고객정보를 원하거나 품질 및 생산관련 부서의 담당자가 특정 상품의 품질에 대한 반응과 고객만족도에 관한 정보를 원하면 즉시 고객 데이터마트에 저장되어 있는 제품특성별마트에서 고객정보를 검색하면 된다. 마케팅 관련 담당자는 고객이 선호하는 제품의 추이를 특정한 상권에서 특정한 기간의 구매력에 대한 규모를 알고 싶을 경우에도 원하는 고객정보를 쉽게 얻을 수 있다. 학교 입학, 결혼과 같은 생애 주기별로 나타나는 각 단계에서 필요한 특별한 행사를 추진할 경우에는 고객 LTV마트에서 고객정보를 검색하면 원하는 정보를 얻을 수 있다.

4. 고객정보제공 통합프로세스

소매유통점 자신이 취득한 고객정보를 제조기업으로 제공하는 프로세스는 자신의 고객과 시장을 뺏길지도 모른다는 불안감을 증폭시키고, 이러한 불안감은 제조기업이 CRM을 실행하는 데 가장 심각한 방해요인이 되기도 한다.

제조기업이 CRM을 효과적으로 실행하기 위해서는 소매유통점의 불안감과 거부감을 해소시켜야 한다. 제조기업은 소매유통점으로부터 취득한 정보를 누적 통합관리하고 가공하여서 더욱 발전된 양질의 고객정보를 다시 해당 상권의 소매유통점으로 재공급하는 자동화된 통합프로세스인 고객정보재활용 통합프로세스를 실현함으로써, 소매유통점의 협력을 유도할 수 있다. 그러나 더욱 중요한 것은 소매유통점이 제조기업의 CRM을 신뢰하고 그들에게 직접적인 도움이 된다는 확신을 심어 줘야 한다.

제조기업과 소매유통점은 공동의 목표를 가지고 공동의 CRM을 수행한다. CRM의 공동실행은 어느 한쪽이 편향된 권리를 주장하거나 불공정한 관계가 있다면 공동의 CRM은 성공적인 성과를 얻기 어렵다.

[그림 10-9]는 제조기업이 여러 경로를 통하여 입수하고 발전시키고 있는 고객정보를 기업 내의 관련 부서와 기업 외부의 소매유통점, 물류기업, 서비스기업, 콜센터, 이메일 등을 활용하여 자동으로 재활용할 수 있는 통합프로세스 내용이다.

그림 10-9 고객정보제공 통합프로세스

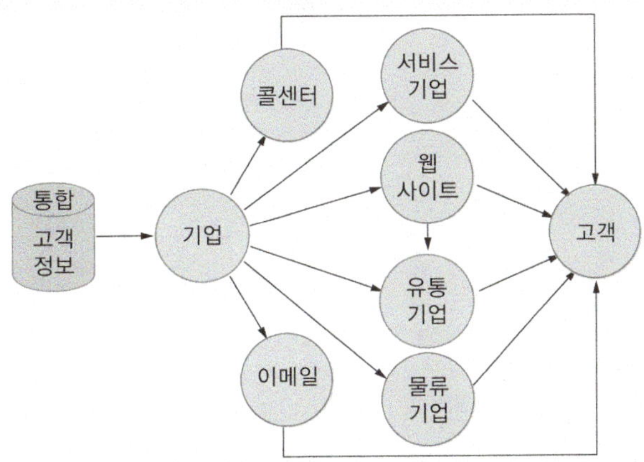

5. 고객거래 및 고객정보의 통합프로세스

CRM을 도입하기 위해서 제조기업이 웹사이트와 기존 소매유통점과의 거래에 관련한 모든 주문처리 프로세스를 통합하고, 고객과의 거래를 통하여 발생되는 모든 고객정보를 통합하여 공동으로 관리하고 운영하며 고객과 장기적인 관계를 발전시킬 수 있는 통합프로세스는 반드시 해결해야 할 선결과제이다. CRM활동이 정착되기 이전의 고객정보는 대부분 고객과의 거래 단건별로 입수되고 저장되어서 고객별로 구매행동에 대한 이력관리가 어려웠다. CRM시스템을 활용한 CRM활동은 과거에 발생했던 고객과의 거래이력을 검색하여 동일한 고객의 DB로 누적 저장한다. 동일한 고객의 고객정보가 장기간에 걸쳐서 거래한 모든 거래이력들이 통합되면, 그 고객의 가치는 단건 거래로 종료되었던 과거 고객정보의 가치보다 훨씬 높은 가치를 창출할 수 있다. 재구매에 대한 고객정보는 고객이 어디에서 거래를 하든지 간에 데이터웨어하우스에서 통합되므로 고객 개개인의 정보는 가치가 부가된 고객정보로 재창조된다.

그러나 제조기업과 소매유통점의 자동화된 주문처리와 고객정보관리에 대한 모든 프로세스의 통합이 이루어지더라도 서로 간의 신뢰가 부족하게 되면 CRM의 효과가 반감될 것이다. 그러므로 제조기업은 소매유통점과 고객정보를 공동으로 활용할 수 있는 통합프로세스를 제공함과 동시에 신뢰감을 제공할 수 있는 노력을 지속해야 한다.

[그림 10-10]은 다양한 고객접점에서 고객거래와 동시에 발생하는 고객정보를 취득, 유지, 발전, 통합, 재활용할 수 있는 통합CRM의 고객정보의 흐름을 나타내고 있다.

그림 10-10 고객거래 및 고객정보의 통합프로세스

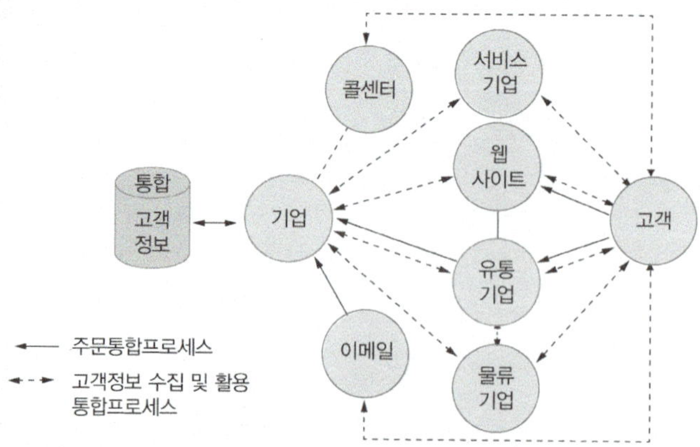

제4절 SCM과 CRM의 통합

1. 통합SCM의 개념

SCM은 모기업과 소매유통점 간의 공급망관리시스템이다. 즉, 고객정보처리보다는 제품 중심의 주문을 처리하는 통합시스템이다. 그리고 CRM은 주문처리보다는 고객정보를 수집하고 관리하는 통합시스템이다. SCM과 CRM은 별도의 방법으로 발전되어 왔으나 고객주문과 고객정보를 통합운영해야 하는 필요성이 증가함에 따라 SCM과 CRM을 통합함으로써, 기업의 경쟁력을 더욱 향상시킬 수 있다.

부품을 공급하는 공급기업(Supplier)과의 통합SCM은 오래전부터 활용하고 있었지만, 소매유통점과의 주문프로세스를 통합하여 운영하고 있는 기업은 그렇게 많지 않은 상황이다. 공급기업과의 SCM을 인바운드(Inbound)SCM 혹은 후방SCM이라고 하며, 소매유통점과의 SCM을 아웃바운드(Outbound)SCM 혹은 전방SCM이라고 한다. 그리고 기업 내부의 물류흐름을 내부(Internal)SCM이라고 한다.

[그림 10-11]은 전방과 후방의 통합SCM의 개념을 보여 주고 있다.

SCM은 물류중심의 고객주문을 가장 원활하게 처리하기 위한 정보처리시스템이다. 리드타임(Lead Time)은 고객이 주문한 일시부터 주문한 제품 혹은 서비스상품을 지정한 장소까지 배달을 완료하는 데 소요되는 시간을 말한다. 소매유통점과의 통합 SCM으로 고객의 주문처리속도가 빨라질 수 있으며, 소매유통점과의 제휴가 많으면 많을수록 정밀시장에 대한 고객의 주문을 처리하는 속도가 빨라지므로 고객의 만족도를 향상시킬 수 있다. SCM은 조직 내에서 리드타임을 감소시킴으로써 스피드경영을 시행할 수 있고, 고객의 만족도 향상시킬 수 있으며, 물류비용절감의 효과를 기대할 수 있다.

그림 10-11 통합SCM의 개념

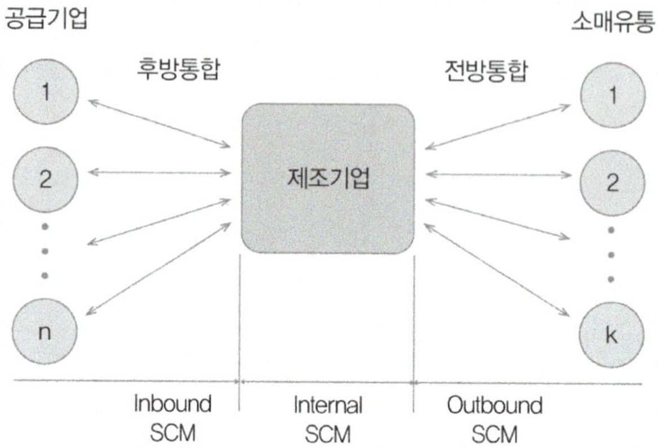

〈사례 10.3〉은 소셜커머스 기업인 쿠팡이 '로켓배송'이라는 물류배송시스템을 혁신하는 과정에서 손정의로부터 거액의 투자를 유치한 내용이다. 글로벌 투자자들에게도 통합 SCM은 매우 중요한 투자요인이 되고 있음을 알 수 있다.

CRM Practice 10.3 팡 터진 쿠팡 … 손정의 1조원 투자

일본 최고 갑부인 손정의(58) 소프트뱅크 회장이 한국의 조그만 e커머스 기업 쿠팡을 선택했다. 미래 성장 가능성을 보고 1조원을 투자한다. 쿠팡은 3일 손 회장의 일본 소프트뱅크로부터 10억 달러(약 1조1000억원)의 투자를 유치하는 데 성공했다고 발표했다. 지금까지 한국 기업에 대한 투자는 손 회장이 한국에 세운 소프트뱅크벤처스를 통했으나 이번 투자는 일본 본사에서 직접 결정했다는 점에서 의미가 크고, 금액 또한 최대다.

한국의 주요 스타트업(신생기업)들이 지난 1년 동안 투자받은 금액의 합계가 6억3600만 달러였다는 점을 감안하면 이번 소프트뱅크의 투자 규모를 짐작할 수 있다. 쿠팡은 지난해 5월 미국 세콰이어캐피털로부터 1억 달러 투자를 유치한 데 이어 11월에는 미국 투자사인 블랙록으로부터 3억 달러를 투자받은 바 있다. 투자비 대부분은 전국단위 물류센터 8개와 배송시스템을 갖추는 데 투입됐다.

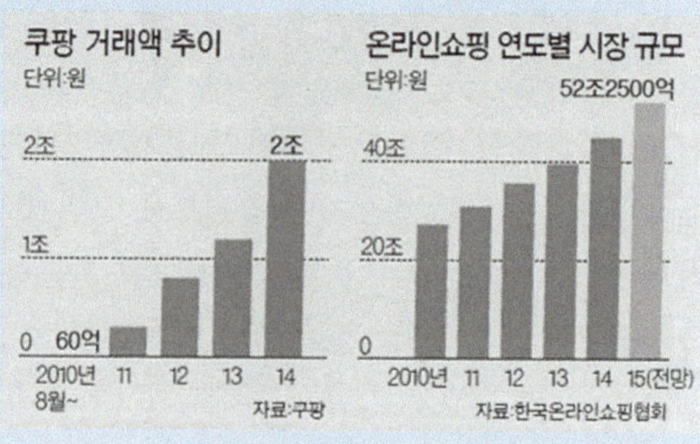

소프트뱅크는 이번 투자가 완료되면 쿠팡의 가치가 5조5000억원에 이를 것으로 보고 쿠팡 지분 20%를 확보하기 위해 1조 1000억원의 대규모 투자를 결정했다. 쿠팡에 따르면 소프트뱅크는 쿠팡의 전국 단위로 구축된 물류센터와 자체배송 시스템에

특히 매력을 느꼈고, 실리콘밸리 · 상하이 · 시애틀 등 해외 연구개발(R&D)센터를 둔 IT 기술력에도 주목했다.

손 회장은 이날 보도자료를 통해 "소프트뱅크는 전 세계 인터넷 기업에 투자하고, 각 영역에서 끊임없이 새로운 도전을 하는 혁신적인 사업가들을 지원함으로써 성장하고자 한다"며 "우리는 쿠팡이 e커머스를 더욱 혁신해 나갈 수 있도록 지원할 것이다"고 밝혔다. 하버드대에서 정치학을 전공한 김범석(38) 쿠팡 대표 또한 "이번 투자를 계기로 소프트뱅크의 글로벌 전문성과 네트워크를 통해 쿠팡의 성장세가 더욱 빨라질 것으로 기대한다"고 화답했다.

(출처: 중앙일보, 2015. 6. 4.)

2. SCM과 CRM의 통합의 효과

고객의 욕구를 파악하여 고객별로 맞춤서비스를 제공하고 고객과의 관계를 지속적으로 발전시킬 수 있는 CRM은 주문생산을 가능하게 한다. 델컴퓨터는 글로벌 전후방 SCM시스템을 활용하고 있는데, 고객의 주문을 접수한 이후에 세계 각지의 컴퓨터 생산을 제휴한 제조기업 중에서 주문고객과 가장 가까운 위치의 공장으로 자동으로 주문하고, 고객에게는 물류기업을 통하여 배달한다. 글로벌 주문처리시스템인데도 불구하고 리드타임은 5일 정도밖에 걸리지 않는다. 그리고 이때 발생하는 거래정보와 고객에 관련한 부가정보는 자동으로 CRM시스템의 데이터웨어하우스로 통합되어 저장된다.

이러한 고객정보는 고객과의 쌍방향 커뮤니케이션을 지속할 수 있게끔 하고, 고객의 불만이나 욕구를 항상 파악할 수 있으며 재구매에 대비할 수 있다. 델컴퓨터는 SCM과 CRM을 통합한 좋은 사례라고 할 수 있다.

SCM과 CRM을 통합한 용어를 앞으로는 통합CRM이라고 부르기로 한다. 넓은 의미의 CRM의 개념 속에는 영업프로세스의 개념이 포함되어 있으므로 SCM의 개념을 포함하고 있다고 해도 큰 무리가 없을 것이다. 통합CRM은 고객욕구 파악 용이, 고객별 맞춤서비스 제공, 고객만족도 향상, 수요예측 정확도 향상, 재고최소화, 리드타임 단축, 비용절감, 스피드경영 등의 효과를 기대할 수 있다.

[그림 10-12]는 통합CRM의 효과에 대한 내용이다.

그림 10-12 통합CRM의 효과

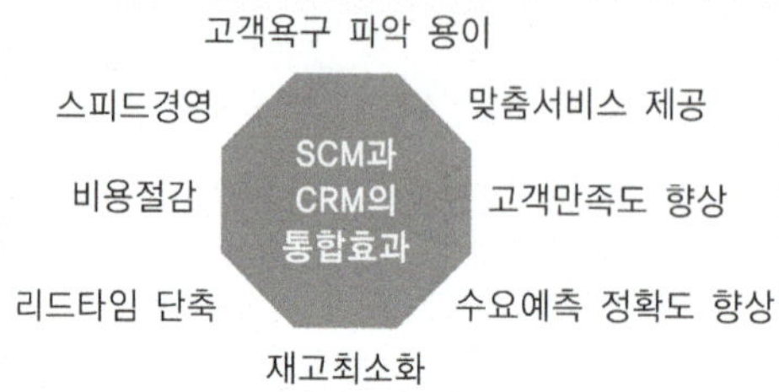

1) 고객욕구 파악 용이

다양한 고객접점으로부터 수집되는 고객정보의 통합은 고객의 욕구가 무엇인지를 파악하는 데 많은 도움을 준다. 고객과의 관계를 발전시키는 통합CRM의 활동은 고객의 욕구를 충족시키기 위하여 쌍방향 커뮤니케이션을 지속하므로 고객욕구의 파악이 매우 용이하다.

2) 고객별 맞춤서비스 제공

대량생산시대에서 고객의 주문을 접수한 후, 고객의 주문대로 생산할 수 있는 맞춤서비스의 경쟁력을 확보할 수 있는 것은 공급망을 관리하는 SCM과 고객정보를 통합관리하는 CRM의 통합이 가져다 준 효과이다.

3) 고객만족도 향상

기업이 고객과의 쌍방향 커뮤니케이션을 통하여 고객의 욕구에 대한 해결방안을 제공할 수 있으므로 고객만족도가 향상될 수 있다. 고객은 만족스러운 서비스를 통하여 재구매활동을 지속할 수 있게 된다.

4) 수요예측 정확도 향상

고객과의 관계를 우호적으로 지속할 수 있으므로 고객과 시장의 변화를 항상 파악할 수 있으므로, 수요예측의 정확도가 향상될 수 있다. 제품중심의 영업활동에서는 고객의 변화를 파악하기가 어려웠으며, 간접적인 고객정보의 수집방법이었기 때문에 수요예측의 정확도에 대한 신뢰성이 부족하였다. SCM을 통한 주문정보와 CRM을 통한 고객의 욕구 파악은 고객과 시장의 변화를 파악할 수 있는 핵심적인 도구가 되고 있다.

5) 재고최소화

고객의 변화를 관리할 수 있는 CRM활동과 고객의 변화에 맞추어 대응할 수 있는 SCM의 생산관리체제는 부품, 재공품 및 제품의 재고를 최소화할 수 있도록 하여 생산 및 판매원가를 절감할 수 있도록 한다.

6) 리드타임 단축

리드타임은 고객의 주문이 발생한 시간으로부터 고객이 주문한 제품을 지정한 장소까지 배달을 완료하는데까지 소요되는 시간을 의미한다. 고객이 원하는 시간과 장소에 배달할 수 있는 리드타임의 단축은 물류자동화가 가능해야 가능하다. 공장의 제품재고를 과다하게 보관하면서 리드타임을 단축한다면 용이하겠지만 비용의 증가문제가 발생하게 되므로 곤란하다. 리드타임을 단축하면서도 동시에 재고를 최소화함으로써, 판매비용 및 물류비용을 절감하도록 해야 한다.

7) 비용절감

원활한 SCM의 운용을 통하여 재고의 최소화와 리드타임의 단축으로 생산원가 및 물류비용의 절감이 가능하고, CRM활동으로 영업비용을 절감할 수 있게 되므로, 기업전체의 비용을 상당한 수준으로 절감할 수 있다. 글로벌 기업인 S전자와 H자동차의 통합CRM의 효과를 보면, 통합CRM을 도입하기 전보다 20% 이상의 비용절감 효과를 보았다고 한다. 위의 두 기업이 글로벌 경쟁력을 확보할 수 있게 된 이유 중의 하나가 통합CRM의 영업프로세스를 도입한 것이라고 할 수 있을 것이다.

8) 스피드경영

최근의 기업경쟁력은 스피드경영이라고 한다. 스피드경영이 가능하려면, 고객의 욕구를 가장 먼저 파악할 수 있고, 고객의 욕구를 충족할 수 있는 혁신제품을 가장 먼저 개발하며,

가장 먼저 생산하고, 가장 먼저 고객에게 공급할 수 있어야 한다. 스피드경영이 가능하다면 글로벌 우량기업이 될 수 있을 것이다. 스피드 경영을 수행할 수 있기 위해서는 고객정보를 항상 관리하고 있는 CRM시스템을 활용해야 할 것이며, 제품과 서비스를 가장 먼저 공급할 수 있도록 지원할 수 있는 SCM시스템과 CRM시스템의 통합이 가장 효율적이고 효과적일 것이다. 미래의 기업경쟁력에서 스피드경영의 중요성이 더욱 증대될 것이다.

Chapter 10 정리

1. CRM의 도입환경

1) 소비재상품 CRM도입 필요성과 용이성

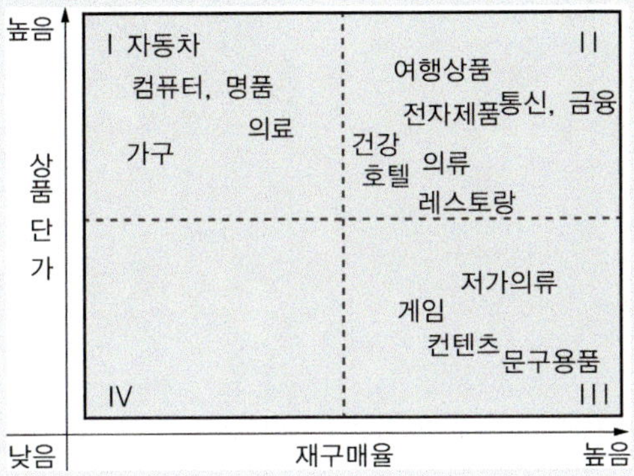

2) 서비스기업의 CRM 성공요인

금융기관, 통신기업, 유통기업 등 서비스산업 분야에 종사하고 있는 기업이 가장 먼저 CRM을 도입하면서, 성공적으로 운영하고 있다.

(1) 내부적 성공요인 - 전사적 CRM의 수평적 협력

(2) 외부적 성공요인 - CRM의 유통과 수직적 통합

3) 제조기업의 CRM 실패요인

(1) 내부적 실패요인 - 전사적 CRM의 수평적 비협력 및 무관심

(2) 외부적 실패요인 - CRM의 유통과 수직적 통합 부족

4) CRM을 위한 유통통합 운영

유통지원전략, 유통차별화전략, 홍보전략, 유통통합전략, 유통절충전략 등의 유형으로 구분할 수 있다.

2. 전사적인 수평적 협력(선결과제 I)

전사적인 수평적 협력이 필요한 조직 간의 CRM은 연구 및 개발조직의 CRM, 조달 및 구매조직의 CRM, 생산조직의 CRM, 마케팅조직의 CRM, 유통조직의 CRM, 전략 및 기획조직의 CRM, 인사조직의 CRM, 정보기술조직의 CRM, 재무 및 관리조직의 CRM 등이 있다.

3. 소매유통점과의 수직적 통합(선결과제 II)

제조기업과 소매유통점의 수직적 통합의 구체적인 내용은 전자상거래와 웹사이트를 통한 고객주문처리 프로세스의 통합, 고객정보입수 프로세스의 통합, 고객정보 활용 프로세스의 통합 등이 있다.

4 SCM과 CRM의 통합

1) SCM과 CRM의 통합의 개념

SCM은 모기업과 소매유통점 간의 공급망관리시스템이다. 즉, 고객정보처리보다는 제품중심의 주문을 처리하는 통합시스템이다. 그리고 CRM은 주문처리보다는고객정보를 수집하고 관리하는

통합시스템이다. SCM과 CRM은 별도의 방법으로 발전되어 왔지만, 고객주문과 고객정보를 통합운영해야 하는 필요성이 증가하고 있다.

2) 통합CRM의 효과

고객욕구 파악 용이, 고객별 맞춤서비스 제공, 고객만족도 향상, 수요예측 정확도 향상, 재고최소화, 리드타임 단축, 비용절감, 스피드경영 등의 통합효과를 기대할 수 있다.

Chapter 11. 통합 CRM시스템

CRM시스템의 특성은 목적성, 자동성, 제어성, 통합성 등의 특성이 있으며, CRM시스템의 구성요소, 하드웨어, 소프트웨어, 데이터베이스, 정보통신, 사람 등이 있다.

CRM시스템의 도입배경으로는 정보기술의 변화인 컴퓨터 기술의 변화, 인터넷 환경의 변화, 정보기기 확산 등의 정보기술의 급속한 변화가 CRM시스템의 도입을 확산시키고 있다. 그리고 무한경쟁의 시대에서 필요한 핵심고객의 장기관리, 고객접점 통합, 고객욕구 분석, 고객별 차별화전략, 미래 경쟁력 확보 등의 요인들이 CRM의 필요성을 증가시키고 있다.

통합CRM시스템의 개념을 보면 동일한 수준의 조직 혹은 부서 간의 통합인 전사적 통합이 있고, 물류 혹은 정보의 흐름인 공급자와의 통합과 유통과의 통합을 의미하는 수직적 통합이 있다. 이러한 전사적이고 수직적인 관계를 모두 통합한 개념인 통합CRM시스템의 순환기능을 보면 고객접점의 상호작용, 고객정보의 수집 · 통합 · 저장, 고객가치 제고, 전사적 CRM, 통합 CRM 등이 순환되면서 지속적으로 발전되고 있다. 그리고 통합CRM 시스템의 도입방법으로는 자체개발, 패키지도입, 임대사용, 아웃소싱 등의 방법이 있다.

제1절 CRM시스템의 개념

1. 정보시스템

시스템(System)의 어원은 희랍어인 SY(with or together)와 STEM(to place)의 합성어로서, 목표를 위해서 다함께 가는 의미이다. 시스템의 현대적인 의미는 "공동의 목표를 달성하기 위해서 상호연관성을 가진 구성요소들의 집합"이라고 할 수 있다.

그리고 기술적인 측면에서 정보시스템의 의미는 자료를 투입(Input)하고, 업무를 처리(Process)하며, 업무의 목표를 출력(Output)하고, 그 과정에서 성과를 효율적이고 효과적으로 통제(Control)해야 하며, 출력을 피드백(Feedback)하는 전반적인 과정을 말한다.

[그림 11-1]은 정보시스템의 기본구조를 나타내고 있다.

그림 11-1 정보시스템의 기본구조

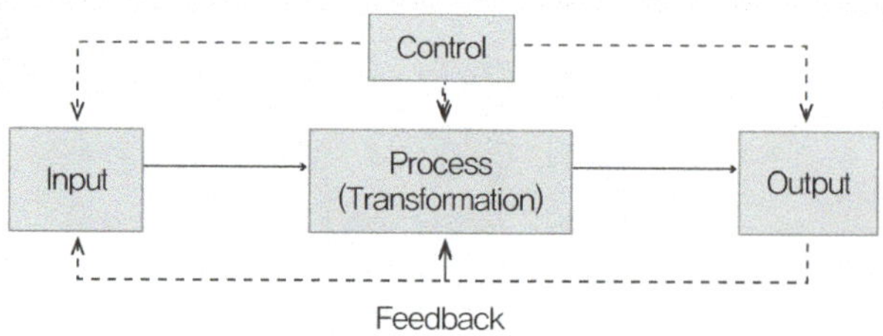

2. CRM시스템

CRM시스템은 기업에서 운영하고 있는 다양한 정보시스템을 고객과의 관계를 관리하기 위한 종합적인 시스템이다. CRM시스템은 기업과 고객 간의 쌍방향 커뮤니케이션을 지속하고 고객의 정보를 수집, 통합, 저장하면서 지속적으로 고객과의 우호적인 관계를 발전시킬 수 있는 필수적인 전사적 통합정보시스템이다.

CRM시스템은 신규고객의 정보를 수집하고 여러 경로를 통해서 수집되는 고객정보를 지속적으로 통합 분석하고, 개인별로 적합한 맞춤형 서비스를 제공할 수 있도록 고객개인별 정보를 지속적으로 발전시키는 고객관계관리 시스템이다. CRM 시스템은 기업의 미래 경쟁력을 확보할 수 있도록 지원하는 정보시스템이다. 고객과의 관계를 상호 우호적인 관계를 지속할 수 있다면 미래의 시장환경이 아무리 급변하더라도 경쟁력을 확보할 수 있을 것이다. 고객과의 우호적인 관계를 지속하고 발전시켜 나갈 수 있도록 지원하는 시스템이 CRM 시스템이다.

3. CRM시스템의 특성

CRM시스템은 여러 가지의 특성이 많지만 크게 몇가지를 살펴보면 목적성, 자동성, 제어성, 통합성 등의 특성이 있다. 다음의 [그림 11-2]는 정보시스템의 중요한 특성을 나타내고 있다.

그림 11-2 CRM시스템의 특성

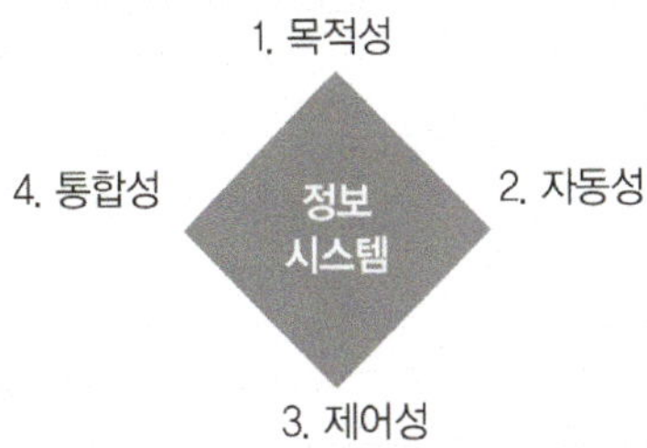

1) CRM시스템의 목적성

CRM시스템의 목적성(Objection)은 고객정보처리에 대한 목적을 달성하기 위해서 여러 가지 구성요소들을 결합하고, 여러 가지 작은 하위목표를 갖는 것을 의미한다. CRM시스템은 우호적인 관계를 지속하고 발전시키는 목적성을 가지고 있다.

2) CRM시스템의 자동성

CRM시스템의 자동성(Automation)은 고객정보의 변화에 따른 적절한 대응이 자동으로 수행되는 것을 의미한다. CRM시스템은 정보처리를 자동으로 수행하는 자동성의 특성이 있다. 자동성이란 정보를 처리하는 업무과정에 자동으로 판단하고 결정하며 실행할 수 있도록 설계된 시스템이다. CRM시스템은 매우 다양한 방법과 경로를 통하여 수집되는 고객정보를 통합하고 정제한 다음에 저장하는 과정을 자동으로 반복하는 자동성이 있다.

3) CRM시스템의 제어성

CRM시스템의 제어성(Control)은 CRM시스템이 고객정보를 처리하는 과정에서 정해진 규정 혹은 규칙을 이탈하는 현상을 사전에 감지하여 수정함으로써, 사고를 방지할 수 있는 시스템을 의미한다. 제어성이 뛰어날수록 안전하고 신뢰성이 있는 시스템이다. CRM시스템은 고객정보를 통합하고 정제하는 과정에서 다른 고객으로 통합하는 등의 오류를 사전에 방지할 수 있는 다양한 제어성의 특성을 가지고 있다.

4) CRM시스템의 통합성

CRM시스템의 통합성(Integration)은 항상 다른 정보시스템과의 연관성을 가지고 상호의존관계에 있는 통합성의 특성을 의미하며, 고객정보처리에 대한 독립적인 성과만을 목적으로 운영되지 않고 조직 전체의 목적에 부합되도록 종합적으로 운영된다. CRM시스템은 어느 한 부서 혹은 전문가의 시스템이 아닌 전사적으로 고객과의 관계를 발전시키는 통합성이 있다.

4. CRM시스템의 구성요소

CRM시스템은 컴퓨터와 정보통신의 발달로 수백만 명 혹은 수천만 명에 해당하는 거대한 규모의 고객정보를 개인별로 분석하고 고객개인별로 관계를 발전시킬 수 있게 되었다. CRM시스템의 구성요소는 하드웨어, 소프트웨어, 데이터베이스, 정보통신, 사람 등이 있다. 다음의 [그림 11-3]은 CRM시스템의 구성요소를 나타내고 있다.

그림 11-3 CRM시스템의 구성요소

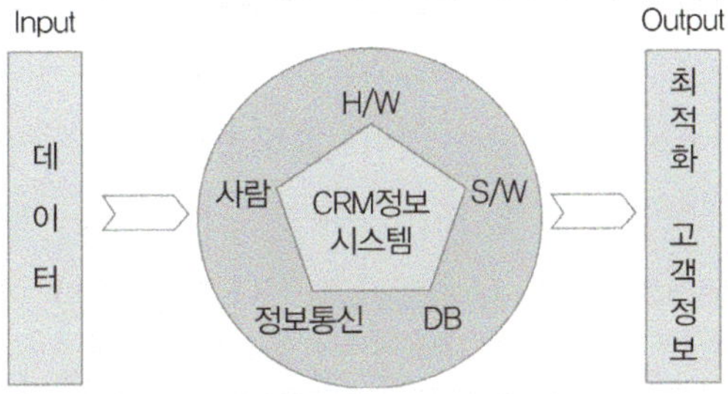

1) 하드웨어

하드웨어(H/W, Hard Ware)는 위에서 살펴 보았던 정보시스템의 기본구조와 같이, 정보의 입출력, 처리, 피드백을 수행하는데 사용되는 컴퓨터와 정보통신설비이다. 컴퓨터에서의 하드웨어는 중앙처리장치(CPU, Central Processing Unit)의 연산, 제어, 기억, 입출력 등의 장치를 제어, 판독, 기록하는 회로등에 사용된다.

최근의 하드웨어, 특히 CPU의 처리속도는 수천만 명의 고객정보를 빠른 속도로 처리할 수 있는 기술까지 발전되었기 때문에 CRM시스템의 운용이 가능하게 되었다. 수퍼컴퓨터의 CPU의 경우에는 1초에 수천억 회씩 연산할 수 있는 초고속컴퓨터까지 실용화되고 있다고 한다.

2) 소프트웨어

소프트웨어(S/W, Soft Ware)는 컴퓨터프로그램과 관련되어 저장된 모든 기록물 전체를 의미하며 컴퓨터작업을 수행하고 운영할 수 있게 하는 명령들의 집합체로써, 프로그램이라고도 한다. 소프트웨어는 시스템 자체를 운영하는 시스템소프트웨어와 업무처리 등의 프로세스를 수행하는 응용소프트웨어가 있으며, 경영현장에서 소프트웨어라고 하면 응용소프트웨어를 말하기도 한다. 소프트웨어는 컴퓨터로 하여금 작업을 수행하도록 명령하는 프로그램이므로, CRM시스템에서는 고객과의 관계를 우호적으로 발전시킬 수 있는 고객서비스향상에 관련한 고객정보를 수집하고 통합하며, 저장하고, 분석하게 한다.

3) 데이터베이스

데이터베이스(DB, Data Base)는 기업이나 조직의 업무를 처리하는 다양한 응용시스템들이 공동으로 사용하는 운영데이터들을 통합하여 저장하는 장치이다. CRM시스템의 경우에는 수천만 명의 고객정보를 개인별로 이력까지 관리할 수 있는 방대한 데이터를 정제하고 통합하고 저장할 수 있어야 한다. 이러한 데이터베이스의 기술발전도 CRM시스템을 가능하게 하고 있다. 데이터베이스를 운영하고 관리하는 시스템을 데이터베이스 관리시스템(DBMS, Data Base Management System)이라고 한다.

4) 정보통신

정보통신(Information Telecommunication)은 서로 거리를 두고 있는 조직 간 혹은 부서 간의 다양한 컴퓨터 시스템들을 서로 연결시켜 준다. 정보통신기술의 발전은 전 세계를 실시간으로 통합시키고 있다. 서울에서 이웃집과 통화를 하거나 뉴욕이나 런던의 가족이나 지인과 통화할 경우에는 아무런 차이점이나 불편함을 느끼지 못한다. 정보통신기술은 지리적 시간적 장벽을 허물고 있다. CRM시스템에서는 전 세계에 산재해 있는 고객과의 거래정보를 판매시점관리 시스템인 POS(Point of Sales)시스템 등을 활용하여 실시간으로 수집하고 있다. 정보통신의 기술은 글로벌기업의 세계경영을 가능하게 한다. 세계 각 지역에 있는 공장의 ERP, 지역별로 수많은 공급망관리(SCM, Supply Chain Management), 그리고 지역별로 운영되고 있는 CRM시스템의 통합이 가능한 것은 정보통신의 발전이 있기 때문이다. 데이터를 전송하는 속도는 현재 6Gbps(Giga bits per sec: 초당 기가비트 수) 수준 이상이 가능하며, 이는 영화 한 편을 순식간에 전송할 수 있는 속도이다.

5) 사람

CRM시스템에서 가장 중요한 것은 사람(People)이다. CRM시스템을 개발, 운영, 관리하는 데 가장 필요한 요소는 CRM시스템의 전문가인 사람이다. 그리고 CRM시스템을 사용하는 마케팅, 제품개발, 생산 등의 경영자, 관리자, 담당자들이 매우 중요한 사람들이다. CRM시스템을 사용하는 사람들은 고객과의 관계를 유지하고 발전시킴으로써, 미래의 기업경쟁력을 확보하는 중요한 역할을 담당하고 있다. CRM시스템을 사용하는 사람들의 중요성은 시간이 흐를수록 더욱 증가될 것이다.

제2절 CRM시스템의 도입배경

CRM의 시스템을 도입해야 하는 필요성이 많은 기업으로 확산되고 있다. 이러한 CRM시스템을 도입할 수 있게 된 배경을 정보기술의 발전의 측면과 무한경쟁시대의 심화의 측면에서 살펴본다.

1. 정보기술의 변화

고객 한 사람 한 사람을 가족과 같이 관리할 수 있었던 옛날의 고객관계관리의 방법에 대해서 우리 인류는 이미 오래 전부터 경험적으로 알고 실행하고 있었다. 그러나 인구의 이동과 도시화, 기업의 발달 등으로 인하여 고객정보가 대량으로 발생하고 다양화되었기 때문에 기업이 고객의 변화하는 정보를 지속적으로 관리하고 활용하기에는 제반 여건이 너무 어렵게 되었다.

산업사회의 발전으로 공급이 수요를 초과함으로써 대부분의 크고 작은 기업들은 치열한 경쟁의 환경에 있다. 고객정보는 기업들의 경쟁력의 핵심이 되었다. 특히, 고객에 대한 정보를 가진 개인이나 기업들은 그들의 경쟁력과 시장장악력을 확대시키고 있다. 이러한 고객정보력의 중요성을 인식한 기업들은 대량의 고객정보를 확보하기 시작하였으며, 고객 한 사람 한 사람에 대한 욕구를 충족시키고 고객과의 관계를 유지할 수 있는 CRM의 활용이 필요하게 되었다. 그러나 수백만 명 혹은 수천만 명 이상의 고객정보를 고객 개인별로 분석하고 운영하기에는 컴퓨터와 정보통신기술의 발전이 따르지 못했기 때문에 그동안 CRM 방법을 활용하는 데 많은 어려움이 있었다.

최근 정보기술(IT: Information Technology)의 발전은 CRM을 활용할 수 있도록 기술적인 환경을 제공하게 되었다. 오래 전 옛날의 농경사회에서 이웃 간의 관계를 관리하던 방법을 컴퓨터, 인터넷, 정보통신기술 등의 현대적인 방법으로 다시 활용할 수 있게 되었다. 특히, 컴퓨터의 대량정보를 신속하게 처리할 수 있는 성능과 인터넷의 발전은 기업과 고객이 신속하고 정확한 정보교환을 가능하게 하고 있으므로 CRM의 발전을 더욱 가속화시키고 있다. 이러한 정보기술의 변화의 내용은 컴퓨터기술의 변화, 인터넷환경의 변화, 정보기기 확산 등이 있으며, [그림 11-4]와 같다.

그림 11-4 정보기술의 변화

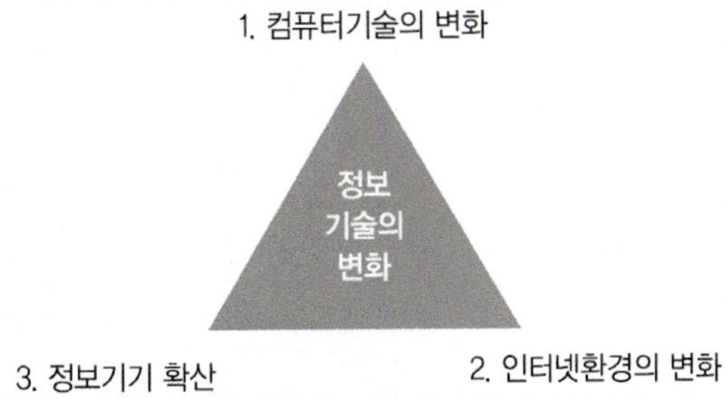

1) 컴퓨터 기술의 변화

컴퓨터의 기능 중에서 처리속도, 저장용량의 기술적인 발전은 수백만 혹은 수천만 명 이상의 막대한 고객정보를 신속하게 분석할 수 있도록 환경을 제공하고 있다. 컴퓨터 기술의 발전은 기업의 내부에서 엄청난 고객정보를 매우 효율적이고 효과적으로 저장하고 신속하게 처리하고 가공하며 분석할 수 있음을 의미한다.

컴퓨터 기술이 발전하지 못했던 과거에는 비용문제로 CRM을 실행하기 어려웠다. CRM시스템을 도입하기 위해서는 초대형 컴퓨터와 초대형 저장매체들을 도입하고 운영해야 한다. 그러나 CRM시스템에 필요한 컴퓨터 관련 설비를 도입하는 데 막대한 비용이 소요되었기 때문에 CRM시스템을 도입하기가 매우 부담스러운 현실이었다.

그러나 최근의 비약적인 컴퓨터 기술의 발전과 컴퓨터 가격의 하락은 기업이 CRM을 용이하게 실행할 수 있도록 기업의 내부환경을 제공하게 되었다. 그리고 컴퓨터의 분석능력이 급속도로 발전하였다. 수천만 명의 고객정보를 수집하고 정제하며 분석한 다음에 고객 개인별로 맞춤 서비스를 제공할 수 있는 컴퓨터 환경이 CRM시스템의 구현을 가능하게 하였다. 방대한 양의 고객정보를 매시간 수집하고 통합하며 데이터마이닝을 한 다음에 각 조직이나 관련기업 등에서 활용할 수 있도록 영역별로 세분화된 데이터웨어하우스인 고객정보마트를 구축하고 운영할 수 있게 되었다. 이러한 컴퓨터의 발전은 기업이나 조직단체에서 고객을 대상으로 CRM을 실행할 수 있는 계기를 제공하게 되었다.

〈사례 11.1〉은 수퍼컴퓨터를 활용할 수 있는 환경을 제공할 수 있는 내용을 보여 주고 있다.

CRM Practice 11.1 중소기업도 1초당 경(京) 단위 데이터 처리 가능

판교 HPC이노베이션허브 내년부터 공식 서비스 …

과학기술정보통신부는 9월 19일 HPC이노베이션허브를 경기도 성남의 판교기업지원허브 2층에 열었다. 연말까지 안정성 테스트와 시범 서비스를 한 후 내년부터 정식 서비스를 제공할 계획이다. HPC(High Performance Computing)는 '고성능 컴퓨팅'으로 불린다. 수퍼컴퓨터로 대용량 정보를 고속으로 처리하는 것을 뜻한다. HPC이노베이션허브는 연말까지 안정성 테스트와 시범 서비스를 한 후 내년부터 정식 서비스를 제공할 계획이다.

HPC이노베이션허브가 본격 운영되면 중소기업도 고성능 컴퓨팅을 손쉽게 활용할 수 있게 된다. 우선 200테라플롭스(1초당 200조번 연산) 규모로 구축된다. 200개가 넘는 기업에 HPC 시스템을 지원할 수 있게 된다. 제조업뿐만 아니라 영상과 의료 분야의 중소기업도 HPC를 활용할 수 있다.

정보통신혁신재단(ITIF)과 국제데이터센터(IDC)에 따르면 HPC는 복잡한 계산 문제를 해결하기 위해 수퍼컴퓨터의 대용량 처리 기술을 사용하는 것을 뜻한다. 컴퓨터, 프로그램, 전자공학, 알고리즘, 응용 소프트웨어를 포괄한 여러 기술을 통칭한다.

보통 HPC는 플롭스(FLOPS)로 불리는 1초당 연산 계산 능력으로 컴퓨터의 속도가 측정된다. 작동 속도는 지난 20년간 기하급수적으로 증가했다. 1990년대 말 처음 테라플롭스(1초당 1조번)의 장벽을 깨뜨렸다. 그런데 2005년 가장 빠른 수퍼컴퓨터는 1초당 1000조번으로 페타플롭스의 시대를 열었다. 최근 수년 간 세계에서 가장 빠른 수퍼컴퓨터는 중국의 텐허2호(Tianhe-2, 天河二號)로 54.9 페타플롭스(1초당 5경4900조번)를 자랑했다. 이어 지난해 중국 장쑤성(江蘇省) 우시(無錫)의 국가초급계산중심에 설치된 선웨이타이후라이트(Sunway Taihu Light, 神威太湖之光)가 93페타프롭스(1초당 9경3000조번 연산)를 기록하며 최고의 처리 속도를 뽐냈다.

(출처: 중앙일보, 2017. 10. 21., http://news.joins.com/article/22034629)

2) 인터넷 환경의 변화

컴퓨터 기술의 발전이 CRM의 활용을 위한 기업의 내부적인 영향요인이라면, 인터넷 환경은 기업의 외부적인 영향요인이라고 할 수 있다. 인터넷망을 통한 고객정보의 교환과 컴퓨터시스템의 데이터 처리속도로 인해 고객과의 방대한 거래정보와 파생되는 다양한 정보를 처리할 수 있는 능력을 보유하게 되었다. 인터넷을 활용한 신속한 커뮤니케이션은 기업과 고객, 고객과 고객 간의 관계를 형성하고 유지 및 발전시키는데 영향을 미치고 있다. 고객은 자신이 가지고 있는 기업, 제품, 서비스 등 관심 분야에 대해서 여행중이거나 늦은 밤이거나 장소와 시간에 구애를 받지 않고 원하는 시간에 언제든지 정보를 검색하고 주문할 수 있다. 그리고 주문한 제품에 대해서도 언제든지 배송상태를 확인할 수 있으며, 문의, 클레임 접수, 서비스요구 등의 모든 상거래활동을 인터넷을 활용하여 실행할 수 있다.

3) 정보기기 확산

최근에는 스마트폰 등 모바일기기의 확산으로 인터넷 활용이 더욱 가속화되고 있다. 페이스북, 카카오톡 등 SNS(Social Network Service)에 대한 참여가 확대되었으며, SNS를 활용하여 성장하고 있는 소셜커머스(SC: Social Commerce)의 활용이 촉진되고 있다. 이러한 사회적인 네트워크활동에 대한 참여현상은 고객들이 기업 혹은 제품 정보에 대해서도 용이하게 접근하고 전파할 수 있음을 의미한다. 고객의 영향력이 증가할 수밖에 없는 환경으로 발전하고 있다.

미래는 급변하는 글로벌경쟁의 사회이다. 시장환경이 급변하고 고객의 필요(Wants)와 욕구(Needs)가 하루가 다르게 변하고 있다. 이러한 급변하는 시장환경의 경쟁에서 살아남고 더욱 발전하는 기업이 되기 위해서 모든 경영자들은 미래의 고객을 확보하기 위한 수단을 찾고 있다. 경영자들이 미래의 경쟁력을 확보하기 위해서 경쟁사보다 우호적인 고객을 더 많이 확보하고 그들과의 관계를 친밀하게 유지하면서 미래에는 더욱 강력한 유대관계를 가질 수 있기를 원하고 있다. CRM도입의 투자비용에 대하여 부담을 느끼면서도 CRM시스템을 도입하고자 하는 배경을 살펴보면 다음과 같다.

2. 무한 경쟁의 시대

기업의 경영환경은 무한경쟁의 시대에 들어섰으며 미래의 경영환경은 더욱 예측할 수 없는 변화 속에서 경쟁을 해야 한다. 미래의 고객과 시장환경의 변화가 아무리 심하더라도 경쟁에서 살아남을 수 있는 방안, 즉 고객관계관리인 CRM을 활용해야 한다.

무한경쟁의 시대에는 핵심고객의 장기관리, 고객접점 통합, 고객욕구 분석, 고객별 차별화전략, 미래 경쟁력 확보 등 CRM의 필요성이 증가되고 있다. [그림 11-5]는 무한경쟁시대인 미래를 대비하기 위해 필요한 CRM활동의 구체적인 내용이다.

그림 11-5 무한경쟁시대에서 CRM의 필요성

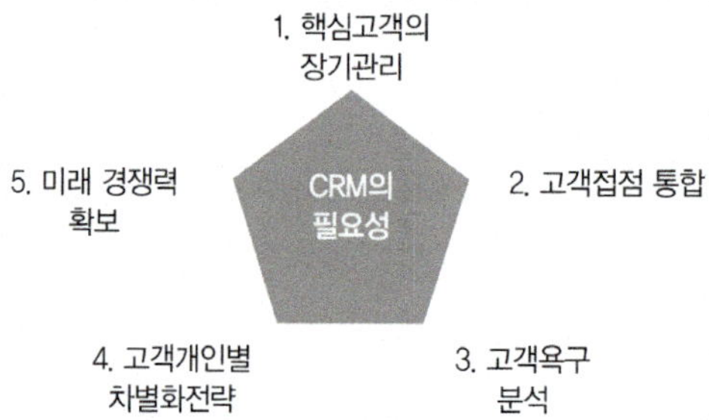

1) 핵심고객의 장기적 관리 필요성

CRM시스템을 도입함으로써, 기업은 자사의 핵심고객과 충성고객이 누구인지 파악하기가 용이하다. 이를 기반으로 고객 개인별로 우호적인 관계를 장기적으로 지속할 수 있도록 고객정보를 활용한다면, 미래의 비즈니스 확대에도 많은 기대를 할 수 있을 것이다.

2) 고객접점 통합 필요성 증가

고객접점에서 발생하는 고객정보는 매우 다양하다. 거래정보 이외에도 물류, 서비스, 캠페인, 신제품설명회, 방문고객, 콜센터 등의 다양한 접점에서 발생하는 고객과의 상담내용과 고객의 욕구에 대한 고객정보를 CRM시스템의 고객 개인별 이력관리 DB에 누적 관리하는 것이 가능하다. 이러한 최적화된 고객정보는 고객의 미래행동에 대한 예측을 가능하게 해준다.

3) 고객욕구 분석 필요성 증가

다양한 고객접점에서 발생하는 고객정보는 다양한 경로를 통하여 CRM시스템의 고객정보 데이터베이스로 취합된다. 고객접점에서 상담원이 CRM시스템을 활용하여 상담을 진행할 경우에는 고객자신이 미처 인식하지 못한 고객개인의 욕구를 미리 파악하고 대응할 수 있으므로 고객만족도의 향상을 기대할 수 있다.

4) 고객별 차별화전략 필요성 증가

기업과의 관계가 장기적으로 우호적인 고객은 차별화된 특별한 고객서비스를 받고 싶어한다. CRM시스템에서는 개인별 정보가 누적되면서 항상 최적화되고 있으므로, 정밀하게 세분화가 가능하며 정밀화된 소규모의 시장별로 맞춤서비스를 제공할 수 있다.

5) 미래 경쟁력 확보 필요성 증가

기업은 경쟁이 더욱 치열해 질 것으로 예상되는 미래의 시장환경에 적응하고 성장을 지속하기 위해서 고객관계관리를 통해서 경쟁력을 확보해야 한다. 고객의 마음을 잡음으로써 미래의 시장과 미래 경쟁력을 확보할 수 있다.

개인별 고객정보를 지속적으로 누적하고 최적화하여 고객과의 관계를 발전시킬 수 있는 CRM을 실현하기 위하여 기업은 CRM시스템을 도입해야 한다. CRM시스템을 도입하고 CRM을 실행하는 기업의 활동은 더 이상 선택이 아닌 필수적인 조건으로 변화하고 있다.

제3절 통합CRM시스템

1. 통합CRM시스템의 개념

통합CRM시스템은 전사적인 CRM과 수직적 통합CRM이 가능해야 한다. 전사적 CRM은 기업전체를 구성하고 있는 조직 혹은 부서의 종업원 모두가 CRM를 수행할 수 있어야 한다. 전사적 CRM시스템은 신상품을 기획・개발・생산하는 제품사업부와 상품정보를 포함한 기업과 관련된 제반 업무를 홍보해야 하는 홍보부서, 기업에서 생산한 제품과 서비스상품을 고객에게 제공하는 업무를 담당하고 있는 마케팅과 영업부서 등 모든 부서에서 공동으로 활용할 수 있는 CRM시스템이다. 모든 종업원은 고객정보를 활용하면서 고객과의 관계를 발전시키기 위한 CRM을 실행할 수 있다.

그리고 수직적 통합CRM시스템은 소매유통점, 서비스기업, 물류기업, 제휴사 및 관계사 등 외부조직 혹은 외부기업을 통하여 간접적으로 고객정보를 수집하는 모든 경로를 수직적으로 통합한 CRM시스템을 의미한다.

통합CRM시스템은 전사적이고 수직적 통합을 동시에 실현한 시스템이다. [그림 11-6]은 통합CRM시스템에 대한 개념을 나타내고 있다.

그림 11-6 통합CRM시스템에 대한 개념

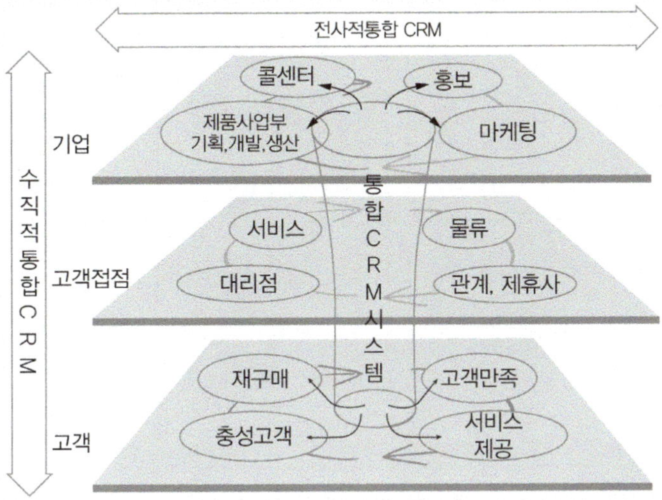

2. 통합CRM시스템의 구조

통합CRM시스템의 구조는 고객접점에서의 다양한 조직 혹은 기업이 고객과 접촉함으로써 발생하는 고객상호작용, 다양한 고객정보를 수집하고 통합하며 데이터웨어하우스에 저장하고, 통합된 고객정보를 개인별로 분석하고 기업의 경영활동에 도움이 될 수 있는 고객가치를 제고할 수 있다. 통합CRM시스템의 구조는 조직 혹은 기업 전체의 구성원들이 모두 참여하는 전사적 CRM 등의 과정을 거쳐서 고객과의 관계를 발전시킬 수 있는 가치화된 고객정보를 제공한다. 그리고 통합CRM시스템은 가치화된 고객정보를 활용하여 고객별로 맞춤정보와 맞춤서비스를 제공함으로써 고객의 만족도를 향상시킬 수 있는 활동을 지원하는 시스템이다. 통합CRM시스템은 전사적이며 수직적 통합CRM을 실행할 수 있도록 제반 프로세스를 제공하는 구조이다.

[그림 11-7]은 전사적 CRM시스템과 수직적 통합CRM시스템을 모두 통합한 통합CRM시스템의 구조를 나타내고 있다.

그림 11-7 통합CRM시스템의 구조

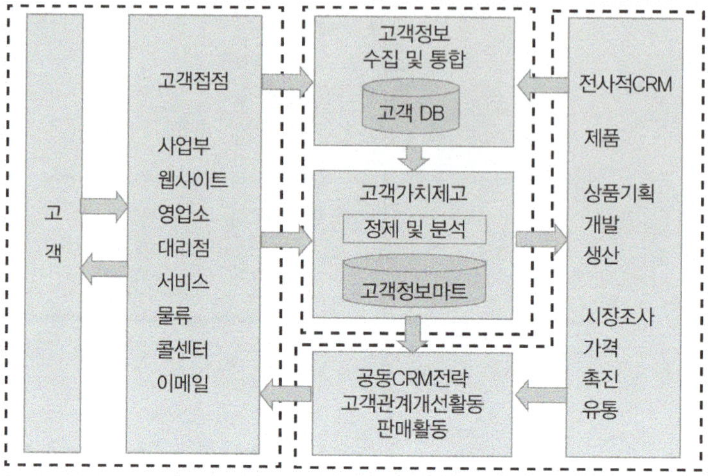

3. 통합CRM시스템의 순환구조

CRM시스템의 구조를 CRM사이클과 비교해 보면 운영CRM은 고객접점에서의 상호작용, 분석CRM은 고객정보수집 및 통합저장과 고객가치제고, 협력CRM은 전사적 CRM과 통합CRM에 해당되며 [그림 11-8]과 같다.

그림 11-8 통합CRM시스템의 순환구조

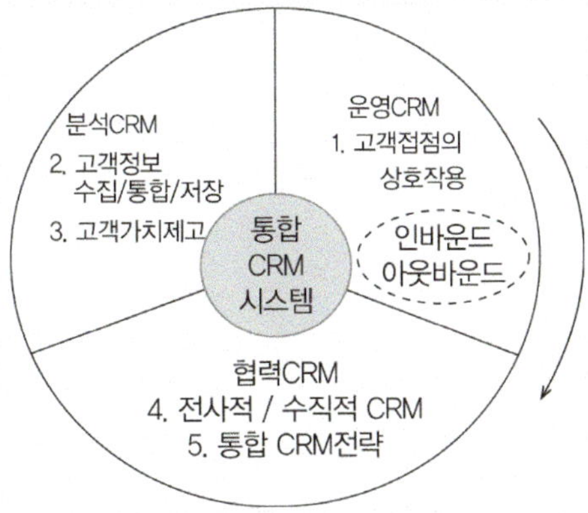

제4절 통합CRM시스템의 기능

위에서 살펴본 통합CRM시스템의 순환구조의 순서대로 기능을 살펴보면 다음과 같다.

1. 고객접점의 상호작용시스템

고객접점에서의 상호작용은 고객으로부터 정보가 기업으로 수집되는 방향과 기업의 정보가 고객에게 전달되는 두 가지의 방향이 있다. 전자를 인바운드 고객접점(Inbound Customer Contact Point)이라고 하며, 후자를 아웃바운드 고객접점(Outbound Customer Contact Point)이라고 한다. 고객의 정보를 수집하는 단계는 인바운드 고객접점단계로서 CRM사이클의 첫 단계로 정할 수 있으며, 수집된 고객정보를 CRM시스템의 여러 단계를 거쳐 최적화한 뒤 고객접점에서 다시 활용하는 단계를 CRM사이클의 마지막 단계인 아웃바운드 고객접점이라고 할 수 있다. 마지막 단계인 아웃바운드 고객접점은 첫 번째 단계인 인바운드 고객접점과 연속적으로 순환되는 접점이 된다. 고객접점의 종류는 제품사업부, 전자상거래, 대리점, 서비스, 물류, 콜센터, 이메일 등이 있으며 [그림 11-9]와 같다.

그림 11-9 기업의 고객접점

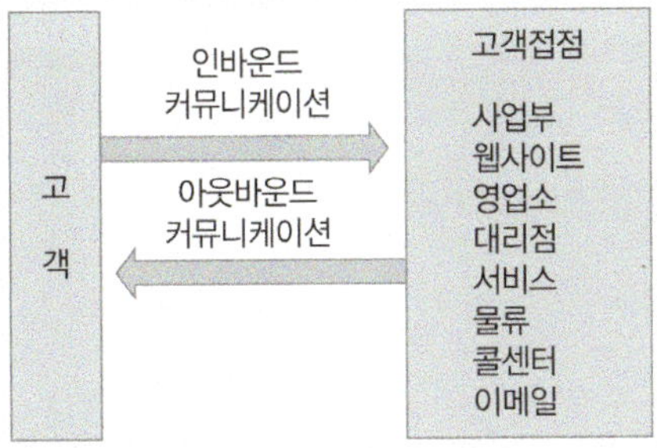

1) 인바운드 커뮤니케이션

고객은 상품에 대한 구입, 문의, 건의, 요구, 불만 등을 해결하기 위해서 다양한 인바운드 고객접점을 활용하여 기업으로 정보를 제공한다. 고객이 기업으로 정보를 제공하는 데 적극적이지 못한 경우가 많으므로 기업은 고객의 필요(Wants)와 욕구(Needs)에 관련한 정보를 수집하는 데 노력을 강구해야 한다. 고객접점에서 고객이 기업으로 정보를 제공할 수 있는 커뮤니케이션을 인바운드 커뮤니케이션(Inbound Communication)이라고 한다. 인바운드 커뮤니케이션의 경우에는 여러 경로를 통하여 고객으로부터 수집된 고객정보를 관리, 보고, 전파하고 고객정보를 이력관리하며 고객이 구매를 원하는 경우에는 계약을 체결하고 관련 부서에 계약을 이관하게 된다.

2) 아웃바운드 커뮤니케이션

아웃바운드 고객접점에서는 기업의 정보가 고객에게 제공된다. 기업에서 고객에게 전하고자 하는 상품정보, 행사정보, 조직정보, 인사정보 등의 기업전반에 관한 정보를 고객접점을 통하여 제공하고 있다. 고객접점에서 기업이 기업의 정보를 고객에게 제공하는 커뮤니케이션을 아웃바운드 커뮤니케이션(Outbound Communication)이라고 한다.

3) 고객접점에서의 CRM시스템

고객접점에서의 CRM시스템은 대부분 아웃바운드 커뮤니케이션 활동이 많은 부분을 차지하고 있지만, 인바운드 커뮤니케이션의 중요성도 매우 크다. 고객접점에서는 운영지원시스템, 마케팅자동화시스템, 판매자동화시스템, 텔레마케팅시스템, 고객서비스시스템 등의 CRM시스템이 운영되기도 하며 [그림 11-10]과 같다.

그림 11-10 고객접점의 CRM시스템

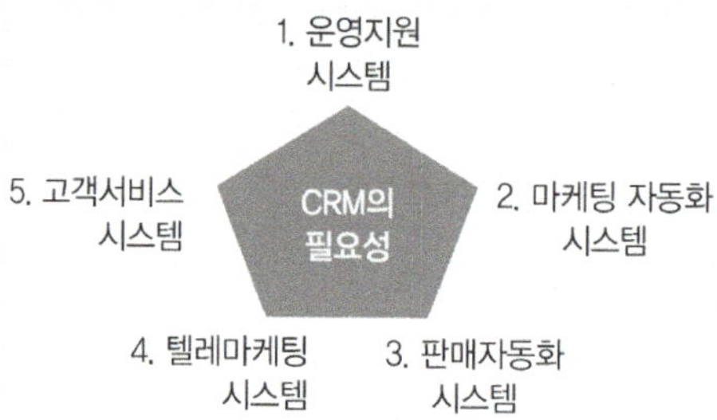

(1) 운영지원시스템

운영지원시스템(Operation Assistant System)은 컴퓨터와 정보통신시스템으로 구성되어 있으므로 기술적 혹은 프로세스적인 운영측면에서 고객과의 관계를 유지하고 발전시키는 활동을 수행하는 데 어려움이 없도록 지원할 수 있는 CRM시스템을 말한다.

〈사례 11.2〉는 CRM의 시작은 고객의 사소한 불만을 해소하여 서비스를 향상하는 것부터라는 것을 보여 주는 내용이며, 고객접점에서 원스톱 통합서비스를 실현할 수 있도록 의료기관에서 운영하는 내용이다.

CRM Practice 11.2 진료예약 · 상담 부담 덜게 원스톱 통합서비스

서울아산병원은 고객이 빠르고 편안하게 진료 서비스를 받을 수 있는 통합서비스창구를 2014년 개설했다.

서울아산병원은 처음 병원을 찾는 고객들이 한층 더 쉽고 빠르고 편안하게 진료 서비스를 받을 수 있도록 통합서비스창구를 2014년 개설하여 운영하고 있다. 진료상담을 통한 맞춤형 예약부터 외부영상 저장, 진료의뢰서 등록 등 병원 업무와 개인 비즈니스 업무까지 한 자리에서 끝낼 수 있는 원스톱 통합서비스 시스템을 구축한 것. 또한 환자들의 첫 방문에 대한 불안감을 해소해주고자 직원이 함께 진료과 및 검사실에 동행하며 안내하는 첫 방문 고객 동행 서비스를 실시하고 있다. 이 밖에도 무인 수납기 운영, 거동이 불편한 환자에게 직접 찾아가는 가정간호 서비스, 외국인 환자를 위한 국제진료센터 운영 및 통역 지원 등 환자 중심 병원이 되기 위한 다양한 활동들을 시행하고 있다.

서울아산병원은 병원의 내부고객인 직원을 위한 다양한 복리후생 제도와 직원 편의시설을 운영하고 있다. 환자・보호자를 응대하며 받을 수 있는 긴장과 스트레스 완화를 위해 직원 릴렉스(마사지)샵과 직원들 간에 담소를 나눌 수 있는 직원 라운지를 마련했다. 병원 내 직원 스포츠센터와 어린이집, 주차장 등도 운영하고 있다. 자녀 학자금 지원과 휴가철 콘도 및 휴양소 지원, 진료비 할인 등 다양한 복리후생 제도를 시행하고 있다.

(출처: 중앙일보, 2015. 10. 13.)

(2) 마케팅자동화시스템

마케팅활동 중에는 고객확보 및 유지를 위한 캠페인 활동을 지원하는 캠페인시스템이 있다. 캠페인은 고객에게 좀 더 나은 정보와 서비스를 제공함으로써 고객과의 관계를 우호적인 방향으로 발전시키기 위하여 고객과 일대일의 쌍방향 커뮤니케이션이 이루어지는 마케팅활동이다. 마케팅자동화시스템(Marketing Automation System)의 대표적인 기능은 캠페인시스템이다. 캠페인시스템(Campaign System)은 기업에서 필요로 하는 캠페인에 대한 표준파라메터를 정하고 캠페인을 시행하는 요건을 정한 다음에 최적의 고객을 찾아서 기업의 캠페인 정보를 제공할 수 있는 시스템이다.

캠페인시스템은 경쟁력있는 차별화된 마케팅전략을 수행할 수 있도록 적합한 고객을 선정하며 캠페인 결과를 수집하여 그 결과를 분석하고 캠페인 성과를 자동으로 추적할 수 있다. 마케팅자동화시스템으로는 캠페인, 촉진관리, 이벤트관리, 시장별 계획, 마케팅실행, 마케팅분석 등의 시스템이 운영될 수 있다.

(3) 판매자동화시스템

고객접점에서의 판매자동화시스템(Sales Force Automation System)은 영업계획, 주문관리, 성과분석 등의 판매를 위한 자동화된 시스템이다. 상권이 넓은 지역이거나 구매가능고객보다 잠재고객의 비율이 너무 클 경우에는 판매 성공률이 낮아 영업비용에 비하여 성과는 비효율적인 경우가 있다. 이러한 비효율적인 판매활동을 효율적이고 효과적으로 수행하기 위해서 판매자동화시스템의 도움을 받기도 한다.

영업담당이 어떤 상품을 판매하기로 목표가 설정되었다면, 고객접점에서 판매업무를 지원할 수 있는 CRM시스템의 일부인 판매자동화시스템을 활용할 수 있다. 우선, 해당상품을 가장 잘 표현할 수 있는 파라메터를 정한 후에 CRM시스템의 고객정보 중에서 미리 설정한 상품의 파라메터를 비교하여 해당상품을 구입할 가능성이 가장 높은 고객을 선정한 후, 선정된 고객에게 해당상품에 대한 정보를 자동으로 발송하고, 주문을 접수할 수 있다. 판매가 자동으로 이루어지는 과정에서 고객이 문의사항이 있거나 상담할 내용이 발생할 경우에만 영업사원이 응답하면 된다. 판매자동화시스템은 매우 효율적이고 효과적으로 영업담당을 지원할 수 있는 시스템이다.

판매자동화를 도입한 직접적인 효과에는 판매성과의 증가, 판매활동의 사이클 단축, 판매이익의 증대, 판매업무 효율성 증가, 판매인력의 효과적인 관리 등이 있다. 판매자동화시스템의 체계적인 프로세스를 활용하면 판매담당은 새로운 고객을 확보하고 기존고객을 유지하는 비용을 줄일 수 있을 뿐만 아니라 판매거래당 비용을 절감할 수 있다. 그리고 판매자동화시스템의 기능 중에는 상황에 따라서 제품구성 등을 변경하거나 판매전망에 따라서 판매가격을 효과적으로 관리할 수 있는 기능을 제공하고 있다.

(4) 텔레마케팅시스템

텔레마케팅(Telemarketing)은 텔레커뮤니케이션(Telecommunication)과 마케팅(Marketing)을 합성한 용어이다. 텔레마케팅은 CRM시스템의 최적화된 고객정보를 활용하여 컴퓨터통신, 전화, 인터넷 등의 정보통신수단을 이용하여 고객과 일대일 커뮤니케이션을 효과적으로 실행함으로써, 신규고객 확보, 기존고객 유지, 고객만족 등의 활동을 통하여 고객과의 관계를 발전시키는 마케팅수단이다.

텔레마케팅시스템(Telemarketing System)은 상품판매를 위한 기능뿐만 아니라, 상품개발, 시장조사, 상품정보 제공, 서비스, 고객불만처리, 홍보활동 등 다양한 마케팅활동에 광범위하게 활용되고 있다. 텔레마케팅시스템의 중요한 기능은 직접적인 판매를 목표로 하기보다는 고객을 확보하고 고객과의 우호적인 관계를 유지하고 발전시킬 수 있도록 지원하는 것이다.

텔레마케팅의 특성을 보면 마케팅활동의 시간을 절약할 수 있으며, 고객과의 공간과 거리의 장벽을 극복할 수 있고, 유용한 고객정보를 효과적으로 수집할 수 있다. 텔레마케팅은 고객정보 데이터베이스를 기반으로 하고 있으며, 고객과의 관계를 중요하게 인식한다.

〈사례 11.3〉은 은행의 콜센터에서 고객과의 상담내용을 문자로 자동전환하여 관리하는 내용을 설명하고 있다.

CRM Practice 11.3 고객음성 상담 문자로 전환 … 빅데이터 경영 2탄

KB국민카드가 음성정보를 문자로 전환해 불완전판매 예방 등 소비자 보호는 물론 빅데이터 마케팅에도 활용할 수 있는'음성 상담 문자 전환 시스템'을 가동했다. 지난 6월 선보인 빅데이터 기반의 실시간 마케팅 시스템인 스마트 오퍼링 시스템에 이은 빅데이터 경영의 두 번째 작품으로 STT(Speech-To-Text) 솔루션을 통해 음성으로 저장된 고객 상담 내용 등을 문자로 전환해 다양한 업무 영역에 활용할 수 있다. 음성 파일 분석 및 활용의 한계를 극복하고 카드 관련 각종 빅데이터와의 신속하고 효과적인 결합도 가능한 것이 특징이다.

◇ KB국민카드 불완전판매 막아 소비자 보호

음성 형태의 정보를 문자로 손쉽게 전환할 수 있는 이 시스템은 불완전판매 예방은 물론 장기적으로는 각종 빅데이터와의 결합을 통해 인공지능형 맞춤 상담을 구현하는 등 소비자 보호와 고객 서비스 제고 측면에서 큰 역할을 할 것으로 기대된다.

우선 카드슈랑스 판매 등 텔레마케팅(TM) 과정에서 고객들이 사용한 단어 등을 분석해 불완전판매 사전 예방과 신속한 사후 조치가 가능해진다. 계약 철회나 민원 고객들의 상담 내역을 분석해 판매 스크립트를 보완하고, 상담 과정에서 고객이 사용한 단어와 문장 등을 기반으로 불완전판매 위험도를 사전에 계량해 위험도가 일정 수준 이상인 단어가 사용될 경우 해당 단어가 유발했던 불만 등에 대해 추가적으로 자세하게 안내하게 된다. 또한 '맞는거죠' '그렇지만'등의 단어가 반복 사용돼 상품에 대한 고객의 이해가 충분하지 못한 것으로 판단되는 경우라든가 '취소' '반품' 등 계약 철회 가능성이 높은 단어의 사용이 빈번했던 상담에 대해서는 불완전판매 위험지수를 재확인한 후 불완전판매 위험지수가 일정 수준 이상인 경우 해피콜(상품 판매 후 카드사가 고객에게 전화를 거는 것)을 실시한다. 이를 통해 텔레마케팅으로 판매된 상품에 대한 고객 이해도를 재차 확인하고, 불완전판매로 판단될 경우 고객 의사 확인 후 즉시 계약 철회를 진행하게 된다.

이 시스템을 활용하면 장기적으로는 고객의 니즈에 최적화된 인공지능형 맞춤형 상담 서비스 구현도 가능하다. 나이, 성별, 시기, 시간대, 카드 이용 패턴, 사회관계망서비스(SNS) 게시글, 카드관련 트렌드, 최근 제기된 사회적 이슈 등에 대한 빅데이터 분석을 통해 고객 유형별로 상담 니즈가 많은 항목을 사전에 선정해 상담원에게 상담에 필요한 각종 자료를 제공해 정확하고 신속한 안내가 이뤄지도록 할 수 있다.

(출처: 중앙일보, 2015. 9. 18., http://news.joins.com/article/18691732)

(5) 고객서비스시스템

고객서비스시스템(Customer Service System)은 콜센터, 헬프데스크, 고객지원 부서의 업무와 고객의 예약, 문의, 불만 등의 요구를 효과적으로 처리할 수 있는 기능을 지원한다. 특히 콜센터의 운영지원시스템으로는 CATI, CTI 등이 있다.

CATI는 Computr Aided Telephone Interviewing의 약어로서, 컴퓨터가 지원하는 반자동 전화설문조사시스템이다. 컴퓨터 지원이 자동화되는 부분은 전화조사, 면접원의 오류 방지 등 통제와 관리가 용이하고, 컴퓨터 지원이 수동인 부분은 설문 면접원이 컴퓨터 상의 설문지를 보면서 고객의 응답결과를 바로 입력할 수 있는 시스템이다. CTI는 Computer Telephony

Integration의 약어로서, 컴퓨터와 전화를 통합하는 기술이며, 컴퓨터가 전화를 효율적으로 제어, 통제, 분석, 모니터링 등이 가능한 시스템이다.

고객서비스시스템은 CTI와 같은 시스템과 연동함으로써, 서비스를 요청한 고객의 정보를 실시간으로 파악하고 원활하게 의사소통이 이루어지므로 양질의 서비스를 제공할 수 있고, 고객응대시간을 단축할 수 있으므로 서비스의 생산성을 향상시킬 수 있다. CRM활동의 강화로 콜센터는 고객서비스에 대한 활동범위가 확장되고 있으며 고객상호작용센터(Customer Intraction Center)로 개념이 확장되고 있는 추세이다.

2. 고객정보 수집/통합/저장

고객정보는 고객으로부터 정보가 수집되고 통합되는 최적화 과정을 거쳐서 데이터웨어하우스에 저장된다. 최적화된 고객정보는 다음 단계의 고객정보마트를 통하여 다양한 고객접점의 사용자에게 공급된다.

[그림 11-11]은 데이터웨어하우스의 과정인 고객정보를 수집하고 통합하며 저장하는 내용을 나타내고 있다.

그림 11-11 고객정보의 수집/통합/저장

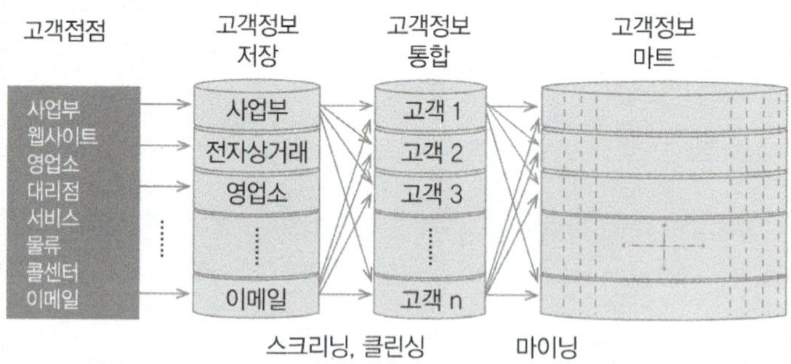

1) 고객정보 수집

기업은 다양한 경로를 통하여 고객정보를 수집하게 되며 각각의 경로를 통하여 수집된 정보는 해당 데이터베이스에 순차적으로 저장된다. 각 경로별로 접수된 순차적인 고객정보는 그 자체로 가치있는 정보라고 하기에는 미흡하다. 순차적으로 저장된 고객정보는 여러 단계를 거쳐서 기업에서 활용할 수 있는 가치있는 고객정보로 거듭나게 된다.

기업이 고객으로부터 정보를 수집하기 위해서는 직접적인 방법과 간접적인 방법이 있다. 전자상거래와 웹사이트를 통하여 직접 수집할 수 있으며, 소매유통점을 통하여 간접적으로 수집할 수 있다. 그리고 서비스기업, 물류기업, 콜센터, 이메일 등으로부터 온라인과 오프라인으로 직간접적인 방법으로 고객정보를 수집하고 있다.

2) 고객정보 통합

매우 다양한 고객접점에서 수집되는 고객정보를 통합하지 않고 수집되는 순서대로 저장만 하게 되면, 별로 값어치가 없는 쓰레기정보가 되기 쉽다. 매 순간 기업으로 수집되는 고객정보는 개별고객의 데이터베이스로 저장됨과 동시에 통합데이터베이스로 기존의 고객정보에 통합되어 저장된다. 고객정보를 통합하는 방법으로는 부실한 고객정보를 제거하는 데이터스크리닝(Data Screening)과 중복되는 고객정보를 상호 보완하는 데이터클린징(Data Cleansing) 등의 방법이 활용된다.

3) 고객정보 데이터웨어하우스

수직적으로 통합된 CRM시스템을 통하여 수집된 고객정보는 순차적으로 1차 고객정보DB에 저장된 다음에 다시 기존의 개인별로 통합되어 있는 2차 고객정보 통합DB와 다시 통합되어 저장된다.

[그림 11-12]는 고객접점에서 수집된 고객정보가 데이터웨어하우스에서 통합되는 과정을 나타내고 있다.

그림 11-12 고객정보 데이터웨어하우스

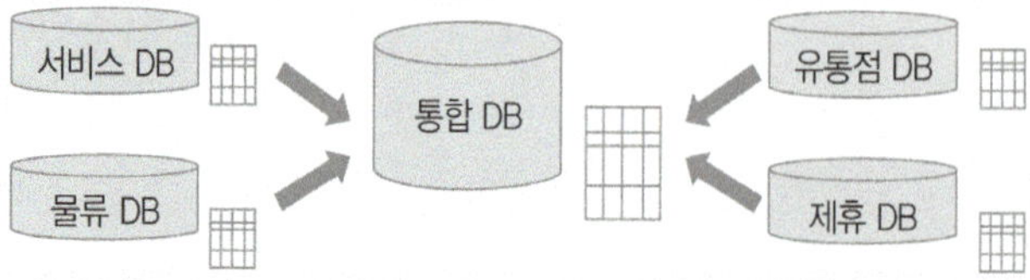

4) 데이터웨어하우스의 특징

데이터웨어하우스는 기업내부에서 CRM에 관련된 의사결정을 위한 과정에서 통합고객정보를 저장하는 대규모의 저장장소를 의미한다. CRM시스템의 데이터웨어하우스의 특성은 주제지향성, 통합성, 시계열성, 비휘발성 등이 있으며, [그림 11-13]과 같다.

그림 11-13 데이터웨어하우스의 특성

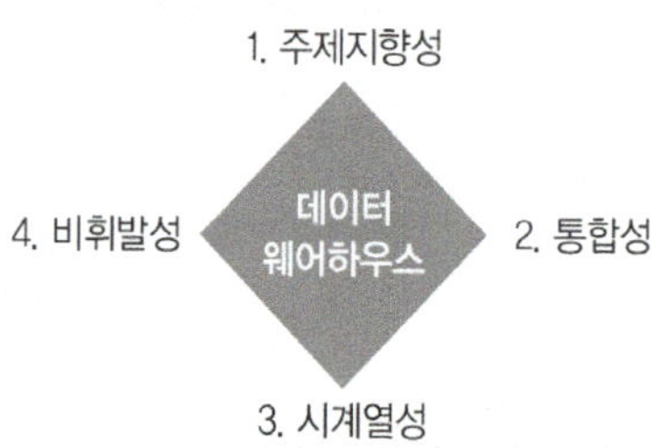

(1) 주제지향성

데이터웨어하우스는 특정한 주제에 따라 고객정보가 분류, 저장, 관리된다. 종전에는 단위 부서별로 혹은 단위 업무별로 데이터베이스가 독립적으로 운영되었지만 데이터웨어하우스에서는 부서나 업무의 범위를 넘어서 고객, 상품, 매출, 캠페인 등과 같이 특정한 주제 혹은 프로세스를 중심으로 동일한 데이터 형태로 고객정보가 취합되고 관리된다. 이러한 데이터웨어하우스의 특성을 주제지향성(Subject Oriented)이라고 한다. 데이터웨어하우스에 저장되는 고객정보는 기업에서 의사결정에 필요한 관점에서 고객정보 테이블 간의 관계가 설정된다.

(2) 데이터 통합성

고객정보는 수집되는 상태 그대로 통합할 수 없다. 각 경로에서 고객정보를 관리하기 시작한 시점이 서로 다르므로 경로별로 고객정보에 대한 데이터의 형태가 다르기 때문이다. 데이터의 형태를 스키마(Schema)라고 한다. 각 경로에서 수집되는 서로 다른 스키마를 동일하게 표준화를 해야 고객정보를 통합할 수 있다. 데이터웨어하우스의 이러한 특성을 데이터 통합성(Data Integration)이라고 한다.

(3) 데이터 시계열성

데이터베이스에서는 시간의 경과에 따라서 최근의 정보로 갱신되기 때문에 과거의 정보를 알 수 없었다. 그러나 데이터웨어하우스에서는 새롭게 수집된 고객정보가 과거의 정보를 갱신하지 않고 누적되고 통합관리된다. 데이터웨어하우스에서는 시간의 경과에 따른 누적 관리를 위해서 연, 분기, 월, 요일, 일 등의 시간을 인식할 수 있는 요소를 키(Key)값으로 사용한다. 이러한 키값은 데이터의 유일성을 나타낸다. 고객정보를 시간별로 저장하게 되면 데이터의 정확성과 함께 시간의 경과에 따른 고객정보의 변화를 파악할 수 있다. 이러한 특성을 데이터 시계열성(Time Variance)이라고 한다.

(4) 데이터 비휘발성

서로 다른 경로를 통해서 수집된 고객정보를 표준화된 통합데이터 형태로 전환하여 데이터웨어하우스에 저장한 다음에 다시 동일인의 정보가 수집되면, 동일한 고객정보의 DB로 통합되어 저장된다. 데이터웨어하우스에서는 동일한 고객정보가 저장될 때 종전의 정보는 그대로 보존한 채 새로운 고객정보를 추가하여 저장된다. 데이터웨어하우스에 저장되어 있는 고객정보는 반영구적으로 보존된다. 데이터웨어하우스에서 비휘발성 고객정보는 CRM을 실행하는 데 매우 유용하게 활용될 수 있다. 데이터웨어하우스에 저장되어 있는 고객정보는 데이터 비휘발성(Non-Volatility)의 특성을 가지고 있으므로 고객의 과거이력을 용이하게 분석할 수 있으며 라이프스타일을 이해할 수 있고 고객의 미래행동을 예상할 수 있다.

예를 들면, 어떤 고객이 이사를 빈번하게 할 경우에 이사에 대한 변화를 추적관리할 수 있으므로 해당고객의 라이프스타일에 대한 변화를 간접적으로 파악할 수 있으며, 자동차를 바꾸었던 이력을 분석하면 구매경제력을 간접적으로 파악할 수 있다.

그리고 취미용품을 구입한 고객정보의 이력을 분석하면, 취미생활과 패션을 이해할 수 있다.

3. 고객가치제고

고객가치를 제고하기 위해서는 고객정보를 기업에서 필요한 가치를 창출할 수 있도록 가공하고 정제해야 한다. 이를 데이터마이닝이라고 한다.

1) 데이터마이닝

CRM시스템을 운영하기 위한 고객정보는 적게는 수십만 명에서 많게는 수천만 명에 이르는 방대한 규모이다. 이렇게 많은 고객들과 매 순간 접촉하고 거래하는 정보의 양은 방대하기가 상상을 초월한다. 방대한 양의 가공되지 않은 고객정보를 단순하게 평면적으로 분석한 결과는 중요한 의사결정에 많은 정보를 제공하지 못한다.

데이터마이닝(Data Mining)이란 고객정보들 간에 내재되어 있는 패턴이나 혹은 상호연관성을 찾아내어서 고객행동을 예측하고, 경영에 필요한 의사결정을 지원할 수 있는 정보를 제공한다. 데이터마이닝은 고급 통계분석의 방법과 고급 모델링 방법을 적용하고 고객정보들 간의 패턴과 연관성을 찾을 수 있도록 한다. 예를 들면 수요일에는 날씨, 제품, 나이, 생애가치사이클(LTV, Life Time Value)별로 어떤 상품들이 선호되는지를 감지할 수 있는 통찰력을 얻을 수 있다.

데이터마이닝은 CRM시스템을 구현하고 활용하여 CRM을 실행할 수 있기 위한 필수적인 핵심기술(Core Technology)이다. 데이터마이닝 기법이 고객정보를 정제하는 경우에 사용되면 고객정보마이닝(Customer Information Mining)이라고 한다. 고객정보마이닝 방법으로 정제한 정보는 고객세분화분석, 고객행동분석, 고객LTV분석 등의 결과들이 데이터웨어하우스에 저장된다.

2) 고객가치 제고

기업이 수집하는 고객정보는 수집 당시에는 크게 가치가 없는 고객정보였지만, 고객 개인별로 통합되고, 통합된 고객정보는 인과관계 등의 분석방법을 통하여 미래의 고객행동을 예측할 수 있는 최적화된 고객정보로 정제된다. 이러한 고객정보마이닝 과정을 거쳐서 고객정보의 가치는 상승하게 되며 이러한 일련의 과정을 고객가치화(Customer Valuation)라고 한다. 마이닝을 통해서 고객의 각 개인에 대한 정보가 비로소 가치를 확보할 수 있게 된다. 고객의 개인별 행동에 대한 분석이 정확하고 세밀할수록 미래의 가치를 더욱 정확하게 예측할 수 있고 미래의 고객에 대한 CRM을 수립하기가 용이해 진다. 그리고 고객가치화의 과정을 통하여 고객 개인별 혹은 그룹별로 유사한 가치가 있는 고객정보를 분류하여 부서별, 업무별, 혹은 사용자별 고객정보마트에 저장하여 CRM을 실행하는 사용자들에게 사용의 편리성을 제공하게 된다.

3) 고객점수화

고객 개인별로 가치화가 진행되면서 고객 개인별로 점수화가 이루어진다. 고객점수화(Customer Scoring)는 고객가치화의 결과로 나타나는 고객 개인에 대한 가치를 평가하는 점수를 의미한다. 고객점수화는 기업의 측면에서 상품 전체 혹은 개별 상품에 대한 고객 개인의 기여 가능성을 점수화할 수 있고, 기업의 CRM을 수행하는 과정에 고객이 기여할 수 있는 가능성 등을 점수로 표시할 수도 있다. 고객점수화를 활용할 수 있는 사례를 들면, 어느 특정 대리점에서 고가격의 고기술이 요구되는 신상품을 상권 내에서 홍보하기를 원할 경우에는 CRM시스템을 활용해서 상권 내의 고객들 중에서 해당 상품에 관한 고객점수가 높은 상위권의 고객을 검색하여 일대일 홍보활동을 진행할 수 있으며, 구매적중률을 향상시킬 수 있다. 이러한 홍보활동은 적은 비용으로 많은 효과를 기대할 수 있는 "최소의 비용으로 최대의 효과"라는 경제원칙에도 잘 부합된다.

4) 고객정보마트

고객정보마이닝이 완료된 최적화된 고객정보는 데이터마트(Data Mart)로 알려져 있는 고객정보마트로 저장되어 CRM시스템을 활용하는 사용자의 선택적 사용을 지원하게 된다.

데이터웨어하우스(Data Ware House)는 전사적으로 방대한 양의 고객정보를 저장하고 관리하기 때문에 CRM시스템의 사용자가 어느 특정 고객정보를 검색할 경우에 시간이 과다하게 걸릴 수 있으며, 기업 전체의 CRM시스템 사용량이 일시적으로 증가하는 경우에는 시스템에 대한 과부하로 업무에 지장이 발생할 수 있다. 따라서 각 부서에서 소규모의 CRM 업무를 담당하고 있는 사용자의 경우에는 CRM시스템의 사용편리성이 감소하기 쉽다. 이러한 문제를 해결하기 위하여 제한된 주제를 가지고 소규모의 고객정보를 검색하여 CRM에 활용할 수 있도록 만든 부서단위의 데이터웨어하우스가 데이터 마트이다.

4. 전사적/수직적 CRM시스템

1) 전사적 공감대

경영정보시스템의 측면에서 언급되고 있는 전사적 CRM시스템은 고객정보를 수집하는 경로별로 데이터의 형태가 다르므로 전사적으로 고객정보를 통합하기 위하여 데이터의 형태를 통합한다는 좁은 범위의 의미이다. 그러나 전사적 CRM에서는 데이터의 형태를 통합하는 좁은 의미 이상의 의미가 있다. 다양한 경로를 통하여 수집된 고객정보는 과거의 정보와 통합되어야 함은 물론, 최적화된 고객정보를 전사적으로 모든 부서에서 활용할 수 있어야 성공적인 CRM을 실현할 수 있다.

전사적인 시스템보다도 더욱 중요한 것은 전사적인 공감대 형성이다. 전사적인 부서나 조직으로부터 공감대를 얻지 못하고 CRM전문가에 의해서만 CRM시스템이 도입되고 운영된다면 CRM이 성공하기 어려울 것이므로, CRM의 성공을 위해서는 전사적인 공감대를 통한 모든 부서의 전종업원들의 유기적인 협력으로 선행되어야 한다.

2) 전사적 CRM의 특징

기업의 고객관리에 대한 활동이 어느 한 부분의 최적화가 아닌 기업전체의 경영활동에 대한 최적화를 위하여 전사적 CRM을 실현해야 한다. 전사적 CRM의 실행을 통하여 기업전체의 비전과 목표를 달성할 수 있어야 한다. 전사적 CRM은 시스템만을 운영한다든지, 혹은 몇몇 가지의 마케팅프로그램을 실행함으로써 완성된다고 할 수는 없을 것이다. 전사적 CRM은 기업전체를 구성하고 있는 조직전체의 장기적인 성과, 고객들의 우호적인 반응과 재구매활동, 그리고 기업구성원 전체가 고객관계지향적인 전사적 비즈니스 프로세스에 긍정적인 영향이 미칠 수 있어야 한다. 전사적 CRM의 목표와 성과에 대해서는 제12장에서 구체적으로 살펴보기로 한다.

3) 전사적 CRM믹스

CRM을 실행하는 고객접점에서의 활동은 마케팅믹스의 4P에 해당하는 제품(Products), 가격(Price), 촉진(Promotion), 유통(Place)과 밀접한 관련이 있다. CRM은 고객접점에서 실행되고 성과가 나타나므로 마케팅믹스전략의 개념과 유사하게 전사적 CRM 믹스의 개념을 도입하여 전사적 CRM시스템을 구현할 수 있을 것이다. 전사적 CRM시스템은 제품CRM시스템, 가격CRM시스템, 촉진CRM시스템, 유통CRM시스템 등의 전사적 CRM 믹스를 각 부서에서 실행할 수 있다.

이러한 내용은 [그림 11-14]와 같다.

그림 11-14 전사적CRM믹스 시스템

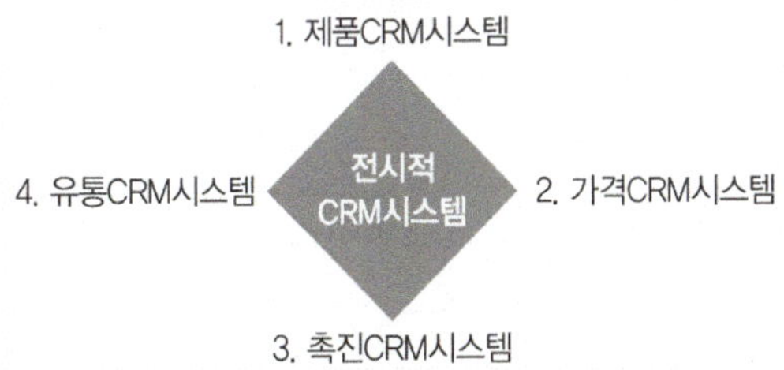

(1) 제품CRM시스템

CRM을 실행하는 소비재제품을 생산하는 제조기업에서는 제품(Products)에 관련한 CRM 활동이 대부분이다. 제품CRM시스템은 신상품기획, 개발, 생산, 시장조사 등의 분야에서 고객과의 의견교환은 물론 고객의 필요(Wants)와 욕구(Needs)를 파악해서 반영할 수 있어야 한다. 신상품을 기획하는 단계에서부터 고객과 쌍방향 커뮤니케이션으로 고객의 욕구를 반영하고, 신상품을 개발하는 과정에서도 고객의 변화하는 방향을 제대로 파악하고 적용해야 한다. 생산부서에서도 제품을 생산하는 과정에서 전사적인 품질향상의 노력과 함께 지속적으로 관리하고 있는 고객과의 관계를 활용하여 품질과 성능이 어느 정도로 어떤 방향으로 변화하고 있는지를 파악하고 반영하는 활동을 해야 한다.

제품에 관련한 기획, 개발, 생산, 품질 등에 관하여 모든 종업원은 항상 고객정보를 분석하고 제품에 반영할 수 있는 전사적 CRM에 적극적으로 참여하는 것이 기업의 경쟁력을 제고할 수 있는 미래의 전략이 될 수 있다. 기업의 미래 경쟁력 확보를 위하여, 기업은 제품 관련 부서의 종업원들이 고객과의 관계를 지속하고 발전시킬 수 있는 기능과 프로세스를 포함하고 있는 제품CRM시스템을 확보해야 한다.

(2) 가격CRM시스템

가격(Price)은 마케팅의 꽃이며 기업의 최종활동이라는 말이 있다. 기업에서 가격이 차지하는 중요도가 그만큼 높다는 의미이다. 기업 경영의 중요한 목표 중 하나가 이윤 창출이기 때문에 제품가격의 중요성이 매우 높다. 그러나 기업은 제품가격에 대한 고객과의 의견교환이 활발하지 못하다. 가격정보를 궁금해 하는 고객이 많으며 제안사항이 많음에도 불구하고 가격을 운영하는 부서원은 고객과의 관계를 멀리해 왔다. 그러나 제품가격이 차지하는 중요성에 비추어 고객과의 쌍방향 커뮤니케이션을 실행할 수 있는 가격CRM시스템이 준비되어야 한다.

가격CRM시스템은 전자상거래, 소셜커머스(SC, Social Commerce), 모바일커머스 등의 매체들과도 연동되어서 고객의 욕구를 충족시킬 수 있는 가격을 고객과 함께 만들어 가면서 고객과의 관계를 더욱 강화할 수 있도록 해야 한다.

(3) 촉진CRM시스템

CRM시스템은 촉진(Promotion)전략을 수행하기 위해서 만들어졌다고 해도 될 정도로 CRM에서 차지하는 비중은 매우 크다. 고객과의 관계를 관리하기 위해서는 고객접점에서의 활동이 많아야 하는데, 촉진 관련 부서는 고객에게 판매활동을 하지 않으면서도 고객과의 접촉활동이 다양하다. 평상 시 고객과의 관계를 유지하고 발전시키기 위해서는 직접적인 판매활동보다는 비판매활동의 촉진활동이 효과적이 될 수 있다. 따라서 기업의 촉진활동을 위한 CRM시스템은 매우 중요하다. 촉진CRM시스템은 고객 캠페인 시스템, 원투원마케팅 시스템, 고객보상 시스템, 콜센터 시스템 등으로 구성된다.

[그림 11-15]는 촉진CRM시스템을 나타내고 있다.

그림 11-15 촉진CRM시스템

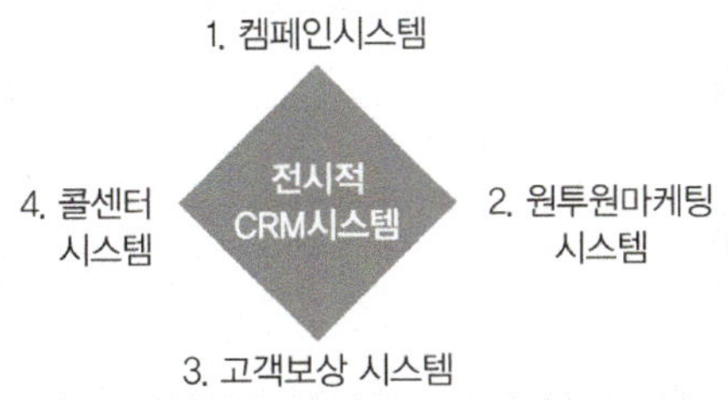

촉진CRM시스템 중에서 고객 캠페인 시스템은 제품별, 제품군별, 고객 군집별 등으로 실행할 수 있으며, 원투원마케팅시스템 고객점수화 정보를 활용하여 고객별로 맞춤서비스를 실행할 수 있고, 고객보상 시스템은 고객만족과 고객충성도 확대를 통하여 수익을 창출할 수 있는 시스템이다. 그리고 콜센터 시스템은 콜센터에서 운영하고 있는 텔레마케팅 시스템과 다이얼링 시스템 등의 시스템으로 구성될 수 있다.

(4) 유통CRM시스템

유통CRM시스템은 제조기업과 소매유통점의 적극적인 협력으로 수직적 통합이 선결되어야만 고객으로부터 고객정보를 수집할 수 있을 뿐만 아니라, 소매유통점들이 수집하고 있는 대량의 고객정보를 통합할 수 있다. 이러한 소매유통점과의 CRM시스템의 통합은 기존에 운영되고 있는 소매유통점과의 수직적 통합 시스템인 SCM(Supply Chain Management) 시스템과 연동되어야 한다. SCM시스템의 중요한 기능은 기업과 소매유통점 간의 주문을 접수하고 처리하는 물류정보를 통합한 시스템이다. SCM시스템에는 물류정보만 취급하고 고객정보가 제공되지 않는다. 따라서 기업은 CRM시스템상에서 소매유통점과 수직적 통합 및 SCM시스템과 연동되어야 한다.

[그림 11-16]은 CRM시스템과 SCM시스템의 수직적 통합을 나타내고 있다.

그림 11-16 CRM시스템과 SCM시스템의 수직적 통합

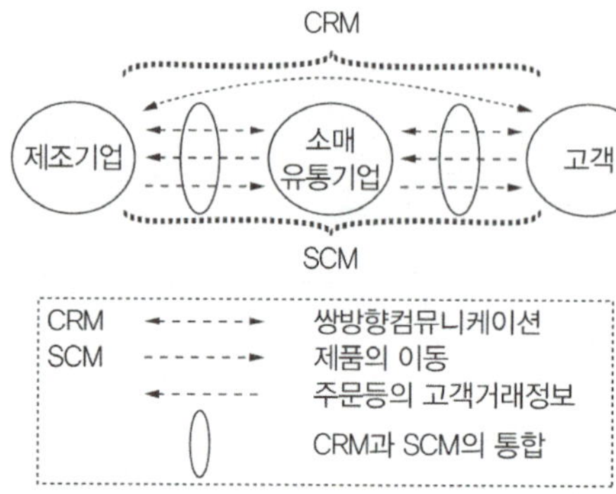

5. 통합CRM시스템

고객접점에서 고객과 직접 접촉하는 관련조직은 매우 다양하다. 이들 고객접점 조직들은 공동의 CRM을 수행하기 위해서 고객과의 관계를 유지하고 발전시킬 수 있는 활동을 수행하게 된다. 고객접점에서 활용하게 되는 공동CRM시스템은 위에서 살펴보았던 고객접점의 상호작용시스템으로 순환하게 되어 만나는 부분이므로 이미 설명했던 내용과 거의 동일한 시스템이다.

1) 고객접점 통합CRM시스템

고객접점에서의 조직을 보면 기업의 내부와 외부에 존재하고 있으며, 온라인과 오프라인의 형태로 존재한다. 예를 들면 제품사업부, 웹사이트, 이메일, 대리점 등의 소매유통점, 서비스기업, 물류기업, 콜센터 등이 있다. 이들 조직들은 동일한 고객을 대상으로 업무별 특성에 따라 독립적인 CRM활동을 수행하고 있었지만, CRM을 효과적으로 수행하기 위해서는 고객접점 통합CRM시스템이 운영되어야 한다. CRM시스템에서는 이들 독립적인 조직에서 CRM을 효과적으로 수행할 수 있도록 고객정보마트를 다양하고 깊이 있게 구축해야 할 것이다.

2) 통합캠페인시스템

기업이 고객에게 정보를 제공하는 캠페인활동이 가능한 매체로는 텔레마케팅, 이메일, 소셜커머스(SC, Social Commerce), 우편, 홍보전단지 등의 방법이 있으며 대부분 비대면 정보전달 방법을 활용하고 있다. 통합캠페인시스템은 이들 매체를 통합하여 관리할 수 있는 시스템을 말한다. CRM활동의 가장 큰 장점은 고객맞춤별 정보를 제공할 수 있는 것이므로 대중광고 매체인 신문, 방송, 잡지 등의 매체는 거의 활용하지 않으므로 비용절감을 기대할 수 있다. 고객접점에서의 조직들이 고객과 접촉할 수 있는 캠페인시스템으로는 비판매캠페인과 판매캠페인이 있다.

(1) 비판매캠페인 시스템

구매활동이 거의 없는 잠재고객에게 판매캠페인 등의 활동으로 접촉하는 활동은 고객이 부담스럽게 생각하기 때문에 역효과가 나기 쉽다. 잠재고객에게는 상품과 행사 등에 관련한 기업정보를 고객의 선호도에 맞추어 맞춤정보를 지속적이고 반복적으로 제공하게 되면 기업의 CRM활동에 친근감과 호감을 가지게 될 수 있다. 제품이나 서비스를 판매하지 않으면서 이벤트활동 등을 통하여 고객과의 관계를 지속할 수 있는 캠페인을 비판매캠페인이라고 한다. 비판매캠페인 중에는 신상품에 대한 홍보활동도 매우 중요하다. 홍보활동에 있어서도 고객이 기호와 취미에 맞추어 선호하는 정보를 적절하게 제공하면 효과적이다.

고객 개인별로 맞춤정보를 제공하기 위해서는 고객의 특성을 파악하고 적절하게 대응해야 한다. 고객의 특성을 보면 성별, 나이, 기념일, 직업, 거주지역, 취미, 기호식품, 좋아하는 운동, 그리고 고객의 생애주기별 가치인 LTV 등의 고객정보를 분석한 고객정보마트를 자유롭게 활용할 수 있어야 한다.

(2) 판매캠페인 시스템

원칙적으로 CRM은 판매활동보다는 고객정보를 수집하고 유지하며 지속적으로 발전시켜 고객과 우호적인 관계를 지속하고 고객가치를 상승시키는 것이 가장 큰 목표이다. 그러나 고객접점에서 고객정보를 수집하는 과정에서 가장 많은 부분을 차지하는 활동이 고객과의 거래활동인 판매캠페인이다. 판매캠페인 활동 역시 CRM을 수행하는 과정에서 중요한 역할을 차지하고 있다. 판매캠페인 시스템은 비판매캠페인 시스템과 유사하며, 고객별로 주문을 체결하고 주문을 처리하는 과정을 관리하는 시스템이 추가된다.

판매캠페인 활동은 기업주도형의 활동이다. 고객은 구매활동을 수행할 의사가 없는데도 불구하고 기업의 CRM활동을 통하여 상품에 관한 고객별 맞춤정보를 제공하게 되므로 고객의 거부감이 없도록 정보를 전달해야만 한다.

3) 커뮤니케이션시스템

고객접점에서 텔레마케팅을 수행하는 전화, 소셜커머스, 이메일, 우편 등의 매체를 활용하여 고객에게 정보를 전달하고 고객의 의견과 정보를 수집하는 쌍방향 커뮤니케이션 시스템이 중요한 역할을 담당하게 된다. 고객접점에서의 다양한 조직들이 고객과 다양한 매체를 활용하여 상담을 진행하게 되므로 쌍방향커뮤니케이션 시스템은 컴퓨터로 녹음과 다이얼링 등의 기능을 자동화하는 등의 시스템이 필요하게 된다.

4) 고객정보 순환 및 피드백

CRM시스템에서의 시작과정을 고객정보를 수집하는 과정으로 보면 고객접점의 상호작용, 고객정보 수집/통합/저장, 고객가치제고, 전사적CRM, 통합CRM의 단계를 살펴보았다. CRM 시스템 사이클의 마지막 단계에서 다시 첫째 단계인 고객접점의 상호작용으로 연결되면서 고객정보는 증가하게 된다. 새롭게 추가되는 고객정보는 두 번째 사이클을 반복하게 되고 이러한 CRM활동은 무한 반복하게 되면서 고객정보마트에 쌓이는 고객 한 사람 한 사람에 대한 정보는 매우 정교하게 되며 고객관계를 향상시키는 고객맞춤정보로 활용될 수 있다. 그리고 CRM시스템을 통하여 실행한 CRM에 대한 성과는 매번 보고서마트로 저장되어 관련 부서, 조직, 상사, 외부기업으로 제공될 수 있다.

제5절 통합CRM시스템의 도입방법

전사적 CRM을 실행하기 위하여 통합CRM시스템을 도입하게 된다. 통합CRM시스템을 도입하는 효율적이고 효과적인 방법을 살펴본다.

1. 개발주체

CRM시스템을 개발하는 방법은 자체개발, 패키지도입, 임대사용, 아웃소싱 등의 방법이 있으며, 다음의 [그림 11-17]과 같다.

그림 11-17 CRM시스템 개발 방법

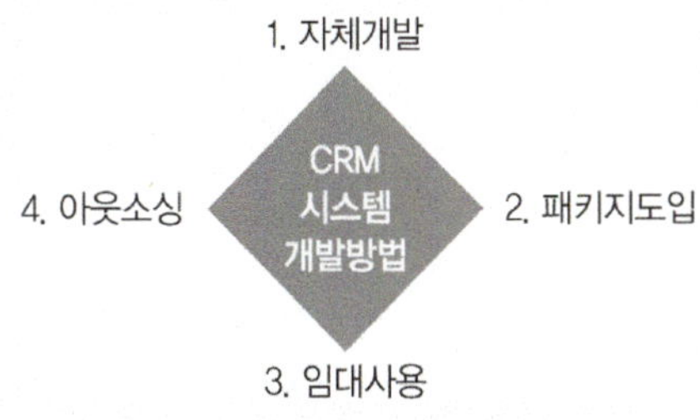

1) CRM시스템 자체개발

현재까지 수많은 CRM시스템들이 패키지형태로 많이 사용되고 있다. 기존의 패키지형태의 CRM시스템을 그대로 사용할 수 있는 기업은 많지 않다. 기업마다 업무의 특성이 서로 다르기 때문이다. 고객과의 관계를 관리하기 위한 업무의 세부적인 방법과 과정이 다르기 때문에, CRM시스템을 도입하기 위해서는 크고 작은 다양한 기능을 개발해야 한다. CRM시스템을 자체개발하는 가장 큰 장점으로 기업 내의 업무 특성을 적합하게 반영할 수 있고 기업의 비밀이 유출되지 않도록 보안관리를 철저하게 할 수 있다.

그러나 CRM시스템을 자체 개발하기 위해서는 시스템에 관련한 조직, 인력, S/W개발비용, H/W설비비용 등이 충분하게 지원되어야 하기 때문에 대기업의 경우가 아니면 어려운 현실이다. 일시적으로 CRM시스템을 자체개발하는 방법은 초기에 투입되는 투자비용에 대한 부담이 매우 크다.

2) CRM시스템 패키지 도입

CRM시스템 패키지도입 방법은 기존의 기업이 도입하여 사용하고 있는 패키지를 그대로 옮겨오는 방법이다. CRM시스템은 대부분 모듈화되어 있기 때문에 기업별 특성에 따라서 적합한 모듈을 선택해서 도입하면 된다. CRM시스템 패키지를 도입하는 방법의 장점으로는 검증된 시스템이기 때문에 도입과정에서의 시스템상의 실패확률은 거의 없다는 점이다. 그리고 업무 프로세스가 표준화되어 있기 때문에 전 종업원이 적응하기에 편리하다.

그러나 CRM시스템의 패키지를 도입하는 방법은 초기 투자비용은 자체개발하는 비용보다 적게 소요되지만 장기적으로는 가장 비싼 비용이 소요될 수 있다. CRM시스템을 패키지로 도입하게 되면 패키지마다 많은 라이선스(License)비용이 지불되어야 하며, 매년 일정한 라이선스비용을 지불해야 하고, 새로운 기능의 패키지가 개발될 때마다 라이선스비용을 지불해야 하므로 대기업의 경우에도 부담이 가중될 수 있다.

3) CRM시스템 임대사용

CRM시스템을 임대하여 CRM을 도입하는 경우는 CRM시스템 패키지를 도입하는 경우와 같이 이미 기업이 사용하고 있는 패키지를 도입하게 되지만 기업내부로 도입하지 않고 인터넷 등의 네트워크를 활용하여 다른 기업과 공동으로 CRM시스템을 사용할 수 있다. CRM시스템을 임대사용하는 경우의 장점은 CRM활동을 빠르게 실행할 수 있으며, 기존의 업무처리방법을 표준화된 업무프로세스에 적용하기가 쉽고 비용이 가장 적게 소요된다.

그러나 기업의 특성을 고려한 프로세스를 개발할 수 없으며, 기업의 비밀을 철저하게 관리하기 어려운 점이 있다. 이러한 CRM시스템의 임대 사용방법은 초기 투자비용에 부담을 느끼고 있는 중견규모 이하의 중소기업이 선호하는 방법이다.

4) CRM시스템 아웃소싱

CRM시스템 아웃소싱은 CRM을 수행하는데 필요한 모든 자원을 외부의 전문기업에게 외주를 용역하는 것이다. H/W, S/W, 운영인력 등의 모든 자원을 아웃소싱하게 되므로 기업의 입장에서는 매우 편리하다. 전문기업에게 아웃소싱하게 되므로 초기비용이 적게 소요되며, 도입시간이 단축될 수 있다. 아웃소싱 단점으로는 시스템을 도입한 다음에 새로운 요구사항을 반영하기 위해서는 항상 추가비용이 발생하게 된다. 그리고 CRM역량을 습득하고 강화할 수 있는 기회가 없기 때문에 CRM을 수립하고 실행하는 과정에서 아웃소싱기업의 전략에 따라야 하는 경우가 많다.

〈사례 11.4〉는 소프트웨어를 아웃소싱하여 비용이 과다하게 지출되는 경우를 방지할 수 있는 방법을 보여 주고 있다.

CRM Practice 11.4 과다한 소프트웨어의 아웃소싱 비용 방지 방법

줄줄 새는 아웃소싱 비용 어떻게 줄일 수 있나

IT아웃소싱을 하는 기업이라면 누구나 숨어 있는 비용절감 요소를 찾고 싶어 한다. 과연 어떻게 해야 할까?

첫번째는 공급업체가 데이터센터 같은 공간을 임대해 사용할 경우 공급업체의 임대 의무와 책임을 꼼꼼하게 조사해야 한다. 이 공간에 대한 책임은 아웃소싱 공급업체에 있다. 고객들은 이를 잘 인지하지 못하고 있다.

두번째는 숨겨져 있는 오프쇼어 인력을 잘 살펴보라는 것이다. 대부분의 아웃소싱 업체들은 고객사의 업무를 다시 오프쇼어 국가에 아웃소싱하고 있다. 비용절감을 위해서이다. 주로 고객사가 일일이 체크하기 힘든 업무의 경우 이런 일이 비일비재하다. 만일 누군가 데이터베이스 관리에 매년 10만 달러를 지급한다면 아웃소싱 업체는 이 업무를 다시 인도에 있는 업체에 매년 3만 달러에 맡길 수도 있다. 따라서 오프쇼어 인력 활용에 따른 거래 내용을 꼼꼼하게 확인해야 한다.

세 번째로 살펴봐야 할 것은 소비자물가의 변화에 따라 자동으로 비용을 늘리는 생계비연동조항(COLA)이다. COLA를 도입할 경우 물가상승을 고려해 아웃소싱 비용을 조정한다. 물론 물가상승률보다 훨씬 더 큰 비용 상승이 이뤄지기는 쉽지 않지만 이 부분 역시 발주처에서 주기적으로 챙겨야 할 부분임에는 틀림없다. 공급업체들은 매년 물가상승에 따라 아웃소싱 댓가를 올리는 데 매우 능수능란하다. 하지만 2009년 미국에서는 COLA가 실제로 대부분 아웃소싱 고객들의 비용을 낮췄다고 한다. 공급업체가 외부로부터 임대하는 공간에도 COLA 조항은 적용돼야 한다.

cio.com은 이 밖에도 임시노동자들에 대한 계약, 소프트웨어 · 하드웨어의 라이선스와 유지보수, 책임 매트릭스 도입, 재고품 관리 등을 통해 아웃소싱 비용을 줄일 수 있다고 한다.

(출처: 전자신문, 2014. 1. 24.)

2. 개발범위

CRM시스템을 도입하기 위해서는 고객접점의 부서에 한하여 도입할 것인가, 혹은 전사적으로 도입할 것인가를 먼저 결정해야 한다.

1) 단계적 도입

CRM시스템을 도입하기에는 상당한 부담감을 극복해야 한다. 적게는 수억 원부터 크게는 수백억 원이 투자되는 의사결정을 해야 하므로, 부담감을 극복할 수 있는 방법으로 CRM이 우선 필요한 부서부터 먼저 도입하고 일정한 시간이 경과한 다음에 기능과 성능을 향상시켜서 단계적으로 CRM시스템의 도입을 확대할 수 있다. CRM시스템을 단계적으로 도입할 경우에는 앞에 도입한 시스템과 뒤에 도입하게 되는 시스템과의 호환이 매우 중요하므로 모듈식으로 구성된 CRM시스템을 도입해야 한다.

단계적 도입방법의 장점으로는 시간과 비용이 절감되고 부서별로 단계적인 도입이 진행되기 때문에 공감대를 확산시켜 나가기 편리하며, CRM시스템을 도입하는데 따른 실패위험을 줄일 수 있다. 그러나 단점으로는 단계별로 도입하는 과정에서 부분최적화는 가능하지만 기업전체의 최적화는 어려운 점들이 있으며, 단계별로 비용이 발생하기 때문에 최종 도입비용은 오히려 증가할 수 있다.

2) 전사적 도입

CRM시스템의 전사적 도입은 서비스기업과 대기업이 선호하는 방법이다. 금융기관이나 통신기업과 같은 서비스기업은 대부분 동일하거나 유사한 정도의 CRM시스템이 제공된다. CRM시스템을 구성하고 있는 모듈들이 복합적으로 사용될 수 있도록 다양한 모듈이 제공되며, 각 모듈들은 해당 기업의 고객정보시스템으로 연결된다.

전사적 도입의 장점으로는 모든 관련 부서의 CRM관련업무에 대한 기업 전체조직의 최적화를 이룰 수 있으며, 단점으로는 CRM시스템을 도입하는 과정에서 시간과 비용이 많이 소요되며 실패에 대한 위험이 항상 존재하고 있는 점이다.

Chapter 11 정리

1. CRM시스템

1) CRM시스템의 특성

목적성, 자동성, 제어성, 통합성 등의 특성이 있다

2) CRM시스템의 구성요소

하드웨어, 소프트웨, 데이터베이스, 정보통신, 사람 등이 있다.

2. CRM시스템의 도입배경

1) 정보기술의 변화의 내용

컴퓨터기술의 변화, 인터넷환경의 변화, 정보기기 확산 등의 정보기술의 급속한 변화가 CRM시스템의 도입을 확산시키고 있다.

2) 무한경쟁의 시대

무한경쟁의 시대에는 핵심고객의 장기관리, 고객접점 통합, 고객욕구 분석, 고객별 차별화전략, 미래 경쟁력 확보 등 CRM의 필요성이 증가되고 있다.

3. 통합CRM시스템의 개념

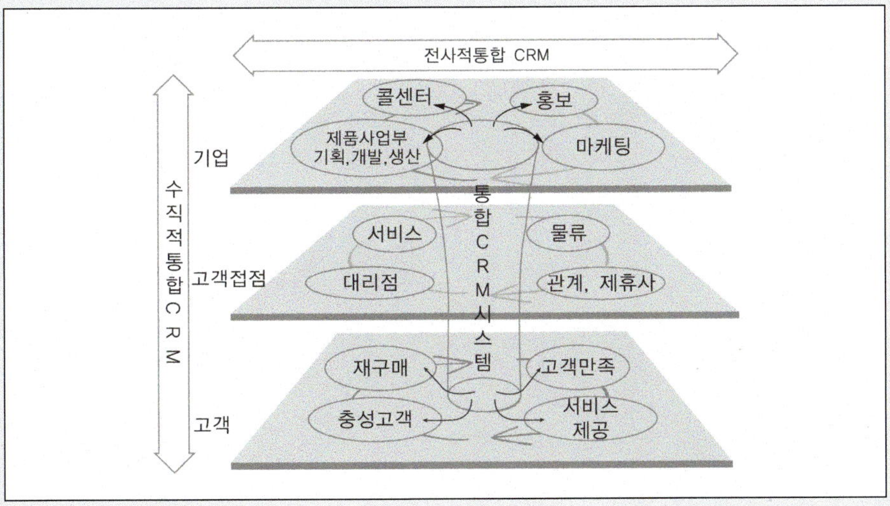

4. 통합CRM시스템의 순환기능

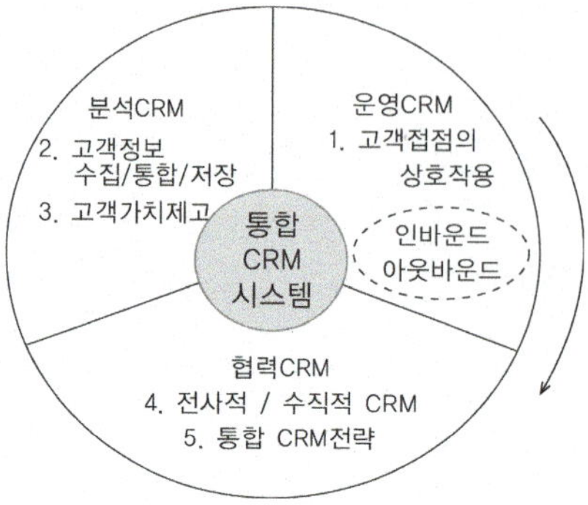

5. 통합CRM시스템의 도입방법

자체개발, 패키지도입, 임대사용, 아웃소싱 등의 방법이 있다.

Chapter 12. CRM의 조직문화와 글로벌화

CRM을 위한 기업문화의 내용은 고객지향, 장기적 목표, 명확한 목표, 부서 간의 협업, 외부 조직과의 협업 등이 있으며, CRM을 위한 교육내용으로는 CRM 전략의 목적과 비전, CRM 전략의 핵심, CRM 시스템 활용 기술, 성공사례 공유, 부서별 역할 및 기능 정의, 성과보상제도 등을 생각해 볼 수 있다.

효과적인 CRM을 위한 기업의 조직구조로는 매트릭스 조직구조라고 볼 수 있으며, 매트릭스구조는 제품별, 기능별, 지역별, 고객별 조직구조를 기업의 내부상황과 외부의 경쟁상황에 적합하도록 2개의 축을 구성할 수 있는 매트릭스를 선택할 수 있다. CRM을 운영하기 위해서는 고객정보에 대한 보안과 CRM의 고객정보 윤리가 매우 중요하다.

글로벌CRM은 초기에는 본국중심의 CRM으로부터 시작되어 국가별 CRM으로 발전되고, 점차 다국적 글로벌CRM, 지역중심의 글로벌CRM으로 확대되면서, 마지막 단계에서는 글로벌 통합CRM으로 확대 발전하게 된다. 글로벌 소매유통점의 욕구를 보면 리드타임, 제품구색, 서비스, 커뮤니케이션, CRM 등의 지원제도 등이 있다.

제1절 CRM의 기업문화와 교육

1. CRM의 기업문화

CRM은 전사적인 경영전략이다. 전사적인 협력체제가 매우 중요하다. CRM시스템의 기능적 혹은 기술적 측면의 중요성보다 전사적인 협력에 대한 전사적인 문화적인 환경이 더욱 중요하다. CRM의 목표를 달성하기 위한 기업문화가 조성되어야 한다. CRM을 위한 기업문화를 보면 고객지향, 장기적 목표, 명확한 목표, 부서 간의 협업, 외부조직과의 협업 등이 원활해야 할 것이다.

[그림 12-1]은 CRM을 위한 기업문화에 대한 내용을 보여 주고 있다.

그림 12-1 CRM을 위한 기업문화

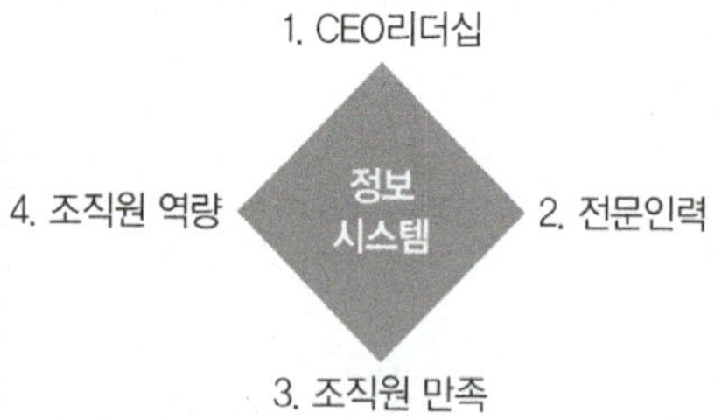

1) 고객지향

고객지향(Customer Oriented)은 기업의 전체 조직이 고객의 입장을 먼저 이해하고 대응할 수 있는 기업을 의미한다. CRM을 성공적으로 실행하기 위해서는 기업 전체의 종업원들이 고객지향적이어야 한다. 전통적인 기업은 기업을 먼저 생각하고 기업이 선호하는 혁신제품을 대량생산해서 대량공급하면 고객은 기업이 제공하는 제품의 범위 이내에서 선택할 수 있는 기업지향적이었다. 전통적인 기업에서는 생산을 우선시하는 제품중심과 기업중심의 기업경영전략이었다. 기업중심의 경영에서는 공급이 수요보다 부족할 때는 유용한 전략이기도 하다. 고객은 제품과 서비스를 생산하고 공급해 주는 기업의 생산활동 자체에 만족할 수밖에 없었다. 따라서 기업은 고객과 접촉할 필요성을 인식하지 못하였다. 고객과 접촉하는 경우는 고객의 불만을 해결하기 위한 사후관리 측면에서의 고객관리를 위한 최소한의 고객접촉이었다.

그러나 공급과잉의 시대에서는 고객이 선택할 수 있는 범위가 넓어지고 있으므로 기업은 고객이 선호하는 혁신제품을 공급하지 않으면 기업의 경쟁력은 감소될 수밖에 없게 되었다. 기업은 고객이 원하는 경쟁력있는 혁신제품을 공급하여 고객의 선택을 받을 수 있어야 한다. 고객이 원하지 않는 제품은 아무리 신기술과 첨단기술을 적용한 제품이라고 할지라도, 고객이 선택하지 않는 죽은 혁신제품이 될 수밖에 없게 된다. 공급이 수요를 초과하게 된 경쟁의 시대에서는 고객이 혁신제품을 선택을 하기 때문에 기업중심의 과다한 생산은 더 이상 할 수 없게 되고 있다. 기업은 고객이 원하는 혁신제품을 생산해야 한다. 고객이 원하는 혁신제품을 생산하여 공급하기 위해서는 기업의 모든 부서에서 업무를 수행하고 있는, 모든 종업원들이 고객의 필요와 욕구를 파악하고 혁신제품을 공급하고자 하는 고객지향적인 긍정적인 자세가 필요하다.

2) 장기적 목표

CRM은 장기적 목표(Long-term Perspective)를 달성하기 위하여 실행하는 경영전략이다. 판매부서에서 캠페인을 통하여 판매를 향상시키기 위한 단기적인 목표가 일부 있을 수 있지만, 고객과의 관계를 지속적으로 발전시켜야 하는 장기적인 목표가 더욱 중요하다. 기업의 모든 종업원들은 CRM의 장기적인 목표를 설정하고, 공유하며, 달성하기 위한 활동에 적극적으로 참여해야 할 것이다.

CRM의 성과를 단기적인 판매향상에 중점을 두게 된다면, CRM은 성공적으로 실행하는 과정에 있음에도 불구하고 실패한 사례로 오해받을 수도 있게 된다. 심지어는 CRM을 성공적으로 실행하고 있는 기업에서 조차도 판매캠페인 활동을 과도하게 활용하는 경우가 있다. 단기적인 판매목표를 달성해야만 하는 압박때문이라고 이해되지만, 장기적인 관점에서는 고객을 피로하게 하여 경쟁사로 이탈하게끔 유도하게 되는 역효과가 나타날 수도 있게 된다. 단기적인 성과중심의 문화가 강한 기업에서는 CRM을 효과적으로 실행하기가 매우 어렵게 된다.

기업의 전 종업원들이 CRM을 장기적인 경영전략으로 인식할 수 있는 문화를 정착시킬 수 있는 기업이 되기 위해서는 최고경영자의 올바른 의지와 리더십이 무엇보다도 중요하게 작용하게 된다. CRM을 단기적인 판매향상의 도구로 활용하게 되는 가장 큰 이유는 최고경영자의 단기성과 위주의 경영환경때문이다. CRM은 미래의 경쟁력을 확보할 수 있는 강력한 도구이다.

3) 명확한 목표

명확한 목표(Explicit Goal)는 어느 조직에나 필요하다. 기업전체의 명확한 목표가 없으면 부서별로 담당하는 업무에 따라서 CRM의 성과를 서로 다르게 평가하게 될 가능성이 많게 된다. 기업 전체의 경영목표와 동일한 방향의 CRM목표를 명확하게 설정하고, 목표달성을 위한 장기적인 실행을 차질없이 지속해야 한다. CRM에 있어서 명확한 목표가 중요한 이유는, 달성해야 할 구체적인 목표가 설정되어야만 모든 부서별로 실행전략에 대한 의사소통이 원활하게 되고, CRM의 실행에 대한 명백한 동기가 부여될 수 있기 때문이다.

장기적인 고객관리의 구체적이고 명확한 목표에 대한 예를 보면 '연간 고정고객확보 목표 20% 향상'이라는 구체적인 목표설정과 막연하게 '최대한의 고정고객 확보'라는 목표가 있을 경우에는 성과의 차이가 많게 된다. 막연한 목표설정보다는 명확한 목표를 설정했을 경우에는 CRM을 실행하는 과정에서도 성공과 실패의 기준이 목표를 달성여부에 따라서 판단된다. 명확한 목표는 CRM의 실행과정에서 보다 더 개선된 방향으로 전략을 수정해 가면서 CRM의 목표를 달성하려는 의지를 보이게 할 수 있다. CRM 전략에 대한 기업전체의 목표도 중요하지만 고객접점에서의 고객관련 업무를 직접 수행하게 되는 조직 혹은 부서별 목표의 명확한 설정도 성과평가의 혼선을 예방할 수 있는 방법이 될 수 있다.

4) 부서 간의 협업

기업에는 많은 조직과 부서들이 있다. 각 부서는 서로 다른 업무를 실행하고 있으며, 고객관리에 대한 목표가 다를 수 있다. 그러나 기업 전체의 입장에서 본다면 모든 조직과 부서에서의 업무는 동일한 목표를 달성하기 위하여 나누어진 업무이다. 모든 조직과 부서는 기업 전체의 목표를 달성하기 위하여 부서 간의 협업(Enterprise Collaboration)이 매우 중요하다. 특히, 컴퓨터와 정보통신의 첨단기술이 많이 적용되는 CRM의 실행에서는 전문가가 아니라는 이유로 대부분의 조직과 부서에서는 CRM과 거리를 두게 될 가능성이 높다. 조직과 부서 간의 CRM에 대한 이해부족과 비협력적인 태도는 많이 없어지고 있는 추세이긴 하지만, 아직도 부서 간의 협력이 부족한 경우가 더 많은 환경이다.

전통적인 조직에서의 고객접점은 판매부서, 고객상담부서, 마케팅부서, 품질관리부서 등이 있지만, 판매부서 이외의 부서에서는 고객과의 접촉은 문제발생시 문제해결을 위한 정도의 접촉수준이었다. 기업의 생산성 우선의 경영전략에서 고객의 생각과 요구는 반영되지 않았다. 고객을 인식할 수 있는 경우는 제품과 서비스를 구입한 고객이 사용 중에 불만이 발생하였을 경우에 적극적으로 대응할 수 있는 수준이었다. 실제로 국내의 글로벌기업 중에는 과거 한때 '서비스의 S전자'라는 카피문구가 유행하던 시절이 있었다. 고객의 불만이 나타났을 때 고객의 만족도를 향상시키기 위한 노력으로 사후서비스(A/S. After Service)에 경쟁력을 집중한 결과였으며, 성공적인 결과로 나타나게 되었다. 이러한 서비스정신은 자동차 등의 모든 산업의 분야로 까지 확산되기도 하였다. 심지어는 장례식장의 서비스문화까지도 고객이 만족할 수 있는 수준으로 변화시킬 수 있는 계기가 되었다.

그러나 전통적인 사후 서비스정신만으로는 더 이상 고객의 만족을 유지하기에는 어렵게 되고 있다. 이제는 고객의 욕구를 먼저 파악해서 사전에 고객서비스를 실행해서 고객의 만족도를 향상시키고 고정고객으로 유지하고 로얄고객으로 발전시켜야 한다. 문제가 발생하기 전에 사전서비스(B/S, Before Service)를 실행함으로써, 고객만족을 향상시켜야 한다. 최근에는 고객과의 관계를 장기적으로 지속하고 발전시켜가는 과정을 어느 특정 조직이나 특정 부서에서만 담당하기에는 고객의 욕구가 너무나 다양하게 발생하고 있다. 기업의 모든 조직과 모든 종업원은 고객과의 접촉을 유지하고 고객의 욕구가 무엇인지를 파악해야 한다. 고객의 욕구가 전략기획, 개발, 생산, 품질, 마케팅, 판매, 서비스 등의 모든 조직과 부서에 연관될 수 있다. 고객의 욕구를 파악하는 즉시 고객별로 최적의 고객서비스를 제공하게 된다면, 고객은 불만이 발생하기 전에 만족도가 향상될 것이다. 이러한 과정을 반복적으로 지속함으로써, 기업은 고객과의 관계를 지속하고 발전시킬 수 있게 된다.

그리고 고객의 불만이 발생했을 경우에도 종전의 방법과 같이 조직별 혹은 부서별 업무 매뉴얼에 따라서 소매유통점, 판매부서, 마케팅부서, 품질관리부서, 생산부서, 개발부서, 부품공급 협력업체 등의 순서대로 접수되기에는 시간이 너무 많이 소요되어 고객은 기다릴 수 없게 되며, 오히려 고객의 불만을 증폭하게 될 수 있다. 고객의 불만이나 욕구사항은 즉시 문제를 해결할 수 있는 부서로 전달되어야 하고, 신속하게 대응해야 한다. 고객의 불만이 접수되는 순간 고객의 불만을 해결할 수 있는 부서로 전달되어야 하고, 기업의 전체 조직과 부서가 즉시 대응할 수 있어야 한다. 신속하고 정확한 대응은 고객의 불만을 오히려 고객만족을 확보할 수 있는 좋은 기회로 활용할 수 있게 된다.

5) 외부조직과의 협업

CRM은 기업이 독자적으로 실행할 수 있는 전략이기 보다는 공급망에 있는 관련 기업들과 공동의 목표를 달성하기 위하여, 고객접점에 있는 외부조직과의 협업(Collaboration with Outside Organizations)이 필요하게 된다. 고객접점에 대한 조직, 부서 혹은 기능으로는 제품사업부, 웹사이트, 대리점, 서비스, 물류, 콜센터, 이메일 등이 있다. 기업이 직접 고객의 욕구를 파악하기에는 한계가 있다. 소매유통점으로 판매를 의존하는 기업은 고객의 욕구를 파악할 수 있는 경로가 그렇게 다양하지를 못하다. 기업은 다양한 고객접점에서 발생하고 있는 고객의 욕구를 파악하기 위해서 외부 조직과의 협업이 반드시 필요하게 된다. 고객접점 중에서 외부에 해당하는 대표적인 조직으로는 물류, 서비스, 콜센터 등의 기업이 있다. 이들 기업은 모기업이 관리할 수 있는 기업 내의 조직일 수도 있지만, 대부분의 기업에서 아웃소싱(Out-Sourcing)하여 효율적인 운영을 하고 있으므로 외부의 조직으로 구분된다.

2. CRM의 교육 및 훈련

CRM을 수행한다는 것은 기존에 수행하고 있던 자신들의 업무 방식에 직접적인 관련성이 적을 것으로 생각되는 고객관계의 업무를 추가해야 하므로 많은 변화가 있음을 의미한다. 즉, CRM에 대한 충분한 이해가 없는 상태에서 CRM을 추진하는 경우에는 조직 내부적으로 반발이 발생하거나 혹은 형식적이고 소극적인 참여가 존재할 수 있다. CRM의 부정적이거나 혹은 소극적인 전사적 분위기를 긍정적이고 적극적인 CRM이 정착될 수 있도록 조직 구성원 개개인의 수준까지 이해되고 참여할 수 있게 해야 한다. 전사적인 모든 조직과 구성원들이 실무적으로 자신의 업무에 적극적으로 반영될 수 있도록 하기 위해서는 CRM에 대한 적절한 교육과 훈련 프로그램이 일상적으로 진행되어야 할 것이다.

CRM의 교육 및 훈련의 목적은 직원들이 CRM 전략과 CRM시스템을 어떻게 효과적으로 활용할 수 있는지를 학습하는데 있으며, 모든 구성원들의 자발적이고 적극적인 참여를 유도하는 목적을 가지고 있다. CRM에 대한 조직원의 교육 및 훈련은 전사적인 CRM 구축 단계에서 동시에 추진되는 경우가 많다. 그리고 CRM 교육 및 프로그램을 기획하고, 진행할 때 고려해야 할 점은 교육 대상과 교육 내용, 그리고 교육 방식이라는 3가지 요소를 종합적으로 고려하여 조직에 적합한 CRM교육과정을 개발해야 할 것이다.

1) CRM교육 대상

CRM은 전사적인 협력이 필수적이다. 전사적인 협력이 부족한 상태에서 전담부서와 전문인력들만의 CRM운영은 성공적인 결과를 얻기가 매우 어렵다. 그러므로 CRM의 교육 대상은 전 조직원이다. 좀 더 구체화하여 보면 최고경영진, 관련 부서장, CRM 담당자, 유관부서 팀원, 고객접점 직원 등의 모든 조직의 모든 구성원들이다.

2) CRM교육 내용

CRM교육 내용은 CRM의 목적과 비전, CRM의 핵심, CRM시스템 활용 기술, 성공사례 공유, 부서별 역할 및 기능 정의, 성과보상제도 등의 내용이 포함되어야 할 것이다.

3) CRM교육 방법

CRM교육 방법으로는 On-the-Job/Off-the-Job 방식을 혼용하여 이론과 실무를 동시에 습득할 수 있도록 하는 것이 효과적이다. 고위과정에서는 CRM의 필요성과 성과에 대한 개념교육이 중요하며, 실무자 과정에서는 전문가 수준의 중기적인 교육 프로그램을 개발하거나 혹은 외부 전문 교육기관의 활용하는 것이 효과적일 것이다. 고객접점의 조직 구성원을 대상으로는 대규모 세미나, 사내교육 교재 개발, 온라인 강좌 등을 활용하는 방법이 효율적이고 효과적일 것이다.

4) CRM의 종합적 교육과정

이상의 교육대상, 교육내용, 교육방법들은 모든 구성원들에게 동일하게 적용될 수 없으므로 직급별로 업무 특성별로 종합적인 고려가 있어야 할 것이다.

CRM이 기능이나 테크놀로지가 아닌 장기적인 조직역량이라는 관점이 인식되기 시작하면서 단기적인 컨설팅이나 솔루션 도입보다는 기업들의 자체적인 역량강화 노력이 점차 강화되고 있다. 이러한 추세는 기업들을 위한 CRM 관련 교육이 더욱 활성화되고 있다는 점에서도 확인할 수 있다. 물론 과거에도 CRM에 대한 부분적인 교육이 존재해왔다. 하지만, 과거에 흔히 볼 수 있었던 CRM 교육은 다분히 CRM에 대한 개념적인 영역만을 제시하거나, 데이터베이스에서 데이터를 추출하기 위한 질의(Query) 방법이나 데이터마이닝과 같은 분석 기법, 혹은 특정 솔루션에 대한 활용법이나 특정 벤더에서 제공하는 방법론들이 CRM 교육의 주된 내용이었다. 따라서, 교육을 받는 대상자도 데이터 분석을 수행하는 분석 CRM 실무자에 주로 한정되었고, 교육을 제공하는 기회나 기관 역시 벤더들의 모임에서 제공하는 컨퍼런스나 세미나 정도로 국한되었다.

그러나 과거의 이러한 CRM 교육들은 전사적인 전략으로 CRM을 채택하려는 최근 기업들의 니즈를 충족시키기에는 한계가 있었다. 이미 CRM을 중요한 경영학의 한 분야로 인식하면서 국내외 유수의 경영대학에서는 CRM을 정규 경영학 교과목으로 채택하고 있는 상황에서 기업 역시 CRM을 체계적으로 학습할 기회가 필요했다.

예를 들면 증권, 생명보험, 투자신탁, 카드, 화재보험 계열사로 이루어진 국내 최대 금융그룹 중 한 곳은 모든 신입사원에 대한 필수 교육과정으로 CRM을 채택하고 있으며, 5일간의 신입사원 교육프로그램 중 가장 많은 시간 비율을 CRM 교육에 할당하고 있다. 이렇게 각 기관과 기업이 최근 CRM 교육에 대해 더욱 관심을 보이는 것은 기업의 임직원들이 CRM 전략에 대해 과거처럼 외부 컨설팅에만 의존하는 것이 아니라, CRM은 장기적인 조직역량으로서 스스로 학습해나가야 한다는 필요성을 인식하기 시작했다는 일종의 긍정적인 신호라고 볼 수 있다. 그리고 시멘트, 호텔, 렌터카 등 다양한 사업을 진행하고 있는 국내의 한 그룹사는 각 계열사의 CRM 부서 인력들을 모아 체계적인 CRM 교육을 전달할 수 있도록 노력하고 있으며, 대형 식품제조업체 중 하나는 CRM 관련 부서뿐만 아니라, 전사적 고객전략으로서 CRM을 전파하기 위해 모든 부서의 각 직급별로 차별화된 CRM 교육 프로그램을 개발하고 있다.

〈표 12-1〉은 CRM 커리큘럼 개발을 위한 고려요소를 보여 주고 있다.

〈표 12-1〉 CRM 커리큘럼 개발을 위한 고려요소

교육 대상	교육 내용	교육 방식
• 최고경영진 • 관련 부서장 • CRM 담당자 • 유관부서 팀원 • 고객접점 직원	• CRM 전략의 목적, 비전 • CRM 전략의 핵심 • CRM 시스템 활용 기술 • 성공사례 공유 • 부서별 역할 및 기능 정의 • 성과보상제도	• On-the-Job/Off-the-Job 방식의 혼용 • 고위과정 : 1박 2일의 워크숍/개념교육 • 실무자과정 : 중기적인 교육 프로그램 개발 혹은 외부 전문 교육기관의 활용 • 고객접점 : 대규모 세미나, 사내교육 교재 개발, 온라인 강좌 등

출처 : 김형수, CRM마케팅2, CRM응용

제2절 CRM의 전사적인 조직구조

CRM을 위한 전사적인 조직구조는 기업의 특성에 따라 다를 수 있지만 고객지향적인 다차원적인 매트릭스 조직이 유용하다고 알려져 있다. 기업의 조직구조를 제품별 조직구조, 기능 중심의 조직구조, 지역별 조직구조, 고객 중심의 조직구조, 시장특징별 조직구조, 매트릭스 조직구조 등에 관하여 전사적 CRM 조직의 특성을 살펴보면 다음과 같다.

1. 제품별 조직구조

기업의 제품별 조직은 글로벌 지역이나 국가에 관계없이 제품책임자가 해당제품을 생산하고 마케팅을 책임지는 조직이다. 제품별 조직은 다양한 소비재 제품군을 보유하고 있거나, 또는 복잡하거나 높은 기술력이 필요한 제품을 가지고 글로벌 시장에 진출하는 다국적 기업이 대부분 활용하고 있는 조직이다. 제품별 조직의 특성으로는 기업의 기본적인 경영활동이 제품군을 중심으로 분리되어서, 제품군별 조직의 장이 경영에 대한책임과 권한을 가지게 되고, 독자적인 이익 센터(Profit Center)로서의 역할을 담당하게 된다.

제품별 조직의 장점으로는 생산시설의 집중화를 통한 비용효율성의 증대이다. 비용효율성의 증대는 원가절감의 효과로 연결되며, 시장에서의 가격경쟁력을 확보할 수 있게 한다. 그리고 소비자의 불만사항이나 욕구에 대한 대응을 신속하게 수행할 수 있으므로 소비자의 만족도를 제고할 수 있다. 제품별 조직은 각 제품 브랜드별 고객에 대한 통합적인 정보 체계를 갖출 수 있고, 제품 브랜드별 고객들과의 커뮤니티가 활발하다는 장점을 가지고 있다.

그러나 제품별 조직의 단점도 있다. 전사적인 관점에서의 고객전략을 수립하기 어렵기 때문에 제품 브랜드별 중복 마케팅이 전개될 수 있다는 단점을 가지고 있다. 그리고 제품 사업부 간의 문제조정이 어렵게 된다. 조직 간의 책임과 권한이 독립적이므로 상호 간의 조정, 통제, 협력 등의 업무를 수행하기가 매우 어렵게 된다 이러한 것을 부서 간의 장벽이라고도 한다. 또한 제품사업부의 마케팅 관리자는 다양한 시장의 특성과 차이를 이해하고 수용하기가 쉽지 않기 때문에, 시장별 차별화 전략을 실현하는데 한계가 발생할 수 있다.

제품별 조직의 조직구조는 특정 브랜드별로 관련 기능을 조직하는 형태로서, 소비재 제조기업이 주로 활용했던 조직구조이지만 이론적으로 완전한 제품별 조직으로 활용한다기보다는 제품별 조직구조의 단점을 보완하기 위하여 각 제품별로 중요한 가치사슬 기능만을 보유하고, 전사적으로 공유할 수 있는 업무는 기능중심의 조직구조 형태로 유지하는 경우를 많이 볼 수 있다.

CRM의 조직구조가 제품조직별 구조를 따르게 되는 경우에는 제품사업부별로 CRM전담조직이 있어야 하므로 성과에 비해서 상당히 비효율적이라는 생각이다.

2. 기능 중심의 조직구조

기능 중심의 조직구조는 기업경영의 가치사슬(Value Chaim)의 흐름에 따라서 제조 및 생산, 마케팅, 영업, 유통, 서비스 등의 직접적인 조직과 이들 조직의 업무가 효율적으로 수행될 수 있도록 지원하는 연구개발, 인사 및 교육, 회계 및 재무 등의 기능을 중심으로 조직을 구성하는 형태를 의미한다. 조직 구성 방법 중에서 가장 손쉽게 실행할 수 있는 방법인 기능 중심의 조직구조는 업무의 형태에 따라 고도로 분업화된 구조이다. 기능 중심의 조직구조는 개별 업무 영역의 효율성 측면에서 강점을 가지고 있다.

CRM조직의 기능 중심의 조직구조는 전사적으로 전체 제품에 대한 고객과의 관계를 관리할 수 있는 전사적인 통합의 기능을 수행할 수 있는 기능중심의 조직구조가 적합하지만, 다른 부서들 간의 협력 프로세스를 필요로 하는 고객관련 업무에 대해 신속한 응대가 어렵고, 외부의 환경변화에 전사적으로 기민하게 대처하기 어렵다는 단점을 가지고 있다.

3. 지역별 조직구조

지역별 조직은 전 지역을 몇 개의 지역으로 구분하고, 각 지역을 사업부로 조직하며, 조직의 장은 해당 지역 내에서 책임과 권한을 가지고 모든 경영 활동을 총괄하는 형태이다. 지역별 조직은 일반적으로 소수의 제품을 가지고, 특성이 서로 다른 지역을 대상으로 마케팅 활동을 수행할 경우에 선호되는 조직이다. 지역별 조직은 지역 간의 이동과 거래수준이 낮은 식품, 석유, 약품 등을 취급하는 기업이 선호하는 조직이다.

지역별 조직의 장점은 시장의 환경에 적절하게 대응할 수 있는 마케팅 개념에 가장 근접한 조직의 형태이다. 그리고 지역별로 권한과 책임이 독립되어 있으므로, 전체적인 마케팅 활동을 조정하고, 조직의 역량을 결집하기에 유용한 조직이다.

그러나 단점도 있다. 지역을 넘어서는 다른 지역의 시장과 조정이 어렵게 될 수 있으며, 표준화 마케팅전략의 수행이 어려울 수 있다. 그리고 지역별 조직은 제품전문가의 기술적인 지식을 활용하기 어렵게 한다.

따라서 지역별 마케팅 관리자는 지역별 조직이 효율적이고 효과적으로 운영될 수 있도록, 지역사업부 간의 정보를 공유할 수 있고 업무 조정 및 협력 등의 업무가 수행될 수 있는 제도적 장치를 준비해야 하며, 본사의 제품전문가를 지역별로 균형있게 안배를 해야 할 것이다.

CRM조직의 경우의 지역별 조직은 지역별로 전지역의 정보를 공유하기에 어려움이 많고, 업무 조정 및 협력 등의 업무가 수행될 수 있는 장치를 준비해야 하는 것이 어려우며, 본사의 제품전문가를 지역별로 균형있게 안배해야 하는 어려움이 따르게 된다.

4. 고객 중심의 조직구조

고객 중심의 조직구조는 기업의 주요 고객 세분화 단위별로 필요한 조직의 기능을 수행하는 조직이다. 핵심고객에 대한 관리조직을 별도로 운영하고, 해당 고객에게 필요한 모든 경영을 자체적으로 실행하는 형태이다. 지역별 조직의 경우에도 시장 세분화 단위별로 사업관리 체제가 운영되는 넓은 관점에서 본다면 고객 중심적인 조직의 한 형태라고 볼 수 있을 것이다. 고객 중심적인 조직구조는 모든 경영기능이 고객의 특성에 따라 최적화된 구조이기 때문에 고객별로 차별화된 전략을 마련할 수 있고, 해당 고객에게 일관된 전략을 수행해나갈 수 있다는 장점이 있다. 그러나 고객특성별로 기업경영의 기능을 별도로 운영해야 하기 때문에 단위 업무의 효율성이 떨어지게 되어 조직의 운영비용이 증가할 수 있다는 단점을 가지고 있다.

CRM조직구조를 고객의 입장에서 조직한다면 고객 중심의 조직구조가 이상적인 조직구조라고 볼 수 있지만, 고객 특성별로 CRM전담조직을 운영한다는 것은 비용증가의 원인이 될 수 있으므로 항상 적합하지는 않을 것이다.

5. 시장특징별 조직구조

CRM은 전 조직 간의 협력이 필요한 경영전략이기 때문에 CRM의 전략에 적합하도록 기업의 조직구조가 변화되어야 한다. 조직 내에서 CRM의 전략의 수준이 점차 고도화되어가는 과정에서 기존의 제품별 조직구조 혹은 기능중심 조직구조는 CRM 전략을 수행하는 데 있어 불편함이 증가하게 된다. CRM의 관점에서 기업의 모든 활동은 고객집단을 중심으로 고객들과의 관계를 유지하고 발전하기 위한 활동이고, 전통적인 조직들은 해당 고객집단의 관계 유지와 발전을 위하여 지원하는 기능으로 역할의 변화가 필요해지기 때문이다.

활동하고 있는 시장의 특징이 다음과 유사하다면 고객중심의 조직구조가 적합할 것이다.

(1) 제품과 서비스의 수명이 짧을 경우
(2) 기술의 변화가 심하거나 빠를 경우
(3) 신제품의 시장진입시점과 유통 기간이 핵심 경쟁 요인일 경우
(4) 고객이 시장을 주도하여 고객과 시장 환경의 변화가 심할 경우
(5) 제품별 특성들이 고객중심으로 통합되면 큰 효과를 나타낼 경우
(6) 고객의 기대수준이 각각 독특한 특성과 욕구를 가지고 있을 경우

그러나 CRM이 활성화되면서 조직구조가 전체적으로 고객중심의 조직구조로 변화해가는 것이 중요하지만, 현실적으로 제품별 조직구조 혹은 기능중심 조직구조의 형태가 효과적인 경우가 있다. 제품별 조직구조 혹은 기능중심 조직구조가 효과적인 경우 다음과 같다.

(1) 제품별 경쟁우위를 확보하여 시장의 흐름을 주도하고 있을 경우
(2) 신제품의 기술적 변화가 매우 안정적일 경우
(3) 유통채널에 대한 투자비용이 우위를 확보하고 있을 경우
(4) 고객과 시장 환경의 변화가 심하지 않을 경우

6. 매트릭스 조직구조

1) 매트릭스 조직의 개념

21세기의 경쟁시장은 예측이 불가능할 정도로 급변하고 있다. 기업이 경쟁력을 확보하기 위해서는 새롭고 더욱 창의적인 경쟁력 있는 아이디어를 창출할 수 있는 조직을 구축해야 한다. 급변하는 경쟁시장의 수요에 대응할 수 있는 조직의 특성으로는 융통성, 탄력성, 효율성, 대응성을 갖춘 조직이어야 할 것이다. 선도기업들은 제품, 지역, 소비자에 대한 모든 노하우를 창의적인 경쟁력 확보에 목표를 맞추고 있다. 이러한 경쟁력을 확보할 수 있는 조직의 특성은 매트릭스 조직이 가장 적합하다.

매트릭스 조직은 명령과 보고체계가 복수구조이며, 두 명 이상의 상사에게 보고를 해야 한다. 매트릭스 조직에서 CRM담당자는 마케팅 활동과 관련한 보고사항들이 발생되면, 해당 제품책임자와 지역책임자 등의 관련 책임자 모두에게 동시에 보고를 해야 한다. 경쟁시장이 매우 다양한 상황에서 경쟁력있는 기업은 여러 차원의 목표를 동시에 달성해야 할 경우에 매트릭스 조직이 선택될 수 있다.

그러나 매트릭스 조직은 단점도 있다. 매트릭스 조직은 구조가 복잡하고, 복수의 보고체계로 인하여 부서 간의 갈등이 유발되기 쉬우므로, 의사결정이 지연될 수도 있다.

이러한 글로벌 매트릭스 조직을 운영하고 있는 글로벌 기업이나 글로벌 마케팅 관리자는 조직 간의 공식적・비공식적 커뮤니케이션의 통로를 준비하고 문제해결을 위한 노력을 해야 할 것이다.

2) 매트릭스 조직구조

매트릭스 조직구조는 위에서 살펴보았던 여러 가지 조직구조의 특징을 각각 하나의 조직구조 차원(Dimension)으로 생각하고, 기업의 상황에 따라 교차 테이블(Cross Tabular)의 형태로 조직을 구성할 수 있다. 매트릭스구조는 제품별, 기능별, 지역별, 고객별 조직구조를 기업의 내부 상황과 외부의 경쟁상황에 적합하도록 2개의 축을 구성할 수 있는 매트릭스를 선택할 수 있다. 매트릭스 조직의 예를 들면, 제품-기능별 조직구조, 제품-지역별 조직구조, 제품-고객별 조직구조, 기능별-지역별 조직구조, 기능별-고객별 조직구조, 지역별-고객별 조직구조 등이 가능하게 된다.

매트릭스 조직은 제품, 기능, 지역, 고객에 대한 전문성이 모두 반영될 수 있는 장점이 있다. 매트릭스 조직은 제품별 조직에서 등한시하기 쉬운 지역적 특성을 감안할 수 있으며, 기능별 조직구조에서 고객의 특성을 고려할 수 있고, 지역별 조직에서 간과하기 쉬운 제품별 특성을 보완할 수 있으며, 고객중심의 조직구조에서 지역별 조직구조의 특성을 반영할 수 있는, 탄력적인 의사결정을 수행하기에 유용한 조직이다.

이들 중에서 가장 일반적으로 활용되고 있는 매트릭스조직을 보면 제품-지역별 매트릭스 조직구조와 고객-기능별 매트릭스 조직구조가 있다.

(1) 제품-지역별 매트릭스 조직구조

제품-지역별 매트릭스 조직구조는 매트릭스 조직구조 중에서 가장 일반적으로 활용되고 있는 조직구조이다. 제품-지역별 매트릭스 조직구조는 [그림 12-2]와 같으며, 기업의 성장과 확장에 따라서 적합한 기능조직들을 제품과 지역별로 배치하게 된다. 특히 마케팅과 영업에 관련된 조직의 경우에는 대부분 제품-지역별 매트릭스 조직구조가 활용되고 있다.

그림 12-2 제품-지역별 매트릭스 조직구조

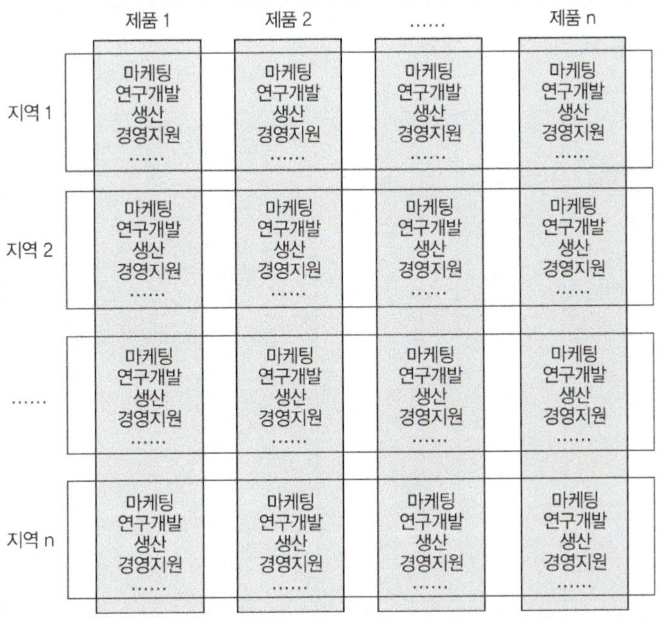

(2) 고객-기능별 매트릭스 조직구조

고객-기능별 매트릭스 조직구조 역시 매트릭스 조직구조에서 많이 활용되고 있는 모형이다. 특히 동일한 제품으로 기업의 내부 경쟁이 촉발되는 경우에 일반적으로 활용되는 모형이기도 하다. IT제품을 생산하고 있는 기업의 경우에는 대형 고객기업의 특성에 따라서 제품이 다르고 기업의 기능조직들이 별도로 배치되고 있다. 예를 들면 어떤 기업에서 생산하는 동일한 제품을 판매하는 경우에도 고객의 규모에 따라 가격이 차별화되기 때문에 최종 고객에게 공급하고 있는 소매 유통점들과의 마찰을 피할 수 없는 경우가 발생하게 된다. 고객접점의 현장에서 기업 내부의 마케팅 혹은 영업조직들 간의 마찰이 발생할 수 있다. 이러한 경우에는 동일한 제품의 경우에 가격이 다르기 때문에 발생하는 것이므로, 제품의 기본적인 기능과 성능을 유지한채로 일부의 기능과 성능을 재조정함으로써 제품의 명칭을 서로 다르게 세분화할 수 있다.

그리고 고객 기업의 규모에 따라 처음부터 고객별로 특정한 제품을 연구개발하고 생산하게 되는 경우도 발생하게 되는데 생산설비, 의료기기 등과 같은 고가격의 설비와 자동화 기기와 같은 산업제 제품을 생산화는 기업의 경우에도 고객-기능별 매트릭스 조직구조가 적합하며 [그림 12-3]과 같다.

그림 12-3 고객-기능별 매트릭스 조직구조

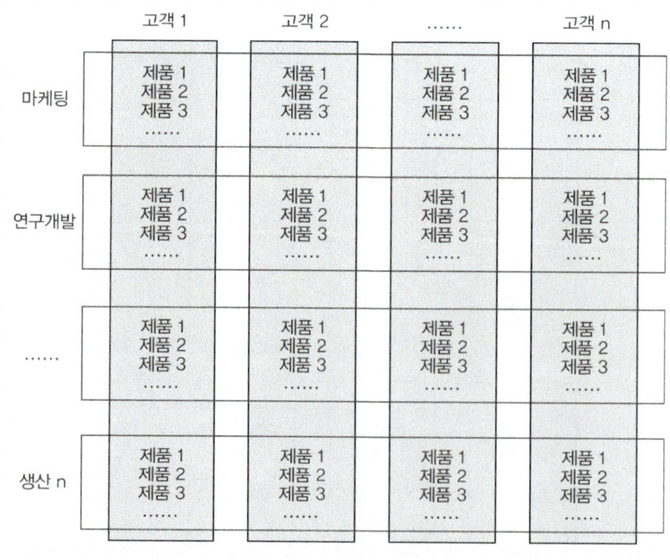

3) 3차원의 매트릭스 조직구조

위에서 살펴보았던 제품, 기능, 지역, 고객에 대한 2차원 테이블을 활용한 매트릭스 조직구조 역시 한계가 있다. 최근의 글로벌 우량기업들을 보면 3차원 이상의 다차원의 매트릭스 조직구조를 활용하고 있다.

예를 들면 제품, 기능, 고객으로 구성되는 3차원 조직구조를 생각해 볼 수 있다. 이러한 3차원 이상의 다차원 조직구조는 CRM 관점에서 가장 이상적인 조직의 모델이며 효과적으로 운영되기 위해서는 조직 자체가 매우 유연해야 하고, 모든 업무 프로세스가 세밀하게 정의되어야 할 것이다.

[그림 12-4]는 고객중심의 제품, 기능에 대한 3차원 매트릭스 조직구조의 한 사례를 보여주고 있다.

그림 12-4 3차원 매트릭스 조직구조의 사례

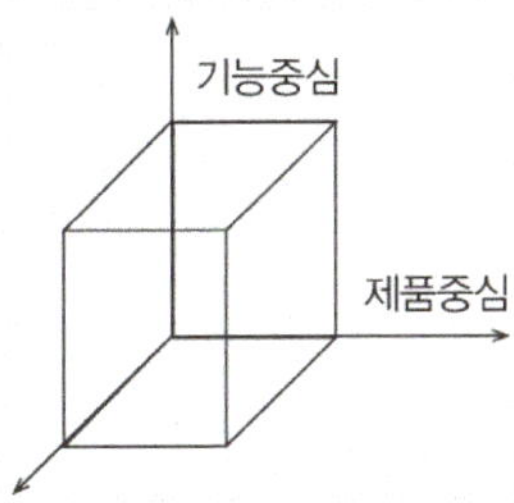

4) 매트릭스 조직구조의 사례

최근 글로벌 초우량기업들의 조직구조를 보면 급변하는 고객과 시장의 환경에 신속하게 대응할 수 있는 다차원의 매트릭스 조직구조를 운영하고 있다. GE, P&G, 삼성 등의 사례를 다음과 같이 살펴본다.

(1) GE의 매트릭스 조직구조

다차원의 제품-고객-기능별 매트릭스 조직구조가 가장 활발하게 활용되고 있는 글로벌 초우량 기업으로는 미국의 GE를 사례로 들 수 있다. GE는 전 세계의 170개국에서 사업을 진행하고 있는 글로벌 초우량 기업이다. GE는 거대한 기업을 중소기업과 같은 신속한 조직구조를 확보하기 위하여 노력하고 있다. GE의 조직구조는 제품을 고객별로 제품의 변화에 대응하기 위하여 연구개발, 생산, 마케팅 등의 조직을 시장과 고객의 변화에 신속하게 대응할 수 있는 조직으로 변화시키고 있다.

산업재 제품을 생산하고 있는 GE는 가전제품 등의 소비재제품을 아웃소싱 등의 방법으로 규모를 점차 축소하고 있으며, 산업재제품의 연구개발과 생산에 집중할 수 있는 조직구조로 개편을 진행하고 있다. 고가격 산업재 설비의 경우 지역별로 고객기업의 요구사항이 다르며, 동일한 지역에서도 고객의 욕구가 다르기 때문에 이들의 급변하는 요구사항을 충족시킬 수 있게 하기 위해서는 지역과 고객의 특성에 맞춘 제품을 연구개발하고 생산할 수 있는 공장을 확보할 수 있도록 다차원의 매트릭스 조직구조를 활용하고 있다.

특히 최근에는 오랫동안 지속되고 있었던 혁신적인 '스피드경영(Speed Management)'의 시대를 뛰어넘을 수 있는 차세대 경영혁신을 '패스트워크(Fast Work)'라는 화두로 제프리 이멜트(Jeffrey R. Immelt) 회장이 앞장서서 GE전체의 조직을 고객의 요구를 즉시 반영할 수 있는 고객 중심형의 구조로 개편하고 있다고 한다. 글로벌 초우량기업인 GE의 경영철학이 또 한번 혁신적으로 기업을 변화시켜서 전 세계의 글로벌 기업이 뒤따를 수 있는 글로벌 경영혁신을 주도할 수 있을런지 관심을 가질 필요가 있을 것이다.

(2) P&G의 매트릭스 조직구조

P&G는 소비재를 생산공급하는 글로벌 초우량기업이다. P&G는 제품별로 조직이 구성되는 전형적인 제조업체의 조직구조 형태를 띠고 있었지만, 글로벌 시장의 확대와 대형 소매유통업체들의 등장으로 제품별 조직구조가 더 이상 적합하지 않다는 것을 인식하고서 다차원의 매트릭스 조직구조를 운영하고 있다. 기존의 제품별 조직구조에 고객 중심과 지역 중심의 조직구조를 병행하여 3차원의 매트릭스 조직구조로 전환하게 되었다.

P&G는 기존의 제품별 조직구조에서는 대형 소매유통업체들과 거래할 때 제품별 마케팅 담당자가 개별적으로 해당 유통업체와 상담을 진행해야 했다. 그러나 유통업무의 효율성 증대와 고객 유통기업의 불편을 해소하기 위하여 여러 제품그룹을 총괄하여 상담을 진행할 수 있는 고객별 조직구조를 반영하고 있다. P&G는 유통기업들의 고객사의 편의를 위해서 기존의 제품별 조직구조를 지원조직으로 재배치하고, 고객기업과 상담을 전담할 수 있는 고객별 마케팅팀 혹은 영업팀을 구성하게 된 것이다.

그리고 지역중심의 조직은 소형 소매점들을 지역별로 관리하는 조직을 의미하며, 해당 지역에 존재하는 구매습관이나 특징을 발견하여 이를 해당 지역의 영업전략에 반영하게 된다. 지역별 조직구조 역시 넓은 의미에서 고객별 조직구조라고 할 수 있다. 구매 특성에 따라 다수의 소매점들을 그룹으로 묶어 관리하는 조직구조가 지역으로 구분되고 있기 때문에 지역별 조직구조는 고객별 조직구조와 유사하다.

P&G는 고객이 원하는 불편사항을 해결할 수 있었을 뿐만 아니라, 조직 내에서도 제품별 조직과 인력들 간의 업무혼선을 줄이면서 조직 간의 장벽들을 제거할 수 있게 되었다.

(3) 삼성의 매트릭스 조직구조

삼성전자는 가전제품, 컴퓨터와 통신제품 등의 IT제품, 반도체 등을 종합적으로 생산하고 있는 글로벌 우량기업이다. 삼성전자 역시 제품별로 조직이 구성되는 제품별 조직구조 형태로 운영되고 있었지만, 시장의 확대와 대형 소매유통업체들의 등장으로 다차원의 매트릭스 조직구조를 운영하고 있다. 기존의 제품별 조직구조에 고객 중심과 지역 중심의 조직구조를 병행하여 3차원의 매트릭스 조직구조로 전환하게 되었다. 삼성전자는 P&G와 매우 유사한 조직으로 운영되고 있다.

삼성전자 역시 과거 제품별 조직에서는 대형 소매유통업체들과 거래할 때 제품별 마케팅 담당자가 개별적으로 해당 유통업체와 상담을 진행해야 했지만, 여러 제품그룹을 총괄하여 상담을 진행할 수 있는 고객별 조직구조를 반영하고 있다. 삼성전자는 유통기업들의 고객사의 편의를 위해서 기존의 제품별 조직구조를 지원조직으로 재배치하고, 고객기업과 상담을 전담할 수 있는 유통기업별 전담영업팀을 구성하였으며, 대형 고객기업들과의 효율적이고 효과적인 상담을 진행하기 위하여 고객중심의 직접판매 조직을 팀단위로 운영하고 있다.

삼성전자의 지역별 조직은 대리점 등의 소매 유통점들을 지역별로 관리하는 조직으로서 해당 지역의 관습과 특성을 지역별 영업전략에 반영하고 있다. 삼성전자는 고객기업이 원하는 거래방식에 따라 사업을 전개하면서도, 조직 내에서도 사업부라고 불리고 있는 제품별 조직 인력들 간의 업무 혼선을 제거할 수 있게 되었다.

(4) 글로벌 기업들의 공통점

삼성전자와 P&G의 유사한 점은 3차원의 매트릭스 조직운영의 중심이 제품, 고객중심, 지역중심이라는데 있지만, 차이점은 P&G는 고객중심의 관점이 더 강화되어 있고 삼성전자는 아직도 제품별 조직구조가 더 많이 남아 있는 것으로 보이는 점이다. 삼성전자는 외형적으로는 글로벌 우량기업의 모습을 보이고 있지만 많은 부분에서 기업지향적인 제품별 조직이 고객지향적인 고객별 조직보다 좀 더 많이 남아 있는 것으로 보인다. 그러나 삼성전자는 글로벌 초우량기업으로 진행하고 있는 과정에 있기 때문에 빠른 속도로 글로벌 초우량 기업들의 고객중심 경영철학이 강화될 것이다.

5) 다차원 매트릭스 조직구조의 장 · 단점

(1) 다차원 매트릭스 조직구조의 장점

급격한 환경변화에 신속하게 대처할 수 있으며, 조직 간의 의사소통과 협력이 매우 효과적으로 이루어질 수 있고, 다양한 기능적 요소를 고려할 수 있다. 그리고 가장 중요한 장점으로는 고객중심의 전략을 효과적이고, 신속하게 전개할 수 있는 조직구조이다.

특히 대부분의 기업이 변화하고 있는 매트릭스 조직구조를 살펴보면 고객이라는 요소는 항상 포함된다. 즉, 대부분의 다차원 매트릭스 조직구조들은 CRM관점에서의 진행되고 있다고 할 수 있을 것이다.

(2) 다차원 매트릭스 조직구조의 단점

2차원 이상의 매트릭스 조직구조는 1차원적 조직구조에 비해 구현과 운영이 쉽지 않다. 매트릭스 조직에 대한 충분한 이해와 경험을 바탕으로 기업의 상황에 적합하도록 매트릭스 구성 차원을 신중히 고려해야 한다. 매트릭스 조직구조에서는 조직의 구성원 개개인이 조직 내의 기능적 경계를 쉽게 넘나들 수 있기 때문에 자칫 서로에 대한 책임과 역할이 뒤섞여 조직의 질서를 혼란하게 할 수도 있으므로 주의해야 한다.

7. 인적자원

CRM 전략을 수행하는 데 있어서 조직문화, 조직구조, 정보시스템들이 중요한 기업경영의 역량임에는 틀림이 없지만, 이것만으로 CRM전략이 수행될 수는 없다. CRM전략을 수행하는 주체는 결국 사람이기 때문이다. 고객과 시장지향적인 문화를 실천하는 주체는 사람이며, 고객정보를 분하는 기능은 CRM시스템이 수행하지만 무엇을 언제 분석할 것인지에 대한 의사결정과 이를 실행으로 옮기는 것은 사람이다. 이런 관점에서 인적자원 요소는 기업의 CRM전략의 수준을 결정하는 조직구조 역량의 가장 중요한 요소에 해당한다고 볼 수 있다. CRM전략의 중요한 인적자원의 요소는 최고경영자의 CRM 리더십, 전문인력의 구성, 조직원의 만족, 그리고 조직원의 역량 및 행동으로 나누어볼 수 있으며 [그림 12-5]와 같다.

그림 12-5 CRM 전략의 인적자원

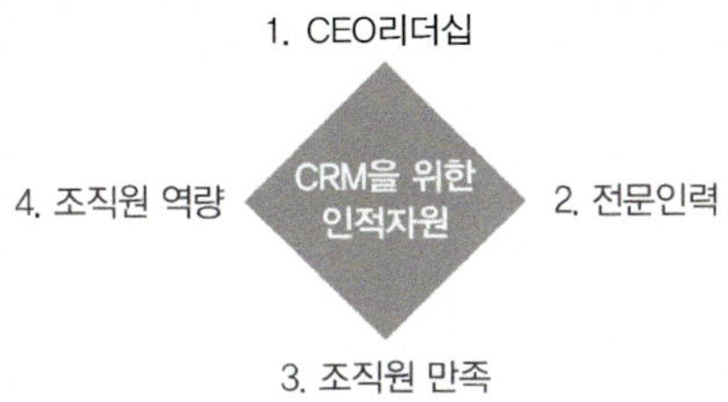

1) CEO의 CRM리더십

CRM은 경영혁신의 중요한 수단이다. 경영혁신을 달성하기 위해서는 조직 곳곳에 내재되어 있던 기존의 관행과 관습인 패러다임을 변화시켜야 한다. 조직의 관행을 변화시키기 위해서는 최고경영진의 확고한 의지와 지원이 필요하다. CEO 또는 최고경영진의 CRM에 관련한 리더십을 보면 CRM에 대한 지식, CRM에 대한 관심, CRM에 대한 지원, CRM의 지속성 등이 있으며, [그림 12-6]과 같다.

그림 12-6 CEO의 CRM 리더십

(1) CRM에 대한 지식

CEO는 CRM에 대한 올바른 지식과 식견을 갖추고 있어야 한다. CRM이 정보기술만으로는 고객을 관리할 수 없으며, 전사적인 협력이 전제되어야 하므로 마케팅과 영업 조직뿐만 아니라 기업 내의 모든 조직들에게 적용되어야 한다는 경영철학을 정립하여야 한다. 그리고 CEO는 CRM에 대한 막연한 기대보다는 CRM을 통해 조직이 거둘 수 있는 단기적인 효과와 장기적인 성과에 대한 구체적인 목표를 가지고 CRM을 실행하는 것이 CRM 전략을 성공시킬 수 있게 된다.

(2) CRM에 대한 관심

CEO의 CRM에 대한 지식과 식견이 어느 정도 습득된 후에는 CRM에 대한 필요성과 중요함을 전 조직의 구성원에게 전파할 수 있어야 한다. CEO가 직접 고객중심적인 사고와 실행이 될 수 있도록 관련된 업무의 체계, 관습, 관행에 대해서 지시하고 개선할 수 있어야 한다. CEO는 전 조직의 구성원들에게 CRM에 대한 중요성을 강조하는 관심을 보여주는 것이 필요하다.

(3) CRM에 대한 지원

CEO는 CRM에 대한 실질적인 지원을 실행하면서, CRM에 대한 관심과 강조를 해야 한다. 실질적인 지원이 없다면 오히려 조직원들의 불만족을 야기할 수 있다. CRM은 목표와 의지만으로 수행되는 것이 아니다. CRM은 교육, 체제 정비, 업무프로세스 개선, 전문인력 확보, CRM시스템의 도입 등 실질적인 투자가 수반되어야 하기 때문이다. CEO의 실질적인 지원이 있을 때 조직원들은 CEO의 CRM에 대한 참여의지를 이해하고 참여하게 된다.

(4) CRM의 지속성

CRM에 대해서 장기적인 관점으로 접근해야 한다. CEO는 CRM에 대한 관심과 지원을 장기적으로 유지해야 한다. CRM에 대한 CEO의 초기 관심과 지원이 축소되는 경우에는 CRM에 대한 회의론이 확대되어 중도에 실패를 경험하게 될 수 있다. CEO가 CRM 전략을 포기하고 다른 혁신과제로 바뀔 수 있다는 불안감을 조성하게 될 수 있기 때문이다.

CRM을 지속한다는 것은 상당히 어려운 문제이다. CRM 전략을 실행하는 초기 단계에서는 규모가 작은 분야에서 시작하지만, CRM 전략의 목표가 달성되기 위해서는 관련 분야가 점차 확대될 수밖에 없기 때문에 초기에 예상했던 노력과 투자가 훨씬 커질 수 있다. 이러한 과정에서 조직 내에서 비협조적인 경우가 발생하거나, 반대 논리가 등장할 수 있다. 이러한 문제들을 직면하게 될 경우에 CEO의 CRM에 대한 지원이 지연되거나 축소된다면 이들 반대논리가 더욱 힘을 받게 되어 CRM 전략의 목표는 달성되기 어렵게 될 것이다.

그러므로 CRM 전략은 매우 체계적인 수립 절차, 범위, 실행 일정 등이 포함된 로드맵(Roadmap)이 수립되어야 하며, CRM의 도입과 실행에 대한 단계별, 영역별 성과지표들을 초반부터 정립하는 것이 중요하다.

2) CRM 전문인력

(1) 전문인력 확보에 대한 장・단점

CRM 전략이 실질적으로 운영되기 위해서는 CRM 전략을 수행하기 위한 각 기능적 요소들을 담당하는 전문인력의 확보가 필요하다. CRM전문인력은 교육, 훈련을 통한 기존 내부 직원들의 역량 강화나 필요한 기능에 대한 외부 전문가의 영입을 통해 확보할 수 있다. 내부 직원들의 역량 강화나 외부 전문가의 영입은 각기 장・단점이 존재하기 때문에 조직의 상황을 고려하여 전문인력 확보 방법론의 적절한 조합이 요구된다.

〈표 12-2〉는 CRM전문인력 확보 방안의 장・단점을 비교한 내용이다.

〈표 12-2〉 CRM전문인력 확보 방안의 장・단점

	내부 인력 양성	외부 전문가 영입
장점	• 교육, 훈련으로 학습조직 문화를 마련 • 내부 인적자원을 효과적으로 활용 • 영입된 인력보다 상대적으로 장기적인 유지가 가능함.	• 신속하게 필요한 기능을 수행 • 새로운 분위기를 창출할 수 있음. • 내부 인력 양성에 비해 비용을 절감
단점	• 인력 양성을 이끌어줄 리더나 외부 전문가가 필요함. • 시간이 오래 걸림. • 외부 전문가 영입 비용	• 내부 직원들과의 괴리나 단절 위험 • 내부 인력에 비해 잔류 기간이 비교적 짧음. • 필요한 업무 영역에 대해 매번 외부 영입을 검토하게 됨.

출처 : 김형수, CRM마케팅2, CRM응용

(2) CRM 순환별 전문인력

CRM 전략 수행을 위해 필요한 전문인력은 CRM의 기능적 순환고리에 따라 CRM 분석을 위한 인력, CRM 운영을 위한 인력, CRM 협력을 위한 인력 등의 3가지 형태로 구분할 수 있다.

[그림 12-7]은 CRM의 전문인력에 대한 CRM의 순환별 형태이다.

그림 12-7 CRM 순환별 전문인력

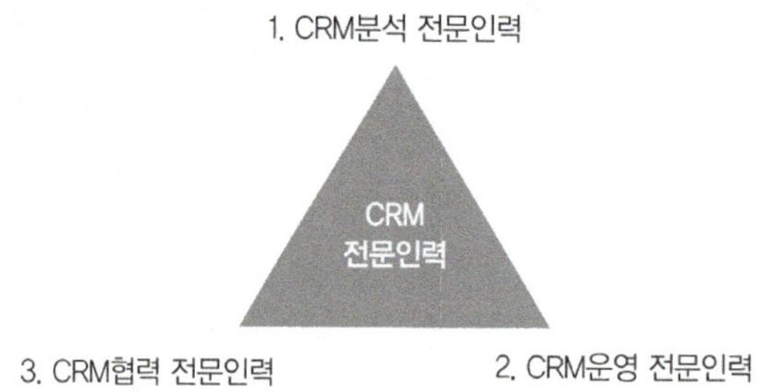

① CRM분석 전문인력

CRM분석 전문인력이란 CRM 전략에 필요한 각종 데이터들을 분석하고, 유의미한 정보를 도출해낼 수 있는 고객정보에 대한 분석전문가를 의미한다. 분석전문가는 고객 데이터베이스로부터 필요한 데이터를 추출하는 질의(Query) 능력, 업무 요건에 맞도록 데이터를 가공할 수 있는 스프레드시트 작업 능력, 대용량 데이터를 처리할 수 있는 데이터마이닝 도구 활용 능력, 전략적 의사 결정을 지원하는 통계분석 능력 등을 갖춰야 한다.

② CRM운영 전문인력

CRM운영 전문인력은 CRM 전략에 관한 전반적인 운영계획을 수립하고 고객과의 관계를 강화하기 위한 CRM을 실행하게 된다. CRM운영 전문인력은 좀 더 구체적으로 CRM운영계획 전문인력과 CRM운영실행 전문인력으로 구분할 수 있다.

가. CRM운영계획 전문인력: CRM운영계획 전문인력은 캠페인 기획이나 로열티 프로그램 기획처럼 테마별 기획 담당자나 전사적인 CRM 전략을 총괄 기획하는 CRM 전략가를 의미한다. CRM전문인력은 해당 조직의 CRM조직 혹은 팀을 리드해야 하기 때

문에 CRM의 초기 계획뿐만 아니라 분석, 운영, 협력 등의 각 분야별 전문가들을 지휘 관리하는 업무까지 맡아야 하는 경우도 있다.

나. CRM운영실행 전문인력: CRM운영실행을 위한 인력이란 고객접점에서 수행하는 고객서비스, 인터넷, 캠페인, 영업 등의 고객접점에서 CRM을 실행하고 있는 조직의 구성원들을 의미한다. 따라서, 영업사원이나 콜 센터 혹은 고객서비스 부서 직원들은 물론, 고객응대가 매우 중요한 호텔이나 은행과 같은 서비스 업종에서 VIP 고객을 전담하는 고객담당 직원이나 소매은행의 PB(Private Banker)와 같은 인력들이 CRM운영 전문인력이라고 할 수 있다. CRM운영 전문인력들의 고객지향적인 능력은 절대적으로 필요한 능력이라고 할 수 있다.

③ CRM협력 전문인력

전사적인 수평적인 협력과 유통과의 수직적인 협력이 동시에 필요한 CRM의 성과를 극대화하기 위해서는 CRM의 성과가 전 조직으로 피드백되어야 하며, 이를 바탕으로 전 조직의 협력이 이루어져야 한다. CRM 전문인력 중 하나가 피드백을 담당하는 CRM협력 전문인력이다. 피드백이란 CRM의 운영과정과 운영성과에 대한 체계적인 모니터링과 평가를 수행하고, 개선점을 도출해낼 수 있는 기능을 의미한다. CRM피드백을 위한 전문인력은 CRM운영에 대한 성과평가 업무와 더불어 구성원들이 등록하는 다양한 고객지식을 걸러줄 수 있는 일종의 지식분류 전문가 역할을 담당해야 한다.

그리고 CRM을 시스템 관점에서 본다면 CRM협력 전문인력은 CRM시스템 개발자, CRM시스템 공급자, CRM데이터베이스 관리자(Database Administrator : DBA), CRM시스템 분석가, CRM프로세스 개발자, 그리고 CRM시스템 유지 및 보수 인력 등을 포함해야 한다. CRM협력 전문인력을 확보할 수 있는 방법으로는 기업의 내부 및 외부의 협력이 있어야 한다.

3) 조직원 만족

기업이 CRM의 목표를 효율적이고 효과적으로 달성하기 위해서는 조직원의 만족에 대한 관심을 확대해야 할 것이다. 조직원은 기업을 대표해서 고객에게 기업과 제품의 가치를 전달함으로써 기업의 목표를 달성하게 하는 주체이기 때문이다. 즉, 기업은 고객과의 관계를 강화하는 활동뿐만 아니라 내부고객인 조직원들과의 관계 역시 중요시하고 관계를 강화해야 한다. 기업내부의 조직원의 만족도가 고객의 만족도 혹은 고객의 로열티에 긍정적인 영향이 미치고 있다. 조직원의 만족은 고객만족과 직결된다. 조직원에 대한 내부 고객관리와 외부의 고객관리는 동일선상에 놓여 있다.

기업에서 자신이 속한 조직의 직무에 만족하지 않는 조직원은 CRM 직무에 동의하지 않는 경우가 발생할 수 있다. CRM은 기존의 업무보다도 더 많은 개인적인 노력이 필요하기 때문이다. 특히, CRM과 직접적인 연관성이 많은 조직원의 만족도는 CRM적 조직문화, 직무적합도 등과 같은 조직역량과 관련이 있지만, 무엇보다 성과보상이 가장 영향이 많다고 할 수 있다. CRM이 기업에서 성공적으로 정착되기 위해서는 CRM에 호의적인 조직문화, 최고경영자의 의지와 지원, 효과적인 CRM 전략, CRM정보시스템 등이 완벽하게 준비되는 것이 필수적이지만, 기업의 내부 조직원들이 CRM업무를 수행함으로써 평가받을 수 있는 성과보상제도가 동시에 운영되어야 할 것이다. 이러한 성과보상제도가 미비하게 되면 조직원의 적극적이고 자발적인 참여를 유도하기 어렵기 때문에 CRM업무에 대한 조직원의 만족도는 향상되기 어렵게 될 것이다.

조직원만족은 CRM을 수행하는 모든 기업들 중에서도 특히 소비재 제조업, 브랜드 중심 산업, 비영리조직, 금융서비스, 고가 제품 및 서비스 공급업체 등의 업종이나 산업에 속하는 기업들에게 더욱 중요하다고 할 수 있다. 고객과 직접 접촉하거나 대의명분과 이미지가 중요한 기업이기 때문이다.

4) 조직원 능력

CRM에 관련이 있는 조직원은 조직 차원의 전략적 입장을 인식하고, 고객의 니즈를 정확하게 파악하고 충족시키고자 하는 고객지향적인 태도를 동시에 갖추어야 한다. CRM의 조직원은 기업에게는 고객을 대표해서, 고객에게는 기업을 대표해서 상대방의 정보를 전달하고 문제를 해결할 수 있는 역량을 확보하고 있어야 한다.

CRM과 관련이 있는 조직원은 고객접점에서 고객과 직접 접촉해야 한다. 고객접점에서의 고객접촉 활동은 업무의 효율성보다는 고객의 가치 실현을 목적으로 고객의 니즈 파악과 실현을 위해 최선을 다한다는 것을 의미한다. 그러므로 고객접점 조직원들에게는 고객판단 능력, 관찰 및 기록 능력, 문제해결 능력 등의 기본 자질이 요구된다.

[그림 12-8]은 고객접점에서의 조직원의 능력에 필요한 내용을 보이고 있다.

그림 12-8 고객접점에서의 조직원의 능력

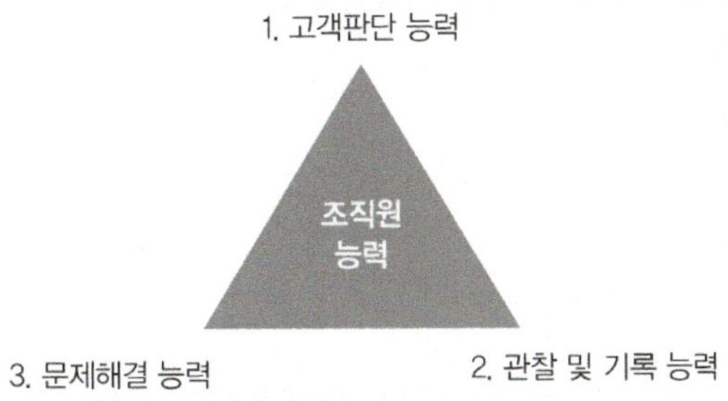

(1) 고객판단 능력

고객인지 고객이 아닌지를 판단할 수 있는 능력은 어느 정도의 시간과 노력을 투입해야 할 것인지를 결정할 수 있는 능력이다. CRM에서 고객판단 능력은 선천적으로 타고 난 개인의 능력일 수도 있지만, CRM 관점에서는 CRM시스템을 유용하게 활용하여 고객을 판단할 수 있는 능력을 의미한다. 고객과 상담을 진행하고 있는 중에도 CRM시스템을 활용하여 고객의 등급이나 유형을 빠르게 파악할 수 있고, 고객이 기여하였던 구매 금액, 이익기여 금액, 최종 구매시점 및 품목, 상담이력 등의 고객정보를 활용할 수 있어야 한다.

(2) 관찰 및 기록 능력

CRM에 관련한 조직원은 고객접점에서 발생하고 있는 고객과의 모든 상호관계를 면밀하게 관찰하고 기록할 수 있는 역량을 확보해야 한다. 신규고객정보, 추가 혹은 변동 고객정보, 고객 욕구(Needs) 등에 관한 정보를 활용하고 있는 CRM시스템에 등록해서 전사적으로 공유할 수 있도록 해야 한다. 그러므로 고객접점의 조직원은 고객의 의견을 효과적으로 듣고, 이해할 수 있어야 하며, 관련 조직과 조직원들에게 전달할 수 있어야 하고, CRM시스템에 등록할 수 있는 능력을 갖추어야 한다.

(3) 문제해결 능력

CRM은 직접적인 판매활동 보다는 기업과 고객의 관계를 부정적으로 악화시킬 수 있는 문제를 해결하기 위해서 고객과의 상호 커뮤니케이션을 확대하는 활동이다. 고객에 대한 조직원의 문제해결 능력은 상호 커뮤니케이션을 효과적으로 향상시킬 수 있는 능력이다. 문제해결능력은 반드시 고객이 직면한 문제를 현장에서 직접 해결할 수 있는 능력만을 의미하는 것은 아니다. 문제해결 능력은 자신이 해결할 수 없는 경우에는 다른 대안을 제시할 수 있는 능력이다. 그리고 효과적인 커뮤니케이션 기술을 활용하여 격앙된 고객의 심기를 완화시킬 수도 있다.

제3절 CRM의 고객정보 보안

1. 보안과 위협

CRM시스템을 포함한 정보시스템의 보안은 시스템과 시스템이 보유하고 있는 정보에 대한 불법적인 접근을 통제하고 설비를 보호하는 모든 활동을 말하며, 정보시스템에 대한 위협은 지진, 홍수, 태풍, 화재 등과 같은 환경적 위협과 설계상의 오류 등과 같이 사람의 실수로부터 발생하는 사람의 위협이 있다.

CRM시스템의 데이터웨어하우스에는 기업의 미래의 경쟁력을 확보할 수 있는 중요한 고객정보가 통합되어 저장되어 있다. 수백만 명 혹은 수천만 명에 해당하는 방대한 고객정보를 활용할 수 없는 상태로 설비가 파손되거나, 또는 고객정보를 정밀하게 세분화하는 과정에서 오류를 포함하고 있다면, 심각한 문제를 야기할 수 있게 된다.

CRM시스템은 여러 가지 위협요인을 제거함으로써 정당한 사용자의 사용을 보장하고, 불법적인 사람의 사용을 방지해야 하며, 위협을 사전에 제거할 수 있어야 한다. CRM은 인터넷의 발전으로부터 도움을 받았지만, 다른 한편에서는 인터넷의 취약한 보안문제를 그대로 감수할 수밖에 없게 되었다. 인터넷은 가상공간(Cyber Space, 혹은 Virtual Space)에서 자유롭게 의견교환과 거래를 실행할 수 있는 환경을 제공하여 모든 사람들이 편리하게 활용할 수 있지만, 정보보안에 대한 불안도 동시에 제공하고 있다.

예를 들면, 어떤 악의를 가진 사람이 CRM시스템에 저장되어 있는 고객정보를 조작한다든지, 혹은 고객정보를 유출하여 다른 목적으로 사용할 수 있을 것이다. 이러한 문제는 고객정보의 방대함으로 인하여 엄청나게 많은 피해자가 발생할 수 있기 때문에 사회적인 문제로까지 확대될 수 있다. 기업은 CRM시스템의 보안에 많은 관심을 가져야 할 것이며, 사전에 예상 가능한 모든 문제를 대비해야 할 것이다.

〈사례 12.1〉은 은행에서 CRM 등의 고객정보의 보안에 대한 문제와 해결방안을 설명하고 있는 내용이다.

CRM Practice 12.1 빅데이터 활용한 통합관리시스템 구축, 철통같은 보안

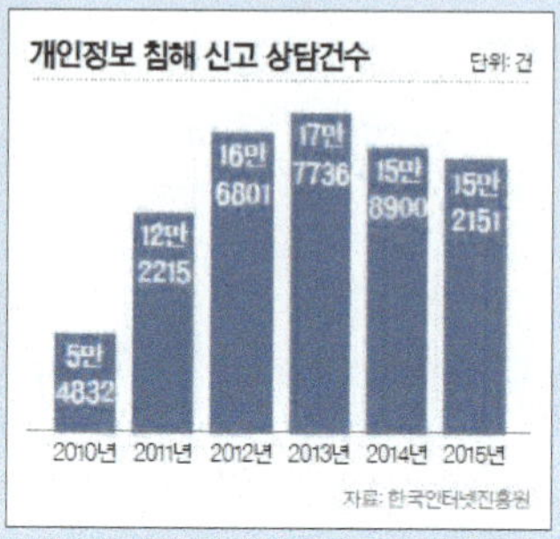

개인정보 유출은 심각한 문제다. 해킹이나 피싱 같은 각종 사이버 범죄에 활용된다. 워낙 은밀해 내가 피해를 봤는지조차 모르는 경우가 많다. 한국인터넷진흥원에 따르면 2010년 5만4832건이던 개인정보 침해 신고 상담건수는 2011년부터 급증해 2013년 17만7736건으로 최대치를 기록했다. 이후 소폭 감소했지만 5년 전에 비해 3배 가까이 늘었다. 최근 정부가 금융결제원의 정보공유분석센터와 금융보안연구원의 기능을 통합해 금융보안원을 출범시켰지만 소비자의 불안감은 여전히 크다.

최근 해킹·피싱 같은 사이버범죄로 피해자가 속출하면서 금융 소비자의 관심이 개인 신용정보 관리에 집중되고 있다. 정부도 2015년 9월 신용정보법을 개정하면서 개선에 나섰다. 개인 신용정보의 처리 단계별 절차를 강화하고, 개인 신용정보의 보유기간을 신설하는 게 골자다. 금융회사가 신용정보를 이용하거나 제공한 사실이 있는지 개인이 직접 조회할 수 있는 시스템을 갖추게 한 것도 정보 주체의 권리를 대폭 강화한 것이다.

IT 보안 규제의 패러다임이 사전 규제에서 사후 규제로 전환되면서 금융권도 자체 역량 강화를 위해 발 빠르게 움직이고 있다. 특히 KB국민은행은 '개인정보 보호 통합관리시스템'을 구축해 선제 대응에 나섰다. KB국민은행은 은행연합회가 낸 '개인정보 유출 재발 방지 종합대책 가이드라인'에 따라 신용정보법 개정 전인 2015년 2월 1100종의 서식, 10종의 표준 동의서를 개정했다. 애초에 수집 정보를 최소화하고, 정보 처리 절차를 엄격하게 규정하기 위해서다.

올 1월에는 개인정보 보호 통합관리시스템을 선보였다. 은행권 최초다. 강화된 개인정보보호법·신용정보법 등 당국의 규제에 대응하면서 은행이 자체적으로 통합적인 개인정보 보호 관리 체계를 수립했다는 점에서 의미가 있다. 기존 개인정보 보호 업무는 직원·업무별로 산재해 있어 관리나 점검이 쉽지 않았다. 그러나 개인정보 보호 통합관리시스템 구축 이후 정보 처리 단계별로 체계적인 관리가 이뤄지고, 혹 발생할지 모르는 유출 사태를 예방할 수 있게 됐다는 평가다.

3월부터 개인 신용정보 이용·제공 내용 조회 시스템을 구축해 영업점 및 홈페이지를 통해 최근 3년간 내역을 조회할 수 있게 했다. 고객이 신용정보의 삭제를 요청하는 경우 '삭제결과통지서'를 제공하고 거래 종료일로부터 5년 이내에 개인 신용정보를 삭제하도록했다. 법령상 허용하는 경우 기존 정보와 분리해 보관된다. KB국민은행 관계자는 "개인정보 보호 통합관리시스템 구축으로 정부에서 추진 중인 금융권 자율 보안체계 확립에 선제로 대응하고, 안전한 금융서비스를 제공할 수 있는 기반을 마련했다"고 말했다.

KB국민은행은 지난해 스마트 OTP(One Time Password, 고정된 패스워드 대신 무작위로 생성되는 일회용 패스워드를 이용하는 사용자 인증 방식)를 가장 먼저 도입해 편의성과 보안성 두 마리 토끼를 잡았다는 평가를 받았다. 일반 OTP에서 한걸음 더 나아간 스마트 OTP는 스마트폰에 OTP 카드를 접촉하기만 하면 비밀번호가 자동으로 생성되는 NFC(근거리무선통신) 기반 서비스다. 추가로 공인인증서 비밀번호를 입력해야 하는 번거로움이 없다.

(출처: 중앙일보. 2016. 5. 17., http://news.joins.com/article/20035443)

2. 보안방법의 종류

CRM시스템을 포함한 정보시스템을 안전하게 관리할 수 있는 보안방법은 접근제어, 인증, 기밀성, 무결성, 전자서명 등이 있다.

[그림 12-9]는 보안방법의 종류를 보여 주고 있다.

그림 12-9 보안방법의 종류

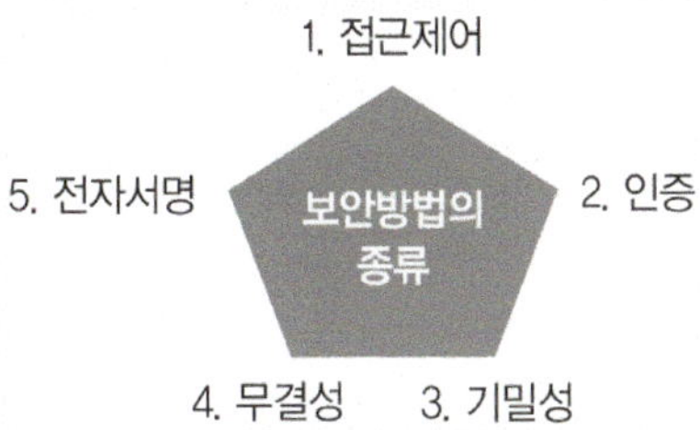

1) 접근제어 서비스

접근제어(Access Control) 서비스는 정보시스템을 사용할 수 있도록 허가받은 사람 이외에는 정보시스템으로 접근할 수 없도록 방지하는 서비스를 의미한다. 접근제어 방법으로는 소프트적인 측면에서의 접근방지와 물리적인 접근방지가 사용될 수 있다. 특별한 정보를 사용하기 위해서는 특별한 장소에서만 사용할 수 있도록 장소를 한정하고서 접근이 허가된 사람만 정보시스템을 사용할 수 있게 한다. 허가되지 않은 사람의 접근을 통제하기 위하여 물리적인 침입차단 시스템을 이용하기도 한다. 접근제어는 특별한 장소에서 시스템을 사용하기 위해서 허가된 사람에게 특별한 장소에 접근할 수 있도록 허락한 다음에, 다시 허가된 사람임을 재확인할 수 있도록 인증 등의 소프트적인 방법을 활용할 수 있다.

2) 인증서비스

인증서비스(Authentication Service)는 정보를 이용하려는 사용자에 대한 신원을 식별하고 확인할 수 있는 서비스이다. 정보시스템을 사용할 수 있는 권한을 부여한 사용자의 신원인증을 통하여, 사용자 본인임을 확인하고서 정보시스템의 사용을 허용하게 된다. 시스템을 사용할 수 있도록 허가된 사람인지를 판단할 수 있는 인증의 방법으로는 일반적으로 패스워드를 활용하고 있지만, 보안을 강화해야 할 경우에는 지문, 망막 등의 생체인식기능이 활용되기도 한다.

3) 기밀성보장 서비스

기밀성보장(Confidentialilty Guarantee) 서비스는 정보시스템의 사용에 대한 권한이 없는 사람이 정보시스템으로 접근했을 경우에 정보의 내용을 알 수 없도록 기밀화하는 서비스이다. 기밀화의 방법으로는 암호화기술이 사용되기도 한다. 기밀성보장 서비스는 암호화된 정보를 해독할 수 있는 권한이 있어야만 정보를 사용할 수 있으므로 매우 중요한 정보일 경우에 활용될 수 있는 방법이다.

4) 무결성보장 서비스

무결성보장(Integrity Guarantee) 서비스는 정보시스템에서 사용자에게 전달되는 정보가 유뮤선의 인터넷 공간에서 부당한 방법으로 위조되거나 변조되는 것을 방지할 수 있는 서비스이다. 정보가 전송중에 위조되거나 변조되는 것을 방지할 수 있는 방법으로는 전송하고자 하는 정보를 메시지 인증코드(Massage Authentication Code)와 함께 전송하는 방법이 활용되고 있다.

5) 전자인증

전자인증(Electronic Authentication)은 정보시스템을 활용하여 정보를 송수신한 사용자가 송수신 사실을 부인하는 행동을 방지하기 위하여 전자적으로 서명하는 서비스이다. 최근에는 은행예금계좌에서 자동이체, 신용카드결제 등의 과정에서 본인의 여부를 확인하는 것이 매우 중요하므로 인증의 절차와 방법이 매우 정밀하게 변화되고 있다. 전자인증의 효력은 오프라인에서 사용하고 있는 인감도장 혹은 본인의 자필서명과 거의 동일한 법률적 효력을 인정받고 있으므로, 사용자는 전자인증을 사용하는데 있어서 매우 유의해야 한다.

3. 보안의 구분

CRM시스템을 포함한 정보시스템에 대한 보안은 기술적 보안, 물리적 보안, 제도적 보안 등으로 구분될 수 있으며, [그림 12-10]과 같다.

그림 12-10 보안의 구분

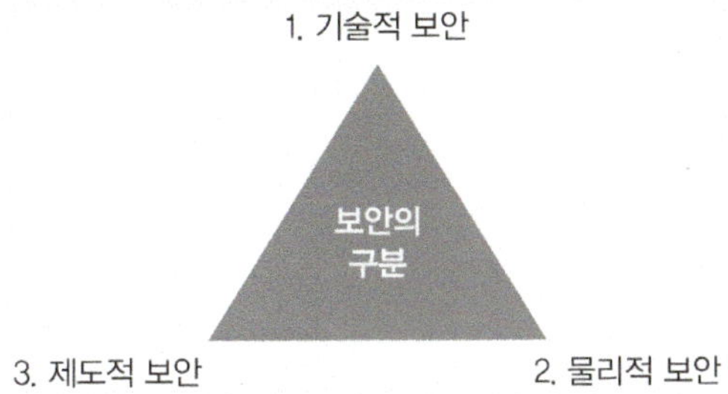

1) 기술적 보안

기술적 보안(Technical Security) 방법으로는 단일키 암호화방법과 비대칭키 암호화방법이 있다. 단일키 암호화방법(Single Key Crytosystem)은 정보를 송수신하는 과정에서 송신할 때 사용하는 암호화기술과 수신할 때 사용하는 복호화기술이 동일한 키를 사용하는 방법이다.

그리고 단일키 암호화방법의 단점을 개선한 비대칭키 암호화방법(Asymmetric Crytosystem)은 정보를 전송하는 과정에서 암호화 키와 복호화 키를 서로 다르게 하는 방법이다. 암호화하는 키를 공개하고, 복호화하는 키는 정보를 사용할 수 있도록 허락된 사용자만이 사용할 수 있게 하는 방법이다.

2) 물리적 보안

물리적 보안(Physical Securuty) 방법은 정보시스템으로 접근을 통제하는 방법이다. 각종 사고 혹은 외부의 침입으로부터 정보시스템을 보호하는 의미이다. 지진, 장마, 화재 등의 사고로부터 정보시스템을 보호하기 위한 방법으로는 지진대비, 항온, 항습에 필요한 시설을 해야 하며, 백업용 하드웨어를 다른 지역에 분산배치해야 할 것이다.

그리고 외부로 부터의 침입에 대한 보안의 방법은 지문, 망막, 음성 등의 생체 인식장치를 활용하거나 스마트카드, 감시카메라 등을 활용하여 정보시스템으로의 접근이 허락되지 않은 사람을 통제할 수 있다.

3) 제도적 보안

제도적 보안(Institutional Securuty) 방법은 법률적, 제도적 장치를 활용하여 정보를 보호하는 방법이다. 정보보안에 관련한 법규는 정보보호법, 전사서명법, 전자상거래법 등이 있으며, 지속적으로 관련 법규들이 제정되고 있다.

제4절 CRM의 고객정보 윤리

1. CRM의 고객정보윤리의 의미

고객정보윤리(Custpmer Information Ethics)는 고객정보를 관리하는 측면에서 윤리문제를 고려해야 한다는 의미이다. 기업은 고객정보를 관리하는 과정에서 법률 이상의 윤리적으로도 문제가 발생하지 않도록 신중하게 접근해야 한다. 고객정보윤리는 기업이 고객의 정보를 취급하는 과정에서 윤리적으로 합당한 것인지 아닌지를 판단할 수 있는 기준체계이며, 시대의 흐름에 따라서 변화하고 진화하게 된다. 기업은 고객정보윤리의 변화에 대해서 항상 관심을 가지고, 윤리적으로 비판을 받지 않도록 한발 앞서서 고객의 정보를 발전적으로 관리해야 할 것이다.

2. CRM의 고객정보 윤리

CRM의 고객정보 윤리에 관한 요인으로는 고객 프라이버시, 고객정보의 정확성, 고객정보의 접근성, 고객정보의 유출, 사용자의 직업윤리 등이 있으며 기업 측에서는 고객의 불만이 발생하지 않도록 신중하게 접근해야 할 것이다.

[그림 12-11]은 CRM의 고객정보 윤리의 요인에 대한 내용이다.

그림 12-11 CRM의 고객정보 윤리

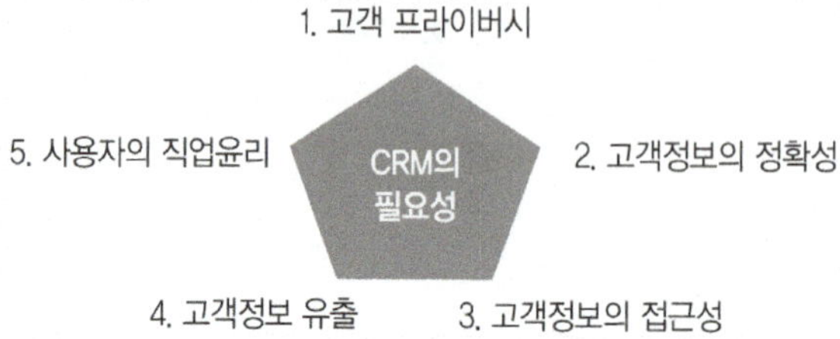

1) 고객의 프라이버시 보호

고객의 프라이버시(Customer Privacy)는 존중되어야 하지만 인터넷을 활용한 비즈니스의 발전으로 개인의 프라이버시 침해의 사례가 증가하고 있는 상황이다. CRM시스템에 저장되어 있는 고객정보는 과거 오랫동안의 고객정보가 통합된 상태로 데이터마트에 저장되어 있기 때문에 개인의 프라이버시에 관한 정보가 포함되어 있다. 기업이 CRM을 실행하는 동안에 고객의 프라이버시가 침해되지 않는지 신중하게 고객정보를 관리해야 한다.

최근에는 개인의 주민번호를 수집할 수 없도록 법제화가 되었지만, 아직도 많은 기업과 단체들은 습관적으로 고객의 주민번호를 요구하는 사례가 많은 상황이다. 고객의 프라이버시를 존중하면서 고객정보를 수집하려는 기업의 CRM활동이 필요하게 된다. 고객의 프라이버시를 침해하지 않기 위해서 어떤 정보가 고객의 프러이버시를 침해할 수 있는지에 대한 세심한 주의가 필요하다.

〈사례 12.2〉는 개인의 프라이버시를 침해할 수 있는 주민번호의 취약성을 보여주고 있다.

CRM Practice 12.2 생일 · 지역만 알면? … '주민번호 맞추기'

[앵커]
비하인드 뉴스를 시작하겠습니다. 어서 오세요. 첫 번째 키워드를 열어보죠.
[기자]
첫 번째 키워드는 〈'주민번호 맞추기' 〉입니다.
약간의 노동을 투입하면, 물론 몇몇 정보가 필요하기는 한데 주민번호를 쉽게 유추할 수 있다는 얘기인데요.
[앵커]
남의 주민번호를?

[기자]
그렇습니다.
오늘(12일) 민주당 이재정 의원이 국감 현장에서 김부겸 행정안전부 장관의 주민번호를 맞혔습니다.

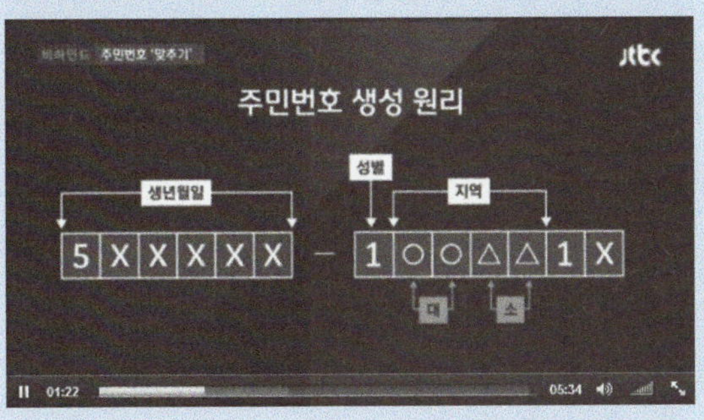

[앵커]
실행을 했단 말이죠?
[기자]
그렇습니다.
직접 보겠습니다.
[이재정/더불어민주당 의원 : 바로 이 번호가 장관님의 주민등록번호였습니다. 저희가 59번째에 성공을 했습니다.]
번호는 공개하지 않았지만 맞혔습니다.
[앵커]
59번째라고 하면 그게 금방 맞힌 거라고 볼 수가 있겠군요.
[기자]
30분에서 1시간이면 될 것으로 보이고요.
방법은 이렇습니다.
주민번호는 모두 13자리로 이루어졌는데요. 앞에 6자리는 생년월일을 나타내고요.
뒤에 7자리가 있습니다. 뒤에 7자리는 특별한 코드가 있는데 김부겸 장관은 남성이니까, 2000년 이전의 남성이니까 1번이고요. 그 뒤에 두 자리는 대지역 번호 코드입니다.

그리고 그 뒤에 두 자리는 소지역번호 흔히 주민센터 코드라고 하는데요. 출생신고를 한 주민센터코드가 되고 마지막 여섯 번째 자리는 제가 1로 표시를 했는데 해당 주민센터에 당일 출생신고된 성별 등록순입니다. 그러니까 어제 남자아이가 그 주민센터에 두 번째로 출생 신고를 했다. 그럼 2번이 되는데 요즘 저출산이고 예전에도 크게 다르지 않았기 때문에 대부분 1번입니다.

그리고 마지막 7번째 코드는 뒤에 7자리 중 앞에 6자리의 숫자가 확정이 되면 특정 수식을 이용해 자동으로 산출되는 번호입니다. 그래서 김부겸 장관의 경우 대구인데 대구의 대지역 코드는 3개가 있고 이건 어느 정도 노동을 투입해서 대입을 해 봐야 되고요.

문제는 뒤에 주민센터번호인데 01부터 99까지입니다. 그래서 순서대로 1번~99번만 하면 맞히게 됩니다. 이 방식을 통해서 이재정 의원이 59번째 만에 맞혔습니다.
[앵커]
이런 식이면 생년월일, 지역 이것만 알면 대부분 맞힐 수가 있다 이런 얘기가 되네요.
[기자]
그렇습니다.

(출처: JTBC.중앙일보, 2017. 10. 12., http://news.joins.com/article/22007299)

2) 고객정보의 정확성

고객정보의 정확성(Accuracy)은 고객의 입장은 물론, 기업의 입장에서도 매우 중요하다. 고객이 필요로 하는 욕구를 파악하는 CRM활동에서 잘못된 고객정보는 기업의 경영활동에 부정적인 영향을 미칠 수 있게 할 수 있다. 고객정보는 정확하게 수집되고 통합되어야만, 기업과 고객과의 관계를 우호적인 관계로 발전시킬 수 있는 기반이 될 수 있다.

고객정보의 정확성을 확보하기 위하여 정보를 수집하게 된 경로, 시간, 정보입수자에 대한 관리를 병행해야 할 것이다. 그리고 잘못된 고객정보가 수집되어 CRM시스템의 데이터마트로 잘못 통합되었을 경우에도 원상회복할 수 있는 프로세스가 정립되어야 한다. 고객정보의 정확성을 보증할 수 있는 이중 삼중의 프로세스가 확립되어야 CRM의 성공률을 향상시킬 수 있을 것이다.

3) 고객정보의 접근성

고객정보의 접근성(Accessibility)은 사용자가 CRM시스템에 접근하여 고객정보를 활용할 수 있는 정도를 의미한다. 기업에서 운영하고 있는 CRM시스템은 어떤 사람이 어떤 경우에 접근할 수 있는가라는 질문에 명확하게 대답할 수 있어야 한다. CRM시스템은 많은 조직과 부서 그리고 종업원들이 사용할 수 있는 시스템이다. 경우에 따라서는 외부의 관련기업의 종업원들이 스마트폰 등의 무선 인터넷 모바일 기기를 통해서 고객정보를 검색하고 사용할 수 있다. 소매유통, 물류, 서비스관련 기업의 CRM관련 사용자들은 고객이 보는 앞에서 고객정보를 사용할 수도 있다. 이러한 경우에 어떤 업무를 담당하는 사람에게 어느 정도 수준까지의 고객정보에 접근할 수 있도록 허용할 것인가에 대해서 신중한 검토가 필요하게 된다. 고객정보의 접근성에 대한 세심한 주의를 소홀하게 함으로써, 기업의 비밀은 물론 공개하지 않아야 할 고객정보까지 공개할 가능성이 있기 때문에, 고객정보의 접근성에 대한 규정을 명확하게 관리해야만 한다.

4) 고객정보 유출

최근에는 CRM기반이 아직 구축되지 않은 상태에서도 캠페인의 목적으로 콜센터를 운영하는 기업이 상당히 증가하고 있다. 단순한 판매 목적의 콜센터는 고객과 일회성 거래로 종료되는 경우가 많기 때문에 고객의 특성에 관계없이 무작위로 전화를 걸기도 한다. 그러나 무작위로 걸려온 전화를 받게 된 고객은 불편함을 느끼게 될 수 있다. 불법적이고 비윤리적인 방법으로 유출된 고객정보를 활용하여 판매캠페인을 시행하였던 기업이 사회적인 문제가 야기되는 경우도 발생하고 있다.

심지어는 기업에서 장기간 수집한 고객정보자산을 일부 종업원의 개인적인 금전적 욕심을 채우기 위하여 수십만 건의 고객명단을 유출한 경우도 있었다. 종업원의 잘못이지만 기업의 책임이기도 하므로 고객정보를 유출한 기업은 법률적, 도덕적, 윤리적 책임을 면할 수 없게 된다. CRM을 실행하는 기업은 고객정보의 유출방지에 대한 교육과 노력을 게을리해서는 안될 것이다.

〈사례 12.3〉은 글로벌 기업의 고객정보유출에 대한 내용이다.

CRM Practice 12.3 5,700만명 개인정보 털린 우버, 해커에 1억원 주고 사건 은폐

5700만명 개인정보 털린 우버, 해커에 1억원 주고 사건 은폐세계 최대의 차량 공유업체인 우버의 도덕성이 또다시 도마 위에 올랐다. 5700만 명에 달하는 고객과 우버택시 운전기사들의 개인정보가 해킹 당한 것을 알고도 1년 동안 이를 숨겨온 사실이 드러났기 때문이다. 21일(현지시간) 블룸버그통신 등에 따르면 우버는 지난해 10월 해커들의 공격을 받아 전 세계 고객 5000만 명과 운전기사 700만 명의 이름과 e메일 주소, 전화번호 등 개인정보를 유출당했다. 운전기사 중 60만 명은 운전면허 번호까지 노출됐다.

▲ 지난 2월 우버 CEO인 트래비스 캘러닉(왼쪽)이 우버 기사에게 막말을 하고 있다.

우버는 해킹 발생 당시 자사 개인정보 침해를 조사 중인 미국 연방거래위원회(FTC)와 관련 논의를 진행하고 있었지만 해킹 사실은 당국에 보고하지 않았다. 더군다나 우버는 운전면허번호가 유출된 운전기사들에게 이를 알릴 법적 의무를 지키지 않은 채 해커들에게 10만 달러(약 1억1000만원)를 건네주며 해킹 자료를 삭제하고 해킹 사실을 은폐해 달라고 요구했다.

우버는 "사회보장번호와 신용카드 정보, 운행 정보 등은 유출되지 않았다"며 해커의 신원 공개를 거부했다. 문제가 커지자 최고보안책임자(CSO)인 조 설리번 등 2명을 해임했다. 우버는 설리번이 해킹 은폐 결정에 핵심적 역할을 했다며 이사회의 의뢰를 받은 외부 법무법인이 설리번에 대해 감사를 진행했다고 설명했다.

우버는 보안이 허술하다는 지적이 잇따르자 페이스북에서 5년 넘게 근무한 사이버보안 책임자 설리번을 2015년 영입했었다. 다라 코스로샤히 우버 최고경영자(CEO)는 "이런 일들은 발생하지 말아야 했다. 이에 대해 변명은 하지 않겠다"며 "우리가 그동안 일해 온 방식을 바꾸고 있다"고 해명했다. 이번 은폐 사건은 올해 들어 각종 사내 성추행과 기술 절도 소송 등은 물론 트래비스 캘러닉 CEO의 사퇴 등으로 창립 후 가장 어려운 한 해를 지내고 있는 우버엔 또 다른 악재다.

(출처: 중앙일보, 2017. 11. 23., http://news.joins.com/article/22140514)

5) CRM시스템 사용자의 직업윤리

CRM은 전사적인 협력이 필요하다. CRM시스템을 운영하는 전문가는 기업 전체의 종업원이 고객과의 관계를 지속하고 발전시킬 수 있는 업무를 원활하게 실행할 수 있도록 지원해야 하다. CRM전문가는 업무적으로 차별화된 업무를 담당하고 있다. CRM시스템 전문가는 고객접점의 현장에서 고객을 관리하는 영업사원, 상담사 등의 종업원들을 지원해야 한다. 고객정보를 관리하는 전문가들은 윤리강령을 제정하여 교육해야 하며, 고객정보를 수집하고 활용하는 과정에서 법률적인 문제와 윤리적인 문제들이 발생하지 않도록 철저한 대비를 해야 한다. 기업이 지켜야 할 윤리강령에는 기업에 대한 의무가 있어야 하지만, 사회적인 의무, 고객에 대한 의무, 동료 종업원에 대한 의무가 포함되어야 할 것이다.

〈사례 12.4〉는 기업의 윤리경영에 대한 내용을 보여 주고 있다.

CRM Practice 12.4 받은 사랑 다시 사회로 … 공유가치창출 경영

11번가는 고객에게 받은 사랑에 보답하고 고객과 함께하는 기업으로 거듭날 수 있는 공유가치창출(CSV) 활동을 꾸준히 운영・강화해 오고 있다고 밝혔다. '희망날개' '희망식탁' '희망복원' '희망새싹'이라는 주제로 미래를 이끌어 갈 청춘・소외계층뿐 아니라 삶의 터전인 환경에 이르기까지 다양한 분야에 희망이란 긍정의 바람을 일으키고 있다는 평을 받았다.

11번가는 고된 학업과 취업 준비로 힘든 대학생을 격려하기 위해 2014년부터 희망식탁(장학금 증정)과 희망 날개(취업 지원) 캠페인을 펼치고 있다. 국립공원과 국내 주요 명소를 찾아 자원봉사자들과 함께 훼손된 자연을 복구하는 사회공헌활동 희망복원캠페인도 진행하고 있다.

희망새싹은 소외계층 아동의 개안 수술을 지원하는 캠페인이다. 지난 2012년 1월부터 매월, 한국실명예방재단이 추천한 대상자를 11번가와 고객들이 함께 돕고 있다. 현재 11번가의 고객이 아이들을 응원하는 응원 댓글을 남기면 11번가에서 댓글 1개당 500원을 대신 기부하고 있다.

(출처: 중앙일보, 2015. 10. 13.)

제5절 CRM의 글로벌화

1. 글로벌CRM의 개념

아직, 글로벌CRM이란 용어가 친숙하지 않다. CRM이 글로벌하게 확산되고는 있지만 국가를 기준으로 한정된 범위에서 발전되어 왔기 때문이다. 그러나 현재의 글로벌 비즈니스를 보면 국가를 별도의 시장으로 구분하지 않고 전 세계를 하나의 시장으로 생각하고 있다. 특히, 우리나라의 많은 기업이 글로벌기업으로 성장하고 있다. 글로벌기업이 확산됨에 따라 글로벌CRM에 관한 연구가 필요한 시점이다.

글로벌CRM의 의미는 글로벌기업이 본국 밖으로 CRM활동의 범위를 확대하는 것으로 볼 수 있다. 글로벌CRM의 의미는 제1장에서 살펴보았던 CRM의 의미를 글로벌하게 확장하여 재정의할 수 있다. 글로벌CRM은 글로벌고객을 대상으로 신규고객의 획득, 기존고객의 유지, 그리고 이들 고객의 가치를 창출하고 지속하기 위한 목적으로 다양한 정보통신기술을 활용하여 고객과의 커뮤니케이션 활동을 지속함으로써, 고객행동을 이해하고, 고객을 획득하고 유지하며 발전시킬 수 있도록 고객행동에 영향력을 행사하는 기업의 글로벌활동이라고 할 수 있다. 즉, 국내의 CRM의 개념을 글로벌하게 범위를 확장한 개념이라고 할 수 있다.

2. 글로벌CRM의 범위

기업이 해외로 진출할 경우에는 그 기업의 글로벌비전이나 혹은 글로벌목표에 따라 글로벌마케팅의 범위가 정해진다. 초기에는 본국중심의 CRM으로부터 시작되어 국가별 CRM으로 발전되고, 점차 다국적 글로벌CRM, 지역중심의 글로벌CRM으로 확대되면서, 마지막 단계에서는 글로벌 통합CRM으로 확대 발전하게 된다. 그러나 기업의 특성이나 경영철학에 따라서 글로벌마케팅의 방향성은 처음부터 본국중심으로 머물기도 하고, 곧장 글로벌중심으로 나가기도 한다.

글로벌CRM의 범위는 글로벌마케팅의 확산에 따르게 되며 CRM의 범위가 확대되어 가는 일반적인 과정은 [그림 12-12]와 같다.

그림 12-12 글로벌CRM의 확산과정

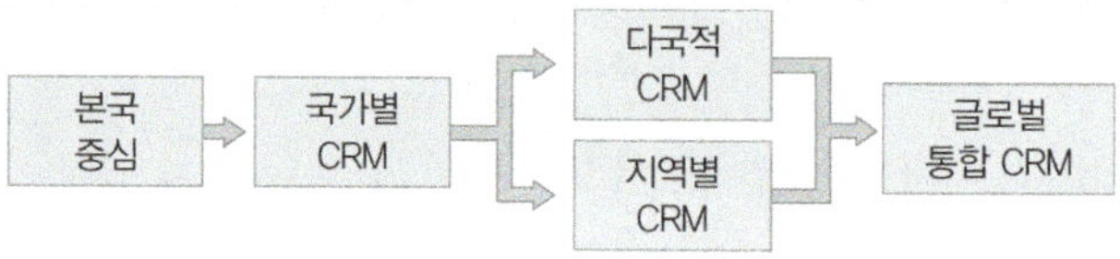

1) 본국중심의 CRM

글로벌비즈니스(Global Business)를 수행하고 있는 글로벌기업은 각 국가에서 CRM활동을 실행하고 있지만, 아직은 산발적으로 운영되고 있는 정도이다. CRM은 고객중심의 전략이다. 고객이 있는 곳에서 CRM이 실행될 수 있기 때문에 CRM의 초기단계에서는 글로벌기업의 모기업이 소재하고 있는 본국중심의 CRM이 실행될 수 있다. 글로벌CRM을 실행하는 경우에는 고객과의 관계를 관리하기 용이한 국가별로 CRM을 도입할 수 있지만, 특히 해외에서는 소비자에게 직접판매를 하지 않고 유통기업을 통해서 간접판매를 하는 경우가 대부분이기 때문에 CRM의 도입이 용이하지는 않은 상황이다.

글로벌기업이 CRM을 가장 먼저 실행할 수 있는 국가는 모기업이 소재하고 있는 본국이며 간접판매를 하고 있는 기업이 소매유통점과의 협력도 용이하다. 글로벌기업은 본국에서의 CRM을 실행했던 경험을 해외로 확산시킴으로써 경쟁력이 확대됨과 동시에 위험을 줄이고 성공가능성을 높일 수 있다. 본국의 성공적인 CRM이 곧 글로벌 CRM이 될 수 있다. 글로벌기업의 모기업이 소재하고 있는 본국에서 CRM을 안정화시킨 경험과 노하우를 가지고 해외로 확산시키면 성공가능성이 매우 높아진다.

글로벌시장을 대상으로 CRM을 실행할 수 있는 글로벌기업의 CRM활동은 아직 가시적인 성과를 기대할 수 없는 초기단계이기는 하지만, 많은 국가에서 실행하고 있으므로 글로벌기업의 미래 경쟁력을 확보할 수 있는 좋은 수단이 될 것이다.

2) 국가별 글로벌CRM

우리나라 글로벌기업의 경우 CRM을 성공적으로 도입한 다음에 인도, 영국, 독일, 일본, 중국 등으로 노하우를 전파하는 국가별 글로벌CRM을 실행하기도 한다. 우리나라의 글로벌기업들은 IT(Information Technology, 정보기술)강국의 기업답게 CRM의 실행에서도 앞서나가고 있으며, CRM에 대한 선행투자는 글로벌기업의 경쟁력을 확보할 수 있는 요인이 되기도 한다. 아직까지 해외에서의 CRM활동은 초기 도입단계에 있으므로 가시적인 성과를 기대하기는 어렵지만, 미래의 글로벌 경쟁력 확보를 위하여 글로벌CRM은 반드시 필요하다.

글로벌기업이 해외에서 CRM을 도입할 수 있는 가장 용이한 방법으로는 현지국가에 거주하고 있는 자국민 혹은 교민을 대상으로 CRM을 실행하여 고객의 로열티를 확보하는 것이다. 이들 교민의 로열티를 기반으로 현지인들을 고객화하면 매우 빠른 속도로 현지국가에서의 CRM을 성공적으로 실행할 수 있다. 본국에서 이미 경험했던 CRM의 성공적인 노하우를 로열티 높은 교민을 대상으로 적용하면, 현지국에서 현지인을 대상으로 장기적인 고객과의 관계를 지속하고 발전시킬 수 있는 노하우를 습득하기가 용이하다. 우리나라의 국민들은 세계 어느 곳에서든지 쉽게 만날 수 있다. 전 세계에 살고 있는 교민들은 우리나라의 글로벌기업이 교민고객을 대상으로 CRM을 실행하는 데 튼튼한 기반이 될 수 있다. 우리나라의 글로벌기업은 현지국가의 시장 크기도 중요하지만, 교민이 많은 국가별로 먼저 CRM을 실행하는 것도 유용한 방법이 될 수 있다. CRM을 실행하기 위해서 특별히 어느 국가를 먼저 실행해야 한다는 순서에는 큰 의미가 없다. 교민이 가장 많이 활동하고 있는 국가가 CRM을 성공시킬 수 있는 유력한 국가가 될 수 있다. 이것은 우리나라의 글로벌기업이 가장 선호하는 글로벌CRM의 실행방법이기도 하지만, 아직은 산발적으로 시행하고 있는 초기단계이다.

다음의 〈사례 12.5〉는 지역별 글로벌CRM의 사례이다.

CRM Practice 12.5 지역별 글로벌CRM의 사례

현대차 '고객관리 현지화' 인도 시장서 날다

"인도 딜러들이 엑셀 프로그램을 이용해 수작업으로 45만 명이 넘는 고객 정보를 관리하는 걸 보고 깜짝 놀랐습니다. 아직도 이런 곳이 있나 싶더군요." 현대자동차 인도 법인의 고객관계관리(CRM · Customer Relation Management) 시스템 도입 및 활용을 주도한 현대차 인도법인(HMI) 판매 · 마케팅본부장의 말이다. 현대차는 2006년 6월 고객관계관리의 의미조차 잘 모르는 딜러들을 위해 해외 법인 중 최초로 CRM 시스템을 구축했다.

◇ 인도 법인의 CRM

현대차는 딜러별, 지역별로 완전히 다른 형태로 저장된 고객 데이터를 동일한 포맷으로 정리한 후 통합 고객 DB를 마련했다. 통합 고객 DB를 구축하자 데이터 입력 절차도 훨씬 간단해지고 데이터 분실 위험도 줄었다. CRM 구축을 시작한 2006년 여름 68만 명이던 고객 수는 2010년 말 기준 135만 명으로 대폭 늘었다.

한국과 달리 인도에서는 차를 살 때 영업사원이 집이나 회사로 차를 가져다주지 않는다. 신차 구입이 집안의 큰 축제이기에 대가족이 함께 매장을 방문할 때가 많다. 현대차는 이 기회를 적극적으로 활용했다. 차량을 인도받으러 온 고객에게 음악을 틀어주면서 꽃다발을 증정하고, 가족사진을 찍어 바로 액자에 넣어줬다. 고객들은 무척 좋아했고 이 과정에서 고객 정보도 쉽게 수집할 수 있었다.

약 20명의 상담원이 365일, 24시간, 3교대로 일하는 자체 콜센터도 만들었다. 직접 콜센터를 운영하자 고객 문의 및 불만 처리 속도가 빨라졌다. 과거에는 고객이 현대차에 먼저 전화를 거는 인바운드 콜을 처리하는 데도 손이 모자랐다. 하지만 상담원이 먼저 고객에게 전화를 거는 아웃바운드 콜을 통해 판매 및 서비스 모니터링, 고객 만족도 조사, 상세한 고객정보 수집, 다양한 마케팅 캠페인 및 시장조사 등이 가능해졌다.

(출처: 동아일보, 2014. 4. 29.)

3) 다국적 글로벌CRM

국가별로 산발적으로 실행되고 있는 CRM활동이 어느 정도 안정화 단계로 들어서면, 동일한 언어를 사용하는 등 유사한 특성의 국가를 통합하여 운영할 수 있는 다국적 글로벌CRM이 유용하다. 다국적 글로벌CRM은 보다 더 많은 고객을 대상으로 CRM활동을 효율적이고 효과적으로 실행할 수 있다. CRM은 고객과의 관계를 지속적으로 발전시킬 수 있는 유용한 수단이지만, 항상 쌍방향 커뮤니케이션을 통하여 관계를 발전시키고 있기 때문에 언어가 매우 중요하게 작용할 수밖에 없다. 글로벌기업이 국가별로 글로벌CRM을 안정적으

로 실행할 수 있게 되면, 언어를 중심으로 시장을 묶어서 다국적 CRM을 활용할 수 있다. 동일한 언어를 중심으로 글로벌CRM을 실행하기 때문에 고객의 국적은 중요하지 않다.

4) 지역별 글로벌CRM

동일한 언어를 사용하는 국가를 하나의 시장으로 활용하는 다국적 글로벌CRM의 경우에, 지역적으로 너무 멀리 떨어지게 되면 문화와 관습이 다르기 때문에 고객관계관리 방법을 다르게 해야 할 경우가 있다. 지역별 글로벌CRM의 경우 인접한 지역의 여러 국가들 사이에서 국경개념은 점차 엷어지고 지역경제의 통합(Regional Bloc)현상이 나타나고 있다. 따라서, 언어적인 문제보다도 인접한 국가들을 하나의 시장으로 보고 글로벌 CRM을 실행하는 방법도 유용하다. 이러한 다국적 CRM은 국토가 넓은 국가보다는 아세아지역 혹은 유럽지역과 같이 좁은 지역에 많은 국가들이 밀집한 경우에 적합한 글로벌CRM이 될 수 있다.

예를 들면, 1993년에 발효된 유럽 27개국의 공동체인 EU(European Union)가 있고, 동남아세아의 5개국이 1967년에 시작한 ASEAN(Association of South-East Asian Nations)은 10개국으로 확대되었으며, 현재는 ASEAN Plus three의 형태로 한국, 일본, 중국과의 협력형태로 발전되고 있다. 이러한 지역중심의 협력형태는 통합의 형태로 발전될 것이며, 이에 따른 지역별 글로벌CRM의 역할도 증가될 것으로 보인다.

5) 글로벌 통합CRM

"세계는 동일한 하나의 시장이다."라는 개념으로 전 세계를 동일한 잠재적인 시장으로 가정하고서 글로벌 통합CRM을 계획하고, 실행할 수 있는 미래가 멀지 않을 것으로 보인다. 고객의 국적과 거주지역이 어디이든지, 어떤 언어를 사용하든지, 고객이 언제 어디로 이동하든지 문제가 되지 않는 글로벌 통합CRM의 시대가 다가올 것이다. 전 세계를 하나의 시장으로 글로벌경영을 하는 기업을 글로벌기업 또는 초국적 기업(Transnational Company)이라고 한다. 글로벌기업은 국가적 정체성이 애매하게 되는 경우가 발생하기도 한다. 글로벌기업이란 무국가의 특성을 갖게 되므로, 글로벌CRM 역시 국가적인 개념을 초월하게 된다. 글로벌기업은 글로벌고객 전체를 하나의 시장에서 활동하는 고객으로 보고 고객과의 관계를 장기적으로 발전시켜 나가야 한다. 컴퓨터와 정보통신 기술의 발전과 함께 다가오게 될 미래의 글로벌 통합CRM을 선점하는 글로벌기업이 월드베스트기업(World Best Company)이 될 수 있을 것이다.

3. CRM기반의 소매유통점

글로벌CRM을 실행하기 위해서는 현지의 유통경로와의 협력이 매우 중요하다. 글로벌기업은 대부분 현지의 도소매에 해당하는 유통경로를 통하여 간접판매에 의존하고 있다. 글로벌기업이 현지에서 소비자인 고객에게 직접판매하고 있는 글로벌기업은 CRM을 시행하기가 용이하겠지만, 간접판매에 의존하는 글로벌기업은 CRM을 실행하기 위해서는 반드시 현지국의 소매유통점과 협력이 필요하게 된다.

글로벌 소매유통점의 의미는 글로벌기업이 생산한 제품이나 서비스를 글로벌시장의 소비자에게 전달하기 위한 과정에 적극적으로 참여하는 개인이나 조직을 의미한다. 글로벌 소매유통점은 구성하기도 어렵지만, 한번 확보하면 변경하거나 수정하기가 어렵다. 자회사가 아닌 제3의 조직 혹은 기업과의 협력하는 상태이기 때문이다. 그러므로 글로벌기업은 글로벌 소매유통점을 확보하기 전에 CRM을 실행할 수 있는 능력과 환경이 가능한지를 먼저 검토해야 할 것이다.

4. 글로벌 소매유통점의 욕구

글로벌기업이 해외 현지의 소매유통점과 협력하여 CRM을 실행하기 위해서는 현지의 글로벌 소매유통점의 욕구를 먼저 파악하고 이들의 욕구를 충족시킴으로써, 이들의 협력을 확보할 수 있게 된다. 글로벌 소매유통점은 별도의 기업이다. 글로벌기업은 이들 소매유통점들과의 거래관계를 원활하게 처리하기 위하여 GSCM(Global Supply Channel Management, 글로벌 공급망관리)시스템을 운영하면서 상호 협력을 하고, 이들의 욕구를 충족시켜야 한다. 또한 글로벌 CRM의 원활한 실행을 위해서도 현지 소매유통점들의 욕구를 파악하고 걸림돌을 해결함으로써 상호 협력할 수 있는 신뢰를 형성해야 할 것이다. 글로벌 소매유통점의 욕구는 대체로 리드타임, 제품구색, 서비스, 커뮤니케이션, CRM 등의 지원제도 등이 있다. 다음의 [그림 12-13]은 CRM기반의 소매유통의 욕구에 대한 내용이다.

그림 12-13 CRM기반의 글로벌 소매유통점의 욕구

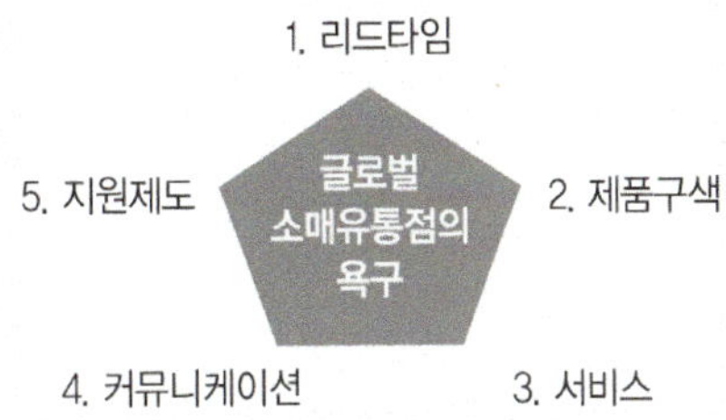

1) 리드타임에 대한 욕구

리드타임(Lead Time)은 고객이 제품을 주문하고 나서부터 제품을 인수할 때까지 소요되는 시간을 의미한다. 여기서는 고객이 글로벌 소매유통점이므로, 글로벌 소매유통점이 제품을 주문한 시간으로부터 주문한 제품을 인수할 때까지 걸리는 시간을 의미한다. 글로벌 소매유통점은 리드타임이 짧기를 원한다. 리드타임이 길게 되면, 소비자가 원하는 물량을 충분하게 보유하고 있어야 하므로 재고에 대한 부담이 커지기 때문이다. 글로벌 소매유통점의 제품재고에 대한 부담은 결국 글로벌기업에게 부정적인 영향으로 되돌아오게 되므로, 글로벌기업의 입장에서도 리드타임은 짧을수록 글로벌경영에 유리하다. 따라서 글로벌기업은 현지국의 소매유통점들이 원하는 리드타임에 대한 욕구를 정확하게 분석하여 최적의 대응을 할 수 있도록 GSCM시스템을 완비해야 한다. GSCM의 준비가 부족한 상태에서 글로벌CRM을 효과적으로 실행하기에는 많은 어려움이 따르기 때문이다.

2) 구색제품에 대한 욕구

구색제품(Product Variety)은 주력제품은 아니지만, 다른 제품이 잘 팔릴 수 있도록 필요한 제품이며, 구색제품 자체로는 매출액이 크지 않을 뿐만 아니라, 이익도 오히려 적자의 가능성도 있는 제품이다. 따라서 글로벌기업의 입장에서는 구색제품은 가능하면 공급하지 않으려 하고, 현지국의 소매유통점은 구색제품을 다양하게 공급받을 수 있기를 원하게 된다. 고객을 장기적으로 관리하기 위한 고객서비스의 방법으로 활용하기가 매우 편리하기 때문이다. 따라서 글로벌기업은 현지국의 글로벌 소매유통점이 원하는 구색제품에 대한 욕구를 분석하고, 욕구에 충족할 수 있는 방법을 강구해야 할 것이다.

3) 서비스능력에 대한 욕구

고객이 제품을 구입할 경우에 중요한 구매요인 중의 하나가 글로벌 소매유통점의 서비스 능력이다. 소비자는 제품을 구매할 때, 눈에 보이는 제품 이상의 서비스가 포함된 확장제품을 구매한다. 따라서 이들 고객이 원하는 서비스의 수준이 곧 글로벌 소매유통점의 서비스 능력에 대한 욕구이다. 글로벌기업은 글로벌 소매유통점의 서비스욕구를 분석하여 욕구를 충족시킬 수 있는 방안을 마련하여 최상의 고객서비스를 실행할 수 있도록 해야 할 것이다.

4) 의사소통에 대한 욕구

글로벌 소매유통점과의 의사소통의 중요성을 인식하고 의사소통에 대한 욕구를 분석하고 반영해야 한다. 글로벌비즈니스에서는 국제적인 거리감이 존재하기 때문에, 상호간에 협력해야 할 사항들이 의사소통의 미비로 협력하지 못하여 발생하는 오해의 문제가 빈번하게 발생하고 있다. 글로벌기업의 입장에서 보면, 글로벌 소매유통점과의 원활한 의사소통은 자사의 비즈니스목표를 달성하는데 도움을 주겠지만, 만약 의사소통이 제대로 수행되지 않는다면, 글로벌기업과 글로벌 소매유통기업 모두가 CRM을 제대로 수행하기 어렵게 될 것이며, 비즈니스목표 달성에 차질이 발생할 수 있게 된다. 따라서 글로벌기업은 글로벌 소매유통점의 의사소통에 대한 욕구를 파악하고 분석하여, 원활한 의사소통을 위한 대응방안을 강구해야 할 것이다.

5) CRM 등의 지원제도에 대한 욕구

글로벌기업은 글로벌 소매유통점의 욕구 중에서 가장 중요한 욕구를 제대로 파악해야 한다. 글로벌 소매유통점은 매출과 이익을 가장 우선시 하고 있다. 아무리 좋은 조건이라도 결국은 이익의 크기로 소매유통점의 지속여부를 결정하게 된다. CRM의 실행으로 이익이 될 수 있는 교육과 지원을 해야 한다. 그리고 CRM을 도입하고 실행하는 과정에 소요되는 비용의 일정한 부분을 지원할 필요가 있다. 고객과 시장에 대한 권리와 책임은 글로벌기업과 글로벌 소매유통점에게 공통으로 있기 때문이다. CRM에 관련한 투자비용을 지원함으로써, 고객관계를 장기적으로 발전시키고자 하는 공동의 목표를 가질 수 있으며, 고객과 시장을 유지하고 발전할 수 있는 기반을 확보할 수 있게 된다. 글로벌기업은 CRM 이외에도 현지의 소매유통점들과 관계를 강화할 수 있도록 소매유통점의 욕구를 파악하고 문제를 해결할 수 있는 서비스를 제공해야 할 것이다. 현지의 고객과의 관계를 발전적으로 지속할 수 있기 위해서는 먼저 현지의 소매유통점들과의 관계가 지속적으로 발전되어야 하기 때문이다.

Chapter 12 정리

1. CRM의 기업문화와 교육

1) CRM의 기업문화

CRM을 위한 기업문화의 내용은 고객지향, 장기적 목표, 명확한 목표, 부서 간의 협업, 외부조직과의 협업 등이 있다.

2) CRM 커리큘럼 개발을 위한 고려요소

	내부 인력 양성	외부 전문가 영입
장점	• 교육, 훈련으로 학습조직 문화를 마련 • 내부 인적자원을 효과적으로 활용 • 영입된 인력보다 상대적으로 장기적인 유지가 가능함.	• 신속하게 필요한 기능을 수행 • 새로운 분위기를 창출할 수 있음. • 내부 인력 양성에 비해 비용을 절감
단점	• 인력 양성을 이끌어줄 리더나 외부 전문가가 필요함. • 시간이 오래 걸림. • 외부 전문가 영입 비용	• 내부 직원들과의 괴리나 단절 위험 • 내부 인력에 비해 잔류 기간이 비교적 짧음. • 필요한 업무 영역에 대해 매번 외부 영입을 검토하게 됨.

2. CRM의 전사적인 조직구조

1) 조직구조의 분류

제품별 조직구조, 기능 중심의 조직구조, 지역별 조직구조, 고객 중심의 조직구조, 시장의 변화와 조직구조, 매트릭스 조직구조 등이 있다.

2) 매트릭스 조직구조

매트릭스구조는 제품별, 기능별, 지역별, 고객별 조직구조를 기업의 내부상황과 외부의 경쟁상황에 적합하도록 2개의 축을 구성할 수 있는 매트릭스를 선택할 수 있다. 매트릭스 조직의 예를 들면, 제품-기능별 조직구조, 제품-지역별 조직구조, 제품-고객별 조직구조, 기능별-지역별 조직구조, 기능별-고객별 조직구조, 지역별-고객별 조직구조 등이 가능하게 된다.

3) 3차원의 매트릭스 조직구조

최근의 글로벌 우량기업들을 보면 3차원 이상의 다차원의 매트릭스 조직구조를 활용하고 있다. 예를 들면 제품, 기능, 고객으로 구성되는 3차원 조직구조를 생각해 볼 수 있다. 이러한 3차원 이상의 다차원 조직구조는 CRM 관점에서 가장 이상적인 모델이며 효과적으로 운영되기 위해서는 조직 자체가 매우 유연해야 한다.

3. 보안방법의 종류

CRM시스템을 안전하게 관리할 수 있는 보안방법은 접근제어, 인증, 기밀성, 무결성, 전자서명 등이 있다.

4. CRM의 고객정보 윤리

CRM의 고객정보 윤리는 고객 프라이버시 보호, 고객정보의 정확성, 고객정보의 접근성, 고객정보 유출, CRM시스템 사용자의 직업윤리 등이 있다.

5. 글로벌CRM

1) 글로벌CRM의 범위

글로벌CRM의 초기에는 본국중심의 CRM으로부터 시작되어 국가별 CRM으로 발전되고, 점차 다국적 글로벌CRM, 지역중심의 글로벌CRM으로 확대되면서, 마지막 단계에서는 글로벌 통합CRM으로 확대 발전하게 된다.

2) 글로벌 소매유통점의 욕구

글로벌 소매유통점의 욕구는 대체로 리드타임, 제품구색, 서비스, 커뮤니케이션, CRM 등의 지원제도 등이 있다.

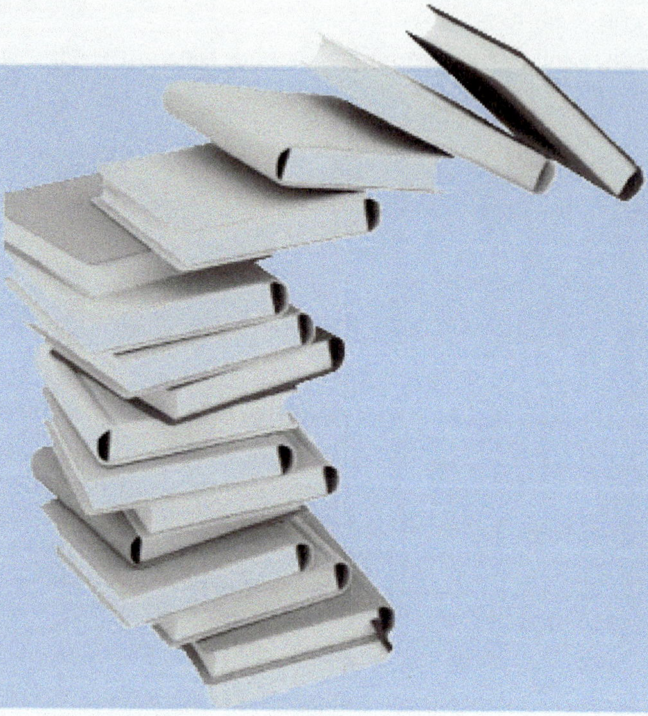

Chapter 13. CRM의 성과평가

CRM에 대한 성과평가의 지표를 보면 수익성 성과평가, 고객만족 성과평가, 기업 내외부의 협력 성과평가 등이 있다. CRM 평가는 수치로 평가하기 어려운 정성적 부분이 많기 때문에 균형적으로 평가하기 위해서 균형성과표를 사용하기도 한다. 균형성과표는 재무적 관점, 고객관점, 내부 프로세스 관점, 혁신 및 학습 관점 등의 4개 관점에서 성과평가를 시행하게 된다.

CRM의 중요한 문제는 시스템 중심, 단기적인 할인판매 중심, 수익성분석 미흡, 제품중심, 모형이론 중심, 오프라인 중심, 리더십 부재, 조직 간 장벽 등의 원인이 있으며, CRM의 개선방향은 고객중심의 CRM, 원스톱 고객서비스, 고객서비스 선행프로세스, 영업의 개념변화, 강력한 리더십 등이 있다.

CRM의 성과에 대한 인센티브는 포상의 개념으로 재무적, 비재무적 인센티브인 단기적 이벤트성의 제도이다. 인센티브는 CRM을 빠른 시일 내에 정착하기 위한 독려의 수단으로 사용하기에는 효과적이다. 그러나 장기적인 CRM의 성과를 기대하기 위해서는 성과보상제도가 정착되어야 한다.

제1절 CRM의 성과평가

1. CRM의 경영성과 평가

기업의 모든 경영활동 중에서 성과와 무관한 일은 없다. 성과는 절대적인 것이 아니고 상대적이다. 생산과 영업관련 조직이나 부서에서는 투자수익률 등의 재무적인 성과를 중요시할 것이며, 지원관련 조직이나 부서에서는 비재무적인 성과를 더욱 중요시할 것이다. CRM의 성과평가에 대하여 조직의 직접부서와 간접부서 모두를 이해시키고 동의를 얻기 위해서는 성과를 평가할 수 있는 기준을 사전에 정의하고 합의하는 것이 매우 중요하다. 성과평가에 대한 사전합의가 없는 상태에서 일부의 부서에서만 CRM을 기획하고 도입하고 실행하면, 투자비용에 대한 성과평가가 서로 다르게 나타날 수 있기 때문이다. CRM 역시 경영전략의 중요한 수단이 되고 있으므로 성과평가에 대한 요구가 일반화되고 있다. 평가하지 못하면 관리할 수 없게 된다. CRM에 대한 성과평가는 수익성 분석, 고객만족, 기업 내외부의 협력 등의 지표로 구분되기도 한다.

[그림 13-1]은 CRM의 성과평가에 대한 내용이다.

그림 13-1 CRM의 성과평가

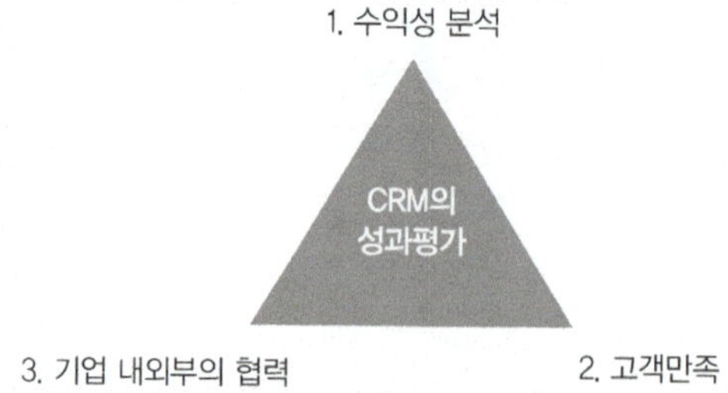

1) 수익성 성과평가

CRM의 수익성에 대한 성과평가를 위한 지표를 구분해 보면 투자수익률, 수익기여도, 판매비용절감, 고객순자산 가치, 주주가치 등이 있으며, [그림 13-2]는 수익성의 경영성과 평가항목을 나타내고 있다.

그림 13-2 CRM의 수익성 성과평가 지표

(1) 투자수익률

기업의 경영목표 중에는 이익창출에 대한 목표가 큰 비중을 차지하고 있다. CRM을 실행하기 위하여 인력, 조직, 시스템, 운영, 프로세스변화, 교육, 환경조성 등에 투입된 자금과 CRM을 실행한 결과로 나타나게 되는 성과를 비교한 투자수익률인 ROI를 평가할 수 있다. 기업 등의 조직에는 항상 투자수익률을 분석하는 다양한 이해관계자들이 존재하고 있기 때문에 이들을 설득하고 동의를 얻기 위해서도 투자수익을 평가해야 한다. 그러나 실제 경영현장에서 CRM의 실행을 통한 직접적인 투자수익률을 산출하기에는 여러 가지의 어려움이 따른다. CRM시스템, 개발, 인력, 설비, 장소 등의 CRM을 수행하기 위하여 투자한 비용을 산출하기는 용이하지만, CRM을 통하여 취득할 수 있는 수익을 산출해내기는 매우 어렵다. CRM의 영향 이외의 영향요인이 너무 많기 때문이다. 투자수익률을 산출할 경우에는 이러한 외적요인을 최대한 배제해야 한다.

(2) 수익기여도

판매관련 부서에서는 아무리 좋은 경영전략일지라도 판매와 이익 등의 수익기여도가 낮은 전략은 별로 중요하게 생각하지 않게 된다. 단기적인 경영성과를 평가받을 수밖에 없는 판매관련 부서에서는 단기적인 매출과 이익에 기여할 수 있는 전략이 가장 선호될 수밖에 없다. CRM을 수행하기 위해서는 판매관련 실무부서의 적극적인 협력이 필수적이다. 이들 판매관련 부서에서의 적극적인 협력을 얻을 수 있는 방법은 판매 및 이익에 기여하는 정도를 성과평가한 결과가 긍정적일 경우이다. CRM이 판매에 미치는 영향이 긍정적인 성과평가되어야만 이들의 적극적인 협력과 참여를 유도할 수 있게 된다.

수익기여도에 대한 성과평가의 지표를 보면 세분시장별, 제품별, 고객별, 소매유통점별 수익성 등이 있다. 수익성은 CRM을 통한 사업성과를 나타내는 중요한 지표이지만, 장기적인 고객관계를 관리해야 하는 CRM의 특성으로 수익기여도를 중점적으로 성과평가하게 되면, 잘못된 평가를 하게 될 위험이 있다. 수익기여도에 대한 중요도는 기업의 특성에 따라서 다르게 나타나게 되므로 기업의 특성을 고려하여 중요도를 결정해야 할 것이다.

수익기여도를 분석하기 위하여 사용하는 방법 중에는 총원가법(Full Costing)과 직접원가법(Direct Costing)이 있다. 총원가법은 제품을 판매하는데 투입된 직접비, 간접비, 변동비 등의 모든 비용을 고려하여 수익성을 분석하는 방법이다. 간접비의 경우에는 특정제품에 투입된 비용으로 확인하기 어려운 기업이미지 광고비, 시설유지비 등의 비용을 포함하게 된다. 직접원가법은 공헌이익(Contribution Margin)을 산정해야 하며, 특히 간접비 중에서 매출과 수익에 공헌한 비용만을 구분하여 직접비와 함께 처리하게 되므로 공헌이익이 총원가법의 이익보다 크게 나타나게 된다.

〈표 13-1〉은 A기업의 부서에서 CRM을 기반으로 한 캠페인을 실행한 다음의 경우를 가정하여 수익성을 분석한 사례이다.

〈표 13-1〉 캠페인의 수익성 분석 비교

	총원가법	공헌이익법
순매출액	800	800
매출원가		
- 직접비(노무비, 재료비, 제조간접비)	580	580
매출 총이익	220	220
비용		
판매사원		
- 직접비(커미션)와 간접비(판매, 판매관리비)	81	75
광고	34	29
- 직접비(매체, 생산)와 간접비(관리)		
물류		
- 직접비(운송비)와 간접비(주문처리, 재고관리)	33	25

시설관리 - 직접비(전화)와 간접비(냉남방, 보험, 세금, 사무실)	25	8
일반관리	24	15
소계	197	152
세전이익	23	
공헌이익		68

(3) 판매비용절감

관리 및 인사와 관련된 부서에서는 CRM을 실행함으로써, 나타나는 비용절감에 관심을 많이 가지게 된다. CRM의 실행으로 매스미디어 활용에 대한 광고 및 홍보비용이 절감되고, 영업프로세스의 개선으로 직접판매비용이 절감될 수 있다. 이러한 판매비용의 절감에 대한 긍정적인 성과평가는 예산확보와 인력지원에 대한 협력을 얻을 수 있으므로, 매우 중요한 성과평가 항목으로 관리해야 할 것이다.

(4) 고객순자산 가치

고객순자산 가치에 대한 성과평가는 CRM의 장기적인 목표중에서 중요한 위치를 차지하고 있다. 특히, 인터넷 온라인 기업과 같은 경우에는 고정고객수가 기업의 가치로 나타나게 되는 경우가 많다.

(5) 주주가치

주주가치는 고객순자산 가치로부터 긍정적인 영향을 받고 있으므로 고객순자산 가치와 거의 유사한 방향으로 성과평가가 되고 있지만 항상 동일하지는 않으므로 성과평가의 항목으로 관리해야 할 것이다.

2) 고객만족 성과평가

CRM의 중요한 목표는 장기적으로 고객과의 관계를 발전할 수 있도록 관리하는 경영활동이다. 장기적인 고객관계관리에 대한 성과평가가 긍정적이지 못하거나 다소 부족한 경우에는 새로운 CRM의 마스터플랜을 수립하고 실행해야 한다. 고객만족에 대한 성과평가는 투자수익률의 성과평가보다 더욱 중요하게 관리되어야 한다. CRM활동에 대한 성과평가를 통해서 개선해야 할 문제를 찾게 되면, 문제발생에 영향을 미치고 있는 원인변수를 규명하여 개선해야 할 것이다.

고객만족에 관련된 성과평가 지표는 고객 만족도, 신규고객확보율, 고객증가율(고정고객 증가율, 우량고객 증가율, 로얄고객 증가율), 이탈고객방지율, 고객점유율 등이 있다.

[그림 13-3]은 장기적인 고객만족에 대한 성과평가 지표에 대한 내용이다.

그림 13-3 고객만족의 성과평가 지표

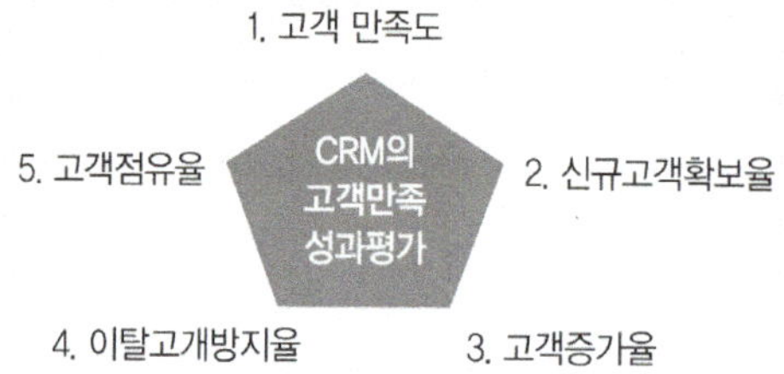

(1) 고객서비스 만족도

품질 및 서비스 등의 지원부서에서는 고객서비스에 대한 만족도가 주관심이 될 것이다. 고객서비스 만족도를 향상함으로써, 판매와 이익이 향상될 수 있기 때문이다. 고객서비스 만족도는 품질 및 서비스관련 부서에서 중요하게 관리하고 있는 항목이다.

고객만족도에 대한 성과평가는 고객의 기대측정과 성과측정의 두 가지 측정지표를 포함해야 한다. 기대측정(Expectation Measures)을 개발하기 위해서는 고객이 제품이나 서비스를 구입하기 전에 고객이 어떤 기준으로 평가하고 평가 기준의 속성을 파악해야 한다. 성과측정(Performance Measures)을 개발하기 위해서는 제품과 서비스에 대한 세부적인 속성과 함께 제품전반의 수준에서 기업이 고객에게 실제로 고객의 기대에 충족시킬 수 있는지를 측정해야 한다.

(2) 신규고객 확보율

신규고객확보에 대한 성과평가는 비교적 간단 명료하다. 신규고객의 증가율 혹은 신규고객으로 확보한 고객수를 목표로 설정하고 성과평가를 해도 좋을 것이다. 신규고객 이후의 단계에서는 고정고객으로의 이동 또는 이탈고객으로 진행될 수 있으므로 신규고객확보율

산정에 반영해야 한다.

(3) 고객 증가율(고정고객, 우량고객, 로얄고객)

고정고객, 우량고객, 로얄고객에 대한 고객증가율에 대한 기준을 명확하게 하고 고객 단계별로 유지 발전에 대한 증가율 혹은 증가된 고객수에 대하여 성과평가를 해야 할 것이다.

(4) 이탈고객 방지율

잠재고객이 첫 거래를 하게 되면 신규고객으로 등록된다. 신규고객은 시간이 경과함에 따라 고정고객, 우량고객, 로얄고객의 단계로 상승할 수 있으며, 어떤 불만요인이 해결되지 않아서 경쟁기업으로 이탈하기도 한다. 기업은 한번 고객은 영원한 고객으로 유지할 수 있도록 해야 한다. 기존 고객을 유지하는 비용이 신규고객을 확보하는 비용보다 1/10정도 밖에 들지 않기 때문에 고객의 이탈방지에 관한 성과평가를 해야 하며, 기존고객이 이탈하지 않도록 고객별 서비스를 제공해야 할 것이다. 기업은 이탈고객 방지율에 대해서도 성과평가를 해야 한다. 다음의 [그림 13-4]는 S통신기업의 이탈고객을 나타내고 있다.

그림 13-4 S통신기업의 이탈고객

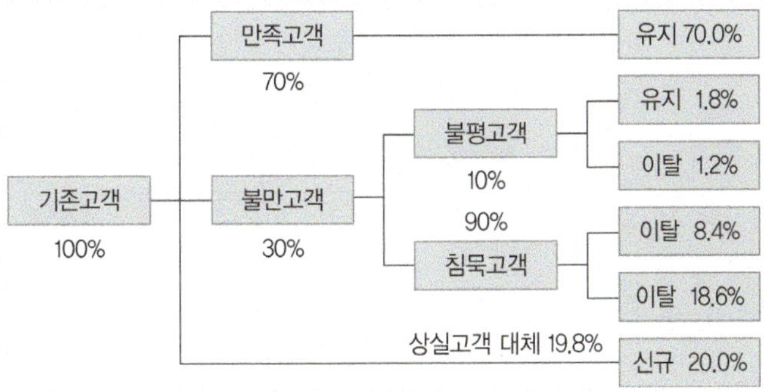

(5) 고객점유율

마케팅 및 신상품기획 관련 부서에서는 고객점유율에 대한 관심이 높게 나타난다. 종전의 시장점유율보다는 고객이 보유하고 있는 제품의 점유율인 고객점유율이 시장점유율을 선도하기 때문이다. 그러나 아직까지 대부분의 기업에서는 시장점유율에 더 익숙한 상태이기 때문에 고객점유율과 함께 시장점유율의 변화에 대해서도 성과평가를 병행하기도 한다.

3) 기업 내외부의 협력 성과평가

CRM의 원활한 실행을 위해서는 기업 내외부의 협력이 필수적이다. 기업의 내부와 외부에서 협력이 이루어지는 분야에서의 성과평가는 고객접점프로세스 개선, 전사적인 협력 정도, 소매유통점과의 통합 및 협력 정도 등의 지표가 있다. 비재무적인 성과평가 중에서도 업무프로세스에 관한 지표는 구체적인 측정방법에서는 매우 어려운 경우가 발생하기도 한다. 성과평가를 위하여 업무프로세스의 성과를 측정할 경우에는 사전에 관련 부서와의 성과평가에 대한 방법과 기준을 합의해야 한다. 성과평가에 대한 사전 합의를 통해서 고객관계를 장기적으로 발전시킬 수 있는 CRM을 기업의 내외부에서 원활하게 실행할 수 있기 때문이다.

[그림 13-5]는 기업의 내외부의 협력에 대한 성과평가 지표에 대한 내용이다.

그림 13-5 기업 내외부의 협력에 대한 성과평가

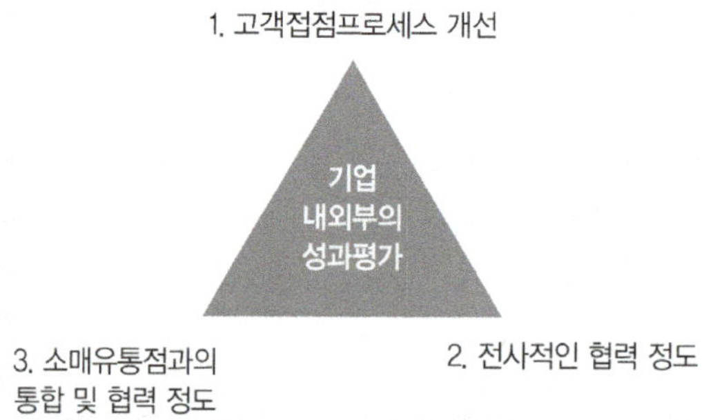

(1) 고객접점 프로세스 개선

고객접점 프로세스는 기업과 고객이 접촉하여 거래를 하든지, 혹은 쌍방향 커뮤니케이션을 통하여 정보를 교환하기도 한다. 이러한 고객접점에 발생하는 모든 정보를 처리하는 프로세스가 효율적이고 효과적인지를 성과평가해야 한다. 고객접점 프로세스는 시스템적으로 운영되는 CRM프로세스에 의하여 고객과의 관계를 장기적으로 발전시킬 수 있는 기반을 확보할 수 있기 때문에 매우 중요한 성과평가 항목이 된다.

(2) 전사적인 협력

CRM은 기업 내의 전사적 경영전략 중의 하나이다. 기업의 전체 조직이 협력하여 고객과의 관계를 발전시킬 수 있도록 적극적인 협력과 참여가 필요하다. 이러한 전사적인 협력과 참여도는 CRM의 성패를 좌우할 정도로 중요하므로 성과평가의 항목으로 관리해야 한다.

(3) 소매유통점과의 통합 및 협력 정도

기업이 고객서비스를 소매유통점을 통하여 고객에게 간접적인 방법으로 제공할 경우에는, 고객으로부터 직접 정보를 수집하기가 매우 어렵게 된다. 기업이 고객정보를 수집하기 위해서는 소매유통점의 적극적인 참여가 필요하다. 기업과 소매유통점은 형식적인 통합뿐만 아니라, 소매유통점 자체의 수익향상을 위해서도 기업의 CRM에 적극적으로 동참해야 할 것이다. 간접판매에 의존하고 있는 기업일수록 소매유통점과의 통합 및 협력 정도를 성과평가를 지속해야 한다.

2. CRM의 균형성과 지표

CRM의 성과평가를 단기적 재무적 관점과 장기적 고객관리 관점으로만 평가하게 되면, 조직의 성과와 교육 등에 대한 성과는 누락되기 쉬우므로 전사적인 경영전략인 CRM의 성과평가를 위해서는 로버트 캐플런(Robert S. Kaplan)과 데이비드 노턴(David P. Norton)이 제시하였던 균형성과표(Balanced Scorecard)를 기준으로 성과평가에 대한 기준을 설정할 수 있다. 균형성과표는 기업의 전략적 목표를 성과측정지표로 전환시킬 수 있는 틀이다. 균형성과표는 경영자가 성과를 평가할 때 고려해야 할 4가지의 관점을 제시하였으며, 전통적인 재무적 성과평가에 대한 부족함을 보완하고 있다. 균형성과표는 재무적 관점, 고객관점, 내부 프로세스 관점, 혁신 및 학습 관점 등의 4개 관점에서 성과평가를 해야 한다고 한다. 균형성과표를 CRM의 성과평가에 적용하게 되면 재무적 관점, 고객 관점, CRM프로세스 관점, 조직문화 및 학습 관점으로 성과평가가 가능하게 된다. 위에서 살펴보았던 장단기의 성과평가의 항목을 균형성과표에 적용해 보면 균형성과표를 활용하여 CRM을 성과평가하는 방법이 전사적으로 평가할 수 있음을 알 수 있다.

[그림 13-6]은 CRM의 균형성과표를 나타내고 있다.

그림 13-6 CRM의 균형성과표

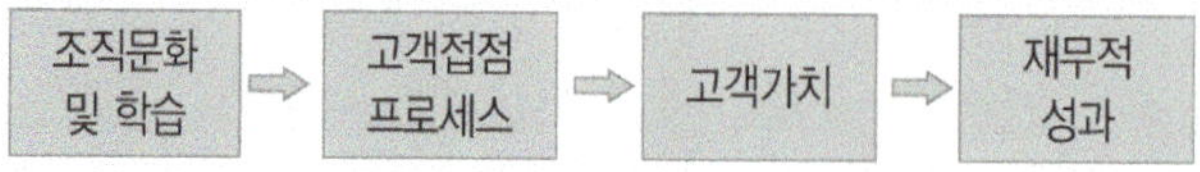

1) 재무적 성과

CRM을 통한 기업의 직접적인 성과는 재무적으로 측정할 수 있어야 하고, 기업의 수익성과 기업의 가치가 어떻게 변화하였는지를 성과평가할 수 있어야 한다. 재무적 성과를 나타내고 있는 성과평가에 대한 지표로는 주주가치, 기업의 수익성, 고객순자산 가치 등이 있다.

2) 고객가치

기업은 CRM을 고객과의 관계를 장기적으로 발전하기 위하여 고객의 욕구를 파악하고 고객의 욕구에 적합한 맞춤서비스를 제공함으로써, 고객만족도를 향상할 수 있으며, 고객은 재구매활동을 지속하게 되는 고객로얄티를 확보할 수 있게 된다. 따라서 CRM의 고객가치에 대한 성과평가를 위해서는 고객만족과 고객로얄티를 성과평가 지표로 활용해야 한다.

3) 고객접점 프로세스

기업은 고객접점에서 고객과 접촉하는 과정에서 고객정보를 입수하게 되고 기업의 고객서비스를 제공하게 된다. 따라서, 고객접점에서의 업무처리 프로세스는 CRM의 시작이고 끝이다. 고객접점에서는 고객을 신규로 확보하기도 하고, 기존고객을 증가시키기 위한 활동을 지속하게 된다. 이러한 CRM활동을 진행하기 위해서는 고객접점에서의 업무 프로세스가 효율적이고 효과적이어야 하므로, CRM의 성과평가의 지표로 관리해야 한다. 고객접점의 프로세스는 고객과 거래를 교환하는 영업프로세스와 욕구, 의견, 건의, 불만 등의 주장과 고객서비스를 교환하는 쌍방향 커뮤니케이션이 있다. 고객접점에서의 성과평가에 대한 지표를 보면 신규고객 확보율, 고객 증가율(고정, 우량, 로얄고객), 고객접점 프로세스(영업 프로세스, 쌍방향 커뮤니케이션 프로세스) 등이 있다.

4) 기업문화 및 학습

CRM은 전사적인 경영전략이다. 기업전체조직의 적극적인 협력없이 CRM전문가에 의해서 CRM이 실행된다면, CRM의 목표를 달성하기가 매우 어려워지게 된다. CRM을 실행하기 위하여 사전에 전사적인 관련 부서와 충분하게 공감대를 형성하고, CRM의 실행을 위한 업무에 대하여 충분하게 이해할 수 있도록 교육을 해야 하며, 스스로 학습할 수 있는 기업 문화가 필요하다. CRM을 실행하기 위해서는 CRM시스템의 활용도가 높아야 할 것이므로, 일상업무에 적용할 수 있을 정도의 CRM시스템이 운영되고 있어야 할 것이다. CRM의 기업문화와 학습에 대한 성과평과 지표는 기업문화, 조직체제, CRM시스템의 운영능력 등이 있다.

3. CRM의 성과평가 피드백 과정

CRM의 성과평가시스템은 성과평가 지표 설정, 피드백데이터 구성, 피드백데이터 평가, 실행 반영 및 수정 등의 과정으로 구성된다.

[그림 13-7]은 CRM의 성과평가피드백 과정을 나타내고 있다.

그림 13-7 CRM의 성과평가 피드백 과정

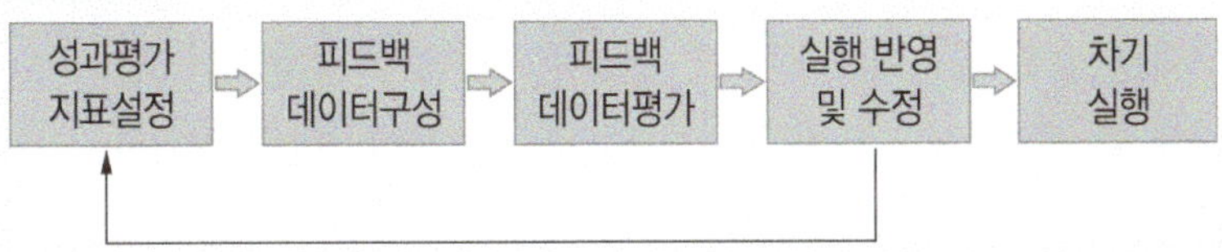

1) 성과평가 지표 설정

CRM에 대한 성과평가를 실행하기 위한 첫 단계인 성과평가의 지표설정은 매우 중요하다. 성과평가의 지표를 설정하기 위해서는 위에서 살펴본 수익성과 고객만족 중심의 성과지표와 균형성과표 어느 방법을 활용해도 좋으나, 기업별로 현실에 적합한 지표를 선정해야 할 것이다. 그리고 CRM을 실행하기 전에 조직 내의 관련 부서와 충분한 이해와 합의가 있어야 한다. 일반적으로 CRM의 성과평가 지표는 위에서 살펴보았던 수익성, 고객만족, 기업

내외부의 협력 등의 지표가 기업의 경영현장에서 많이 활용되고 있다.

2) 피드백데이터 구성

CRM의 성과평가 지표가 설정되면, 실제로 나타난 성과들을 설정된 지표에 적합하도록 피드백데이터를 구성해야 한다. 지표를 중심으로 구성된 피드백데이터는 다음 단계로 피드백할 수 있는 기초자료로 사용될 수 있다. CRM의 실행결과에 대한 실제 데이터를 지표에 적합하도록 수집하고 구성하기 위해서는 기업 내부의 분석된 데이터를 활용할 수 있으며, 외부기업인 소매유통점, 물류기업, 서비스기업 등의 관련 기업들로부터 데이터를 수집하고 구성해야 한다.

3) 피드백데이터 평가

CRM의 실행의 성과를 평가하기 위해서는 CRM을 수립하던 당시의 계획과 실행성과의 차이를 분석하기 위하여 피드백데이터를 평가하게 된다. 피드백데이터를 수집하고 구성하는 과정에서 CRM의 계획과 비교하기 어려운 문제가 발생할 경우에는 피드백데이터를 재구성하고 보완해야 한다.

4) 실행 반영 및 수정

피드백데이터를 구성한 다음에, CRM의 실제 성과가 어떻게 나타나고 있는지를 파악하고 계획과 성과의 차이에 대한 원인을 분석해야 한다. 피드백데이터의 성과평가의 결과가 CRM의 계획보다 미달할 경우에는 원인을 규명하고, 다음에 실행하게 될 CRM수립에 피드백하고 반영해야 할 것이다. 성공적인 수정활동은 피드백데이터를 얼마나 잘 평가하였는지에 좌우된다. 피드백데이터의 평가를 잘못하게 되면 전혀 다른 성과평가가 나오게 되므로, 잘못된 원인규명의 결과를 반영하고 수정하게 되므로, 다음 단계의 CRM을 실행하는데도 지장을 초래하게 될 수 있다.

제2절 CRM의 개선

1. CRM의 문제 및 해결방안

기업경영활동에서 "실패는 성공의 어머니이다."라는 속담이 무색할 정도로 실패로부터 교훈을 얻기는 어렵다. 기업의 경영활동에서 실패사례를 교육과 훈련자료로 활용하는 경우보다는 성공사례를 위주로 교육하기 때문이다. CRM에 대한 막연한 기대감을 가지고 CRM시스템을 도입한 기업들 중에서 많은 기업이 성공하지 못하고 있다. 성공여부를 판단할 수 있는 명확한 기준이 없지만, CRM의 결과에 대하여 대체로 반 이상이 기대수준보다 미흡하다는 인식을 가지고 있다고 한다. CRM을 성공적으로 실행할 수 있기 위해서는 실패할 수 있는 원인을 세밀하게 검토하여 사전에 실패가능성을 최소화시킴으로써, 성공의 가능성을 향상할 수 있도록 해야 한다. CRM의 중요한 문제는 시스템 중심, 단기적인 할인판매 중심, 수익성분석 미흡, 제품중심, 모형이론 중심, 오프라인 중심, 리더십 부재, 조직간 장벽 등의 원인이 있다. [그림 13-8]은 CRM의 문제를 나타내고 있다.

그림 13-8 CRM의 문제

1) 시스템 중심의 CRM

CRM이 성공하지 못하는 가장 큰 이유는 마케팅을 배제한 시스템중심의 CRM도입 때문이다. 기술적 우위의 강력한 CRM시스템을 도입하고 CRM을 도입하지 않으면서, 강력한 CRM을 도입한 것으로 착각하는 경우가 성공하지 못한 가장 큰 이유가 될 수 있다. 시스템중심의 CRM은 실패로 귀결될 가능성이 매우 높게 된다.

CRM은 전사적인 경영전략의 중요한 한 수단이다. CRM시스템은 경영목표를 달성하기 위한 전략적 수단이다. 그러나 CRM시스템의 운영 그 자체가 CRM의 목표는 아니다. CRM시스템을 활용하는 것은 CRM의 목표를 달성하기 위한 수단을 확보하는 것이다. CRM시스템은 고객관계를 지속하고 발전시킬 수 있는 전략적 목표를 달성하기 위한 지원 수단의 일부이다. 만약, 고객과의 관계를 더욱 강력하게 발전시킬 수 있는 새로운 시스템이 출현한다면, 현재의 CRM시스템은 전혀 다른 시스템이 되어도 좋을 것이다.

전략은 "목표를 달성하기 위하여 현재의 해결해야 할 문제를 파악하고 그 문제를 해결할 수 있는 정당한 수단과 방법을 사용하는 활동"의 의미이다. CRM에는 반드시 구체적인 목표가 있어야만 한다. CRM시스템을 도입하면 구체적인 목표가 없더라도 기업의 경쟁력이 저절로 향상될 것이라고 오해해서는 안될 것이다.

CRM이 준비되지 않은 시스템중심의 CRM을 도입하게 되면, 고객과의 쌍방향 커뮤니케이션 전략이 부족하게 될 것이고, CRM을 통한 이윤창출을 위한 구체적인 전략이 미흡하게 될 것이며, CRM의 성과평가에 부정적인 영향이 미치게 되어, CRM의 도입은 성공하기가 어렵게 될 가능성이 증가하게 될 것이다.

[시스템중심의 CRM에 대한 문제 해결방안]

시스템중심의 CRM을 도입하는 문제를 해결하기 위해서는, CRM도입을 기획하는 첫 단계부터 전사적인 지원과 협력으로 전사적인 목표를 명확하게 수립해야 할 것이며, 각 부서에서 담당해야 할 역할까지도 명확하게 설정을 하고서, CRM시스템을 도입해야 할 것이다. CRM을 도입하기 위하여 가장 먼저 상의하는 곳이 소프트웨어 개발부서의 시스템 전문가를 찾게 되면 CRM을 도입하는 것이 아니고 CRM시스템을 도입하게 될 가능성이 매우 높게 될 수 있다.

CRM을 도입하기 위해서는 가장 먼저 고객접점부서의 고객전문가와 협의를 해야 한다. 고객과의 장기적인 관계를 어떤 목표로 설정하고, 목표를 달성하기 위해서 어떤 방법으로 고객과 쌍방향 커뮤니케이션을 수행할 것인지에 대한 전략이 수립된 다음에, 이러한 목표를 달성용이한 시스템을 도입하기 위하여, 소프트웨어 개발전문가와 상담을 진행해야 할 것이다. 회계관리시스템을 개발하기 위해서 어떤 전문가와 먼저 상의해야 할 것인지를 생각해 보면 답을 쉽게 얻을 수 있을 것이다.

2) 단기적인 할인판매 중심의 CRM

CRM의 의미는 고객과의 관계를 장기적으로 유지하고 발전시킬 수 있도록 고객을 관리하는 활동이다. CRM의 궁극적인 목표가 고객과의 장기적인 관계를 강화하고, 우량고객과 로얄고객을 확대함으로써, 수익은 부가적으로 따라오게 하는 고객중심의 전략이다.

경영자는 CRM시스템을 도입하기 위해서 많은 투자를 결정해야 한다. CRM시스템을 도입하기 위하여 과도한 투자를 결정한 경영자의 입장에서는 CRM을 통하여 창출한 성과를 하루 속히 얻을 수 있기를 원한다. 이러한 경영자의 욕구를 충족하기 위하여, CRM관련자들은 고객서비스를 통한 장기적인 고객관계를 강화하기 보다는 고객정보를 분석해서 판매캠페인을 빈번하게 실행함으로써 단기적인 매출향상에 관심을 집중하게 될 수 있다. 빈번한 판매캠페인은 장기적인 고객과의 관계보다는 단기적인 판매성과를 우선시하게 되므로 가격할인판매를 빈번하게 활용할 수밖에 없게 된다.

빈번한 가격할인전략은 우량고객이나 로얄고객을 이탈하게 하는 좋지 않은 전략이다. 로얄고객이 기업을 믿고 신제품을 앞장서서 구입하였는데, 얼마되지 않아서 가격할인 판매를 반복적으로 시행하게 된다면, 로얄고객으로서의 특별한 대우를 받을 수 있는 기회가 사라지기 때문에, 기업에 대한 로얄티를 지속할 수 없게 된다. 이러한 단기판매전략은 가격할인을 빈번하게 동원하는 무차별적 판매캠페인으로 전락하게 되어 결국, CRM을 도입하게 된 시점에 가졌던 기대수준을 충족하지 못하게 될 가능성이 높아지게 된다. 빈번한 가격할인전략은 고객의 로얄티를 향상시키기 보다는 고객의 가격민감도만 높게 만들기 때문에 고객을 이탈시키게 하는 부정적인 요인이 될 가능성이 높게 된다. 빈번한 가격할인 판매는 단기적인 성과중심의 판매이며, 고객과의 관계는 고려하지 않은채 거래중심으로 되돌아가는 CRM부재의 부정적인 결과를 초래하게 된다.

[단기적인 할인판매 중심의 CRM에 대한 해결방안]

CRM의 원래 목표인 고객과의 장기적인 관계를 발전시킬 수 있는 CRM활동으로 되돌아가야 한다. 우선 무차별적인 가격할인 판매를 축소하고, 고객의 욕구를 분석하여 정밀하게 세분화한 다음에, 고객별로 맞춤 서비스를 제공할 수 있도록 해야 한다. 고객의 욕구를 충족시킬 수 있는 고객별 맞춤 제품과 서비스를 제공하면서 고객의 신뢰를 회복하고, 기업의 긍정적인 정보를 확산하기 위하여 고객커뮤니티를 조성하는 것도 좋은 방법이 될 수 있다.

3) 수익성분석 미흡

CRM의 우수성에 대한 막연한 기대감으로 CRM시스템을 도입하게 되면, 성과평가에 대한 기준설정이 미흡하게 되어 CRM의 수익성분석 결과에 대한 회의가 나타날 수 있다. CRM을 도입한 성과에 대한 명확한 이해가 부족한 상태에서 이윤창출에 대한 구체적인 CRM의 실행방안이 준비되지 않은채로 도입된 CRM시스템은 성공하기 어렵게 될 가능성이 높게 된다.

[수익성분석 미흡에 대한 해결방안]

CRM을 도입하기 전에 모의실험을 통하여 수익성분석에 대한 방법과 기준을 명확하게 설정하고 관련 부서와 최고경영자의 합의를 얻은 다음에 CRM을 도입해야 한다.

다음은 S기업에서 CRM을 도입하여 실행하던 초기에 있었던 사례이다. CRM 관리자는 일정기간 특정한 상권에서 소매유통점과 함께 CRM시스템을 활용하여 고객을 매우 정밀하게 세분화하였고, 고객별 맞춤 제품과 서비스를 제공하여 모의실험을 하였다. 모의실험의 결과에서 판매 상승효과가 10% 이상 나타났으며, 이러한 결과를 전사적으로 적용하면 수천억 원 이상의 매출과 수백억 원 이상의 이익을 추가로 창출하고 있는 것으로 나타났다. CRM 시스템을 도입하기 위하여 투자한 수백억 원대의 막대한 비용을 CRM시스템을 도입한 이후 1년이 경과하기도 전에 투자원금을 회수할 수 있었던 금액에 해당되었다. 매우 과학적인 실험과정을 통해서 CRM의 우수한 수익성을 증명한 보고서를 작성하였다.

그러나 최고경영자의 반응이 의외였다. CRM의 수익성분석에 대하여 믿을 수 없다는 반응이 있었다고 한다. 전사적으로 10%에 해당하는 수백억 원 이상의 추가적인 이익창출에 대해서 CRM의 성과로 인정할 수 있는가? 과학적인 과정자체를 이해하기도 어렵다는 반응과 함께, 그 이익금이 어디에 있는가? 금고에 있는가? 라는 반응이었다고 한다. 최고경영자의 입장에서는 CRM의 효과를 믿고는 있지만, 너무 과대하게 부풀려서 보고하는 것이 아니냐는 의심이 있었던 것으로 보인다. 그때 그 관리자는 가시적인 방법으로 증명하기는 어렵지만, 일정한 기간동안 일정한 상권에서 CRM시스템을 중단한 상태에서 판매에 대한 모의실험을 하게 된다면 10% 이상의 매출과 이익의 하락을 증명할 수 있을 것이라고 대답했다고 한다. 물론 그 실험은 실행되지 않았으며, CRM의 수익성에 대해서 인정받을 수 있었다고 한다.

이상의 사례에서도 알 수 있듯이, CRM의 수익성분석은 사전에 합의된 기준대로 분석한 결과에 대해서도 경영자를 이해시키기가 어렵다는 의미이기도 하다. 그러나 CRM이 올바르게만 실행된다면 기업의 장기적인 수익창출에 긍정적인 영향을 미친다는 사실은 분명하다. 그리고 이러한 사실을 모든 기업 경영자들이 이해하고 있을 것이다.

4) 제품중심의 CRM

CRM의 목표가 단기적인 이익창출 보다는 장기적인 고객중심의 전략임에도 불구하고, 대부분의 기업은 제품중심의 판매활동에 관심을 가지고 있다. CRM을 성공적으로 도입하고 성공적인 운영을 실행하고 있는 기업에서 조차도 단기적인 판매실적이 필요할 경우에는 제품을 밀어내기전략(Push Strategy)으로 판매캠페인을 활용하기도 한다. 고객에게 맞춤제품과 서비스를 제공하기 보다는 기업에서 판매하고 싶은 제품과 서비스를 중심으로 판매를 하게 됨으로써, CRM의 기본인 고객중심의 전략을 망각하기 쉽다. 제품중심의 전략은 더 이상 CRM이 될 수 없다. 고객이 원하는 제품과 서비스를 공급할 수 있는 고객중심의 전략이 필요한 시점이다.

〈사례 13.1〉은 고정고객이 온라인으로 신제품을 예약하고 있는 내용이다.

CRM Practice 13.1 **이틀 만에 55만대 사전 예약 … 갤S8 대박**

삼성전자의 전략 스마트폰 갤럭시S8 시리즈가 사전 예약 판매량 신기록을 달성했다. 삼성전자는 9일 "국내 사전 예약 판매 현황을 잠정 집계한 결과, 지난 7~8일 이틀간 총 55만대가 판매됐다"고 밝혔다. 이는 지난해 출시 직후 돌풍을 일으켰던 갤럭시노트7의 '13일간 40만대 사전 판매' 기록을 크게 웃돈다. 삼성전자 관계자는 "5000만대가 팔려 역대 갤럭시 시리즈 중 최고 히트작으로 꼽히는 갤럭시S7보다도 판매 속도가 5.5배가량 빠르다"고 설명했다. 갤럭시S7은 출시 직후 이틀간 10만대가량 팔렸다.

삼성전자는 "인공지능(AI) 비서 빅스비와 18.5대 9 비율의 디스플레이, 홍채 · 얼굴 · 지문 인식 기능 등 전작과 차별화할 수 있는 기능이 대거 추가된 점이 판매량 증가의 원인"이라고 설명했다. 배터리 폭발 사고로 갤럭시노트7 판매를 중지하면서 신제품을 기다려온 소비자들이 몰린 것도 원인이 됐다. 갤럭시S8은 6.2인치 대화면을 갖춘 갤럭시S8+ 모델을 함께 출시해 대화면을 선호하는 고객 수요까지 흡수했다. S8과 S8 플러스의 예약 비중은 50대 50인 것으로 파악됐다.

지난해 갤럭시노트7 예약 판매 때는 '블루코랄' 색상이 품귀 현상을 빚는 소동이 있었다. 이번에는 처음 선보인 '미드나잇블랙'과 '오키드그레이'색상이 인기를 끌고 있다. 미드나잇블랙은 스마트폰 전면과 후면 · 디스플레이를 같은 색상으로 만들어 일체감 있는 디자인을, 오키드그레이는 보라색과 회색을 섞어 도시적인 느낌을 강조했다. 갤럭시S8은 국내에선 미드나잇블랙 · 오키드그레이 · 아크틱실버 등 3종으로, 갤럭시S8+는 블루코랄 · 오키드그레이 2종으로 출시된다.

이통3사의 번호이동 실적은 소폭 줄어들었다. 평소 번호이동 실적은 하루 평균 1만3000건에 달했으나 지난 7~8일 이틀 동안은 하루 평균 1만2300건으로 줄어들었다. 사전 예약 구매는 스마트폰을 개통하기 전에 이뤄지기 때문에 고객이 통신사를 바꿔도 번호이동 실적에 잡히지 않는다. SK텔레콤의 설명에 따르면 가입 고객은 갤럭시S8으로 몰리고, 상당수 고객이 갤S8 출시 때까지 대기에 들어가면서 번호이동 숫자가 줄어든 것이다.

(출처: 중앙일보, 2017. 4. 10., http://news.joins.com/article/21456996)

[제품중심의 CRM에 대한 해결방안]

고객이 필요한 제품과 서비스가 무엇인지를 찾아서 공급하는 전략이 고객중심의 전략이다. 오랫동안의 관습이 하루 아침에 바뀌기는 어렵지만, 고객중심의 기업경영으로 바뀌어야 한다. 고객의 욕구를 파악해야만 고객의 욕구를 충족시킬 수 있는 혁신제품을 개발할 수 있고 공급할 수 있게 된다. 고객이 원하는 혁신제품은 저절로 팔리게 된다. 고객이 공급해 달라고 요구하는 제품이기 때문이다. 이러한 풀전략(Pull Strategy)이 고객중심전략이며, CRM의 기본이다.

5) 모형이론 중심의 CRM

CRM은 과학이다. 과학적으로 고객과의 관계를 관리하게 된다. 고객을 관리하는 과학적인 방법은 고객의 과거 행동을 회귀분석방법 등의 모형을 활용해서 분석한 다음에, 고객별로 고객 스스로가 느끼지도 못했던 욕구를 찾아내고, 고객별로 맞춤서비스를 제공하여 고객의 만족도를 향상시키는 과정을 반복하는 것이다. CRM시스템을 활용하게 되면, 방대한 고객정보를 분석하여 고객별로 욕구를 파악할 수 있으며, 미래의 고객행동을 예측할 수 있게 된다. 방대한 고객정보를 고객 개인별로 분석할 수 있게 된 것은 컴퓨터와 정보통신의 발전으로 가능하게 되었다.

CRM시스템의 운영은 분명히 과학적인 고객행동 분석 모형을 활용하고 있지만, 과학적인 모형을 사용한다고 해서 모든 결과가 항상 올바르다고 할 수는 없을 것이다. 고객정보를 분석한 결과는 과학적이지만, 고객과의 관계를 형성하는 과정은 사람이 하는 일이다. 사람과 사람의 접촉으로 고객의 만족을 불러 일으켜야 한다. 기업이 CRM시스템을 활용한 고객정보를 분석한 결과만을 보고서 고객에게 기계적으로 서비스를 제공하게 되면, 고객은 만족감을 얻기보다는 불쾌감을 얻게 되어 경쟁기업으로 이탈하게 될 수도 있을 것이다.

〈사례 13.2〉는 은행고객이 온라인을 통해서 의견을 수렴하는 모형인 고객패널제도에 대한 내용이다.

CRM Practice 13.2 신한카드 사회공헌 아름

신한카드는 사회공헌 브랜드인 아름人을 중심으로 다양한 활동을 전개하고 있다.

신한카드는 차별화된 고객만족경영전략과 실행방안이 필요하다고 판단해 고객패널제도를 운영하고 있다. 신한카드에 따르면 고객패널은 고객의 소중한 의견을 신한금융그룹의 미션인 따뜻한 금융과 고객만족 달성의 기반으로 삼고자 하는 의지의 표현이다.

이에 신한카드는 온라인 카페·밴드 활동을 통해 실시간으로 서비스 품질평가 및 개선 의견 제공 등의 활동을 하고 있다. 또한 신상품·서비스를 개발할 때 고객의 의견을 사전에 반영하는 등 상품 및 접점서비스 품질을 고객의 눈높이에 맞추기 위해 노력하고 있다. 나아가 패널들과 불만제기 고객들이 직접 참여하는 심층토론(FGI)도 실시하고 있다. 주무부서 팀장들이 토론 현장에서 의견을 듣고 즉시 채택·실행할 수 있도록 실행력은 강화했다.신한카드는 정보력이 부족한 소비자에게 합리적 선택을 할 수 있도록 완전 판매와 충분한 정보 제공, 판매 후 철저한 사후관리를 시행하고 있다. 신한카드 관계자는 "소비자보호를 위한 다짐과 완전 판매를 위한 4대 원칙(중요 내용설명, 소비자 적합성, 고객정보보호, 신의성실)을 엄수하며 소비자의 권익보호를 최우선으로 실천하고 있다"고 전했다.

(출처: 중앙일보, 2015. 10. 13 .)

[모형중심의 CRM에 대한 해결방안]

기업은 고객 스스로도 미처 인식하지 못했던 고객별 욕구를 파악하고 고객별로 맞춤서비스를 제공해야 한다. 기업이 고객서비스를 제공하는 과정에서 기계적인 서비스가 아닌, 효과적인 커뮤니케이션의 방법을 활용해서 고객이 감동할 수 있도록 해야 할 것이다. 제품과 서비스를 판매하는 것이 목적이 아니고, 고객의 욕구를 충족시켜 줄 수 있는 편의를 제공하는 정성을 포함해야 할 것이다. 즉, 고객과의 관계를 형성하는 것은 컴퓨터와 정보통신의 기술이 아니라, 사람과 사람의 관계이기 때문이다. CRM시스템을 도입하는 과정에서 조심

해야 할 부분이 고객을 대량고객데이터(Mass Customer Data)로 보게 되는 잘못된 개념이다. 고객은 단순한 데이터가 아니다. 컴퓨터가 사람인 고객과의 관계를 관리할 수는 없다. 고객은 사람이다. 기업도 사람이 움직인다. CRM은 기업 측의 사람과 고객의 관계를 더욱 강화하기 위한 도구일 뿐이다.

CRM을 기반으로 한 캠페인의 경우를 보면, 제품의 특징과 장점을 나열하는 제품중심의 판매가 아닌, 고객의 불편함을 해결할 수 있고, 고객에게 편의를 제공할 수 있는 고객별 정보를 제공하는 방법인 고객중심의 판매활동을 실행해야 할 것이다. 고객의 불편함을 파악하기 위해서 CRM시스템의 도움을 받아야 한다. CRM을 기반으로 한 신제품에 대한 홍보를 실행하는 경우에도, 신제품의 기술적인 혁신성에 대한 제품중심의 나열식 정보제공보다는 고객별 욕구에 적합한 혁신성에 대한 맞춤정보를 제공하는 것이 홍보효과에 더 많은 도움이 될 것이다. 여기서 고객 개인별로 욕구를 파악하기 위하여 CRM의 도움이 절대 필요하게 된다.

6) 오프라인 중심의 CRM

기업은 고객정보를 수집하고 변화하는 고객정보를 반복적이고 지속적으로 수집하고 통합해야 한다. 그러나 판매를 소매유통점에 의존하고 있는 기업들은 소매유통점 등의 외부 기업을 통하여 고객정보를 수집하게 되므로 고객수집의 정확도와 신속성에서 어려움이 발생하게 된다. 최근에는 모든 기업이 자체의 웹사이트(Web Site, 혹은 Home Page)를 운영하고 있다. 그러나 대부분의 웹사이트는 고객에게 정보를 제공하고 고객과의 커뮤니케이션을 위한 의견란이나 이메일 정도를 운영하고 있는 경우가 많다. 이러한 상태에서 CRM을 실행하기에는 고객정보를 적극적으로 수집하고 관리하고 있다고 보기는 어려울 것이다.

기업들 중에는 소매유통점, 물류기업 등의 외부기업으로부터 도움을 받아서 고객정보를 수집하고 있는 경우가 많다. 외부 기업으로부터 고객정보를 수집하는 오프라인 중심의 CRM은 고객정보의 부정확성으로 고객의 욕구를 제대로 파악하기에는 어려움이 따르게 된다.

〈사례 13.3〉은 자동차회사에서 신제품을 출시하면서 고객의 충성도를 과신하고 있는 듯한 내용을 보여 주고 있다.

CRM Practice 13.3 현대차 고객충성도 자신하나

현대자동차가 최근 두가지 보도자료를 냈다. 두 자료의 내용은 모두 2018년형으로 업그레이드한 연식변경 모델을 출시했다는 것이다. 상품성을 개선했다는 비슷한 내용인데 결론에선 달라진다.

우선 대형 스포츠유틸리티차량(SUV)인 맥스크루즈 2018년형 출시 보도자료를 정리해 보면 카카오 인공지능(AI) 플랫폼 '카카오i'의 서버형 음성인식 기술, 블루링크 무상 사용 기간 5년, 1열 USB 충전 포트 등을 전 모델에 적용했다. 또 지능형 안전기술인 현대 스마트센스 패키지를 기본 트림부터 선택할 수 있게 하고, 프레스티지 트림부터는 어라운드 뷰 모니터링 시스템(AVM)을 기본 탑재하는 등 안전과 편의 사양을 확대했다.

그랜저 2018년형 출시 보도자료도 비슷하다. 카카오 인공지능 플랫폼 '카카오i'의 서버형 음성인식 기술, 현대 스마트 센스 고속도로 주행보조기술, 주행 중 후방영상 디스플레이(DRM) 등을 기본 모델에 탑재했다. 여기에 하이패스 시스템, 트렁크 번호판 LED 램프를 기본으로 추가하고, 내비게이션에 부착한 아날로그 시계의 디자인도 개선했다.

다양한 옵션이 추가됐다고 늘어놨다. 하지만 결론은 현대 스마트센스, 카카오 음성기술, 블루링크 등 소프트웨어를 업그레이드했다는 내용에다 모델별 상황에 맞춰 소소한 편의사항이 추가됐다는 정도다. 그런데 가격 정책은 정반대였다. 맥스크루즈는 고객이 사양을 합리적으로 선택할 수 있게 했다며 50만원 정도 가격을 낮췄다. 반면 그랜저는 가격 인상폭을 최소화했다며 트림별로 약 50만원 정도 인상했다.

현대차가 이런 행동을 할 수 있는 배경은 압도적인 내수 점유율(44.8%)에 있다. 올해 11월까지 현대차(제네시스 포함)의 누적 내수 판매대수는 63만5578대로 지난해 같은 기간보다 8.4% 증가했다.

올해 3분기까지 미국과 중국 시장에서 판매량이 급감한 상황에서도 내수가 든든하게 받쳐주면서 현대차는 이 기간에 3조7000억원대의 영업이익을 기록했다. 그러나 현대차는 국내 소비자를 고마워하지 않는 듯 하다. 잘 팔리는 모델은 슬그머니 가격부터 올리고 국내 고객과 소통한다며 만든 블로그(오해와 진실)는 별다른 이유없이 지난 7월 문을 닫았다.

소비자들의 기호는 변덕스럽다. 지난해 잘 나가던 르노삼성 SM6나 한국GM 말리부의 경우 지난해와 올초 가격 인상 이후 판매량이 감소세로 돌아섰다. 나중에 은근히 저가 트림 추가하고, 프로모션으로 할인한다고 떠난 소비자는 돌아오지 않는다. 가격을 마음대로 올려도 언제나 사줄 것이라고 기대하기에는 현대차에 대한 고객의 충성도가 너무 낮다.

(출처: 중앙일보, 2017. 12. 11., http://biz.chosun.com/site/data/html dir/2017/12/10/2017121001254.html)

[오프라인 중심의 CRM에 대한 해결방안]

고객과의 의견교환을 원활하게 하고 고객의 소리를 항상 수집할 수 있는 커뮤니티를 활성화할 수 있는 웹사이트를 개발하고 운영하게 된다면 CRM을 수행하는데 있어서, 많은 도움이 될 수 있을 것이다. 고객의 욕구가 변화하고 있는 현장의 고객정보들이 실시간으로 수집되고 통합되어 고객의 욕구와 동향을 파악할 수 있게 되고, 고객과의 장기적인 관리를 지속할 수 있어야 한다.

7) 리더십 부재

CRM시스템을 도입하고 운영하기 위해서는 상당한 비용을 투자해야 한다. 기업을 경영하는 최고경영자의 입장에서는 CRM시스템을 도입하고 운영할 수 있기를 원하지만, 투자수익의 측면에서 확신을 가지지 못할 경우가 있다. CRM시스템을 도입하기 위한 비용투자 뿐만이 아니라, CRM을 실행하기 위한 지속적인 비용이 투입되기 때문이다. 기업경영의 전체적인 면에서는 판매비용의 절감과 마케팅성과의 향상을 기대할 수 있지만, 직접적이고 가시적인 성과를 단기간 내에 성취하기가 어려우므로 최고의사결정권자는 고심을 할 수밖에 없게 된다. CRM시스템을 도입하고 난 후에도 최고경영자는 CRM의 실행을 위한 충분한 이해가 부족하여 단기적인 판매향상에 관심을 집중하게 될 수 있다. 이러한 경우에는 CRM의 원래 목적이었던 고객과의 장기적인 관계를 관리하는 분야에 대해서 관심이 멀어지게 되며 CRM을 실행하는데 있어서 리더십이 부족하게 될 가능성이 많게 된다.

[리더십 부재에 대한 해결방안]

최고경영자의 확신이 우선 해결되어야 한다. 최고 의사결정권자의 이해가 부족하게 되면 CRM을 실행할 수 없게 된다. 최고 결정권자의 장기적인 이해가 충족될 수 있도록 충분하게 설득할 수 있어야 한다. CRM전문가를 통하여 고객과의 관계를 관리해야 하는 이유와 성과에 대하여 최고경영자를 설득해야 할 것이다. 최고경영자는 CRM을 도입하게 되는 책임경영자를 선정하고, 책임경영자에게 CRM의 도입과 운영에 대한 권한을 이양해야 한다. CRM은 전사적으로 적극적인 협력이 있어야 하며, 기업외부의 소매유통점, 물류, 서비스 등의 기업과도 제휴 및 통합으로 적극적인 협력이 필요하기 때문에 강력한 리더십이 필요하게 된다. CRM의 도입과 실행을 성공하기 위해서는 일관성, 추진력, 창의성, 조직장악력, 유연성을 가진 책임경영자를 통해서 강력한 리더십으로 추진되어야 할 것이다.

8) 조직 간 장벽

CRM은 어느 특정한 부서의 전문가집단에 의해서 실행되는 프로젝트가 아니다. CRM은 전사적인 수직적 협력과 소매유통, 물류, 서비스 등의 기업들과도 수직적 통합이 되어야 하는 전사적이고 전방위적인 전략이다. 그러므로 조직 간의 비협조 혹은 무관심은 CRM을 실패로 이끄는 중요한 원인이 되고 있다.

[조직 간의 장벽에 대한 해결방안]

CRM을 도입하기 전에 전사적으로 CRM의 필요성에 대하여 충분하게 교육을 시행하고, 적극적인 협력을 얻을 수 있으며, 참여할 수 있는 환경과 문화를 구축해야 한다. CRM에 대한 막연한 필요성을 모든 종업원들이 알고는 있지만 자신의 업무로 추가되는 것은 좋아하지 않기 때문에, 많은 교육과 노력이 필요하게 된다. CRM을 효과적으로 실행하기 위해서는 전사적인 참여와 함께 소매유통점, 물류, 서비스 등의 외부기업들에게도 충분한 교육을 통하여 적극적인 협력과 참여에 대한 합의를 구해야 한다. 즉, 고객접점인 제품사업부, 웹사이트, 대리점, 서비스, 물류, 콜센터, 이메일 등의 조직 및 부서와의 적극적인 협력이 필요하다. CRM의 더 많은 효과를 기대할 수 있는 방법으로는 소비재를 공급하는 기업과 수평적인 제휴도 고려할 수 있을 것이다. 국내의 대기업에서는 고객정보를 공유하고 고객서비스를 공동으로 제공하는 기업이 확산되고 있다. 예를 들면, 통신서비스기업, 주유소, 백화점 등의 기업이 서로 통합CRM시스템을 공동으로 운영하는 경우가 가능할 것이다.

[그림 13-9]는 기업을 중심으로 한 조직 간의 장벽을 없애고 수평적이고 수직적인 통합이 선행되어야 하는 내용을 보여 주고 있다.

그림 13-9 조직간 장벽제거를 위한 수평적 수직적 통합

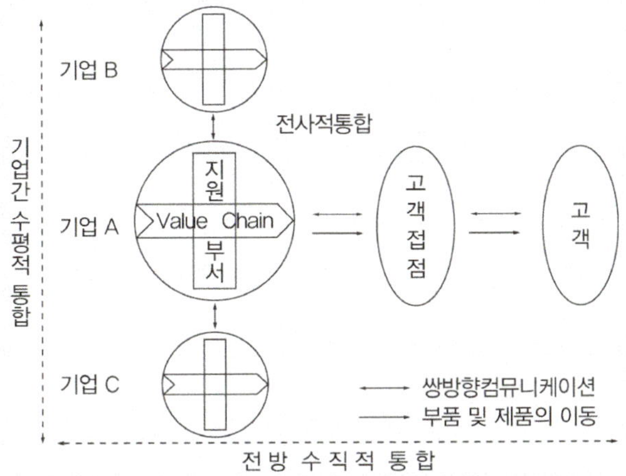

이상에서 살펴본 CRM이 성공하기 어려운 문제점과 성공적인 CRM의 실행을 위한 해결방안을 정리해 보면 〈표 13-2〉와 같다.

〈표 13-2〉 CRM에 대한 문제점과 해결방안

실패요인	실패내용	해결방안
1. 시스템 중심	CRM의목표 부재 CRM의 전략 미흡	명확한 목표 수립 부서별 역할 설정 쌍방향커뮤니케이션 전략 수립
2. 할인판매 중심	고객중심의 전략 미흡 빈번한 판매캠페인 실행 단기적인 매출향상에 관심 가격할인판매 집중 고객의 가격민감도 증가	무차별적 가격할인 판매 축소 고객별로 맞춤 서비스를 제공 고객커뮤니티를 조성
3. 수익성분석 미흡	성과평가의 기준설정 미흡 성과에 대한 이해 부족	수익성 분석방법과 기준 설정 사전 합의후 CRM을 도입
4. 제품중심	단기적인 이익창출에 관심 제품중심의 판매활동 밀어내기전략의 판매캠페인	고객중심의 기업경영 풀전략 고객중심전략
5. 모형이론 중심	과학적 고객분석모형 과다의존 기계적인 서비스 제공 고객정보를 대량데이터화	효과적인 커뮤니케이션 방법 감동제공으로 고객욕구 충족
6. 오프라인 중심	취약한 웹사이트 활용 오프라인 고객정보 수집	커뮤니티웹사이트 적극적으로 활용 온라인 고객정보 수집 및 관리
7. 리더십 부재	투자수익 측면의 불확신 가시적인 단기 성과 치중 CRM의 이해 부족	최고경영자의 확신 책임자에게 CRM의 권한이양 강력한 리더십이 필요 (일관성, 추진력, 창의성, 조직장악력, 유연성)
8. 조직간 장벽	조직간의 비협조	전사적 CRM의 필요성 교육 전사적 CRM환경과 문화 구축 외부기업들의 합의

2. CRM의 개선방안

CRM의 개념은 이미 오래전부터 시작되었으나, 컴퓨터와 정보통신의 발전이 뒤따르지 못했기 때문에, 20여년전만 하더라도 고객과 개별적인 관계관리를 실행하지 못하고 있었다.

1990년에 들어서면서 인터넷이 확산되기 시작하였고, 컴퓨터의 정보통신의 기술이 매우 빠른 속도로 발전하게 되자, CRM 역시 급속하게 많은 기업으로 확산되고 있다. CRM은 많은 기업에서 미래의 경쟁력 확보를 위한 전략적인 도구로 활용되고 있다.

그러나 컴퓨터와 정보통신의 발전으로 인하여 CRM의 도입이 기술우선으로 도입되는 경향이 많게 되었으며, CRM을 도입한 이후의 중요성에 대한 인식이 상대적으로 감소하기도 하였다. 이러한 상태에서 엔지니어들이 중심이 되어 도입하게 된 CRM시스템은 도입순간에 운영이 제대로 되지 않는 문제점들이 나타나게 되었다. CRM시스템을 개발하는 엔지니어들이 CRM시스템을 도입한 이후의 고객과의 관계를 관리해야 하는 전략적 실행까지는 담당하지 않기 때문이다. 즉, CRM시스템을 도입하는 순간에 CRM업무가 중단되는 결과도 경험할 수 있었다.

CRM시스템을 도입한 많은 기업들의 시행착오를 거울삼아 CRM을 성공적으로 실행할 수 있는 방향으로 개선되어야 한다. CRM의 개선방향을 살펴보면, 고객중심의 CRM, 원스톱 고객서비스, 고객서비스 선행프로세스, 영업의 개념변화, 강력한 리더십 등이 있다.

[그림 13-10]은 CRM의 개선방안 대한 개념을 나타내고 있다.

그림 13-10 CRM의 개선방안

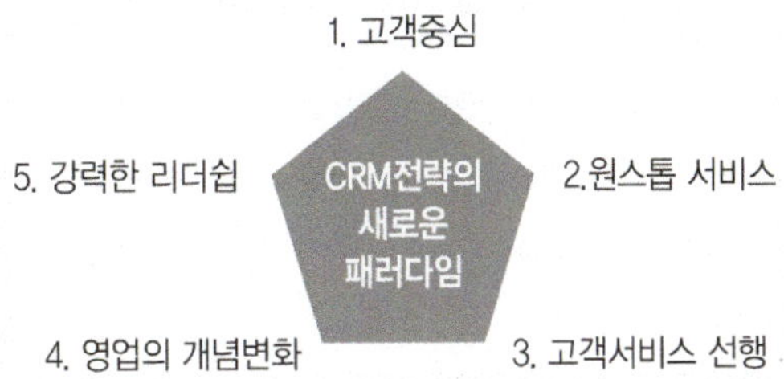

1) 고객중심의 CRM

고객중심의 마케팅은 제품이나 서비스를 판매하지 않고 고객별로 맞춤서비스를 제공한다. 제품을 판매하기 위해서 고객정보를 분석하는 것이 아니고 고객정보를 분석해서 고객의 필요(Wants)와 욕구(Needs)를 파악해서, 고객별로 맞춤제품과 서비스를 제공하는 것이 고객중심의 마케팅이다. 고객중심의 CRM은 고객과의 장기적인 관계를 지속하고 발전시켜

나가는 과정에서 항상 고객의 욕구를 파악하기 위하여 고객정보를 분석하고, 고객이 필요로 하는 제품과 서비스를 생산해서 고객별로 맞춤제품과 서비스를 제공한다.

과거의 제품중심 혹은 기업중심에서는 기업이 생산한 제품과 서비스를 고객이 선택할 수 있었다. 그러나 고객중심에서는 기업이 일방적으로 제품과 서비스를 생산하지 않는다. 고객의 욕구가 있는 제품과 서비스만을 생산하고 공급한다. 제품중심의 마케팅에서는 기업이 일방적으로 생산한 제품을 고객에게 밀어내는 푸시전략(Push Strategy)이 중요하였지만, 고객중심의 마케팅에서는 고객의 필요와 욕구를 파악해서 고객이 원하는 제품과 서비스를 공급하면, 저절로 팔리게 된다. 고객이 당기는 대로 생산하고 공급한다는 의미에서 풀전략(Pull Strategy)이라고 한다. 만약, 고객이 원하지 않는 제품과 서비스를 기업이 일방적으로 생산하고 공급한다면, 기업의 존속 여부가 불투명해질 정도로 경쟁력의 감소현상이 나타나게 된다.

CRM의 새로운 패러다임에서는 고객으로부터 시작하는 고객가치사슬(Customer Value Chain)이 실행되어야 한다. 기업은 고객과의 장기적인 관계를 유지하고 발전시키는 과정에서 가장 먼저 고객의 욕구를 파악하고, 이에 적합한 고객서비스를 제공하면서 고객의 욕구를 충족시키며, 고객과의 관계를 강화할 수 있는 고객중심의 프로세스를 확보해야 한다. 고객중심의 프로세스를 통하여 고객이 원하는 제품과 서비스를 기획한 다음에, 기업이 직접 제품과 서비스를 개발하고 생산할 수 있다. 기업은 고객의 욕구가 반영된 제품과 서비스를 개발하고 생산할 수 있도록 핵심역량을 확보해야 한다. 이러한 과정을 거쳐서 고객에게 제공되는 제품은 혁신제품이 될 수 있다. 기업은 SCM(Supply Chain Management, 공급망관리)을 통하여 고객이 원하는 혁신제품과 서비스를 개발하고 생산하여 고객에게 제공할 수 있다.

[그림 13-11]은 고객중심의 기업경영에 대한 고객가치사슬을 보여 주고 있다.

그림 13-11 고객중심의 고객가치사슬

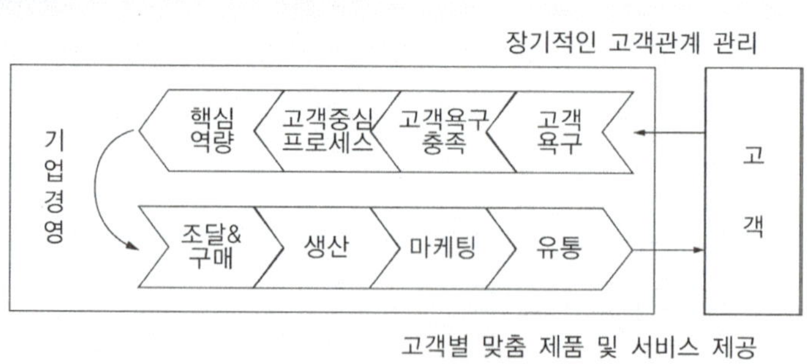

2) 원스톱 고객서비스 CRM

미래의 상품은 제품과 서비스를 통합한 상품의 개념으로 고객중심의 편의를 제공해야 한다. 전통적인 방법으로는 제품과 서비스를 기업별로 구매하여 고객이 원하는 서비스를 스스로 생산할 수밖에 없었다.

그러나 미래의 고객은 제품과 서비스에 대한 욕구를 동시에 해결해 줄 수 있는 통합된 상품을 선호하게 될 것이다. 따라서 제품을 공급하는 기업들도 제품과 서비스를 동시에 공급할 수 있는 원스톱 고객서비스(One Stop Customer Service)의 역량을 확보해야 한다.

예를 들면 해외여행을 가게 된 어느 학생의 경우를 보면, 컴퓨터는 컴퓨터 전문점에서, 스마트폰은 스마트폰 전문점에서 각각 별도로 구입하고, 여행에 필요한 숙박 및 교통수단에 대해서도 여행사를 통하여 서비스상품을 구입하는 것이 전통적인 관행이었다. 기업의 제품중심의 판매형태를 따르게 된 결과였다. 그러나 앞으로는 고객중심의 판매형태로 전환될 것이다. 여행사에서 컴퓨터와 스마트폰을 구입해서 여행상품과 함께 일괄적으로 공급할 수 있을 것이다.

미래를 대비하고 있는 기업은 고객의 변화를 파악하여, 고객의 불편을 줄이고 편의를 제공할 수 있는 상품을 개발하고 제공한다. 예를 들면, 결혼을 앞둔 신부에게 필요한 제품과 서비스를 묶어서 판매하는 묶음판매(Package Selling, 혹은 Bundle Selling)의 형태가 이미 일반화되고 더욱 확대될 것이다. 기업은 CRM으로 고객의 욕구를 매우 정밀하게 세분화하여 고객별로 맞춤 묶음 상품을 제공하면, 고객은 더욱더 만족도가 상승되고 로열티가 높게 향상될 것이다.

3) 고객서비스 선행 프로세스

기업이 고객의 욕구를 파악하는 이유는 간단하다. 기업이 고객의 욕구를 고객 자신이 느끼기도 전에 먼저 파악해서, 고객이 요구하기 전에 고객별로 맞춤서비스를 제공하기 위해서이다. 가려운 곳을 가렵기도 전에 미리 긁어 주는 서비스인 셈이다. 고객은 기업이 고객 자신 보다도 먼저 고객의 욕구를 파악하고서 맞춤서비스를 제공하는데 대해서 만족도가 상승하게 될 것이다. 고객이 욕구를 느끼거나 불만을 인식한 후에, 기업으로 불만을 전달하고 해결방안을 요구하게 되면, 기업이 해결방안을 제공하던 사후 CRM활동으로 부터 한발 더 나가는 사전 CRM활동이 효과적일 것이다. 고객별로 맞춤서비스를 먼저 제공할 수 있는 고객서비스 선행 프로세스는 고객의 만족도를 더욱 강화할 수 있을 것이다.

4) 영업의 개념변화

제품중심 혹은 기업중심의 영업활동은 고객을 대상으로 제품과 서비스의 특징과 장점을 나열한 정보를 제공하고 고객으로 하여금 선택하게끔 유도하는 과정이었다. 그러나 고객중심의 영업활동에서는 고객이 원하는 욕구를 파악하여 기업으로 전달하고 고객이 요구하는 제품을 제고하는 과정으로 변화되었다. 극단적으로 표현한다면, 미래에는 영업활동이 없어질 수도 있을 것이다. 영업활동의 자리에는 고객관리자가 대체될 수 있을 것이다. 고객이 요구하지 않는 제품과 서비스를 공급하지 않고, 고객이 요구해야만 판매할 수 있게 될 것이다. 고객의 욕구를 파악하기 위하여 평소에 고객과의 관계를 지속하고 발전시켜야 하는 중요성이 더욱 증가되고 있다.

5) 강력한 리더십

고객중심의 기업경영에서는 조직 내에서의 관계보다는 고객과의 관계를 더욱 중요시하기 때문에 경영자는 더욱 강력한 리더십이 필요하게 될 것이다. 따라서 미래의 경영자는 CRM 기반의 경영에 대한 중요성을 인식하고 고객관계를 관리할 수 있는 지식과 실무경험이 풍부해야 할 것이다. 미래의 기업은 고객과의 관계가 강화될수록 내부적인 결속은 더욱 느슨한 관계가 될 수 있으므로 조직 간의 장벽이 더욱 높아질 가능성도 있다. 이러한 기업내부의 조직 간의 느슨한 관계를 결속시킬 수 있는 강력한 리더십이 더욱 중요하게 부각될 것이다.

제3절 종업원관계관리

종업원관계관리(ERM, Employee Relationship Management)는 기업의 경영자가 종업원들에게 애사심을 향상시킬 수 있도록 가족과 같이 대우함으로써, 종업원의 만족향상을 통하여 기업 외부에 있는 고객을 만족시킬 수 있도록 종업원과의 관계를 장기적으로 관리함을 의미한다. 일반적인 의미의 고객은 기업의 외부고객이며, 종업원은 내부고객이다. CRM 활동에 있어서 고객서비스를 제공하고, 고객의 만족을 향상시키는 종업원의 역할이 매우 중요하다. 고객접점에서 활동하고 있는 종업원의 만족도가 낮은 상태에서 고객의 만족도를 향상시키기는 어렵다.

내부고객의 만족을 통해서 외부고객의 만족을 향상시킬 수 있다. 내부고객인 종업원과 외부의 고객은 일직선상에 있기 때문에, 외부고객의 만족을 위해서는 종업원의 만족이 선행되어야 한다. 이러한 이유로 인하여 내부고객인 종업원에 대해서도 관계를 지속적으로 관리함으로써 자신이 속한 기업에 대하여 만족도를 향상시킬 수 있는 활동을 반복적으로 지속해야 한다. CRM의 성과평가에 대한 성과보상제도와 인센티브제도의 적절한 활용이 종업원관계관리의 좋은 방안이 될 수 있을 것이다.

〈사례 13.4〉는 종업원들 중에서 결혼한 여성들의 만족도 향상을 위한 제도적 개선사항을 보여 주고 있다.

CRM Practice 13.4 '임신 후 퇴사' 병폐 사라지나 … 여성 일자리정책 대폭 손본다

정부 합동 '여성 일자리대책' 발표

앞으로 여성근로자는 출산 전에도 육아휴직을 신청할 수 있다. 아빠 육아를 촉진하기 위해 도입한 '아빠의 달' 육아휴직 급여 인상도 첫째 아이까지 확대된다. 이외에도 경력단절여성 재고용 기업에 세제지원을 강화해 재취업을 독려한다. 정부 대책으로 '임신 후 퇴사'라는 잘못된 공식이 사라질지 주목된다.

고용노동부는 여성가족부 등 6개 관계부처와 함께 이 같은 내용을 담은 '여성 일자리 대책'을 26일 발표했다.

이번 대책은 여성 고용노동정책 로드맵으로 '제6차 남녀고용평등 및 일·가정 양립 기본계획(2018~2022년)'이다. 내용은 ▲재직 중인 여성노동자의 경력단절 예방 ▲경력이 단절된 여성의 재취업 촉진 ▲차별 없는 여성일자리 환경 구축 등 세 분야로 구성됐다.

임신기 여성노동자는 출산 전 퇴사하는 경우가 많아 경력단절 예방을 위해 임신기에도 육아휴직을 허용키로 했다. 임신기에 제한적으로 허용(임신 12주 이전, 36주 이후)한 임신기 근로시간 단축(2시간) 청구권을 임신 기간으로 확대한다.

현재 5일 한도, 3일 유급의 배우자 출산휴가를 연간 유급 10일로 2022년까지 단계적으로 확대한다. 육아휴직자 인센티브 상한도 150만원에서 200만원으로 늘린다. 육아휴직급여 인상도 추진한다.

남성육아도 적극적으로 지원한다. 남성의 현재 5일 한도(3일 유급)의 '배우자 출산휴가'를 연간 유급 10일로 2022년까지 단계적으로 확대한다. 부모가 차례로 휴직하는 두 번째 육아휴직자(90%가 남성)에 대해서는 인센티브를 현행 상한 150만원에서 내년 7월부터 200만원으로 올린다.

< 출산·육아지원제도 사용례 (제도개선 시, 총 3년 9개월) >

제도	출산휴가 (3개월)	엄마 육아휴직 (3개월)	아빠 육아휴직 (3개월)	엄마 육아기 근로시간 단축 (18개월:9개월×2)	아빠 육아기 근로시간 단축 (18개월:9개월×2)
지원 내용	통상임금 100% (상한 160만원)	통상임금 80% (상한 150만원)	통상임금 100% (상한 150만원 → '18.7월 200만원)	단축급여 80% (상한 150만원)	단축급여 80% (상한 150만원)

육아휴직 급여 역시 첫 3개월 이후 통상임금의 40%에서 50%로 인상하고 상한액은 100만원에서 120만원으로, 하한액은 50만원에서 70만원으로 올리는 방안이 추진된다. 2019년 도입될 예정이다.

(출처: 조선일보, 2017. 12. 26., http://edu.chosun.com/site/data/html dir/2017/12/26/2017122601923.html)

제4절 성과보상

CRM을 실행하게 되면, 영업사원의 역할이 전통적인 판매중심에서 고객과의 관계를 관리하는 역할로 변화하게 되고, 영업인력의 감소를 기대할 수 있게 된다. 그러나 이러한 CRM의 장점은 기업 측면에서 장점이며, 기업의 장점이 반드시 종업원인 영업사원의 장점과 일치하지는 않는다. CRM의 성공적인 실행으로 영업인력의 감소가 기대되는 경우에, CRM의 실행을 위하여 영업사원의 적극적인 참여를 기대할 수 있을 것인가?

영업사원이 CRM을 전사적인 경영전략으로 이해하고 적극적으로 추진할 수 있게 하기 위해서는 반드시 성과보상제도와 연결되어야 한다. 성과보상제도를 통해서 영업사원들의 적극적인 참여를 유도할 수 있기 때문이다. CRM을 실행하면서도 영업사원에게 전통적인 방법인 매출중심, 혹은 판매중심의 성과평가를 계속하게 된다면, 영업사원은 CRM의 목적인 고객과의 장기적인 관계를 관리하는 업무에는 소홀하게 될 것이다. 기업이 CRM을 실행하게 되면, 영업사원의 업무성과의 평가 기준을 고객관계관리의 기준으로 명확하게 설정하고, 성과평가에 대한 보상체제를 수립하고 시행해야 할 것이다.

〈사례 13.5〉는 기업에서 시행한 고객만족 등의 분야에 대한 성과보상을 보여 주고 있다.

CRM Practice 13.5 **KT, 성과보상 및 실력위주 승진 … 신규임원 평균 49세, 여성 3명 발탁**

KT는 지난 8일 사장, 부사장 승진자 발표에 이어 전무, 상무 승진자 및 상무보 승진자를 15일 발표했다. KT는 성과에 대한 보상과 함께 실력에 이번 인사의 초점을 맞췄다고 설명했다. 신규 임원(상무)의 평균 연령은 49세로 여성 3명도 포함됐다.

KT는 전무 승진 8명, 상무 승진 19명 총 27명의 임원 승진을 실시했다. 이번에 전무로 승진한 양승규 고객최우선본부장, 신현옥 대구고객본부장, 김진철 충남고객본부장은 고객만족도 향상과 함께 영업현장의 체질을 개선한 점이 높은 평가를 받았다.

김영식 INS본부장은 KT가 배터리 소모 절감 기술(C-DRX)을 국내 최초 전국 상용화하는 등 네트워크 경쟁력을 높이는데 중추적 역할을 했다. 김준근 GiGA IoT 사업단장은 커넥티드카, NB-IoT, 에어맵 코리아 등 KT가 IoT 분야에서 차별화된 경쟁력을 확보하게 했으며, 김영명 스마트에너지사업단장은 스마트에너지 분야의 매출을 전년 대비 3배 이상 올리는 등 괄목한 성과를 거뒀다.

신규 임원(상무) 승진자는 모두 19명으로, 여성은 3명이다. 플랫폼사업기획실, IT기획실, 경제경영연구소에 소속된 김혜주, 옥경화, 김재경 신임 상무는 전문성과 함께 남다른 열정을 갖췄다고 사내외에서 평가받고 있다. 특히 김혜주 상무는 빅데이터 전문가로 외부에서 영입한 지 2년만에 상무로 승진하는 쾌거를 달성했다. 김상무는 70년생으로 이화여대 통계학과를 졸업했으며 서울대에서 통계학 석사, 박사과정을 수료했다.

KT 경영관리부문장 이대산 부사장은 "이번 조직개편은 KT가 집중육성하고 있는 5대 플랫폼이 한 단계 도약하는 계기가 될 것"이라며 "이번에 중용된 임원들은 KT가 5G 시대와 4차 산업혁명 시대를 이끄는 데 중요한 역할을 할 것"이라고 말했다.

(출처: 중앙일보, 2017. 12. 15., http://news.joins.com/article/22207420)

성과보상은 인센티브와는 구분되어야 한다. CRM의 성과에 대한 인센티브는 포상의 개념으로 재무적, 비재무적 인센티브인 단기적 이벤트성의 제도이다. 이러한 인센티브는 CRM을 빠른 시일 내에 정착하기 위한 독려의 수단으로 사용하기에는 효과적이다. 그러나 장기적인 CRM의 성과를 기대하기 위해서는 성과보상제도가 정착되어야 한다. 성과보상제도는 CRM활동에 대한 성과평가가 개인의 직무평가 및 인사고과에 반영되어야 한다. CRM에 기반한 성과평가의 보상제도는 다음 단계의 CRM 수립과 실행에도 영향을 미치게 된다. CRM의 성과평가에 상응하는 보상체계가 없다면, 종업원들은 단기적인 실적에 연연하게 되어 CRM의 성과를 기대하기 어렵게 될 것이다.

〈사례 13.6〉은 은행에서 시행한 인센티브를 보여 주고 있다.

CRM Practice 13.6 국민銀, 직원 연말성과급 200% 쏜다…300만~800만원씩

실적 1위 자리를 탈환한 국민은행이 직원들에게 기본급의 200%를 성과급으로 지급한다.

국민은행 관계자는 "지난달 29일 국민은행 2분기 노사협의회에서 연말 PS(Profit Share · 이익분배)로 200%를 선지급하기로 합의했다"며 "연말 실적 결산에 따라 내년초에 추가 성과급도 지급할 계획"이라고 1일 말했다. 노사합의 사항에 따르면 PS는 이달과 내년 1월로 나눠서 각각 지급될 예정이다. 직원들은 이달 8일 기본급의 200%를 먼저 받는다. 내년에 지급될 PS는 올해 결산 실적에 따라 좌우되는데 최대 기본급의 100%까지 받을 수 있을 것으로 보인다.

▲ 서울 여의도 KB국민은행 본점

국민은행 직원들은 직급에 따라 다르지만 올 연말에만 적어도 300만원에서 많게는 800만원 가량 성과급을 받을 수 있게 될 전망이다. 국민은행 직원들이 성과급을 받는 것은 10년만에 처음으로 마지막 성과급을 받은 해는 지난 2007년이다. 국민은행이 성과급을 지급에 나선 것은 '이익배분제' 재정비의 일환으로 보인다. 윤 회장은 은행장을 겸직하던 지난 7월 초과 이익을 직원들과 공유하겠다며 이익배분제를 재정비 하겠다고 밝힌 바 있다.

이번 합의를 계기로 노사가 '화해 모드'로 들어간 것 아니냐는 평가도 나온다. 신임 허인 은행장은 취임할 때부터 노조와의 관계 회복을 위해 노력하겠다고 강조한 데다, 장기신용은행이 국민은행과 통합되기 전 노조위원장을 맡았던 이력이 있어 노조와의 관계가 개선되리라는 시각이 많았다.

(출처: 조선일보, 2017. 12. 1., http://biz.chosun.com/site/data/html dir/2017/12/01/2017120102010.html)

Chapter 13 정리

1. CRM에 대한 성과평가의 지표

1) 수익성 성과평가

수익성 성과평가는 투자수익율, 수익기여도, 판매비용절감, 고객순자산 가치, 주주가치 등이 있다.

2) 고객만족 성과평가

고객만족에 관련된 성과평가는 고객 만족도, 신규고객확보율, 고정고객 증가율, 우량고객 증가율, 로얄고객 증가율, 이탈고객방지율, 고객점유율 등이 있다.

3) 기업 내외부의 협력 성과평가

기업의 내부와 외부에서 협력이 이루어지는 분야에서의 성과평가는 고객접점프로세스 개선, 전사적인 협력 정도, 소매유통점과의 통합 및 협력 정도 등의 지표가 있다.

4) 균형성과표

균형성과표는 재무적관점, 고객관점, 내부 프로세스 관점, 혁신 및 학습 관점 등의 4개 관점에서 성과를 평가해야 한다. 균형성과표를 CRM의 성과평가에 적용하게 되면 재무적 관점, 고객 관점, CRM프로세스 관점, 조직문화 및 학습 관점으로 성과평가가 가능하게 된다.

2. CRM의 중요한 문제 및 개선방향

1) CRM의 중요한 문제

CRM의 중요한 문제는 시스템 중심, 단기적인 할인판매 중심, 수익성분석 미흡, 제품중심, 모형이론 중심, 오프라인 중심, 리더십 부재, 조직간 장벽 등의 원인이 있다.

2) CRM의 개선방향

CRM의 개선방향을 살펴보면, 고객중심의 CRM, 원스톱 고객서비스, 고객서비스 선행프로세스, 영업의 개념변화, 강력한 리더십 등이 있다.

3. 종업원관계관리

종업원관계관리(ERM, Employee Relationship Management)는 기업의 경영자가 종업원들에게 애사심을 향상시킬 수 있도록 가족과 같이 대우함으로써, 종업원의 만족향상을 통하여 기업 외부에 있는 고객을 만족시킬 수 있도록 종업원과의 관계를 장기적으로 관리함을 의미한다. CRM의 성과평가에 대한 성과보상제도와 인센티브제도의 적절한 활용이 종업원관계관리의 좋은 방안이 될 수 있다.

4. 성과보상

CRM을 실행하게 되면 영업사원의 역할이 전통적인 판매중심에서 고객과의 관계를 관리하는 역할로 변화하게 되고, 영업인력의 감소를 기대할 수 있게 된다. 그러나 CRM의 장점은 기업 측면에서 장점이지만, 기업의 장점이 반드시 종업원인 영업사원의 장점과 일치하지는 않는다.

CRM의 성과에 대한 인센티브는 포상의 개념으로 재무적, 비재무적 인센티브인 단기적 이벤트성의 제도이다. 인센티브는 CRM을 빠른 시일내에 정착하기 위한 독려의 수단으로 사용하기에는 효과적이다. 그러나 장기적인 CRM의 성과를 기대하기 위해서는 성과보상제도가 정착되어야 한다. 성과보상제도는 CRM활동에 대한 성과평가가 개인의 직무평가 및 인사고과에 반영되어야 함을 의미한다.

참고문헌 및 자료

국내 문헌

1. 김기석, '신상품 마케팅 전략', 인플로우, 2011
2. 김성수, '21세기 청렴형 윤리경영론의 콘서트' 탑북스, 2011
3. 김승욱 · 강기두, '고객관계관리원론', 법문사, 2012
4. 김재수 · 오장균, '인터넷 마케팅 전략', 형지사, 2011
5. 김주헌, '국제마케팅 환경과 전략', 문영사, 2010
6. 김형수 · 김영걸 · 박찬욱, '고객관계관리전략의 원리와 응용', 사이텍미디어, 2012
7. 문병준, '경쟁우위 창출을 위한 마케팅전략', 비즈프레스, 2011
8. 문석현, '빅데이터 마케팅 데이터는 답을 알고 있다, 휴먼앤북스, 2014
9. 박주홍, '글로벌마케팅', 박영사, 2010
10. 반영길 · 이인세, '글로벌마케팅', 박영사, 2010
11. 버나드 마 지음, 안준우 , 최지은 옮김, '빅데이터 4차 산업혁명의 언어', 학고재, 2017
12. 송민정, 빅데이터가 만드는 비즈니스 미래지도, 한스미디어, 2017
13. 스즈키료스케원저, 천채성 옮김, 빅데이터 비즈니스, 더숲, 2013
14. 안광호 · 김동훈 · 김영찬, '시장지향적 비즈니스 마케팅전략', 학현사 2011
15. 오세조 · 박진용 · 김상덕, '소비지향적 유통관리', 박영사, 2009
16. 우종필, 빅데이터 분석대로 미래는 이루어진다, 매경출판, 2017
17. 이관춘, '기업의 위기극복을 위한 윤리경영 전략', 학지사, 2009
18. 이범희, 'SC(소셜커머스)마케팅요인이 SC소매점의 성과에 미치는 영향에 대한 연구', e-비즈니스연구, 12권 4호, 2011
20. 이범희, '글로벌마케팅', 탑북스, 2012
21. 이훈 · 구계원 옮김, '레드오션전략', 타임비즈, 2010
22. 이훈영, '마케팅', 도서출판청람, 2011
23. 임영균 · 안광호 · 김상용, '고객지향적 유통관리', 학현사, 2010

24. 임용택 · 유하상, '국제마케팅', 도서출판 두남, 2011
25. 정용찬, '빅데이터 혁명과 미디어 정책 이슈(KISDI Premium Report 12-02)', 2012
26. 지원철, '빅데이터 시대의 데이터 마이닝', 민영사, 2017
27. 최만기 · 김영복, '현대사회와 윤리경영: 이론과 실제', 탑북스, 2011
28. 한상만 · 하영원 · 장대련, '경쟁우위 마케팅전략', 박영사, 2011

국외 문헌

1. Andrew T. Stephen, and Olivier Toubia, "Deriving Value from Social Commerce Networks", Journal of Marketing Research, Vol.47 (April), 2010
2. Jessi Hempel, "Social Media Meets Retailing", Fortune; Vol.161, Issue 4, 2010
3. John D. Daniels, Lee H. Radebaugh, and Daniel P. Sullivan, International Business: Environments and Operations, 12th/ed, Prentice Hall, 2008
4. Kotler keller, Marketing Management, 14th/ed, Pearson Education, 2012
5. O'Reilly Radar Team, Big Data Now: Current Perspectives from O'Reilly Radar, ebook, 2012
6. Ohbyung Kwon, and Wena Yixing, "An empirical study of the factors affecting social network service use", Computers in Human Behavior, Vol.26 (March), 2010
7. Philip Kotler, and Gary Armstrong, Principles of Marketing, 14th/ed, Pearson Education , 2012
8. Philip R. Cateora, Mary C. Gilly, and John L. Graham, International Marketing, 14/ed, McGraw-Hill Irwin, 2010
9. Shusen1 Yang, Xinyu Yang, Chao Zhang, and Evangelos Spyrou, "Using social network theory for modeling human mobility", IEEE Network; Vol.24 (Sep), 2010
10. Warren J. Keegan, and Mark C. Green, Global Marketing, 6th/ed, Pearson Education, 2011
11. Youngho Rhee, Juyoun Lee, and IlKu Chang, "Designing Mobile Social Networking Service Through UCD Process: Life Diary", International Journal of Human-Computer Interaction, Vol.26 (Nov/Dec), 2010

인터넷 및 언론 자료

1. CIO코리아, http://www.ciokorea.com/news/36717?page=0,1
2. http://www.daum.net
3. http://www.google.org/flutrends/data.txt
4. http://www.hellot.net/new_hellot/magazine/magazine_read.html?code=201&sub=004&idx=37343&list=thum
5. http://www.naver.com
6. 베타뉴스, http://betanews.heraldcorp.com:8080/article/782810.html
7. 동아일보, http://economy.donga.com
8. 매일경제, http://news.mk.co.kr
9. 조선일보, http://news.chosun.com
10. 한국경제, http://www.hankyung.com/news

한글색인

ㅈ

ㅊ

영문색인

저자 이 범 희

[경력]

4차산업혁명 기술연구원 원장
명지대학교 경영대학 경영학과 교수
전. 울산대학교 경영대학 경영학과 교수
전. 삼성전자(주) e-Commerce팀장
전. KG케미컬(주) 기획본부장(상무)

[학력]

동국대학교 경영학 박사
연세대학교 경영학 석사
경북대학교 전자공학과 학사

[저서]

국제마케팅, 탑북스, 3판, 2018.
기술경영, 탑북스, 개정판 초판, 2018.

저자와의 협의하에 인지생략

빅데이터시대의 CRM

2019년 2월 10일 1판 1쇄 인쇄
2023년 8월 16일 1판 2쇄 발행

저 자 이 범 희
발행인 김 학 민
조 판 아 람 기 획

07285
발행처 서울특별시 영등포구 선유로3길 10, 617호
도서출판 **탑 북 스**
등 록 2009.12.21 제 2016-000101 호
전 화 02)365-2223 팩스 02)365-2224

정가 30,000 원
ISBN 979-11-87343-74-5-93320